Gailberger/Wietzke (Hrsg.)
Handbuch Kompetenzorientierter Deutschunterricht

Handbuch
Kompetenzorientierter Deutschunterricht

Herausgegeben von Steffen Gailberger
und Frauke Wietzke

Die Herausgeber:

Dr. Steffen Gailberger ist wissenschaftlicher Mitarbeiter an der Leuphana Universität Lüneburg. Er hat zum Thema »Systematische Leseförderung für schwach lesende Schüler« promoviert. Zuletzt war er Vertretungsprofessor für Didaktik der deutschen Literatur unter Einschluss der Mediendidaktik an der Carl-von-Ossietzky-Universität Oldenburg.

Frauke Wietzke ist Landesfachberaterin für das Fach Deutsch (schulartübergreifend) am Institut für Qualitätsentwicklung an Schulen Schleswig-Holstein.

Dieses Buch ist auch als E-Book erhältlich
(ISBN 978-3-407-29306-0)

Das Werk und seine Teile sind urheberrechtlich geschützt.
Jede Nutzung in anderen als den gesetzlich zugelassenen Fällen
bedarf der vorherigen schriftlichen Einwilligung des Verlages.
Hinweis zu § 52a UrhG: Weder das Werk noch seine Teile
dürfen ohne eine solche Einwilligung eingescannt und in ein
Netzwerk eingestellt werden. Dies gilt auch für Intranets
von Schulen und sonstigen Bildungseinrichtungen.

© 2013 Beltz Verlag · Weinheim und Basel
www.beltz.de

Lektorat: Heike Gras, Matthias Kunstmann
Herstellung: Lore Amann
Satz: Renate Rist, Lorsch
Druck: Beltz Druckpartner GmbH & Co. KG, Hemsbach
Reihengestaltung: glas ag, Seeheim-Jugenheim
Umschlaggestaltung: Sarah Veith
Printed in Germany

ISBN 978-3-407-83174-3

Inhalt

Steffen Gailberger/Frauke Wietzke
Kompetenzorientierter Deutschunterricht
Sachverhalte klären – Kompetenzen diagnostizieren – Schüler fördern 8

Torsten Steinhoff
Wortschatz – im Zentrum von Sprachgebrauch und Kompetenzförderung 12

Lesen/Literarisches Verstehen

Steffen Gailberger/Daniel Nix
Lesen und Leseförderung in der Primar- und Sekundarstufe 32

Iris Kruse
Literarisches Lernen in der Primarstufe
Das Lesetagebuch als Lern- und Beobachtungsinstrument zur
Förderung von literarischen Kompetenzen 70

Martin Leubner
Literarische Texte strategieorientiert untersuchen und verstehen 94

Volker Frederking
Literarische Verstehenskompetenz erfassen und fördern 117

Jörn Brüggemann
Literarische Verstehenskompetenz und ihre Förderung in der Sekundarstufe II
Konstruktionsprinzipien, normative Implikationen und
intendierte Wirkungen von Lernaufgaben 145

Schreiben

Johanna Fay
Rechtschreiblernen in der Primarstufe 172

Swantje Weinhold
Rechtschreiblernen in der Sekundarstufe I 195

Thorsten Pohl
Texte schreiben in der Grundschule 212

Olaf Gätje
Schreiben in der Sekundarstufe I 232

Astrid Neumann
Schreiben in der Sekundarstufe II 255

Sprachbewusstheit und Deutsch als Zweitsprache

Christopher Sappok
Sprache und Sprachgebrauch untersuchen in der Primarstufe 278

Florian Melzer
Modellierung, Diagnose und Förderung von
Sprachbewusstheit in der Sekundarstufe 300

Anja Wildemann
Sprache(n) thematisieren – Sprachbewusstheit fördern 321

Julia Webersik
Deutsch als Zweitsprache (DaZ) in der Primarstufe 339

Magdalena Michalak
Deutsch als Zweitsprache (DaZ) in der Sekundarstufe I 364

Sprechen und Zuhören

Ulrike Behrens
Zuhörkompetenzen und ihre Förderung in Primar- und Sekundarstufe 384

Marita Pabst-Weinschenk
Vortragen und Präsentieren 400

Michael Krelle
Gesprächskompetenz in der Grundschule und der Sekundarstufe I –
Konzepte und didaktische Erläuterungen 422

Carmen Spiegel
Gesprächskompetenzen in der Sekundarstufe II 439

Elke Grundler/Rüdiger Vogt
Mündliche Argumentationskompetenz im Primarbereich
sowie in den Sekundarstufen I und II 458

Die Autorinnen und Autoren 494

Steffen Gailberger/Frauke Wietzke

Kompetenzorientierter Deutschunterricht

Sachverhalte klären – Kompetenzen diagnostizieren – Schüler fördern

Die zentrale Bedeutung des Faches Deutsch bleibt über alle Phasen und Formen unterschiedlicher struktureller Veränderungen hinweg für sämtliche Schularten und -stufen unangetastet. Hier erwerben die Schülerinnen und Schüler spezifische sprachliche Kompetenzen, die mit der Begründung eines angemessenen Orientierungs- und Handlungswissens aus den Bereichen Sprache, Literatur und Medien über die Grenzen des Faches und der Schule hinaus einen wesentlichen Beitrag zum Lernen, aber auch zur Persönlichkeitsentwicklung und zur Teilhabe an gesellschaftlichem Leben leisten.

In diesem Zusammenhang ist insbesondere vor dem Hintergrund zunehmend bewusster wahrgenommener Heterogenität der Begriff des *kompetenzorientierten Deutschunterrichts* zum Schlagwort geworden: Er markiert mit der Abgrenzung von landläufigen Lehr- oder Lernzielen einen Paradigmenwechsel in der fachdidaktischen Diskussion und rückt mit folgenden Fragen die Herausforderungen an die schulische Praxis in den Fokus:

→ Was sind sprachliche Kompetenzen eigentlich?
→ Wie finden sie im Rahmen des Unterrichts Berücksichtigung, sodass Schülerinnen und Schüler von Beginn ihrer schulischen Laufbahn an sprachlich gefördert werden und sprachliche Kompetenzen erwerben können?
→ Und wie werden Kompetenzen schließlich überprüft bzw. diagnostiziert, um auf der Basis dieser Diagnose binnendifferenziert der »Heterogenität des Klassenzimmers« gerecht werden zu können?

Für Antworten auf diese Fragen geben die KMK-Bildungsstandards einen bundesweit verbindlichen Rahmen: Die darin aufgeführten Kompetenzen dienen sowohl der Orientierung für den Kompetenzerwerb als auch für dessen interne und externe Überprüfung im Unterricht und darüber hinaus. Übergreifend bieten sie mit den Anforderungsbereichen (I Wiedergeben – II Zusammenhänge herstellen – III Reflexion und Transfer leisten) Vorgaben zur Bandbreite der Aufgabenkultur an. Auf dieser Grundlage gestalten die Lehrkräfte den Kompetenzerwerb individuell hinsichtlich des Zeitpunktes wie auch der Lernwege und Inhalte.

So hat die Auflistung der abschlussbezogenen Kompetenzen also nicht nur für den Erwerb, sondern auch für die Ermittlung von Lern- und Entwicklungsständen eine wichtige normierende Funktion. Hier sind die Schulen gefordert, unterschiedliche Formen und Indikatoren der Leistungsüberprüfung – ggf. auf unterschiedlichem Ni-

veau – den schulischen und fachlichen Schwerpunkten entsprechend zu entwickeln. Damit ist der Kreislauf angedeutet, der schulisches Lehren und Lernen beschreibt:
→ Die an den vorgegebenen Kompetenzen orientierten Lernarrangements ermöglichen einen individuellen Kompetenzerwerb,
→ der in unterschiedlicher Form überprüft und analysiert wird,
→ um dann als Grundlage für weiteres Lernen zu dienen.

Das klingt zunächst banal, beschreibt aber – verbunden mit dem Ziel individueller Entwicklung – den umfassenden hohen Anspruch an einen kompetenzorientierten Unterricht:
→ Wie werden Lehrkräfte den sehr unterschiedlichen Voraussetzungen und Kompetenzen gerecht?
→ Wie gelingen ihnen gute Lernaufgaben?
→ Wie erfassen sie professionell das Können ihrer Schülerinnen und Schüler,
→ und welche Konsequenzen ziehen sie daraus für ihren Unterricht?

Für den Deutschunterricht bedeuten diese Fragen: Nur wer über fachliche und didaktische Kompetenzen einerseits und diagnostische Kompetenzen andererseits verfügt, kann einen in diesem Sinne kompetenzorientierten Deutschunterricht realisieren und damit zum optimalen Lernerfolg beitragen.

Der vorliegende Band bietet hierzu zu allen vier in den abschlussbezogenen KMK-Bildungsstandards aufgeführten Kompetenzbereichen im Fach Deutsch einen aktuellen Überblick über die Möglichkeiten eines Deutschunterrichts im Kontext von Diagnose, Aufgabenentwicklung und Förderung. Die enge Verzahnung der Darstellung fachlicher und diagnostischer Aspekte ermöglicht eine übersichtliche Orientierung zu aktuellen fachdidaktischen Positionen, gibt Anregungen zur praxisnahen und praxistauglichen Diagnose sowie zur kompetenzorientierten Aufgabenentwicklung im Rahmen erfolgreicher Lern- und Förderarrangements.

Der konkrete Unterricht vor Ort in den Schulen bleibt dabei fest im Blick, indem sämtliche Beiträge einer stets wiederkehrenden Struktur folgen. Mit Helmke (2005, S. 85) ist dabei der Gedanke grundlegend, dass kompetenzorientierter Deutschunterricht mindestens in einem Dreischritt, im Grunde aber in einem fortwährenden Kontinuum auf folgende Weise gedacht und schließlich umgesetzt werden sollte: Die Schritte lauten
1. Diagnose der jeweiligen Sprachteilkompetenz (T1)
2. Kompetenz-Förderung auf der Basis der zuvor diagnostizierten Stärken und Schwächen der Schülerinnen und Schüler
3. erneute Diagnose der jeweiligen Sprachteilkompetenz (T2)
4. etc. pp.

Sämtliche im vorliegenden Handbuch versammelten Beiträge sind dieser dreigeteilten Idee von *Kompetenz, Kompetenzdiagnostik* und *Kompetenzförderung* verpflichtet. Um dies im konkreten Deutschunterricht auch umsetzen zu können, weisen sie (jeweils bezogen auf die Primarstufe, Sekundarstufe I oder Sekundarstufe II) stets folgende drei Teilkapitel auf:

Sachverhalte klären
Jeder Beitrag beginnt mit einer *theoretischen Darlegung* des vorzustellenden Kompetenzbereichs, indem die spezifischen fachsystematischen und fachdidaktischen Sachverhalte dargelegt werden. Diese fachwissenschaftliche Orientierung erfolgt im Einzelnen mittels eines empirisch validierten und einschlägigen, zum Teil mittels eines zunächst noch theoretisch ausgearbeiteten Kompetenzmodells.

Kompetenzen diagnostizieren
In einem zweiten Schritt werden diagnostische Instrumente für den Deutschunterricht thematisiert. Wenn möglich wird dabei der konkrete empirische Nachweis sprachlicher Kompetenzen anhand von realem Schülermaterial verdeutlicht. Auf diese Weise können die sprachlichen Kompetenzen beispielhaft in unterschiedlich starken Ausprägungen auf der Basis des vorangegangenen Kapitels *diagnostiziert* und somit transparent gemacht werden.

Schüler fördern
Das dritte Teilkapitel enthält schließlich jeweils konkrete Vorschläge, wie sich die (zuvor) diagnostizierten Schwächen (und Stärken) der einzelnen Schülerinnen und Schüler mittels ausgewählter bzw. bewährter Methoden, Programme und Strategien kompetenzorientiert fördern (bzw. ausbauen) lassen. Neben den konkreten Aufgaben in den einzelnen Artikeln finden sich weitere kopierbare Vorlagen, die es allein aus Herstellungs- und Platzgründen nicht mehr in das Buch geschafft haben, auf www.beltz.de zum kostenlosen Download. Sie sind zugänglich über die Seite der Buchpräsentation mit dem Passwort: **GaLWi_KU** – (Groß- und Kleinschreibung beachten).

Den Anfang macht *Torsten Steinhoff* mit seinem einleitenden Artikel über den *Wortschatz* »im Zentrum von Sprachgebrauch und Kompetenzförderung«. Er zeigt auf, dass der Wortschatz als solcher nicht als eine eigenständige und isolierbare sprachliche Teilkompetenz angesehen werden kann, sondern dass er vielmehr (quasi *querliegend* zu den Kompetenzbereichen) für die Förderung *sämtlicher* sprachlicher Teilkompetenzen ganz zentral mitverantwortlich gemacht werden muss und daher im Deutschunterricht noch grundlegender Berücksichtigung finden sollte, als er es bislang tut.

Seinem Artikel schließt sich der erste Kompetenzblock an, der dem Bereich *Lesen/ Literarisches Verstehen* zuzuordnen ist. Die hier versammelten Artikel der Autoren *Steffen Gailberger, Daniel Nix, Iris Kruse, Martin Leubner, Volker Frederking* und *Jörn Brüggemann* fokussieren im Besonderen die KMK-Standards »Verschiedene Lesetechniken beherrschen«, »Strategien zum Leseverstehen kennen und anwenden« und »[Literarische] Texte verstehen und nutzen« (KMK 2004).

Der zweite thematische Kompetenzblock ist dem *Schreiben* gewidmet, in dem sich *Johanna Fay, Swantje Weinhold, Thorsten Pohl, Olaf Gätje* und *Astrid Neumann* vor allem mit den KMK-Standards »Richtig schreiben«, »Texte planen und entwerfen«, »Texte schreiben« und »Texte überarbeiten« beschäftigen.

Der Schwerpunkt des dritten Kompetenzblocks liegt auf der *Sprachbewusstheit*, den wir (aufgrund der jeweiligen Ausführungen im Band) um den Arbeitsbereich Deutsch als Zweitsprache (DaZ) ergänzt haben. Fokussiert werden hier durch *Christopher Sappok, Anja Wildemann, Florian Melzer, Julia Webersik* und *Magdalena Michalak* vor allem die KMK-Standards »Äußerungen/Texte in Verwendungszusammenhängen reflektieren und bewusst gestalten« sowie »Leistungen von Sätzen und Wortarten kennen und für Sprechen, Schreiben und Textuntersuchung nutzen«.

Abschließend beleuchten wir den Kompetenzbereich *Sprechen und Zuhören*, indem *Ulrike Behrens, Marita Pabst-Weinschenk, Michael Krelle, Carmen Spiegel, Elke Grundler* und *Rüdiger Vogt* vor allem die Mündlichkeits-Standards »Zu anderen sprechen«, »Vor anderen sprechen«, »Mit anderen sprechen« und »Verstehend zuhören« didaktisch und methodisch erläutern.

Die meisten der in diesem Band versammelten Methoden haben sich empirisch bewährt, die große Mehrzahl der vorgestellten Ansätze wurde in Fortbildungsworkshops, in SchiLF-Veranstaltungen oder auf Lehrersymposien auf ihre Dienlichkeit hin untersucht und ausprobiert. Außerdem wurden die einzelnen Beiträge dieses Buches auf dem 15. Landesfachtag Deutsch zum Thema „*Deutschunterricht im Kontext von Kompetenzerwerb und -überprüfung*" am 07.Mai 2011 in der Christian-Albrechts-Universität zu Kiel erfolgreich als Programm in Form von Vorträgen oder Workshops auf dieser seit Jahren etablierten IQSH[1]-Veranstaltung zur aktuellen Deutschdidaktik angeboten und mit einer großen Teilnehmerschaft aus allen Schularten diskutiert.

Wir danken nochmals herzlich allen Beiträgern für ihre engagierte Beteiligung sowie dem IQSH für die finanzielle Unterstützung zur Realisierung dieses Handbuchs.

Unser besonderer Dank gilt ferner Heike Gras, deren gründliches abschließendes Lektorat maßgeblich zum Zustandekommen des Buches beigetragen hat.

Kiel und Hamburg im März 2013   *Frauke Wietzke* und *Steffen Gailberger*

Literatur

Helmke, A. (2005): Unterrichtsqualität. Erfassen, bewerten, verbessern. Seelze: Kallmeyer.
KMK (Ständige Konferenz der Kultusminister der Länder in der Bundesrepublik Deutschland) (2004): Bildungsstandards im Fach Deutsch für den Mittleren Schulabschluss. Beschlüsse der Kultusministerkonferenz. Neuwied: Luchterhand.

---

1 Institut für Qualitätsentwicklung an Schulen, Schleswig-Holstein

Torsten Steinhoff

Wortschatz – im Zentrum von Sprachgebrauch und Kompetenzförderung

In den Bildungsstandards für das Fach Deutsch wird ein integrativer Unterricht gefordert, der auf ein vernetztes Lernen verschiedenster Kompetenzen abzielt (z. B. KMK 2004, S. 3 und 6). Diese Forderung ist zu begrüßen, weil der angemessene und kreative Gebrauch von Sprache in schulischen Arrangements und außerschulischen Situationen stets eine kombinierte Anwendung unterschiedlicher relevanter sprachlicher Fähigkeiten voraussetzt; man denke beispielsweise an sich abwechselnde und einander bedingende Lese- und Formulierungsprozesse bei der Textproduktion.

Die Umsetzung dieser Forderung stellt die Sprachdidaktik jedoch vor erkennbare Probleme. Das liegt zum einen daran, dass es, wie die KMK-Aufgabenbeispiele illustrieren, ausgesprochen schwierig ist, die unterschiedlichen und unterschiedlich komplexen Einzelstandards so zusammenzuführen und auf Aufgaben zu beziehen, dass dabei weder die Standards noch die Aufgaben trivialisiert werden (Spinner 2005). Zum anderen liegt es daran, dass sich die Deutschdidaktik (aus verständlichen, nicht zuletzt forschungspragmatischen Gründen) bisher vorrangig auf die Entwicklung von Kompetenzmodellen und Aufgabenformaten für jeweils *einzelne* Fähigkeitsbereiche konzentriert hat.

Auch der Bereich »Sprache und Sprachgebrauch untersuchen«, der keinem Selbstzweck folgen, sondern im Dienste der anderen Bereiche stehen soll (KMK 2004, S. 9), wird isoliert erforscht: Neuere Testaufgaben beispielsweise beschränken sich auf die Überprüfung des (hinsichtlich der bekannten Gütekriterien für repräsentative Aussagen besser zu erfassenden) expliziten, kontextentbundenen grammatischen Wissens (Böhme/Bremerich-Vos 2009).

Eine Möglichkeit, auf diese Situation zu reagieren, besteht darin, einen Gegenstand in den Blick zu nehmen, der in der Sprachdidaktik und im schulischen Unterricht bislang kaum eine Rolle spielt: den Wortschatz.

Wortschatzarbeit findet gegenwärtig fast ausschließlich, und lediglich gelegentlich, in der Primarstufe statt (Grundwortschatz, Wortfelder). Das Potenzial des Wortschatzes geht jedoch weit darüber hinaus, weil sein Erwerb lebenslang währt und er überdies per se integrativ wirkt. D. h.: Der Wortschatz ist für das Sprechen, Zuhören, Lesen und Schreiben gleichermaßen relevant und folglich für die Förderung *aller* sprachlichen Kompetenzen von Kindern und Jugendlichen von großer Bedeutung.

Um dieses Potenzial zu nutzen, ist es sinnvoll, eine *pragmatische* Perspektive auf den Wortschatz einzunehmen, die Wörter also, Wittgenstein (1958/1971, § 432) folgend, als *Werkzeuge des Sprachgebrauchs* zu verstehen: »Jedes Zeichen scheint *allein* tot. *Was* gibt ihm Leben? – Im Gebrauch *lebt* es.«

Im ersten Teil des Beitrags werden die theoretischen Grundlagen skizziert, im zweiten Teil neuere Kompetenzmodelle zum Wortschatz und zur Sprachreflexion diskutiert und Überlegungen zu einem integrativen Konzept angestellt, im dritten Teil jüngere empirische Ergebnisse zur Rolle des Wortschatzes beim mündlichen und schriftlichen Sprachgebrauch referiert, im vierten Teil schließlich Grundzüge einer pragmatisch orientierten Wortschatzförderung beschrieben.

Theoretische Grundlagen

Der kollektive Wortschatz zeigt, was eine Sprache leisten kann, der individuelle Wortschatz, was ein/e Sprecher/in leisten kann. Das Duden-Universalwörterbuch umfasst 150 000 Lexeme, das Grimm'sche Wörterbuch 500 000 Lexeme, der Wortschatz der verschiedenen Fachsprachen gar mehrere Millionen Lexeme (Ulrich 2011, S. 33). Schätzungen zum individuellen Wortschatz weichen stark voneinander ab, weil dessen Umfang von diversen äußeren und inneren Einflüssen abhängt (s. u.) und bei der Zählung unterschiedliche Kriterien angelegt werden (z. B. nur Autosemantika). Folgt man den in der Literatur angeführten Zahlen, so kann man (mit aller Vorsicht) davon ausgehen, dass Erwachsene über einen Mitteilungswortschatz von ca. 10 000 bis 20 000 Lexemen und einen Verstehenswortschatz von ca. 40 000 bis 100 000 Lexemen verfügen (Dittmann 2002, S. 288; Glück 2005, S. 31; Rothweiler/Meibauer 1999, S. 9).

Das Wissen, das die Sprecherinnen und Sprecher über die Wörter ihres Wortschatzes besitzen, ist umfangreich und komplex. Wer z. B. ein Wort wie »Hund« mündlich und schriftlich kompetent zu rezipieren und zu produzieren versteht, weiß, wie es ausgesprochen wird (phonetisch-phonologisches Wissen), wie es geschrieben wird (graphematisch-orthografisches Wissen), wie es flektiert wird (morphologisches Wissen), wie es im Satz gebraucht wird (syntaktisches Wissen), was es bedeutet (semantisches Wissen) und wozu es in der Verständigung verwendet wird (pragmatisches Wissen). Das Wort kann folglich als eine »Schaltstelle des sprachlichen Wissens« gelten (Steinhoff 2009, S. 18 ff.).

Dies betrifft, wie zu ergänzen ist, keineswegs nur Lexeme. Aus einer konsequent pragmatischen Perspektive müssen zum Wortschatz auch Mehrwortausdrücke gerechnet werden, beispielsweise Kollokationen (z. B. »sich die Hand geben«) oder Konstruktionen (z. B. »je ... desto«). Auch sie sind, wie Einzelwörter, konventionelle lexikalische Einheiten mit einem bestimmten Verwendungszweck. Für das sprachliche Handeln kommt ihnen, wie etwa korpuslinguistische und Spracherwerbsstudien zeigen (Siepmann 2007), große Bedeutung zu.

Gespeichert und verarbeitet werden Wörter und Mehrwortausdrücke im sogenannten »Mentalen Lexikon« (Aitchison 1997; Dittmann 2002). Dabei handelt es sich nicht, wie der Begriff zunächst nahelegt, um eine schlichte Liste von Vokabeln, sondern um ein höchst dynamisches, mehrdimensionales, überaus aufnahmefähiges und hocheffektives Netzwerk wortbezogener Wissenseinheiten. Wie diese Einheiten miteinander verknüpft sind, offenbart sich beispielsweise, wenn man betrachtet, nach welchen Ordnungsprinzipien Wörter mit anderen Wörtern assoziiert werden. Beispiele für solche Wörternetze nennt Kühn (2007, S. 159).

→ Sachfelder (enzyklopädisch): »Flughafen« – »Startbahn« etc.
→ Frames und Scripts (lebensweltlich): »mit dem Flugzeug fliegen: Das Flugzeug rollt auf die Startbahn, startet, hebt ab, steigt auf, fliegt« etc.
→ Kollokationsfelder (usuell): »einen Flug buchen«, »ein turbulenter Flug« etc.
→ Wortfelder (merkmalsemantisch): »starten« – »landen« etc.
→ Wortfamilien (grammatisch): »Flug«, »Flieger«, »fliegen« etc.
→ Bewertungsnetze (konnotativ): »Flugzeug« – »Kiste«/»Mühle« etc.
→ Assoziationsnetze (individuell): »Ferien« – »Sonne«, »Mallorca«, »Eis essen«

Vor diesem Hintergrund ist auch ersichtlich, dass Wörter und Mehrwortausdrücke nicht entweder bekannt oder unbekannt, sondern mehr oder weniger gut im Mentalen Lexikon vernetzt sind (Rothweiler/Meibauer 1999, S. 20 f.). Wer ein neues Wort kennenlernt, bildet ausgehend von einigen markanten Merkmalen rasch erste Hypothesen zu Form und Funktion, die zunächst zu einer noch relativ losen Vernetzung im Mentalen Lexikon führen (»fast mapping«). Erst im Zuge zahlreicher Wiederbegegnungen in unterschiedlichen Kontexten verdichtet und stabilisiert sich die Vernetzung des Wortes so, dass es schließlich rezeptiv und produktiv sicher und variabel abgerufen werden kann.

Dieser Lernprozess ist, wie angedeutet, stark durch verschiedene äußere und innere Einflüsse geprägt (Glück 2007, S. 10). Dazu gehören beispielsweise kulturelle, sozioökonomische, bildungsbezogene, leistungsspezifische, motivationale und interessenbezogene Faktoren (Schippan 2002, S. 2). Der Einfluss sozioökonomischer Faktoren ist z. B. daran abzulesen, dass Kinderarmut negativ mit dem Wortschatzumfang korreliert (Biedinger 2009), der Einfluss leistungsspezifischer Faktoren z. B. daran, dass spracherwerbsauffällige Kinder neben Aussprachschwierigkeiten v. a. Wortschatzprobleme haben (Glück 2007, S. 5), der Einfluss interessenspezifischer Faktoren z. B. daran, dass Schülerinnen und Schüler Wörter, die ihren Neigungen entsprechen, schneller lernen (May 1994).

Der Wortschatzerwerb steht überdies in engem Zusammenhang mit der kognitiven Entwicklung. Die diesbezügliche Bedeutung lexikalischer Einheiten besteht darin, dass sie Begriffe einerseits versprachlichen, andererseits aber auch neu schaffen oder zumindest stark beeinflussen. Das zeigt sich beim Vergleich von Einzelsprachen (z. B. räumliches Denken, Szagun 2006, S. 154 f.) ebenso wie beim alltäglichen Wissenserwerb. Der Wortschatzerwerb strukturiert die Aneignung deklarativen Wissens und forciert die Kategorienbildung. Dies lässt sich am Erwerb der Bedeutung von Autosemantika (Substantive, Verben, Adjektive, Adverbien) ablesen, der alters- und erfahrungsabhängig von den sogenannten »Basiskonzepten« (»Hund«) zu einerseits abstrakteren Konzepten (»Lebewesen«), andererseits spezifischeren Konzepten (»Foxterrier«) führt (Glück 2005, S. 57; Hoffmann, L. 2011a, S. 180). Ein in diesem Zusammenhang interessantes Phänomen ist beispielsweise die Ausdifferenzierung ökonomischer Begriffe im Jugendalter (Claar 1990).

Angesichts dessen dürfte ersichtlich sein, dass sich die Bedeutung des Wortschatzes keineswegs auf das Fach Deutsch beschränkt: Fachwissens- und Wortschatzerwerb bedingen sich in *jedem* Fach. Dies führt beispielsweise der derzeitige Diskurs zur Bildungs- und Schulsprache eindrücklich vor Augen (Vollmer/Thürmann 2010). Der unauflösbare Zusammenhang von Wort- und Fachwissen wird aber auch schon bei jeder einfachen Internetrecherche deutlich: Wer sich mit Hilfe einer Suchmaschine über ein bestimmtes Thema informieren will, muss die für den jeweiligen Zweck geeigneten »Passwörter« kennen.

Von besonderer Bedeutung ist der Wortschatz natürlich für die kommunikative Entwicklung. Die Aneignung lexikalischer Einheiten trägt entscheidend zum Ausbau der sprachlichen Handlungsfähigkeit bei (Hoffmann, L. 2011a, S. 167 ff.). Der Wortschatz wächst, und mit ihm wächst die Fähigkeit, sich in verschiedensten Kontexten angemessen und kreativ zu verständigen. Schülerinnen und Schüler erwerben fortwährend Wörter, die es ihnen beispielsweise ermöglichen, immer differenzierter
→ Gegenstände, Ereignisse, Eigenschaften, Umstände und Relationen zu benennen (Substantive, Verben, Adjektive, Adverbien, Präpositionen),
→ auf personale, lokale oder temporale Aspekte eines bestimmten Kontextes Bezug zu nehmen (Adverbien und weitere Deiktika),
→ das sprachliche Geschehen in einem Gespräch oder Text zu organisieren (Artikel, Konjunktoren, Subjunktoren, Anaphern, Präpositionen).

Das Wissen darüber, wie sich der Wortschatzerwerb vollzieht, ist bislang v. a. auf die ersten Lebensjahre begrenzt (z. B. Rothweiler/Meibauer 1999; Szagun 2006, S. 114 ff.). Mit etwa 12 Monaten artikulieren Kinder ihr erstes Wort. In den Folgemonaten bauen sie ihren Mitteilungswortschatz auf ca. 50 Wörter aus. Etwa zwischen dem 24. und 30. Monat findet bei einem Großteil der Kinder der sogenannte »Wortschatzspurt« statt, der dazu führt, dass der Wortschatz dann ca. 500 Wörter umfasst. Bis zur Einschulung verzehnfacht sich der Mitteilungswortschatz auf ca. 5 000 Wörter; der Verstehenswortschatz umfasst dann ca. 14 000 Wörter.

Diese Zahlen gelten für Kinder mit deutscher Herkunftssprache aus bildungsnahen Familien. Für Kinder mit nichtdeutscher Herkunftssprache und/oder aus bildungsfernen Milieus gibt es bislang keine entsprechenden Daten. Es ist jedoch anzunehmen, dass der Wortschatzerwerb in der Zweitsprache in aller Regel deutlich langsamer verläuft als bei Erstsprachenlernerinnen und -lernern, insbesondere dann, wenn geeignete Fördermaßnahmen ausbleiben (Apeltauer 2008, S. 243).

Die Zahlen, die zum Wortschatzerwerb in der Schulzeit aus dem deutschen Sprachraum vorliegen, sind nicht besonders aussagekräftig, weil sie allein die Grundschule sowie die 9. und 10. Klasse betreffen, sich vorrangig auf Autosemantika beziehen und aufgrund unterschiedlicher (querschnittlicher) Erhebungsmethoden bisweilen deutlich voneinander abweichen (Augst 1984; Augst 1989; Pregel/Rickheit 1987; Willenberg 2008). Sie lassen jedoch, wie auch neuere Ergebnisse aus dem anglo-amerikanischen Sprachraum (z. B. Anglin 2005), eindeutig erkennen, dass in der Schule ein wahrer »Wortschatzmarathon« stattfindet (Steinhoff 2009, S. 14). Grundschülerinnen und -schüler beispielsweise werden allein beim Lesen von Lehrbüchern in jedem Schuljahr mit über 2 000 neuen Wörtern konfrontiert (Apeltauer 2010, S. 10).

Hinsichtlich der Quantität und Qualität des erworbenen Wortschatzes kann es allerdings bedeutende Differenzen zwischen einzelnen Schülerinnen und Schülern geben (Rothweiler/Meibauer 1999, S. 18). Und diese Differenzen haben Folgen: Wortschatzstarke Kinder und Jugendliche sind sehr viel eher in der Lage, die sprachlich-fachlichen Erwartungen zu erfüllen, die an sie in den einzelnen Fächern – in den zahllosen Unterrichtsgesprächen, bei der Fachlektüre und bei der Aufgabenbearbeitung – gestellt werden. Wortschatzschwache Kinder und Jugendliche, zu denen häufig Schülerinnen und Schüler mit nichtdeutscher Herkunftssprache gehören, können diese Lernchancen dagegen nur bedingt nutzen (Apeltauer 2008, S. 240 f.).

Eine Schlüsselfunktion für eine erfolgreiche Erweiterung und Vertiefung des Wortschatzes während der Schulzeit kommt der Literalität zu (Steinhoff i. Dr.). Mit der Schrift eignen sich die Schülerinnen und Schüler ein äußerst effektives *Lernmedium* an, das es ihnen ermöglicht, sich lexikalische Mittel optisch und in relativer Ruhe, losgelöst von der Flüchtigkeit der Mündlichkeit, einzuprägen. Mit dem Text stoßen sie darüber hinaus auf einen höchst bedeutsamen *Lerngegenstand*: Die schulische und außerschulische Lektüre macht ihnen zuvor verschlossene, umfangreiche Wortschatzbereiche zugänglich.

Auf diese Weise werden sie in die Lage versetzt, sowohl ihren thematischen als auch ihren funktionalen Wortschatz erheblich zu erweitern (Gloning 2003, S. 39 ff.). Der thematische Wortschatz umfasst die – von einzelnen Gesprächs- und Textformen relativ unabhängigen – lexikalischen Mittel zur Versprachlichung von mehr oder weniger fachspezifischen Themen. Der funktionale Wortschatz hingegen umfasst die – von einzelnen Themen relativ unabhängigen – lexikalischen Mittel zur sprachlichen Realisierung von Gesprächs- und Textformen.

Auch bei der Nutzung des Lernpotenzials der Literalität sind Kinder mit nicht deutscher Herkunftssprache häufig benachteiligt, weil auf ihre speziellen Bedürfnisse im Schreibunterricht noch immer wenig Rücksicht genommen wird (Grießhaber 2008).

Kompetenzmodelle

Entwicklungs- oder Niveaumodelle, die darauf ausgerichtet sind, das schulische Wortschatzlernen im beschriebenen Sinne, d. h. integrativ-pragmatisch zu erfassen, gibt es bislang nicht.

Das DESI-Modell zum Wortschatz in der 9. Jahrgangsstufe ist anders ausgerichtet: Es folgt einem häufigkeitsorientierten Ansatz und unterscheidet dabei drei Niveaus (Willenberg 2008, S. 73 ff.).
→ Niveau A: »Häufig vorkommende Einträge im Grundwortschatz (definiert nach den ersten 2 000 Wörtern im Langenscheidt-Grundwortschatz)« (z. B. »Ofen« und »meinen«)
→ Niveau B: »Häufigere Konkreta und Abstrakta, die nicht zum Grundwortschatz gehören« (z. B. »Standuhr« und »chartern«)

➔ Niveau C: »Seltenere Fach- und Fremdwörter sowie übertragene Redensarten, die aber zum Wissensgebiet von Neuntklässlern gehören können« (z. B. »Abakus« und »intellektuell«)

Um eines dieser Niveaus zu erreichen, mussten die Schülerinnen und Schüler 65 Prozent der zugehörigen Aufgaben meistern. Wie sich zeigte, waren mehr als zwei Drittel der Neuntklässlerinnen und Neuntklässler nicht bzw. gerade einmal in der Lage, die Aufgaben des untersten Niveaus A hinreichend zu bewältigen. Darüber hinaus konnten Zusammenhänge zwischen individuellem Wortschatz und Schulform (Hauptschule: v. a. Niveau A, Realschule: v. a. Niveau B, Gymnasium: v. a. Niveau C) sowie Erstsprache (nicht Deutsch: v. a. Niveau A, Deutsch und mehrsprachig: v. a. Niveau B) festgestellt werden. Kein klarer Einfluss zeigte sich indes beim Geschlecht.

Diese und weitere Ergebnisse der DESI-Studie sind nicht uninteressant, weil sie darauf hindeuten, dass hier ein klares Kompetenz- und Förderdefizit vorliegt. Angesichts der Datengrundlage (Wörterbuch), des Kriteriums der Niveaumodellierung (Häufigkeit) und der zumeist kontextentbundenen Aufgaben (z. B. Definitionen, Bildbenennungen) sind die Resultate im Hinblick auf die sprachliche Handlungsfähigkeit jedoch nicht aussagekräftig. Fähigkeiten zur Rezeption und Produktion lexikalischer Einheiten in relevanten funktionalen Zusammenhängen lassen sich so nicht erfassen.

Auch neuere Modelle, die zum Kompetenzbereich »Sprache und Sprachgebrauch untersuchen« vorgelegt worden sind (Böhme/Bremerich-Vos 2009; Eichler 2007; Isaac/Metzeld/Eichler 2009; Oomen-Welke/Kühn 2009), helfen diesbezüglich nicht weiter. Sie sind auf die Überprüfung der *Sprachbewusstheit* ausgelegt und nehmen zu diesem Zweck hauptsächlich klassische Gegenstände und Begriffe des Grammatikunterrichts in den Blick. Aussagen zum Wortschatz, insbesondere zum Gebrauch lexikalischer Einheiten in medial mündlichen und schriftlichen Zusammenhängen, können auch so nicht getroffen werden.

Wenn man den Wortschatzerwerb in den Dienst des mündlichen und schriftlichen Sprachhandelns stellen will, ist es letztlich wenig sinnvoll, ein Kompetenzmodell zu entwickeln, das sich exklusiv auf den Wortschatz und die ihm von der Lexikologie zugeschriebene Systematik bezieht oder ihn auf seine Rolle bei der Sprachreflexion reduziert. Denn in beiden Fällen wird der Wortschatz vom Sprachhandeln *entkoppelt*.

Anders verhielte es sich nur dann, wenn es gelänge, einen »kommunikativen Grund- und Aufbauwortschatz« zu modellieren, der es ermöglichte, den Wortschatz im Kontext relevanter und aufeinander aufbauender Kommunikationsformate zu lehren und zu lernen. Es ist jedoch mehr als fraglich, ob ein solches Modell, das für die speziellen Bedürfnisse von DaF-Lernerinnen und -lernern erwägenswert erscheinen mag (Tschirner 2008), für Erst- und Zweitsprachenlerner entwickelt werden kann und sollte. Denn wie und aufgrund welcher Kriterien sollte ein derartiger »kommunikativer Wortschatzkanon« für die unterschiedlichen Bedürfnisse der äußerst heterogenen Schülerschaft festgelegt werden? (Merten 2011) In diese Richtung gehende Versuche sind, so faszinierend sie auf den ersten Blick auch wirken mögen, »wortschatzdidaktische Fossilien« (Kühn 2007, S. 161).

Angesichts dessen erscheint es ratsam, einem *integrativen* Modell (Abbildung 1) zu folgen. Ein solches Modell geht nicht vom Wortschatz selbst aus, sondern von den *anderen* Kompetenzbereichen und den mit ihnen verbundenen Herausforderungen. Es zielt auf eine *lexikalische Profilierung* dieser Bereiche und der zugehörigen Kompetenzmodelle ab, also darauf, das Potenzial des Wortschatzes bedarfsweise und exemplarisch zu nutzen – für den Erwerb des jeweils im Mittelpunkt des unterrichtlichen Interesses stehenden sprachlichen Handelns (Steinhoff 2009, S. 23 f.).

Abb. 1: Integratives Kompetenzmodell (Steinhoff 2009, S. 24)

Im Optimalfall kann es mit einem solchen Ansatz gelingen, jene Wörter und Mehrwortausdrücke zu trainieren, die *Schlüsselstellen* des jeweiligen Erwerbsprozesses betreffen, d. h. thematische und funktionale lexikalische Einheiten in den Blick zu nehmen, die für die Sprachrezeption und/oder -produktion von entscheidender Bedeutung sind. Ein großer Vorteil einer solchen Herangehensweise besteht darin, dass sie es ermöglicht, Schülerinnen und Schülern abstrakte Gesprächs- und Textstrukturen und -funktionen konkret – *am Wort* – vor Augen zu führen (Feilke 2009, S. 11). Darüber hinaus werden so – für Lehrende wie für Lernende – Zusammenhänge zwischen den Kompetenzbereichen gestiftet: Der Wortschatz wird zum *Bindeglied* des Deutschunterrichts.

Das Potenzial eines integrativen Modells deutet sich an, wenn man diesbezüglich die Standards für das Fach Deutsch in den Blick nimmt (KMK 2004; KMK 2005a; KMK 2005b). *Explizite* Bezüge zum Wortschatz sind zwar selten (z.B. »über einen umfangreichen und differenzierten Wortschatz verfügen«, KMK 2004, S. 10), *implizite* Bezüge hingegen, d. h. Standards, deren Erfüllung *auch* von der Verfügbarkeit eines hinreichenden Wortschatzes abhängt, finden sich in großer Zahl (z. B. »verständlich, strukturiert, adressaten- und funktionsgerecht schreiben«, KMK 2004, S. 11).

Um das Potenzial des integrativen Wortschatzmodells noch deutlicher zu konturieren, werden im Folgenden einige empirische Ergebnisse zu verschiedenen Kompetenzbereichen referiert. Sie zeigen beispielhaft, wo man ansetzen kann, wenn man die Wortschatzarbeit zur Förderung verschiedener sprachlicher Handlungsfähigkeiten einzusetzen plant.

Empirische Ergebnisse

Sprechen und Zuhören

In diesem Kompetenzbereich lassen sich z. B. die Resultate Grundlers (2009; 2011) zur Rolle des Wortschatzes beim *mündlichen Argumentieren* anführen. Die empirische Grundlage ihrer Studie bildeten 75 Gespräche zu unterschiedlichen Themen (z. B. Schuluniformen, Handyverbot), an denen 305 Jugendliche aus 12 achten Klassen aller Schularten teilnahmen.

Die Auswertung der Gespräche offenbart enge Zusammenhänge zwischen der argumentativen Kompetenz einer/eines Lernenden und der Anzahl der von ihr/ihm geäußerten unterschiedlichen Autosemantika. Schülerinnen und Schüler, die selbstständig von einem großen Spektrum von Autosemantika (»autonomer Wortschatz«) Gebrauch machten, waren in der Lage, eigeninitiativ komplexe Gesprächsbeiträge einzubringen. Schülerinnen und Schülern dagegen, die vorwiegend von solchen Autosemantika Gebrauch machten, die durch die Aufgabenstellung und andere Gesprächsteilnehmerinnen und -teilnehmer bereits vorgegeben waren (»kollektiver Wortschatz«), fiel dies deutlich schwerer. Sie verhielten sich in den Gesprächen sehr viel passiver und partizipierten oft nur formal an der Konversation (vgl. Beispiel 1).

Dies änderte sich, wenn vor den Gesprächen eine intensive, auf der Lektüre thematisch relevanter Texte beruhende Wortschatzarbeit (Worterklärungen, Vernetzungen, Zusammenfassungen) betrieben wurde, an deren Ende die Erstellung eines Stichwortzettels stand, an dem sich die Schülerinnen und Schüler während des Gesprächs orientieren konnten. Unter diesen Voraussetzungen waren auch wortschatzschwache Schülerinnen und Schüler in der Lage, eigeninitiativ und gehaltvoll zu argumentieren (vgl. Beispiel 2; es handelt sich um den gleichen Schüler).

Beispiel 1
(1) B: naTÜRlich soll mans einführen
(2) S2: jA (find ich auch) (4 sec.)
(3) DL: vielleicht gibts auch GRÜnde
(4) warum mans einführen soll
(5) B: manchmAl GEld
(6) S3: alle sehn gleich aus
(7) und keiner wird fertig gemacht

Besart (B) zum Thema Schuluniformen; S2 und S3 = Schüler/innen, DL = Diskussionsleitung (Grundler 2009, S. 88)

Beispiel 2
B: die ‚umTS-masten die haben eigentlich auch EI::n (1 sec) guten äh=also ein guten einfluss auf <<all> Manche menschen↓> (1 sec) mit de::r (.) mit dem UMTS-masten kann man ma::l auf HANdys 3 G-HANDYS ↓(.) das sind die neuesten (.) die NEUeste generation↓ (.) also kann man auch sachen herUNTerladen (1 sec.) was bilder oder so=Oder filme angucken NAchrichten BÖRse alle mögliche↓(..) des ist auch der VORteil an UMts

Besart (B) zum Thema Handyverbot (Grundler 2009, S. 89)

Lesen – mit Texten und Medien umgehen

In diesem Kompetenzbereich lassen sich z. B. die Resultate der Interventionsstudien von Nix (2011) und Gailberger (2013) zur Förderung der *Leseflüssigkeit* anführen (vgl. auch Gailberger/Nix in diesem Band). An ihren Studien nahmen insgesamt 297 Schülerinnen und Schüler aus 17 sechsten Hauptschulklassen des Frankfurter Raums (Nix) bzw. 124 Schülerinnen und Schüler aus vier achten und neunten Gesamtschulklassen aus Hamburg-Wilhelmsburg (Gailberger) teil. In beiden Designs wurden schwach bzw. sehr schwach lesende Jugendliche in den Blick genommen.

Um deren Lesefähigkeit zu fördern, wurden bei Nix leistungsheterogene *Schüler-Tandems* gebildet, die vorgegebene Texte über mehrere Monate immer wieder synchron laut lasen. Gailberger untersuchte in seiner Studie den leseförderlichen Einfluss von *Hörbüchern* durch das zeitgleiche Lesen und Hören von Buch und Hörbuch im Klassenverband.

In beiden Settings wurde von der Annahme ausgegangen, dass die Automatisierung des Decodierens (genauer gesagt die permanente Wiederholung typischer Buchstabenkombinationen, korrekter Lautstrukturen und häufiger Basiswörter) zu einer erheblichen Erweiterung des Sichtwortschatzes auf Morphemebene und damit letztlich auch zu einer Freisetzung der für das Textverstehen notwendigen Aufmerksamkeitsressourcen führt. Diese Annahme bestätigte sich in beiden Studien durch statistisch signifikante Ergebnisse: Durch die Wortschatzerweiterung auf Morphemebene konnten sich die leseschwachen Schülerinnen und Schüler von der Wortebene lösen, die Lesegeschwindigkeit erhöhen und die Leseanstrengungen minimieren, um sich schließlich hierarchiehöheren Leseprozessen zuzuwenden und ihr Textverstehen deutlich zu verbessern.

Schreiben

In diesem Kompetenzbereich lassen sich Resultate zum Einfluss des Wortschatzes auf *textsortenspezifische Schreibfähigkeiten* in der Grund- und Hauptschule anführen, die auf der Analyse längs- und querschnittlich erhobener Korpora mit Schülertexten beruhen (Augst et al. 2007; Gätje in diesem Band; Gätje/Rezat/Steinhoff 2012; Grießhaber 2006; Pohl in diesem Band; Steinhoff 2009).

Die Resultate zeigen, dass Schreib- und Wortschatzentwicklung Hand in Hand gehen. Ob es Schülerinnen und Schülern gelingt, gute Texte zu schreiben, hängt wesentlich davon ab, ob sie die dafür relevanten Wörter und Mehrwortausdrücke kennen und verwenden können. Das können zum einen lexikalische Einheiten des thematischen Wortschatzes sein. In einer Längsschnittstudie von Grießhaber (2006) zum Schreiben von freien Texten zu einem Bildimpuls (Hund) in Frankfurter Grundschulen zeigte sich etwa, dass zahlreiche Schülerinnen und Schüler mit nicht deutscher Herkunftssprache wichtige zielsprachliche Wörter (z. B. »knurren«) nicht kannten und deshalb von (weniger geeigneten) Ersatzformulierungen Gebrauch machen mussten. Zum anderen können es lexikalische Einheiten des funktionalen Wortschatzes sein, Einheiten also, die geeignet sind, die jeweils relevanten Textfunktionen zu realisieren (»Textschlüsselwörter«, Steinhoff 2011, S. 579). Dies verdeutlichen die drei folgenden Beispiele.

→ Schülerinnen und Schüler, die das Wort »plötzlich« und Wörter zur Inszenierung der Redewiedergabe bzw. Figurenrede angemessen zu verwenden verstehen, haben lexikalische Werkzeuge zur Hand, die es ihnen erlauben, Spannung aufzubauen und einen Planbruch (»Höhepunkt«) zu realisieren (vgl. Beispiel 3).

→ Schülerinnen und Schüler, die kompetent von der »wenn«-Konstruktion, lokalen Adverbien und Präpositionen Gebrauch machen, haben sprachliche Werkzeuge zur Hand, mit denen sie die Leserinnen und Leser orientieren und die Gegenstände verorten können (vgl. Beispiel 4).

→ Schülerinnen und Schüler, die Positionierungsausdrücke wie »ich finde« und Konzessionsausdrücke wie »ja/zwar …, aber« beherrschen, haben sprachliche Werkzeuge zur Hand, mit denen sie in Argumentationen ihre Meinung explizieren sowie, den Dialog simulierend, Gegenargumente und eigene Argumente aufeinander beziehen und gewichten können (vgl. Beispiel 5).

Die Auswertung der erwähnten Korpora zeigt, dass Textschlüsselwörter von den Schülerinnen und Schülern (vermutlich beim Lesen) entdeckt und im eigenen Text erprobt werden – und dass sich im Zuge dieses Wortschatzerwerbs auch die Qualität der Texte erhöht (Steinhoff 2009, S. 32 f. und S. 49).

Beispiel 3
Die Höhle zu der Hölle
Es war einmal ein Mörder, er hatte drei Menschen auf dem Gewissen. Als er starb kam er an eine Höhle er musste hineingehen weil um ihn herum nur Abgründe waren. Also ging er hinein die Höhle war dunkel und er hatte kein Licht. »Aber was war das ist da vorne nicht ein Licht, ich sehe mal nach.« **sagte er zu sich**. Da ging er schneller und tatsächlich dort war eine Kerze. »Aber was liegt denn da. Hilfe ein Skelett!«, schrie er. **Plötzlich** erhob sich das Skelett und **sagte mit tiefer Stimme:** »Ich bin der Wächter der Hölle, du bist auserwählt Diener des Teufels zu sein. Ich werde dich erstechen damit du zum Teufel kommst!« Da nahm das Skelett einen Speer und stach ihm genau ins Herz und **plötzlich** stand er vor einer Gestalt mit Hörnern es war der Teufel. Du wirst mir für ewig Luft zufächern und leiden. Wenn man mordet muss man leiden lasst euch das eine Lehre sein.

Höhepunkterzählung nach Bildimpuls (Zwerg geht mit Kerze in Höhle) von Nico (4. Klasse) (wortorthografisch korrigiert) (Augst et al. 2007, S. 379, Hervorhebung: T. S.)

Beispiel 4
Wenn man von der Tafel aus in den Raum sieht, sieht man rechts Fenster und Heizungen. **Links** ist eine große blaue Pinnwand, wo unsere Klassenregeln hängen, ein Kalender, Infos eine Karte von England und eine Urkunde. **Geradeaus** sind Hängeschränke und Bretter darauf sind Kartons, Ordner und Schulbücher. Die Sitzordnung ist eine U-Form. Wir sind 20 Kinder in unserer Klasse. **An** der Tafelwand ist die Tafel, drei Tische, ein Waschbecken, ein Tageslichtprojektor und das Pult.

Klassenzimmerbeschreibung von Mark (6. Klasse, Hauptschule) (wortorthografisch korrigiert) (Steinhoff 2009, S. 45, Hervorhebung: T. S.)

Beispiel 5
Lieber Herr Professor Augst, **ich halte es für gar nicht gut** dass Autos abgeschafft werden. **Ich finde** ohne Autos können wir vieles nicht mehr. Wir können nicht mehr in den Urlaub fahren, und wir können nirgends wo mehr hinfahren. **Ich weiß ja** dass Autos nicht umweltfreundlich sind. **Aber** mittlerweile gibt es schon Autos die z. B. mit Wasserstoff oder mit Solar angetrieben werden. Diese Art von Autos sind **zwar** sehr teuer **aber** sie haben den Vorteil die normale Autos nicht haben ist dass sie umweltfreundlich sind. So **finde** das Autos sehr nützlich sind. Lieber Herr, Professor Augst jetzt wissen Sie dass ich Autos **gut finde**
Ende

Argumentation von Chris (4. Klasse) zu der Frage, ob Autos abgeschafft werden sollen (wortorthografisch korrigiert) (www.staff.uni-oldenburg.de/thorsten.pohl/tsk/PDFs/Korpus_Kinder%20neu.pdf, Hervorhebung: T. S.)

Die in diesem Abschnitt referierten empirischen Ergebnisse veranschaulichen exemplarisch, wie groß die Bedeutung des Wortschatzerwerbs für die Entwicklung ganz unterschiedlicher sprachlicher Kompetenzen ist und wie vielfältig und Erfolg versprechend demzufolge die Möglichkeiten sind, eine integrative Wortschatzarbeit zu betreiben.

Förderung

Eine integrative Wortschatzarbeit besitzt grundsätzlich *exemplarischen* Charakter. Sie folgt, wie dargelegt, dem Ziel einer flexiblen und bedarfsweisen, situations-, aufgaben- und kompetenzspezifischen, an die größeren und kleineren Praktiken des mündlichen und schriftlichen sprachlichen Handelns anschließenden Förderung.

Dabei geht sie von bestimmten Prinzipien aus, die auf grundlegenden, im Verlauf des vorliegenden Beitrags angesprochenen Erkenntnissen zum Erwerb lexikalischer Einheiten beruhen.

→ Der Wortschatzerwerb geschieht aus dem Gebrauch heraus, weshalb die Wortschatzförderung auf kontextualisierte, d. h. gesprächs- und textbezogene Aufgaben setzen sollte.

→ Der Wortschatzerwerb führt vom fremden und zum eigenen Gebrauch, d. h. von der Rezeption über die Reflexion zur Produktion, weshalb die Wortschatzförderung vom Hören bzw. Lesen über das Bewusstmachen zum Sprechen bzw. Schreiben führen sollte.

→ Der Wortschatzerwerb ist ein komplexer Memorierungsprozess, in dem lexikalische Einheiten mehrdimensional, langsam und hochgradig individuell (beeinflusst durch Vorwissen, Interesse, Motivation etc.) vernetzt werden, weshalb die Wortschatzförderung thematisch/funktional relevante, verschiedene Interessen ansprechende, zum eigenaktiven Erwerb anregende Themen und entsprechende Wörter-Netze behandeln sollte.

Ein Konzept, das den beschriebenen Erkenntnissen gerecht wird, ist der »wortschatzdidaktische Dreischritt« von Kühn (2000, S. 14).

→ Semantisierung (Rezeption): Die Schülerinnen und Schüler entdecken für sie neue lexikalischen Einheiten in geeigneten sprachlichen Handlungskontexten (Gespräche, Texte) und machen sich – mit Hilfe verschiedener Entschlüsselungstechniken (s. u.) – mit ihren Formen und Funktionen vertraut.

→ Vernetzung (Reflexion): Die Schülerinnen und Schüler sammeln, ordnen, variieren, ergänzen und untersuchen die lexikalischen Einheiten funktionsbezogen, bedienen sich dabei verschiedener Zugriffe sowie unterschiedlicher netzwerkartiger Gruppierungen (s. u.) und erweitern und festigen so ihr Wissen über die neuen lexikalischen Einheiten.

→ Reaktivierung (Produktion): Die Schülerinnen und Schüler verwenden die neuen lexikalischen Einheiten eigenständig, kontextbezogen und adressatenorientiert in mündlichen und schriftlichen Produktionsaufgaben (s. u.).

Der wortschatzdidaktische Dreischritt kann in allen Kompetenzbereichen zum Einsatz kommen. Alle drei Schritte bieten sich v. a. für Aufgaben an, bei denen die Sprachrezeption systematisch mit der Sprachproduktion verbunden wird. Wird hingegen z. B. nur das Textverstehen fokussiert, kann das Augenmerk auch auf den beiden ersten Schritten liegen. Der wortschatzdidaktische Dreischritt ist überdies auch und gerade für solche didaktischen Ansätze offen und geeignet, die dezidiert der mehrsprachig orientierten Förderung dienen, z. B. für sprachvergleichende Übungen (Hoffmann, L. 2011b; Oomen-Welke/Kühn 2009).

Eine (im Rahmen dieses Beitrags natürlich nur kleine) Auswahl von Konzepten, die der Umsetzung dieses Dreischritts dienen, findet sich im Weiteren aufgelistet. Dies geschieht am Beispiel der Textproduktion, die, dem prozessorientierten Ansatz folgend, in gleicher Weise die Kompetenzbereiche »Lesen – mit Texten und Medien umgehen« und »Schreiben« betrifft. Die Auswahl orientiert sich an Vorschlägen von Feilke (2009), Gailberger (2011), Hoffmann, M. (2011), Kühn (2010), Polz (2011), Selimi (2010) und Steinhoff (2011).

In diesem Zusammenhang ist noch einmal ausdrücklich darauf hinzuweisen, dass die Wörter und Mehrwortausdrücke in jedem Schritt kontext- und funktionsbezogen untersucht werden müssen, auf relevante und lebensnahe Textformen und Themen ausgerichtet. Nur dann ist gewährleistet, dass die Schülerinnen und Schüler die lexikalischen Einheiten tatsächlich als *Werkzeuge des Sprachgebrauchs* wahrnehmen und erwerben.

Semantisierung (Lesen)

Für ein wortschatzbezogenes Lesen zu Beginn einer komplexen Textproduktion bietet es sich u. a. an, lexikalische Einheiten
- → in Überschriften zu reflektieren und zum Textinhalt in Beziehung zu setzen,
- → im Text zu markieren und miteinander zu verbinden (»Bewusstes Lesen mit Stiften«),
- → am Textrand oder auf Notizpapier zu erklären und zu paraphrasieren,
- → aus dem Text für eigene Zwischenüberschriften zu verwenden,
- → in geeigneten Wörterbüchern nachzuschlagen,
- → zum Gegenstand von Gesprächen zu machen.

Die Aufmerksamkeit kann dabei z. B. auf solche lexikalischen Einheiten gerichtet werden,
- → die für den jeweiligen thematischen Wortschatz zentral sind (»Stichwörter«),
- → die zum jeweiligen (textsorten-)funktionalen Wortschatz gehören (»Textschlüsselwörter«),
- → die für die Textkohäsion entscheidend sind,
- → denen eine besondere stilistische Wirkung zukommt,
- → die sprachkritisch diskutiert werden können.

Vernetzung (Reflektieren)

Für die Vernetzung und Vertiefung der erfassten lexikalischen Einheiten ist es u. a. sinnvoll, sie
- in Listen zu erfassen,
- im Rahmen von Glossaren zu erklären,
- mit Hilfe von Assoziationsnetzen zu untersuchen,
- nach Sachfeldern zu ordnen,
- in Wortfeldern zusammenzustellen,
- in Begriffshierarchien zu bringen,
- als Frames und Scripts zu rekonstruieren,
- in geeignete Lückentexte einzutragen,
- mit verschiedenen Visualisierungstechniken zu veranschaulichen (z. B. Cluster, Collagen, Mindmaps, Tabellen, Textschaubilder, Strukturlegetechniken, Zeichnungen).

(Re-)Aktivierung (Schreiben)

Bei der Nutzung der lexikalischen Einheiten zur selbstständigen Formulierung schließlich kann auf verschiedenste Textformen zurückgegriffen werden (Pohl/Steinhoff 2010). Diese Textformen können mehr oder weniger komplex sein und mehr oder weniger stark auf die Bezugstexte rekurrieren. Zu dem großen Feld solcher Formen gehören u. a.
- primär schreiberbezogene, verständnissichernde Formate wie das Précis, das Abstract, das Exzerpt, die Zusammenfassung oder die Interpretation,
- primär leserbezogene und kreativere Formate literarischer oder expositorischer Ausrichtung wie das Gedicht, die Rezension, die Reizwortgeschichte, der Steckbrief, der Lexikoneintrag oder der Leserbrief.

Die unterrichtliche Umsetzung dieser Methoden setzt, wie abschließend zu betonen ist, voraus, dass die Lehrkräfte eine »konstruktivistische Haltung« zum Wortschatzerwerb einnehmen (Osburg 2002). Dazu ist es zum einen erforderlich, sich auf die Perspektive der Schülerinnen und Schüler einzulassen und deren individuelles bzw. nicht vorhandenes Verständnis eines Wortes oder eines Mehrwortausdrucks wahr- und aufzunehmen. Zum anderen ist es erforderlich, didaktische Arrangements, wie sie oben skizziert worden sind, zu entwerfen, die es den Schülerinnen und Schülern erlauben, ihren Wortschatz zu erweitern und zu vertiefen. Angesichts des heterogenen Vorwissens und der Vielzahl individueller Erwerbsstrategien sollten die Schülerinnen und Schüler im Rahmen solcher Arrangements die Möglichkeit erhalten, möglichst eigenständig an ihrem Wortschatz zu arbeiten.

Die Lehrkräfte sind im Rahmen dieses Erwerbsprozesses nichtsdestotrotz entscheidende Impulsgeber – insbesondere für die leistungsschwächeren Schülerinnen und Schüler. Das beginnt schon mit dem alltäglichen Unterrichtsgespräch, in dem sich viele Möglichkeiten ergeben, Wortschatzproblemen »konstruktivistisch« zu begegnen. Dies illustriert das letzte Beispiel dieses Beitrags. Eine Studentin wird zunächst darauf aufmerksam, dass eine Erstklässlerin die Bedeutung eines im Aufgabenkontext relevanten Wortes nicht kennt. Anschließend erklärt sie ihr die Bedeutung erfolgreich, indem sie bei ihr verschiedene geeignete Assimilationsschemata aktiviert und es ihr so ermöglicht, das für sie neue Wort in ihr Mentales Lexikon aufzunehmen (vgl. Beispiel 6).

Beispiel 6
Studentin: Weißt du, was 'ne Laus ist? (**Tamara schüttelt den Kopf.**) Das sind diese ganz kleinen Tiere. Das sind Tiere wie Flöhe. Weißt du, was Flöhe sind?
Tamara: Äh, äh.
Studentin: Ganz kleine Tiere. Die leben zum Beispiel in dem Fell von Hunden und leben da und saugen das Blut von Tieren und …
Tamara: Ach so, Zecken.
Studentin: Ja, das sind, die leben so wie Zecken, aber sind noch viel kleiner, die sind so klein, dass man sie gar nicht sehen kann. Die könnte man nicht sehen, wenn sie da sind, doch vielleicht sieht man einen ganz kleinen roten Punkt. Aber mehr sieht man nicht. Guck mal, so klein ist die Laus. Siehst du da so eine?
Tamara: Ja. **Sie zeigt auf das Lausbild.**
Studentin: Ja, genau, so sieht sie aus. Aber die ist noch viel kleiner als auf dem Bild, eigentlich.
Tamara verbindet das Wort <Laus> mit dem entsprechenden Bild.

Erstklässler sollen Wörter mit entsprechenden Bildern verbinden, Studierende helfen ihnen dabei. Tamara hat <Laus> gelesen. (Osburg 2002, S. 222)

Literatur

Aitchison, J. (1997): Wörter im Kopf. Eine Einführung in das mentale Lexikon. Aus dem Englischen von M. Wiese. Tübingen: Niemeyer.

Anglin, J. (2005): The acquisition of word meaning II: Later lexical and semantic development. In: Cruse, D. A./Hundsnurscher, F./Job, M./Lutzeier, P. R. (Hrsg.): Lexikologie. Ein internationales Handbuch zur Natur und Struktur von Wörtern und Wortschätzen. 2. Halbband. Berlin/New York: de Gruyter, S. 1789–1800.

Apeltauer, E. (2008): Wortschatzentwicklung und Wortschatzarbeit. In: Ahrenholz, B./Oomen-Welke, I. (Hrsg.): Deutsch als Zweitsprache. Baltmannsweiler: Schneider Hohengehren, S. 239–252.

Apeltauer, E. (2010): Wortschatz- und Bedeutungsvermittlung durch Anbahnen von Literalität. Flensburger Papiere zur Mehrsprachigkeit und Kulturenvielfalt im Unterricht, H. 53 (auch online unter bildung-von-anfang-an.de/_download/Wortschatzarbeit.pdf, Abruf 4.4.2012).

Augst, G. (Hrsg.) (1984): Kinderwort. Der aktive Kinderwortschatz (kurz vor der Einschulung). Frankfurt am Main/Bern/New York/Nancy: Peter Lang.

Augst, G. (1989): Schriftwortschatz. Untersuchungen und Wortlisten zum orthographischen Lexikon bei Schülern und Erwachsenen. Frankfurt am Main/Bern/New York/Paris: Peter Lang.

Augst, G./Disselhoff, K./Henrich, A./Pohl, T./Völzing, P.-L. (2007): Text-Sorten-Kompetenz. Eine echte Longitudinalstudie zur Entwicklung der Textkompetenz im Grundschulalter. Frankfurt am Main/Berlin/Bern: Peter Lang.

Biedinger, N. (2009): Kinderarmut in Deutschland: Der Einfluss von relativer Einkommensarmut auf die kognitive, sprachliche und behavioristische Entwicklung von 3- bis 4-jährigen Kindern. In: Zeitschrift für Soziologie der Erziehung und Sozialisation 29, H. 2, S. 197–214.

Böhme, K./Bremerich-Vos, A. (2009): Kompetenzdiagnostik im Bereich »Sprache und Sprachgebrauch untersuchen«. In: Bremerich-Vos, A./Granzer, D./Köller, O. (Hrsg.): Bildungsstandards Deutsch und Mathematik. Leistungsmessung in der Grundschule. Weinheim: Beltz, S. 376–392.

Claar, A. (1990): Die Entwicklung ökonomischer Begriffe im Jugendalter. Eine strukturgenetische Analyse. Berlin/Heidelberg/New York/London/Paris/Tokio/Hongkong/Barcelona: Springer.

Dittmann, J. (2002): Wörter im Geist. In: Dittmann, J./Schmidt, C. (Hrsg.): Über Wörter. Grundkurs Linguistik. Freiburg im Breisgau: Rombach.

Eichler, W. (2004): Sprachbewusstheit und grammatisches Wissen. Grundschule 36, H. 10, S. 58–61.

Feilke, H. (2009): Wörter und Wendungen: kennen, lernen, können. Praxis Deutsch 36, H. 218, S. 4–13.

Gätje, O./Rezat, S./Steinhoff, T. (2012): Positionierung. Zur Entwicklung des Gebrauchs modalisierender Prozeduren in argumentativen Texten von Schülern und Studenten. In: Feilke, H./Lehnen, K. (IIrsg.): Schreib- und Textroutinen. Theorie, Erwerb und didaktisch-mediale Modellierung. Frankfurt am Main/Berlin/Bern/Brüssel/New York/Oxford/Wien: Peter Lang, S. 125–153.

Gailberger, S. (2011): Lesen durch Hören. Leseförderung in der Sek. I mit Hörbüchern und neuen Lesestrategien. Weinheim: Beltz.

Gailberger, S. (2013): Systematische Leseförderung für schwach lesende Schüler. Zur Wirkung von lektürebegleitenden Hörbüchern und Lesebewusstmachungsstrategien. Weinheim: Juventa.

Gloning, T. (2003): Organisation und Entwicklung historischer Wortschätze. Lexikologische Konzeption und exemplarische Untersuchungen zum deutschen Wortschatz um 1600. Tübingen: Niemeyer.

Glück, C. W. (2005): Kindliche Wortfindungsstörungen. Ein Bericht des aktuellen Erkenntnisstandes zu Grundlagen, Diagnostik und Therapie. 3. Auflage. Frankfurt am Main/Berlin/Bern/Brüssel/New York/Oxford/Wien: Peter Lang.

Glück, C. W. (2007): Wortschatz- und Wortfindungstest für 6-10-Jährige. WWT 6-10. München/Jena: Elsevier.

Grießhaber, W. (2006): Schreiben mit ausländischen Kindern. In: Berning, J./Keßler, N./Koch, H. H. (Hrsg.): Schreiben im Kontext von Schule, Universität, Beruf und Lebensalltag. Berlin: LIT, S. 306–333.

Grießhaber, W. (2008): Schreiben in der Zweitsprache Deutsch. In: Ahrenholz, B./Oomen-Welke, I. (Hrsg.): Deutsch als Zweitsprache. Baltmannsweiler: Schneider Hohengehren, S. 228–238.

Grundler, E. (2009): Argumentieren lernen – die Bedeutung der Lexik. In: Krelle, M./Spiegel, C. (Hrsg.): Sprechen und Kommunizieren in der Deutschdidaktik und im Deutschunterricht. Baltmannsweiler: Schneider Hohengehren, S. 82–97.

Grundler, E. (2011): Kompetent argumentieren. Ein gesprächsanalytisch fundiertes Modell. Tübingen: Stauffenburg.

Hoffmann, L. (2011a): Kommunikative Welten – das Potential menschlicher Sprache. In: Hoffmann, Ludger/Quasthoff, U. (Hrsg.): Die Matrix der menschlichen Entwicklung. Berlin/Boston: de Gruyter, S. 165–209.

Hoffmann, L. (2011b): Mehrsprachigkeit im funktionalen Sprachunterricht. In: Hoffmann, L./Ekinci-Kocks, Y. (Hrsg.): Sprachdidaktik in mehrsprachigen Lerngruppen. Vermittlungspraxis Deutsch als Zweitsprache. Baltmannsweiler, S. 10–28.

Hoffmann, M. (2011): Textorientierte Wortschatzarbeit. In: Pohl, I./Ulrich, W. (Hrsg.): Wortschatzarbeit. Baltmannsweiler: Schneider Hohengehren, S. 143–158.

Isaac, K./Metzeld, D./Eichler, W. (2009): Bewusster Umgang mit Sprache – Sprache und Sprachgebrauch untersuchen. In: Grundschulunterricht Deutsch 56, H. 2, S. 28–31.

KMK (2004): Bildungsstandards im Fach Deutsch für den Mittleren Schulabschluss. Beschluss vom 4.12.2003. München: Wolters Kluwer (auch online unter www.kmk.org/fileadmin/veroeffentlichungen_beschluesse/2003/2003_12_04-BS-Deutsch-MS.pdf, Abruf 4.4.2012).

KMK (2005a): Bildungsstandards im Fach Deutsch für den Primarbereich. Beschluss vom 15.10.2004. München: Wolters Kluwer (auch online unter www.kmk.org/fileadmin/veroeffentlichungen_beschluesse/2004/2004_10_15-Bildungsstandards-Deutsch-Haupt.pdf, Abruf 4.4.2012).

KMK (2005b): Bildungsstandards im Fach Deutsch für den Hauptschulabschluss. München: Wolters Kluwer (auch online unter www.kmk.org/fileadmin/veroeffentlichungen_beschluesse/2004/2004_10_15-Bildungsstandards-Deutsch-Primar.pdf, Abruf 4.4.2012).

Kühn, P. (2000): Kaleidoskop der Wortschatzdidaktik und -methodik. In: Kühn, P. (Hrsg.): Wortschatzarbeit in der Diskussion. Studien zu Deutsch als Fremdsprache V. Hildesheim u. a.: Olms 2000, S. 5–28.

Kühn, P. (2007): Rezeptive und produktive Wortschatzkompetenzen. In: Willenberg, H. (Hrsg.): Kompetenzhandbuch für den Deutschunterricht. Baltmannsweiler: Schneider Hohengehren, S. 159–167.

Kühn, P. (2010): Sprache untersuchen und erforschen. Grammatik- und Wortschatzarbeit neu gedacht. Standards und Perspektiven für die Jahrgänge 3 und 4. Berlin: Cornelsen.

May, P. (1994): Jungen und Mädchen schreiben »ihre« Wörter. Zur Rolle der persönlichen Bedeutung beim Lernen. In: Brügelmann, H./Richter, S. (Hrsg.): Mädchen lernen anders als Jungen. Lengwil: Libelle, S. 110–120.

Merten, S. (2011): Problematik des »Grundwortschatzes«. In: Pohl, I./Ulrich, W. (Hrsg.): Wortschatzarbeit. Baltmannsweiler: Schneider Hohengehren, S. 74–84.

Nix, D. (2011): Förderung der Leseflüssigkeit. Theoretische Fundierung und empirische Überprüfung eines kooperativen Lautlese-Verfahrens im Deutschunterricht. Weinheim: Juventa.

Oomen-Welke, I./Kühn, P. (2009): Sprache und Sprachgebrauch untersuchen. In: Bremerich-Vos, A./Granzer, D./Behrens, U./Köller, O. (Hrsg.): Bildungsstandards für die Grundschule: Deutsch konkret. Cornelsen: Berlin, S. 139–184.

Osburg, C. (2002): Begriffliches Wissen am Schulanfang. Schulalltag konstruktivistisch analysiert. Freiburg im Breisgau: Fillibach.

Pohl, T./Steinhoff, T. (2010): Textformen als Lernformen. In: Pohl, T./Steinhoff, T. (Hrsg.): Textformen als Lernformen. Duisburg: KöBeS, H. 7, S. 5–26 (auch online unter: www.koebes.uni-koeln.de/pohl_steinhoff.pdf, Abruf 4.4.2012)

Polz, M. (2011): Zusammenhang von Lesen und »beiläufiger« Wortschatzerweiterung und -vertiefung. In: Pohl, I./Ulrich, W. (Hrsg.): Wortschatzarbeit. Baltmannsweiler: Schneider Hohengehren, S. 107–124.

Pregel, D./Rickheit, G. (1987): Der Wortschatz im Grundschulalter. Häufigkeitswörterbuch zum verbalen, substantivischen und adjektivischen Wortgebrauch. Hildesheim/Zürich/New York: Olms.

Rothweiler, M./Meibauer, J. (1999): Das Lexikon im Spracherwerb – ein Überblick. In: Meibauer, J./Rothweiler, M. (Hrsg): Das Lexikon im Spracherwerb. Stuttgart: UTB, S. 9–31.

Schippan, T. (2002): Lexikologie der deutschen Gegenwartssprache. 2. Auflage. Tübingen: Niemeyer.

Selimi, N. (2010): Wortschatzarbeit konkret. Eine didaktische Ideenbörse für alle Schulstufen. Baltmannsweiler: Schneider Hohengehren.

Siepmann, D. (2007): Wortschatz und Grammatik: zusammenbringen, was zusammengehört. In: Beiträge zur Fremdsprachenvermittlung, H. 46, S. 59–80 (auch online unter vep-landau.de/bzf/2007_46/%2806%29Siepmann%2859-80%29.pdf, Abruf 4.4.2012).

Spinner, K. H. (2005): Der standardisierte Schüler. Wider den Wunsch, Heterogenität überwinden zu wollen. In: Becker, G./Bremerich-Vos, A./Demmer, M./Maag Merki, K./Priebe, B./Schwippert, K./Stäudel, L./Tillmann, K.-J. (Hrsg.): Standards. Unterrichten zwischen Kompetenzen, zentralen Prüfungen und Vergleichsarbeiten. Seelze-Velber: Friedrich, S. 88–91.

Steinhoff, T. (2009): Wortschatz – eine Schaltstelle für den schulischen Spracherwerb? Siegener Papiere zu Aneignung sprachlicher Strukturformen, H. 17 (auch online unter www.studiger.tu-dortmund.de/images/Steinhoff_Wortschatz_SPAsS_2009.pdf, Abruf 4.4.2012).

Steinhoff, T. (2011): Unterrichtsideen zur textorientierten Wortschatzarbeit. Aneignungs- und Gebrauchskontexte lexikalischer Mittel. In: Ulrich, W./Pohl, I. (Hrsg.): Wortschatzarbeit. Baltmannsweiler: Schneider Hohengehren, S. 577–591.

Steinhoff, T. (i. Dr.): Lernen durch Schreiben. Erscheint in: Feilke, H./Pohl, T. (Hrsg.): Schriftlicher Sprachgebrauch/Texte verfassen. Baltmannsweiler: Schneider Hohengehren.

Szagun, G. (2006): Sprachentwicklung beim Kind. Ein Lehrbuch. 2. Auflage. Weinheim/Basel: Beltz.

Tschirner, E. (2008): Grund- und Aufbauwortschatz. Deutsch als Fremdsprache nach Themen. Berlin: Cornelsen.

Ulrich, W. (2011): Begriffsklärungen: Wort, Wortschatz, Wortschatzarbeit. In: Pohl, I./Ulrich, W. (Hrsg.): Wortschatzarbeit. Baltmannsweiler: Schneider Hohengehren, S. 29–45.

Universität Oldenburg (2008): Gesamtkorpus Kindertexte. www.staff.uni-oldenburg.de/thorsten.pohl/tsk/PDFs/Korpus_Kinder%20neu.pdf (Abruf 4.4.2012).

Vollmer, H. J./Thürmann, E. (2010): Zur Sprachlichkeit des Fachlernens: Modellierung eines Referenzrahmens für Deutsch als Zweitsprache. In: Ahrenholz, B. (Hrsg.): Fachunterricht und Deutsch als Zweitsprache. Tübingen: Narr, S. 107–132.

Willenberg, H. (2008): Wortschatz Deutsch. In: DESI-Konsortium (Hrsg.): Unterricht und Kompetenzerwerb in Deutsch und Englisch. Ergebnisse der DESI-Studie. Weinheim/Basel: Beltz, S. 72–80.

Wittgenstein, L. (1958/1971): Philosophische Untersuchungen. Frankfurt am Main: Suhrkamp.

Lesen/
Literarisches
Verstehen

Steffen Gailberger/Daniel Nix

Lesen und Leseförderung in der Primar- und Sekundarstufe

Lesekompetenz, Textverstehen, Lesemotivation, Leselust, Lesestrategien, Lesecurriculum oder lesende Schule – dies sind nur einige Begriffe, die seit dem wiederholt enttäuschenden Abschneiden deutscher Schülerinnen und Schüler bei den großen internationalen Vergleichsstudien zum Lesen (PISA, IGLU, DESI) Lehrerinnen und Lehrern der Primar- und Sekundarstufen regelmäßig in didaktischen Fachzeitschriften und auf Fortbildungsveranstaltungen begegnen. In der Regel geht damit explizit oder implizit der Appell einher, in diesem Kontext »lesefördernde Maßnahmen« selbstständig zu planen, durchzuführen und auszuwerten, mithin Leseförderung im eigenen Unterricht möglichst effektiv zu betreiben, um die Lesekompetenz der Lernenden so nachhaltig wie möglich zu verbessern.

Unsere Erfahrungen als Leiter zahlreicher bundesweiter Fortbildungsveranstaltungen zum Lesen zeigen jedoch, dass sich viele (nicht alle!) Kolleginnen und Kollegen an den Schulen mit diesen Forderungen nach »mehr Leseförderung« im Unterricht oftmals alleingelassen oder sogar überfordert fühlen:

Zum einen fehlt ihnen nach eigenen Aussagen oftmals ein entsprechendes Fachwissen im Gegenstandsbereich des Lesens. Dies verwundert kaum, da eine entsprechende lesedidaktische Schulung im Rahmen der universitären Lehrerausbildung bis vor wenigen Jahren kaum vorgesehen war. In der Folge sehen sich viele Lehrkräfte naturgemäß nicht in ausreichendem Maße in der Lage, Zielsetzungen der an sie herangetragenen lesefördernden Methoden didaktisch zu durchdringen und diese zielgerichtet anzuwenden, da dazu unweigerlich ein theoretischer Begriff von Lesekompetenz verfügbar sein muss. Denn die oben angeführten Begriffe aus dem Umfeld der Leseförderung sind heterogen, d. h. sie beziehen sich auf unterschiedliche Bereiche und Ebenen von Lesekompetenz. Unreflektiert eingesetzte Förderverfahren, die isoliert voneinander eingesetzt werden, können sich daher im schlimmsten Fall sogar gegenseitig blockieren und den Lernerfolg der Schülerinnen und Schüler einschränken.

Zum anderen berichten uns viele Lehrkräfte immer wieder, dass sie zusätzlich zu didaktischen Ansätzen auch diagnostische Verfahren und Methoden kennenlernen möchten, mit denen die Lesekompetenz der Lernenden im Unterrichtsalltag auf pragmatische Weise beurteilt werden kann. Viele der in der Leseforschung benutzten psychometrischen Testverfahren sind nämlich in der täglichen Unterrichtspraxis nur bedingt einsetzbar, da der damit einhergehende zeitliche Durchführungs- und Auswertungsaufwand zu hoch ist und statistische Möglichkeiten zur Datenauswertung in der Regel nicht zur Verfügung stehen.

Letztlich besuchen zahlreiche Lehrerinnen und Lehrer Fortbildungsveranstaltungen zum Lesen, um (neue) Methoden der Leseförderung kennenzulernen, etwas über deren Anwendung zu erfahren und darüber theoriegeleitet zu reflektieren.

Im vorliegenden Beitrag wollen wir auf diese berechtigten Anliegen und Fragen vieler Lehrkräfte reagieren und in einem grundlegenden Sinne erläutern, wie schulische Leseförderung in der Primar- und Sekundarstufe gelingen kann. Dabei orientieren wir uns in vier Hauptkapiteln an zwölf Fragen von Lehrinnen und Lehrern unterschiedlicher Schulformen, die wir in unseren lesedidaktischen Workshops oft gestellt bekommen. Unsere Ausführungen sind dabei in folgende sachlogische Schritte untergliedert, die jeder *systematischen* Leseförderpraxis zugrunde liegen:

1. Zunächst klären wir auf theoretische Weise, was es eigentlich bedeutet, kompetent lesen zu können bzw. als schwacher Leser daran zu scheitern. Das Kapitel 1 steht daher unter dem Leitgedanken: Sich der eigenen lesetheoretischen Grundlagen bewusst werden.
2. Danach erläutern wir unterrichtspraktische Diagnoseverfahren, mit denen die Lesekompetenz der Schülerinnen und Schüler vor diesem Hintergrund eingeschätzt und beurteilt werden kann. Das Anliegen des Kapitels 2 lautet dementsprechend: Lesekompetenz der Lernenden beobachten und diagnostizieren können.
3. In einem dritten Schritt stellen wir in der Praxis bewährte und empirisch erprobte Verfahren und Methoden der Leseförderung vor, mit deren Hilfe die unterschiedlichen Bereiche von Lesekompetenz im Unterricht zielgerichtet unterstützt werden können. Das 3. Kapitel steht unter der Überschrift: Leseförderung didaktisch sinnvoll durchführen und auswerten.
4. Im Sinne einer Synthese skizzieren wir abschließend, wie Theorie, Diagnose und Förderung des Lesens in der Institution Schule systemisch integriert werden können. Der Leitgedanke des 4. Kapitels lautet daher: Wie baue ich eine lesende Schule auf?

Lesen aus theoretischer Sicht

Frage 1: Was ist Lesekompetenz eigentlich?

Am Anfang einer Fortbildungsveranstaltung zum Lesen ist es aufschlussreich, die teilnehmenden Lehrkräfte darum zu bitten, solche Begriffe auf Moderationskarten zu schreiben, die sie mit dem Wort »Lesekompetenz« verbinden. Aufschlussreich ist dies deshalb, weil hierbei in der Gruppe meist alle relevanten Begriffe zusammengetragen werden können, die auch in der Leseforschung verwendet werden, um Lesekompetenz theoretisch zu fundieren. Den meisten Kolleginnen und Kollegen an den Schulen sind aufgrund ihrer praktischen Arbeit mit den Lernenden Bezeichnungen wie Wortverstehen, Lesegeläufigkeit, Textverständnis, Lesemotivation oder Lesesozialisation vertraut, auffällig ist es aber in den folgenden Gesprächen meist auch, dass vielen noch ein *didaktisches Modell von Lesekompetenz* fehlt, dem sie die verschiedenen Einzelbegriffe zuordnen können. Nur Lehrende, die die Leseleistungen ihrer Schülerinnen und Schüler auf diese Art theoriegleitet beobachten können, sind jedoch letztlich dazu in der Lage, aus der Vielfalt der vorliegenden Verfahren der Leseförderung diejenigen auszuwählen, die für die tatsächlichen Schwierigkeiten der Lernenden im Umgang mit Texten wirklich zielführend sind. Daher ist es gerade aus unterrichtspraktischer Perspektive so wichtig, in einem *ersten Schritt* den Leseprozess in seinen verschiedenen Dimensionen grundsätzlich zu verstehen.

Eine Orientierung bietet hierbei das von Rosebrock und Nix (2008) ausformulierte didaktische Modell von Lesekompetenz, das auf drei unterschiedlichen Ebenen solche Aspekte des Lesens zusammenfasst, die für eine handlungsorientierte Beurteilung und Anleitung lesebezogener Unterrichtsprozesse im Rahmen des (Deutsch-) Unterrichts besonders bedeutsam sind (Abbildung 1).

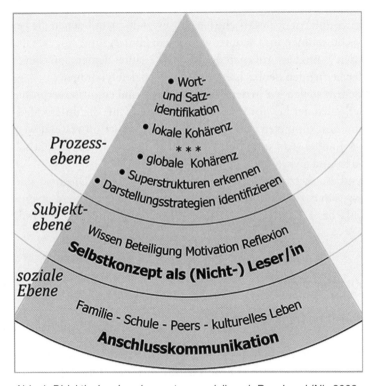

Abb. 1: Didaktisches Lesekompetenzmodell nach Rosebrock/Nix 2008

Im Zentrum der Grafik ist der unmittelbare Leseprozess dargestellt, also gleichsam das, was sich während einer Lektüre im Kopf eines Lesers abspielt, wenn dieser versucht, nicht nur einzelne Worte und Sätze zu entziffern, sondern kleinere (lokale) und dann größere (globale) Abschnitte eines Textes in den Griff zu bekommen, um schließlich den Text als Ganzes zu verstehen (übergeordnete Superstrukturen erkennen, Darstellungsstrategien identifizieren). Wenn also im Kontext der Leseförderung beispielsweise von »flüssigem Lesen« die Rede ist, dann werden Teilprozesse dieses Kompetenzbereichs auf den unteren Wort- und Satzebenen in den Blick genommen. Und wenn über »Textverstehen« oder »Förderung des Leseverständnisses« gesprochen wird, dann werden auf der kognitiven *Prozessebene* hierarchiehöhere Verstehensprozesse thematisiert.

Natürlich lassen sich Schülerinnen und Schüler aber nicht allein auf kognitive Tätigkeiten beim Lesen von Texten und Büchern reduzieren. Jede Lehrkraft kann täglich beobachten, dass die Lernenden als Subjekte in ihre Lektüretätigkeit eingebunden sind, also vor dem Hintergrund der eigenen Lesesozialisation sich mit jeweils eigenen Wissensbeständen und mit mehr oder weniger innerer Beteiligung und Motivation in ihre Lektüren einbringen: Was ein Schüler gern liest, wird von einem anderen thematisch abgelehnt, während Schülerinnen und Schüler mit Vorwissen zu einem Thema Texte leichter für sich erschließen können, bleiben anderen mit wenig Vorkenntnissen zum Thema die beschriebenen Zusammenhänge unverständlich, und während manche auch in der Freizeit dicke Bücher in Serie verschlingen, verstehen sich manche als Lesemuffel und glauben, mit Büchern und Texten nichts anfangen zu können. Die *subjektive Ebene*, der Begriffe wie »Wissen«, »Beteiligung«, »Lesemotivation« zugeordnet werden können, umschließt somit den kognitiven Leseprozess. Diese Ebene beschreibt, dass alle Verstehenstätigkeiten während der Entschlüsselung des Textes subjektiven Faktoren unterworfen sind, und thematisiert, inwiefern Erfahrungen und Einstellungen zum Lesen bei einzelnen Schülern zu einem Teil ihrer Identität geworden sind und sich zu einem »Selbstkonzept« als Leser verdichtet haben.

Der äußere Kreis der Grafik bildet schließlich die *soziale Ebene* von Lesekompetenz. Wir sollten uns als Lehrende immer deutlich machen, dass es diese Dimension ist, in der Schule und Unterricht grundsätzlich organisiert sind. Denn die Lektüre von Texten wird im Unterricht durch mündliche und schriftliche Kommunikationen vorbereitet, ausgewertet, nachbereitet, wiederholt aufgegriffen usw. Weiterhin wird der Umgang mit Texten im Unterricht durch Einstellungen zum Lesen beeinflusst, die in der Familie, im Freundeskreis und der Öffentlichkeit geprägt werden. Kompetent auf dieser Ebene des Lesens zu sein bedeutet mithin, die kommunikativen Formate, in denen im Deutsch- und Fachunterricht Texte fast ausschließlich verarbeitet werden, sicher zu beherrschen, um die individuellen Verstehensprozesse und Erfahrungen der beiden anderen Ebenen weiter ausbauen zu können.

Die konzentrischen Kreise der Grafik, in denen die Prozess-, Subjekt- und die soziale Ebene einander umlagern, sollen verdeutlichen, dass alle Bereiche von Lesekompetenz im konkreten Lektüreakt ineinander verschränkt sind – sie sind *interdependent*. Beispielsweise können gute Verständnisleitungen auf der Prozessebene bei einem Schüler dazu führen, dass er oder sie ein positives Selbstbild als Leser/in entwickelt und sich auf der sozialen Ebene stärker in den Unterricht einbringt. Nicht flüssiges Lesen auf der Wort- und Satzebene führt – um ein anderes Beispiel zu nennen – meist dazu, dass die betroffenen Schülerinnen und Schüler demotiviert sind, längere Texte meiden und über die Zeit hinweg ein Selbstbild von sich als »Nicht-Leser« entwerfen.

Gleichzeitig macht das skizzierte Lesekompetenzmodell aber auch deutlich, dass es auf den verschiedenen Ebenen *didaktische Schwerpunktbereiche* gibt, die durch eine gezielte Leseförderpraxis angesprochen werden können. Schülerinnen und Schüler, die zwar flüssig lesen können, aber Schwierigkeiten haben, das Gelesene zu verstehen, benötigen andere Fördermethoden als Lernende, die an der Entzifferung der Schrift auf der Wort- und Satzebene scheitern; und Schüler, die zwar in kognitiver Hinsicht gut und sinnentnehmend lesen können, aber dazu nicht motiviert sind, dies auch zu tun, werden beispielsweise besonders von Fördermethoden profitieren, die sie zum Lesen anregen und auf den Ausbau von Lesemotivation ausgerichtet sind.

Nicht alle Leseförderverfahren sind für alle Leseschwierigkeiten geeignet, und spezielle Schwächen und Stärken im Bereich von Lesekompetenz erfordern auch spezielle Förderansätze – das ist der Grundgedanke der *systematischen Leseförderung* (Rosebrock/Nix 2008).

Frage 2: Was passiert im Kopf eines Lesers?

Auf der Grundlage des beschriebenen Lesekompetenzmodells lässt sich genauer beschreiben, was sich während der Lektüre im Kopf des Lesers abspielt. Auf der Prozessebene lassen sich die dabei beteiligten Leseprozesse in *verschiedene qualitative Teilbereiche* untergliedern, je nachdem ob das Lesen auf der Wort-, Satz-, Absatz-, Text- oder Reflexionsebene in den Blick genommen wird. Damit wird der lesedidaktische Blick auf Leseprozesse der Schülerinnen und Schüler weiter differenziert: Die Lehrkraft kann nun in der Unterrichtspraxis beobachten, welche der Lernenden noch auf der Wort- und Satzebene stockend und unflüssig lesen, welche zwar kürzere Textabschnitte mental verarbeiten können, aber den Gesamtzusammenhang trotzdem nicht erschließen, und welche zwar Inhalte des Gelesenen wiedergeben, aber nicht tiefer reflektieren können. Danach können gezielte Fördermethoden eingeleitet werden, die auf die jeweiligen Leseschwierigkeiten abgestimmt sind.

Lesen auf Wort- und Satzebene
Die Mehrheit der deutschen Schülerinnen und Schüler ist in der Lage, am Ende der Grundschulzeit Texte auf der Wort- und Satzebene zu lesen und zu verstehen. Sie können also das Schriftbild der Wörter decodieren und einer dem Kontext angemessenen Bedeutung zuordnen sowie die einzelnen Wörter im Satzzusammenhang syntaktisch und semantisch stimmig aufeinander beziehen. Diese *basalen Leseprozesse* sind wichtig, da die nachfolgenden Teilfähigkeiten des Lesens darauf aufbauen. Es darf aber nicht übersehen werden, dass es auch am Ende der Primar- und zu Beginn der Sekundarstufe immer noch Schülerinnen und Schüler gibt, die diese grundsätzlichen Teilschritte des Lesens nicht altersangemessen beherrschen. Sie lesen noch immer unflüssig und sind inhaltlich beispielsweise nicht in der Lage, im Text beschriebene *Orte* zu benennen, bestimmten *Figuren* Namen zuzuordnen oder *wichtige Teilinformationen* des Textes zu rekonstruieren.

Die Teilfähigkeit des Lesens auf der Wort- und Satzebene darf aber noch nicht mit Lesekompetenz an sich verwechselt oder ihr gar gleichgestellt werden: Schülerinnen und Schüler auf diesem Niveau betrachten nämlich nicht die Absätze, geschweige denn den Text als Ganzes als Herausforderungseinheit, sondern richten ihre Aufmerksamkeit allein auf die sie gerade beschäftigenden Wörter und Sätze. Folglich achten sie zu wenig darauf, absatzübergreifende Beziehungen herzustellen, was ein Verstehen des Textes naturgemäß verhindert. Lesen auf Wort- und Satzebene ist daher nur ein erster, wenngleich wichtiger Baustein auf dem Weg zum kompetenten Lesen.

Lesen auf Absatzebene
Als nächster Teilschritt lässt sich bei den Lernenden beobachten, inwiefern sie das Lesen auf Absatzebene beherrschen und lokale Kohärenzen zwischen verschiedenen Sätzen herstellen können. Vorliegende Forschungen zeigen, dass dies schon deutlich weniger Schülerinnen und Schülern gelingt (Bos et al. 2007; Gailberger/Willenberg 2008). Zum Lesen auf Absatzebene gehört beispielsweise die Fähigkeit, äußere Figurenbeschreibungen oder innere Figurencharakterisierungen punktuell wahrzunehmen, Detailbeschreibungen eines Ortes zu registrieren oder die verschiedenen Aspekte eines Arguments aufzunehmen. Lernende, die auf dieser Ebene kompetent lesen können, sollten darüber hinaus in der Lage sein, Zwischenüberschriften zu formulieren, mit denen der zentrale Inhalt eines Textabschnittes griffig zusammengefasst wird.

Lesen auf Textebene
Das Lesen auf Textebene ist gleichsam der »große Bruder« sowie die notwendige Erweiterung dessen, was zuvor als Lesen auf Absatzebene bezeichnet wurde. Ging es dort noch um die sinnvolle Verknüpfung von Satzfolgen über Satzgrenzen hinweg, geht es nun darum, einzelne Abschnitte selbst miteinander in Beziehung zu setzen und größere Sinnzusammenhänge (globale Kohärenzen) zu erschließen, um auf diese Weise letztlich eine inhaltliche Gesamtvorstellung des Textes zu entwickeln. Alltagssprachlich lässt sich die Tätigkeit des Lesers hierbei als das Herstellen eines roten Fadens versinnbildlichen: Über Absätze hinweg müssen nunmehr auf der gesamten Textebene Zusammenhänge erkannt werden, die es dem Leser beispielsweise ermöglichen, *Figurencharakterisierungen* vorzunehmen, wiederholt auftauchende *Handlungsorte* in ihrer symbolhaften Bedeutung für die Handlung zu erkennen oder an verschiedenen Stellen immer wieder auftauchende *Motive* in der Geschichte zu identifizieren und zu einem *Hauptmotiv* der Narration zu verbinden. Am Ende dieser Tätigkeit sollten die Lesenden dazu in der Lage sein, anzugeben, worum es in dem gelesenen Text im Ganzen geht.

Die Reflexionsebene beim Lesen
Lesekompetenz auf der Prozessebene erschöpft sich jedoch nicht darin, inhaltliche Bezüge des Textes aufnehmen und wiedergeben zu können. Die höchste Anforderungsebene des kompetenten Lesens erreichen solche Schülerinnen und Schüler, die Texte nicht nur in der bisher beschriebenen Weise lesen, sondern darüber hinaus auch

in der Lage sind, vor dem Hintergrund der eigenen Gegebenheiten auf der Subjektebene über das Gelesene auch zu reflektieren.

Die Reflexionsebene kann also als erreicht gelten, wenn Schülerinnen und Schüler (z. B. in literarischen Unterrichtsgesprächen, in Erörterungen) zeigen, dass sie
→ das Lesen auf Wort- und Satzebene sicher beherrschen (Stichwort: Detailsuche, Detailsicherung), dass sie darauf aufbauend
→ Absätze erkennen, sichern und zu thematischen Konzepten zusammenfassen (bzw. abstrahieren) können (Stichwort: Zwischenüberschrift), dass sie ferner
→ immer dort Wissen anwenden oder für neues notwendiges Wissen sorgen (können), wo ein Textverstehen im eigentlichen Sinne ohne Wissen ausbleiben muss (z. B. historische, politische, kulturelle, biografische oder sprachliche Bezüge herstellen), und dass sie (sowohl motivational wie kognitiv) in der Lage sind, von dort aus
→ Verknüpfungen über Absätze oder gar über Kapitel einer Ganzschrift hinweg vorzunehmen, um auf diese Weise den Text auf Textebene in den Blick zu bekommen.

Erst wenn diese Teilschritte im Laufe des Leseprozesses immer wieder vollzogen werden, d. h. erst wenn Wichtiges im Text auf unterschiedlichen qualitativen Ebenen markiert und somit für den späteren Zeitpunkt eines umfassenderen Textverstehens selektiert, abstrahiert, kondensiert und schließlich gesichert wird, wenn also Orte, Figuren und Motive mit den dafür notwendigen Wissensbeständen zueinander in Beziehung gesetzt werden, kann davon gesprochen werden, dass ein Text nicht nur gelesen wurde, sondern dass über ihn auch in Anschlusskommunikationen auf der sozialen Ebene kompetent *diskutiert, geurteilt und reflektiert* werden kann.

Alle beschriebenen Teilprozesse auf der kognitiven Prozessebene des Lesens fordern das *Weltwissen* des Lesers in verschiedenen Wissensdomänen mehr oder weniger deutlich ein. Konkret müssen Leserinnen und Leser auf allen Stufen des Verstehensprozesses sogenannte Leerstellen schlussfolgernd schließen und für sich kohärent machen, und zwar immer dann, wenn Sinnzusammenhänge nicht explizit im Text hergestellt werden. Daher erweist sich das Vorwissen der Leser auch immer wieder als eine bedeutsame Variable, die das Textverständnis beeinflusst (Köster 2003, 2006; Gailberger et al. 2007).

Die bewusste Anwendung notwendigen Wissens für das Verstehen von Texten stellt im Übrigen augenscheinlich ein nicht unerhebliches Problem sowohl für Kinder der Primarstufe (Bos et al. 2007) als auch für Schülerinnen und Schüler der Sekundarstufe dar (vgl. Frederking wie Leubner in diesem Band; Gailberger/Willenberg 2008) und ist auch noch für Lehramtsstudierende des Faches Deutsch nachweisbar von Bedeutung (Huber/Stückrath 2007; Blömeke et al. 2011).

Frage 3: Was ist Leseflüssigkeit und wie hängt sie mit dem Textverständnis zusammen?

Traditionell wird in der deutschsprachigen Diskussion zur Leseförderung der Schwerpunkt vorrangig auf hierarchiehohe Verstehensprozesse der kognitiven Prozessebene gelegt. Wie im vorherigen Abschnitt dargestellt, geht es in dieser Perspektive um die wichtige Frage, wie das Leseverständnis bei den Schülerinnen und Schülern gestützt und ausgebaut werden kann, sodass sie sich größere Abschnitte und schließlich den Gesamttext inhaltlich erschließen und vor dem Hintergrund ihres Weltwissens reflektieren können. In diesem Zusammenhang sollte jedoch nicht aus dem didaktischen Blick geraten, dass die beschriebenen Teilprozesse auf der Wort- und Satzebene, die sogenannten *hierarchieniedrigen Leseprozesse*, ebenfalls eine eigenständige Komponente von Lesekompetenz darstellen, da die Fähigkeit zur flüssigen Lektüre eine wichtige Voraussetzung für höhere Verstehensprozesse darstellt und daher eine wichtige Zieldimension der Leseförderung ist (Rosebrock et al. 2011). Doch was bedeutet Leseflüssigkeit eigentlich? In der Forschung wird Leseflüssigkeit als gestuftes Konstrukt beschrieben, das vier Dimensionen umfasst. Erst das Zusammenspiel aller vier Einzelkomponenten begünstigt eine flüssige laute und leise Textlektüre (Rosebrock/Nix 2006).

Die Decodiergenauigkeit
Das flüssige Lesen baut zunächst auf einer hohen Decodiergenauigkeit auf. Damit ist gemeint, dass sich der Zugriff auf das semantische Lexikon fehlerfrei vollzieht, sodass dem decodierten Schriftbild des Wortes eine passende Bedeutung zugewiesen werden kann. Unflüssig (man sagt auch: *disfluent*) lesende Schülerinnen und Schüler sind auf dieser Ebene entsprechend daran zu erkennen, dass sie sich auffällig oft sinnentstellend verlesen oder sich oft selbst fortwährend korrigieren müssen.

Die Automatisierung
Flüssig lesen zu können heißt aber nicht nur genau, sondern auch automatisiert lesen zu können. Dies bedeutet, sich nicht mehr auf den Lesevorgang selbst konzentrieren zu müssen, sondern die Decodierprozesse ohne gesonderte Aufmerksamkeit vollziehen zu können. Ein Widerspruch? Kaum, wie ein Vergleich mit dem Autofahren verdeutlicht: Während die Aufmerksamkeit in der ersten Fahrstunde noch voll und ganz auf jeden Teilaspekt des Fahrens, z. B. das Lenken und Schalten, gerichtet ist, ist das Fahren nach vielen Jahren der Übung dermaßen automatisiert, dass auch andere Dinge (z. B. Telefonieren, Diskutieren, Singen, Kaffeetrinken) zeitgleich erledigt werden könnten. Nicht automatisiert lesende Schülerinnen und Schüler sind im Unterricht entsprechend daran zu erkennen, dass sie im Decodierprozess mehrfach ansetzen müssen, um ein Wort zu entziffern, oder, vor allem bei längeren Wörtern, auffällig langsam beim Dechiffrieren des Schriftbildes sind. Sie verfügen noch nicht über den ausgeprägten Sichtwortschatz automatisierter Leser, der sie dazu befähigt, Wörter »auf einen Blick« zu erkennen (vgl. hierzu Steinhoff in diesem Band).

Die Lesegeschwindigkeit

Aus dem Zusammenspiel von Lesegenauigkeit und Automatisierung ergibt sich als dritte Komponente des flüssigen Lesens die Lesegeschwindigkeit. Schwach lesende Schülerinnen und Schüler fallen diesbezüglich sowohl in der Primar- als auch in der Sekundarstufe dadurch auf, dass sie deutlich langsamer lesen als lesekompetentere Gleichaltrige. Eine zu geringe Lesegeschwindigkeit ist lesedidaktisch betrachtet problematisch, da ein zu langsam lesendes Kind am Satzende oftmals schon wieder vergessen hat, was es am Satzanfang gerade noch gelesen hatte. Bezüge innerhalb von Sätzen oder zwischen diesen können solche Kinder daher nicht angemessen herstellen (Rosebrock/Nix 2008).

Die Betonung beim Lesen

Die vierte Komponente von Leseflüssigkeit thematisiert, inwiefern Schülerinnen und Schüler die Sätze eines Textes mit einer angemessenen Betonung und Phrasierung lesen bzw. vorlesen können. Ist die Betonung stimmig, kann davon ausgegangen werden, dass die Vorgaben des Textes berücksichtigt wurden, sodass syntaktische und semantische Sinnabschnitte wahrgenommen wurden. Disfluent lesende Schülerinnen und Schüler scheitern aber hierbei: Sie vermögen es nicht, die Sätze im Rezeptionsprozess prosodisch in sinnvolle, grammatisch zusammengehörige Teilabschnitte zu segmentieren. Sie schaffen es folglich nicht, ein Lesen in Ein- oder Zweiwortschritten zu überwinden, um schließlich unter Verwendung von impliziten oder expliziten Textsignalen mit einer sinnvollen Betonung, einer flexiblen und sinngebenden Intonation, mit Pausengestaltungen und angemessenen Rhythmisierungen das eigene Verstehen des Gelesenen zu unterstützen. Eine angemessene prosodische Phrasierung kommt im Übrigen auch beim stillen, sogenannten »subvokalisierten« Lesen vor dem »inneren Ohr« zum Tragen (Nix 2011, S. 94 ff.).

Was hat Leseflüssigkeit nun aber mit *Textverständnis*, also den hierarchiehohen Verstehensprozessen im Lesevorgang zu tun? Die Antwort auf diese Frage ergibt sich, wenn man die Rolle des begrenzten menschlichen Arbeitsgedächtnisses beim Lesevorgang berücksichtigt. Flüssige Leser müssen keine gesonderte kognitive Aufmerksamkeit mehr auf die beschriebenen basalen Leseprozesse richten, sodass ihre kognitiven Ressourcen uneingeschränkt für die eigentlichen Verstehensprozesse zur Verfügung stehen. Sie können sich voll und ganz auf den »Sinn« des Gelesenen konzentrieren. Disfluent lesende Schülerinnen und Schüler blockieren ihr Arbeitsgedächtnis hingegen, indem sie zusätzlich mentale Kapazitäten für die Entzifferung der Schrift benötigen. Sie müssen zwischen dem Decodieren auf der Wortebene bzw. dem für sie mühsamen Verbinden der Wörter auf der Satzebene und der eigentlichen Bedeutung des Gelesenen permanent hin- und herwechseln. Dadurch wird das Textverständnis bei den betroffenen Schülerinnen und Schülern nachweisbar eingeschränkt (Gold 2007). Das flüssige Lesen stellt daher eine wichtige Vorläuferfähigkeit des verstehenden Lesens dar.

Probleme im Bereich der Leseflüssigkeit lassen sich typischerweise bei zwei Lesergruppen vorfinden: Zum einen sind sie im Primarschulbereich in den Anfangsjahren des Leseunterrichts bei den meisten Schülerinnen und Schülern mehr oder weniger deutlich ausgeprägt, da die Kinder in dieser Phase des Schriftspracherwerbs ja zunächst lernen müssen, die Phonem-Graphem-Zuordnungen zu beherrschen und einen Sichtwortschatz aufzubauen. Zum anderen sind aber auch nach dem Übergang an die weiterführenden Schulen zahlreiche Schülerinnen und Schüler zu beobachten, die die Entwicklungsaufgabe des flüssigen Lesens in der Grundschule nicht in ausreichendem Maß bewältigt haben und ihre mangelnde Lesegeläufigkeit im Verlauf der Sekundarstufe weiter verschleppen. Sowohl in der Primar- als auch in der Sekundarstufe sollte die Förderung der Leseflüssigkeit daher ein wichtiges Teilziel einer umfassenden Leseförderpraxis darstellen (Rosebrock et al. 2011). Die skizzierten Teilkomponenten des Leseflüssigkeits-Konstrukts stellen hierbei Beobachtungskategorien dar, die für die Diagnose der basalen Lesefähigkeiten bei den Lernenden im Unterrichtsgeschehen zugrunde gelegt werden können.

Frage 4: Welche Rolle spielen Motivation, Emotion und Interesse beim Lesen im Deutschunterricht?

Im oben skizzierten Lesekompetenzmodell von Rosebrock und Nix (2008) wurde dargestellt, dass sich die Lektüren von Texten nicht nur in kognitiven Operationen erschöpfen, sondern dass Leserinnen und Leser vor allem auch als *Subjekte* in ihre Lektüretätigkeiten involviert sind. Als Schlüsselbegriffe auf dieser Subjektebene von Lesekompetenz werden immer wieder die Bezeichnungen (Lese-)Motivation, Emotionen beim Lesen und Leseinteresse angeführt. Doch was hat es mit diesen eigentlich auf sich?

Lesemotivation
Ob jemand motiviert ist, etwas zu tun, oder ob er bzw. sie dies lieber bleiben lässt (und wenn ja, warum), kann auf folgende vereinfachte Weise verdeutlicht werden. In Anlehnung an Möller und Schiefele (2004) bedienen wir uns dabei eines Modells, das in der pädagogisch-psychologischen Forschung als »Wert-mal-Erwartungs-Modell« bekannt geworden ist (vgl. auch Gold 2007). Nach diesem Modell bewerten wir alle Tätigkeiten in motivationaler Hinsicht – egal ob es sich dabei um Steuererklärungen, Urlaubsplanungen oder eben Leseaktivitäten handelt – auf der Basis zweier Fragestellungen, deren Antworten miteinander »verrechnet« werden.
→ Die erste Fragte lautet nach diesem Modell: *Mag ich das?* Die entsprechende Antwort repräsentiert dabei die sogenannte *Wert-Komponente* der vorzunehmenden Tätigkeit.
→ Die zweite Frage lautet: *Schaffe ich das?* Die entsprechende Antwort repräsentiert die sogenannte *Erwartungskomponente*, womit der etwas sperrige Begriff des »Wert-mal-Erwartungs-Modells« transparent wird.

Folglich werden Handlungen beispielsweise dann ausgeführt,
→ wenn sie auf der *Wertebene* hochgradig positiv aufgeladen und damit so verlockend sind, dass sie zu einer Verdrängung oder auch Relativierung des eigenen (potenziellen) Scheiterns führen;
→ wenn sie (als ein klassischer Fall der extrinsischen Motivation) dermaßen als zwingende Notwendigkeit angesehen werden, dass ein Blick auf den *Wert* der Handlung irrelevant wird oder gar vermieden werden muss;
→ oder wenn sie mir leicht von der Hand gehen und ich somit Dritten helfen kann, die Schwierigkeiten haben, auch wenn ich selbst der eigentlichen Handlung keinen hohen *Wert* beimesse.

Mit Blick auf das Lesen wird vor diesem Hintergrund deutlich, dass Lesehandlungen von Schülerinnen und Schülern im Deutschunterricht vor allem dann qualitativ wie quantitativ nachhaltig vorgenommen werden können, wenn *beide* Fragen positiv beantwortet werden können – wenn also Lust, Spaß, Freude, kurz: eine hohe Begeisterung für das Lesen (Wert-Komponente) mit der Überzeugung einhergehen, den Lesevorgang auch in technischer Hinsicht meistern zu können (Erwartungskomponente).

Bei schwachen Lesern ist jedoch oft das Gegenteil zu beobachten: Schlechte Lesefertigkeiten bedingen auch eine geringe Bereitschaft, vor allem längere Texte und Ganzschriften zu lesen. Leseförderung, die nachhaltig wirken möchte, sollte also im besten Fall mit Methoden aufwarten können, die die Lernenden dazu bringen, eigene Lesevorhaben sowohl in Bezug auf den Wert (»Ich mag lesen …«) als auch in Bezug auf die eigene Erwartung (»… und ich schaff das auch«) positiv einzuschätzen (hierzu im Detail Nix 2011; Gailberger 2013).

Leseinteresse
Die zuletzt erläuterte Dimension der Lesemotivation ist die quantitative Komponente, die darüber informiert, wie intensiv sich eine Person mit einer Tätigkeit wie dem Lesen beschäftigt. Dem gegenüber ist das Leseinteresse eine qualitative Komponente, die darüber Auskunft gibt, welche Textsorten und Thematiken gerne von den Schülerinnen und Schülern gelesen bzw. welche Lesestoffe nur mit Widerwillen angegangen oder gar abgelehnt werden. Leseförderung, die mit Blick auf das Leseinteresse der Kinder und Jugendlichen durchgeführt wird, muss daher vor allem darauf ausgerichtet sein, möglichst *interessante Lektüren* für die Schülerinnen und Schüler auszuwählen bzw. Unterrichtsarrangements zu wählen, in denen die Lernenden diese Auswahl selbst treffen können.

Leider scheitert der Deutschunterricht oftmals an dieser Zielsetzung, wie vorliegende Forschungen zeigen. So weisen beispielsweise Richter und Plath (2005) in ihrer Grundschuluntersuchung nach, dass die von den Lehrkräften ausgesuchten Unterrichtslektüren viel zu häufig an den Leseinteressen der Schülerinnen und Schüler vorbeigehen, ja dass die Auswahlpräferenzen der Kolleginnen und Kollegen zum Teil diametral zu den Vorlieben der Kinder stehen. In diesem Zusammenhang lässt sich übrigens auch die Nähe der beiden Begriffe Lesemotivation und Leseinteresse deutlich machen: Werden die Wünsche der Kinder und Jugendlichen und ihre Begeisterung für bestimmte Lektüren im Unterricht übersehen oder bewusst nicht in die Unterrichtsplanung integriert, wird die *Wert*-Komponente der Lesemotivation reduziert, obwohl ihre Ausbildung bei den Kindern und Jugendlichen doch als eine der zentralen Zielsetzungen des Literaturunterrichts gilt (Büker/Vorst 2010).

Emotionen beim Lesen
Egal, was wir tun – wir tun es emotional und können es gar nicht anders, wie psychologische Forschungen übereinstimmend zeigen (im Überblick Lewis et al. 2010). All unsere Handlungen werden fortlaufend mit einer »emotionalen Spur« versehen, wobei sich naturgemäß positive Emotionen (z. B. Stolz oder Freude) von negativen Gefühlen (z. B. Scham oder Frust) abgrenzen lassen. Während positive, »begeisternde« Emotionen kognitive Lernprozesse in Gang setzen, beschleunigen und fördern (Willenberg 1999), bewirken negative Gefühle beim Lernen genau das Gegenteil und können im schlimmsten Fall die Ausbildung von Kompetenzen verhindern (Hasselhorn/Gold 2006, S. 113 ff.). Aus diesem Grund hat Willenberg (1999, S. 127 ff.) die Emotionen beim Lesen aus neuropsychologischer Perspektive auch als die »heimliche Basis« des Lesens und Lernens bezeichnet und ins Zentrum seiner Betrachtungen gestellt.

Im Kontext der Leseförderung ist es daher notwendig zu hinterfragen, inwieweit den Emotionen der Schülerinnen und Schüler auf der Subjektebene von Lesekompetenz Rechnung getragen wird. Denn Gefühle bereiten schließlich jeden Lektüreakt vor, werden während des Lesens ausdifferenziert und verdichten sich nach der Lektüre zu einem Gesamteindruck, der im Gedächtnis haften bleibt. Daher ist es nicht verwunderlich, dass in Lesebiografien erwachsener Leserinnen und Leser vor allem positive und negative emotionale Eindrücke in Bezug auf Lektüre und damit verbunden auch den Deutschunterricht erinnert werden (Graf 2007). Negative Gefühle führen dabei dazu, dass Lektüren im Rahmen des Deutschunterrichts als langweilig und überflüssig eingestuft werden, sodass das Lesen als eine Tätigkeit »anderer« wahrgenommen werden kann, die mit der eigenen Lebensgeschichte nichts zu tun hat. Im schlimmsten Fall führen negative Emotionen dazu, dass sich Angsterlebnisse im Umgang mit Texten einstellen und entsprechende Aufgabenstellungen im Deutschunterricht als Bedrohung wahrgenommen werden können (Pieper et al. 2004).

Wird Leseförderung darauf ausgerichtet, die Schülerinnen und Schüler emotional für das Lesen zu begeistern und positive Erlebnisse im Umgang mit Texten zu vermitteln, müssen Unterrichtsarrangements verwirklicht werden, die die Lernenden zu authentischen Erfahrungen im Umgang mit Texten anregen, sodass in diesem Rahmen Lektüre als eine sich selbst genügende Tätigkeit kennengelernt und intrinsische Lesemotivation aufgebaut werden kann. Gelingt dies im Deutschunterricht, so können Kinder und Jugendliche Freude, Erfolg und Zuversicht beim Lesen empfinden, womit positive Selbstkonzepte und Selbstwirksamkeitsüberzeugungen ermöglicht werden.

Lesen aus diagnostischer Sicht

Frage 5: Was heißt Diagnose von Lesekompetenz?

Die Bewusstmachung der eigenen lesetheoretischen Grundlagen auf der Grundlage eines didaktischen Modells von Lesekompetenz ist der erste Schritt auf dem Weg zu einer systematischen Leseförderpraxis. Ehe mit der eigentlichen Förderung des Lesens im Unterricht sinnvollerweise begonnen werden kann, muss als *zweiter Schritt* jedoch zunächst die Frage gestellt werden, welche Dimensionen und Ebenen von Lesekompetenz nun genau angesteuert werden sollen, also welche Schwierigkeiten und Stärken im Lesen bei den Schülerinnen und Schülern einer Klasse überhaupt vorhanden sind.

Die erste Stufe stellt dabei sicherlich die Entwicklung eines *diagnostischen Blicks* dar. Denn Lehrende interagieren tagtäglich mit ihren Schülerinnen und Schülern auf unterschiedlichen Beziehungsebenen, sodass sie sie auch in verschiedenen Lesesituationen erleben und durch formale und informelle Anschlussgespräche Einblicke in deren Lesekompetenz erhalten. Werden diese Beobachtungen theoriegeleitet, d. h. vor dem Hintergrund des oben skizzierten didaktischen Lesekompetenzmodells vorgenommen, werden Stärken und Schwächen im Lesen oftmals deutlich, ohne dass formalisierte Diagnoseinstrumente angewendet werden müssen. Kinder und Jugendliche, die beispielsweise immer wieder altersangemessene Texte auffällig stockend und kleinschrittig vorlesen, bedürfen vermutlich einer gezielten Förderung der Lesegeläufigkeit. Und Schülerinnen und Schüler, die etwa im Unterrichtsgespräch inhaltliche Fragen zum gelesenen Text wiederholt unzutreffend beantworten, haben eventuell Schwierigkeiten damit, globale Bezüge herzustellen und das Gelesene mental zusammenzuführen.

In Gesprächen mit den Kindern und Jugendlichen können Lehrkräfte auch viel über deren subjektive Vorlieben und Abneigungen mit Blick auf Themen, Textsorten und Lesestoffe erfahren, sodass sie im Unterrichtsgeschehen darauf reagieren oder »beiläufig« deren Lesemotivation fördern können, indem sie individuelle Leseempfehlungen geben. Durch einen solchen diagnostischen Blick können beiläufig wichtige Erkenntnisse zur Lesekompetenz der Lernenden gewonnen werden, die bei Bedarf geprüft, ausdifferenziert und systematisiert werden können.

Dazu bietet sich auf der zweiten Stufe der Einsatz diagnostischer Instrumente an, mit deren Hilfe die Lesekompetenz der Schülerinnen und Schüler in unterschiedlichen Testsituationen beurteilt werden kann. Um die verschiedenen, auch auf dem Buchmarkt erhältlichen Testverfahren einstufen zu können, ist es vorab hilfreich, mit Holle (2010) zwischen zwei diagnostischen Grundrichtungen zu unterscheiden und sogenannte *psychometrische* von *edumetrischen* Testverfahren abzugrenzen.

Psychometrische Verfahren
Psychometrische Verfahren der Diagnose sind vereinfacht gesagt alle Lesetests, die auf einer Standardisierung beruhen und die es daher erlauben, Schülerinnen und Schüler in bestimmte Leistungsgruppen (z. B. schlecht, unterdurchschnittlich, durch-

schnittlich, überdurchschnittlich, ausgezeichnet) einzuteilen. Dazu wird der erreichte Testwert einzelner Schüler bzw. ganzer Klassen über Auswertungsbögen in Relation zur der repräsentativen Eichstichprobe des jeweiligen Lesetests gesetzt. Je nachdem, welche Dimension von Lesekompetenz im Testverfahren erhoben wird, lässt sich mit psychometrischen Verfahren oftmals ermitteln, um wie viele Jahre bestimmte Schüler oder Schulklassen im Lesen »zurückhängen« und ob sich die Schülerinnen und Schüler innerhalb eines festgelegten Förderzeitraums in der getesteten Variable verbessern. Dazu werden die Ergebnisse des Tests vor der ergriffenen Fördermaßnahme mit den ermittelten Werten nach deren Abschluss abgeglichen. Die Testhefte psychometrischer Verfahren sind in der Regel kostenpflichtig, sodass vorab eine Lizenz für die Durchführung erworben werden muss.

Edumetrische Verfahren
Demgegenüber sind edumetrische Verfahren kleinere und informellere Lesetests, die situationsgebunden von Lehrkräften im Unterricht durchgeführt werden können. Sie folgen keiner zuvor vorgenommenen Standardisierung, sondern legen den Fokus vielmehr auf einzelne Schülerinnen und Schüler, um deren Defizite und Stärken differenziert sichtbar zu machen. Sie eignen sich dazu, auf pragmatische Weise zeitnah Informationen über aktuelle Ausprägungen von Lesekompetenz bei den Lernenden zu ermitteln und Erkenntnisse über Problemlösungsmöglichkeiten im weiteren Unterrichtsgeschehen zu sammeln.

Ein mögliches Zusammenspiel von theoriegeleiteter Beobachtung und ausgewählten psycho- sowie edumetrischen Testverfahren wird im Folgenden in unterschiedlichen Diagnosesituationen beispielhaft vorgestellt.

Frage 6: Wie kann man basale Lesefertigkeiten im Unterricht diagnostizieren?

Beispiel 1
Die Lehrerin einer vierten Grundschulklasse **beobachtet**, dass einige Schülerinnen und Schüler der Lerngruppe beim Vorlesen unbekannter, aber relativ einfacher Texte immer wieder auffällig stockend und langsam sind. In anschließenden Unterrichtsgesprächen sind sie kaum dazu in der Lage, den Inhalt des Gelesenen wiederzugeben. Vor dem Hintergrund ihrer lesetheoretischen Kenntnisse kommt die Lehrerin zu der Schlussfolgerung, dass diese Kinder noch nicht genügend Leseläufigkeit entwickelt haben. Da das flüssige Lesen eine wichtige Vorläuferfähigkeit darstellt, um Texte verstehend zu lesen, beschließt sie, genauer zu ermitteln, ob bestimmte Dimensionen von Leseflüssigkeit bei den Schülern besonders förderbedürftig sind. Während die anderen Schülerinnen und Schüler der Klasse mit einer Gruppenarbeit beschäftigt sind, führt sie die im Folgenden beschriebenen **edumetrischen Diagnoseverfahren** durch, die jeweils nur einige Minuten Zeit in Anspruch nehmen.

Ein Lautleseprotokoll anlegen

Bei einem Lautleseprotokoll wird ein Schüler darum gebeten, einen zuvor ausgewählten Text eine Minute lang vorzulesen. Beispielsweise kann das Kind in dem Schullese- oder Kinderbuch, in dem es ohnehin gerade liest, einfach laut weiterlesen. Die Lehrkraft stoppt die Zeit und macht sich während des Vorlesens Notizen auf einer Textkopie. Dabei benutzt sie ein zuvor festgelegtes Notationssystem, sodass sie ermitteln kann, welche Dimensionen von Leseflüssigkeit noch besonders förderbedürftig sind. Beispielsweise kann sie über jedes korrekt gelesene Wort ein kleines Häkchen setzen, falsch gelesene und unkorrigierte Wörter mit einem Minus markieren und ausgelassene Wörter mit einer Null versehen. Nach einer Minute endet das Protokollieren, und die Lehrkraft macht an der Stelle einen senkrechten Strich, die das Kind zu diesem Zeitpunkt erreicht hat, lässt es den Satz bzw. die Passage jedoch noch zu Ende lesen. Die Testsituation ist nun abgeschlossen, und die Lehrkraft kann (zu Hause) mit der Auswertung des Lautleseprotokolls beginnen. Bereits mit diesem minimalen Testaufwand lassen sich relativ verlässliche Daten zu zwei wichtigen Dimensionen der Leseflüssigkeit erheben.

Erstens lässt sich die *Decodiergenauigkeit* des Schülers über die Anzahl der Fehler und Auslassungen ermitteln, indem die gesetzten Minuszeichen und Nullen zusammengezählt und von der Gesamtzahl der gelesenen Wörter abgezogen werden (= Anzahl der fehlerfrei gelesenen Wörter). Diese Anzahl wird anschließend durch die Anzahl aller gelesenen Wörter dividiert, um die Decodiergenauigkeit des Schülers in Prozentangaben zu erhalten. In der angelsächsischen Leseforschung wurde ermittelt, dass eine Decodiergenauigkeit von etwa 95 Prozent für das flüssige Lesen konstitutiv ist. Anders formuliert: Nur wer Verstehenslücken durch ausgelassene, verlesene oder nicht verstandene Wörter unter fünf Prozent halten kann, besitzt die erste Voraussetzung dafür, flüssig und verstehend lesen zu können. Mit einer Decodiergenauigkeit von etwa 90 bis 94 Prozent sind Texte meist nur mit fremder Hilfe zugänglich. Sinkt sie unter 90 Prozent, bleibt das Gelesene in der Regel unverständlich (Rosebrock/Nix 2008).

Zweitens lässt sich die *Lesegeschwindigkeit* des getesteten Schülers aus dem angefertigten Lautleseprotokoll erschließen, da die richtig gelesenen Wörter pro Minute, also die Anzahl der Häkchen bis zum gesetzten senkrechten Strich, unmittelbar ablesbar sind. Leider gibt es derzeit für den deutschsprachigen Raum keine verlässlichen Normwerte, die die Lesegeschwindigkeiten von Schülerinnen und Schülern über die verschiedenen Jahrgangsstufen hinweg auf verschiedenen Niveaustufen von Lesekompetenz erfassen (zur Diskussion Rosebrock et al. 2011, S. 55 ff.). Als Faustregel lässt sich jedoch annehmen, dass die Lesegeschwindigkeit nicht unter etwa 100 richtig gelesene Wörter pro Minute fallen sollte, damit der Text für die Leser (und Zuhörer) noch verständlich bleibt (Rosebrock et al. 2011, S. 62 ff.).

Lautleseprotokolle lassen sich natürlich noch weiter ausdifferenzieren, indem weitere Notationszeichen verwendet werden. Beispielsweise kann auch die *Automatisierungsleistung* der Schülerinnen und Schüler auf diese Weise erfasst werden, indem ein senkrechter Strich über jedem Wort notiert wird, das nicht auf Anhieb erkannt wird, sondern in mehreren Ansätzen erlesen werden muss (z. B. »Unbe-, Ungeheeuu-, Ungeheuer«). Auch Wörter, vor denen auffällig lange Pausen eingelegt werden, können auf diese Weise markiert werden. Automatisierungsprobleme liegen bei einem Schüler dann vor, wenn mehrere solcher Striche gesetzt werden müssen und wenn dies auch bei relativ geläufigen Wörtern geschieht.

Je komplexer Lautleseprotokolle allerdings werden, also je mehr Dimensionen durch entsprechende Notationen beobachtet werden, desto schwieriger wird naturgemäß das zeitgleiche Mitprotokollieren während des Vorlesens. Bei ausdifferenzierten Lautleseprotokollen empfiehlt es sich daher, das Vorlesen des Schülers aufzunehmen (beispielsweise mit einem Smartphone), sodass bei der Auswertung mehrere Hördurchgänge durchlaufen werden können.

Werden Lautleseprotokolle bei schwächeren Lesern regelmäßig über längere Zeitabschnitte geführt, sodass die Ergebnisse zu verschiedenen Testzeitpunkten dokumentiert werden können, lässt sich die *Leseentwicklung* einzelner Kinder und Jugendlicher sichtbar machen. Verbesserungen in der Lesegeläufigkeit werden dadurch nachvollziehbar und können den Schülerinnen und Schülern in gemeinsamen Besprechungen rückgemeldet werden. Dies kann sich auch positiv auf die lesebezogenen Selbstkonzepte der Lernenden auswirken, die die verbesserten »objektiven Werte« dann ggf. auf ihre eigenen Bemühungen in der Fördersituation zurückführen können (zur ausführlichen Beschreibung des Einsatzes von Lautleseprotokolle im Unterricht Rosebrock et al. 2011, S. 83ff.).

Die Intonationsfähigkeit einschätzen
Verstehendes Lesen im Bereich der grundlegenden Leseprozesse bedeutet auch, die grammatische Struktur eines Satzes zu erfassen und in eine sinnvolle bzw. Sinn gebende Betonung zu überführen. Auch diese Fähigkeit der Schülerinnen und Schüler, syntaktische Einheiten des Satzes durch geschlossene Betonungsbögen zusammenzugruppieren, lässt sich durch ein *edumetrisches* Diagnostikverfahren beurteilen und im oben beschriebenen Sinn über längere Förderzeiträume hinweg dokumentieren. Dazu lässt sich die Lehrkraft wiederum einen ausgewählten Text vorlesen und notiert auf einer Kopie Lesepausen bzw. Textstellen, an denen Luft geholt wird – auch wenn diese Stellen sich mitten im Wort oder an ungewöhnlichen Positionen im Text befinden. Durch die Pausenmarkierungen ergeben sich Wortgruppen, die mit gezeichneten Bögen grafisch zusammengefasst werden können. Auf diese Weise ist unmittelbar zu erkennen, ob der getestete Schüler noch überwiegend in kleinschrittigen Wortgruppierungen liest oder bereits größere Intonationseinheiten realisieren kann. Zur Interpretation können die Notationen und die beim Vorlesen gesammelten Eindrücke mit der *Checkliste* abgeglichen werden, die von Pinnell (1995) entwickelt und von Rosebrock et al. (2011) für den deutschsprachigen Unterricht adaptiert wurde (Abbildung 2).

		Ja / Nein
Level 4	Die Schülerin/der Schüler liest weitgehend in größeren, semantisch sinnvollen Worteinheiten.	
	Trotz gelegentlicher Rücksprünge im Text, Wiederholungen und Abweichungen wird dem übergeordneten Verlauf der Geschichte Rechnung getragen.	
	Ein Großteil der Geschichte wird expressiv interpretiert (verschiedene Lesegeschwindigkeiten, Lautstärken, Stimmlagen, emotionale Beteiligung etc.).	
Level 3	Die Schülerin / der Schüler liest überwiegend in Dreier- oder Vierer-Wortgruppen; gelegentlich treten auch kleinere Wortgruppen auf.	
	Die Mehrheit der Wortgruppierung ist (trotzdem) angemessen und entspricht der Syntax der Geschichte.	
	Wenig oder keine expressive Interpretation (Verschiedene Lesegeschwindigkeiten, Lautstärken, Stimmlagen, emotionale Beteiligung etc.).	
Level 2	Die Schülerin / der Schüler liest überwiegend in Zweier-Wortgruppen. Dreier- und Vierer-Wortgruppen treten gelegentlich auf.	
	Ab und zu kommt auch ein Wort-für-Wort Lesen vor.	
	Die Wortgruppierungen erscheinen ungeschickt und stehen in keinem Zusammenhang zur Syntax der Geschichte.	
Level 1	Der Schüler liest die Geschichte hauptsächlich Wort für Wort.	
	Nur gelegentlich treten Zweier- oder Dreier-Wortgruppierungen auf.	
	Die wenigen Wortgruppierungen sind unregelmäßig und unterstützen nicht die Syntax der Geschichte.	

Abb. 2: Checkliste zur Einschätzung des betonten Lesens (nach Rosebrock et al. 2011, S. 86)

Schülerinnen und Schüler, die im Ergebnis den beiden unteren Stufen zugeordnet werden, sind von einer flüssigen Lektüre noch weit entfernt. Lernende, deren Vorlesen auf den Stufen drei und vier eingruppiert wurde, können hingegen Texte bereits flüssig und Sinn konstituierend vorlesen, da sie größere Wortgruppierungen bilden, die der Syntax des Textes überwiegend entsprechend und zudem (ansatzweise) expressive Interpretationen des Gelesenen leisten können.

Beispiel 2
Ein Lehrer einer weiterführenden Schule übernimmt zum Schuljahresbeginn eine neue fünfte Klasse als Deutschlehrer. Da ihm die Bedeutung des flüssigen Lesens für die Ausbildung von Lesekompetenz bekannt ist, beschließt er, sich ein Bild über den Leistungsstand der Schülerinnen und Schüler bezüglich der grundlegenden Lesefertigkeiten zu verschaffen, um auf dieser Basis weitere Beobachtungen im persönlichen Umgang mit den Lernenden zu sammeln. Er entscheidet sich für ein **psychometrisches Testverfahren**, das »Salzburger Lesescreening« (SLS), für das eine Schullizenz vorliegt.

Das »Salzburger Lesescreening«
Das »Salzburger Lesescreening« (SLS) ist ein standardisiertes Testverfahren, das sowohl für den Primar- als auch für den Sekundarstufenbereich (Klassen 5 bis 8) käuflich erworben werden kann (Mayringer/Wimmer 2003; Auer et al. 2005). Der Test dauert exakt drei Minuten, die von der durchführenden Lehrkraft mit einer Stoppuhr gemessen werden. Jeder Schüler einer Klasse hat ein personalisiertes Testheft vor sich liegen, in dem listenförmig zahlreiche zusammenhanglose Aussagesätze abgedruckt sind. Hinter jedem Satz sind ein Häkchen und ein Kreuz abgebildet. Während der Bearbeitungszeit müssen die Lernenden entscheiden, ob der gerade gelesene Satz inhaltlich richtig oder falsch ist, und das entsprechende Symbol umkreisen. Das Testverfahren ermittelt als Zielvariable die Lesegeschwindigkeit der Schülerinnen und Schüler. Denn Kinder und Jugendliche, die flüssig lesen können, werden in den vorgegebenen drei Minuten mehr Sätze bearbeiten können als stockend lesende Mitschüler. Da das Leseverstehen in diesem Testverfahren nicht ermittelt werden soll, sind die Sätze so gestaltet worden, dass sie ohne Reflexionsaufwand immer unmittelbar als richtig oder falsch zu identifizieren sind (z. B. »Im Badezimmer findet man immer eine Straßenlaterne« oder »Eine Woche hat sieben Tage«).

Für die Auswertung wird jedes Testheft einzeln korrigiert, was allerdings nur wenige Minuten Zeit in Anspruch nimmt. Am Ende werden die in drei Minuten korrekt bearbeiteten Sätze zu einer Gesamtpunktzahl addiert, sodass jedem Schüler ein Rohpunktwert zugewiesen werden kann. Dieser Wert lässt sich anhand einer Tabelle im beiliegenden Manual einem Lesequotienten zuordnen, sodass eine Einordnung der erbrachten Leseleistung in unterschiedliche Niveaustufen möglich wird. Die Lehrkraft erhält auf diese Weise eine Einschätzung darüber, ob die basalen Lesefähigkeiten ihrer Schülerinnen und Schüler im Altersvergleich unterdurchschnittlich, in einem normalen Bereich oder überdurchschnittlich sind. Der Einsatz des Testverfahrens ist daher neben dem Gebrauch in einzelnen Schulklassen als Screening-Instrument auch über ganze Jahrgangsstufen hinweg sinnvoll, um beispielsweise zu Beginn der fünften Jahrgangsstufe an der weiterführenden Schule zu prüfen, welche Schülerinnen und Schüler noch Probleme im flüssigen Lesen haben. Diesen kann dann der Besuch in speziellen Förderkursen angeboten werden.

Die sich aus dem einfachen Testaufbau der Lesegeschwindigkeitsmessung in nur drei Minuten ergebende hohe Anfälligkeit des Lesescreenings macht es notwendig, mit zwei unterschiedlichen Testversionen A1 und A2 zu arbeiten. Dies verhindert, dass die nebeneinander sitzenden Schülerinnen und Schüler voneinander abschreiben, was schließlich zu einer Manipulation der Individual- sowie zu einer Manipulation der Mittelwerte der gesamten Klasse führen würde. Die Tatsache, dass beispielsweise beim SLS 5–8 bereits ein Zuwachs von etwa drei Sätzen in drei Minuten einer Steigerung um ein Schuljahr gleichkommt, verdeutlicht die Sensibilität dieses Testinstruments.

Frage 7: Wie kann man Textverständnis im Unterricht diagnostizieren?

Beispiel 1
Eine Lehrerin liest zusammen mit einer vierten Grundschulklasse einen Roman der Kinder- und Jugendliteratur. Sie beobachtet in mehreren Unterrichtsstunden, dass eine Schülerin in den anschließenden Unterrichtsgesprächen große Schwierigkeiten damit hat, das zuvor Gelesene zu verstehen. Probleme im basalen Lesebereich können jedoch ausgeschlossen werden, da die Schülerin in Vorlesesituationen flüssig und betont lesen kann. Die Lehrerin entschließt sich dazu, das folgende **edumetrische Diagnoseverfahren** anzuwenden, um das Leseverständnis der Schülerin differenzierter bewerten zu können.

Literarische Texte mündlich nacherzählen lassen
Um zu überprüfen, was Schülerinnen und Schüler beim eigenständigen Lesen literarischer Texte ohne fremde Hilfe verstanden bzw. behalten haben, lässt sich ein von Holle (2010) entwickeltes *edumetrisches Diagnoseverfahren* im Unterricht anwenden. Das Testinstrument baut darauf auf, dass die meisten Erzähltexte der Kinder- und Jugendliteratur einer ähnlichen »Geschichtengrammatik« folgen, deren verschiedene Komponenten im Verstehensprozess erschlossen und mental miteinander in Beziehung gesetzt werden müssen. Holle (2010, S. 76) führt sechs solcher Teilaspekte auf (Tabelle 1).

Element	Beschreibung	Beispiel
1. Setting	Informationen über Ort und Zeit und die Hauptpersonen	*Es war einmal eine kleine dünne Maus mit Namen Melvin, die in einer großen Scheune lebte.*
2. Initiierendes Ereignis, Komplikation	Das Ereignis, mit dem die »eigentliche« Handlung beginnt und die Hauptperson häufig vor ein Problem stellt, das sie lösen muss.	*Eines Tages fand Melvin unter einem Heuhaufen eine Schachtel Müsli. Auf der einen Seite der Schachtel entdeckte er ein kleines Loch.*
3. Ziel, Plan	Die Hauptperson möchte etwas erreichen oder – je nach Komplikation – etwas verhindern und entwickelt einen entsprechenden Plan.	*Melvin stellte sich vor, wie gut ihm das Müsli schmecken würde, nahm sich aber vor, nur ein bisschen davon zu naschen.*

4. Handlung	Eine oder mehrere Handlungen werden vollzogen, in deren Verlauf das Ziel erreicht werden soll. Ggf. treten weitere wichtige (Helfer-) Figuren auf.	*Dann schlüpfte Melvin durch das Loch in die Schachtel und ließ es sich schmecken.*
5. Folgen	Die Handlungen ziehen Folgen nach sich.	*Aber bald hatte er das ganze Müsli aufgegessen und war ganz dick geworden.*
6. Reaktion (Lösung)	Die Hauptperson reagiert auf die Folgen, die entweder die Lösung des Problems darstellen oder die (wie im Beispiel) ein neues Problem aufwerfen, das als initiierendes Ereignis für eine weitere Handlungskette dient (mit erneutem Beginn in Setting-Punkt 1).	*Melvin wusste, dass er viel zu viel gegessen hatte und fühlte sich sehr unbehaglich. Er nahm sich vor, in Zukunft nicht mehr so gefräßig sein zu wollen. Nun aber galt es, die kommenden Stunden oder gar Tage zu überwinden, bis er wieder durch das Loch passen sollte. Oder gab es nicht noch eine andere Möglichkeit, der Schachtel zu entkommen ...*

Tab. 1: Typische Elemente einer Geschichtengrammatik (nach Holle 2010, S. 76)

Für die Anwendung des Testinstruments wählen die Lehrkräfte (z. B. aus dem vorliegenden Lesebuch) im ersten Schritt eine kurze, in sich geschlossene Erzählung aus und bestimmen dafür selbst die oben dargestellten Komponenten der Geschichtengrammatik. Erzählungen, die sich damit nicht erfassen lassen, sind für die Testsituation zu komplex und sollten hierfür außer Acht gelassen werden. Sind diese Vorbedingungen erfüllt, werden im zweiten Schritt die Schülerinnen und Schüler einzeln gebeten, die Geschichte zu lesen, um sie im Anschluss nachzuerzählen – so wie sie es auch bei Eltern, Geschwistern oder Freunden machen würden, wenn diese den Text noch nicht kennen. Diese Nacherzählung kann auch auf Tonband aufgenommen werden, um bei der Auswertung mehrere Hördurchgänge durchlaufen zu können. Die im dritten Schritt vorzunehmende Auswertung der von den Lernenden vorgetragenen Nacherzählung erfolgt mittels einer Tabelle und des vorab erstellten Erwartungshorizonts (Tabelle 2; ein ausgearbeitetes Beispiel bietet Gailberger 2012).

Dabei wird jeweils ein Punkt für jeden Teilaspekt der Geschichtengrammatik vergeben, der von dem Schüler in der Nacherzählung angemessen ausgeführt worden ist. Aussagen, die das Wesentliche besonders gut zusammenfassen, können auch mit mehreren Punkten bedacht werden. Die Addition der erreichten Punkte macht sichtbar, ob ein Schüler nahe an die maximal zu erreichende Punktzahl herankommt, also über ein gutes Verständnis der ausgewählten Geschichte verfügt, nur manche der genannten Teilaspekte realisiert oder nur so wenige Punkte erzielt, dass von einem verstehenden Lesen nicht ausgegangen werden kann. In diesem Fall sollten Fördermaßnahmen ergriffen werden, die das globale Textverständnis der Lernenden schulen.

Elemente	Punkte
Setting Hauptperson benannt andere Personen benannt Ort und Zeit benannt	
Initiierendes Ereignis, Problem, Ziel initiierendes Ereignis benannt Reaktion der Hauptperson auf das initiierende Ereignis benannt Problem und/oder Ziel der Hauptperson benannt	
Handlung, Folgen der Handlung, Lösung erzählt, was die Hauptperson unternimmt Folgen der Handlung (Lösung) benannt Reaktion der Hauptperson auf die Folgen benannt	
Reihenfolge der Elemente Elemente, die in der Reihenfolge der Geschichte erzählt werden (jeweils 1 Punkt)	
Temporale und kausale Bezüge Nacherzählung enthält explizite Angaben zur zeitlichen Abfolge der Ereignisse, wie »und dann ...«, »zuerst ..., danach« usw. (jeweils 1 Punkt) Nacherzählung enthält explizite Angaben zum kausalen Zusammenhang von Ereignissen, wie »weil«, »um ... zu«, »damit« (jeweils 1 Punkt)	
Erreichte Punktezahl des Schülers	
Maximale Punktezahl der Analyse des Vorlagetextes	

Tab. 2: Checkliste zur Beurteilung von Nacherzählungen (nach Holle 2010, S. 77)

Beispiel 2
Ein Lehrer einer fünften Klasse hat den Eindruck, dass zahlreiche seiner Schülerinnen und Schüler Schwierigkeiten im verstehenden Lesen haben. Die Durchführung einzelner edumetrischer Tests ist ihm aufgrund der hohen Anzahl betroffener Schüler zu zeitaufwendig. Er entschließt sich daher dazu, ein **psychometrisches Testverfahren**, den Leseverständnistest »ELFE 1–6«, anzuwenden, mit dem die ganze Klasse diagnostisch erfasst werden kann, und finanziert den Kauf der entsprechenden Testhefte durch eine Elternspende. Eine Kollegin, die in einer zwölften Oberstufenklasse unterrichtet, praktiziert die gleiche Vorgehensweise mit dem »Lesegeschwindigkeits- und -verständnistest für die Klassen 6–12 (LGVT)«.

ELFE 1–6
Der »ELFE 1–6« ist ein *psychometrisches Testverfahren*, bei dem das Textverständnis von Schülerinnen und Schülern während der Grundschulzeit sowie in den ersten beiden Schuljahren der Sekundarstufe in standardisierter Form geprüft werden kann (Lenhard/Schneider 2006). Das kostenpflichtige Diagnoseinstrument steht als

Computerprogramm sowie als Papierversion zur Gruppentestung zur Verfügung. Das Textverständnis der Lernenden wird innerhalb des Testverfahrens auf drei unterschiedlichen Ebenen erfasst: Geprüft werden das Wort-, das Satz- und das Textverständnis der Lernenden.

Für die Evaluation des Leseverständnisses auf *Wortebene* werden den Kindern in einem gesonderten Teil des Testheftes Items dargeboten, die jeweils aus einem Bild und vier dazugehörigen Wortalternativen bestehen, die einander im Schriftbild und der Klanggestalt ähnlich sind. Ein Wort bezeichnet den Bildinhalt immer richtig (z. B. »Nase«), die anderen Wörter liefern falsche Nennungen (z. B. »Hase«; »Name«; »Vase«). Die Aufgabe der Lernenden besteht darin, sich innerhalb von zwei Minuten die Bilder anzuschauen und anschließend das jeweils zum Bild passende Wort zu unterstreichen.

Auf der *Satzebene* wird das Textverständnis ermittelt, indem die Schülerinnen und Schüler entscheiden müssen, welches Wort aus einer Auswahlliste in eine Lücke im abgedruckten Satz am besten hineinpasst (z. B. »Mit einem Füller/Bein/Kuchen/Kopf/ Hals kann man schreiben«).

Im letzten Teil des Testheftes werden den Schülerinnen und Schülern mehrere kurze Texte dargeboten, um das Verständnis auf der *Textebene* zu evaluieren. Unter den Abschnitten sind Fragen zum Gelesenen im Multiple-Choice-Format abgedruckt, die jeweils nach der Lektüre beantwortet werden müssen, wobei immer eine Antwort richtig ist. Die Antwortmöglichkeiten wurden dabei so gestaltet, dass verschiedene Niveaustufen des verstehenden Lesens abgedeckt werden: Während einige Aufgaben lediglich das Auffinden isolierter Textinformationen einfordern, müssen bei anderen beispielsweise satzübergreifende Informationen miteinander in Beziehung gesetzt oder Schlussfolgerungen gezogen werden. Die Lernenden haben insgesamt zum Bearbeiten des Materials in diesem Teil des Testes sechs Minuten Zeit. In diesem Zusammenhang sollte jedoch bedacht werden, dass die Abschnitte meist sehr kurz sind, sodass vorrangig das verstehende Lesen auf lokaler Ebene mit dem Testverfahren erfasst wird.

Für die Auswertungen werden die bepunkteten richtigen Antworten zusammengezählt und im Manual den Normwerten der Eichstichprobe zugeordnet. Unterschiedliche Ausprägungen des Textverständnisses auf den unterschiedlichen Textebenen können somit für die geprüften Schülerinnen und Schüler der Klasse ermittelt werden.

LGVT 6–12

Der »Lesegeschwindigkeits- und Verständnistest für die Klassen 6–12« ist ein kombiniertes Testverfahren, mit dem sich sowohl hierarchieniedrige Teilprozesse des Lesens als auch hierarchiehöhere Verstehensaspekte evaluieren lassen (Schneider/Schlagmüller/Ennemoser 2007). Der Test kann im Klassenverband durchgeführt, aber auch zur Einzeldiagnostik benutzt werden. Die Durchführungszeit beträgt inklusive der Instruktionszeit nur zehn Minuten.

Jedem Schüler wird ein Testheft ausgehändigt, in dem ein in sich abgeschlossener linearer Text abgedruckt ist, der insgesamt 1727 Wörter umfasst (die Wörterzahl ist als Ziffer für jede Zeile am Textrand aufgeführt). Um das Leseverständnis der Schülerinnen und Schüler im Leseprozess fortlaufend zu prüfen, sind in den Fließtext an mehreren Stellen Klammern eingebaut, an denen der Leser jeweils zwischen drei verschiedenen Wortalternativen wählen muss, die durch Unterstreichung hervorgehoben werden. Die richtige Antwort erfordert dabei ein gründliches sinnverstehendes Lesen des Textes, damit diejenige Auswahloption markiert werden kann, die zum Inhalt des bisher Gelesenen passt. Beispielsweise heißt es an einer Textstelle: »Ich wurde dazu erzogen, Respekt vor dem Brot zu haben. Meine aus Schweden stammende Mutter erzählte uns, dass wann immer sie als Kind einen [Teller, Tisch, Brotbissen] auf den Boden fallen ließ, sie diesen sofort aufheben, sauber machen und küssen musste« (Testheft, S. 4). Der Schüler muss an dieser Stelle das Wort »Brotbissen« unterstreichen. Für die Bearbeitung des Materials stehen den Schülerinnen und Schülern genau vier Minuten Zeit zur Verfügung, die von der Lehrkraft gestoppt werden. Die Lernenden machen einen senkrechten Strich an der Textstelle, die sie nach Ablauf der Zeit erreicht haben.

Die Auswertung der einzelnen Testbögen gibt einerseits Aufschluss über das Textverständnis der Schüler, das sich aus der erreichten Rohpunktzahl ergibt, die im Manual mit Normtabellen abgeglichen werden kann (jede richtige Antwort erhält zwei Punkte, falsche Antworten führen zu Punktabzug). Die Lesegeschwindigkeit ist der Normstichprobe vergleichbar, da durch den senkrechten Strich der Schüler am Ende der Testzeit und die ausgewiesenen Wörter am Zeilenende die gelesenen Wörter pro Minute errechnet werden können.

Frage 8: Wie lässt sich Lesekompetenz auf der Subjekt- und Sozialebene diagnostisch erfassen?

Beispiel
Eine Lehrerin einer siebten Klasse beobachtet, dass zahlreiche Schülerinnen und Schüler ihre Klasse zwar in technischer Hinsicht gut lesen können und das Gelesene inhaltlich auch verstehen, aber auffällig demotiviert sind, wenn im Unterricht längere Romane der Kinder- und Jugendliteratur gelesen werden. Sie beschließt, ein **edumetrisches Diagnoseinstrument** einzusetzen und entwirft einen **Fragebogen**, mit dem sie die Lesemotivation und das Leseinteresse der Lernenden evaluiert. Auf diese Weise erhofft sie sich differenzierte Einblicke in subjektive und soziale Dimensionen von Lesekompetenz, auf die sie die weitere Unterrichtsplanung abstimmen kann.

Eigene Fragebögen entwickeln
Die oben angeführten Diagnosebeispiele beziehen sich alle auf unterschiedliche Dimensionen der Prozessebene des Lesens. Gemeinsam ist dieser kognitiven Dimension von Lesekompetenz, dass sie sich vergleichsweise gut operationalisieren, also in re-

lativ gut abgrenzbare Einzelvariablen überführen lässt, die dann in der Testsituation »messbar« sind. Aneignungsprozesse im Lesen, die auf den subjektiven und sozialen Ebenen von Lesekompetenz ablaufen, lassen sich demgegenüber schwerer begrifflich fassen, operationalisieren und folglich auch evaluieren, weil sie das Erleben von und das Handeln mit Lektüren beschreiben, aber nicht kausal erklären können. Wie Rosebrock (2009) darlegt, steht bei diesen Dimensionen von Lesekompetenz der Erfahrungsbegriff in einem »ganzheitlichen Sinn, also in seiner Eingebundenheit in die lebensweltlichen und biographischen Situationen, in denen Erfahrungen gemacht werden und auf die Person zurückwirken« (S. 63) im Vordergrund. Daher sind die verschiedenen lesebezogenen Aspekte dieser Ebenen nur schwer mit standardisierten psychometrischen Testverfahren erschließbar. Die Diagnosetätigkeit im Unterricht wird sich daher vorrangig auf theoriegeleitete *Beobachtungen* und Gespräche mit den Lernenden beschränken, die – wie im angeführten Beispiel dargestellt – bei Bedarf durch *edumetrische Instrumente* ergänzt werden.

Dazu bieten sich vor allem *Fragebögen* an, die von der Lehrkraft auf die verschiedenen subjektiven und sozialen Dimensionen von Lesekompetenz abgestimmt werden können, über die sie in der jeweiligen Klasse nähere Auskunft benötigt. Die Auswertung solcher individuell auf die Klasse zugeschnittenen Fragebögen bietet die Möglichkeit, den Unterricht noch enger auf die Interessen und Bedürfnisse der Schülerinnen und Schüler auszurichten bzw. Methoden der Leseförderung passgenau zur Anwendung zu bringen (zur Auswertung z. B. Eikenbusch 2004). Dass dies offenbar zu selten geschieht, zeigen beispielsweise die Ergebnisse von Pieper et al. zum mangelnden Einfluss eines lesespezifischen Deutschunterrichts auf Hauptschüler bzw. Hauptschulabgänger (Pieper et al. 2004) sowie die von Richter und Plath (2005) veröffentlichte Grundschuluntersuchung mit dem programmatischen Titel »Lesemotivation in der Grundschule« (2005). Darin wird das ernüchternde Ergebnis dokumentiert, dass die durchschnittliche Lesemotivation der Grundschüler ab der zweiten Klasse abnimmt und bis zum Ende der vierten Klasse nicht mehr erhöht werden kann.

Bei der *Konstruktion der Fragebögen* sollten sich die Lehrkräfte nach Möglichkeit an den üblichen Standards der empirischen Psychologie orientieren. Beispielsweise sollten die einzelnen Items immer eindeutig formuliert werden und sich nur auf eine Aussage beschränken. Weiterhin ist darauf zu achten, dass Suggestivsätze vermieden und positive und negative Formulierungen nicht vermischt werden (dazu ausführlich Bühner 2011).

In inhaltlicher Hinsicht sollten die verschiedenen Aussagen, die im Fragebogen zur persönlichen Beurteilung durch die Schülerinnen und Schüler zusammengestellt werden, in der gewählten Formulierung möglichst genau die jeweilige Kategorie abbilden (Lesemotivation, Leseinteresse, Lesesozialisation usw.), die evaluiert werden soll.

Geht es der Lehrkraft darum, einen Überblick über subjektive Faktoren von Lesekompetenz zu erhalten, bieten sich *geschlossene Fragebögen* an, die in der Auswertung quantitativ ausgezählt werden können. Hierzu können in Tabellenform neben den

jeweiligen Aussagen Felder eingefügt werden, die von den Lernenden angekreuzt werden. Dabei haben sich vierstufige Skalen bewährt, die neutrale Aussagen verhindern, indem sie die Schüler zu einer Positionierung zwingen (»Stimme voll zu«; »Stimme eher zu«; »Stimme eher nicht zu«; »Stimme überhaupt nicht zu«). Mögliche Items könnten beispielsweise (wie bei Gailberger 2013) lauten:
→ Die Bücher, die wir im Deutschunterricht lesen, bringen mir Spaß.
→ Wenn wir im Deutschunterricht ein Buch lesen, dann freue ich mich schon in der Pause darauf, weil ich gerne wissen möchte, wie die Geschichte weitergeht.
→ Wenn wir im Unterricht Bücher lesen, dann verstehe ich diese so gut, dass ich mich anschließend auch am Gespräch darüber beteiligen kann.
→ Beim Lesen im Deutschunterricht macht es mir Spaß, wenn wir Schüler unvorbereitet laut vor der Klasse vorlesen müssen.
→ Bei den Büchern, die wir im Deutschunterricht lesen, kann es schon mal vorkommen, dass ich alles um mich herum vergesse.
→ Das gemeinsame Lesen von Büchern im Deutschunterricht ist mir persönlich wichtig.
→ Das Lesen von Büchern im Deutschunterricht empfinde ich als zu anstrengend.
→ ...

Für einen genaueren, noch individuelleren Blick bieten sich *offene Fragebögen* an, bei denen die Schülerinnen und Schüler zu gestellten Fragen individuelle kürzere und längere Antworten in Textform verfassen. Die Texte der Lernenden werden in der Auswertung dann gegliedert, indem (bildlich gesprochen) jeder Antwort ein »Etikett« angeheftet wird. Auf diese Weise lassen sich inhaltliche Aussagen bestimmten Kategorien (Lesemotivation, Lesesozialisation, Leseinteresse usw.) zuordnen und sammeln (im Einzelnen Schreier 2006).

Lesen aus kompetenzfördernder Sicht

Frage 9: Welche Möglichkeiten gibt es, um die Leseflüssigkeit der Lernenden zu fördern?

Nachdem die lesetheoretischen Grundlagen geklärt und die Lesekompetenz der Lernenden diagnostisch erfasst wurde, können in einem *dritten Schritt* lesefördernde Maßnahmen ergriffen werden, die möglichst genau auf die erfassten Schwächen und Stärken der einzelnen Schülerinnen und Schüler abgestimmt sind. Genau diese Vorgehensweise wird in der didaktischen Fachliteratur als »systematische Leseförderung« bezeichnet (Rosebrock/Nix 2008).

Auf der kognitiven Prozessebene von Lesekompetenz wurden die grundlegenden Leseprozesse auf der *Wort- und Satzebene* als ein Schwerpunkt lesefördernder Maßnahmen herausgestellt. Schülerinnen und Schüler, die in der Primar-, aber auch zu Beginn der Sekundarstufe noch nicht flüssig lesen können, bedürfen unbedingt einer gezielten Leseförderung in diesem Bereich. Doch welche Fördermethoden bieten sich hierzu für den Unterricht an?

Die Leseforschung zeigt, dass *Leseflüssigkeit* vor allem durch zielorientierte und eher kleinschrittige Übungen geschult werden kann, die direkt auf die verschiedenen Dimensionen von Leseflüssigkeit ausgerichtet sind (Rosebrock/Nix 2006).

Im Grundschulbereich werden in der unterrichtspraktischen Literatur zahlreiche Übungen beschrieben, mit denen auf der Wortebene die Phonem-Graphem-Zuordnung gefestigt, verbreitete Buchstabenkombinationen (z. B. etwa Prä- und Suffixe) eingeprägt und Wortbildungsprozesse erarbeitet werden können. Diese sollen auf der Satzebene die Lernenden dazu befähigen, syntaktische und semantische Einheiten im Satz zu erkennen und Kontextinformationen heranzuziehen (z. B. Satzteile richtig ergänzen, durcheinandergebrachte Sätze ordnen, falsche Aussagen erkennen). Solche voneinander unabhängigen und punktuell einsetzbaren Übungen finden sich auch oftmals als Kopiervorlagen in Lehrermanualen, die begleitend zu den Lesebüchern angeboten werden (im Überblick Nix 2010).

Neben solchen isolierten Übungsformen haben sich zur Förderung von Leseflüssigkeit, gerade auch bei älteren Schülerinnen und Schülern der Sekundarstufe, sogenannte »Lautleseverfahren« als effektiv erwiesen (Nix 2011). Dabei handelt es sich um Verfahren, bei denen die Schülerinnen und Schüler in unterschiedlichen didaktischen Arrangements durch Vorlesen das flüssige Lesen gezielt trainieren. Es geht hierbei nicht (vorrangig) darum, Texte durch einen möglichst guten Vortrag interpretierend vorzulesen, also »Vorlesekunst« zu betreiben. Stattdessen lesen die Lernenden in »geschützten« Trainingssituationen, die immer gleich strukturiert sind, ausgewählte Texte (halb-)laut alleine oder mit einem Partner vor, um sich auf diese Weise den eigenen Leseprozess zu vergegenwärtigen und bewusst das flüssige Lesen zu üben.

Dabei wirken sich vor allem zwei Mechanismen positiv aus: Durch die mehrfache *Wiederholung* kurzer Textabschnitte sollen sich oft vorkommende Wörter und Buchstabenkombinationen in den Sichtwortschatz einschleifen, sodass sich die Decodier- und die Automatisierungsleistungen der Lernenden Schritt für Schritt verbessern (»wiederholtes Lautlesen«).

Beim »begleitenden Lautlesen« wird auf die Wirkung eines lesekompetenteren *Lesemodells* (z. B. einen besser lesenden Mitschüler, den Lehrer, Lesepaten, Eltern, Großeltern) gesetzt, das zusammen mit dem schwächeren Leser Texte (im Chor, versetzt, abwechselnd, hintereinander usw.) vorliest und dabei die angemessene Geschwindigkeit vorgibt, passende Betonungen des Gelesenen demonstriert und Lesefehler korrigiert, das flüssige Lesen also persönlich betreut und begleitet. Beide Prinzipien können in einem Lautleseverfahren auch kombiniert werden.

Im Folgenden stellen wir mit den »Lautlese-Tandems« sowie der Methode »Lesen mit Hörbüchern« beispielhaft zwei Lautleseverfahren vor, die wir in eigenen Forschungen im unterrichtspraktischen Einsatz erprobt haben (Nix 2011, Gailberger 2013) und zu denen inzwischen umfangreiche Materialbände vorliegen (Gailberger 2011; Rosebrock et al. 2011).

Lautlesetandems

Bei der Methode »Lautlesetandems« werden die oben beschriebenen Wirkmechanismen der Wiederholung und der Begleitung miteinander zu einer feststehenden Leseroutine kombiniert, die in der Übungszeit immer wieder durchlaufen wird. Das Lautlesen wird dabei gemäß der Titelbezeichnung *kooperativ* im Unterricht durchgeführt, das heißt ein etwas besserer Leser (»Lese-Trainer«) wird von der Lehrkraft zusammen mit einem noch nicht so flüssig lesenden Mitschüler (»Lese-Sportler«) zu einem Lesetandem eingeteilt, das einen »Lesewettbewerb« bestreitet. Die *sportliche Metaphorik* soll einerseits dazu beitragen, dass die Schüler die verschiedenen Rollen akzeptieren: Ein Sportler braucht eben einen Trainer, um sich zu verbessern – warum soll dies beim Lesen anders sein? Andererseits kann mit Verweis auf den Sport den schwachen Leserinnen und Lesern deutlich gemacht werden, dass ihre eigene Anstrengung in den Trainingssituationen auch tatsächlich – wie beim Sport –zu besseren Leseleistungen führen wird. Dass die Lernenden auf diese Weise selbst für ihren Lernerfolg (mit-)verantwortlich sind, kann sich auch positiv auf Selbstkonzepte beim Lesen auswirken. Mit beiden Rollen gehen neben sozialen Aufgaben auch lesespezifische Anforderungen in den *drei Phasen* der Methode einher.

Die Übungszeit beginnt immer mit dem gemeinsamen *Synchronlesen*. Hierbei sitzen Trainer und Sportler dicht nebeneinander und schauen gemeinsam in den ausgewählten Übungstext. Auf ein vereinbartes Zeichen hin beginnen beide Partner mit der halblauten Lektüre des Textes, sie lesen also »im Chor«. Der Lese-Trainer führt dabei die jeweilige Zeile mit dem Finger mit.

Die zweite Phase setzt dann ein, wenn sich der Lese-Sportler verlesen hat und diesen Fehler nicht unmittelbar selbst korrigiert. Nun greift die *Verbesserungsroutine* des Trainers, der auf das falsche Wort deutet, die korrekte Aussprache liefert und diese mit dem Sportler einübt. Dann setzen die Partner am Satzanfang das Synchronlesen fort. Sollte auch der Lese-Trainer ein Wort im Satzkontext nicht lesen können oder dessen Bedeutung nicht kennen, kann das Tandem externe Quellen (Wörterbücher, Rückfrage bei der Lehrkraft usw.) heranziehen.

Die dritte *Allein-Lesen-Phase* setzt dann ein, wenn der Lese-Sportler längere Zeit ohne Fehler liest und sich – ggf. nach einigen Wiederholungen des Übungstextes – im flüssigen Lesen sicherer fühlt. Er gibt dem Trainer dann ein zuvor verabredetes Zeichen, woraufhin dieser mit dem Vorlesen aussetzt, jetzt nur noch still mitliest, die Zeile aber weiterhin mit dem Finger mitführt. Unterläuft dem Sportler ein nicht korrigierter Lesefehler, greift wiederum die Verbesserungsroutine und das gemeinsame Lautlesen setzt am Satzanfang wieder ein.

Um Effekte auf die Lesegeläufigkeit der Schülerinnen und Schüler bewirken zu können, sollte das Verfahren nach dem beschriebenen Ablauf mindestens drei Mal pro Woche durchgeführt werden. Eine Trainingszeit von 15 bis 20 Minuten pro Sitzung sollte dabei nicht überschritten werden, da das konzentrierte Üben für die schwachen Leserinnen und Leser sehr anstrengend ist und sie sich erfahrungsgemäß nicht länger darauf konzentrieren können. Am Beginn des Lesetrainings wird das Verfahren in Form einer *einführenden Unterrichtseinheit* eingeführt. Hierbei werden der Ablauf, die sozialen Aspekte, die mit den beiden Rollen einhergehen, sowie die Zielsetzung der Übung thematisiert. Auch wird ein halblautes Lesen mit den Kindern und Jugendlichen eingeübt, um die Lautstärke im Klassenzimmer erträglich zu halten (zur praktischen Durchführung die Materialien in Rosebrock et al. 2011).

Die vorliegenden empirischen Ergebnisse zeigen, dass die Leseflüssigkeit durch das Üben in den Lautlesetandems bei den Schülerinnen und Schülern sowohl in der Primar- als auch in der Sekundarschule (Hauptschule) nachhaltig verbessert werden kann. Bei den älteren Hauptschülern verbesserte sich indirekt durch das Lesetraining auch das Textverständnis, was durch die oben dargelegte Entlastungsfunktion des flüssigen Lesens plausibel ist (zu den Ergebnissen Nix 2011; Gold et al 2012).

Lesen mit Hörbüchern
Das »Lesen mit Hörbüchern« ist eine denkbar einfache und zugleich sehr effektive Form der Förderung vor allem schwach lesender Schülerinnen und Schüler (der Primar- oder Sekundarstufe I), bei der es darum geht, die Leseflüssigkeit (auf der Prozessebene) sowie die Lesemotivation, die Lust und die Freude zu lesen (auf der Subjektebene) zu fördern. Darüber hinaus beflügelt das Lesen mit Hörbüchern den Literaturunterricht an sich, indem das gemeinsame simultane Lesen und Hören eine »literarische Geselligkeit« erzeugt, die von den Schülern wie Lehrern zu gleichen Teilen genossen wird (soziale Ebene).

Beim »Lesen durch Hören« – wie diese Methode auch genannt wird (Gailberger 2011) – läuft für 10 bis 20 Minuten (meistens zu Beginn einer Unterrichtsstunde) ein Hörbuch in angenehmer Zimmerlautstärke. Die Dauer sollte in Abhängigkeit von der Übung und der Leseflüssigkeit der Kinder gewählt werden und wird sich daher im Laufe einer Fördereinheit steigern. Der Leser oder die Leserin auf dem Hörbuch liest also *laut* vor. Die Kinder nutzen die gut hörbare Stimme als Lese-Modell, sie lehnen sich an dieses Modell an und kompensieren die eigenen Leseschwierigkeiten, indem sie simultan *leise* in den eigenen Büchern und Texten mitlesen.

Vor dem Hintergrund des Paradigmas der Binnendifferenzierung mag es verwundern, aber beim Lesen einer Ganzschrift mit schwach lesenden Schülerinnen und Schülern hat es sich bewährt, die Bücher nach Beendigung der Leseeinheit wieder einzusammeln und erst dann wieder auszuteilen, wenn das *gemeinsame* Lesen am darauffolgenden Tag weiter geht. Dadurch bleibt vor allem für die sehr schwachen und leseunerfahrenen Schülerinnen und Schüler die so neu empfundene Begeisterung, lesen »zu können« und Texte endlich auch zu verstehen, im Klassenverband, und keines der stärkeren und leseroutinierteren Kinder kommt in die Versuchung, den Klassenkameraden (aus Stolz oder Missgunst) den Ausgang der Geschichte zu verraten. Auf der Subjekt- und sozialen Ebene des Lesens bleibt *der Deutschunterricht auf diese Weise eine positiv aufgeladene Lese-Situation* und ein Ort, auf den sich die Schülerinnen und Schüler (bereits in der Pause) freuen können. Zu halten ist diese der Binnendifferenzierung entgegengesetzte Voraussetzung aber freilich nur, wenn wir es vermögen, stärkeren Leserinnen und Lesern oder Leseratten der eigenen Klasse zeitgleich zum Lesen mit Hörbüchern Bücher für das heimische Lesen zu empfehlen, die vom selben Autor stammen, die derselben Textart angehören oder derselben Epoche zugeordnet werden können.

In der ersten Phase des Lesens mit Hörbüchern muss damit gerechnet werden, dass nicht alle Schülerinnen und Schüler die Konzentration aufzubringen können, länger als zehn Minuten am Stück zu lesen. An dieser sensiblen Stelle dieser Lesefördermethode darf es dann nicht zu einer Überforderung der Schülerinnen und Schüler kommen, da sie sonst schnell die Motivation verlieren, weiterzulesen. Damit wäre dann das Gegenteil dessen erreicht, was eigentlich erreicht werden soll. In solchen Fällen sollte die CD gestoppt und die entsprechende Textstelle markiert werden, um mit der Lektüre in der darauffolgenden Unterrichtsstunde fortzufahren.

Ab einer Dauer von bereits drei Wochen (Gailberger 2009), besser noch nach sechs bis acht Wochen und bei einer Frequenz von vier bis fünf Leseterminen pro Woche (welche ja nicht immer nur im Deutschunterricht liegen müssen), lassen sich ausgewählte Aspekte des Lesens signifikant fördern (Gailberger 2013):

→ Das Lesen mit Hörbüchern ermöglicht es schwach lesenden Schülerinnen und Schülern (auch und vor allem aus »schriftfernen Lebenswelten«), ein subjektiv-involviertes Empfinden bei der Begegnung mit Büchern zu entwickeln, wie sie es (der Forschungslage nach) zuvor wahrscheinlich selten oder nie verspürt haben – schon gar nicht im landläufigen Deutschunterricht (hierzu Pieper et al. 2004).

→ Sie werden beim Lesen durch Hören von literarischen Texten in einer Weise sinnentnehmend unterstützt, die es auch schwachen Leserinnen und Lesern bzw. ganzen schwach lesenden Klassen ermöglicht, intensive literarische Gespräche zu führen.

→ Zugute kommt eben solchen schwach lesenden Klassen, dass das Lesen mit Hörbüchern als eine von der Gemeinschaft akzeptierte und beliebte Lesemethode wahrgenommen wird, die die Begegnung mit Büchern zu einem mit Vorfreude aufgeladenen Ritual werden lässt. So wurde die Kombination aus Buch und Hörbuch von teilnehmenden Schülerinnen und Schülern der Interventionsstudie von Gailberger (2013) mit einer absoluten Mehrheit von 60,8 Prozent zur beliebtesten Lesemethode ihres Deutschunterrichts gewählt; 93,4 Prozent von ihnen verbinden mit dem Hörbuchlesen Spaß bzw. Freude; 80,3 Prozent empfinden Vorfreude auf ihren hörbuchspezifischen Deutschunterricht.

→ In Bezug auf die Leseflüssigkeit konnte in derselben Studie u. a. anhand von 64 ausgewerteten Tonbandaufnahmen gezeigt werden, dass das Lesen durch Hören die *Dekodiergenauigkeit* schwach lesender Schülerinnen und Schüler in kürzester Zeit auf ein stabiles und notwendiges Maß steigen lässt. Auch zeigen die Daten, dass sich die *Lesegeschwindigkeit* signifikant steigern lässt. Die darüber hinaus nachgewiesenen signifikant positiven Steigerungszahlen in Bezug auf die *Wortgruppengrößen* sowie auf die *sinnvolle Betonung beim Lesen* lassen den Schluss zu, dass vermehrt mit Hörbüchern im Literaturunterricht gearbeitet werden sollte.

Einschränkend sei darauf hingewiesen, dass das Lesen mit Hörbüchern bei Kindern, die eine diagnostizierte Lese- und Rechtschreibschwäche aufweisen oder deren Lesegeschwindigkeit bei unter 60 bis 80 Wörter pro Minute liegt, nur bedingt geeignet ist.

Für diese Schülergruppe sollten anderen Trainingsverfahren gewählt werden, die etwa von Klicpera/Gasteiger-Klicpera (2004) oder zuletzt vom Team um Cornelia Rosebrock (2011) vorgeschlagen worden sind. Ebenso kann nicht zum Lesen mit Hörbüchern geraten werden, wenn die Schülerinnen und Schüler bereits zu flüssig und zu routiniert lesen, da sie dann angeben, lieber selber vorlesen bzw. lieber leise für sich lesen zu wollen (Boll/Scholz 2012). Forschungen zum Lesen mit Hörbüchern, die das unbeliebte unvorbereitete Vorlesen bzw. Lesen mit verteilten Rollen auch im Gymnasium ersetzen bzw. ergänzen und literarische Gespräche im Sinne von Härle und Steinbrenner (2004) oder im Sinne von Willenberg (2007) bzw. Gailberger (2007) ermöglichen und unterstützen, stehen noch aus.

Frage 10: Was sind und wozu dienen Lesestrategien?

Lesestrategien sind bildlich gesprochen »mentale Werkzeuge«, die geübte Leserinnen und Leser bewusst und unbewusst einsetzen, um das Gelesene mental und auf dem Papier zu strukturieren, weiterzuverarbeiten und vertieft zu durchdringen (Willenberg 2004). Diesen Sachverhalt versucht man in der Leseförderung zu nutzen, indem solche Texterschließungsstrategien didaktisch instrumentalisiert werden, die auch schwächere Leser zu einem erhöhten Textverständnis befähigen. Im oben skizzierten didaktischen Modell von Lesekompetenz zielt der Einsatz von Lesestrategien im Unterricht somit auf eine *Stärkung hierarchiehoher Verstehensprozesse auf der kognitiven Ebene* ab. Sie sind für solche Schülerinnen und Schüler geeignet, die Texte zwar flüssig lesen können, aber das Gelesene nicht angemessen verstehen, also beispielsweise die Hauptgedankengänge nicht nachvollziehen und Textintentionen nicht erschließen können.

Lesestrategien können vor, während und nach der Lektüre zum Einsatz kommen und lassen sich nach ihrer jeweiligen Funktion unterteilen:
→ *Ordnende Lesestrategien* zielen darauf ab, den Text zu strukturieren und auf seine wesentlichen Kernaussagen zu reduzieren (z. B. wichtige Stellen unterstreichen, sinnvolle Überschriften für Textabschnitte finden, die wichtigsten Stichwörter eines Abschnittes herausschreiben; Beispiele für eine Aussage finden, eine Mindmap erstellen).
→ *Elaborierende Lesestrategien* gehen über die Textebene hinaus und setzen das Gelesene aktiv mit Vorwissen, Gefühlen und inneren Bildern gezielt in Beziehung (z. B. vorab formulierte Fragen während der Lektüre klären, Textstellen visualisieren, Assoziationen formulieren und prüfen, Absätze in eigenen Worten formulieren).
→ *Wiederholende Lesestrategien* leiten eine erneute Textauseinandersetzung ein, um die Verstehens- und Behaltensleistungen zu vertiefen (z. B. den Text bzw. bestimmte Textstellen erneut lesen, Textstellen laut vorlesen, wichtige Stellen abschreiben).

Die meisten Lesestrategien sind für sich genommen in methodischer Hinsicht nicht »spektakulär«, sondern stellen in der Regel altbekannte Verfahren der Texterschließung im Deutschunterricht dar (z. B. wichtige Textstellen markieren). Daher sind viele Lehrkräfte auch oftmals enttäuscht, wenn sie zum ersten Mal mit entsprechenden Methoden konfrontiert werden. Der strategische Einsatz solcher Einzelmethoden unterscheidet sich jedoch in dreierlei Hinsicht von einer isolierten und punktuellen Verwendung im regulären Unterricht:

→ Erstens werden Lesestrategien instrumentell auf ein bestimmtes *Leseziel* hin ausgerichtet, das in der Regel darin besteht, möglichst viel von einem Text zu verstehen oder unklare Textstellen zu klären.

→ Zweitens werden Lesestrategien nicht einzeln, sondern immer in einem *systematischen Verbund* mit anderen Lesestrategien angewendet. Als Beispiel hierfür kann eines der bekanntesten Lesestrategieprogramme angeführt werden, das auch in den meisten Deutschbüchern zu finden ist: die »Fünf-Schritt-Lesemethode«, bei der fünf unterschiedliche Einzelstrategien zu einem Verbund integriert werden:
  - Die Lernenden überfliegen den Text zunächst, um einen Überblick über dessen Aufbau zu erhalten und um ihr Vorwissen zu aktivieren.
  - Auf dieser Grundlage formulieren sie Fragen an den Text.
  - Dann wird der Text aktiv mit Unterstreichungen und Markierungen gelesen, sodass Antworten auf die vorab gestellten Fragen formuliert werden können.
  - Nach dem Lesen wird der Textinhalt zur Festigung mit eigenen Worten wiederholt, um das Verständnis des Gelesenen zu prüfen.
  - Letztlich wird das Gelesene vor dem Hintergrund der eigenen Notizen nochmals wiederholt, um einen abschließenden Gesamteindruck zu bekommen (zur Kritik dieser Methode vor allem in Bezug auf schwach lesende Schüler Gailberger 2011).

→ Drittens werden Lesestrategien von guten Leserinnen und Lesern *automatisiert* und *routiniert* angewendet. Für die Vermittlung im Unterricht bedeutet das, dass die Schülerinnen und Schüler nicht nur verschiedene Lesestrategien kennen und deren Anwendung beherrschen müssen, sondern dass im Unterricht regelmäßig auch Lernsituationen geschaffen werden müssen, die einen Einsatz der gelernten Strategien einfordern. Nur wenn über einen längeren Zeitraum hinweg der Umgang mit Lesestrategien eingeübt und gefestigt wird, besteht die Chance, dass auch schwächere Leserinnen und Leser diese soweit verinnerlichen, dass ein automatisierter, selbstregulierter und reflektierter Einsatz auch in authentischen Lesesituationen möglich wird.

Die systematische Zusammenstellung von Lesestrategien sowie die Vorstrukturierung des didaktischen Vermittlungsprozess werden in publizierten Lesestrategieprogrammen geleistet, auf die Lehrkräfte in der Unterrichtsplanung zurückgreifen können. Solche professionellen Strategieansätze bieten darüber hinaus den Vorteil, dass sie mit zahlreichen Unterrichtsmaterialien ausgeliefert werden und in der Regel in empirischen Studien evaluiert wurden, sodass die Wirksamkeit gewährleistet ist. Im Folgenden werden mit den »Textdetektiven« und dem »reziproken Lehren« zwei Beispiele solcher Förderansätze vorgestellt.

Wir sind Textdetektive
Im Lesestrategieprogramm »Wir werden Textdetektive« (zusammenfassend: Gold 2007) werden insgesamt sieben Lese- und Lernstrategien systematisch zusammengestellt (Überschrift beachten, sich etwas bildlich vorstellen, Umgang mit Textschwierigkeiten, Verständnis prüfen, Wichtiges unterstreichen, Wichtiges Zusammenfassen, prüfen, ob Hauptgedanken erinnert werden), die sich auf unterschiedliche Bereich von Leseverständnis beziehen (Textorganisation, Memorieren gelesener Inhalte, Verknüpfung mit vorhandenem Vorwissen, Metakognition). Die Besonderheit des Ansatzes liegt dabei in der gewählten Rahmenhandlung, in die die Strategievermittlung eingebunden ist. Gemäß der gewählten Titelbezeichnung werden die Schülerinnen und Schüler in die Rolle von »Detektiven« versetzt, die im Text nach Informationen, Hinweisen, Themen und Zusammenhängen suchen müssen, um das »Rätsel« des Textes zu lösen. Dazu muss jeder Detektiv aber zunächst sein Handwerkszeug beherrschen und bestimmte Detektivmethoden, eben die oben dargestellten Lesestrategien, einüben.

Im Einführungs- und Vermittlungsprozess wird jede Strategie zunächst von der Lehrkraft mit entsprechenden Symbolkarten einzeln vorgestellt und in der Anwendung demonstriert, sodass den Lernenden der Ablauf und Nutzen deutlich wird. Sind auf diese Weise alle Einzelstrategien erarbeitet worden, wird in der zweiten Phase der eigenständige Strategieeinsatz eingeübt. Die Schülerinnen und Schüler sollen hierbei zu entscheiden lernen, für welche Lesesituation und welchen Text welche Detektivmethode angebracht ist. In der abschließenden dritten Phase stellen sich die Lernenden eigenständig einen Leseplan auf, in dem Leseziele und Lesestrategien aufeinander bezogen und metakognitiv reflektiert werden. Ergänzt wird das Strategietraining durch ein gesondertes Motivationstraining, bei dem es darum geht, die eigenen Leseziele realistisch einschätzen zu lernen.

Das Programm ist auf 14 Lerneinheiten (ca. 26 Unterrichtsstunden) ausgelegt. Es wird in Form von Lehrer- und Schülerheften ausgehändigt, in denen Unterrichtsstunden und Arbeitsmaterialien für die selbstgestaltete Unterrichtsplanung zur Verfügung stehen. Die vorliegenden empirischen Ergebnisse zeigen, dass die Vermittlung von Lesestrategien im Unterricht über die verschiedenen Schulstufen hinweg gelingt (zusammenfassend Gold 2007).

Reziprokes Lehren
Die Besonderheit des von Palincsar und Brown (1984) konzipierten »reziproken Lehrens und Lernens« liegt darin, dass Lesestrategien in einen kooperativen Lernprozess eingebracht werden, sodass sich die Mitglieder einer Kleingruppe von vier bis sechs Schülern gegenseitig in der Strategieanwendung beraten und unterstützen. Im Programm werden vier Lesestrategien systematisch zusammengestellt: Textabschnitte zusammenfassen, Fragen zum jeweiligen Textabschnitt stellen, Wortbedeutungen und unklare Textstellen klären und Vorhersagen darüber treffen, worum es im nächsten Textabschnitt vermutlich gehen wird.

Im Vermittlungsprozess werden die einzelnen Strategien von der Lehrkraft zunächst einzeln »vorgemacht«, wobei sie ihre Gedanken in einer Art Selbstgespräch verbalisiert (»lautes Denken«). Dann wird die Handhabung der jeweiligen Strategie mit den Schülern erarbeitet, die die Vorgehensweise der Lehrperson imitieren. Sind nach dieser Einführungsphase alle vier Lesestrategien den Lernenden geläufig, beginnt die *kooperative Arbeitsphase* in den Kleingruppen. Für jeden Abschnitt übernimmt ein Schüler die Rolle des »Lehrers«, leitet die Anwendung der genannten Strategien an und moderiert die damit verbundenen Gespräche in der Gruppe. Zunächst werden Assoziationen zur Überschrift geäußert, dann wird der Abschnitt laut vorgelesen; Unklarheiten werden anschließend in der Gruppe diskutiert und geklärt, bevor gemeinsam eine Zusammenfassung des Textabschnittes formuliert wird. Als letzten Schritt fordert der »Lehrer-Schüler« ein Gruppenmitglied dazu auf, vorherzusagen, worum es im nächsten Abschnitt gehen wird. Dann wechselt die Gruppenleitung, sodass für den nächsten Abschnitt, der nach der gleichen Vorgehensweise erschlossen wird, ein anderer Schüler die Lehrerrolle übernimmt.

Durch den kooperativen Lernprozess wird die Anwendung der eingesetzten Lesestrategien Schritt für Schritt nachweislich von den Lernenden verinnerlicht, sodass sie später auch bei der stillen Lektüre eigenständig angewendet werden können. Lernerfolge finden im Gruppenprozess vor allem durch die stattfindenden »Erkenntnisdialoge« statt, in deren Rahmen sich die Schülerinnen und Schüler intensiv über das Gelesene austauschen und Inhalte kognitiv und metakognitiv durchdringen. Eine ausführliche und praxisnahe Beschreibung dieser Methode findet sich bei Demmrich und Brunstein (2009).

Frage 11: Was bedeutet »Leseanimation«?

Während sich Trainingsprogramme zur Lesegeläufigkeit und Lesestrategieverfahren auf unterschiedliche Bereiche der kognitiven Ebene von Lesekompetenz beziehen, sind Verfahren der Leseanimation auf die Förderung *subjektiver und sozialer Aspekte des Lesens* ausgerichtet. Entsprechend weitläufig und umfassend sind die hierbei eingesetzten Methoden: Sie reichen von der Einrichtung von Bücherkisten und Bibliotheken im Klassenraum, der Bereitstellung freier Lesezeiten im Unterricht, dem Einsatz animierender Methoden der Handlungs- und Produktionsorientierung (z. B. Leserolle, Lesetagebuch, Leseplakate) und der Beobachtung des aktuellen Buchmarktes (Lieblingsbücher, Hitlisten, Buchempfehlungen, Buchvorstellungen usw.) über die Durchführung von Leseevents (Lesenächte, Buchwochen, Leseprojekte, Lesecafés usw.) in und außerhalb der Schule bis hin zur Gestaltung von Autorenlesungen, dem Besuch von Buchhandlungen und Bibliotheken, dem Verfassen von Rezensionen und vielem anderem mehr (vgl. die Methodenübersichten bei Rosebrock/Nix 2008 und Nix 2011).

Der gemeinsame Nenner dieser Vielzahl leseanimierender Methoden liegt in der Zielsetzung, gewohnheitsmäßige Einstellungen und Lesehaltungen bei den Schülerinnen und Schülern auszubilden und diese zu einer Teilhabe an der gesellschaftlichen Lesekultur zu befähigen. Daher betreiben leseanimierende Verfahren »Werbung« für

Bücher und das Lesen, indem sie den Lernenden nahebringen, dass Lektüre Spaß machen, eine lohnende Freizeitaktivität darstellen und lebensgeschichtlich bedeutsam sein kann. Die Lesemotivation der Kinder und Jugendlichen soll damit gesteigert und das Leseinteresse soll durch die Vermittlung neuer Lesestoffe und Autoren ausdifferenziert werden. Weiterhin sollen emotionale Bindungen zum Lesen und zu den ausgewählten Lektüren aufgebaut werden.

Mit Blick auf Stärken und Schwächen im Bereich von Lesekompetenz sind leseanimierende Verfahren somit für solche Schülerinnen und Schüler geeignet, die flüssig und verstehend lesen können, aber nicht genügend Lesemotivation haben, dies auch zu tun. Lesekompetente Kinder und Jugendlichen lernen im Rahmen der verschiedenen Verfahren hingegen neue Lesestoffe und neue Umgangsformen kennen, mit denen sie ihre Leseerfahrungen (zusammen mit anderen) verarbeiten können.

Als *alleinige* Fördermaßnahme ungeeignet sind animierende Verfahren hingegen bei solchen Kindern und Jugendlichen, die im Verlauf ihrer bisherigen Lesesozialisation in Familie, Schule und Freundeskreis nur wenige Erfahrungen mit der Buchkultur gemacht haben. Diese Schüler sind vermutlich zunächst überfordert, da Leseanimation in der Regel einen eigenverantwortlichen und selbstorganisierenden Umgang mit Lektüre voraussetzt, den diese Kinder und Jugendlichen erst noch entwickeln müssen. Auch muss vorab unbedingt diagnostisch sichergestellt sein, dass die Lernenden in technischer Hinsicht flüssig und sinnentnehmend lesen können, da die Zielsetzung der Leseanimation ansonsten konterkariert wird: Es ist leicht vorstellbar, dass Kinder und Jugendliche, die sich noch mühsam und stockend durch einen Text kämpfen müssen oder nur wenig vom Gelesenen verstehen, keine Lesefreude im Umgang mit Büchern empfinden können oder sich für eine schulische Lesenacht begeistern können.

Um solche *schwächeren Leserinnen und Leser* für leseanimierende Methoden zu gewinnen, eignen sich daher zunächst oder zusätzlich die voraussetzungsärmeren »Viellese-Verfahren«, bei denen in vorab festgelegten kürzeren Zeiteinheiten (etwa dreimal die Woche für 20 Minuten) alle Schüler einer Klasse verpflichtende *Stilllesezeiten* absolvieren. Hierbei lernen die schwächeren Leser beispielsweise, wie sie Bücher auswählen können, die ihren eigenen Interessen entsprechen, wie sie eine zu ihnen passende Lesehaltung einnehmen können, und sie üben, einen »langen Leseatem« für Bücher überhaupt erst auszubilden (dazu im Einzelnen Lange 2007; Rieckmann 2010; Rosebrock/Nix 2008, S. 45 ff.)

Synthese: Die lesende Schule

Frage 12: Wie sieht eine »lesende Schule« aus?

Wenn einzelne Verfahren der Leseförderung vor dem Hintergrund eines didaktischen Lesekompetenzmodells und dem diagnostizierten Lernstand der Schülerinnen und Schüler erläutert wurden, stellt sich auf unseren Fortbildungsveranstaltungen meist abschließend die Frage, wie die verschiedenen lesefördernden Maßnahmen vor Ort in den Schulen in ein kontinuierliches und institutionell vernetztes Handeln überführt werden können: Wie kann man sich eine »lesende Schule« vorstellen, die in der Leseförderung profiliert ist? Mögliche Antworten auf diese oft vorgetragene Frage ergeben sich, wenn man Leseförderung mit Hurrelmann (1994) und Nix (2010) als »*System*« versteht, in dem verschiedene institutionelle Handlungsfelder miteinander interagieren.

Im Zentrum dieser Betrachtungsweise steht der Deutschunterricht, da der Umgang mit Texten und Medien in diesem Fach ein eigenständiges Aufgabenfeld darstellt, Leseförderung also einen Kernbestand des Faches betrifft. In diesem Handlungsfeld werden die Lehrkräfte als lesefördernde Fachlehrer tätig, die für eine *systematische Leseförderpraxis* die hier skizzierten Teilschritte und Fördermethoden umsetzen und auswerten.

Leseförderung darf jedoch nicht als alleinige Aufgabe des Deutschunterrichts aufgefasst werden, was leider ein weit verbreitetes Missverständnis ist. Der Deutschunterricht wird hierbei als »Serviceagentur« angesehen, die die leseschwachen Schülerinnen und Schüler so fördern soll, dass die anderen Fächer davon profitieren, ohne selbst lesefördernd tätig werden zu müssen. Diesem Anspruch können die Deutschlehrerinnen und Deutschlehrer aber schon rein zeitlich nicht gerecht werden. Davon abgesehen ist es didaktisch sinnvoller, Leseförderung als *Aufgabe aller Fächer* zu verstehen (Schoenbach/Gaile 2006). Denn zum einen unterscheiden sich die Texte in den verschiedenen Wissensdomänen deutlich voneinander, sodass eine fachdidaktisch fundierte Leseförderung notwendig ist. Zum anderen können in Klassenkonferenzen die Lehrkräfte einer Lerngruppe gemeinsam ein Leseförderkonzept erarbeiten und aufeinander abstimmen. Auf diese Weise kann eine nachhaltige Leseförderung betrieben werden, da z. B. vereinbarte Lesestrategien in allen Fächern zur Anwendung kommen und so besser verinnerlicht werden können.

Im nächsten Handlungsfeld wird der schulische Blickwinkel nochmals erweitert, sodass die *Schulöffentlichkeit* in den Blick gerät. Einerseits geht es hierbei darum, über Fach-, Klassen- und Altersgrenzen hinweg animierende Leseprojekte zu betreiben oder Leseübungen und Lesetrainings zu organisieren, beispielsweise indem ältere Schüler jüngere Mitschüler als Lesepaten betreuen. Andererseits können Flure, Vitrinen und andere Ausstellungsflächen als öffentliche Foren genutzt werden, um Projektarbeiten, individuelle Schülerprodukte zu Büchern und Autoren, Dokumentationen erfolgreicher Trainingsprogramme usw. Mitschülern, Eltern, der Schulleitung und anderen Besuchern zu präsentieren. Auch die Einrichtung von Leseecken oder Lesecafés ist denkbar, die von Schülerinnen und Schülern betreut werden. Auch die Zusammenarbeit mit der Schulbibliothek ist auf dieser Ebene anzusiedeln, die lesefördernde Maßnahmen im Deutschunterricht und zwischen den Fächern begleiten und eigene Leseprojekte anstoßen kann. Die Zielsetzung in diesem Handlungsfeld sollte darin bestehen, in einem möglichst umfassenden Sinn Lesekultur und »literarisches Leben an der Schule« zu inszenieren und zu dokumentieren.

Dazu kann es auch förderlich sein, den schulischen Rahmen zu verlassen und die beiden äußersten Handlungsfelder der systemischen Leseförderung mit ins Boot zu holen. Zum einen kann die Schule versuchen, Leseförderung in die *Familie* und die *Gleichaltrigengruppen* hineinzutragen, die nachweislich einen großen Einfluss auf die Ausbildung von Lesekompetenz haben (hierzu Philipp 2008). Zum anderen bietet sich eine Zusammenarbeit mit den verschiedenen *lesefördernden Organisationen*, *Landesinstituten*, den *öffentlichen Bibliotheken* sowie dem *Buchhandel* an, die immer wieder neue Initiativen, Projekte, Programme und Materialien zur Leseförderung anbieten (Nix 2010).

Die *systemische Leseförderung* macht somit deutlich, wie eine lesende Schule konturiert sein kann, die auf allen beschriebenen Ebenen versucht, die Lesekompetenz der Schülerinnen und Schüler *systematisch* zu fördern. Gleichzeitig werden Perspektiven eröffnet, um nicht vor einem so großangelegten Unternehmen zu kapitulieren, bevor es überhaupt angegangen werden kann. Denn die systemische Perspektive macht auch deutlich, dass die lesende Schule nicht über Nacht entsteht, sondern sich Schritt für Schritt weiterentwickelt, wenn engagierte und versierte Lehrkräfte sich zunächst in den ihnen zugänglichen Handlungsfeldern lesefördernd betätigen, sich lesedidaktisch weiterqualifizieren und auf diese Wiese sukzessive den Rahmen des eigenen Unterrichts zugunsten der beschriebenen weiterführenden Handlungsfelder erweitern.

Literatur

Auer, M./Gruber, G./Mayringer, H./Wimmer, H. (2005): Salzburger Lesescreening 5–8. Handbuch. Göttingen: Huber.
Blömeke, S./Bremerich-Vos, A./Haudeck, H./Kaiser, G./Nold, G./Schwippert, K./Willenberg, H. (2011): Kompetenzen von Lehramtsstudierenden in gering strukturierten Domänen. Erste Ergebnisse aus TEDS-LT. Münster u. a.: Waxmann.
Boll, V./Scholz, J. (2012): Leseförderung durch Hörbücher und durch Vorlesen im Vergleich. Eine empirische Studie in Grund- und Hauptschulklassen. Lüneburg (Masterarbeit).
Bos, W./Hornberg, S./Arnold, K.-H./Faust, G./Fried, L./Lankes, E.-M./Schwippert, K./Valtin, R. (Hrsg.) (2007): IGLU 2006. Lesekompetenzen von Grundschulkindern in Deutschland im internationalen Vergleich. Münster/New York/München/Berlin: Waxmann.
Bühner, M. (2011): Einführung in die Test- und Fragebogenkonstruktion. München: Pearson.
Büker, P./Vorst, C. (2010): Kompetenzen und Unterrichtsziele im Lese- und Literaturunterricht der Grundschule. In: Kämper-van den Boogaart, M./Spinner, K. H. (Hrsg.): Lese- und Literaturunterricht (Band 2). Baltmannsweiler: Schneider, S. 21–48.
Demmrich, A./Brunstein, J. C.: Förderung sinnverstehenden Lesens durch »Reziprokes Lehren«. In: Lauth, G. W./Grünke, M./Brunstein, J. C. (Hrsg.): Interventionen bei Lernstörungen. Förderung, Training und Therapie in der Praxis. Göttingen: Hogrefe, 2004, S. 279–287.
Eikenbusch, G. (2004): Lehrer-Kursbuch Statistik. Berlin: Cornelsen Scriptor.
Gailberger, S. (2007): Die Mentalen Modelle der Lehrer elaborieren. In: Willenberg, H. (Hrsg.): Kompetenzhandbuch für den Deutschunterricht. Baltmannsweiler: Schneider, S. 11–-23.
Gailberger, S. (2009): Hörbücher und das simultane Lesen und Hören im Deutschunterricht. Erste empirische Befunde zu einer mehrdimensionalen Förderung von literarischen und Lesekompetenzen schwacher Schülerinnen und Schüler an der Schnittstelle von Schriftlichkeit und Mündlichkeit. In: Bernius, V./Imhof, M. (Hrsg.): Zuhörförderung aktuell – Neuere Beiträge aus Wissenschaft und Praxis. (Edition Zuhören, Band 6). Göttingen, S. 105–134.

Gailberger, S. (2011): Lesen durch Hören: Leseförderung in der Sek. I mit Hörbüchern und neuen Lesestrategien. Weinheim und Basel: Beltz.

Gailberger, S. (2012): Lesen mit Hörbüchern. Förderung der Leseflüssigkeit und der Lesemotivation. In: Deutsch differenziert. Heft 2, S. 31–37 sowie die Materialien M 13 bis M 20 auf der beiliegenden CD-ROM.

Gailberger, S. (2013): Systematische Leseförderung für schwach lesende Schüler. Zur Wirkung von lektürebegleitenden und Hörbüchern und Lesebewusstmachungsstrategien auf die Lesekompetenz lesender Achtklässler und Neuntklässler an einer Gesamtschule in Hamburg Wilhelmsburg. Das Lüneburger Modell. Weinheim: Beltz-Juventa (im Druck).

Gailberger, S./Willenberg, H. (2008): Leseverstehen Deutsch. In: DESI-Konsortium (Hrsg.): Unterricht und Kompetenzerwerb in Deutsch und Englisch. Ergebnisse der Studie »Deutsch Englisch Schülerleistungen International« (DESI). Weinheim und Basel: Beltz, S. 60–71.

Gold, A. (2007): Lesen kann man lernen. Lesestrategien für das 5. und 6. Schuljahr. Göttingen: Vandenhoeck & Ruprecht.

Gold, A./Behrendt, S./Lauer-Schmaltz, M./Rosebrock, C. (2012): Förderung der Leseflüssigkeit in dritten Grundschulklassen. In: Rosebrock, C./Bertschi-Kaufmann, A. (Hrsg.): Literalität erfassen: bildungspolitisch, kulturell, individuell. Weinheim: Beltz-Juventa (im Druck).

Graf, W. (2007): Lesegenese in Kindheit und Jugend. Einführung in die literarische Sozialisation. Baltmannsweiler: Schneider.

Härle, G./Steinbrenner, M. (Hrsg.) (2004): Kein endgültiges Wort. Die Wiederentdeckung des Gesprächs im Literaturunterricht. Baltmannsweiler: Schneider.

Hasselhorn, M./Gold. A. (2006): Pädagogische Psychologie. Erfolgreiches Lehren und Lernen. Stuttgart: Kohlhammer.

Holle, K. (2010): Diagnostische Verfahren zur Leseförderung. Denkanstöße und praktische Anregungen für Lehrkräfte aller Unterrichtsfächer. In: Bayrisches Staatsministerium für Unterricht und Kultus (Hrsg.): ProLesen. Auf dem Weg zur Leseschule – Leseförderung in den gesellschaftswissenschaftlichen Fächern. Donauwörth: Auer, S. 57–89.

Huber, L./Stückrath, J. (2007): Was können Eingangsdiagnosen im Deutschstudium leisten? Zum Symbolverstehen von Studienanfängern am Beispiel von Wolfgang Borcherts Nachts schlafen die Ratten doch. In: Gailberger, S./Krelle, M. (Hrsg.): Wissen und Kompetenz. Entwicklungslinien und Kontinuitäten in Deutschdidaktik und Deutschunterricht. Baltmannsweiler: Schneider, S. 74–96.

Hurrelmann, B. (1994): Leseförderung. In: Praxis Deutsch (227), S. 17–26.

Klicpera, C./Gasteiger-Klicpera, B. (2004): Aufbau von Lesefertigkeiten. In Lauth, G. W./Grünke, M./Brunstein, J. C. (Hrsg.): Interventionen bei Lernstörungen. Förderung, Training und Therapie in der Praxis. Göttingen u. a.: Hogrefe, S. 268–278.

Köster, J. (2003): Die Bedeutung des Vorwissens für die Lesekompetenz. In: Abraham, U. et al. (Hrsg.): Deutschdidaktik und Deutschunterricht nach PISA. Freiburg im Breisgau: Fillibach, S. 90–105.

Köster, J. (2006): Inferenzbildung – Was Vorwissen für die Lesekompetenz bedeutet. In: Geiser, G./Münchenbach, S. (Hrsg.:): Leselust dank Lesekompetenz. Leseerziehung als fächerübergreifende Aufgabe. Donauwörth: Auer, S. 128–137.

Lange, R. (2007): Die Lese- und Lernolympiade. Aktive Leseerziehung mit dem Lesepass nach Richard Bamberger. Baltmannsweiler: Schneider.

Lenhard, W./Schneider, W. (2006): ELFE 1–6. Ein Leseverständnistest für Erst- bis Sechstklässler. Manual. Göttingen u. a.: Hogrefe.

Lewis, M./Haviland-Jones, J./Feldmann Barret, L. (Hrsg.) (2010): Handbook of emotions. New York et al.: Guilford Press.

Mayringer, H./Wimmer, H. (2003): Salzburger Lesescreening für die Klassenstufen 1–4. Göttingen: Hogrefe.

Nix, D. (2011): Förderung der Leseflüssigkeit. Theoretische Fundierung und empirische Überprüfung eines kooperativen Lautlese-Verfahrens im Deutschunterricht. Weinheim; München: Juventa.

Nix, D. (2010): Förderung der Lesekompetenz. In: Kämper-van den Boogaart, M./Spinner, K. H. (Hrsg.): Lese- und Literaturunterricht (Band 2). Baltmannsweiler: Schneider, S. 139–189.

Möller, J./Schiefele, U. (2004): Motivationale Grundlagen der Lesekompetenz. In: Schiefele, U./Artelt, C./Schneider, W./Stanat, P. (Hrsg.): Struktur, Entwicklung und Förderung von Lesekompetenz. Vertiefende Analysen im Rahmen von PISA 2000. Wiesbaden: Verlag für Sozialwissenschaften, S. 101–124.

Palincsar, A. S./Brown, A. L. (1984): Reciprocal teaching of comprehension-fostering and comprehension-monitoring activities. In: Cognition & Instruction (1), S. 117–175.

Philipp, M. (2008): Lesen, wenn andere und andres wichtiger werden. Empirische Erkundungen zur Leseorientierung in peer group bei Kindern aus fünften Klassen. Münster: Lit.

Pieper, I./Rosebrock, C./Wirthwein, H./Volz, S. (2004): Lesesozialisation in schriftfernen Lebenswelten. Lektüre und Mediengebrauch von HauptschülerInnen. Weinheim und München: Juventa.

Pinnell, G. S./Pikulski, J. J./Wixson, K. K./Campbell, J. R./Gough, P. B./Beatty, A. S. (1995): Listening to children read aloud. Data from NAEP's integrated reading performance record (IRPR) at grade 4. Washington, DC: Office of Educational Research and Improvement.

Richter, K./Plath, M. (2005): Lesemotivation in der Grundschule. Empirische Befunde und Modelle für den Unterricht. Weinheim und München: Juventa.

Rieckmann, C. (2010): Leseförderung in sechsten Hauptschulklassen. Zur Wirksamkeit eines Vielleseverfahrens. Baltmannsweiler: Schneider.

Rosebrock, C. (2009): Lesekompetenz als Mehrebenenkonstrukt. In: Bertschi-Kaufmann, A./Rosebrock, C. (Hrsg.): Literalität. Bildungsaufgabe und Forschungsfeld. Weinheim und München: Juventa, S. 59–72.

Rosebrock, C./Nix, D. (2006): Forschungsüberblick: Leseflüssigkeit (Fluency) in der amerikanischen Leseforschung und -Didaktik. Didaktik Deutsch 20, S. 90–112.

Rosebrock, C./Nix. D. (2008): Grundlagen der Lesedidaktik und der systematischen schulischen Leseförderung. Baltmannsweiler: Schneider.

Rosebrock, C./Nix, D./Rieckmann, C./Gold, A. (2011): Leseflüssigkeit fördern. Lautlese-Verfahren für die Primar- und Sekundarstufe. Seelze-Velber: Kallmeyer.

Schneider, W./Schlagmüller, M./Ennemoser, M. (2007): Lesegeschwindigkeits- und Verständnistest für die Klassen 6–12 (LGVT 6–12). Hogrefe, Göttingen.

Schoenbach, R./Gaile, D. (2006): Lesen macht schlau. Neue Lesepraxis für weiterführende Schulen. Berlin: Cornelsen Scriptor.

Schreier, M. (2006): Qualitative Verfahren der Datenerhebung. In Groeben, N./Hurrelmann, B. (Hrsg.): Empirische Unterrichtsforschung in der Literatur- und Lesedidaktik. Ein Weiterbildungsprogramm. Weinheim und München: Juventa, S. 399–420.

Steinhoff, T. (2013): Wortschatz – im Zentrum von Sprachgebrauch und Kompetenzförderung. In: Gailberger, S./Wietzke, F. (Hrsg.): Handbuch Kompetenzorientierter Deutschunterricht. Weinheim und Basel: Beltz, S. 8–11.

Willenberg, H. (1999): Lesen und Lernen – Eine Einführung in die Neuropsychologie des Textverstehens. Heidelberg und Berlin: Spektrum, Akademischer Verlag.

Willenberg, H. (2004): Lesestrategien. Vermittlung zwischen Eigenständigkeit und Wissen. In: Praxis Deutsch 31/187, S. 6–15.

Willenberg, H. (2007): Lesestufen – Die Leseprozesstheorie. In: Willenberg, H. (Hrsg.): Kompetenzhandbuch für den Deutschunterricht. Baltmannsweiler: Schneider, S. 11–23.

Iris Kruse

Literarisches Lernen in der Primarstufe

Das Lesetagebuch als Lern- und Beobachtungsinstrument zur Förderung von literarischen Kompetenzen

Literarisches Lernen im kompetenzorientierten Literaturunterricht erfordert die Verbindung von offenen Lernarrangements mit strukturierenden Lehrverfahren. Der Beitrag zeigt, dass die Öffnung des Literaturunterrichts mit der Methode des Lesetagebuchs gelingen kann. Über sekundäre Anschlussaufgaben können die Lernprozesse kompetenzorientiert strukturiert werden. Ein wichtiges Instrument zur Absicherung der Adaptivität von kompetenzorientierter Lehre und performativen Lernhandlungen ist dabei ein Beobachtungsleitfaden, der mit beispielhaften Analysen vorgestellt wird.

Einleitung

Ein kompetenzorientierter Literaturunterricht, der sowohl seinem Gegenstand als auch den Schülerinnen und Schülern gerecht wird, steht vor komplexen Herausforderungen: Der Vielfalt von Texten steht eine Vielfalt von Rezeptionsmöglichkeiten und Verstehensvoraussetzungen gegenüber, die für den Unterricht wiederum eine Vielfalt angemessener Lernarrangements erfordern.

Die seitens der Schülerinnen und Schüler gegebenen Voraussetzungen für das Verstehen literarischer Texte können dann weiter entfaltet werden, wenn der Unterricht Räume schafft für Literaturbegegnungen und literarische Erfahrungen, die dem Wesen literarischer Texte – ihrer Literarizität, ihrer Poetizität und ihrer je spezifischen Ästhetik – gerecht werden und zugleich die Entfaltung literarischer Lernprozesse herausfordern.

Ein Literaturunterricht, der sich in diesem Sinne an der Spezifik seines Gegenstands und an den Besonderheiten der damit im Zusammenhang stehenden Lernprozesse ausrichtet, verträgt nur eingeschränkt Standardisierung im testtheoretischen Sinne. Er schafft vielmehr Räume für Komplexität, für Subjektivität und für Individuation (Spinner 2005; Kämper-van den Boogaart 2005).

Einen Verzicht auf Strukturelemente des Lernens muss dies hingegen nicht bedeuten. Ein auf Vielfalt und Individuation ausgerichteter Literaturunterricht ist einerseits kompetenzorientiert in dem Sinne, dass die Lernerorientierung die Offenheit voraussetzt, die es den Lernenden überhaupt erst ermöglicht, ihre vorhandenen Fähigkeiten in Unterrichtsarrangements zur Geltung zu bringen. Andererseits benötigt er die Ausrichtung an relevanten Implikationen des Gegenstands Literatur. Unter dieser Voraussetzung zeigt sich, dass die Adaptivität von literarisch-ästhetischem Lerngegenstand und Aufgabenstellung zum Kernproblem eines kompetenzorientierten Literaturunterrichts wird.

Für eine Realisierung dieser Ansprüche – Offenheit und Zugangsvielfalt auf der einen Seite, Strukturiertheit und Zielorientiertheit auf der anderen – müssen vor allem im Primarbereich geeignete Unterrichtsmethoden sorgen. Da dieser Bereich in besonderer Weise heterogenen Lernvoraussetzungen und Unterschieden in den literarischen Erfahrungen ausgesetzt ist (Büker/Vorst 2010, S. 21 f.), kommt in ihm der Arbeit mit *Lesetagebüchern* besonderes Potenzial zu (vgl. v. a. Bertschi-Kaufmann 1998, Hintz 2002 und Block 2004).

In offenen Unterrichtsarrangements geführte Lesetagebücher sind Lern- und Beobachtungsinstrumente in einem. Auf der Basis hoher Individualisierung fordern sie literarische Lernprozesse heraus und liefern Material für kompetenzorientierte Analysen, die ihrerseits als Fundament für weiterführende Aufgabenstellungen dienen können. Aus diesem Grunde ist es auch nicht sinnvoll, hier etwa von Diagnoseinstrumenten und diagnostischen Erhebungsverfahren zu sprechen. Denn bei der Analyse der Lesetagebucheinträge geht es nicht um die Zuordnung von Befunden zu einer fest umrissenen Symptomatik, sondern um die lernerorientierte Beschreibung von Dokumenten des literarisch-ästhetischen Rezeptionsprozesses.

Im vorliegenden Beitrag wird ein Konzept vorgestellt, das auf Grundlage der Methode des Lesetagebuchs eine konsequent subjektorientierte Öffnung des Literaturunterrichts ermöglicht und zugleich strukturierte literarische Lernprozesse gewährleistet (zu den Varianten des Lesetagebuchs und seiner Verwendung in Unterricht und Forschung vgl. den Forschungsbericht von Nix 2007). Kern des Konzepts ist ein Beobachtungsleitfaden, der es Lehrenden ermöglicht, Lesetagebucheinträge auf aktualisierte literarische Teilkompetenzen hin zu betrachten und für die Entwicklung von »sekundären Anschlussaufgaben« (Kruse 2007 und 2012) zu nutzen.

Die nachfolgenden Ausführungen widmen sich zunächst der Erläuterung eines aktuellen Strukturmodells zur literarischen Rezeptionskompetenz. Anschließend wird der Beobachtungsleitfaden präsentiert und sein analytisches Potenzial anhand von drei Beispielen sinnfällig gemacht. Im abschließenden Kapitel wird dann mit den sekundären Anschlussaufgaben eine kompetenzorientierte Erweiterungsmöglichkeit der Lesetagebucharbeit vorgestellt.

Ein Kontinuitätskonzept literarischer Rezeptionskompetenz

Literarische Rezeptionskompetenz wird in Bezug auf Textsorten relevant, in denen die »kulturelle Praxis des Ausdrückens und der Weitergabe ästhetischer Erfahrung in Texten und durch sie hindurch« stattfindet und die »über den Alltagsdiskursen eine zweite Ebene der symbolischen Diskurse errichte[n]« (Abraham 2005, S. 19). Im Gegensatz zur Lesekompetenz, die sich auf »das Entschlüsseln und mentale Verarbeiten schriftsprachlicher Texte« bezieht, und die den »rational-technischen Aspekt der

›Lesefähigkeit‹ betont« (Härle/Rank 2004, S. 1), ist literarische Rezeptionskompetenz nicht ausschließlich an das Medium der Schrift gebunden. Sie bezieht sich vielmehr auch auf Texte, die nicht schriftlich fixiert, sondern auditiv und audiovisuell verfasst sind.

Das Verhältnis zwischen literarischer Rezeptionskompetenz und Lesekompetenz wird in verschiedenen Modellierungen unterschiedlich gewichtet. Während beispielsweise Hurrelmann (2002), Willenberg (2007), Gailberger et al. (2007) oder auch Rosebrock/Nix (2008) literarische Kompetenz als Teil einer umfassenden Lesekompetenz modellieren, versuchen andere im Schwerpunkt das spezifisch Literarische in den Blick zu nehmen und dies zunächst unabhängig von Lesekompetenz zu diskutieren (z. B. Abraham 2005, Spinner 2006, Frederking et al. 2009). Es ist der Umgang mit Literatur als (nicht nur schriftbasierter) Kunst, um den es bei der letztgenannten Perspektivierung geht.

Für die kompetente und Gratifikationen nutzende Rezeption von fiktional-ästhetischer Literatur (inkl. der auditiv und audiovisuell vermittelten Texte) müssen beim Leser, Hörer und Betrachter bestimmte Fähigkeiten vorhanden sein und in der konkreten Rezeptionssituation aktualisiert werden. Zu diesen an den Spezifika literarischer Texte ausgerichteten Fähigkeiten macht Kaspar Spinner (2006) einen elf Teilaspekte umfassenden Strukturierungsvorschlag. Kammler bezeichnet diese Konzeption als »den bislang überzeugendsten Versuch einer Systematisierung nicht nur des literarischen Lernens, sondern auch der entsprechenden Lern- und Kompetenzbereiche« (Kammler 2006, S. 16).

Als umfängliches Programm für literarisches Lernen in der Schule und damit für den Literaturunterricht schaffen die elf Teilkompetenzen Spinners seit Veröffentlichung des Modells einen viel beachteten Orientierungsrahmen für die Organisation literarischer Lernprozesse. Im Bereich der Unterrichtsvorschläge und der praxisorientierten Modelle verzichtet kaum eine Publikation zum Thema auf die Nennung des Basisartikels »Literarisches Lernen« in der Zeitschrift »Praxis Deutsch«. Auch für das hier vorzustellende Konzept der subjektorientierten Kompetenzentfaltung in einem Literaturunterricht, der methodisch auf offener Produktionsorientierung beruht, kommt den von Spinner vorgeschlagenen elf Teilaspekten die Funktion des Denkrahmens für die Konzeptexplikation zu:

→ Beim Lesen und Hören Vorstellungen entwickeln (1)
→ Subjektive Involviertheit und genaue Wahrnehmung miteinander ins Spiel bringen (2)
→ Sprachliche Gestaltung aufmerksam wahrnehmen (3)
→ Perspektiven literarischer Figuren nachvollziehen (4)
→ Narrative und dramaturgische Handlungslogik verstehen (5)
→ Mit Fiktionalität bewusst umgehen (6)
→ Metaphorische und symbolische Ausdrucksweisen verstehen (7)
→ Sich auf die Unabschließbarkeit des Sinnbildungsprozesses einlassen (8)
→ Mit dem literarischen Gespräch vertraut werden (9)

→ Prototypische Vorstellungen von Gattungen und Genres gewinnen (10)
→ Literaturhistorisches Bewusstsein entwickeln (11) (Spinner 2006)

Das jenseits von stufenförmigen Betrachtungen mit diesen elf Aspekten umrissene Kompetenzstrukturmodell (Hartig/Klieme 2006), S. 132 f.) eignet sich in besonderer Weise dazu, Lehrpersonen und Forschern auf der Basis qualitativer Methoden die Möglichkeit zu eröffnen, »spezifisch literarische Kompetenz von Schülern differenzierter und auf einer gegenstandangemessenen Basis zu beschreiben« (Wiprächtiger-Geppert 2009, S. 73).

Geht man mit Wiprächtiger-Geppert davon aus, dass das Gesamtkonstrukt literarischer Rezeptionskompetenz zu definieren ist als »ein Repertoire von vorhandenen Fähigkeiten und Fertigkeiten, die ein Schüler/eine Schülerin in Abhängigkeit von personal, sozial und textseitig geprägten Schemata zur Rezeption von literarischen Texten einsetzen kann« (Wiprächtiger-Geppert 2009, S. 75), wird die didaktische Bedeutsamkeit des Teilaspekte als Kompetenzen beschreibenden Modells in besonderer Weise evident. Werden nämlich die elf Teilaspekte des Spinnerschen Modells dem Fähigkeitsrepertoire zugrunde gelegt, das den Rezipientinnen und Rezipienten prinzipiell zur Verfügung steht, so ist für Fragen der kompetenzorientierten Beobachtung und Förderung ein hinreichend konkretisierter Orientierungsrahmen gegeben. Denn aus sichtbaren Reaktionen und Äußerungen zu literarischen Texten können Rückschlüsse auf vorhandene Fähigkeiten gezogen werden, die die Schülerinnen und Schüler in konkreten Rezeptionssituationen aktualisieren (Abbildung 1). Diese wiederum sind beschreib- und damit beobachtbar durch den konkretisierenden Bezug auf die elf beschriebenen Teilaspekte literarischen Lernens.

In unterrichtlichen Zusammenhängen entstehende Rezeptionsdokumente können mündlicher oder schriftlicher (auch gestalterischer) Art sein. Im Rahmen der Studie zum literarischen Lernen in der Förderschule von Wiprächtiger-Geppert erwiesen sich Mitschnitte von literarischen Unterrichtsgesprächen als fruchtbar für die rekonstruktive Analyse aktualisierter literarischer Kompetenzen. Da produktionsorientierte Rezeptionsreaktionen von Schülerinnen und Schülern weniger flüchtig und auch ohne den Aufwand von Mitschnitt und Transkription zugänglich sind, soll der Nutzen des Modells der Rekonstruktion literarischer Rezeptionskompetenz nachfolgend für ein Konzept zur kompetenzorientierten Betrachtung von offen-produktionsorientierten Lesetagebucheinträgen aufgezeigt werden.

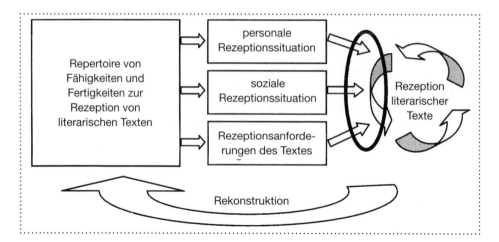

Abb. 1: Modell der Rekonstruktion literarischer Rezeptionskompetenz nach Wiprächtiger-Geppert 2009

Die Stärke eines an diesem »Modell der Rekonstruktion literarischer Rezeptionskompetenz« (Wiprächtiger-Geppert 2009, S. 78) orientierten Literaturunterrichts liegt in seiner Ausrichtung am Können. Vorhandene Fähigkeiten werden wahrgenommen und hinsichtlich ihrer Möglichkeiten zu anschlussfähiger Fortentwicklung betrachtet. Als kumulatives Lernen (Spinner, 2006, S. 7) beginnen literarische Lernprozesse bereits vor der Schule. Kinder machen vielfältige literarische Erfahrungen durch Vorlesen und Erzählen, durch Besuche von (Puppen-)Theatern u. Ä. und auch durch die Rezeption von Hörspielen und Filmen. Durch diese Rezeptionen werden Kinder mit den Strukturen des Narrativen vertraut, die jeder fiktionalen Geschichte zugrunde liegen: mit *Figurenkonstellationen* (der Kleine und der Große, die Gute und die Böse, Freund und Feind usw.), *Handlungsmomenten* (Erwartung und Enttäuschung, Kampf und Versöhnung, Aufgabe und Suche usw.) und *Bedeutungsmustern* (Sieg des Guten, Bewältigen von Schuld, Verlust des Geliebten usw.) (Dehn/Merklinger/Schüler 2011, S. 43).

Auf diese vorschulischen Literaturbegegnungen ist es zurückzuführen, dass Kinder unabhängig von an Schriftgebrauch gebundenen Literalisierungsprozessen mit einer Vielzahl der oben aufgelisteten Teilaspekte literarischen Lernens Erfahrungen haben. In unterschiedlichen Ausprägungsgraden kennen sie z. B.

→ das Entwerfen innerer Bilder zu Figuren, Handlungen und Räumen aus gehörten (und auch zu gesehenen) Geschichten (1),
→ das Hin-und-Her-Gerissen-Sein zwischen Identifikation und Abgrenzung, zwischen dem Wiedererkennen des Eigenen und der Irritation durch Fremdes (2),
→ das auf die Figuren aus den Geschichten bezogene Mitfiebern, Mitleiden und Mitdenken (3),
→ den Effekt, dass scheinbar Unzusammenhängendes sich irgendwann doch zu einem großen Ganzen zusammenfügt (4),

→ die Wirkung von Wortwahl, Klang und Rhythmus gestalteter Sprache (5),
→ die manchmal bedrängende Frage des »Gibt es das in echt?« (6),
→ das Gefühl, dass manche Wörter und Sätze mehr und anderes bedeuten, als es vordergründig scheint (7),
→ dass sich über manche Geschichten immer wieder aufs Neue nachdenken lässt (8),
→ dass sich über Geschichten genauso und manchmal sogar ergiebiger reden lässt als über Erlebtes (9).

Nicht zuletzt aufgrund ihrer Mediensozialisierung (Pieper 2010) kann also davon ausgegangen werden, dass *alle* Kinder über ein »flexibles Repertoire von mentalen Aktivitäten« (Andringa 2000, S. 86) zum Verstehen literarischer Texte verfügen. Aufgabe des Literaturunterrichts ist es, dieses Repertoire gegebenenfalls zu erweitern sowie einzelne Teilkompetenzen auszudifferenzieren, zu explizieren und damit Übergangschancen zu anspruchsvolleren und komplexeren (Medien-)Texten zu stiften. Werden Unterrichtsarrangements und Aufgabenstellungen so gewählt, dass individuelle Kompetenzaktualisierungen zur Ausgangsbasis für weiterführendes literarisches Lernen werden, kann kontinuierliche Kompetenzentwicklung im Literaturunterricht von Anfang an gelingen.

Ein geöffnetes Unterrichtsarrangement, wie es in der Lesetagebucharbeit zu vor- oder selbst gelesenen Lektüren[1] gegeben ist, schafft gute Bedingungen für die eingangs erwähnten Prinzipien der Komplexität, der Subjektivität und der Individuation und damit für authentische Rezeptionsdokumente, die den Ausgangspunkt für eine lernersensitive Beobachtung im Hinblick auf eine kompetenzorientierte Weiterarbeit bilden können. Im Folgenden soll nun zunächst das Prinzip der offenen Produktionsorientierung in der Lesetagebucharbeit im Allgemeinen erläutert werden. Anschließend werden an ausgewählten Schülerdokumenten die Möglichkeiten zur kompetenzorientierten Weiterarbeit mittels sekundärer Anschlussaufgaben aufgezeigt.

Lesetagebücher als Beobachtungs- und Förderinstrument

Offene Produktionsorientierung im Rahmen der Lesetagebucharbeit strukturiert sich im Aufgabenbereich unterrichtsmethodisch schlicht durch ein sogenanntes Einlegeblatt, das in ein Blanko-Heft eingeklebt wird. Es enthält inhaltlich und formal offen gehaltene Aufgabenformulierungen, die den Schülerinnen und Schülern Vorschläge für schriftliches und/oder gestalterisches Reagieren auf ihre Rezeptionseindrücke machen. Den Unterrichtsprojekten, aus denen die im Rahmen dieses Artikels vorzustellenden Schülerdokumente stammen, lag ein Einlegeblatt mit dreizehn Aufga-

---

1 Ebenso denkbar, aber im Unterricht immer noch weniger üblich, sind gemeinsame oder individuelle Rezeptionen von Hörspielen, Filmen oder auch von »intermedialen Lektüren« (Kruse 2010 und 2011), die ebenfalls von offen-produktionsorientierter Arbeit mit Lesetagebüchern begleitet werden können.

benvorschlägen zugrunde (Abbildung 2). Vorbilder für dieses in Anpassung an die lernerseitigen Bedingungen in Klassenstufe drei und vier entwickelte Format finden sich bei Bertschi-Kaufmann (1998) und Hintz (2002); in einem Überblicksartikel zu *Methoden des Literaturunterrichts* liefert Spinner eine als »Handzettel« bezeichnete Zusammenschau dieser Vorarbeiten (Spinner 2010, S. 193 f.).

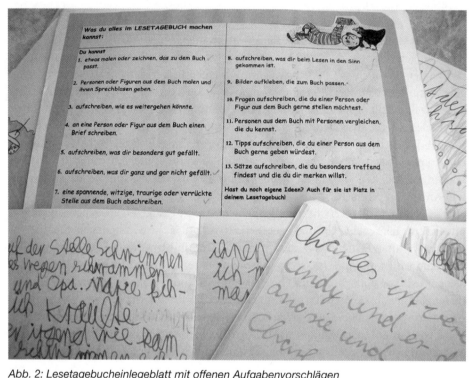

Abb. 2: Lesetagebucheinlegeblatt mit offenen Aufgabenvorschlägen

Charakteristisch für die Aufgabenformate des verwendeten Einlegeblatts ist ihre grundsätzliche Offenheit, die den Schülerinnen und Schülern viele verschiedene Zugriffsmöglichkeiten bietet. So können die Kinder ihren schriftlichen oder gestalterischen Zugriff auf Figuren oder Orte sowie auf inneres oder äußeres Geschehen der Handlung frei und in Übereinstimmung mit dem, was sie interessiert und berührt, wählen. Indem die Kinder beispielsweise einen Brief an eine ausgewählte literarische Figur verfassen oder die Fortsetzung der bis zu einer bestimmten Stelle gelesenen Geschichte produzieren, verbleiben sie gleichsam auf jener Verstehensebene, die ihren bisherigen Lesevorgang dominiert hat, nämlich auf der des »mentalen Sich-Bewegens innerhalb der Ereignisse und Horizonte des Textes« (Rosebrock/Nix 2008, S. 118).

Zugleich fordert das handlungs- und produktionsorientierte Reagieren auf eine literarische Rezeptionserfahrung eine Aktualisierung vorhandener Fähigkeiten für den Umgang mit literarischen Texten heraus. Ein Kind, das beispielsweise an die Protagonistin eines fantastischen Kinderromans einen Brief schreibt, in welchem es seine Bewunderung für den Mut der Heldin zum Ausdruck bringt, und zugleich betont, dass es selbst sich niemals trauen würde, sich in solche fantastischen Gefahren zu begeben, aktualisiert die Fähigkeit zur Perspektivenübernahme ebenso wie die Fähigkeit zum Wechselspiel zwischen subjektiver Involviertheit und genauer Wahrnehmung. Auch die Fähigkeit zu einem bewussten Umgang mit Fiktionalität ist in einem solchen briefförmigen Lesetagebucheintrag angedeutet. Denn das Kind spielt als Briefpartner einer literarischen Figur kalkuliert in dem fiktionalen Arrangement mit.

Teilkompetenzen literarischer Kommunikation, die sich auf solche Weise durch hoch offen arrangierte Lesetagebucharbeit herausfordern lassen, können zur aussagekräftigen Grundlage für die Beobachtung und Förderung literarischer Rezeptionskompetenz werden. Indem nämlich anknüpfend an das in den Lesetagebucheinträgen Gezeigte und Aktualisierte neue Aufgaben (sogenannte *sekundäre Anschlussaufgaben*) gestellt werden, lassen sich weiterführende literarische Lernprozesse anregen. Der auf die gezeigten (und zum Teil auch lediglich angedeuteten) Teilkompetenzen gerichtete lernerorientierte Blick ist somit ausgerichtet am Vorhandenen. Der Aufgaben generierende Blick, der darauf folgt, ist ausgerichtet an dem, was möglich ist. Dehn und Hüttis-Graff haben ein solches Vorgehen, das sich an vorhandenen Lernergebnissen orientiert und zugleich mögliche Lernperspektiven eröffnen will, im Zusammenhang mit dem Schriftspracherwerb »erschließendes Beobachten« genannt (Dehn/Hüttis-Graff 2006, S. 15). Es erscheint sinnvoll, auch im Zusammenhang mit der Beobachtung und Analyse literarischer Lernprozesse diese Herangehensweise an Dokumente des Lernens zu nutzen, weil sie darauf ausgerichtet ist, nicht nur einen defizitären Lernstand festzustellen, sondern Ansatzpunkte dafür zu finden, »wie das Lernen der Kinder im Unterricht aufgegriffen, bestmöglich angeregt und unterstützt werden kann« (Dehn/Hüttis-Graff 2006, S. 16).

Beobachtungsleitfaden zum Erschließen aktualisierter literarischer Kompetenz

Lesetagebucheinträge von Primarschulkindern sind vielfältig und individuell. Neben Briefen und Fortsetzungsgeschichten finden sich ausformulierte Dialoge, kurze Rezensionen, Comics, gezeichnete Figuren und Szenen. Kurze Texte stehen neben langen, Text-Bild-Produktionen neben bildlosen Texten und textlosen Bildern. Ebenso wie großflächige Farbbilder gibt es kleine und skizzenhafte Kritzelzeichnungen. Der kohärente und umfangreiche Text kommt genauso vor wie einzelne Sätze, Sentenzen oder auch Einworteinträge.

Für eine analytische Strukturierung dieser Vielfalt ist ein Beobachtungsleitfaden hilfreich, der nachfolgend vorgestellt werden soll. Der *Leitfaden zur Rekonstruktion literarischer Rezeptionskompetenz* (Tabelle 1) ist als Codierleitfaden im Rahmen empirischer Erprobungen zur offenen Lesetagebucharbeit entwickelt worden. Mehr als eintausend Lesetagebucheinträge von 45 Kindern aus den Klassenstufen drei und vier wurden in Orientierung am Teilkompetenzen beschreibenden Strukturmodell Spinners (2006) inhaltsanalytisch ausgewertet.²

Bei der Entwicklung des Kategoriensystems für die vorzunehmenden Codierungen wurden hierbei vom Material (den Lesetagebucheinträgen) geforderte induktive Erweiterungen und Modifikationen nötig:

→ Der Aspekt des Vertraut-Werdens mit dem literarischen Gespräch (Spinner 2006, S. 12 f.) lässt sich in schriftlichen Anschlusskommunikationen naturgegeben nicht nachweisen.

→ Die Aspekte »Prototypische Vorstellungen von Gattungen/Genres gewinnen« sowie »Literaturhistorisches Bewusstsein entwickeln« (Spinner 2006, S. 13) kamen so selten vor, dass sie keinen Eingang in den Leitfaden gefunden haben.

→ Aus materialbezogen-induktiven Gründen wurde die Teilkompetenz »Narrative und dramaturgische Handlungslogik verstehen« (Spinner 2006, S. 10) aufgeteilt in die zwei Aspekte »Fähigkeit, innertextliche Bezüge zu erkennen« (INTEX, 4) und »Fähigkeit zur Wiedergabe des Handlungsverlaufs« (HAVER, 5).

→ Mit der »Fähigkeit, den Text oder Textteile zu interpretieren und übertragene Deutungen zu entwickeln« (DEUT, 9), wurde dem Leitfaden ein auf die umfassende Kompetenz zur Interpretation verweisender Aspekt hinzugefügt. Hier erfährt die Fähigkeit zum Verstehen metaphorischer und symbolischer Ausdrucksweise (Spinner 2006, S. 11 f.) eine erweiternde Zusammenführung mit dem Aspekt des Sich-Einlassens »auf die Unabschließbarkeit des Sinnbildungsprozesses« (Spinner 2006, S. 12).

Bezeichnung	Erläuterung	Indikatoren
Fähigkeit, sich emotional und subjektiv mit dem Text zu verbinden (SUVERB, 1)	Hiermit ist gemeint, dass der Leser/die Leserin eigene Gefühle, Erfahrungen, Gedanken und Einstellungen mit dem Text in Verbindung bringt und sich in diesem Sinne durch den literarischen Text auf sich selbst verweisen lässt.	Hierzu gehören alle Äußerungsformen, die → Gefühle zum Ausdruck bringen → auf selbst Erlebtes und auf eigene Erfahrungen verweisen → Bewertungen zu Handlungselementen und/oder Figuren abgeben und so auf eigene Einstellungen und Grundhaltungen verweisen → auf eine Identifikation mit der literarischen Figur verweisen

---

2 Ich danke den Lehrerinnen Bärbel Reinhardt, Grundschule Obervorschütz, Kreis Gudensberg, und Steffi Habersaat, Schule Schenefelder Landstraße, Hamburg, für engagierte Projektbeteiligung in den Schuljahren 2009/10 und 2010/11. – Die Namen der Kinder in den nachfolgend präsentierten Dokumenten sind geändert.

Fähigkeit, ästhetische Sprache aufmerksam wahrzunehmen und positiv zu bewerten (SPRA, 2)	Hiermit ist gemeint, dass der Leser/die Leserin die in Abweichung von der Alltagssprache besonders gestaltete Sprache literarischer Texte wahrnimmt und ein Gespür entwickelt für die ästhetische Wirkung.	Hierzu gehören alle Äußerungsformen, die → den Sprachduktus des literarischen Textes übernehmen oder zu übernehmen versuchen → eine sprachlich auffällige Stelle aus dem Text wörtlich übernehmen → die Sprache des Textes explizit kommentieren
Fähigkeit zum Fremdverstehen (FREMD, 3)	Hiermit ist die Fähigkeit gemeint, Emotionen literarischer Figuren zu erkennen und ihre Perspektive zu übernehmen: Der Leser/die Leserin muss Motive, Absichten, Handlungen, Pläne oder Ziele literarischer Figuren nachvollziehen.	Hierzu gehören alle Äußerungsformen, die → mitfühlende Empathie mit den Erlebnissen, Schicksalen und Lebensbedingungen der literarischen Figuren erkennen lassen → im Sinne einer »Leerstellenfüllung« Gedanken und Gefühle einer Figur explizieren → das Verhalten einer Figur begründen und/oder erläutern
Fähigkeit, innertextliche Bezüge zu erkennen (INTEX, 4)	Hiermit ist die Fähigkeit gemeint, sinnstiftende Bezüge zwischen unterschiedlichen Textteilen herstellen zu können und so den Textzusammenhang in »bottom up«-Prozessen (vom Einzelnen zum Ganzen) zu erschließen.	Hierzu gehören alle Äußerungsformen, die → jenseits von puren Spekulationen textbezogene Kausalitäten formulieren → bestimmte Regelmäßigkeiten der Handlungskonstruktion hervorheben und/oder in eigene Darstellungen übernehmen → nach Sinnzuschreibungen für scheinbar unverbunden daherkommende Einzelaspekte suchen → Antizipationen zum weiteren Handlungsverlauf anstellen
Fähigkeit zur Wiedergabe des Handlungsverlaufs (HAVER, 5)	Hiermit ist die Fähigkeit gemeint, die Handlung eines literarischen Textes zu erfassen und kohärent wiederzugeben.	Hierzu gehören alle Äußerungsformen, die → Gelesenes/Gehörtes nacherzählen → Gelesenes/Gehörtes handlungs- und verlaufsbezogen nachgestalten

Fähigkeit, sich zu Vorstellungsbildern anregen zu lassen und diese bildlich und/oder schriftlich zu fassen (VOBI, 6)	Hiermit ist die Fähigkeit gemeint, sich von sprachlich vermittelten Situationen, Handlungen und Figuren zur Konstruktion innerer Vorstellungen und Bilder anregen zu lassen und diese mit den eigenen Ausdrucksmöglichkeiten in Verbindung zu bringen.	Hierzu gehören alle Äußerungsformen, die → sprachlich vermittelte Situationen, Handlungen oder Figuren gestalterisch (zeichnerisch) abbilden → einzelne Situationen in ausgeprägter Detailliertheit sprachlich oder gestalterisch fassen und hierbei imaginativ gewonnene Informationen ergänzen → Schlüsse oder Vorannahmen abbilden (sprachlich oder gestalterisch), die sich sinnvollerweise aus dem Dargestellten ableiten lassen und den Text in gewisser Weise imaginativ »fortschreiben«
Fähigkeit, mit Fiktionalität bewusst umzugehen (FIKTIO, 7)	Hiermit ist die Fähigkeit gemeint, das »Spiel der Fiktionen« mitzuspielen und dem spannungsvollen Verhältnis von Fiktion und Wirklichkeit in literarischen Texten nachzuspüren.	Hierzu gehören alle Äußerungsformen, die → Vergleiche der literarischen dargestellten Welt mit der Wirklichkeit thematisieren → inhaltlich-semantische Fiktionssignale hervorheben → sich dem Nachdenken über das Verhältnis von Fiktion und Wirklichkeit widmen
Fähigkeit, metaphorische und symbolische Ausdrucksweisen zu verstehen (META, 8)	Hiermit ist die Fähigkeit gemeint, Formen uneigentlichen Sprachgebrauchs wie Symbolik, Metaphorik, Parabolik und Ironie wahrzunehmen und zu erschließen.	Hierzu gehören alle Äußerungsformen, die → Textteile mit indirektem Sprachgebrauch direkt zitieren → Textteile mit indirektem Sprachgebrauch in ein Vorstellungsbild transferieren und dieses gestalterisch (zeichnerisch) abbilden → Textteile mit indirektem Sprachgebrauch kommentieren
Fähigkeit, den Text oder Textteile zu interpretieren und übertragene Deutungen zu entwickeln (DEUT, 9)	Hiermit ist die Fähigkeit gemeint, zum Gesamttext oder zu Textteilen eine symbolische Lesart zu entwickeln.	Hierzu gehören alle Äußerungsformen, die → eine übertragene Lesart explizit thematisieren

Tab. 1: Beobachtungsleitfaden zur Rekonstruktion literarischer Rezeptionskompetenz

Neben den Bezeichnungen und Kurzerläuterungen der beobachtbaren Teilkompetenzen liefert Tabelle 1 auch Indikatoren für deren rekonstruktives Auffinden in den Lesetagebucheinträgen. Drei Beispiele mögen den analytischen Nutzen des Leitfadens verdeutlichen, bevor es im Anschluss daran um die Funktion dieser Rekonstruktionen für weiterführende individuelle Anschlussaufgaben geht.

Analyse von Lesetagebucheinträgen mit dem Beobachtungsleitfaden

Die hier vorzustellenden Lesetagebucheinträge sind im Rahmen sogenannter freier Lesezeiten entstanden (vgl. Bertschi-Kaufmann 2007 sowie Brinkmann 2004), in denen ein aus einer Vorschlagsliste selbst gewähltes Buch gelesen und in individuell zu bestimmenden Abständen Einträge dazu ins Lesetagebuch vorgenommen wurden.

Beispiel 1: Gezeichnete Gegenstände und (Neben-)Figuren (Leonie)
Die zehnjährige Leonie (Klasse 4) zeichnet zur Lektüre des fantastischen Kinderromans »Der durch den Spiegel kommt« von Kirsten Boie (2001) zwei für die Protagonistin Anna bedeutsame Gegenstände und ein auf der Figurenebene wichtiges Tier. Alle drei, es sind ein Ring, ein Spiegel und ein Kaninchen, verfügen auf der Ebene der Fiktion über magische Kräfte bzw. übernatürliche Fähigkeiten. Leonie gibt ihrem dreigeteilten Eintrag die Überschrift **Dinge auf Annas Weg** und setzt unter jede Zeichnung eine eingerahmte Bildunterschrift: **Der Ring vom Schmied, Der verlorene Spiegel, Das ungeduldige Kaninchen** (Abbildung 3).
Die Zeichnungen sind schlicht gehalten und im Vergleich mit den anderen farbenfrohen und detailreichen Bildeinträgen in Leonies Lesetagebuch eher skizzenhaft. Ihre Indikatorfunktion für die Fähigkeit, sich zu Vorstellungsbildern anregen zu lassen und diese bildlich und/oder schriftlich zu fassen (VOBI, 6), ist vor dem Hintergrund dieses konkreten Kontextes daher als eher gering einzustufen.
Weit größere indikatorische Bedeutung kommt dem Zusammenspiel von Eintragsüberschrift und Bildunterschriften zu. Die drei für den Handlungsgang und die fantastischen Erlebnisse der Protagonistin Anna bedeutsamen »Dinge« verweisen in ihrer Auswahl und vermittels der für sie gewählten semantisch aufgeladenen Bezeichnungen auf die Fähigkeit zur Wiedergabe des Handlungsverlaufs (HAVER, 5) sowie auf die Fähigkeit, innertextliche Bezüge zu erkennen (INTEX, 4). Der Ring ist nicht einfach nur irgendein Ring, sondern er ist sprachlich expliziert der Ring **vom Schmied**. Der Spiegel ist ein **verlorener** Spiegel und das Kaninchen ist **ungeduldig**. Leonie verweist hiermit auf die Verlaufsbezogenheit ihrer Gedanken zu den »Dingen« und auch auf ihre Einsicht in deren innere Verbundenheit, die in ihrer jeweiligen Bedeutung für die Protagonistin Anna begründet liegt.

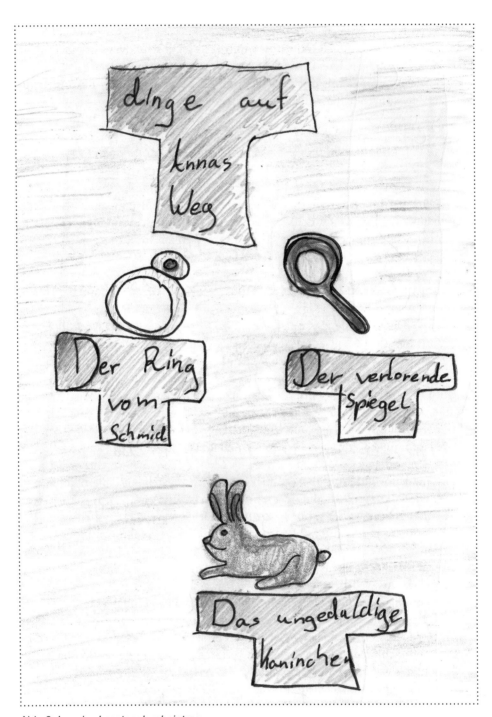

Abb. 3: Leonies Lesetagebucheintrag

Beispiel 2: Briefliches Lob an eine Figur (Amelie)

Ebenfalls zur Lektüre von Kirsten Boies »Der durch den Spiegel kommt« macht Amelie (10 Jahre, Klasse 4) einen briefförmigen Eintrag, in dem sie an die Jungenfigur Rajún, Annas zuverlässigen Freund und Begleiter auf gefährlichen Abenteuerwegen, Folgendes schreibt (die Druckwiedergabe des Lesetagebucheintrags erfolgt orthografisch korrigiert):

Lieber Rajún, ich finde es echt nett von dir, dass du Anna begleitest. Ohne dich hätte sie ständig Angst und hätte längst den Mut verloren. Ich weiß nicht, ob ich auch mitgekommen wäre oder nicht. Mach weiter so. Viel Erfolg! Amelie

Amelies Brief thematisiert die Figurenbeziehung zwischen Anna und Rajún und ist damit vor allem auf Aspekte des Fremdverstehens gerichtet (FREMD, 3). Zum einen ist es die Übernahme der Perspektive der Hauptfigur Anna, die mit den Hinweisen, sie hätte **ständig Angst** und **längst den Mut verloren**, angedeutet wird. Zum anderen ist der Eingangssatz **Ich finde es echt nett von dir, dass du Anna begleitest** auf die freundschaftliche Verbindlichkeit und Zuverlässigkeit Rajúns gerichtet, dessen Haltung positiv bewertet wird. Der Satz **Ich weiß nicht, ob ich auch mitgekommen wäre oder nicht** reflektiert das zu erwartende eigene Verhalten in vergleichbarer Situation und verweist damit auf die Fähigkeit, sich emotional und subjektiv mit dem Text zu verbinden (SUVERB, 1). Zugleich ist in dem von der Briefschreiberin hergestellten Zusammenhang zwischen Begleitung, Angst und Mut die Fähigkeit zum Erkennen innertextlicher Bezüge angedeutet (INTEX, 4).

Beispiel 3: Comiczeichnung zu zentralem Handlungsmoment (Nico)

Auch Nico (Klasse 4) hat sich bei der Lektüreauswahl für »Der durch den Spiegel kommt« entschieden. Er fertigt als ersten Eintrag in sein Lesetagebuch eine aus zwei Szenen bestehende comicartige Bleistiftzeichnung an, die sich auf den Weltenübertritt von der realen Welt in die fantastische bezieht (Abbildung 4).
Das erste Panel zeigt Anna und den Vermittler zwischen den Welten, das Kaninchen. Zwischen beiden liegt der magische Spiegel, der, wenn man in ihn hineinschaut, den Weltenwechsel möglich macht. Hinter dem Kaninchen sieht man das Hochhaus, das Annas Wohngegend in der realen Welt prägt. Annas Sprechblase beinhaltet den Ausruf **Hoffentlich hat das Kaninchen keine Tollwut!**, wodurch Annas in der Ich-Erzählperspektive wiedergegebene sorgenvolle Gedanken bei der ersten Begegnung mit dem Kaninchen aufgenommen werden.
In der Denkblase, die das Kaninchen im ersten Panel hat, ist zu lesen **Mann, wann hebt sie endlich den Spiegel auf und guckt rein!** Dieser ungeduldig fragende Ausruf des Tiers wandelt sich dann im zweiten Paneel in ein **Jippie, sie hat's getan!**, während die Sprechblase von Anna gefüllt ist mit der Frage **Was ist denn jetzt los?** Und nicht nur das Kaninchen freut sich, dass Anna jetzt im sogenannten »Land-auf-der-anderen-Seite« (Boie 2001, S. 33) ist, sondern auch eine gezeichnete Sonne am oberen rechten Panelrand denkt lachend **Sie hat's getan**.

Abb. 4: Nicos Lesetagebucheintrag

Neben der durch die szenischen Zeichnungen angedeuteten Fähigkeit, sich zu Vorstellungsbildern anregen zu lassen und diese bildlich und/oder schriftlich zu fassen (VOBI, 6), ist durch die handlungschronologische Aufeinanderfolge der Szenen auch die Fähigkeit zur Wiedergabe des Handlungsverlaufs angedeutet (HAVER, 5). Sorge und Verwunderung, die sich in den Sprechblasenaussprüchen der Protagonistin Anna spiegeln, weisen darüber hinaus auf die Fähigkeit zum Fremdverstehen (FREMD, 3); gleiches gilt für das in dem *Jippie*-Ausruf des Kaninchens angelegte Verständnis für dessen Freude über Annas Tun. In dieser dem Kaninchen zugeschriebenen Freude liegen des Weiteren Hinweise auf die Fähigkeit, innertextliche Bezüge zu erkennen (INTEX, 4), denn zum Zeitpunkt seines Lesetagebucheintrags nach der Lektüre der ersten drei Kapitel des Buches hat Nico noch nichts Explizites über den Auftrag des Kaninchens lesen können, den »Kühnen Kämpfer« in das »Land-auf-der-anderen-Seite« zu bringen. Das Buch arbeitet bis hierher lediglich mit Andeutungen. So heißt es beispielsweise im Zusammenhang mit Annas Erblicken und Aufheben des magischen Spiegels: »Das Kaninchen hat mich immer noch angestarrt, als ich mich gebückt habe, und wenn es kein Kaninchen gewesen wäre, hätte ich geglaubt, dass es plötzlich erleichtert aussah« (Boie 2001, S. 19).

Zwischenfazit

Bereits die hier vorgestellten Beispielsanalysen machen deutlich, dass die kompetenzorientierte Betrachtung von Lesetagebucheinträgen zwingend auf eine profunde Textkenntnis der beobachtenden (Lehr-)Person angewiesen ist. Die Rekonstruktion aktualisierter literarischer Kompetenz kommt einer Art »Spurensuche« gleich (Wiprächtiger-Geppert 2011), bei der die Suchenden sowohl subjekt- als auch gegenstandsorientiertes Grundlagenwissen benötigen, um in der oftmals geradezu unspektakulären Vielfalt das Spezifische und Bedeutsame entdecken zu können. Ebenso wie die personale und soziale Rezeptionssituation zusammen mit den textseitigen Rezeptionsanforderungen die Aktualisierung literarischer Kompetenz herausfordern (Abbildung 1), unterstützt Wissen zu diesen drei Bereichen auch die Kompetenz des spurensuchenden Beobachters.

Die Analyse von Lesetagebucheinträgen, die mit dem Beobachtungsleitfaden zu einer Offenlegung von Spuren aktualisierter literarischer Kompetenz geführt haben, kann für die Entwicklung von sekundären Anschlussaufgaben genutzt werden. Der Beobachtungsleitfaden ist mithin das Instrument, über das sich die Adaptivität bzw. Passung von Lehren und Lernen operativ herstellen lässt.

Im Folgenden wird für die soeben vorgestellten drei Beispiele gezeigt, wie sich solche sekundären Anschlussaufgaben generieren lassen.

Individuelle Kompetenzförderung durch sekundäre Anschlussaufgaben

Eine sekundäre Anschlussaufgabe schließt an einen analysierten Lesetagebucheintrag an, sie regt einen zweiten, enger geführten und stärker vorstrukturierten Zugriff auf den primären Eintrag an – daher die Bezeichnung »sekundär«. Sie nimmt die auf der Basis des offenen Zugriffs gezeigte Schwerpunktsetzung der Schülerin/des Schülers auf und ermöglicht eine Weiterarbeit an eben diesem Inhalts- oder auch (seltener) Formaspekt.

Aufgrund der offenen Bedingungen für den ersten Zugriff kann davon ausgegangen werden, dass dieser Aspekt der literarisch dargestellten Welt für das Kind von besonderem Interesse ist und/oder es emotional und affektiv besonders berührt. Interesse und Affekt sind gute Voraussetzungen für weiterführendes Arbeiten und daran gebundene (literarische) Lernprozesse.

Die Möglichkeiten zur Anbindung der sekundären Anschlussaufgabe an die im ersten Lesetagebucheintrag aktualisierten Teilkompetenzen sind mehrdimensional angelegt. Teilkompetenzen, die in den ersten Einträgen bereits angedeutet sind, können erneut herausgefordert und vertieft werden. Aber auch Teilkompetenzen, die in dem für die Weiterarbeit zugrunde gelegten Lesetagebucheintrag nicht aktualisiert sind, lassen sich durch eine sekundäre Anschlussaufgabe herausfordern. Dies ist insbesondere dann sinnvoll, wenn die Gesamtheit der Lesetagebucheinträge des Kindes Schwerpunkte und Auslassungen bei bestimmten Teilkompetenzen aufweist, sodass es angebracht erscheint, hier Ausgleich und Ergänzung schaffende Impulse zu setzen.

Ein möglicher Syntheseweg für die Erarbeitung sekundärer Anschlussaufgaben verläuft über die Beantwortung von vier Fragen:
1. Von welchen Aspekten der literarischen Welt und ihrer sprachlichen Ausgestaltung ist das Kind in besonderer Weise angesprochen/berührt/beeindruckt?
2. In welchen Teilbereichen literarischer Kompetenz verfügt das Kind bereits über Fähigkeiten?
3. Was kann in Anknüpfung an das Gezeigte/Angelegte gefördert/angeregt werden?
4. Was kann mit dem Ziel dieser Förderung/Anregung weiterführend zum Lesetagebucheintrag *getan* werden?

Die Beantwortung von Frage 1 ist ausgerichtet am Buch und an den Inhalts- und Formaspekten, die das Kind dem Eintrag zugrunde gelegt hat. Für ein zuordnendes Erkennen und Verstehen der kindlichen Darstellungen und ihrer literarischen Bezüge ist daher (wie oben bereits betont) die Kenntnis des Buches eine wichtige Voraussetzung.

Die Beantwortung von Frage 2 wird durch den Beobachtungsleitfaden unterstützt und endet (wie in den oben ausgeführten Beispielen dargestellt) mit einer die aktualisierten Teilkompetenzen hervorhebenden Analyse des jeweiligen Lesetagebucheintrags.

Frage 3 richtet sich auf nötige und mögliche Erweiterungen des individuellen Könnens und ist dabei an der Gesamtheit des Teilkompetenzen beschreibenden Modells literarischer Rezeptionskompetenz orientiert. Das Hineinholen bisher wenig gezeigter Teilkompetenzen in den individuellen Kompetenzfächer kann angeregt werden, ebenso wie die Vertiefung und gegebenenfalls Explizierung bereits gezeigten Könnens.

Die Ideengenerierung für die Formulierung einer konkreten Aufgabe ist angebunden an Aspekte des inhaltlich Sinnvollen und produktionsorientiert Möglichen, *weshalb Frage 3 grundsätzlich in Zusammenschau mit Frage 4 anzugehen ist.*

Im Folgenden sollen nun die sekundären Anschlussaufgaben zu den oben beispielhaft betrachteten Lesetagebucheinträgen vorgestellt werden.

Bespiel 1: Explizierte Handlungszusammenhänge und figurenbezogene Bedeutungen (Leonie)

Leonie ist stark beeindruckt von Kirsten Boies Protagonistin **Anna**, die genau wie sie zehn Jahre alt ist und auch sonst in ihrer eigenen subjektiven Empfindung einige charakterliche Parallelen zu ihr aufweist. Dies betont die Viertklässlerin in ihren vorangegangenen Lesetagebucheinträgen, die die Kontexteinheit um den hier betrachteten Eintrag komplettieren. Mit den gezeichneten »Dingen« (Abbildung 3) rückt sie hier gegenständliche Begleiter von Anna in den Fokus, die für deren »Weg« und damit für Aspekte der Handlungslogik bedeutsam sind.

Genau diese Aspekte lassen sich in einer sekundären Anschlussaufgabe erneut und mit Chance auf Vertiefung herausfordern. Die Möglichkeit, Leonie noch einmal und diesmal mit deutlich handlungsbezogener Ausrichtung zeichnen zu lassen (**Zeichne drei Bilder, in denen Anna in für sie ganz besonderen Situationen ist: 1. mit dem Ring, 2. mit dem Spiegel, 3. mit dem Kaninchen**), rückt neben der Fähigkeit zur Wiedergabe des Handlungsverlaufs (HAVER, 5) und der Fähigkeit, innertextliche Bezüge zu erkennen (INTEX,4), auch die Fähigkeit, sich zu Vorstellungsbildern anregen zu lassen (VOBI, 6), erneut ins Zentrum der herausgeforderten Teilkompetenzen.

Da Leonie in vorhergegangenen Einträgen bereits sehr viel, detailgetreu und mit deutlich erkennbaren Spuren auf Aktualisierungen der Fähigkeit zur Vorstellungsbildung (VOBI, 6) gezeichnet hat, ging die Entscheidung zugunsten einer anderen, schriftbasierten Aufgabenvariante aus. Folgende Aufgabe bekam Leonie von der Lehrperson in ihr Lesetagebuch geschrieben:

Schreibe auf, was die von dir gezeichneten Dinge/Tiere für Anna bedeuten.

Diese sekundäre Anschlussaufgabe ist zum einen handlungsbezogen ausgerichtet und fordert eine Vertiefung und explizitere Aktualisierung der Fähigkeiten zur Wiedergabe des Handlungsverlaufs (HAVER, 5) und zum Erkennen innertextlicher Bezüge (INTEX, 4) heraus. Zum anderen hat sie das Potenzial, die Aktualisierung einer weiteren Teilkompetenz herauszufordern, die im ersten Eintrag noch nicht angelegt ist. Indem auf die **figurenbezogene Bedeutung** von Ring, Spiegel und Kaninchen rekurriert wird, spricht die sekundäre Anschlussaufgabe auch die Fähigkeit zum Fremdverstehen (FREMD, 3) mit an. Leonies Bearbeitung der Aufgabe fällt folgendermaßen aus (die Wiedergabe erfolgt in orthografisch korrigierter Form):

Der Ring: Der Ring kann Anna helfen wenn sie in Not ist: Im Wald ohne Wiederkehr mit den Häschern hat der Ring sie klein gemacht und wieder groß.

Der Spiegel: Der Spiegel war ihre einzige Möglichkeit, zurück zu kommen. Aber den hat sie ja verloren, was sie ganz panisch gemacht hat. Logisch. Der Spiegel ist ja das Allerwichtigste für sie.

Das Kaninchen: Das ungeduldige Kaninchen meckert immer rum, obwohl es selber einen großen Fehler begangen hat: Das Kaninchen wollte den Spiegel gar nicht Anna bringen. Es hatte die Karte verloren wie es den Auserwählten finden würde.

Die in der Aufgabe angelegte Spur zur Aktualisierung des Fremdverstehens (FREMD, 3) wird im zweiten der drei Texte Leonies deutlich sichtbar aufgenommen. Der Einwortsatz »Logisch« verweist auf Leonies empathisches Verständnis für die Panik der Protagonistin beim Verlust des für sie so wichtigen Spiegels.

Ebenfalls sehr deutlich zeigen sich die vertieften Aktualisierungen von HAVER und INTEX. Leonie erläutert die figurenbezogene Bedeutung der Gegenstände (Ring und Spiegel) und des Tiers (Kaninchen), indem sie Handlungszusammenhänge expliziert, die insbesondere beim hintersinnig agierenden Kaninchen von durchaus hoher Komplexität sind (Boie 2001, S. 130 ff.).

Der letzte Satz des zweiten Textes setzt Ring, Spiegel und Kaninchen in Beziehung zueinander. Indem sie den Spiegel als **das Allerwichtigste** bezeichnet, deutet Leonie an, dass sie Ring, Spiegel und Kaninchen im Hinblick auf ihre Bedeutung für Anna miteinander verglichen hat, was nur unter Berücksichtigung aller hierfür bedeutsamen innertextlichen Bezüge geschehen sein kann. Dies lässt sich als ein weiterer Hinweis auf die Aktualisierung der Fähigkeit, innertextliche Bezüge zu erkennen (INTEX, 4), werten.

Beispiel 2: Tipp mit Textbezug (Amelie)
Ebenso wie Leonie ist auch Amelie identifikatorisch auf die Hauptfigur Anna bezogen, was vor allem die ihrem Briefeintrag vorangegangenen Einträge zeigen. Zugleich aber wendet sie sich in dem hier betrachteten Lesetagebucheintrag einer weiteren Figur zu, die ihr (ähnlich wie für Leonie **Ring, Spiegel** und **Kaninchen**) vor allem deshalb so interessant erscheint, weil sie von so großer Wichtigkeit für die bewunderte Hauptfigur ist. Die durch den Satz **Ich weiß nicht, ob ich auch mitgekommen wäre** selbstbezogen-einfühlende Hinwendung zur Figur Rajún bietet sich in besonderer Weise für eine herausfordernde Vertiefung in einer sekundären Anschlussaufgabe an. Dies vor allem deshalb, weil hier die Möglichkeit angelegt ist, die Fähigkeit zum Fremdverstehen (FREMD, 3) zu vertiefen. Bei dieser Teilkompetenz ist dann eine fortgeschrittene Progressionsstufe erreicht, wenn neben der Perspektive der Hauptfigur auch die Perspektiven der Nebenfiguren eingenommen und diese in Beziehung zueinander gesetzt werden können (Andringa 2000, S. 94 f.). Amelie bekommt von der Lehrperson einen mit Umschlag versehenen, handschriftlich verfassten Brief in ihr Lesetagebuch eingeklebt:

Liebe Amelie,
es ist nicht so, dass ich keine Angst hätte. Aber manchmal gibt es Dinge, die man einfach tun muss! Angst hin oder her. Ich werde mein Bestes geben und Anna immer ein guter Freund sein. Wenn du Tipps, Lob oder auch Kritik für mich hast, freue ich mich über noch einen Brief von dir! Dein Rajún

Mit der Aufforderung, Tipps, Lob oder auch Kritik zu äußern, fordert dieser Brief neben der Fähigkeit zum Fremdverstehen (FREMD, 3) zugleich erneut auch die Fähigkeit heraus, innertextliche Bezüge zu erkennen (INTEX, 4), denn all diese personenbezogenen Zuwendungsformen kommen nicht ohne ein konkret handlungsbezogenes Textwissen aus.
Amelies Rückantwort an Rajún lautet (in orthografisch korrigierter Form):

Lieber Rajún,
vielen Dank für deinen Brief! Ich habe einen Tipp für dich: Anna hat erzählt*, dass sie dich gerne getröstet hätte, weil es sie trösten würde. Also zeige es Anna, wenn du Angst hast, denn das wird sie trösten. Amelie   ** auf Seite 207*

Das von Amelie selbst gesetzte Sternchen zur Angabe der Seitenzahl im Buch dokumentiert die textbezogene Genauigkeit, mit der die junge Schreiberin das Verhältnis zwischen Rajún und Anna betrachtet und dadurch ihre Fähigkeit, innertextliche Bezüge zu erkennen (INTEX, 4), erneut aktualisiert. Im Hinblick auf

das Fremdverstehen (FREMD, 3) zeigt der Eintrag statt einer vertieften Zuwendung zur Figur Rajún eher eine erneute und neu perspektivierte Zuwendung zur Hauptfigur Anna.
Amelie schreibt nachfolgend noch viele Briefe an die Figuren des Buches. An Anna ebenso wie noch einmal an Rajún und an das Kaninchen. Zu den an Anna geschriebenen Briefen verfasst Amelie in zwei Fällen auch gleich noch die Antwortbriefe aus der Perspektive Annas. Sie nimmt diese Einträge aus eigenem Antrieb vor, ohne dass die Lehrperson diesen Briefwechsel erneut herausgefordert hätte. Diese Handlungen Amelies können als ein weiteres Zeichen für die lernförderliche Aktivierung des Kindes durch die sekundäre Anschlussaufgabe gewertet werden.

Beispiel 3: Antizipation und Textmustererfahrung (Nico)
Nicos Comiczeichnung ist in inhaltlicher Hinsicht zentral am Gegenstand des mit magischen Kräften ausgestatteten Spiegels ausgerichtet; hier insbesondere an den Erfahrungen, die Anna mit ihm macht, und an der Bedeutung, die diese Zusammenhänge für die Figur des Kaninchens haben. Beim Letztgenannten setzt die sekundäre Anschlussaufgabe an:

> *Lieber Nico,*
> *in deinem Comic denkt das Kaninchen »Jippie!« Führe doch noch ein bisschen aus, wofür dieser Ausdruck steht.*

Diese mit persönlicher Anrede versehene Aufgabe schreibt die Lehrperson auf die dem Comic folgende Seite in Nicos Lesetagebuch. Indem die Aufgabe dazu auffordert, die Freude des Kaninchens über Annas Wandlung bringenden Spiegelblick zu explizieren, wird vor allem die im Lesetagbucheintrag angelegte Spur des Verstehens innertextlicher Bezüge (INTEX, 4) aufgegriffen.
Nicos Bearbeitung der Aufgabe lautet in orthografisch korrigierter Form:

> *Das Kaninchen denkt »Jippie!«, weil sie jetzt im Land-auf-der-anderen-Seite sind, und ich glaube, dass der Auftrag für das Kaninchen nur in dem Land-auf-der-anderen-Seite erfüllt werden kann. Wie bei Mio vielleicht. Und vielleicht hat Anna jetzt Zauberkraft. Das Kaninchen ist bestimmt sowieso ein Zauberkaninchen.*

Die antizipatorische Ausrichtung dieser Aufgabenbearbeitung zeigt deutlich, dass Nico die Fähigkeit, innertextliche Bezüge zu erkennen (INTEX, 4), tatsächlich erneut aktualisiert hat. In Verbindung mit dem »Land-auf-der-anderen-Seite« stellt er Vermutungen über einen zur Erfüllung drängenden Auftrag des Kaninchens an, über den er nach wie vor nichts Explizites erfahren konnte. Zum Zeitpunkt seiner Bearbeitung der sekundären Anschlussaufgabe hatte Nico zusätzlich zu den ersten drei noch das vierte Kapitel gelesen, das, ähnlich wie die vorangegangenen, zum Auftrag des Kaninchens lediglich Andeutungen macht, z. B. »Da hab ich begriffen, dass das Kaninchen die ganze Zeit schon genau wusste, wo es mich hinführen wollte« (»Das Land-auf-der-anderen-Seite«, Boie 2001, S. 36).

Um den Freudenausruf des Kaninchens in seinem Comic mit einem Ausblick auf nachfolgendes Geschehen beantworten zu können, hat Nico auch auf seine Erfahrungen mit anderen Textmustern zurückgegriffen. Dies zeigt die Erwähnung des ihm offensichtlich bekannten fantastischen Kinderromans »Mio, mein Mio« von Astrid Lindgren (1998). In diesem Verweis Nicos deutet sich eine Teilkompetenz an, die aufgrund der Seltenheit ihrer beobachtbaren Aktualisierung in produktionsorientierten Arbeiten keinen Eingang in den Beobachtungsleitfaden gefunden hat: Es sind »prototypische Vorstellungen von Gattungen/Genres« (Spinner 2006, S. 13), die Nico hier in Anschlag bringt. Er hat Erfahrungen mit den Mustern des literarischen Erzählens in fantastischer Kinderliteratur und kann sie – herausgefordert durch die sekundäre Anschlussaufgabe – nutzen, um Voraussagen über den weiteren Handlungsverlauf anstellen zu können.

Annas vermutete **Zauberkraft** und die Benennung des Kaninchens als **Zauberkaninchen** deuten eine weitere Aktualisierung an. Dieser Hinweis auf die magischen Kräfte der Figuren, die innerhalb der konstruierten Wirklichkeitsbeziehungen des Textes als logische Konsequenz für die Handlungsprogression angesehen werden, kann als Spur der aktualisierten Fähigkeit, mit Fiktionalität bewusst umzugehen (FIKTIO, 7), gewertet werden. Die von Zauberei durchzogene innere Wirklichkeit des fantastischen Romans wird erkannt und akzeptiert. Eine Vertiefung dieser von Nico hier spontan aktualisierten Teilkompetenz ist an dieser Stelle denkbar und möglich (mit einer weiteren Anschlussaufgabe), oder aber die Beobachterin/der Beobachter bleibt sensibel für Spuren dieser Teilkompetenz in weiteren Lesetagebucheinträgen Nicos, um die hier von ihm erstmals gezeigte Aktualisierung später wieder aufzunehmen und zu vertiefen

Fazit: Lesetagebucharbeit, sekundäre Anschlussaufgaben und Kompetenzorientierung

Die hier beispielhaft betrachteten sekundären Anschlussaufgaben und ihre Bearbeitungen durch die Kinder machen deutlich, dass sich das Verhältnis zwischen herausgeforderten und konkret realisierten Kompetenzen nicht in einem Eins-zu-Eins-Muster abbilden lässt. Nicht alles und nicht ausschließlich das, was die Aufgaben herausfordern, wird auch tatsächlich erneut aktualisiert. Auch die sekundären Anschlussaufgaben haben immer noch einen genügend großen Öffnungsgrad, um der Komplexität literarischen Lernens und Verstehens angemessene Spiel- und Entwicklungsräume zur Verfügung zu stellen. Anders gesagt: Die Praxis literarischer Rezeption ist reichhaltiger, als das Modell sie erfassen könnte.

In diesem Sinne bilden die Begrenzungen des Konzepts zugleich dessen Stärken ab. Auf der Basis hoher Individualisierung und Subjektorientierung fordert die offene Lesetagebucharbeit Kompetenzaktualisierungen heraus, die unter Orientierung am Kompetenzstrukturmodell Spinners (2006) und am dazu entwickelten Beobachtungsleitfaden eine lernförderliche Strukturierung durch sekundäre Anschlussaufgaben erfahren. Dabei sind sowohl die Möglichkeiten der Aufgabenstellung begrenzt – nicht jede gewünschte Kompetenzaktualisierung ist unter Anbindung an die literarische Vorlage und den primären Lesetagebucheintrag auch tatsächlich sinnvoll – als auch die Möglichkeiten der zielorientierten Lenkung der Aufgabenbearbeitungen.

Über die Herangehensweisen der Kinder und über ihre konkreten Kompetenzaktualisierungen bei der Bearbeitung sekundärer Anschlussaufgaben lassen sich keine gesicherten Vorhersagen machen. Zu vielfältig sind die Implikationen des Gegenstands Literatur sowie die Lern- und Verstehensvoraussetzungen der Kinder, die ihr begegnen.

Methodisch bleibt festzuhalten, dass die Vielfalt der Ergebnisse literarischen Lernens, die sich in den Lesetagebucheinträgen zeigt, auch zu einer Erweiterung oder sogar Transformation des Kompetenzstrukturmodells führen kann. Denn das Modell kann ggf. spezifische und besondere Kompetenzen, die sich in den Dokumenten der Kinder zeigen, gar nicht abbilden.

Hier lehrt uns die qualitativ ausgerichtete interpretative Sozialforschung in methodischer Hinsicht, dass Kriterien der Zuordnung und Bewertung, wie sie im Beobachtungsleitfaden zu finden sind, für die Lehrenden lediglich eine »Indizierungsfunktion« haben (Kelle 2000, S. 498). Denn die hypothetische Zuordnung eines Lesetagebucheintrags zu einer Teilkompetenz literarischen Lernens ist nicht als Fakt oder Symptom einer vorhandenen Kompetenz zu werten, sondern lediglich als Hinweis auf eine mögliche Verbindung zur Teilkompetenz zu interpretieren. Zugrunde liegt einer solchen Zuordnung also nicht ein berechenbarer Algorithmus, der die Geltung eines Zusammenhangs von Teilkompetenz und Lesetagebucheintrag behaupten könnte, sondern lediglich eine interpretative Annahme, die u. U. im weiteren unterrichtlichen Prozess, also in der Unterrichtspraxis, gestützt, modifiziert oder verworfen werden muss (dazu z. B. Kelle 2000).

Anzunehmen ist also, dass die lernförderliche Wirksamkeit des Konzepts methodisch nur qualitativ zu fassen ist. Werden die in der Unterrichtspraxis angeregten Literaturbegegnungen jedoch kontinuierlich so organisiert, dass sich literarisches Lernen in Räumen für Komplexität, Subjektivität und Individuation – und also in geöffneten Konzepten – entwickeln kann, so ergeben sich gute Chancen für die Herausforderung *aller* Teilkompetenzen des Strukturmodells literarischer Rezeptionskompetenz. Die Arbeit mit dem Beobachtungsleitfaden kann Lehrerinnen und Lehrern im Rahmen lesetagebuchbasierter Konzepte geöffneten Literaturunterrichts Orientierung geben im Hinblick auf sinnvolle, kompetenzorientierte Strukturierungshilfen für die individuellen Lernwege ihrer Schülerinnen und Schüler. Er liefert sozusagen die Grundlage dafür, dass Lehrerinnen und Lehrer unter den Bedingungen der Polysemie literarischer Zeichen, die literarische Lernarrangements erfordern, mit den sekundären Anschlussaufgaben einen Möglichkeitstyp literaturdidaktischen Handelns zur Strukturierung literarischer Lernprozesse entwickeln können.

Die hohe Adaptivität, von der solche Strukturierungshilfen in Form sekundärer Anschlussaufgaben geprägt sein können, möge eine hier abschließend zu zitierende Schüleräußerung verdeutlichen. Beim Entdecken der sekundären Anschlussaufgabe, die seine Lehrerin ihm in sein Lesetagebuch geschrieben hat, ruft Linus (Klasse 4) spontan aus:

»*Ganz genau so eine Aufgabe habe ich mir gewünscht. So, wie sie da steht. Ich wusste nur nicht, wie ich das, was ich schreiben wollte, machen soll.*«[3]

Literatur

Abraham, U. (2005): Lesekompetenz, literarische Kompetenz, poetische Kompetenz. Fachdidaktische Aufgaben in einer Medienkultur. In: Rösch, H. (Hrsg.): Kompetenzen im Deutschunterricht. Frankfurt am Main: Peter Lang, S. 13–26.

Andringa, E. (2000): »The Dialogic Imagination«. Literarische Komplexität und Lesekompetenz. In: Witte, H./Garbe, C./Holle, K./Stückrath, J./Willenberg, H. (Hrsg.): Deutschunterricht zwischen Kompetenzerwerb und Persönlichkeitsbildung. Baltmannsweiler: Schneider Verlag Hohengehren, S. 85–97.

Bertschi-Kaufmann, A. (1998): Lesetagebücher – Vorgaben und Anregungen für die schreibenden Kinder. In: Bertschi-Kaufmann, A. (Hrsg.): Lesen und Schreiben im offenen Unterricht. Zürich: Sabe, S. 29–34.

Bertschi-Kaufmann, A. (2007): Offene Formen der Leseförderung. In: Bertschi-Kaufmann, A. (Hrsg.): Lesekompetenz – Leseleistung – Leseförderung. Grundlagen, Modelle und Materialien. Seelze-Velber: Klett/Kallmeyer, S. 165–175.

Block, I. (2004): Lesetagebücher im 2. Schuljahr. Beobachtungen zur Leseförderung und zum frühen literarischen Lernen. In: Grundschulunterricht, Heft 11, S. 27–34.

Boie, K. (2001): Der durch den Spiegel kommt. Hamburg: Oetinger.

Brinkmann, E. (2004): Freie Lesezeiten. In: Grundschule Deutsch, Heft 1, S. 4–5.

Büker, P./Vorst, C. (2010): Kompetenzen und Unterrichtsziele im Lese- und Literaturunterricht der Grundschule. In: Ulrich, W. (Hrsg.): Deutschunterricht in Theorie und Praxis (DTP). Band 11/2, Lese und Literaturunterricht (hrsg. Kämper-van den Boogaart, M./Spinner, K. H.). Baltmannsweiler: Schneider Verlag Hohengehren, S. 21–48.

Dehn, M./Hüttis-Graff, P. (2006): Zeit für die Schrift II. Beobachtung und Diagnose. Berlin: Cornelsen.

Dehn, M./Merklinger, D./Schüler, L. (2011): Texte und Kontexte. Schreiben als kulturelle Tätigkeit. Seelze: Klett/Kallmeyer.

Frederking, V./Meier, C./Roick, T./Steinhauer, L./Stanat, P./Dickhäuser, O. (2009): Literarästhetische Urteilskompetenz erfassen. In: Bertschi-Kaufmann, A./Rosebrock, C. (Hrsg.): Literalität. Bildungsaufgabe und Forschungsfeld. Weinheim und München: Juventa, S. 165–180.

Gailberger, S./Krelle, M./Triebel, W. (2007): Wissen und Kompetenz im Literaturunterricht. Am Beispiel von Nachts schlafen die Ratten doch. In: Gailberger, S./Krelle, M. (Hrsg.): Wissen und Kompetenz. Entwicklungslinien und Kontinuitäten in der Deutschdidaktik. Baltmannsweiler: Schneider Verlag Hohengehren, S. 97–119.

Hartig, J./Klieme, E. (2006): Kompetenz und Kompetenzdiagnostik. In: Schweizer, K. (Hrsg.): Leistung und Leistungsdiagnostik. Heidelberg: Springer, S. 127–143.

Hintz, I. (2002): Das Lesetagebuch: intensiv lesen, produktiv schreiben, frei arbeiten. Baltmannsweiler: Schneider Verlag Hohengehren.

---

3 Das Zitat stammt aus dem Protokoll einer teilnehmenden Beobachtung in Klasse 4, Mai/Juni 2011. – Ich danke Jacqueline Bönigk, Studentin des Lehramtes für die Primar- und Sekundarstufe an der Universität Hamburg, für die Bereitstellung ihrer Aufzeichnungen.

Hurrelmann, B. (2002): Leseleistung – Lesekompetenz. Folgerungen aus PISA, mit einem Plädoyer für ein didaktisches Konzept des Lesens als kultureller Praxis. In: Praxis Deutsch, 29. Jg., Heft 176, S. 1–18.
Kammler, C. (2006): Literarische Kompetenzen – Standards im Literaturunterricht. Anmerkungen zum Diskussionsstand. In: Kammler, C. (Hrsg.): Literarische Kompetenzen – Standards im Literaturunterricht. Modelle für die Primar- und Sekundarstufe. Seelze: Klett/Kallmeyer, S. 7–22.
Kämper-van den Boogaart, M. (2005): Lässt sich normieren, was als literarische Bildung gelten soll? Eine Problemskizze am Beispiel von Brechts Erzählung *Der hilflose Knabe*. In: Rösch, H. (Hrsg.): Kompetenzen im Deutschunterricht. Frankfurt am Main: Peter Lang, S. 27–50.
Kelle, U. (2000): Computergestütze Analyse qualitativer Daten. In: Flick, U./Kardorff, E. v./Steinke, I. (Hrsg.): Qualitative Forschung. Ein Handbuch. Hamburg: Rowohlt, S. 485–502.
Köster, J./Rosebrock, C. (2009): Lesen – mit Texten und Medien umgehen. In: Bremerich-Vos, A./Granzer, D./Behrens, U./Köller, O. (Hrsg.): Bildungsstandards für die Grundschule: Deutsch konkret. Berlin: Cornelsen, S. 104–138.
Kruse, I. (2007): Offene Produktionsorientierung und weiterführende Anschlussaufgaben beim Umgang mit einem Kinderbuch. In: Grundschulunterricht, Heft 1, S. 18–24.
Kruse, I. (2010): Figuren, Handlungen und Räume in Text, Ton und Bild. Literarisches und medienästhetisches Lernen in intermedialer Lektüre. In: Josting, P./Maiwald, K. (Hrsg.): Verfilmte Kinderliteratur. Gattungen, Produktion, Distribution, Rezeption und Modelle für den Deutschunterricht. München: kopaed, S. 177–185.
Kruse, I. (2011): Kinder- und Jugendliteratur intermedial erfahren, erleben, lesen. Intermediale Lektüren und ihr Potenzial für einen medienintegrativen Literaturunterricht. In: Marci-Boehncke, G./Rath, M. (Hrsg.). Medienkonvergenz im Deutschunterricht. München: kopaed, S. 200–210.
Kruse, I. (2012): Vielfalt der Texte – Vielfalt der Zugänge. Mit Lesetagebucheinträgen lernförderlich weiterarbeiten. In: Grundschulunterricht Deutsch, Heft 1, S. 20–23.
Lindgren, A. (1998): Mio, mein Mio. Hamburg: Oetinger.
Nix, D. (2007): Das Lesetagebuch als Methode des Lese- und Literaturunterrichts – Ein Forschungsbericht. In: Didaktik Deutsch, Heft 23, S. 67–93.
Pieper, I. (2010): Lese- und literarische Sozialisation. In: Ulrich, W. (Hrsg.): Deutschunterricht in Theorie und Praxis (DTP). Band 11/1, Lese und Literaturunterricht (hrsg. Kämper-van den Boogaart, M./Spinner, K. H.). Baltmannsweiler: Schneider Verlag Hohengehren, S. 87–147.
Rosebrock, C./Nix, D. (2008): Grundlagen der Lesedidaktik und der systematischen schulischen Leseförderung. Baltmannsweiler: Schneider Verlag Hohengehren.
Spinner, K. H. (2005): Der standardisierte Schüler. In: Didaktik Deutsch, Heft 18, S. 4–13.
Spinner, K. H. (2006): Literarisches Lernen. Basisartikel. In: Praxis Deutsch 23, Heft 200, S. 6–16.
Spinner, K. H. (2010): Methoden des Literaturunterrichts. In: Ulrich, W. (Hrsg.): Deutschunterricht in Theorie und Praxis (DTP). Band 11/2, Lese und Literaturunterricht (hrsg. Kämper-van den Boogaart, M./Spinner, K. H.). Baltmannsweiler: Schneider Verlag Hohengehren, S. 190–242.
Willenberg, H. (2007): Lesestufen – Die Leseprozesstheorie. In: Willenberg, H. (Hrsg.): Kompetenzhandbuch für den Deutschunterricht. Baltmannsweiler: Schneider Verlag Hohengehren, S. 11–23.
Wiprächtiger-Geppert, M. (2009): Literarisches Lernen in der Förderschule. Eine qualitativ-empirische Studie zur literarischen Rezeptionskompetenz von Förderschülerinnen und -schülern in Literarischen Unterrichtsgesprächen. Baltmannsweiler: Schneider Verlag Hohengehren.

Martin Leubner

Literarische Texte strategieorientiert untersuchen und verstehen

Wenn Schüler einen literarischen Text interpretieren, dann entstehen häufig ganz unterschiedliche Deutungen. So beispielsweise zu der Erzählung »Der Liebhaber der Mutter« von Thomas Hürlimann, die von zwei Schülern wie folgt gedeutet wird:

> *Ich denke, die Textintention dieser Kurzprosa ist, dass Menschen auch dann kaputtgehen können, wenn sie eine Liebe nicht leben können und es so manchmal vielleicht doch besser ist, wenn man sich scheiden lässt.*

> *Ich denke, dass der Text aussagen soll, das es egal ist wie man eine Sache verheimlicht/ vertuscht. Irgendwann kommt immer die Wahrheit heraus.*

Eine solche Spannweite von Deutungen kann Ausdruck eines persönlich bedeutsamen und zugleich textangemessenen Verstehens der Schüler sein, ist jedoch oftmals auch Ausdruck einer Unsicherheit darüber, welche Wege zu einer textangemessenen und ergiebigen Deutung führen. Bisweilen erhalten die Schüler für das Textverstehen auch nur wenig Hilfe von ihren Lehrerinnen und Lehrern, falls ihnen vermittelt wird, dass jede Deutung, die irgendwie mit einem Text vereinbar ist und begründet wird, auch eine gute ist.

Die intensive Lesekompetenzdiskussion der letzten Jahre hat gezeigt, dass Lesekompetenz, insbesondere im Sinne von Textverstehenskompetenz, systematisch erworben werden muss und dass die Schülerinnen und Schüler dazu konkrete Hilfen benötigen. Als Instrument für das Textverstehen bieten sich Lesestrategien in besonderer Weise an. Zudem hat die Diskussion gezeigt, dass für das Verstehen literarischer Texte literaturspezifische Wege erforderlich sind (hierzu auch Frederking in diesem Band). Das gilt auch für die Konstruktion von Lesestrategien.

Im Folgenden wird auf der Grundlage einer empirischen Untersuchung, in der Lesestrategien für die Untersuchung von Handlungen in narrativen Texten erprobt worden sind, eine Konzeption zur Förderung von literarischer Textverstehenskompetenz entworfen. Den Schülerinnen und Schülern soll durch die Nutzung von Lesestrategien eine systematische Texterschließung mit ergiebigen Textdeutungen ermöglicht werden. Die Konzeption beruht auf einem praxisnahen Modell des Textverstehens. Dieses Modell wird im folgenden ersten Teil vorgestellt, ergänzt um eine Reflexion von gängigen Verfahren, die im Unterricht einer Erschließung von Handlungen narrativer Texte dienen.

Literarisches Textverstehen und die systematische Texterschließung

Ein Modell des literarischen Textverstehens

Seit der ersten PISA-Studie diskutiert die Fachdidaktik Deutsch Lesekompetenzmodelle, die einer Förderung von Lesekompetenz dienen sollen. In dieser Diskussion geht es vor allem darum, das Verstehen von Texten zu beschreiben und dazu Teilleistungen des Verstehens zu unterscheiden. Als Grundlage einer solchen Unterscheidung werden in erster Linie kognitionspsychologische Forschungen und insbesondere das Lesekompetenzmodell von Kintsch und van Dijk herangezogen (im Überblick Gailberger/Holle 2010).

Ebenso gibt es im Rahmen der fachdidaktischen Diskussion unterschiedliche Versuche, für den Literaturunterricht geeignete Kompetenzmodelle in einer Adaption von allgemeinen Textverstehensmodellen zu gewinnen. Diese Versuche sind jedoch bislang problematisch, weil sie die besonderen Merkmale literarischer Texte beziehungsweise ihrer Rezeption nicht hinreichend erfassen. Kompetenzmodelle für den Literaturunterricht sollen literaturwissenschaftlich fundiert sein und gegebenenfalls kognitionspsychologische Aspekte integrieren.

In besonderer Weise eignen sich solche Textverstehensmodelle für die Entwicklung literaturdidaktischer Konzeptionen, in denen die Textdeutung eine eigene Teilleistung darstellt und durch weitere, systematisch mit ihr verbundene Teilleistungen ergänzt wird. Ein entsprechendes Modell für das Verstehen literarischer Texte lässt sich fachwissenschaftlich gut begründen und ist zudem eng auf die Praxis des Literaturunterrichts ausgerichtet (Leubner/Saupe/Richter 2010).

Drei Teilleistungen bieten sich zur Unterscheidung an:

Der Wirklichkeitsbezug
Eine zentrale, didaktisch besonders bedeutsame Funktion von Literatur ist die Entwicklung von (neuen) Sichtweisen der und auf die Wirklichkeit. Die Schülerinnen und Schüler sollen das Bild von Wirklichkeit, das ihnen ein literarischer Text nahelegt, mit ihren bisherigen kognitiven Schemata abgleichen und auf ihre eigene Lebenswirklichkeit anwenden. Dazu können sie das Wirklichkeitsbild natürlich auch modifizieren oder ganz ablehnen. Der Wirklichkeitsbezug gilt nicht in allen literaturtheoretischen Modellen als eine eigene Teilfähigkeit des Textverstehens, ist aber für die Fachdidaktik traditionell von großer Bedeutung. Im Phasenmodell von Kreft etwa und später in den Modellen von Fritzsche und Waldmann ist der Wirklichkeitsbezug die letzte Stufe des Textverstehens im Unterricht (Kreft 1982; Fritzsche 1996; Waldmann 1999).

Die Textdeutung
Grundlage für den Wirklichkeitsbezug muss eine Textdeutung sein. Das Bild von Wirklichkeit, das der Text den Schülerinnen und Schülern nahelegt, ist erst einmal zu entfalten. Dazu sollen diese den Text – auch subjektiv – ergänzen: Sie sollen Sprach-

und Weltwissen einschließlich eigener Erfahrungen und Wünsche an den Text herantragen, um zu einer – persönlich bedeutsamen – Deutung zu kommen. Die Schülerinnen und Schüler sollen aber nicht nur einzelne Textelemente deuten, sondern eine Gesamtdeutung vornehmen, die auf den (subjektiv) ergänzten zentralen Elementen des Textes beruht. Darüber hinaus sollen sie mit ihrer Deutung vom dargestellten Einzelfall abstrahieren. Denn literarische Texte haben eine übertragene Bedeutung, das heißt sie legen dem Leser nicht nur bestimmte Figuren und ihr Handeln und Leiden nahe, sondern verweisen darüber hinaus auf ein Bild von der Welt und den Menschen.

Die Strukturerkennung
Als Grundlage der Deutung muss ferner ein »objektives« Erkennen von zentralen Textelementen und ihren Zusammenhängen geleistet werden. Durch ein solches Erkennen sollen die Schülerinnen und Schüler ihren Spielraum für die – auch – subjektive Deutung abstecken. Das »objektive« Erkennen von Textelementen bedeutet allerdings nicht, dass sich diese Elemente – beispielsweise die Eigenschaften einer Figur – einem Text wörtlich entnehmen lassen. Vielmehr müssen die zentralen Textelemente zumeist rekonstruiert werden, und zwar sowohl durch das Zusammentragen von Informationen aus unterschiedlichen Teilen des Textes als auch durch eine Ergänzung dieser Informationen durch Sprach- und Weltwissen. Auch wenn die Grenzen zwischen dem Erkennen von Textelementen und der Deutung deshalb fließend sind, lassen sich die beiden Teilleistungen doch grundsätzlich gegeneinander abgrenzen. Das Erkennen von Textelementen ist insofern »objektiv«, als es idealerweise von allen kompetenten Leserinnen und Lesern einer Kultur in gleicher Weise vorgenommen wird. Für die Deutung dagegen kann und soll der Leser Freiräume für ein auch subjektives Verstehen nutzen. Der Literaturwissenschaftler Klaus Weimar hat diesen Unterschied folgendermaßen auf den Punkt gebracht: Die Leser finden heraus, was in einem Text »klar« ist oder durch eine Textuntersuchung »klar« wird. Das, was nicht »klar« ist oder werden kann, wird dann gedeutet (Weimar 2002, S. 106).

Die hier als Strukturerkennung bezeichnete Verstehensleistung entspricht weitgehend der Leistung der lokalen und globalen Kohärenzbildung in kognitionspsychologisch fundierten Verstehensmodellen und könnte dementsprechend differenziert werden.

L E S E P R O Z E S S	**3. Bezug auf die Wirklichkeit** Übernahme (ggf. teilweise oder in modifizierter Form) und Nutzung oder auch Ablehnung der Wirklichkeitssicht, die ein literarisches Werk seinen Lesern nahelegt (und die durch Deutung des Textes erschlossen worden ist); dabei auch ggf. Bewertungen
	2. Textstellen und Gesamttext deuten Das, was nicht klar bzw. objektiv zu erfassen ist, wird gedeutet – mithilfe von (Welt-)Wissen einschließlich persönlicher Erfahrungen; zielt auf ein Menschen-/Weltbild, das ein Text seinen Lesern nahelegt (und das durch Abstraktion gewonnen wird).
	1. Strukturen (Elemente und ihre Beziehungen) erkennen »objektives« Verstehen von Textelementen und ihren Beziehungen: z. B. Figureneigenschaften, Figurenkonstellationen, Ursachen für die schwierige Lage einer Figur, Perspektivierung etc.; zielt auf das, was in einem Text klar ist bzw. sich durch Textuntersuchung klar erkennen lässt
	Leseverstehen auf Wort- und Satzebene Decodieren von Wörtern und Verstehen syntaktischer Beziehungen

Tab. 1: Die Teilleistungen des literarischen Textverstehens

Der »Zweischritt« des Textverstehens aus dem Erkennen von Textelementen und ihren Beziehungen sowie der Deutung ist in der Schulpraxis fest etabliert: die Interpretation (d. h. die metasprachliche Variante der Deutung) und die Textanalyse (d. h. das Erkennen von Textelementen mit Hilfe von Kategorien) sind aus der Schule nicht wegzudenken. Der »dritte Schritt«, der Bezug auf die Wirklichkeit, wird durch Aufgaben für den Literaturunterricht ebenfalls häufig gefordert.

Das Textverstehen in der Schule soll also drei aufeinander aufbauende Teilfähigkeiten umfassen: Das *Erkennen von zentralen Textelementen,* die *Deutung* sowie den *Wirklichkeitsbezug.* Diese Teilfähigkeiten und ebenso das Textverstehen insgesamt können nach der in der Fachdidaktik konsensfähigen Definition als »Fähigkeiten und Fertigkeiten, um Probleme zu lösen« von Weinert als Kompetenzen gelten (Weinert 2001, S. 27 f.). Die Teilkompetenzen des Textverstehens werden durch weitere Fähigkeiten ergänzt, so durch die emotionale Beteiligung an einem Text (vor allem die Empathie mit Figuren) und die Vorstellungsbildung.

Verfahren zur Erschließung von Handlungen

In der Nach-PISA-Zeit sind die Verfahren, die den Schülerinnen und Schülern ein Erkennen von Textelementen und ihren Beziehungen zueinander ermöglichen sollen, offenbar in einem Wandel begriffen. In den neueren Lehrwerken lässt sich das

Bemühen erkennen, diese Verfahren ergiebiger als zuvor zu gestalten, insbesondere den Schülerinnen und Schülern sinnvolle Kategorien für die Textuntersuchung anzubieten.

Für eine Untersuchung der *Handlungsebene* erzählender Texte sind diese Angebote allerdings noch unzureichend. Häufig beschränken sich die Kategorien für die Analyse der Handlung auf solche für die Figurenanalyse, die für eine Untersuchung der Handlungsebene zwar notwendig, aber nicht hinreichend sind. Das ist deshalb besonders problematisch, weil die Untersuchung von Handlungen in der Regel für das Verstehen von erzählenden Texten von entscheidender Bedeutung ist.

In der schulischen Praxis beziehungsweise in der didaktischen Diskussion lassen sich gegenwärtig insgesamt drei Modelle für die Untersuchung von Handlungen unterscheiden.

Vorbegriffliche Textuntersuchung/textnahes Lesen
Dieses Verfahren ermöglicht den Schülerinnen und Schülern eine Textuntersuchung ohne Nutzung von (vorgegebenen) Kategorien: Die Schülerinnen und Schüler sollen Auffälligkeiten des Textes markieren oder Fragen an den Text stellen und beantworten, eventuell ihre Untersuchungsergebnisse auch nach selbst gewählten Kriterien ordnen. Solche Aufgaben zur Beobachtung von Texten ohne die Hilfe von textanalytischen Kategorien gehen auf didaktisch-methodische Konzeptionen des »textnahen Lesens« (Paefgen 2008 oder Belgrad/Fingerhut 1998) zurück: Die Schüler sollen einen literarischen Text verstehen, indem sie ihn wiederholt genau lesen und ihn dazu mit schriftlichen Markierungen oder Anmerkungen versehen.

Handlungsschritte und Höhepunkt
Häufig werden den Schülerinnen und Schülern für eine Handlungsanalyse von Erzähltexten die Kategorien »Höhepunkt« oder »Wendepunkt« nahegelegt. Diese Kategorien sind für die Untersuchung von Dramen der geschlossenen Form fachwissenschaftlich begründet. Für die Analyse von epischen Texten sind sie jedoch weniger geeignet, weil sie der Struktur dieser Texte in vielen Fällen nicht entsprechen. Zudem werden in der Schule häufig Begriffe genutzt, die sich zwar auf literarische Erzähltexte anwenden lassen, aber keine fachwissenschaftliche Grundlage aufweisen. So der Begriff »Handlungsschritte« und die Begriffe »Verhalten von Figuren« oder »Situation einer Figur« (ergänzt um die Unterscheidung von »innerer und äußerer Handlung«). Diese Kategorien sind nicht nur kaum zu definieren beziehungsweise äußerst vage, sie eignen sich auch kaum, um die zentralen narrativen Strukturen von Erzähltexten zu erfassen.

Komplikation und Auflösung
Zunehmend werden den Schülern Kategorien vorgeschlagen, die den Schülern tatsächlich eine Hilfe für das Erkennen der »dynamischen« narrativen Strukturen bieten: So die Begriffe »Probleme und ihre Lösungen«, »Situation einer Figur und Veränderung der Situation«, »Gründe für das Verhalten einer Figur« oder »Mittel, mit denen

eine Figur ihr Ziel erreicht«. Diese Kategorien lassen sich auf das Modell »Komplikation und Auflösung« zurückführen, das auf der Grundlage älterer strukturalistischer Modelle (Propp 1972; van Dijk 1980; Brinker 2005) maßgeblich von Jörn Stückrath weiterentwickelt worden ist (Leubner/Saupe 2008, S. 43–70).

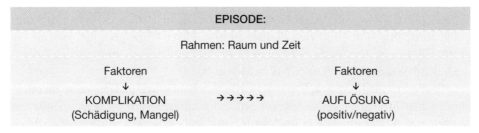

Abb. 1: Kategorien der Handlungsanalyse (Komplikationsmodell)

Eine Erzählung umfasst mindestens *eine* »Komplikationshandlung«. Sie kann aber auch mehrere miteinander verbundene Komplikationshandlungen darstellen, die dann als »Episoden« einer Erzählung gelten. »Ort« und »Zeit« – die mehr oder weniger genau bestimmt sein können – bilden den »Rahmen« für eine Komplikationshandlung.

Die Komplikation ist stets an eine Figur geknüpft und beruht darauf, dass für diese Figur etwas (ein sog. »Gut«) besonders wichtig ist, sie dieses Gut aber nicht ungestört genießen kann. Das Gut kann ein *materielles* sein wie Reichtum, ein *personales* wie eine Liebes- oder Freundschaftsbeziehung oder (am weitesten gefasst) auch ein *ideelles* wie die Ehre, die Gerechtigkeit oder das »innere Gleichgewicht«, das man durch eine bestimmte Komplikation verloren hat.

Die Störung kann darin bestehen, dass die Figur, die an einer Komplikation leidet, ihr Gut überhaupt noch nicht besitzt (»Mangelsituation«). Die Störung kann aber auch dadurch zustande kommen, dass die Figur ihr Gut verloren hat oder in Gefahr ist, es zu verlieren (»Schädigungssituation« bzw. drohende »Schädigung«).

Die Auflösung ist in den meisten (einfachen) Erzählungen entweder positiv oder negativ: positiv, falls die Figur ihr Gut (zurück-)gewinnen oder behalten kann, negativ, falls sie es nicht (wieder) bekommt oder verliert. Eine Auflösung kann aber auch als neutral gekennzeichnet werden, etwa wenn für eine Figur ihr ursprüngliches Gut unwichtig wird.

Für das Bedeutungspotenzial eines Erzähltextes sind häufig die »Faktoren« (Gründe) für die Komplikation beziehungsweise die »Faktoren« (Mittel) für die Auflösung besonders wichtig. Die Faktoren können ähnlich wie das Gut einer Figur ganz unterschiedlicher Art sein: Sie können beispielsweise in Einflüssen von Natur, Gesellschaft oder höheren Mächten bestehen. Sehr häufig sind allerdings die Eigenschaften von Figuren entscheidende Faktoren für die Komplikation oder ihre Auflösung. Die Figurenanalyse kann dementsprechend zumeist sinnvoll mit der Handlungsanalyse verbunden werden.

Lesestrategien für die Untersuchung von Handlungen

Die Aneignung und Nutzung von Lesestrategien ist ein zentrales Mittel für die Förderung von Textverstehenskompetenz: Dieser in der PISA-Studie vertretene Grundsatz kann in der Fachdidaktik inzwischen ebenso wie in Bildungsstandards und Lehrplänen als Konsens gelten. »Strategien« sind optionale, bewusste oder bewusstseinsfähige Prozesse zur Lösung von Aufgabenstellungen (Grotjahn 1997, S. 50–54). Zur Kompetenzförderung sind Strategien deshalb in besonderer Weise geeignet, weil sie ein selbstständiges, systematisches Vorgehen in Problemsituationen ermöglichen (hierzu auch den Beitrag von Gailberger/Nix in diesem Band).

Für die Erschließung von literarischen Texten haben sich bislang keine literaturspezifischen Strategien etablieren können. Forschungen zum strategieorientierten Verstehen von Literatur gibt es noch kaum, und in Lehrwerken werden Möglichkeiten, die Erschließung literarischer Texte systematisch zu lernen, bislang nur in wenig befriedigender Weise angeboten.

Die ersten Strategien für das Verstehen literarischer Texte für die Sekundarstufe I in Lehrwerken aus der Zeit nach PISA waren vorwiegend reduktive Strategien, die auf eine Zusammenfassung der Textinhalte zielten: Es handelte sich um kaum oder nur wenig veränderte Lesestrategien für Sachtexte (Bräuer 2010). Ein solcher Transfer ist jedoch wenig sinnvoll, weil diese Strategien die Besonderheiten von literarischen Texten bzw. einzelnen literarischen Gattungen nicht berücksichtigen.

Tatsächlich sollen Lesestrategien für literarische Texte Hilfen für eine Untersuchung ihrer speziellen Textstrukturen bieten. Dazu sollen sie in der Regel Analysekategorien nutzen, die sich auf zentrale Elemente von Inhalt und Form richten. Dementsprechend sollen die Strategien je nach Gattung zumindest teilweise unterschiedlich sein.

Die folgenden drei Lesestrategie-Sets sind auf der Grundlage der oben skizzierten schulischen Verfahren für die Untersuchung von Handlungen als »Bausteine« konzipiert, die einen zentralen Teil von Lesestrategien für erzählende Texte bilden können. Sie sollen den Schülerinnen und Schülern eine Strukturerkennung der Handlungsebene und eine anschließende Textdeutung ermöglichen.

Literarische Texte strategieorientiert untersuchen und verstehen

Set 1: Strategien »Komplikation und Auflösung«

1. Welche der Figuren in der Erzählung ist in einer besonders schwierigen Lage?
2. Benenne diese schwierige Lage. Nutze dazu die folgenden Fragen:
   a) Wie ist die schwierige Lage genauer beschaffen:
   (a1) Die Figur kann etwas, das ihr wichtig ist, nicht bekommen oder
   (a2) sie hat etwas verloren, das ihr wichtig ist (oder sie ist in Gefahr, es noch zu verlieren)?
   b) Was ist dieses »Etwas«, das der Figur wichtig ist?
3. Welche Gründe sind dafür entscheidend, dass die schwierige Lage für die Figur entstehen konnte?
4. Entscheide, wie die schwierige Lage aufgelöst wird:
   → positiv
   → negativ
   → teils-teils
   → ungewiss
5. Aus welchen Gründen (z. B. Handlungen einer Figur) kommt die (z. B. negative oder positive) Auflösung der schwierigen Lage zustande?
6. Überlege und schreibe auf, was uns die Erzählung (z. B. über die Menschen und ihr Handeln) sagen könnte. Beziehe in die Formulierung möglicher Aussagen deine Untersuchungsergebnisse zu den Aufgaben 2 bis 5 ein.

Set 2: Strategien »Handlungsschritte und Höhepunkt«

1. Welche wichtigen Handlungsschritte weist die Erzählung auf?
2. Werden Gedanken und Gefühle der Figuren direkt dargestellt? Wenn ja, welche davon sind für die Erzählung besonders wichtig und warum?
3. Gibt es Höhe- oder Wendepunkte? Wenn ja, welche?
4. Betrachte deine Lösungen der Aufgaben 1–3. Überlege auf dieser Grundlage, was uns die Erzählung (z. B. über die Menschen und ihr Handeln) sagen könnte.

Set 3: Strategien »Textnahes Lesen«

1. Lies die Erzählung nach dem ersten Lesen noch einmal langsam und gründlich. Achte auf Aspekte der Handlung, die dir besonders wichtig/interessant erscheinen. Markiere die entsprechenden Textstellen oder mache dir Notizen zum Text.
2. Ergänze die markierten Textstellen/Notizen durch Fragen oder Vermutungen zur Handlung.
3. Bringe die markierten Textstellen, Notizen und Fragen oder Vermutungen in eine sinnvolle Ordnung, z. B. in Form einer Tabelle oder eines Clusters.
4. Betrachte deine Lösungen der Aufgaben 1 – 3. Überlege auf dieser Grundlage, was uns die Erzählung (z. B. über die Menschen und ihr Handeln) sagen könnte.

Strategien zur Untersuchung von Handlungen: Empirische Befunde

Zur Konzeption der empirischen Untersuchung

Die drei oben angeführten Strategiesets sind zu der Kurzgeschichte »Der Liebhaber der Mutter« von Thomas Hürlimann in jeweils drei zehnten Gymnasialklassen in einer Interventionsstudie eingesetzt worden (Leubner/Saupe 2013). Zunächst haben die Schülerinnen und Schüler sich in der Arbeit mit dem Text »Am Eisweiher« von Peter Stamm mit »ihren« Strategien vertraut gemacht (Unterricht im Klassenverbund durch eine Projektmitarbeiterin), anschließend haben sie die Strategien in Einzelarbeit auf den Text »Der Liebhaber der Mutter« angewendet. Die Strategiesets sind auf den Arbeitsblättern der Schülerinnen und Schüler mit knappen schriftlichen Erläuterungen versehen worden, um die Nutzung der Sets zu erleichtern.

Um die Leistungsfähigkeit der unterschiedlichen Strategiesets beurteilen zu können, konzentriert sich die Auswertung auf die von den teilnehmenden Jugendlichen vorgelegten Textdeutungen: Sie sind der Gradmesser für die Ergiebigkeit, die einer Anwendung der Lesestrategien zugesprochen werden kann.

Die Textdeutungen werden vor allem unter dem Aspekt der in ihnen genutzten zentralen Textelemente ausgewertet (zum Zusammenhang von Textdeutung und zentralen Textelementen s. o.). Dabei stehen die Fragen im Mittelpunkt, wie viele und welche zentralen Textelemente die Schüler für ihre Textdeutungen genutzt haben.

Textanalyse: »Der Liebhaber der Mutter«

Als Hauptfigur der Erzählung kommt in erster Linie die Mutter in Frage, weil ihre Komplikation im Mittelpunkt der Erzählung steht. Es ist jedoch auch möglich, ihren Sohn/ihre Tochter (zugleich Erzähler) als Hauptfigur zu betrachten, eventuell auch ihren Liebhaber Henry. Die Komplikation der Mutter beruht darauf, dass sie zwei Güter hat: Ihr ist zugleich die Beziehung zu ihrem Liebhaber und ihr Familienleben wichtig, eventuell – so lässt sich mit Hilfe von historischem Kontextwissen ergänzen – zusammen mit dem Familienleben auch ihr gesellschaftlicher Status als verheiratete Frau. Der zentrale Faktor für ihre Komplikation ist, dass sich beide Güter aus gesellschaftlichen und psychologischen Gründen kaum miteinander vereinbaren lassen. Die Mutter versucht vorübergehend erfolgreich, Familie und Liebhaber dennoch miteinander zu verbinden: Durch die Tarnung des wahren Liebhabers durch einen alkoholsüchtigen, kranken Gast. Die Komplikation wird schließlich jedoch teils-teils aufgelöst: Die Mutter behält ihre Familie, verliert aber ihren Liebhaber. Die Faktoren für diese Auflösung sind, dass die Tochter den Widerspruch zwischen der Armut des Gastes und den angeblich von ihm stammenden teuren Geschenken entdeckt, die Täuschung deshalb nicht länger aufrechterhalten werden kann und die Mutter unter großem Kummer zugunsten der Familie auf ihren Liebhaber verzichtet (ohne jedoch der Familie die Wahrheit zu gestehen). Die entlarvende Frage der Tochter kann wegen

»Der Liebhaber der Mutter« von Thomas Hürlimann

Es begann mit Blumen. Über Nacht schossen sie aus allen Vasen hervor, Rosen, Orchideen, Osterglocken, und eines Abends, als wir von der Schule nach Hause kamen, hing der Brodem einer Zigarre im Haus, fremd, doch würzig, kein Zweifel, Mutter hatte Besuch gehabt, Herrenbesuch. Sie lächelte und sie schwieg. Sie trug, wenn
5 sie das Haus verließ, ihre breiten Hüte, besuchte häufig den Coiffeur und fragten wir, ob sie verliebt sei, rief sie lachend: »Aber Kinder, ich bin doch eure Mutter!«
Eines Abends saß er am Stubentisch. Er soff den Schnaps aus dem Wasserglas und das Essen, das Mutter ihm zu Ehren gekocht hatte, ließ er stehen. Meine Schwester und ich zwinkerten dem Vater zu. Der hob fröhlich das Weinglas. »Prost!«, rief er und
10 verschämt senkte die Mutter ihren Blick auf den Teller. Trepp war ein abgesprungener Jesuit. Fieberschübe und Schnäpse hatten ihn ausgeglüht, seine Finger zitterten, seine Augen glänzten. Er habe, erzählte Trepp, sein Leben in den Tropen verbracht, auf fernen, verseuchten Plätzen, erst vor kurzem war er in Zug gestrandet, in einem Pflegeheim für Kleriker, wo er, so Trepp, unter lauter gläubigen Greisen der einzige
15 Atheist sei: Trepp, das Wrack.
Wir lauschten seinem Gelalle, wir sahen ihn saufen. Der Verehrer unserer Mutter war nicht halb so gefährlich, wie wir befürchtet hatten – er konnte nur ihr Mitleid, nicht ihre Liebe entfacht haben.
Am Tisch schlief Trepp ein, der Vater setzte sich lachend ans Klavier und wie froh,
20 wie erleichtert stimmten wir an diesem Abend unsere Familienhymne an! Nein, für Trepp, den Tropenhengst, würde Mutter das Familienglück nicht zerstören, nie und nimmer. Er tat ihr leid, sie liebte seine Blumen und die Kirsch-Pralinees, die er schicken ließ, schlürfte sie andächtig aus. Schon bald hatten wir uns an die Treppliebe der Mutter gewöhnt. Eines Tages aber – Trepp war eben davongetorkelt – legte
25 meine Schwester die Serviette in den Teller, spitzte ihr Mündchen und meinte quer über den Tisch hin, sie beginne sich allmählich zu fragen, womit der arme Trepp die teuren Bouquets bezahle. Die Mutter wurde rot. Wie eine Erdbeere so rot. Stille trat ein und sekundenlang schwebte über dem Sonntagsbraten eine Wolke voller Leidenschaft und Katastrophe.
30 »Er stiehlt sie vom Friedhof«, sagte schließlich die Mutter. Der Vater aß weiter, die Gefahr war gebannt. Trepp kam nicht wieder und wir alle, auch der Vater, mussten feststellen, dass wir den fremdländischen Zigarrenrauch und die Schnapsreden vermissten. Die Mutter verlor ihr Lächeln, ihr fehlten die Blumen. Sie saß im Lehnstuhl, auf ihrem Schoß lag ein Buch, die Augen jedoch, die gern geweint hätten, blickten
35 ins Leere.
Die Jahre vergingen. Ich trieb mich herum. Mein Studium scheiterte. Eines Abends kehrte ich in meine Heimatstadt zurück, müde und kaputt, ohne Geld. Ich setzte mich an eine Bar. Neben mir saß ein Herr, wir kamen ins Gespräch und plötzlich sagte er: »Ihre Mutter war die große Liebe meines Lebens.« Dieser Herr konnte jener Trepp nicht
40 sein, denn Trepp war tot schon seit Jahren, tot und begraben. Eine Sekunde stutzte ich. Dann war mir alles klar. Unsere Mutter hatte gewusst, dass sie ihre Verliebtheit vor der Familie nicht verbergen konnte, also hatte sie Trepp ins Haus gelockt und wir alle, auch der Vater, waren nur allzu gern bereit gewesen, Mutters Verzauberung mit dem harmlosen Trepp in Verbindung zu bringen! »Wie es Ihre Mutter geschafft hat, unsere
45 Liebe geheim zu halten«, sagte jetzt Henry, »ist mir heute noch ein Rätsel.« Ihm sei dies nicht gelungen. Seine Frau habe sich scheiden lassen. Er, Henry, sei dann ausgestiegen und abgehauen, und so habe er seine besten Jahre auf fernen, fieberverseuchten Plätzen vergeudet. Mich fröstelte ein wenig. Wahrhaftig, Henrys Finger

> zitterten, seine Augen glänzten. Noch ein paar Fieberschübe, noch ein paar Drinks
> 50 und Henry, der wahre Liebhaber, sah aus wie Trepp, der ihn seinerzeit getarnt hatte.
> Spät in der Nacht standen wir am See. Wellen beleckten die Ufersteine und aus den
> Lampen fielen silberne Regenpfeile. Henry schlug den Mantelkragen hoch.
> Dann ging er wortlos davon.
>
> *Thomas Hürlimann, Der Liebhaber der Mutter. Aus: ders., Die Satellitenstadt. Geschichten.*
> *© by Ammann Verlag AG, Zürich 1992. Alle Rechte vorbehalten S. Fischer Verlag GmbH, Frankfurt am Main*

der offenbar folgenden Trennung der Mutter von ihrem Liebhaber zugleich als Höhe- und Wendepunkt der Erzählung gelten. Dagegen kann das Gespräch zwischen dem Erzähler und Henry als »Enthüllung« betrachtet werden, aber nicht im engeren Sinn als Höhe- oder Wendepunkt. (In einer vollständigen Analyse wären der Erzähler und Henry zu berücksichtigen, zudem die Darstellungsebene.)

Zentrale Textelemente durch Makropropositionsbildung bestimmen

Auf der Grundlage textlinguistischer Theorien (Brinker 2005) lassen sich für die zentralen Figuren (die Mutter, der Erzähler und Henry) folgende Makropropositionen als zentrale Elemente des Textes bestimmen:

Mit der Mutter als Subjekt
1. Täuschung der Familie über eine außereheliche Liebesbeziehung
2. Beinahe-Entdeckung (durch Tochter), Unhaltbarkeit und Aufgabe der Täuschung
3. In der Folge Verzicht auf den Liebhaber und Weiterbestehen der Familie
4. Aber: Resignation und Traurigkeit

Mit dem Erzähler als Subjekt
1. Angst vor dem Zerbrechen der Familie
2. Beruhigung durch den Gast Trepp
3. Erfolglosigkeit seines Lebens
4. Entdeckung der Täuschung nach vielen Jahren

Mit Henry als Subjekt
1. Sehr ernsthafte Liebesbeziehung zu »Mutter« (»Liebe seines Lebens«)
2. Verlust der Liebesbeziehung (durch Entscheidung von »Mutter« für die Familie)
3. In Folge der Liebesbeziehung Verlust der Ehefrau
4. In der Folge Verlust der Heimat, Scheitern des Lebens

Die Ergebnisse der Untersuchung

Zur Anzahl der erfassten zentralen Textelemente
Die Schülerinnen und Schüler der neun Klassen (N=183), die den Text »Der Liebha-

ber der Mutter« bearbeitet haben, haben durchschnittlich 1,19 zentrale Textelemente in ihre Deutungen aufgenommen.

Elemente	Deutung
2	Der Autor weist mit dem Text »Der Liebhaber der Mutter« auf die Probleme in der Liebe. Für wichtige Personen im Leben, z. B. Kinder muss man andere wichtige Dinge/Personen aufgeben. Und die Konsequenzen tragen können. (NP-KA-02) *Elemente* - *Verzicht (vgl. »aufgeben«)* - *Resignation (vgl. »die Konsequenzen tragen können«)*
1	Es ist nicht immer alles so wie es scheint zu sein. Menschen lügen. (KL-HH-06) *Element* - *Täuschung (vgl. »nicht ... wie es scheint zu sein. Menschen lügen«)*
0	Der Text von Thomas Hürlimann will ausdrücken, dass das Verhalten, Aussehen und andere Eigenschaften nicht das Hauptsächlichste an Menschen sind wenn man ihn liebt. Jeder Mensch ist auf seine Art und Weise einzigartig. (NP-HH-17)

Tab. 2: Beispiele für Deutungen mit null, einem und zwei zentralen Textelementen

Nur wenige Schülerinnen und Schüler aller Gruppen haben mehr als zwei Elemente für ihre Deutungen genutzt. In diesen wenigen Fällen reihen sie zumeist unterschiedliche Aspekte der Deutung einfach aneinander.

Die Zahl der durchschnittlich verwendeten Textelemente in den Deutungen ist aber dennoch strategieabhängig markant verschieden: Die Schülerinnen und Schüler, die mit den Komplikations-Strategien gearbeitet haben, nutzten deutlich mehr zentrale Textelemente in ihren Deutungen als ihre Kompagnons der anderen Gruppen. Die Probanden der Gruppen »Komplikation und Auflösung« haben im Durchschnitt 1,40 zentrale Textelemente (ganz oder teilweise) erfasst, die der Gruppen »Textnahes Lesen« dagegen 1,23 und die Schüler der Gruppen »Handlungsschritte und Höhepunkt« nur 1,01 Textelemente.

Strategie	Komplikation und Auflösung	Handlungsschritte und Höhepunkt	Textnahes Lesen
Anzahl Schüler	58 (35/23)	70 (28/42)	53 (29/24)
Anzahl Elemente Durchschnitt	1,40 (1,43/1,35)	1,01 (1,14/0,93)	1,23 (1,38/1,04)

Tab. 3: Anzahl der in den Deutung erfassten zentralen Textelementen (in Klammer: Mädchen/Jungen)

Der genannte Unterschied ist deshalb von großer Bedeutung, weil er einen wichtigen Aspekt der Qualität von Deutungen betrifft: Je mehr zentrale Textelemente eine Deutung enthält, desto besser ist sie, weil sie die Eigenarten eines Textes in differenzierter Weise aufgreift.

Ein weiterer interessanter Unterschied zwischen den drei Strategie-Gruppen zeigt sich, wenn die Ergebnisse mit Blick auf das Geschlecht der Schülerinnen und Schüler differenziert werden: Insgesamt erzielen die Jungen schlechtere Ergebnisse als die Mädchen, indem die Jungen in allen drei Gruppen weniger zentrale Elemente in ihren Deutungen nutzen. Allerdings ist diese Differenz zwischen Mädchen und Jungen beim Gebrauch der »Komplikationsstrategien« nur gering, während sie bei der Nutzung der »Textnahes-Lesen-Strategien« erheblich ausfällt. Die Differenz bei der Verwendung der »Höhepunkt-Strategien« liegt ungefähr in der Mitte zwischen der der beiden anderen Gruppen.

Die Schwerpunkte der Deutungen

Die Schülerinnen und Schüler haben sich in ihren Deutungen auf wenige der insgesamt zwölf zentralen Textelemente konzentriert, die sich aus »Der Liebhaber der Mutter« durch eine Makropropositionsbildung gewinnen lassen. Auch diese wenigen Textelemente sind in sehr unterschiedlicher Häufigkeit für die Deutungen genutzt worden. Während das insgesamt dominierende Element »Täuschung der Familie durch die Mutter« in 82 Deutungen genutzt wird, wird das an fünfter Stelle stehende Element »Beruhigung der Familie/des Erzählers durch den Gast« nur in 17 Deutungen verwendet.

Noch interessanter als diese Fokussierung auf wenige zentrale Elemente ist, dass es bei der Auswahl von Textelementen für die Deutung markante Unterschiede zwischen den untersuchten Gruppen gibt.

Die strategiespezifischen Unterschiede bei den Deutungen sind so markant, dass auch das insgesamt dominierende Element »Täuschung der Familie« nicht in allen Gruppen vorherrscht und dass sich darüber hinaus zwei grundlegende Deutungstypen unterscheiden lassen. Die Probanden der Gruppen »Komplikation und Auflösung« haben die Handlungselemente »Verzicht auf den Liebhaber« und anschließende »Resignation und Traurigkeit« sehr viel öfter als Grundlage für ihre Deutungen genutzt als die Schülerinnen und Schüler der anderen Gruppen. In vielen Fällen verbinden die der Komplikations-Gruppen die Elemente »Verzicht« und »Trauer« mit dem Element »Täuschung«. Die Deutungen betonen die Tatsache, dass sich die Mutter zwischen Liebhaber und Familie entscheiden muss und sich also in einer kaum positiv aufzulösenden schwierigen Lage befindet:

> *Die Mutter verlässt trotz ihrer neuen Liebe ihre Familie nicht. Hätte sie das doch getan, wären sie und Henry vilht. doch noch glücklich geworden. → Die Mutter opfert sich für die Familie auf. NP-KA-15*

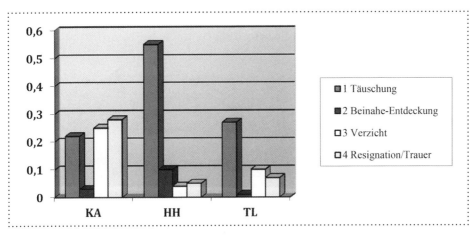

Abb. 2: Zentrale Textelemente (bezogen auf die Mutter als Hauptfigur) in den Deutungen auf Grundlage der Strategien »Komplikation und Auflösung«, »Handlungsschritte und Höhepunkt« und »Textnahes Lesen« (Angabe des Durchschnitts, mit dem sich die Elemente in den Deutungen der Schüler finden)

In den Gruppen »Textnahes Lesen« und »Handlungsschritte und Höhepunkt« findet sich dagegen eine fast ausschließliche Konzentration auf die beiden »auffälligen« Elemente »Täuschung« und »Entdeckung der Täuschung«. Durch diesen Schwerpunkt verstehen die Schüler die Erzählung sehr häufig als Erzählung, die vom Lügen und dessen Schlechtigkeit handelt. Als exemplarisch kann die folgende Deutung gelten:

Ich denke, dass der Text aussagen soll, das es egal ist wie man eine Sache verheimlicht/ vertuscht. Irgendwann kommt immer die Wahrheit heraus. NP-TL-13

»Täuschungs-Deutung«	»Verzichts-Deutung«
Fokus auf das Element »Täuschung durch die Mutter«, häufig ergänzt um das Element »Entdeckung der Täuschung«	*Fokus auf das Element »Verzicht der Mutter«, häufig ergänzt um das Element »Resignation/Trauer der Mutter«*
Beispiel: »Menschen werden immer lügen und riskieren Familie für einen Liebhaber.«	Beispiel: »Die Erzählung berichtet davon, dass Menschen Herzenswünsche haben können, die sich gegenseitig ausschließen. Diesen Menschen stehen die eigenen Wünsche zum Glücklichwerden im Weg.«
(vor allem »Höhepunkt-« und »Textnahes-Lesen-Deutungen«)	*(vor allem »Komplikations-Deutungen«)*

Tab. 4: Die beiden Haupttypen von Deutungen mit jeweils einem Beispiel

In der – seltenen – Nutzung weiterer Textelemente zeigen sich keine relevanten Unterschiede zwischen den unterschiedlichen Gruppen.

Zentrale Textelemente	Strategie: Kom./Auflösung Schüler (N): 58 (35/23)	H./Höhepunkt 70 (28/42)	Textnahes Lesen 53 (29/24)
Mutter			
(1) Täuschung der Familie	19 (12/7)	38 (15/23)	25 (16/9)
(2) Beinahe-Entdeckung	2 (1/1)	1 (0/1)	1 (1/0)
(3) Verzicht auf Liebhaber	16 (14/2)	3 (1/2)	5 (4/1)
(4) Resignation und Trauer	20 (13/7)	4 (3/1)	4 (2/2)
Erzähler			
(4) Entdeckung der Täuschung	9 (4/5)	19 (7/10)	13 (9/4)

Tab. 5: Auswahl von zentralen Textelementen für die Deutung: Anzahl der Schüler mit den jeweiligen Elementen in ihrer Deutung; in Klammern: Mädchen/Jungen. – Die in der Übersicht nicht berücksichtigten Elemente werden nur selten für die Deutungen gewählt und sind für die Auswertung nicht von Interesse.

Die gewählten Schwerpunkte lassen sich folgendermaßen erklären: Die Schülerinnen und Schüler der »Komplikations-Gruppe« untersuchen mit ihrer Komplikationsanalyse auch die Auflösung der Komplikation und deren Faktoren; auf diese Weise können sie die Elemente »Verzicht« und »Resignation« entdecken. Die Schülerinnen und Schüler der »Höhepunkt-Gruppe« bestimmen zumeist die Beinahe-Entdeckung der Mutter durch die Tochter oder die Entdeckung der Wahrheit durch den Sohn als Höhe- bzw. Wendepunkt; auf diese Weise rückt die zunächst nur beinahe, schließlich jedoch tatsächlich entdeckte Lüge bzw. Täuschung der Mutter in den Fokus der Schüler, was zu den genannten »Täuschungs-Deutungen« führt. Die Schülerinnen und Schüler der »Textnahes-Lesen-Gruppe« stellen in ihren Clustern zumeist die »Ausgangssituation« (das Verhältnis der Mutter zwischen der Familie und ihrem Liebhaber) dar, außerdem die Entdeckung der Lüge durch die Mutter. Die zentralen Elemente »Verzicht« und »Resignation« fehlen in der Regel. Eine entsprechend geringe Rolle spielen sie in den Deutungen.

Die Auswahl der Textelemente weist außer dem strategiespezifischen auch einen – allerdings schwach ausgeprägten – geschlechtsspezifischen Aspekt auf. Während es in der Wahl der am häufigsten genutzten Elemente »Täuschung der Familie« und »Entdeckung der Täuschung« keine geschlechtsspezifische Tendenz gibt, verhält es sich bei dem Element »Verzicht auf den Liebhaber« anders: Dieses Element wird deutlich häufiger von Mädchen gewählt, als es dem Anteil von Mädchen an der Zahl der getesteten Schüler entspricht. Besonders deutlich ist diese Tendenz bei den Schülerinnen der »Komplikations-Gruppe« ausgeprägt: Den Mädchen dieser Gruppe ist dieses Element offenbar besonders wichtig, denn kein anderes Element wählen sie ebenso häufig. Die Jungen dieser Gruppe (sowie insgesamt die Schüler der anderen Gruppen) hingegen wenden sich eher den Elementen »Täuschung« und »Entdeckung der Täuschung« zu.

Wertungen in den Textdeutungen

Strategie	KA		HH		TL	
Schüler	58 (35/23)		70 (28/42)		53 (29/24)	
Wertungen	ja	nein	ja	nein	ja	nein
insgesamt	35	23	24	46	22	31
Wertungen +/-	pos.	neg.	pos.	neg.	pos.	neg.
insgesamt	9	29	1	23	4	20

Tab. 6: Wertungen in den Deutungen und Anzahl positiver/negativer Wertungen

Die Erzählung »Der Liebhaber der Mutter« hat die Schülerinnen und Schüler zu Wertungen gereizt: In der Mehrzahl der Deutungen wird das Verhalten einzelner oder mehrerer Figuren bewertet – sodass auch dieser Aspekt eine eigene Betrachtung lohnt. Für die einzelnen Strategiesets lässt sich ein grundlegender Unterschied feststellen: Die »Komplikations-« und die »Textnahes-Lesen-Deutungen« weisen mehrheitlich eine Wertung auf; für die »Höhepunkt-Deutungen« ist das jedoch nicht der Fall.

Die Bewertungen beziehen sich vor allem auf die beiden in den Deutungen dominierenden Elemente »Täuschung« und »Verzicht« und zielen vor allem auf eine wertende Auseinandersetzung mit dem Verhalten der Mutter: Ist die Täuschung zu verurteilen? Ist der Verzicht auf den Liebhaber richtig? Zumeist findet sich eine eindeutige Stellungnahme gegen die außereheliche Beziehung: Die Täuschung durch die Mutter wird verurteilt, oder die Aufgabe der Täuschung und der Verzicht auf den Liebhaber werden positiv bewertet.

Es gibt bei den Wertungen jedoch einen *strategiespezifischen* Unterschied: Die »Komplikations-Deutungen« thematisieren und bewerten im Unterschied zu den Deutungen der anderen Gruppen nicht nur häufig den Verzicht, sondern kommen mit diesen Wertungen auch zu einem differenzierteren Bild der Mutter. Diese Bewertungen werden fast ausschließlich von Mädchen vorgenommen, die das entsprechende Element in ihren Deutungen sehr viel häufiger thematisieren als die Jungen.

Die Urteile zu dem Verzicht in den Deutungen der Gruppen »Komplikation und Auflösung« sind ungefähr zu gleichen Teilen positiv und negativ. Die Bewertungen sind vor allem dann positiv, wenn die außereheliche Liebesbeziehung explizit oder implizit als negativ betrachtet wird (Urteile im Sinne von: Mutter verzichtet zugunsten der Familie auf eine zumindest problematische Liebesbeziehung).

Der Verzicht der Mutter wird in mehreren Fällen jedoch auch negativ bewertet: Ein Verzicht auf die Liebesbeziehung erscheint in diesen Deutungen als unangemessen:

Ich denke, die Textintention dieser Kurzprosa ist, dass Menschen auch dann kaputtgehen können, wenn sie eine Liebe nicht leben können und es so manchmal vielleicht doch besser ist, wenn man sich scheiden lässt. NP-KA-08

Diese negativen Beurteilungen sind – anders als diejenigen, die sich auf das Textelement »Täuschung« richten – keine Verurteilungen der Mutter. In den wertenden »Komplikations-Deutungen« wird die Mutter seltener als in den anderen Deutungen einfach »abgeurteilt« und stattdessen häufiger in einer differenzierteren Weise betrachtet.

Didaktische Folgerungen

Die skizzierten Ergebnisse lassen sich wegen der Beschränkung der vorgestellten Teilstudie auf einen literarischen Text und auf neun Schulklassen nicht ohne weiteres »hochrechnen«. Eine weitergehende Untersuchung mit weiteren Texten und Klassen wird in Leubner/Saupe (2013) vorgestellt. Zudem muss bedacht werden, dass die Auswertung »nur« auf schriftliche Äußerungen der Schüler bezogen ist, von denen auf Textverstehensprozesse gefolgert werden muss (Aspekt Validität der Untersuchung), und dass die Nutzung des offenen Formats zu Deutungen geführt hat, deren Auswertung mit Blick auf die zentralen Textelemente auf Urteile der Auswerter angewiesen ist (Aspekt Objektivität der Untersuchung). Angesichts dieser Sachverhalte ist Vorsicht bei den Schlussfolgerungen angebracht. Die Ergebnisse der Untersuchung, so lässt sich mit der entsprechenden Vorsicht formulieren, lassen aber zumindest folgende Annahmen als plausibel erscheinen:

Lesestrategien
Die untersuchten Lesestrategien beeinflussen und unterstützen den Textverstehensprozess in unterschiedlicher Weise.

Anzahl der erfassten Textelemente/Qualität der Deutungen
Die untersuchten Strategien erweisen sich als unterschiedlich erfolgreich, d. h. sie fördern in unterschiedlichem Maße die Texterschließung. Die Textdeutungen der Schülerinnen und Schüler legen vor allem den Schluss nahe, dass eine Untersuchung, die auf narrationsspezifischen Kategorien beruht, erfolgreicher ist als eine Untersuchung, die sich ihre Kategorien bei anderen Gattungen »leiht« (Höhepunkt, Wendepunkt); auch das textnahe Lesen ist erfolgreicher als die Nutzung von Strategien mit »geliehenen« Kategorien, wohl aber nicht ganz so erfolgreich wie die Nutzung narrationsspezifischer Kategorien. Dieser Schluss wird durch weitere Tests sowie eine statistische Auswertung aller vorliegenden Ergebnisse bestätigt (Leubner/Saupe 2013).

Schwerpunkte der Deutung
Die unterschiedlichen Strategien können zu unterschiedlichen Schwerpunkten in der Deutung führen. Das ist dann der Fall, wenn mittels der Komplikationsanalyse, der »Höhepunkt-Analyse« und eines Clusters (als Teil des textnahen Lesens) unterschiedliche zentrale Textelemente erfasst werden.

»Wertung«
Auch der Aspekt »Wertung« ist für die didaktische Reflexion bedeutsam. Die Schülerinnen und Schüler neigen zur Integration von Wertungen in ihre Deutungen. Es wäre jedoch sinnvoll, wenn sie Wertungen vor allem in einem auf die Deutung folgenden Wirklichkeitsbezug vornehmen würden, um eine vorschnelle Gleichsetzung von Deutungen mit Alltagserfahrungen zu vermeiden.

Förderung des literarischen Textverstehens

Für die Gestaltung des Unterrichts, der auf die Förderung der Kompetenz, literarische Texte zu verstehen, ausgerichtet ist, gelten zwei Grundsätze:
→ Der Unterricht soll auf einer Gesamtkonzeption beruhen, für die der Aspekt »Untersuchung von Handlungsstrukturen« ein wichtiger »Baustein« ist (hierzu auch Gailberger 2013). Dieser Baustein soll durch Hilfen ergänzt werden, die ein Erkennen von zentralen Strukturen der Darstellung ermöglichen. Zudem soll die Untersuchung von Textstrukturen als Phase in weitere Phasen des Textverstehens eingebettet sein, die die drei oben genannten Teilleistungen des Textverstehens berücksichtigen, aber das entsprechende Modell nicht einfach nur abbilden. Für eine entsprechende Gesamtkonzeption sind Kategorienwissen, Strategiewissen sowie metakognitives Wissen (etwa in Form von Grundsätzen der Textdeutung und des Wirklichkeitsbezugs) zu bestimmen.
→ Im Unterricht spielt der Wissenserwerb eine große Rolle (Willenberg 1999, 2000, 2003). Deshalb sind die »klassischen« Methoden des Textverstehens im Literaturunterricht (Unterrichtsgespräch, Textanalyse, handlungs- und produktionsorientierte Verfahren) durch Methoden für den Wissenserwerb zu ergänzen. Die entsprechenden Methoden sollen garantieren, dass die Schülerinnen und Schüler nicht »Zuschauer« im eigenen Unterricht sind, indem der Unterricht – wie dies bei Wissenserwerb noch häufig der Fall ist – einseitig deduktiv ausgerichtet ist.

»Bausteine« für den Kompetenzerwerb

Eine Konzeption zur Förderung des literarischen Textverstehens muss die einzelnen Teilleistungen des Textverstehens in den Blick nehmen. Eine solche Förderung hat, so der Konsens in der literaturdidaktischen Forschung, den Prozess des Textverstehens zu berücksichtigen. Für eine Strukturierung des Textverstehensprozesses wird auf Phasen des literarischen Textverstehens zurückgegriffen, die in Phasenmodellen des Literaturunterrichts fest etabliert sind. Wenngleich die entsprechenden Phasenmodelle sich in Einzelheiten unterscheiden, folgen sie doch insgesamt dem folgenden Muster: Zunächst erfolgt eine Hinwendung zu Texten, die zu einer Hypothesenbildung führt; auf die Hypothesenbildung folgt die Texterschließung, die die Strukturerkennung und die Deutung umfasst, wobei die Strukturerkennung und die Deutung als je eigene (Teil-)Phasen betrachtet werden können. Auf der Grundlage der Deutung folgt dann der Wirklichkeitsbezug als eigene Phase.

Phase »Hypothesenbildung«
Die Phase der Hypothesenbildung motiviert eine Untersuchung von Handlungs- und Darstellungsstrukturen. Auch für diese Phase bietet sich die Nutzung von Strategiewissen an. Das folgende Strategieset kann als besonders ergiebig gelten:
→ Wie gefällt dir die Erzählung? Warum gefällt sie dir/gefällt sie dir nicht?
→ Um welches Problem geht es in der Erzählung vor allem? Formuliere das Problem in knapper Form. Alternativ: Worum (= um welches Thema) geht es in der Erzählung? Formuliere das Thema nach Möglichkeit in einem Satz.
→ Was könnte uns die Erzählung sagen (z. B. über Menschen und ihr Verhalten)?

Die Kenntnis dieses Strategiesets ist durch metakognitives Wissen zu ergänzen:
→ Durch Interpretationshypothesen können erste Ansätze für das Verstehen eines Textes gewonnen werden.
→ Die gebildeten Hypothesen können für die weitere Erschließung eines Textes genutzt werden. Sie können dabei eine Auswahl von Fragen oder Kategorien für die Textuntersuchung motivieren, deren Bearbeitung die Überprüfung der Hypothesen erlaubt. Eine empirische Untersuchung zu Interpretationshypothesen, die zu den genannten Empfehlungen führt, wird in Leubner/Saupe 2013 dokumentiert.

Phase »Strukturuntersuchung, Schwerpunkt Handlungen«
Für diese Phase sollen die Schülerinnen und Schüler Strategiewissen nutzen. Für die strategieorientierte Untersuchung von Handlungsstrukturen erzählender Texte stehen zwei Modelle zur Verfügung:
→ »Textnahes-Lesen-Strategien«: Die Anwendung der Strategien kann im Einzelfall zu guten Ergebnissen führen – vor allem dann, wenn die Textstrukturen vergleichsweise einfach sind und die Nutzung von Analysekategorien deshalb nicht unbedingt erforderlich ist.
→ »Komplikations-/Auflösungs-Strategien«: Die Anwendung der Strategien kann auch in den Fällen zu guten Ergebnissen führen, in denen die Handlungsstrukturen nicht einfach sind. (Zu Vorschlägen für entsprechende Strategien s. o. die entsprechenden Strategiesets; zu Stärken und Schwächen die Ergebnisse der empirischen Studie.)

Diese Strategien zur Untersuchung von Handlungen eignen sich für die Analyse von epischen und dramatischen Texten und sind durch Strategien zu ergänzen, die eine gattungsspezifische Bestimmung von zentralen Aspekten der Darstellung erlauben. Zudem ist metakognitives Wissen notwendig: Die Schülerinnen und Schüler müssen zusätzlich zu den Strategien Wissen über die Möglichkeiten und Grenzen der Anwendung von Strategien erwerben.

Die in Lehrwerken gängigen »Handlungsschritte/Höhepunkt-Strategien« bieten nur vergleichsweise geringe Möglichkeiten, Handlungsstrukturen angemessen zu erschließen.

Phasen »Textdeutung und Wirklichkeitsbezug«
Für die Textdeutung erwerben die Schüler Grundsätze der Interpretation als metakognitives Wissen. Als Voraussetzungen für das Gelingen einer Deutung kann das Befolgen der Prinzipien »Textvereinbarkeit« und »Verallgemeinerung/Abstraktion« gelten: Deutungen müssen mit dem Text vereinbar sein und sie müssen von den im Text geschilderten Einzelheiten/-fällen (in vorsichtiger Weise) abstrahieren. Damit eine Deutung ergiebig ist, darf sie sich jedoch nicht auf Nebensächlichkeiten im Text konzentrieren: Sie muss zentrale Textelemente aufgreifen.

»Grundsatz-Trias« für die Qualität von Textdeutungen:
→ (Gesamt-)Deutung mit Bezug auf zentrale Textelemente (im Regelfall: nach Möglichkeit mehrere zentrale Textelemente berücksichtigen)
→ (Gesamt-)Deutung als (vorsichtige) Abstraktion
→ (Gesamt-)Deutung mit dem literarischen Text vereinbar

Grundsätze zum Wirklichkeitsbezug:
→ Der Wirklichkeitsbezug kann in Form einer Wertung erfolgen.
→ Die entsprechende Wertung ist nach Möglichkeit von der Textdeutung zu trennen.

Zudem gilt:
→ Für den Bezug eines Textes auf die Wirklichkeit ist das Aussagepotenzial des gesamten Textes zu berücksichtigen.
→ Fragen der Lebenswirklichkeit sollen in enger Rückbindung an den Text erörtert werden.
→ Verkürzungen durch eine direkte und vollständige Gleichsetzung von Fiktion und Lebenswirklichkeit sind zu vermeiden.

Methoden für den Wissenserwerb

In der Lesestrategieforschung herrscht darüber Konsens, dass der Erwerb von Strategien ein langfristiger Prozess ist (Willenberg 2004). Dieser Befund lässt sich mit Blick auf den Erwerb von Wissen zur Förderung der Textverstehenskompetenz verallgemeinern: Das zu erwerbende Wissen muss im Unterricht zunächst (als deklaratives

Wissen) erworben werden, bevor es in einem langfristigen Prozess zu Handlungswissen wird.

Während sich die (wiederholte) Anwendung des erworbenen Wissens in den »normalen« Textverstehensunterricht integrieren lässt, stellt der Erwerb des Wissens eine eigene Herausforderung dar. Die folgenden Ausführungen systematisieren Methoden zur Vermittlung von Kenntnissen im Bereich der Förderung von Textverstehenskompetenz. Die Methoden werden einem Spektrum zwischen *deduktivem* und *induktivem Lernen* zugeordnet:

→ vom *Prinzip der uneingeschränkten Deduktion*, in dem die Deduktion durch keine weiteren Verfahren »abgemildert« wird,
→ über das *Prinzip einer eingeschränkten Deduktion*, das das deduktive Prinzip insofern abmildert, als die Deduktion in einen Arbeitsprozess der Schüler integriert wird,
→ bis hin zum *Prinzip des entdeckenden Vergleichs*, das den Schülerinnen und Schülern mittels eines Vergleichs unterschiedlicher Texte auf induktivem Weg Erkenntnisse ermöglicht.

Wenngleich alle Methoden im Einzelfall sinnvoll sein können, so ist es doch wünschenswert, dass induktive, auf entdeckendes Lernen ausgerichtete Methoden im Unterricht vorrangig eingesetzt werden.

Deduktion
Immer noch häufig in Lehrwerken (und auch in der Praxis?) ist das folgende Verfahren zu finden: Schülerinnen und Schüler erhalten Wissen (Kategorien etc.) vor Beginn einer eigenen Tätigkeit vorgeben und sollen mit diesem Wissen anschließend arbeiten. In zahlreichen Lehrwerken finden sich »Info-Boxen« mit den entsprechenden Informationen, die die Schülerinnen und Schüler dann nutzen sollen. Alternativ zur Informationsvergabe durch Lehrwerke ist die durch die Lehrkraft: Sie führt Wissen ein und ergänzt die Wissensvermittlung gegebenenfalls, indem sie mit ihrer Expertise die Anwendung dieses Wissens demonstriert.

Eingeschränkte Deduktion durch die Vorgabe von Beispielen
Ebenfalls in Lehrwerken verbreitet ist das Verfahren, dass Schülerinnen und Schüler ein Beispiel (z. B. einen Interpretationsaufsatz oder eine Tabelle zur Textanalyse) erhalten. Sie sollen dann das Beispiel betrachten bzw. untersuchen, dabei selbstständig die dem Beispiel zugrundeliegenden Prinzipien etc. entdecken und auf der Grundlage dieser Erkenntnisse dem Beispiel schließlich »nacheifern«.

Induktives Lernen mittels Vergleich
Induktiver Erwerb von Wissen zum Textverstehen bietet sich über den Weg des Textvergleichs an: Die Schülerinnen und Schüler arbeiten mit unterschiedlichen Texten bzw. Textausschnitten; der Vergleich ermöglicht ihnen Erkenntnisse über besondere Merkmale der Texte (z. B. Ich- vs. Er-Erzählung). Dieses Verfahren ist in besonderem

Maße empfehlenswert, weil es die Forderung nach einem entdeckenden Unterricht erfüllt.

Für den Textvergleich können auch didaktisch aufbereitete Texte gewählt werden, etwa Varianten von literarischen Texten. Die entsprechenden Varianten können gegebenenfalls von den Schülerinnen und Schülern selbst angefertigt werden. Grundsätzlich gilt, dass das gezielte Umschreiben von Texten – auch für die Anwendung von bereits erarbeiteten Kategorien – einen hohen Erkenntniswert im Rahmen der systematischen Erarbeitung von Verfahren für das Textverstehen hat.

Literatur

Belgrad, J./Fingerhut, Karl H. (Hrsg.) (1998): Textnahes Lesen. Annäherungen an Literatur im Unterricht. Baltmannsweiler: Schneider.
Bräuer, C. (2010): Lesetechniken erlernen, Lesestrategien entwickeln im Unterricht. In: Michael Kämper-van den Boogaart/Kaspar H. Spinner (Hrsg.): Lese- und Literaturunterricht. Teil 3 (= Winfried Ulrich [Hrsg.]: Deutschunterricht in Theorie und Praxis, Bd. 11/3). Baltmannsweiler: Schneider, S. 153–196.
Brinker, K. (2005): Linguistische Textanalyse. 6. Auflage. Berlin: Erich Schmidt.
Dijk, T. A. van (1980): Textwissenschaft. Eine interdisziplinäre Einführung. München: Deutscher Taschenbuch Verlag.
Ehlers, S. (2010): Studienbuch zur Analyse und Didaktik literarischer Texte. Baltmannsweiler: Schneider.
Frederking, V. (2010): Modellierung von literarischer Rezeptionskompetenz. In: Michael Kämper-van den Boogaart/Kaspar H. Spinner (Hrsg.): Lese- und Literaturunterricht. Teil 1 (= Winfried Ulrich [Hrsg.]: Deutschunterricht in Theorie und Praxis, Bd. 11/1). Baltmannsweiler: Schneider, S. 324–380.
Fritzsche, J. (1994): Zur Didaktik und Methodik des Deutschunterrichts. Bd. 1: Grundlagen. Bd. 3: Umgang mit Literatur. Stuttgart: Klett.
Gailberger, S./Holle K. (2010): Modellierung von Lesekompetenz. In: Michael Kämper-van den Boogaart/Kaspar H. Spinner (Hrsg.): Lese- und Literaturunterricht. Teil 1 (= Winfried Ulrich [Hrsg.]: Deutschunterricht in Theorie und Praxis, Bd. 11/1). Baltmannsweiler: Schneider, S. 269–323.
Gailberger, S. (2013): Story-Grammar-Bewusstheit im Zentrum von Literarischem Lernen und Poetischem Schreiben in der Sekundarstufe 1. In: Kjl&m. Kinder-/Jugendliteratur und Medien in Forschung, Schule und Bibliothek (13/1), München: Kopaed, S. 75–83.
Gattermeier, K. (2010): Lesestrategien versus/und Leselust. In: Frederking, V./ Krommer, A./ Meier, C. (Hrsg.): Taschenbuch des Deutschunterrichts. Bd. 2: Literatur und Mediendidaktik. Baltmannsweiler: Schneider, S. 633–655.
Genette, G. (1972/1994): Die Erzählung. Übers. von A. Knop. Fink: München.
Hürlimann, T. (1992): Der Liebhaber der Mutter. In: Hürlimann, T.: Die Satellitenstadt. Geschichten. Zürich: Ammann, S. 31–34.
Kintsch, W. (1998): Comprehension. A Paradigm for Cognition. Cambridge: University Press.
Köster, J. (2008): Lesekompetenz im Licht von Bildungsstandards und Kompetenzmodellen. In: Bremerich-Vos, A./Granzer, D./Köller, O. (Hrsg.): Lernstandsbestimmung im Fach Deutsch. Gute Aufgaben für den Unterricht. Weinheim, Basel: Beltz, S. 162–183.
Kreft, J. (1977): Grundprobleme der Literaturdidaktik: eine Fachdidaktik im Konzept sozialer und individueller Entwicklung und Geschichte. 2. verb. Auflage. Heidelberg: Quelle & Meyer.
Leubner, M./Saupe, A./Richter, M. (2012): Literaturdidaktik. Berlin: Akademie Verlag 2010.

Leubner, M./Saupe, A. (2008): Erzählungen in Literatur und Medien und ihre Didaktik. 3. Auflage. Schneider: Baltmannsweiler.

Leubner, M./Saupe, A. (2013): Literatur systematisch erschließen und verstehen. Textdeutung auf der Grundlage von Anleitungen für die Hypothesenbildung und Handlungserschließung. Eine empirische Studie. Baltmannsweiler: Schneider.

Martinez, M./Scheffel, M. (1999): Einführung in die Erzähltheorie. München: Beck.

Petersen, Jürgen H. (1993): Erzählsysteme. Eine Poetik epischer Texte. Stuttgart: Metzler.

Propp, V. (1928/1972): Morphologie des Märchens. Übers. v. C. Wendt. München: Hanser.

Spree, A. (1997): Interpretation. In: Weimar, K. et al. (Hrsg.): Reallexikon der deutschen Literaturwissenschaft. Bd. II. Berlin/New York: de Gruyter, S. 168–172.

Tomaševskij, B. (1985): Theorie der Literatur. Poetik. Hrsg. und eingeleitet von K.-D. Seemann. Aus dem Russischen übersetzt von U. Werner. Wiesbaden: Harrassowitz.

Waldmann, G. (1999): Produktiver Umgang mit Literatur im Unterricht. Grundriss einer produktiven Hermeneutik. Theorie – Didaktik – Verfahren – Modelle (= Deutschdidaktik aktuell. Bd. 1). 2., korr. Auflage. Baltmannsweiler: Schneider.

Weimar, K. (2002): Was ist Interpretation? In: Mitteilungen des Deutschen Germanistenverbandes 49, S. 104–115.

Weinert, F. E. (2001): Vergleichende Leistungsmessung in Schulen – eine umstrittene Selbstverständlichkeit. In: Weinert, F. E.: Leistungsmessungen in Schulen. Weinheim, Basel: Beltz, S. 17–32.

Willenberg, H. (1999): Lesen und Lernen – Eine Einführung in die Neuropsychologie des Textverstehens, Heidelberg und Berlin: Spektrum, Akademischer Verlag.

Willenberg, H. (2000): Kompetenzen brauchen Wissen. Teilkompetenzen beim Lesen und Verstehen. In: Witte, H. J. et al. (Hrsg.): Deutschunterricht zwischen Kompetenzerwerb und Persönlichkeitsbildung. Baltmannsweiler: Schneider, S. 69–84.

Willenberg, H. (2001): Aktiver Wissenserwerb: Vor und nach dem Lesen. In: Deutschunterricht 2/2001, S. 19–25.

Willenberg, H. (2004): Lesestrategien. Vermittlung zwischen Eigenständigkeit und Wissen. Praxis Deutsch (187), S. 6–15.

Winko, S. (2000): Textanalyse: In: Reallexikon der deutschen Literaturwissenschaft. Bd. 3. Berlin, S. 597–601.

Zabka, T. (2005): Pragmatik der Literaturinterpretation. Theoretische Grundlagen - kritische Analysen. Tübingen: Niemeyer.

Volker Frederking

Literarische Verstehenskompetenz erfassen und fördern

Mit der Fähigkeit zu literarischem Verstehen gelangt ein Kompetenzbereich des Deutschunterrichts in den Blick, zu dem zwar theoretische Beschreibungen und didaktische Konzepte vorliegen (vgl. dazu im Überblick: Kammler 2006; Frederking 2010), der aber erst sehr spät in den Fokus empirischer Forschung gerückt ist. Vor diesem Hintergrund soll nachfolgend zunächst der aktuelle Forschungsstand in seinen theoretischen Voraussetzungen und empirischen Befunden zur Darstellung gelangen, um auf dieser Grundlage Möglichkeiten zur Diagnose und gezielten Förderung literarischer Verstehenskompetenz am Ausgang der Sekundarstufe I zu beschreiben.

Theoretische Grundlagen

Das Ausgangsproblem: Lesekompetenz und literarische Verstehenskompetenz

Literarische Verstehenskompetenz ist nicht mit allgemeiner Lesekompetenz gleichzusetzen. So wenig wie ein physikalischer Sachtext – z. B. die Beschreibung der Heisenbergschen Unschärferelation – mit einem historischen Sachtext – z. B. einer Quelle wie der Emser Depesche – in seinen inhaltlichen und formalen Verstehensvoraussetzungen identisch ist, so wenig lassen sich die spezifischen Anforderungen, die ein literarischer Text an seine Rezipientinnen und Rezipienten stellt – z. B. Fausts Eingangsmonolog zu Beginn der Gelehrtentragödie –, mit denen der beiden oben genannten Texte gleichsetzen. Für alle drei gilt, dass Fachspezifik und fachspezifisches deklaratives wie prozedurales Fachwissen die Verstehensanforderungen mit beeinflussen. Beim literarischen Text kommen aber noch weitere Besonderheiten hinzu:
→ Neben kulturell-habituellen Konventionen sind hier mit Thomas Zabka (2006, S. 83) extreme Verknüpfungsdichte, systematische Unbestimmtheit, Indirektheit und Mehrdeutigkeit als spezifische Faktoren zu nennen, mit denen literarische Texte ihre Leser konfrontieren. Tatsächlich werden Polyvalenz und Deutungsoffenheit in der Literaturtheorie fast durchgehend als wesentliche Kennzeichen ästhetischer Texte verstanden (vgl. Eco 1962).
→ Auch die Fiktionalität ist ein Merkmal, das einen literarischen Text zumindest intentional von einem nicht-literarischen unterscheidet (vgl. Currie 1990; 2007; Krommer 2003b). Allerdings ist mit Wolfgang Iser (1991) und Frank Zipfel (2001)

der Sachverhalt zu berücksichtigen, dass auch Sachtexte sehr wohl Fiktives enthalten können und fiktionale Texte Faktuales. Von entscheidender Bedeutung ist, dass »der Leser versteht, welche Einstellungen er nach der Intention des Autors zu den Aussagen des Textes einnehmen soll« (Currie 2007, S. 42).

Ein Blick auf die sprachliche Gestaltung liefert weitere Anhaltspunkte:
→ Unter Zugrundelegung linguistischer Bestimmungen, wie sie auf Roman Jakobson zurückgehen, lässt sich sagen, dass in literarischen Texten die poetische Funktion von Sprache dominiert. Sprache wird selbstreferentiell und führt zur »Zentrierung auf die Sprache um ihrer selbst willen« (Jakobson, 1971, S. 151) – ein Gedanke, den Umberto Eco (1972, S. 146) mit der »ästhetischen Funktion« literarischer Texte weiterentwickelt hat, wie im Fortgang noch genauer erläutert werden wird.
→ Hinzu kommen bei einem literarischen Text formale Charakteristika, die gattungsspezifisch sind und zu deren Erkennen und Verstehen literarisches Fachwissen erforderlich ist (Pieper/Wieser 2011).
→ Auch Emotionen können in gewisser Hinsicht als konstitutive Merkmale literarischer Texte angesehen werden, weil sie literarisch kodiert (Winko 2003) als präsentierte, thematisierte und intendierte Emotionen auftreten (vgl. Frederking/Brüggemann 2012a) – allerdings nicht exklusiv, schließlich können beispielsweise auch eine politische Rede oder ein Werbetext mit Emotionen spielen oder sie zu evozieren versuchen.

Ohne im vorliegenden Zusammenhang einem wie auch immer gearteten Anspruch auf Vollständigkeit genügen zu können, verdeutlichen diese Hinweise doch im Grundansatz, dass literarischen Texten in Literaturwissenschaft wie Literaturdidaktik besondere Merkmale bzw. Qualitäten zugeschrieben werden, die den Rezeptionshabitus beeinflussen. Es ist aus diesem Grund mehr als wahrscheinlich, dass das Verstehen literarischer Texte *spezifische Fähigkeiten* voraussetzt, die nicht in dem allgemeinen, auf kontinuierliche wie diskontinuierliche, faktuale wie fiktionale Texte ausgerichteten Lesekompetenzkonstrukt erfasst werden, das den PISA-Studien zugrunde liegt (vgl. dazu Kämper van den Boogaart 2003; Karg 2003; Krommer 2003a; Kammler 2006; Winkler/Masanek/Abraham 2010; Frederking 2010). Vor diesem Hintergrund ist es erstaunlich, dass die deutschdidaktische Lesekompetenzforschung teilweise von der Prämisse ausgehen zu können glaubt, dass es nicht erforderlich und sinnvoll sei, »zwischen dem Lesen literarischer und nicht-literarischer Texte« (Groeben, 2002, S. 12) zu unterscheiden. Möglicherweise lässt sich diese Einschätzung auf der Ebene der Lesetechnik bei den mit dem Lesen verbundenen Dekodiervorgängen noch aufrecht erhalten, spätestens im Zusammenhang mit Mehrdeutigkeit, Unbestimmtheit, intendierter Fiktionalität etc. aber kommen textseitige Faktoren ins Spiel, die anspruchsvollere Verstehensprozesse und die Ausbildung komplexerer mentaler Modelle evozieren.

Erste *empirische* Hinweise, dass die Fähigkeit zu literarischem Verstehen durch das allgemeine Lesekompetenzkonstrukt nicht hinreichend erfasst wird, stammen interessanterweise aus dem Kreis der PISA-Forschung. Auf Basis vertiefter Analysen von Daten aus der PISA-Erhebung 2000 gelangten Cordula Artelt und Matthias Schlagmüller nämlich zu der Einschätzung, »dass der kompetente Umgang mit literarischen Texten als ein separater Teilaspekt der Lesekompetenz verstanden werden sollte« (Artelt/Schlagmüller, 2004, S. 189). Allerdings konnten sie im Rahmen ihrer Untersuchungen auf kein operationalisierbares Kompetenzmodell für literarisches Verstehen zurückgreifen. Überdies war die Zahl der bei PISA eingesetzten und für die Re-Analysen zur Verfügung stehenden literarischen Texte sehr begrenzt. Aus diesem Grund wurde »weitere Forschung« angemahnt, »um zu einem differenzierteren Verständnis dieser Teilkompetenz zu gelangen« (Artelt/Schlagmüller, 2004, S. 189).

Ein empirisch überprüfbares Modell literarästhetischer Verstehenskompetenz: LUK

Cordula Artelt und Matthias Schlagmüller haben ein Desiderat ins Blickfeld gehoben, das zum Ausgangspunkt des von der DFG geförderten Forschungsprojekts »Literarästhetische Urteilskompetenz« (kurz: LUK) geworden ist (vgl. dazu Frederking et al. 2008, 2011a, 2011b, 2012b; Roick et al. 2011; Meier et al. 2012). Das 2007 begonnene und mittlerweile in der dritten Bewilligungsrunde laufende Forschungsprojekt ist Teil des Schwerpunktprogramms 1293 »Kompetenzmodelle zur Erfassung individueller Lernergebnisse und zur Bilanzierung von Bildungsprozessen«, das von Eckhard Klieme und Detlev Leutner geleitet wird. Beteiligt sind aufseiten der Deutschdidaktik Christel Meier, Jörn Brüggemann, Volker Gerner, Adelheid Rieder, Lydia Steinhauer und Axel Krommer (neben dem Autor dieses Artikels), auf Seiten der Empirischen Bildungsforschung Petra Stanat, Thorsten Roick, Oliver Dickhäuser, Sofie Henschel und Marcus Friedrich.

Dem interdisziplinär ausgerichteten Projekt liegt die Forschungshypothese zugrunde, dass sich literarästhetische Verstehenskompetenz theoretisch wie empirisch von allgemeiner Lesekompetenz unterscheiden lässt. In Abgrenzung zur *reading literacy* wird die Bezeichnung *literary literacy* verwendet (vgl. Frederking et al. 2012b). Dabei ist im Rahmen von LUK die Hypothese leitend, dass nicht das literarische Verstehen an sich operationalisierbar und damit empirisch zugänglich ist, sondern nur seine Ergebnisse. Diese lassen sich an literarästhetischen Urteilen bzw. am Umgang mit ihnen ablesen. Literarästhetische Urteile sind mithin keine Geschmacksurteile im Sinne Immanuel Kants (1790), sondern interpretatorische Aussagen, in denen sich Verstehensprozesse niederschlagen bzw. rekonstruierbar werden. In diesem Sinne wird *literarästhetische Urteilskompetenz* als operationalisierbarer Teil literarischer Verstehenskompetenz theoretisch modelliert und empirisch erhoben.

Grundlage ist dabei im Unterschied zu PISA und zur allgemeinen Lesekompetenzforschung keine kognitionspsychologische Bezugstheorie. Schließlich hatte Walter Kintsch, ein namhafter und bei PISA als maßgeblicher Referenzautor fungierender Kognitionspsychologe, schon 1994 bekannt, dass »zum literarischen Verstehen ein ästhetischer« (1994, S. 44) Aspekt gehöre, der aber außerhalb der Reichweite kognitionspsychologischer Modellierung liege. Denn diese kann, so Kintschs Eingeständnis, nur jene »Art des Verstehens« erfassen, bei der der Leser den Text »reproduziert«, »zusammenfasst« und »textrelevante Fragen« (1994, S. 40) zu beantworten hat (vgl. dazu auch Krommer 2003a). Damit wird erkennbar, dass sich ein kognitionspsychologischer Ansatz weitestgehend auf informatorische Aspekte des Textinhalts beschränkt und weder ästhetischen Genuss berücksichtigen kann, wie Kintsch offen konzediert (vgl. 1994, S. 51), noch die formalen Besonderheiten eines Kunstwerkes und deren ästhetische Funktion. Tatsächlich ist im Rahmen von PISA vergeblich versucht worden, formalästhetische Aspekte im Rahmen der Erhebungen so zu modellieren, dass sie sich empirisch abgebildet haben.

Vor diesem Hintergrund wird transparent, warum im Rahmen von LUK mit der ästhetischen Semiotik Umberto Ecos bewusst eine literaturwissenschaftliche Bezugstheorie gewählt wurde. Diese erlaubt es, die Besonderheiten literarischen Verstehens zu erfassen und ein operationalisierbares Kompetenzmodell theoretisch zu fundieren. Um literarische Verstehensprozesse nämlich kompetenztheoretisch beschreiben und empirisch erheben zu können, ist ein literaturtheoretisches Grundsatzproblem zu lösen: Wie ist es möglich, trotz der Mehrdeutigkeit eines literarischen Textes eindeutig als »richtig« bzw. »falsch« zu klassifizierende Aussagen über ihn zu formulieren? Nur wenn diese Frage befriedigend beantwortet werden kann, lassen sich Testaufgaben entwickeln, mit deren Hilfe literarische Verstehenskompetenz empirisch untersucht und Leistungen verglichen werden können.

Ecos Literaturtheorie bietet hierfür eine sehr gute Basis. Eine wichtige Rolle spielt dabei seine Unterscheidung von drei Intentionstypen (Abb. 1):
→ die *intentio auctoris* (= Autorintention),
→ die *intentio operis* (= Textintention)und
→ die *intentio lectoris* (= Leserintention)

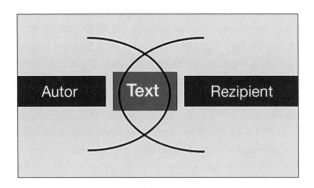

Abb. 1: Das Drei-Intentionen-Modell von Umberto Eco

Mit dieser Trias steckt Eco das Feld des literarischen Verstehens in besonderer Weise ab, weil auf dieser Grundlage zwischen Bereichen, die primär subjektiv geprägt sind, und solchen, die objektive Aussagen ermöglichen, unterschieden werden kann.

Während die Ebene der *intentio lectoris*, der Leserintention, und die Ebene der *intentio auctoris*, der Autorintention, nur eingeschränkt Ansatzpunkte für die Unterscheidung von richtigen und falschen Antworten im Rahmen von Testaufgaben bereitstellen – auf die Ausnahmen wird noch eingegangen werden –, ist dies auf der Ebene der *intentio operis*, der Textintention, sehr wohl möglich. Denn trotz der prinzipiellen »Offenheit des Kunstwerks« (Eco 1962), der semantischen »Pluralität« (Eco 1962, S. 87) und der »Mehrdeutigkeit der Zeichen« (1962, S. 85) präsentiert sich nach Eco auf der Ebene der *intentio operis* ein »kohärenter Textsinn« (Eco 1990, S. 43).

Mit diesem Theorem unterläuft Eco den Relativismus postmoderner und konstruktivistischer Ansätze, insofern eine Interpretation nicht in das subjektive Belieben der Rezipientinnen und Rezipienten gestellt ist, sondern sich am Text, eben an der *intentio operis*, bewähren und bestätigen muss. In den Worten Ecos: Es ist die »transparente Textintention, an der unhaltbare Interpretationen scheitern« (Eco, 1992, S. 87). Wie schon Norbert Groeben (1977, 141) mit seiner Beweisführung »ex negativo« zwei Jahrzehnte zuvor, wendet Eco damit das Prinzip der *Falsifikation* von Karl Popper auf das Feld der Literaturtheorie an, wenn er als Ziel die »Falsifizierung der Fehlinterpretationen« (1990, S. 51) nennt und erläutert: »Wenn schon keine Regeln verbürgen, welche Interpretationen die ›besten‹ sind, dann lässt sich doch zumindest entscheiden, was ›schlecht‹ ist« (1992, S. 59).

Auf diesem theoretischen Fundament – das viele Lehrerinnen und Lehrer etwa beim Korrigieren und Bewerten eines Aufsatzes intuitiv anwenden – lassen sich Aussagen in Bezug auf einen literarischen Text formulieren und identifizieren, die als richtig bzw. falsch zu klassifizieren sind. Dies ist die entscheidende Voraussetzung für empirische Forschung, weil sich nun auch Testaufgaben zur Überprüfung bzw. Operationalisierung von Kompetenzen im Bereich des literarischen Verstehens formulieren lassen.

So können auf der Basis des Falsifikationsprinzips z. B. im Rahmen eines Multiple-Choice-Items (einer Testaufgabe im Multiple-Choice-Format) sogenannte Distraktoren (also Antwortalternativen) formuliert werden, die zwar auf den ersten Blick plausibel klingen, sich bei genauerer Prüfung am Text für die Schülerinnen und Schüler aber zweifelsfrei als unzutreffend identifizieren lassen.

In gleicher Weise können auf der Ebene der *intentio operis* auch richtige Interpretationen durch den Beleg am Text ermittelt werden – sei es bei der Konstruktion von Aufgaben oder bei der Lösung durch die Schülerinnen und Schüler. Selbst in offenen Items ergibt sich auf dieser Basis ein Feld an potentiell möglichen Deutungen, das eingrenzbar ist. Um in diesem Zusammenhang noch einmal Eco zu zitieren: »Eine partielle Textinterpretation gilt als haltbar, wenn andere Textpartien sie bestätigen, und sie ist fallen zu lassen, wenn der übrige Text ihr widerspricht.« (1992, S. 73)

Mehrdeutigkeit ist damit empirisch erfassbar, weil sich mehrere richtige Lösungen identifizieren und operationalisieren lassen. In Multiple-Choice Items beispielsweise können drei potentiell richtige und drei nachweislich falsche Ankreuzmöglichkeiten in einer Aufgabe angeboten werden, aber auch offene Testitems sind möglich, weil das Spektrum an richtigen Deutungen in der Regel ja begrenzt ist auf einige wenige plausible Interpretationsansätze.

Diese Konstruktionsprinzipien waren leitend bei der Entwicklung von Testaufgaben zum literarischen Verstehen im Rahmen von LUK. Dabei wurden drei Kompetenzdimensionen theoretisch modelliert und empirisch (mit geschlossenen, halboffenen und offenen Itemformaten) untersucht, wobei sich die ersten beiden Teilkompetenzen des LUK-Modells aus Theoremen der semiotischen Ästhetik Umberto Ecos ableiten:

1. Semantische literarästhetische Verstehenskompetenz,
2. Idiolektale literarästhetische Verstehenskompetenz,
3. Kontextuelle literarästhetische Verstehenskompetenz (vgl. Abb. 2).

Abb. 2: *LUK-Modell der drei Dimensionen literarischer Verstehenskompetenz*

Die erste Teilkompetenz entspricht in literaturtheoretisch fundierter Form weitestgehend dem, was in den Bildungsstandards unter der Formel »wesentliche Elemente eines Textes erfassen« und »zentrale Inhalte erschließen« (vgl. KMK 2003, 14) aufgeführt wird. *Semantische literarästhetische Verstehenskompetenz* bezeichnet in diesem Sinne die Fähigkeit zum Erschließen zentraler Inhalte, von Sinnstrukturen, aber auch

Deutungsspielräumen eines literarischen Textes. Die Deutungsspielräume des empirischen bzw. realen Lesers werden dabei durch die Anforderungen des durch den Text evozierten idealen bzw. Modell-Lesers begrenzt, zuweilen aber auch erweitert – dann nämlich, wenn der reale Leser erkennt, dass im Text andere Lesarten angelegt sind, als ihm beim ersten Lesen bewusst gewesen ist. Interpretation ist in diesem Sinne »die semantische Aktualisierung dessen, was der Text (als Strategie) durch die Mitarbeit eines Modell-Lesers zum Ausdruck bringen will« (Eco 1987, S. 226). Diese Verstehensanforderungen des Textes werden im Rahmen von LUK zur primären Grundlage der Testaufgaben. Dabei gelangen offene, halboffene und geschlossene Formate zum Einsatz.

Ebenfalls unter Rekurs auf Eco ist die Modellierung der so genannten *idiolektalen literarästhetischen Verstehenskompetenz* erfolgt. In den Bildungsstandards taucht sie implizit in Parametern wie »wesentliche Fachbegriffe zur Erschließung von Literatur kennen und anwenden« und »sprachliche Gestaltungsmittel in ihren Wirkungszusammenhängen und in ihrer historischen Bedingtheit erkennen« auf (KMK 2003, S. 14). Als Idiolekt bezeichnet Eco die »strategische Matrix« (1990, S. 45), die einen literarischen Text prägt und die wesentlich dazu beiträgt, dass Mehrdeutigkeit und unterschiedliche semantische Interpretationen hervorgerufen werden. Dies geschieht immer dann, wenn eine ästhetische Botschaft »sich als zweideutig strukturiert darstellt und [...] als auf sich selbst beziehend (autoreflexiv) erscheint, d.h. wenn sie die Aufmerksamkeit des Empfängers vor allem auf ihre eigene Form lenken will« (1972, S. 145f.). Als idiolektale literarästhetische Verstehenskompetenz wird mithin die Fähigkeit bezeichnet, »zweideutige und autoreflexive« (1972, S. 145) Passagen und Strukturen eines literarästhetischen Textes zu erfassen und zu deuten. Es genügt mit anderen Worten nicht, formale Aspekte zu kennen, erforderlich ist überdies, die durch sie intendierte ästhetische Wirkung zu verstehen, d.h. »zu beobachten, um zu sehen, wie sie gemacht ist« (1972, S. 147). Testaufgaben zum idiolektalen Verstehen zielen also auf die Fähigkeit der Schülerinnen und Schüler, Besonderheiten der formalen Gestaltung zu erkennen und in ihrer ästhetischen Funktion zu erfassen. Während LUK-Testaufgaben zur semantischen Ebene literarischer Verstehenskompetenz zumindest in ihren informationsnahen Teilen Ähnlichkeiten mit PISA-Aufgaben besitzen (obschon die Items zur Mehrdeutigkeit ebenfalls über die OECD-Formate hinausgehen), beheben die Aufgaben zur idiolektalen Teilkompetenz literarischen Verstehens ein Desiderat der OECD-Modellierungen, insofern bei PISA erfolglos versucht worden ist, eine Form-Teildimension des Leseverstehens zu operationalisieren und empirisch zu erfassen (vgl. Schiefele et al. 2004, 143; vgl. Frederking et al. 2011b).

Auch die dritte im Rahmen von LUK theoretisch modellierte und empirisch erhobene Teildimension literarischer Verstehenskompetenz, die so genannte *kontextuelle*, nimmt Fähigkeitsaspekte zu Bereichen ästhetischer Produktion und Rezeption in den Blick, die bei PISA keine Rolle gespielt haben, in den Bildungsstandards aber benannt sind, z. B. wenn es heißt, Schülerinnen und Schüler sollten in der Lage sein, »Zusammenhänge zwischen Text, Entstehungszeit und Leben des Autors/der Autorin bei der Arbeit an Texten aus Gegenwart und Vergangenheit« (KMK 2003, 14) herzustellen.

Kontextuelle literarästhetische Verstehenskompetenz bezieht sich entsprechend auf die Fähigkeit, textexterne Zusatzinformationen zu literaturtheoretisch als bedeutsam eingeschätzten Aspekten wie Epoche (Rosenberg 1992; Wichert 2010), Gattung (Voßkamp 1992; Pfeiffer 2010), Autor und Gesamtwerk (Jannidis et al. 1999), intertextuelle Bezüge aus dem Gebiet der Kultur-, Geistes-, Motiv- und Mentalitätsgeschichte (Kammler 2010) oder politische, gesellschaftliche und historische Hintergründe (Grimminger 1980; Schön 1995) für eine Deutung des Textes fruchtbar zu machen. In den kontextuellen Testitems wurden dabei Vorwissensanteile in den Aufgabenstellungen bewusst minimiert und konsequent Hintergrundbezüge durch Zusatztexte präsentiert, um schulartenspezifische Einflussfaktoren in ihren Effekten zu begrenzen.

Für das Verständnis des Kompetenzmodells ist es wichtig, dass die Kontextaufgaben entweder einen semantischen oder einen idiolektalen Schwerpunkt aufweisen (z. B. eine Hintergrundinformation zum Autor oder zur Gattung), sodass sich beide Grundtypen von kontextuellen Aufgaben alternativ auch der semantischen und der idiolektalen Dimension zuordnen lassen. Theoretisch plausibel ist also nicht nur das favorisierte dreidimensionale Modell, sondern auch ein zweidimensionales Kompetenzkonstrukt literarischen Verstehens, das zwischen semantischen und idiolektalen Teildimensionen mit unterschiedlichen Komplexitäts- bzw. Schwierigkeitsgraden differenziert. Im Rahmen von LUK wurde somit ein für geisteswissenschaftliche Forschung noch ungewöhnliches, in den Naturwissenschaften aber sehr verbreitetes Vorgehen angewendet: die Überprüfung differierender Theoriemodelle auf der Basis empirischer Daten.

Empirische Befunde

Methodisches Vorgehen

Die empirische Untersuchung der im Rahmen von LUK zu prüfenden Forschungshypothesen erfolgte auf der Basis eines komplexen und mehrstufigen Erhebungsdesigns.

Aufgabenentwicklung
In allen vier von uns durchgeführten Erhebungsrunden – 2008 (LUK I), 2010/2011 (LUK II) und 2012 (LUK III) – stand am Anfang der (sehr mühsame und aufwändige) Prozess der Testentwicklung. Dazu wurden relativ unbekannte bzw. in der Schule selten oder gar nicht verwendete literarische Stammtexte ausgewählt, die sich relativ gleich auf die drei Gattungen Lyrik, Epik und Dramatik verteilen. Das Spektrum umfasste klassische Texte, Gegenwartliteratur, Kinder- und Jugendliteratur und sogar Populärliteratur wie Musiksongtexte. Zu jedem literarischen Stammtext wurden Items, d.h. Testaufgaben, entwickelt, in der Regel drei bis vier Items zu jeder zu untersuchenden Teildimension. Zusammen mit dem literarischen Text bildeten diese Items eine so genannte »Unit«.

Die einzelnen Schritte der komplexesten Entwicklungsrunde, der 2008er-Erhebung, sind in der Grafik (vgl. Abb. 3) schematisch dargestellt und sollen nachfolgend detaillierter erläutert werden.

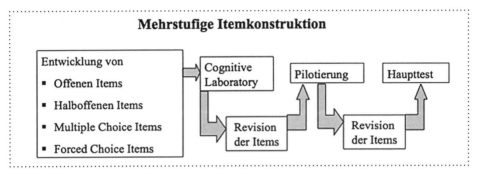

Abb. 3: Mehrstufige Itemkonstruktion

Diskussion und Vorauswahl
Am Anfang stand die Entwicklung von 21 Units. Entsprechend sind zu 21 literarischen Texten für die drei Teildimensionen semantisch, idiolektal und kontextuell jeweils drei bis vier offene, halboffene und geschlossene (d.h. Multiple-Choice-)Items konstruiert worden, zusammen also ca. 240 Items. Diese wurden im Entwicklerteam diskutiert und dann überarbeitet.

Cognitive Lab
Die 21 Units wurden zur Optimierung im Rahmen eines sogenannten Cognitive Laboratory (Alavi 2005) im Detail erprobt. Dabei bearbeiteten Schülerinnen und Schüler die Units und kommentierten währenddessen ihre Schwierigkeiten und Lösungsschritte im Lautsprechverfahren. Anschließend wurden sie im Interview noch einmal gezielt befragt.

Optimierung der Units und Items
Vor dem Hintergrund der Ergebnisse des Cognitive Laboratory wurden 16 Units in die engere Wahl gezogen. Die als Tondokumente aufgezeichneten Kommentare und Interviews dienten als Grundlage für eine erneute gezielte Überarbeitung und Verbesserung der Units bzw. Items.

Pilotierung
Die auf diese Weise optimierten Units wurden anschließend in einer Pilotierungsstudie mit 280 Schülerinnen und Schülern aus insgesamt zwölf neunten Klassen in Hauptschulen, Realschulen und Gymnasien in einem Anker-Design erprobt. Jeder Schüler bearbeitete im Rahmen von vier Schulstunden sechs Units, wobei eine Unit (der sog. »Anker«) von allen Teilnehmern bearbeitet wurde. Auf diese Weise wurden insgesamt 178 Items pilotiert (57 semantische, 74 idiolektale und 47 kontextu-

elle). Davon besaßen 54% ein halboffenes oder offenes und 46% ein geschlossenes Antwortformat. Ziel der Pilotierung war die Ermittlung empirischer Daten über die Qualität (d.h. empirische Schwierigkeit und Trennschärfe) der entwickelten Items und die Reliabilität (Messpräzision) der Units, die über den Koeffizienten Cronbachs Alpha bestimmt wurde. Die Reliabilität der Units lag in mittlerer Höhe und zeigte, dass ein Pool von Items entwickelt worden war, der das Konstrukt der literarischen Verstehenskompetenz differenziert und konsistent zu erfassen erlaubt (vgl. dazu ausführlicher Roick et al. 2010; Frederking et al. 2011a; 2012b). Zusätzlich wurden die Schülerinnen und Schüler gebeten, die Bekanntheit und subjektiv wahrgenommene Schwierigkeit der literarischen Texte einzuschätzen.

Auswahl der besten Units und Items
Auf dieser Grundlage wurden die empirisch »besten« Units und Items (begrenzte Spannweite und gute Trennschärfe) für die Hauptuntersuchung ausgewählt (zu Basisdaten vgl. Tab. 1).

Unit	Gattung	Bekanntheit der Texte	subjektive Schwierigkeit	N	Anzahl Items	semant. Items	idiolekt. Items	kontext. Items
05	Lyrik	1.7%	3.78 (1.02)	494	7	2 (3)	3 (4)	2 (3)
08	Dramatik	1.3%	2.91 (1.08)	472	7	2 (4)	3 (4)	2 (3)
10	Epik	0.8%	3.32 (1.07)	490	7	2 (3)	3 (4)	2 (4)
12	Epik	2.8%	2.91 (1.05)	474	7	3 (5)	2 (4)	2 (4)
15	Dramatik	1.0%	3.35 (1.09)	493	8	4 (6)	2 (4)	2 (4)
16	Epik	1.1%	3.27 (1.02)	487	6	2 (4)	2 (3)	2 (4)
17	Dramatik	1.3%	3.19 (1.05)	471	8	2 (2)	4 (6)	2 (2)
20	Lyrik	3.7%	4.15 (0.89)	477	6	2 (3)	2 (3)	2 (2)
21	Lyrik	2.4%	4.05 (0.99)	474	6	2 (3)	2 (2)	2 (3)
			3D LUK-Modell	∑	62	21 (33)	23 (32)	18 (29)

Tab. 1: Beste Units und Items

Hauptuntersuchung
An der Hauptuntersuchung (HU) im Oktober/November 2008 nahmen 1182 bayerische Schülerinnen und Schüler aus 54 Klassen der neunten Jahrgangsstufe teil, 49% Mädchen und 51% Jungen, das mittlere Alter betrug 15.3 Jahre. Die Verteilung nach Schularten war relativ homogen: 21 Hauptschulklassen ($n = 351$, 46% weiblich), 20 Realschulklassen ($n = 471$, 48% weiblich) und 14 Gymnasialklassen ($n = 360$, 54% weiblich). In jeder Klasse bearbeiteten die Jugendlichen in drei Schulstunden ein Booklet (Testheft) mit jeweils vier Units. Insgesamt wurden in der HU neun Units mit 62 Items eingesetzt (vgl. Tab. 1), die auf Basis eines Multi-Matrix-Designs (bei dem

Parameter wie Unitposition, Verschränkbarkeit der Booklets, Textlänge und Gattung berücksichtigt wurden) zu neun Booklets gebündelt worden waren. Lesekompetenz wurde in den Klassen mittels eines Testheftes mit vier kontinuierlichen Sachtexten und 18 Testaufgaben erhoben, die aus einem älteren Leseverständnistest stammten.

Empirische Prüfung der Fragestellung und Befunde

Nachfolgend sollen Grundprinzipien und wesentliche Ergebnisse der empirischen Prüfungen dargestellt werden. Auf eine differenziertere Explikation muss hier aus Platzgründen verzichtet werden. An anderer Stelle sind detailliertere Informationen publiziert und Erläuterungen im Detail nachzulesen (vgl. dazu Roick et al. 2010, 2012; Frederking et al. 2011a, 2011b, 2012b 2012c; Meier et al. 2012).

Dimensionen literarischer Verstehenskompetenz

Eine zentrale Forschungshypothese, die im Rahmen von LUK überprüft wurde, besagt, dass sich literarische Verstehenskompetenz als mehrdimensionales operationalisierbares Konstrukt theoretisch modellieren und empirisch nachweisen lässt. Die möglichen Eckpfeiler eines mehrdimensionalen LUK-Modells sind im ersten Kapitel erläutert worden. Ihre empirische Überprüfung erfolgte auf der Basis einer gemeinsamen Skalierung der 62 eingesetzten Testitems im Sinne probabilistischer Testtheorie (vgl. z. B. Adams et al., 1997). Dabei wurden die Items sowohl auf das favorisierte dreidimensionale LUK-Modell verteilt und berechnet als auch für das ebenfalls plausible zweidimensionale Modell. Außerdem wurden die Daten zur Kontrolle auch für ein einfaches eindimensionales Modell berechnet. Bei diesem wird angenommen, dass die Zusammenhänge zwischen den Items durch nur einen latenten Faktor zu erklären sind, d.h. dass eine Unterscheidung zwischen semantischen und idiolektalen (zweidimensionales Modell) bzw. semantischen, idiolektalen und kontextuellen Aspekten (dreidimensionales Modell) sich empirisch nicht bestätigt.

Die Tabelle 2 zeigt die wesentlichen, mit der Software ConQuest (Wu et al., 2007) ermittelten Ergebnisse der Modellprüfung. Die im Rahmen dieser Modellprüfung bestimmte *Deviance* beschreibt ein Maß der Anpassungsgüte, d.h. wie gut es dem Modell gelingt, die empirischen Daten abzubilden. Je geringer die *Deviance* ausfällt, desto gelungener ist die Anpassung.

Modell	Deviance
1-dimensionales LUK-Modell	39050.51
2-dimensionales LUK-Modell	39008.65
3-dimensionales LUK-Modell	39028.14

Tab. 2: Prüfung der strukturellen Validität

Ohne auf weitere empirische Details eingehen zu können (vgl. dazu Roick et al. 2010; Frederking et al. 2011a), zeigen die Ergebnisse, dass das dreidimensionale LUK-Modell sich empirisch bestätigt hat, weil es mit 39028.14 gegenüber 39050.51 eine deutlich geringere *Deviance* aufweist. Gleichzeitig wird deutlich, dass das zweidimensionale LUK-Modell, bei dem nur zwischen semantischer und idiolektaler literarischer Verstehenskompetenz unterschieden wird und die kontextuellen Items entsprechend ihrer primären Prägung den beiden Teildimensionen zugeordnet werden, mit 39008.65 die beste Anpassung an die Daten aufweist und deshalb aus empirischer Sicht zu favorisieren ist.

Literarisches Verstehen als eigene Teilkompetenz
Die zweite zentrale Forschungshypothese von LUK, nach der literarische Verstehenskompetenz theoretisch wie empirisch von allgemeiner informatorischer Lesekompetenz unterschieden werden kann, wurde auf der Grundlage einer konfirmatorischen Faktorenanalyse und einer Auswertung anderer Daten überprüft. Dazu wurden die Daten der semantischen und der idiolektalen LUK-Teildimensionen mit denen verglichen, die über die vier genutzten Aufgabeneinheiten des Leseverständnistests (Institut für Qualitätsentwicklung, 2007) zur allgemeinen informatorischen Lesekompetenz ermittelt wurden (vgl. Abb. 4; Frederking et al. 2011a).

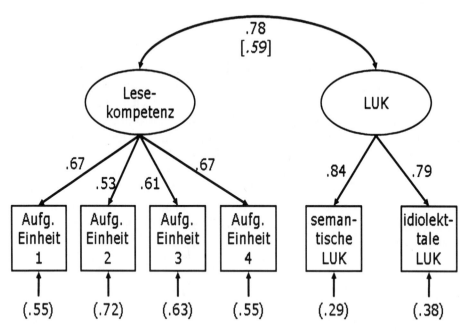

Abb. 4: Konfirmatorische Faktorenanalyse mit Lesekompetenz und LUK (Anmerkungen: Maße der Modellgüte: Chi^2 = 7.50, df = 8, p = .48; CFI > .99; TLI > .99; RMSEA <. 01; AIC = 14630.41; manifeste Korrelation in Eckklammern)

Dabei zeigt sich: Auf latenter Ebene, d.h. auf der Ebene des Messmodells, das durch sogenannte nicht direkt beobachtbare (also latente) Variablen – hier unsere Dimensionen – repräsentiert wird, korrelieren LUK und allgemeine, auf Sachtexte bezogene Lesekompetenz zu $r = .78$ und bestätigen damit die Befunde von Artelt/Schlagmüller (2004, S. 178f.). Die Forschungshypothese, dass es sich bei literarischer Verstehenskompetenz und allgemeiner sachtextueller Lesekompetenz um zwei empirisch deutlich zu unterscheidende Konstrukte bzw. Kompetenzdimensionen handelt, kann damit als bestätigt gelten.

Im Rahmen korrelativer Analysen wurden zudem die Zusammenhänge zwischen den über Schulnoten erfassten Leistungen in den Fächern Deutsch, Englisch, Mathematik und Kunst und den im Rahmen der Tests zu LUK bzw. zu allgemeiner Lesekompetenz ermittelten Werte bestimmt (vgl. Tab. 3).

	Allgemeine Lesekompetenz		Gesamtwert LUK	
	r	r_{par}	r	r_{par}
Allg. Lesekompetenz	--	--	.60*	.57*
Deutschnote	-.24*	-.04	-.36*	-.17*
Englischnote	-.16*	.01	-.27*	-.07
Mathematiknote	-.10*	.05	-.22*	-.09
Kunstnote	-.15*	-.06	-.17*	-.02

Tab. 3: Korrelationen und Partialkorrelationen zwischen LUK, Lesekompetenz und Schulnoten (Anmerkungen. * $p < .01$; $N = 744$; r_{par}: Partialkorrelation zwischen zwei Variablen unter Kontrolle aller anderen Variablen; das negative Vorzeichen der Korrelationen ist auf die Notenskala zurückzuführen, die besseren Leistungen niedrigere Werte zuweist.)

Die Ergebnisse in Tabelle 3 zeigen, dass allgemeine Lesekompetenz und LUK in erwartetem Umfang mit den Zeugnisnoten korrelieren. Die höchsten Korrelationen ergeben sich jeweils zur Deutschnote. Dabei weist LUK zu allen Zeugnisnoten einen höheren statistischen Zusammenhang auf als die Lesekompetenz (alle Korrelationsdifferenzen sind statistisch bedeutsam mit $p < .01$). Bei der Deutschnote ist die gemeinsame Varianz zu LUK sogar am größten, was bestätigt, dass es sich hier um ein Konstrukt handelt, das – anders als allgemeine Lesekompetenz – inhaltlich und im Hinblick auf Kompetenzanforderungen etwas Spezifisches im Deutschunterricht erfasst.

Diagnose- und Förderansätze

Wie eingangs erläutert, handelt es sich bei LUK gemäß den Ausschreibungsrichtlinien der DFG für das Schwerpunktprogramm »Kompetenzmodelle zur Erfassung individueller Lernergebnisse und zur Bilanzierung von Bildungsprozessen« um kompetenztheoretische Grundlagenforschung und nicht um anwendungsorientierte Unterrichtsforschung. Ziel von LUK war es entsprechend, ein bislang noch fehlendes operationalisierbares Kompetenzmodell für einen zentralen Bereich des Literaturunterrichts theoretisch zu entwickeln und empirisch zu bestätigen. Dies ist, wie oben skizziert, gelungen.

Die systematische Erforschung der Möglichkeiten zum Transfer der gewonnenen Erkenntnisse in die Praxis des Literaturunterrichts ist im Rahmen eines weiteren Forschungsprojekts geplant und soll – sofern die DFG oder eine andere Drittmittelstelle das Projekt fördert – in naher Zukunft in Angriff genommen werden.

Gleichwohl können bereits auf der Grundlage der bislang ermittelten Befunde gewisse Rückschlüsse auf prinzipielle Probleme von Schülerinnen und Schülern beim literarischen Textverstehen gezogen und *Ansatzpunkte für Fördermöglichkeiten* am Ende der Sekundarstufe I benannt werden. Dies soll nachfolgend geschehen.

Schwierigkeiten der Schüler beim idiolektalen literarischen Verstehen
Schon vor und während der Aufgaben- bzw. Itemkonstruktion gab es im LUK-Team die Vermutung, dass idiolektale Aufgaben den Schülerinnen und Schülern tendenziell schwerer fallen werden als semantische. Diese Annahme lag nahe, weil Umberto Eco in seiner ästhetischen Theorie davon ausgeht, dass idiolektale Interpretationsansätze, sofern sie vom Leser ohne äußeren Anstoß vorgenommen werden, erste semantische Erschließungsversuche voraussetzen. Im semantischen Rezeptionsmodus agiert nach Eco ein »naiver Leser«, der sich primär auf die Inhalte konzentriert und »angesichts der linearen Manifestation des Textes diesen mit Sinn erfüllt« (Eco 1990, S. 43). Spätestens aber, wenn Mehrdeutigkeiten oder Widersprüche Verstehensprozesse erschweren, setzt ein Nachdenken über den Text ein, das zunehmend auch auf dessen Form ausgreift. Der »naive« wird damit zu einem »kritischen Leser« (Eco 1990, S. 43), der nach der ästhetischen Funktion auffälliger Passagen innerhalb des Textes fragt bzw. fragen sollte. Mittels idiolektal geprägter Interpretationsversuche, die idealiter durch den Text, im Rahmen von LUK durch Aufgaben angeregt werden, versucht der Leser zu klären, »aufgrund welcher Strukturmerkmale der Text diese (oder andere) semantische Interpretationen hervorbringen kann« (Eco 1990, S. 43). Dieser Idealfall eines Interpretationsganges setzt allerdings den interessierten Modell-Leser voraus.

In der Schule ist dieser zumindest in der Mittelstufe wohl eher die Ausnahme. Prozesse kritischer Interpretation, wie Eco sie beschreibt, setzen bei Schülerinnen und Schülern in der Regel nicht von sich aus selbstgesteuert ein, sondern müssen zumeist im Unterricht angestoßen werden. Vor diesem Hintergrund lag die Annahme nahe, dass idiolektale Verstehensaufgaben den Schülerinnen und Schülern im Rahmen der LUK-Testungen größere Schwierigkeiten bereiten würden als semantische.

Tatsächlich hat sich diese theoretisch begründete Vermutung durch die Testergebnisse bestätigt (vgl. Tab. 4)[1]. So lagen die Mittelwerte (MW) der Itemschwierigkeit bei der Hauptuntersuchung (HU) 2008 für die semantischen Items bei 0,23 und für die idiolektalen bei 0,44. Je niedriger der Wert hier ist, desto leichter sind die Items – genauer, desto häufiger werden sie von den Probanden gelöst.

	HU 2008		HU 2010 MZP1		HU 2011 MZP2		Pilot 2012	
	SEM	IDI	SEM	IDI	SEM	IDI	SEM	IDI
MW	0,23	0,44	-0,46	-0,16	-0,07	-0,19	0,00	0,26
SD	0,93	1,08	0,76	0,99	0,66	1,03	0,66	0,90
Effekt (d)	0,22		0,35		0,15		0,33	

Tab. 4: Testergebnisse zu Schwierigkeiten beim semantischen und idiolektalen Verstehen

Diese Tendenz hat sich auch in den Folgeuntersuchungen bestätigt – mit einer Ausnahme (vgl. Tab. 4). So wurden für die beiden als Längsschnitt angelegten Hauptuntersuchungen der zweiten Projektphase in den Jahren 2010 und 2011 die Schwierigkeiten der Aufgaben sowohl im semantischen als auch im idiolektalen Bereich reduziert, um auch bei Hauptschülerinnen und -schülern ein differenzierteres Verständnis ihrer literarischen Verstehenskompetenzen gewinnen zu können.

Die niedrigeren Werte bei den Aufgabenschwierigkeiten deuten an, dass diese Bemühungen erfolgreich waren (vgl. dazu ausführlich Roick et al. 2012). Für beide Untersuchungszeiträume wurden leichtere Units für die Erhebungen ausgewählt, aber auch neu konstruiert bzw. durch die Ersetzung schwerer durch leichtere Items erzeugt. So wurden die Schwierigkeiten im idiolektalen Bereich bei vielen Items minimiert, indem auffällige Formelemente benannt wurden und folglich von den Schülerinnen und Schülern nicht mehr identifiziert, sondern nur noch im Hinblick auf die intendierte Wirkung erfasst werden mussten. Tatsächlich erwiesen sich die idiolektalen Items 2010 und 2011 als deutlich leichter, wie die Mittelwerte -0,16 und -0,19 verdeutlichen.

Bei der HU 2011 wurden sie sogar häufiger gelöst als die semantischen (MW = -0,07), was sich u.a. dadurch erklären lässt, dass in den Units verstärkt anspruchsvollere semantische Mehrdeutigkeitsitems ergänzt worden waren. Bei der Pilotierung 2012 erwiesen sich die idiolektalen Aufgaben wieder als schwieriger als die semantischen, weil hier u.a. bewusst neue, anspruchsvollere Formate getestet wurden, die auf »ästhetische Aufmerksamkeit« ausgerichtet waren (vgl. Meier et al. 2012). Außer-

---

1 Ich danke Sofie Henschel und Thorsten Roick dafür, dass sie eigens für diesen Artikel so rasch und zuverlässig die Berechnungen zu den Itemschwierigkeiten durchgeführt haben.

dem wurde versucht so genannte »Deckeneffekte« in der Schwierigkeit zu vermeiden, die z.B. 2008 noch für Verzerrungen gesorgt hatten, insofern ein idiolektales Item – anders als bei der vorgeschalteten Pilotierung – eine Schwierigkeit von fast 3 besaß, d.h. von fast keinem Schüler gelöst wurde, wie Abbildung 5 verdeutlicht, in der die Schwierigkeitshomogenität der Items dargestellt ist.

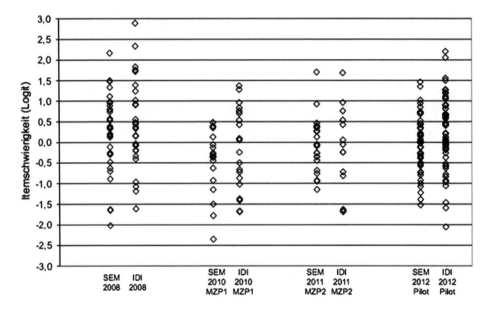

Abb. 5: Itemschwierigkeiten bei den LUK-Aufgaben

Vor dem Hintergrund dieser Befunde liegt es aus didaktischer Sicht nahe, mit Schülerinnen und Schülern im Unterricht verstärkt *idiolektale Aspekte und Facetten literarischen Verstehens* zu behandeln, um ihre Schwierigkeiten in diesem Bereich zu reduzieren und ihre literarischen Verstehenskompetenzen im Hinblick auf das Erfassen der ästhetischen Funktion formal auffälliger Passagen zu verbessern. Dabei handelt es sich zwar nur um eine begründete Hypothese, die erst noch empirisch bestätigt werden muss. Allerdings gilt dies für 99 % der übrigen Empfehlungen und Konzepte im Bereich der Literaturdidaktik in gleicher Weise.

Schwierigkeiten der Schüler(innen) beim kontextuellen literarischen Verstehen
Auch für den Bereich des kontextuellen literarischen Verstehens lassen sich – trotz aller gebotenen Einschränkungen – Ansatzpunkte für die Förderung von literarischen Verstehenskompetenzen ableiten. Auch hier sind wir im Rahmen von LUK davon ausgegangen, dass kontextuelle Aufgaben anspruchsvoller sind bzw. den Schülerinnen und Schülern größere Schwierigkeiten bereiten. Schließlich wird bei semantisch bzw. idiolektal ausgerichteten kontextuellen Items erwartet, dass zu ihrer Lösung textextern angebotene Zusatzinformationen (z. B. eine Erläuterung zur Epoche oder

zur Gattung) auf den literarischen Primärtext angewendet und für dessen Deutung fruchtbar gemacht werden. Vergleichend empirisch erhoben und ausgewertet wurden die Schwierigkeiten der drei ursprünglich angenommenen Teilkompetenzen semantisch, idiolektal und kontextuell allerdings nur im Rahmen der 2008er-Studie, weil danach die Dimensionalität des Konstrukts nicht mehr im Fokus der Untersuchungen stand und das empirisch bestätigte zweidimensionale Modell zur Anwendung gelangte. Dennoch lassen sich schon auf Basis der 2008er-Daten klare Aussagen über Lösungsschwierigkeiten formulieren.

Die Zahlen belegen, dass kontextuelle Items – ungeachtet der Frage, ob sie eine eigene Subdimension bilden oder Teil der beiden anderen Dimensionen sind – von den Schülerinnen und Schülern sehr viel schlechter bewältigt wurden als semantische oder idiolektale. Die Ergebnisse unterscheiden sich statistisch signifikant. Die Kompetenz zur Lösung semantischer Aufgaben ist mit 0,0258 sehr viel besser ausgeprägt als für idiolektale mit einem Mittelwert von -0,3415. Die kontextuellen Aufgaben markieren mit -0,7897 aber noch einmal eine signifikant geringere mittlere Kompetenzausprägung unter den Schülern.

	Deskriptive Statistiken		
	Mittelwert der WLEs	Standardabweichung	N (Anzahl Schüler/innen)
WLE sem	,0258	1,23579	1052
WLE idio	-,3415	1,10425	1052
WLE kon	-,7897	1,16989	1052

Tab. 5: Schwierigkeiten der Teilkompetenzen

Ohne diese empirischen Befunde überzubewerten, lässt sich aus didaktischer Sicht doch schlussfolgern, dass Schülerinnen und Schüler offenbar erhebliche Schwierigkeiten haben, externe Informationen auf einen literarischen Text anzuwenden und diese für eigene vertiefte Interpretationen zu nutzen. Daraus lassen sich weitere Ansatzpunkte gewinnen, um die literarische Verstehenskompetenz von jugendlichen Leserinnen und Lesern zu fördern. Sollen diese auch zu komplexeren Interpretationen unter Einbeziehung von biographischen oder historischen Zusatzinformationen befähigt werden, wie dies die Bildungsstandards fordern (vgl. KMK 2003, S. 14), sollten verstärkt auch kontextuelle Verstehensaufgaben im Literaturunterricht behandelt und darauf bezogene Förderkonzepte entwickelt werden.

Praktische Konsequenzen

Halten wir an dieser Stelle noch einmal inne: Im Rahmen des LUK-Projekts ist es gelungen, empirische Anhaltspunkte für die Grundannahme der Literaturdidaktik zu gewinnen, dass literarische Verstehenskompetenz und Lesekompetenz nicht identisch sind, sondern unterschiedliche Teilkompetenzen darstellen. Was heißt das nun für den Literaturunterricht? Zu hoffen ist, dass damit vor allem auch neue Freiräume verbunden sind, um in kompetenzorientierter Ausrichtung auf theoretisch und empirisch abgesicherter Basis literarisches Lernen initiieren zu können, wie es Kaspar H. Spinner (2006) in Grundoptionen beschrieben hat.

Obschon die Fördermöglichkeiten, die auf der Basis von Befunden zu Aufgabenschwierigkeiten unter »Diagnose- und Fördermöglichkeiten« skizziert wurden, noch nicht empirisch überprüft sind, deuten sie doch prinzipielle Ansatzpunkte an, um Fähigkeiten zum literarischen Verstehen, wie sie in den Bildungsstandards als Anforderungsprofile beschrieben sind, zu optimieren.

Da insbesondere idiolektal und kontextuell ausgerichtete Fragestellungen Schülerinnen und Schülern offenkundig besondere Schwierigkeiten bereiten, liegt es nahe, auf diese im Unterricht stärkeres Gewicht zu legen und sie gezielt zu üben. Schließlich sind beide Aspektbereiche feste Bestandteile der Bildungsstandards.

Dass das LUK-Instrumentarium hier unterrichtspraktisch gute Dienste leisten kann, beispielsweise weil sich aus LUK-Testaufgaben sehr leicht Lernaufgaben machen lassen – und umgekehrt –, soll nachfolgend am Beispiel von Franz Kafkas parabelartiger Erzählung »Gibs auf« veranschaulicht werden.

> **»Gibs auf« von Franz Kafka**
> Es war sehr früh am Morgen, die Straßen rein und leer, ich ging zum Bahnhof. Als ich eine Turmuhr mit meiner Uhr verglich, sah ich, dass es schon viel später war, als ich geglaubt hatte, ich musste mich sehr beeilen, der Schrecken über diese Entdeckung ließ mich im Weg unsicher werden, ich
> 5 kannte mich in dieser Stadt noch nicht sehr gut aus, glücklicherweise war ein Schutzmann in der Nähe, ich lief zu ihm und fragte ihn atemlos nach dem Weg. Er lächelte und sagte: »Von mir willst du den Weg erfahren?« »Ja«, sagte ich, »da ich ihn selbst nicht finden kann.« »Gibs auf, gibs auf«, sagte er und wandte sich mit einem großen Schwunge ab, so wie Leute, die mit ihrem
> 10 Lachen allein sein wollen.
> (Franz Kafka 1970: Sämtliche Erzählungen. Hrsg. v. Paul Raabe. Frankfurt am Main: Fischer, S. 320 f.)

Aufgrund seines hohen Bekanntheits- und Verbreitungsgrades im Unterricht ist der Text natürlich nicht als literarischer Stammtext im Rahmen der LUK-Erhebungen zum Einsatz gelangt. Entsprechend sind auch die nachfolgend formulierten Testaufgaben nicht im Cognitive Lab und in einer Pilotierungsstudie empirisch überprüft und im Rahmen einer Hauptuntersuchung systematisch erforscht worden. Gleichwohl sind sie geeignet, das Grundprinzip der LUK-Testaufgabenkonstruktion zu veranschaulichen und Möglichkeiten zur Einbindung solcher Aufgaben in das Unterrichtsgeschehen anzudeuten.

Nachfolgend sind in der tabellarischen Auflistung in der linken Spalte insgesamt neun Aufgaben formuliert, die nach dem dreidimensionalen LUK-Modell für einen Test konstruiert worden sein könnten: drei semantische (Item 1-3), vier idiolektale (Item 4-7) und zwei kontextuelle (Item 8-9). Dabei wurden offene (2, 4, 6, 8, 9), halboffene (3) und geschlossene (1, 5, 7) Formen miteinander kombiniert.

Alle Aufgaben könnten in der abgedruckten Form z. B. zur Erfassung von Lernständen in einer Lerngruppe verwendet werden, um zu ermitteln, wie gut die Gesamtheit der Schülerinnen und Schüler oder einzelne von ihnen mit semantischen, idiolektalen und kontextuellen Aspekten bzw. Fragestellungen umgehen bzw. sie bewältigen. Selbst für eine Klassenarbeit könnte das Aufgabenset oder ein Teil von ihm genutzt werden.

Zu beachten ist dabei, dass im Rahmen einer empirischen Erhebung die Items natürlich nicht in drei Blöcken (semantisch, idiolektal und kontextuell) gebündelt präsentiert würden, sondern nach dem Zufallsprinzip oder systematisch verteilt. Im vorliegenden Zusammenhang hingegen wurde bewusst eine Bündelung vorgenommen, um dem Leser eine einfachere Orientierung zu ermöglichen.

Gleichzeitig können die links abgedruckten Aufgaben aber auch zusammen mit den Ergänzungen in der rechten Spalte als Lern- bzw. Übungsaufgaben im Unterricht genutzt werden. Dabei setzt jedes der neun auf diese Weise entstandenen Lehr-Lern-Arrangements jeweils eigene didaktische Schwerpunkte. So gibt es auf Einzelarbeit ausgerichtete rein analytische Aufgaben (z. B. 2a, 4a, 7b) und diskursiv verortete Analyse- und Reflexionsaufgaben (1a, 6a, 8a, 9b). Aber auch handelnd-produktive (3a, 5a, 6b, 7a, 7c, 9a), personal akzentuierte (2a) oder mediendidaktisch ausgerichtete Aufgabentypen (5a) sind enthalten. Allerdings ist zu berücksichtigen, dass die Aufgaben nicht aufeinander aufbauen und keine Lernsukzession mit ihrer Anordnung intendiert ist. Überdies sollte jede einzelne Aufgabe bei ihrem Einsatz natürlich in ein didaktisches Gesamtkonzept eingebettet sein. Dies bedeutet, dass der Einsatz der Aufgaben in der Unterrichtspraxis mit spezifischen Zielsetzungen verbunden wird, die sich aus vorangegangen und nachfolgenden Unterrichtsphasen ergeben.

Testaufgaben	Lernaufgaben
1. In welcher Stimmung befindet sich der Ich-Erzähler? Kreuze bitte an, was zutrifft. (1 richtige Lösung) Der Ich-Erzähler ist … ☐ a) ärgerlich ☐ b) verunsichert. ☐ c) traurig. ☐ d) heiter.	*Aufgabe 1.(a) +* 1.(b) Begründe deine Meinung am Text. *(mündlich)*
2. In den Zeilen 7–8 heißt es: »*Er lächelte und sagte: ›Von mir willst du den Weg erfahren?‹ ›Ja‹, sagte ich, ›da ich ihn selbst nicht finden kann.‹*« Erkläre bitte, was hier mit »Weg« gemeint sein kann (mehrere Antworten sind möglich):	2.(a) In den Zeilen 7–8 heißt es: »*Er lächelte und sagte: ›Von mir willst du den Weg erfahren?‹ ›Ja‹, sagte ich, ›da ich ihn selbst nicht finden kann.‹*« Wie wirkt dieser Satz auf dich? Notiere bitte deine persönlichen Gedanken und Gefühle. 2.(b) Erkläre bitte, was hier mit »Weg« gemeint sein kann (mehrere Antworten sind möglich). 2.(c) Diskutiert in eurer Lerngruppe, was im Text mit »Weg« gemeint ist. Begründet bitte eure Meinungen am Text. *(mündlich im Plenum)*
3. Nancy meint, dass der Schutzmann am Ende der Geschichte über den Ich-Erzähler lacht. Jan hingegen ist der Auffassung, dass sich der Leser gar nicht sicher sein kann, dass am Ende der Geschichte überhaupt jemand lacht. Wem stimmst du zu? Begründe deine Meinung bitte am Text.	*Aufgabe 3.(a) +* 3.(b) Was könnte der Ich-Erzähler dem Schutzmann sagen, nachdem dieser sich abgewendet hat? *(schriftlich in Einzelarbeit oder als Rollenspiel in Partnerarbeit)*
4. Der zweite Satz des Textes ist sehr lang (Zeile 2–7) und besteht aus mehreren Haupt- und Nebensätzen, die durch Kommas getrennt sind. Dabei hätte es sich an einigen Stellen auch angeboten, Punkte zu setzen und mehrere eigenständige Sätze zu bilden. Welcher Eindruck soll durch die besondere Form dieses zweiten Satzes beim Leser erzeugt werden? Erläutere bitte kurz.	*Aufgabe 4.(a) +* 4.(b) Überprüfe, wie sich die Wirkung des Textes verändert, wenn du im zweiten Satz an geeigneten Stellen die Kommas durch Punkte ersetzt. *(schriftlich in EA im Heft oder am PC)*

Literarische Verstehenskompetenz erfassen und fördern 137

5. Welche Aussage zur Erzählweise ist für den Text zutreffend?
Kreuze bitte an, was zutrifft. (1 richtige Lösung)
Das Geschehen wird von ...
- ☐ a) ... einem Er-Erzähler aus dessen persönlicher Sicht geschildert.
- ☐ b) ... einem Ich-Erzähler aus dessen persönlicher Sicht geschildert.
- ☐ c) ... einem Ich-Erzähler aus neutraler Sicht geschildert.
- ☐ d) ... einem Er-Erzähler aus neutraler Sicht geschildert.

Aufgabe 5.(a) +
5.(b) Verwandelt die Geschichte in einen Comic, ein Hörspiel, ein Theaterstück oder einen Kurzfilm.
5.(c) Stellt euch eure Versionen anschließend gegenseitig vor. Achtet dabei darauf, ob es in eurer Version auch einen Erzähler gibt.

6. In Zeile 8 wird der Antwortsatz des Schutzmannes wiederholt. Zweimal sagt er: »Gibs auf«. Welche Wirkung soll durch die Wiederholung erzeugt werden? Erläutere bitte kurz.

Aufgabe 6.(a) +
6.(b) Vergleiche deine Antwort mit der deines Sitznachbarn.
6.(c) Überprüft gemeinsam, wie sich die Wirkung des Textes verändert, indem ihr die Schlussszene in Form eines Rollenspiels erprobt – mit einfachem und mit zweifachem »Gibs auf«.

7. In der Erzählung »Gibs auf« wird im ersten Satz ein besonderes sprachliches Mittel verwendet: der Einschub (Parenthese): »*Es war sehr früh am Morgen, die Straßen rein und leer, ich ging zum Bahnhof.*« (Zeile 1)

Welche Funktion hat dieser Einschub? Kreuze bitte an, was zutrifft und was nicht zutrifft.

Der Einschub soll ...

	Trifft zu	Trifft nicht zu
a) ... sprachliche Probleme des Ich-Erzählers andeuten.		
b) ... die besondere Atmosphäre veranschaulichen.		
c) ... Eindrücke des Ich-Erzählers verdeutlichen.		
d) ... die Bedrohlichkeit der Stadt betonen.		

Aufgabe 7(a) +
7.(b) Bilde bitte selbst einen Satz mit einem Einschub (Parenthese) und notiere ihn auf einem Zettel.
(schriftlich)
7.(c). Notiere in Stichworten in deinem Heft, welche Wirkung du mit deinem Einschub erzielen möchtest.
(schriftlich)
7.(d) Präsentiert euch in Kleingruppen gegenseitig eure Sätze und versucht die beabsichtigte Wirkung zu erraten.
(mündlich)

8. Lies dir bitte den folgenden Textauszug durch: *Franz Kafka: Brief an den Vater* *Liebster Vater,* *... dieses mich oft beherrschende Gefühl der Nichtigkeit [...] stammt vielfach von Deinem Einfluss. Ich hätte ein wenig Aufmunterung, ein wenig Freundlichkeit, ein wenig Offenhalten meines Wegs gebraucht, statt dessen verstelltest Du mir ihn, in der guten Absicht freilich, dass ich einen anderen Weg gehen sollte.* Aufgabe: Franz Kafka ist der Autor des Textes »Gibs auf«. Erläutere bitte, welche Deutungsmöglichkeiten die angeführte Stelle aus seinem »Brief an den Vater« für das Ende der Geschichte »Gibs auf« eröffnet.	Aufgabe 8.(a) + 8.(b) Lest bitte gemeinsam den gesamten »Brief an den Vater« und prüft, ob er weitere Ansatzpunkte für eine Deutung des Textes »Gibs auf« enthält. *(mündlich)*
9. Lies bitte den folgenden Erläuterungstext zur Parabel: *Die Parabel* *Parabeln (griech.: das Nebeneinandergestellte, das Gleichnis) sind kurze Erzähltexte. Sie wollen nicht wörtlich verstanden werden. Parabeln sollen [...] den Leser anregen, Rückschlüsse auf eine allgemeine Wahrheit, Lebensweisheit oder auf eine Verhaltensregel zu ziehen.* Handelt es sich bei dem Text »Gibs auf« um eine Parabel? Begründe dein Urteil bitte am Text unter Bezugnahme auf den oben angeführten Erläuterungstext.	Aufgabe 9.(a) + 9.(b) Verfasse bitte selbst eine Parabel oder eine parabelartige Geschichte. *(schriftlich)* 9.(c) Lest euch eure Geschichten in einer gemütlichen Stuhlkreisrunde gegenseitig vor. *(mündlich)*

Tab. 6: Testaufgaben und Lernaufgaben zum Text »Gibs auf«

Fazit

Die Beispiele haben gezeigt, dass es relativ einfach möglich ist, Aufgaben, die zur Leistungsüberprüfung zu einem literarischen Text im Sinne der LUK-Dimensionen entwickelt wurden, nicht nur als Testaufgaben, sondern auch, in entsprechend abgewandelter Form, als Lernaufgaben im Unterricht einzusetzen. Allerdings stellen gute Lern- und Übungsaufgaben noch keine Garantie für guten Unterricht dar. Weder ist bislang empirisch erwiesen, dass Lernaufgaben – wie die skizzierten – das kognitive Verstehen eines literarischen Textes tatsächlich verbessern, noch liegt dieser Nachweis für andere Formen des literarischen Lernens vor. Hier gibt es mit anderen Worten Desiderate der literaturdidaktischen Forschung, die es dringend zu beheben gilt.

Hinzu kommen Fragen zu emotionalen Facetten literarischer Verstehenskompetenz. Sie fehlen in den beschriebenen Testaufgaben fast gänzlich. Nur im Zusammenhang mit der intendierten Wirkung werden sie partiell berührt. Dabei sind emotional-affektive Verarbeitungsmöglichkeiten neben kognitiven ein fester Bestandteil literarischen Lernens und ästhetischer Erfahrung (vgl. dazu Spinner 2006; Frederking et al. 2008; 2012c). Aus diesem Grund sind in die LUK-Erhebungen der dritten Phase, die im Juli 2012 abgeschlossen worden sind, auch Aufgaben integriert worden, die auf Emotionen abzielen, die im Text präsentiert und thematisiert oder von diesem beim Modell-Leser intendiert und beim realen Leser evoziert werden sollen. Ergebnisse aus der Hauptuntersuchung waren beim Abfassen dieses Artikels noch nicht vollständig ausgewertet, die Pilotierungsergebnisse weisen allerdings darauf hin, dass die Fähigkeit zum Erfassen textseitig thematisierter bzw. intendierter Emotionen ein zentraler Bestandteil literarischer Verstehenskompetenz ist und möglicherweise sogar eine eigene Teildimension innerhalb des LUK-Konstrukts darstellen könnte. Sollten sich diese Befunde bestätigen, ergäben sich nicht nur aus theoretischer, sondern auch aus empirischer Sicht Anhaltspunkte für eine stärkere Integration literarisch kodierter Emotionalität in Testaufgaben zum literarischen Verstehen (Winko 2003; Frederking/Brüggemann 2012a). Dies würde natürlich auch das Spektrum darauf bezogener Lernaufgaben erheblich erweitern.

Doch auch unabhängig von textseitig thematisierten bzw. intendierten Emotionen stellt sich die Frage, ob Emotionen nicht in viel stärkerem Maße für den Umgang mit literarischen Texten fruchtbar gemacht bzw. in diesen eingebunden werden sollten (vgl. hierzu bereits Willenberg 1999; Gailberger 2013). Erste Auswertungen von Daten aus der Pilotierung und aus der Hauptuntersuchung in LUK III lassen den Schluss zu, dass es gelungen sein könnte, auch real evozierte Emotionen empirisch als Einflussfaktoren literarischer Verstehensprozesse nachzuweisen. Sollten sich diese Ergebnisse erhärten, hätte dies große Bedeutung für den Stellenwert emotionaler Facetten literarischen Lernens und ästhetischer Bildung. Dass es sinnvoll ist, in einem kompetenzorientierten Literaturunterricht auch Lehr-Lern-Szenarien einzusetzen, die die Schülerinnen und Schüler bewusst als handelnde Subjekte kognitiv wie emotional ansprechen und in das Unterrichtsgeschehen einbeziehen, ist eine Erkenntnis, die sich theoretisch schlüssig aus dem Konzept identitätsorientierter Literaturdidaktik ergibt (vgl. Kreft 1977; Spinner 1980; Frederking 2012). Ein empirischer Nachweis, dass das kognitive Erfassen und reale Empfinden intendierter Emotionen ein wichtiger Aspekt literarischen Verstehens ist, würde diese Ansätze stützen.

Gegenwärtig laufen überdies im Kontext eines anderen Forschungsprojekts (ÄSKIL; vgl. Frederking et al. 2012c) empirische Untersuchungen zu der Frage, inwiefern ein solches identitätsorientiertes Rahmenkonzept eine gute Grundlage darstellt, um literarische Gespräche anzubahnen, die einerseits dem literarischen Text gerecht werden und andererseits den Schülerinnen und Schülern Raum geben, sich persönlich mit ihren Fragen, Gedanken und Gefühlen zum Text in das Gespräch einzubringen und dieses aktiv mitzugestalten. Besonders der vorbereitenden, auf Möglichkeiten der subjektiv-emotionalen Annäherung zielenden Einstiegsphase wird dabei große Bedeutung beigemessen.

Ein in diesem Zusammenhang erprobtes methodisches Verfahren ist das so genannte Schreibgespräch. Dabei notiert jeweils ein(e) Schüler(in) nach der Lektüre des Textes auf einem DIN-A4-Blatt einen ersten Rezeptionseindruck (in Form einer Frage, einer These, eines Eindrucks, eines Gefühls etc.), anschließend kommentieren drei bis vier Mitschüler(innen) diesen Einstiegssatz – wie auch ihr eigener, auf einem anderen Blatt schriftlich festgehaltener Ersteindruck mehrfach von den anderen kommentiert wird. Auf diese Weise entstehen so viele Schreibgespräche, wie es Mitglieder in der Lerngruppe gibt.

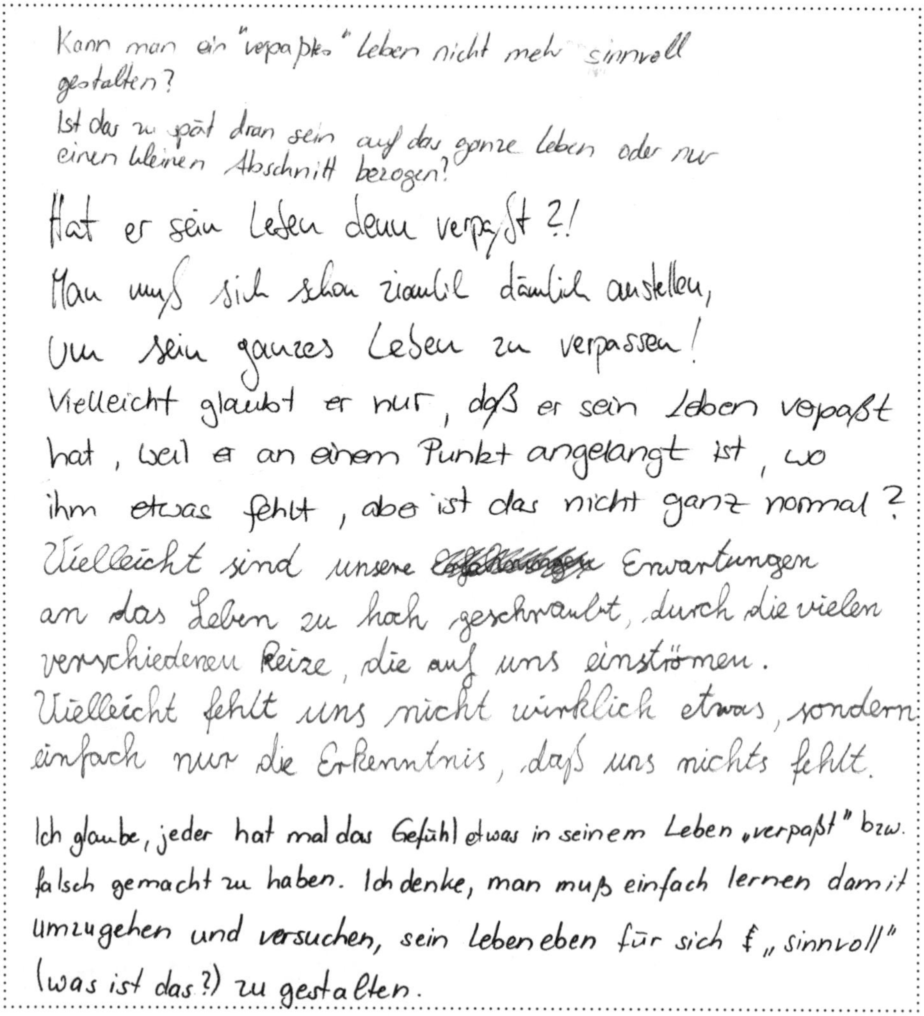

> Kann man ein "verpaßtes" Leben nicht mehr sinnvoll gestalten?
> Ist das zu spät dran sein auf das ganze Leben oder nur einen kleinen Abschnitt bezogen?
> Hat er sein Leben denn verpaßt?!
> Man muß sich schon ziemlich dämlich anstellen, um sein ganzes Leben zu verpassen!
> Vielleicht glaubt er nur, daß er sein Leben verpaßt hat, weil er an einem Punkt angelangt ist, wo ihm etwas fehlt, aber ist das nicht ganz normal?
> Vielleicht sind unsere Erwartungen an das Leben zu hoch geschraubt, durch die vielen verschiedenen Reize, die auf uns einströmen.
> Vielleicht fehlt uns nicht wirklich etwas, sondern einfach nur die Erkenntnis, daß uns nichts fehlt.
> Ich glaube, jeder hat mal das Gefühl etwas in seinem Leben „verpaßt" bzw. falsch gemacht zu haben. Ich denke, man muß einfach lernen damit umzugehen und versuchen, sein Leben eben für sich „sinnvoll" (was ist das?) zu gestalten.

Abb. 6: Auszug aus einem Schreibgespräch

Zu Kafkas Parabel »Gibs auf« zeigt Abbildung 6 ein Beispiel für ein solches Schreibgespräch abgebildet (das allerdings bei anderer Gelegenheit entstanden ist). Hier sind subjektive Ersteindrücke und Fragen zu Kafkas Text festgehalten, die im schriftlichen Austausch mit anderen gemeinsam diskutiert worden sind. Dabei werden Aspekte berührt – z. B. die Frage nach dem Weg oder nach dem Verhalten des Schutzmannes –, die in modifizierter Form auch in den Lernaufgaben auftauchen.

Damit deutet sich die Möglichkeit einer didaktischen Einbettung von Lernaufgaben, wie sie exemplarisch entwickelt und beschrieben wurden (vgl. Kap. »Praktische Konsequenzen«), in ein übergeordnetes identitätsorientiertes unterrichtliches Rahmenkonzept an. Wenn nämlich ein Schreibgespräch der Behandlung der Lernaufgaben vorausgeht, könnten bei der systematischen Erarbeitung des Kafka-Textes im Plenum die individuell formulierten und dann gemeinsam in Kleingruppen schriftlich diskutierten Fragen und Deutungsansätze der Schüler(innen) aus den Schreibgesprächen aufgegriffen werden.

Auf dieser Basis fänden originäre Frageinteressen der Schülerinnen und Schüler Eingang in den Unterricht. Sie könnten das Interesse an einer vertiefenden Auseinandersetzung mit dem Text erhöhen und damit die motivationale Grundlage schaffen, dass Lernaufgaben – wie die auf Basis der LUK-Dimensionen im dritten Kapitel entwickelten- wirklich fruchtbar werden. Denn der Aufbau von Fähigkeiten setzt das Vorhandensein von Motivation voraus. Das ist theoretisch plausibel und als allgemeine lernpsychologische Erkenntnis empirisch bestätigt (vgl. Schiefele 1996). In Bezug auf den konkreten Kontext und die oben skizzierten offenen literaturdidaktischen Fragen fehlen allerdings empirische Überprüfungen und Bestätigungen noch vollends. Quantitative und qualitative literaturdidaktische Unterrichtsforschung ist also auch in dieser Hinsicht notwendig, um von begründeten Annahmen zu empirisch abgesicherten Erkenntnissen über literarische Verstehenskompetenzen und die Möglichkeiten ihrer Förderung in aktivierenden Lehr-Lern-Szenarien zu gelangen. Eine evidenzorientierte Literaturdidaktik wird auf sie nicht verzichten können.

Literatur

Adams, R. J./Wilson, M./Wang, W. (1997): The multidimensional random coefficients multinomial logit model. Applied Psychological Measurement, 21(1) 1997, S. 1–23.
Alavi, S. M. (2005): On the adequacy of verbal protocols in examining an underlying construct of a test. Studies in Educational Evaluation, 31(1) 2005, S. 1–26.
Artelt, C./Schlagmüller, M. (2004): Der Umgang mit literarischen Texten als Teilkompetenz im Lesen? Dimensionsanalysen und Ländervergleiche. In: Schiefele, U. u. a. (Hrsg.): Struktur, Entwicklung und Förderung von Lesekompetenz. Vertiefende Analysen im Rahmen von PISA 2000. Wiesbaden: Verlag für Sozialwissenschaften, S. 169–196.
Currie, G. (2007): Was ist fiktionale Rede? In: Reicher, M. E. (Hrsg.): Fiktion, Wahrheit, Wirklichkeit. Philosophische Grundlagen der Literaturtheorie. (Kunst Philosophie 8.) Paderborn: mentis, S. 37–53.

Currie, G. (1990): The Nature of Fiction. Cambridge University Press, 26.10.1990 (HIER: A theory of Emotion, S. 190 ff.).
Eco, U. (1962/1998): Das offene Kunstwerk. Frankfurt am Main: Suhrkamp.
Eco, U. (1972/2002): Einführung in die Semiotik. München: Fink.
Eco, U. (1987/1998): Lector in fabula. Die Mitarbeit der Interpretation in erzählenden Texten. München: Deutscher Taschenbuch Verlag.
Eco, U. (1990/1999): Die Grenzen der Interpretation. München: Deutscher Taschenbuch Verlag.
Eco, U. (1992/1996): Zwischen Autor und Text. Interpretation und Überinterpretation. München: Deutscher Taschenbuch Verlag.
Frederking, V. (2010a): Modellierung literarischer Rezeptionskompetenz. In: Kämper-van den Boogaart, M./Spinner, K. H. (Hrsg.): Lese- und Literaturunterricht (Teil 1). Geschichte und Entwicklung; Konzeptionelle und empirische Grundlagen (Deutschunterricht in Theorie und Praxis (DTP), Bd. 11. Baltmannsweiler: Schneider, S. 324–380.
Frederking, V. (2010b): Identitätsorientierter Literaturunterricht. In: Frederking, V./Huneke, H.-W./Krommer, A./Meier, C. (Hrsg.): Taschenbuch des Deutschunterrichts. 3 Bände. Band. 2: Literatur- und Mediendidaktik. Baltmannsweiler: Schneider, S. 414–451.
Frederking, V./Brüggemann, J. (2012a): Literarisch kodierte, intendierte bzw. evozierte Emotionen und literarästhetische Verstehenskompetenz. Theoretische Grundlagen einer empirischen Erforschung. In: Frickel, D. A./Kammler, C./Rupp, G. (Hrsg.), Literaturdidaktik im Zeichen von Kompetenzorientierung und Empirie: Perspektiven und Probleme. Freiburg im Breisgau: Fillibach, S. 15–40.
Frederking, V./Gerner, V./Brüggemann, J./Albrecht, C./Henschel, S./Roick, T./Meier, C./Rieder, A. (2012c): Literarästhetische Kommunikation im Deutschunterricht: In: Becker-Motzek, M./Schramm, K./Thürmann, E./Vollmer, H. J. (Hrsg.) (in Vorb.). Sprache im Fach. Sprachlichkeit und fachliches Lernen. Münster/New York: Waxmann.
Frederking, V./Henschel, S./Meier, C./Roick, T./Stanat, P./Dickhäuser, O. (2012b): Beyond Functional Aspects of Reading Literacy: Theoretical Structure and Empirical Validity of Literary Literacy. (Special issue guest edited by Irene Pieper &Tanja Janssen). L1- Educational Studies in Language and Literature, 12, S. 35–56.
Frederking, V./Meier, C./Stanat, P./Dickhäuser, O. (2008): Ein Modell literarästhetischer Urteilskompetenz. In: Didaktik Deutsch 25/2008, S. 11–31
Frederking, V./Meier, C./Brüggemann, J./Gerner, V./Friedrich, M. (2011): Literarästhetische Verstehenskompetenz – theoretische Modellierung und empirische Erforschung. In: Zeitschrift für Germanistik XXI (2011), H. 1, S. 131–144.
Frederking, V./Meier, C./Brüggemann, J./Gerner, V./Friedrich, M. (2011b): Literarästhetische Verstehenskompetenz – theoretische Modellierung und empirische Erforschung. In: Zeitschrift für Germanistik 1, S. 8–21.
Frederking, V./Roick, T./Steinhauer, L. (2011a): Literarästhetische Urteilskompetenz – Forschungsansatz und Zwischenergebnisse. In: Bayrhuber, H./Harms, U./Muszynski, B./Ralle, B./Rothgangel, M./Schön, L./Vollmer, H. J./Weigand, G. (Hrsg.), Empirische Fundierung in den Fachdidaktiken. FachdidaktischeForschung (Band 1). Münster: Waxmann, S. 75–94.
Gailberger, S. (2013): Systematische Leseförderung für schwach lesende Schüler (Das Lüneburger Modell). Zur Wirkung von lektürebegleitenden Hörbüchern und Lesebewusstmachungsstrategien auf die Lesekompetenz schwach lesender Achtklässler und Neuntklässler an einer Gesamtschule in Hamburg-Wilhelmsburg. Weinheim: Juventa.
Grimminger, R. (1980) (Hrsg.): Hansers Sozialgeschichte der deutschen Literatur. Bd. 3: Deutsche Aufklärung bis zur Französischen Revolution. 1680–1789, 1. Teilband, München: Hanser.
Groeben, N. (1977): Rezeptionsforschung als empirische Literaturwissenschaft. Paradigma durch Methodendiskussion. 2. überarb. Aufl. Tübingen: Narr.

Groeben, N. (2002): Zur konzeptionellen Struktur des Konstrukts »Lesekompetenz«. In: Groeben, N./Hurrelmann, B. (Hrsg.): Lesekompetenz. Bedingungen, Dimensionen, Funktionen. Weinheim/München: Juventa, S. 11–21.

Iser, W. (1991): Das Fiktive und das Imaginäre. Perspektiven literarischer Anthropologie. Frankfurt am Main: Suhrkamp.

Jacobson, R. (1971): Poetik. Ausgewählte Aufsätze 1921–1971. Herausgegeben von E. Hohenstein und T. Schelbert. Frankfurt am Main: Suhrkamp.

Jannidis, F./Lauer, G./Martinez, M./Winko, S. (1999): Rückkehr des Autors. Tübingen: Niemeyer.

Kammler, C. (2010): Intertextueller Literaturunterricht. In: Frederking, V./Krommer, A./Meier, C. (Hrsg.) Literatur- und Mediendidaktik. Taschenbuch des Deutschunterrichts. Band 2. Baltmannsweiler: Schneider 2010, S. 299–310.

Kammler, C. (2006) (Hrsg.): Literarische Kompetenzen – Standards im Literaturunterricht. Modelle für die Primar- und Sekundarstufe. Seelze: Kallmeyer/Klett.

Kämper-van den Boogaart, M. (2003): Lesekompetenzen – Hauptsache flexibel. Zu einer Parallele zwischen Literaturdidaktik und empirischer Lesepsychologie. In: Abraham, U./Bremerich-Vos, A./Frederking, V./Wieler, P. (Hrsg.): Deutschdidaktik und Deutschunterricht nach PISA. Freiburg im Breisgau: Fillibach, S. 26–46.

Kant, I. (1790): Kritik der Urteilskraft, hrsg. v. W. Weischedel, Frankfurt am Main 1974.

Karg, I. (2003): »The ability to read between the lines«. Einige Anmerkungen zum Leseverstehenstest der PISA-Studie. In: Deutschdidaktik und Deutschunterricht nach PISA. In: Abraham, U./Bremerich-Vos, A./Frederking, V./Wieler, P. (Hrsg.): Deutschdidaktik und Deutschunterricht nach PISA. Freiburg im Breisgau: Fillibach, S. 106–120.

Kintsch, W. (1994): Kognitionspsychologische Modelle des Textverstehens: Literarische Texte. In: Reusser, K./Reusser-Weyeneth; M. (Hrsg.): Verstehen. Psychologischer Prozeß und didaktische Aufgabe. Bern/Göttingen/Toronto/Seattle: Hans Huber, S. 39–54.

KMK (Kultusministerkonferenz) (2003): Beschlüsse der Kultusministerkonferenz. Bildungsstandards im Fach Deutsch für den Mittleren Schulabschluss. Beschluss vom 4.12.2003. München: Luchterhand.

Kreft, J. (1977/1982): Grundprobleme der Literaturdidaktik. Eine Fachdidaktik im Konzept sozialer und individueller Entwicklung und Geschichte. Heidelberg: Quelle & Meyer.

Krommer, A. (2003a): Das Verstehen literarischen Verstehens als interdisziplinäres Projekt. Anmerkungen zur Kognitionspsychologie Walter Kintschs aus deutschdidaktischer Sicht. In: Abraham, U./Bremerich-Vos, A./Frederking, V./Wieler, P. (Hrsg.): Deutschdidaktik und Deutschunterricht nach PISA. Freiburg im Breisgau: Fillibach, S. 165–187.

Krommer, A. (2003b/2004): Fiktionen lesen. Ein philosophisch-didaktisches Plädoyer für eine ontologiefreie Theorie der Fiktionalität. In: Frederking, V. (Hrsg.): Lesen und Symbolverstehen. Kopaed, S. 83–99.

Meier, C./Henschel, S./Roick, T./Frederking, V. (2012): Literarästhetische Textverstehenskompetenz und fachliches Wissen: Möglichkeiten und Probleme domänenspezifischer Kompetenzforschung. In: Pieper, I./Wieser, D. (Hrsg.): Fachliches Wissen und literarisches Verstehen. Studien zu einer brisanten Relation. Frankfurt am Main: Peter Lang, S. 237–258.

Pfeiffer, J. H. (2010): Literarische Gattungen im Literaturunterricht. In: Frederking, V./Krommer, A./Meier, C. (Hrsg.): Literatur- und Mediendidaktik. Taschenbuch des Deutschunterrichts. Band 2. Baltmannsweiler: Schneider, S. 54–70.

Pieper, I./Wieser, D. (2011) (Hrsg.): Fachliches Wissen und literarisches Verstehen. Studien zu einer brisanten Relation. Frankfurt am Main: Peter Lang.

Roick, T./Frederking, V./Henschel, S./Meier, C. (2012): Literarische Textverstehenskompetenz bei Schülerinnen und Schülern unterschiedlicher Schulformen.

Roick, T./Stanat, P./Dickhäuser, O./Frederking, V./Meier, C./Steinhauer, L. (2010): Projekt Literarästhetische Urteilskompetenz. Strukturelle und kriteriale Validität der literarästhetischen Urteilskompetenz. In: Klieme, E./Leutner, D./Kenk, M. (Hrsg.): Kompetenzmodellierung. Zwischenbericht des DFG-Schwerpunktprogramms und Perspektiven des Forschungsansatzes. Zeitschrift für Pädagogik. Weinheim/Basel: Beltz, S. 165–174.

Rosenberg, Rainer (1992/1994): Epochen. In: Brackert, H./Stückrath, J. (Hrsg.): Literaturwissenschaft. Ein Grundkurs. Reinbek bei Hamburg: Rowohlt, S. 269–280.

Schiefele, U./Artelt, C./Schneider, W./Stanat, P. (2004) (Hrsg.): Struktur, Entwicklung und Förderung von Lesekompetenz. Vertiefende Analysen im Rahmen von PISA 2000. Wiesbaden: Verlag für Sozialwissenschaften.

Schiefele, U. (1996): Motivation und Lernen mit Texten. Göttingen: Hogrefe.

Schön, E. (1995): Sozialgeschichtliche Literaturwissenschaft. In: Brackert, H./Stückrath, J. (Hrsg.): Literaturwissenschaft. Ein Grundkurs. Reinbek bei Hamburg: Rowohlt, S. 606–619.

Spinner, K. H. (Hrsg.) (1980): Identität und Deutschunterricht. Göttingen: Vandenhoeck & Ruprecht.

Spinner, K. H. (2006): Literarisches Lernen. In Praxis Deutsch 200 (2006), S. 6–16.

Voßkamp, W. (1992/1994): Gattungen. In: Brackert, H./Stückrath, J. (Hrsg.): Literaturwissenschaft. Ein Grundkurs. Reinbek bei Hamburg: Rowohlt, S. 253–269.

Wichert, A. (2010): Epochen im Literaturunterricht. In: Frederking, V./Krommer, A./Meier, C. (Hrsg.): Literatur- und Mediendidaktik. Taschenbuch des Deutschunterrichts. Band 2. Baltmannsweiler: Schneider, S. 41–53.

Willenberg, H. (1999): Lesen und Lernen – Eine Einführung in die Neuropsychologie des Textverstehens, Heidelberg und Berlin: Spektrum, Akademischer Verlag.

Winkler, I./Masanek, N./Abraham, U. (Hrsg.) (2010): Poetisches Verstehen. Literaturdidaktische Positionen – empirische Forschung – Projekte aus dem Deutschunterricht. Baltmannsweiler: Schneider 2010.

Winko, S. (2003): Kodierte Gefühle. Zu einer Poetik der Emotionen in lyrischen und poetologischen Texten um 1900. Berlin: Erich Schmidt.

Wu, M. L./Adams, R. J./Wilson, M. R./Haldane, S. A. (2007): AcerConQuestversion 2.0: Generalised item responsemodellingsoftware. Camberwell, Victoria: ACER Press.

Zabka, T. (2006): Typische Operationen literarischen Verstehens. Zu Martin Luther »Vom Raben und Fuchs« (5./6. Schuljahr). In: Kammler, C. (Hrsg.): Literarische Kompetenzen – Standards im Literaturunterricht. Modelle für die Primar- und Sekundarstufe. Seelze: Klett Kallmeyer, S. 80–101.

Zipfel, F. (2001): Fiktion, Fiktivität, Fiktionalität. Berlin: Erich Schmidt.

Jörn Brüggemann

Literarische Verstehenskompetenz und ihre Förderung in der Sekundarstufe II

Konstruktionsprinzipien, normative Implikationen und intendierte Wirkungen von Lernaufgaben

Seit einiger Zeit wird angenommen, dass der Qualität von Lernaufgaben eine zentrale Rolle bei der Steuerung von Lernprozessen zukommt. Gesichertes Wissen über die Wirksamkeit von Lernaufgaben im Bereich der Schulung des literarischen Textverstehens liegt bislang aber nicht vor. Selbst die Annahme, dass literarisches Verstehen systematisch gelernt werden kann, ist noch nicht empirisch bestätigt. Doch weil interpretierendes Lesen vielen Schüler/innen bis zum Abitur Probleme bereitet, ist es dringend erforderlich, über erste wichtige didaktische Publikationen zur Analyse, Bewertung und Konstruktion von Aufgaben (Leubner/Saupe 2008) und zu Aufgabenpräferenzen von Deutschlehrkräften (Winkler 2011) hinaus in einen Diskurs über

→ Konstruktionsprinzipien von Lernaufgaben,
→ intendierte Wirkungen und
→ normative Implikationen

zu treten, um überprüfbare Hypothesen über die Wirkung unterschiedlicher Formate von Lernaufgaben zu entwickeln.

    Die folgenden Überlegungen zur Entwicklung von Lernaufgaben im Literaturunterricht konzentrieren sich auf den didaktischen Wert eines spezifischen Typs halbgeschlossener Aufgabenformate. Dieser Aufgabentypus bietet Lernenden einerseits Orientierung durch die Vorgabe von Untersuchungskontexten und Antwortmöglichkeiten, andererseits aber auch Freiraum für selbstständige Lerneraktivitäten im Bereich der Bedeutungskonstruktion. Die damit verbundene Komplexitätsreduktion auf der einen und die Eröffnung autonomer Handlungsräume auf der anderen Seite spiegeln ein Spannungsverhältnis, das Lehrenden bekannt ist, die sich bemühen, sowohl der Autonomie literarischer Verstehensprozesse als auch der Sicherung eines (text- und alters-)angemessenen Verstehensniveaus gerecht zu werden.

    Wie Aufgaben aussehen können, die geeignet sind, das Spannungsverhältnis so auszutarieren, dass Schülerinnen und Schüler bekannte Probleme bei der Bewältigung literarischer Verstehensanforderungen überwinden können, soll in diesem Beitrag zur Diskussion gestellt werden.

    Um angesichts der vielfältigen Funktionen von Aufgaben und der erheblichen Forschungsdesiderate der Gefahr der Pauschalisierung zu entgehen, erfolgt die Auseinandersetzung in folgenden Schritten:

→ Zuerst werden die Herausforderungen für die Aufgabenkonstruktion im Bereich des literarischen Textverstehens mit Blick auf das Verhältnis von Verstehenshe-

rausforderungen und Verstehenskompetenz, Vorwissen und motivational-volitionalen Bereitschaften expliziert.
→ Daraufhin werden empirische Rezeptionsdokumente mit Blick auf Probleme bei der Bewältigung und Bewertung literaturspezifischer Verstehensherausforderungen analysiert, um Desiderate der Aufgabenentwicklung aufzuzeigen.
→ In einem dritten Schritt werden prototypische Aufgaben zur Bewältigung der Verstehensherausforderungen von Brechts »Das Wiedersehen« vorgestellt und erläutert.
→ Abschließend werden Desiderate zur Untersuchung der Möglichkeiten und Grenzen dieser Aufgaben und Aufgabenformate skizziert.

Literaturspezifische Verstehensanforderungen – eine Explikation

Unter »Aufgabe« verstehe ich im Folgenden mit Winkler (2011, S. 35) »die Anforderungs- oder Problemsituation, von der die Lernprozesse im Unterricht angestoßen werden sollen«. In diesem Sinne bleibt mein Verständnis von »Aufgaben« indifferent gegenüber Methoden und Unterrichtskonzepten.
Was die Bestimmung literaturspezifischer Verstehensanforderungen kompliziert gestaltet, ist, dass sie im Rahmen einer mehrfachen Relation expliziert werden muss, die
→ subjektive Dispositionen (Vorwissen, inhaltliches Interesse, Entwicklung kognitiver Operationen des Textverstehens),
→ domänenspezifische Vorstellungen über Charakteristika, Wertigkeit und Normativität legitimer Lektüre (Kämper-van den Boogaart 1997) sowie
→ gesellschaftliche Bildungsziele umfasst.

Unter den gegenwärtigen bildungspolitischen Rahmenbedingungen, die auf die verbindliche Standardisierung schulischer Bildung zum Zwecke einer besseren Vergleichbarkeit von Schülerleistungen abzielen, »zeichnet sich eine wichtige Veränderung ab, die den Unterricht künftig in deutlicher Weise prägen wird: ein hoher Stellenwert der Texterschließung« (Leubner/Saupe 2008, S. 10). Was eine *literaturspezifische* Texterschließung kennzeichnet, ist aber nach wie vor umstritten. Als Herausforderung für die Konstruktion von Lernaufgaben in diesem Bereich erweist sich die Tatsache, dass es aus literaturwissenschaftlicher Sicht anscheinend immer noch kein hinreichendes Wissen über den Gegenstand gibt (Wegmann 2000, S. 122). Vorstellungen vom angemessenen Umgang mit Literatur unterliegen nicht nur einem Wandel. Selbst »zu einem gegebenen Zeitpunkt« kursiert »mehr als eine Vorstellung von dem, was Literatur als Literatur ist, oder, in der Rede der Literaturtheorie, was als Literarizität konstruiert wird« (Wegmann 2000, S. 122). Auch aus bildungs- und wissenschaftshistorischer Sicht zeigt sich, wie wenig selbstverständlich selbst die Annahme einer besonderen Qualität literarischer Texte und Leseweisen ist (Brüggemann 2008). Nach wie vor ist umstritten, ob Literatur tatsächlich – etwa über poetische, ästhetische, reflexive, kognitive oder emotive Leistungen – gegenüber anderen Texten abgegrenzt werden kann.

Diese literaturtheoretische Debatte erhält jedoch neue Impulse durch erste Ergebnisse der empirischen Bildungsforschung. Dass allen Abgrenzungsproblemen auf der Ebene von Textsystemen zum Trotz signifikante Unterschiede zwischen allgemeiner Lese- und literarischer Verstehenskompetenz angenommen werden können, denen bei der Entwicklung von Aufgaben Rechnung getragen werden muss, legen die Re-Analysen der Daten der PISA-Studie von Artelt/Schlagmüller (2004) sowie die vorläufigen Ergebnisse des DFG-Forschungsprojekts »Literarästhetische Urteilskompetenz« (LUK) von Frederking et al. (2011) nahe.

Diese Befunde lassen folgende Schlüsse zu:

→ Will man literaturspezifisches Textverstehen systematisch fördern, bedarf es der Explikation eines Kompetenzmodells, das die Konstruktion von Lernaufgaben perspektiviert.

→ Um zu vermeiden, dass die Identifikation verallgemeinerbarer Literarizitätskriterien zu Übergeneralisierungen führt, die weder der Vielfalt der literarischen Produktion noch der Pluralität von Lektürepraktiken gerecht werden, muss ein Modell profiliert werden, das sich integrativ gegenüber konkurrierenden Vorstellungen verhält.

→ Angesichts der Prämisse, dass (kunst-)literarische Texte individuelle Verstehensanforderungen bergen, muss ausgeschlossen werden, dass das gesuchte Kompetenzmodell ästhetische Lektüre- und Verstehensmodi prinzipiell, d. h. losgelöst vom individuellen Text, hierarchisiert (Zabka 2012, S. 147 f.). Es muss also ausgeschlossen sein, dass ein Verstehensmodus, der etwa auf die Erschließung von poetischer Mehrdeutigkeit zielt, grundsätzlich höher gewichtet wird als ein Verstehensmodus, der seinem Objekt eindeutige Botschaften zuschreibt – etwa die Verstärkung der Wirkung inhaltlicher Aussagen durch die formale Gestaltung.

Vor diesem Hintergrund steht zunächst die Explikation domänenspezifischer Fähigkeiten und Fertigkeiten im Fokus dieses Beitrags, die im Zusammenhang mit Wissen und Wollen zur Bewältigung von Anforderungen im Bereich des literarischen Textverstehens mobilisiert werden müssen (vgl. Weinert 2001; Klieme et al. 2003, S. 72 f.). Deren normative Implikationen gilt es dann transparent zu machen.[1]

Verstehensanforderungen und literarische Verstehenskompetenz

Literatur gilt als textseitig intendiertes Spiel komplexer Bedeutungen und Wirkungen (Frederking et al. 2011, S. 132 ff.). Dieses Bedeutungs- und Wirkungspotenzial gewährt dem Leser Freiräume des ästhetischen Verstehens, reglementiert sie aber zugleich durch die jeweilige Gestaltung des Textes. Wenn man die Prämisse akzeptiert,

---

[1] Um Missverständnissen vorzubeugen, sei darauf hingewiesen, dass der hier skizzierte Kompetenzbegriff nicht alle Aspekte eines literaturaffinen Habitus umfasst, dessen Entfaltung im Deutschunterricht anvisiert werden soll.

dass die Interaktion zwischen Text und Leser durch jeden Text individuell beeinflusst wird, entsteht die Frage, wie angesichts dessen prototypische und generalisierbare Verstehensanforderungen beschrieben werden können.

Wichtige Anknüpfungspunkte lassen sich Zabkas Versuch entnehmen, Verstehensanforderungen literarischer Texte sowie typische Operationen literarischen Verstehens zu profilieren. Nach Zabka (2006, S. 81) gilt die »Prämisse […], dass Textverstehen keine bloße Informationsentnahme ist, sondern dass bei der Schrift-Wahrnehmung stets ein vorhandenes Wissen aktiviert, mit dem Wahrgenommenen verbunden und nach Maßgabe der Wort- und Satzverknüpfungen gefiltert, differenziert und neu kombiniert wird«. Damit teilt Zabka ausdrücklich wichtige Annahmen mit kognitionspsychologischen Modellen des Leseverstehens, die die Basis für die Erfassung allgemeiner Textverstehenskompetenz z. B. in den internationalen Vergleichsstudien darstellen. Er nimmt aber auch wichtige Spezifikationen vor, die sich als bedeutsam für die theoretische Modellierung des literaturspezifischen Textverstehens erweisen, da sie den Blick auf textseitige Faktoren lenken und damit der Prämisse Rechnung tragen, dass die »Text-LeserInnen-Interaktion […] durch den literarischen Text eine mehr oder weniger bestimmte Steuerung [erfährt]« (Pieper 2009, S. 209). Zabka (2006, S. 83) weist nämlich darauf hin, dass literarisches Verstehen »unter den Textbedingungen extremer Verknüpfungsdichte, systematischer Unbestimmtheit, Indirektheit und Mehrdeutigkeit« erfolgt.

Aus dem Kennzeichen der »systematische[n] Unbestimmtheit« (vieler) literarischer Texte lässt sich ableiten, dass Leser den »Aufbau komplexer, über das nötige Verstehen einer Textstelle hinausgehender Annahmen, etwa zur Psyche einer literarischen Figur« (Zabka 2006, S. 82) leisten müssen. Mit »systematischer Indirektheit« akzentuiert Zabka, dass Elemente literarischer Texte ihre Leser mit der reversiblen Entscheidung konfrontieren, ob »das Gemeinte direkt oder in einem Modus der Indirektheit« zu verstehen ist. Mit Zabka lässt sich also auf eine wichtige Differenz zwischen informatorischem und literarischem Verstehen hinweisen, nämlich darauf, dass »beim Verstehen expositorischer Texte Indirektheit übersetzt wird«, während man bei literarischen Texten damit rechnen soll, dass Indirektheit »sich häufig nicht eindeutig auflösen lässt, sondern der Reflexion und Beurteilung des gesamten Textes und seiner Kontexte bedarf« (Zabka 2006, S. 82). Sofern »viele literarische Texte durch die Konkurrenz von Aussagen, Aussagenverknüpfungen und provozierten Inferenzen eine Pluralität von Verstehensmöglichkeiten eröffnen« (Zabka 2006, S. 83), wird ihr Bedeutungs- und Wirkungspotenzial nicht erschlossen, wenn sie ausschließlich semantisch interpretiert werden. Will man bei heranwachsenden Lesern den Sinn für das Ausloten ästhetischer Verstehensmöglichkeiten schärfen, müssen sie lernen, semantische Interpretationen zu überschreiten.

Ein empirisch geprüftes Modell, das in dieser Hinsicht Anknüpfungspunkte für die Aufgabenkonstruktion bietet, ist das von Frederking et al. (2011) entwickelte Modell literarästhetischer Verstehenskompetenz, das im Anschluss an Eco Verstehenskompetenz im Hinblick auf zwei bzw. drei Dimensionen differenziert.

Nach Eco (1987, S. 226) lässt sich der Begriff der Interpretation – verstanden als »die semantische Aktualisierung dessen, was der Text (als Strategie) durch die Mitarbeit des Modell-Lesers zum Ausdruck bringen will« – differenzieren in semantisch-semiosische und semiotische bzw. kritische Interpretation (Eco 1990, S. 43):
→ Während eine semantisch-semiosische Interpretation das »Resultat des Prozesses« darstellt, »durch den der Adressat angesichts der linearen Manifestation des Textes diesen mit Sinn erfüllt« (Eco 1990, S. 43),
→ bezieht sich eine kritische Interpretation auf den Idiolekt bzw. die Textstrategie (Eco 1990, S. 169) und rekonstruiert, »aufgrund welcher Strukturmerkmale der Text diese (und andere) semantische Interpretationen hervorbringen kann« (Eco 1990, S. 43).

Im Anschluss an diese Differenz unterscheiden Frederking et al. grundlegend zwischen semantischen und idiolektalen Kompetenzdimensionen:
→ Semantische Verstehenskompetenz disponiert zum »Erschließen zentraler Textinhalte und zum Herstellen eines kohärenten Textsinnes« (Frederking et al. 2011, S. 135) unter den Bedingungen »semantische[r] Pluralität« (Eco 1962, S. 87), die aus der »Offenheit« (Eco 1962, S. 85) literarischer Texte bzw. der »Mehrdeutigkeit der Zeichen« (Eco 1962, S. 87) resultiert.
→ Mit idiolektaler Verstehenskompetenz bezeichnen Frederking et al. (2011, S. 135) die »Fähigkeit zum Erfassen formaler Spezifika eines literarischen Textes und ihrer ästhetischen Funktion«, die mit Eco (1990, S. 169) zum Kern einer kritischen Interpretation gezählt werden kann.

Die empirische Untersuchung dieses Kompetenzkonstrukts im Rahmen des DFG-Schwerpunktprogramms »Kompetenzmodelle zur Erfassung individueller Lernergebnisse und zur Bilanzierung von Bildungsprozessen« hat diese beiden Kompetenzdimensionen grundlegend bestätigt und eine signifikante Differenz zwischen diesem Kompetenzkonstrukt und allgemeiner Lesekompetenz ermittelt.
   Was das Modell des literarischen Textverstehens von Frederking et al. von kognitionspsychologischen Modellen des Leseverstehens unterscheidet, speist sich aus impliziten Verstehenszielen und deren normativer Basis. Denn Frederking leitet – wie Eco – die Kennzeichen ästhetischer Verstehensprozesse aus der Annahme eines Modell-Lesers (Eco 1990, S. 43) ab, der sich von (naiven) empirischen Lesern dadurch unterscheide, dass er durch die Mehrdeutigkeit und Autoreflexivität der Literatur motiviert wird, »zu beobachten, um zu sehen, wie sie gemacht ist« (Eco 1972, S. 147).
   Diese Unterscheidung enthält Anhaltspunkte darüber, welche Verstehensoperationen unter kundigen Lesern als erwünscht gelten und initiiert werden sollen. Als wichtig, aber nicht hinreichend, gilt die Entwicklung einer mentalen Repräsentation der semantischen Textstrukturen und der damit verbundene Entwurf einer Textweltrepräsentation. Dagegen zeichne gelungenes Textverstehen aus, dass semantische Interpretationen unter Berücksichtigung textseitig intendierter Mehrdeutigkeit (respektive Indirektheit) entwickelt werden und auf die Rekonstruktion möglicher Wirkungsin-

tentionen abzielen, sodass semantische Interpretationen im Rekurs auf den Idiolekt literarischer Texte vollzogen bzw. im Hinblick auf die ästhetische Funktion mental repräsentierter Textelemente (z. B. syntaktische Gestaltung, Wortwahl, Metrum, Klang, Polyvalenz) reflektiert werden müssen.

Was also literarisches Textverstehen grundsätzlich von lesepsychologischen Modellen des Textverstehens unterscheidet, ist die normative Erwartung, die »Etablierung des Textverstehens im Sinne der Herstellung lokaler und globaler Kohärenz« zu überschreiten »im Sinne der Konstruktion einer Textintention« (Pieper 2009, S. 211) bzw. des »Ermitteln[s] einer strategischen Matrix« (Eco 1990, S. 45).

Diese Differenzierung könnte den Eindruck erwecken, dass das Modell unterschwellig auf einer Hierarchisierung ästhetischer Verstehensmodi basiert, die sich unter universitären Lektürekonventionen entwickelt hat – z. B. unter dem Druck, sich im universitären Wettbewerb um Titel und Ressourcen signifikant zu unterscheiden –, und die deshalb nur bedingt als Beurteilungsbasis eines altersangemessenen Kompetenzerwerbs dienen kann. Wenn kritisches bzw. idiolektales Interpretieren »auf das Ermitteln der strategischen Matrix« (Eco 1990, S. 45) literarischer Texte abzielt, um zu erklären, »aufgrund welcher Strukturmerkmale der Text diese (und andere) semantischen Interpretationen hervorbringen kann« (Eco 1990, S. 43), so erscheint semantisches Interpretieren als naive Vorstufe des kritischen bzw. idiolektalen Interpretierens. Den Charakter einer problematischen Hierarchisierung verliert die Unterscheidung allerdings, sofern man idiolektales Verstehen als wichtige Komponente im zirkulären Prozess des literarischen Textverstehens begreift, durch die jene Überschreitung eines Situationsmodells erfolgt, die bei informatorischem Textverstehen nicht mehr erfolgen muss. Denn eine gelingende Lektüre wird beendet, sobald die Leser die Struktur eines Textes in einem Ausmaß erfasst haben, das ihnen ein kohärentes Verständnis ermöglicht. Sofern das problemlos gelingt, besteht keine Notwendigkeit, Textstrukturen einer genaueren Beobachtung zu unterziehen. Wenn idiolektales Interpretieren aber eine Fähigkeit ist, die sich in spezifischen Operationen des formgebundenen Prüfens, Rechtfertigens, aber auch des Modifizierens oder Falsifizierens semantischer Interpretationen manifestiert, wäre sie als Bedingung einer differenzierten und begründeten Interpretation anzusehen.

Die Ausbildung dieser Teilkompetenz mittels spezifischer Aufgaben ist also sinnvoll im Rahmen eines lernerorientierten Kompetenzerwerbs, der zur Vermeidung bekannter »top down«-artiger Komplexitätsreduktionen beiträgt (s. unten). Vor diesem Hintergrund ist es sinnvoll, sich bei der Konstruktion von Lernaufgaben auf die basalen Dimensionen des LUK-Modells zu beziehen und die z. B. von Zabka thematisierten Verstehensanforderungen den LUK-Dimensionen zuzuordnen:

→ Gute Lernaufgaben müssen Schülerinnen und Schüler möglichst systematisch zur Entwicklung semantischer Interpretationen unter sorgfältiger Prüfung konkurrierender Deutungsmöglichkeiten anregen und den Vollzug idiolektaler Verstehensprozesse ermöglichen, die zur Erschließung und Rechtfertigung literarischer Deutungsoptionen beitragen und den erprobenden Vollzug verschiedener ästhetischer Verstehensmodi anregen.

→ Gute Lernaufgaben konfrontieren Schülerinnen und Schüler mit Verständnisproblemen, die die Schüler ermuntern, die Vielschichtigkeit literarischer Texte im Rahmen semantischer und idiolektaler Reflexionsprozesse zu erschließen und die Vielfalt literarischer Verstehensmodi am Beispiel konkreter Texte zu erproben und einzuüben. Das beinhaltet die Vermittlung von literaturspezifischem (Lektüre-)Wissen.

Verstehensherausforderungen und literaturspezifisches Wissen

Im Rahmen der Kompetenzorientierung ist dem Verhältnis von Wissen und Kompetenzen neue Aufmerksamkeit zuteil geworden (z. B. Gailberger et al. 2007; Pieper/Wieser 2011). Im Unterschied zur eher negativen Beurteilung des Fachwissens früherer Jahre (z. B. Waldmann 1990, S. 84; Spinner 1992, S. 197; Abraham 2004, S. 106) wird seit einiger Zeit stärker hervorgehoben, dass das »Verstehen eines literarischen Textes« eben nicht nur auf Sprach- und Weltwissen, sondern vor allem »auf domänenspezifisches Wissen und eine dem besonderen Gegenstand entsprechende Herangehensweise angewiesen« ist (Frederking et al. 2011, S. 132). Vor diesem Hintergrund kann man mit Pieper (2009, S. 211) konstatieren, dass kognitive Operationen im Bereich des literarischen Textverstehens »wesentlich durch den Rückgriff auf unterschiedliche Wissensbestände bestimmt [sind]«. Piepers Feststellung impliziert, dass der Begriff des domänenspezifischen Wissens nicht auf die Vermittlung von deklarativem Wissen reduziert werden darf. Auch wenn dessen Einfluss auf die Ausprägung literarischer Verstehenskompetenz bislang noch nicht systematisch erforscht ist (Brüggemann 2011; Meier/Henschel/Roick/Frederking 2011), ist in einschlägigen didaktischen Publikationen hervorgehoben worden, dass der Erwerb deklarativen Wissens allein noch nicht zum kompetenten interpretierenden Lesen disponiert, sondern bisweilen sogar dessen Vermeidung hervorruft. Exemplarisch wurde bislang diagnostiziert, dass der Erwerb von Autor-, Epochen- und Gattungsschemata Schüler/innen den Blick für die spezifischen Verstehensanforderungen literarischer Texte verstellen kann – nämlich dann, wenn das erworbene Wissen zur deduktiven Reduktion literarischer Komplexität genutzt wird (Hillmann 1974; Kämper-van den Boogaart 2005; Nutz 2002; Winkler 2007; Stark 2011; Freudenberg 2011).

Was im Bereich des literarischen Textverstehens starke von schwachen Schüler/innen unterscheidet, ist vielmehr das Vermögen, sich aus einem breiten Spektrum von Lektürestrategien und ästhetischen Verstehensmodi flexibel und situativ angemessen zu bedienen (Janssen/Braaksma/Rijlaarsdam 2006; Peskin 1998; Winkler 2007). Dieses Vermögen kann man in der Terminologie der pädagogischen Psychologie beschreiben, indem man zwischen deklarativem Wissen, Problemlösungswissen, prozeduralem und metakognitivem (Ossner 2006) oder metastrategischem (Leubner/Saupe 2008, S. 43) Wissen unterscheidet.

Diese Differenzierung eröffnet Anhaltspunkte für die Diagnose bekannter Kompetenzdefizite, die hier als Ausgangspunkt der Entwicklung von Lernaufgaben dienen sollen. Denn wenn man literarische Textverstehenskompetenz systematisch fördern will, müssen Lernaufgaben über die Bewältigung textspezifischer Verständnisprobleme hinaus den Erwerb eines verstehensvertiefenden Umgangs mit Literatur im Sinne eines strategischen oder metakognitiven Wissens ermöglichen. Also müssen Lernaufgaben daraufhin reflektiert werden, ob bzw. inwiefern sie – ausgehend vom Einzelfall, doch mit Blick über den Einzelfall hinaus – Zuwächse in einer der genannten Wissensarten ermöglichen (s. unten).

Vor diesem Hintergrund ist die Profilierung eines differenzierten Wissensbegriffs von eminenter Bedeutung für die Profilierung eines systematischen Kompetenzerwerbs, aber auch für die diagnostische Identifikation von Leerstellen im persönlichen Curriculum der Lehrenden. Die psychologische Differenzierung des Wissensbegriffs hat dabei primär einen analytischen Wert, soll aber nicht eine isolierte Einübungspraxis legitimieren, aus der allzu leicht ein »träges« Wissen erwächst (v. a. Renkl 1996, auch Kämper-van den Boogaart/Pieper 2008, S. 60; Korte 1996, S. 51). Zudem ist fraglich, ob mit der pädagogisch-psychologischen Klassifikation bereits alle konstitutiven Elemente literaturspezifischen Wissens benannt sind.

Um bei der Profilierung eines tragfähigen Begriffs von literaturspezifischem Wissen den affektiv-emotionalen Aspekten literarischen Textverstehens einerseits und dem »Ineinandergreifen der unterschiedlichen Wissensbestände« sowie der angestrebten »Flexibilität ihrer Anwendung« (Pieper 2009, S. 211 f.) andererseits Rechnung zu tragen, differenzieren Kämper-van den Boogaart/Pieper (2008, S. 61) mit Shulman (2004, S. 202) zwischen substantivischem und syntaktischem Wissen.

→ Der Begriff des substantivischen Wissens, der mit dem von Frederking et al. nicht näher spezifizierten domänenspezifischen Wissen vergleichbar ist, umfasst nach Kämper-van den Boogaart/Pieper »die Basiskonzepte und Prinzipien eines Gebietes in ihrer Vielfalt« (2008, S. 61).

→ »Syntaktisches Wissens«, vergleichbar mit der »dem besonderen Gegenstand entsprechende[n] Herangehensweise« (Frederking et al. 2011, S. 132), akzentuiert dagegen den Anwendungsbezug im Sinne der Beherrschung eines »set of rules for determining what is legitimate to say in a disciplinary domain and what ›breaks‹ the rules« (Shulman 2004, S. 202). Nach Kämper-van den Boogaart/Pieper (2008, S. 59) ist dies ein »Wissen um die spezifischen Spielregeln literarischer Kommunikation«, die sich in der Beachtung domänenspezifischer Konventionen manifestieren und aus habitualisierten motivational-volitionalen Dispositionen erwachsen (Kämper-van den Boogaart/Pieper 2008, S.58 ff.).

Vor diesem Hintergrund kann man vermuten, dass ein systematischer Kompetenzerwerb an der Explikation und Vertiefung syntaktischer Wissensbestände ansetzen sollte. Denn syntaktisches Wissen ist zunächst schwer greifbar, weil es sich dabei um ein implizites Wissen über Konventionen im Sinne »technische[r] Regeln und institutionell vermittelte[r] Praktiken und Subroutinen« handelt (Kopp/Wegmann 1988, S. 49 f.). Diese unterliegen dem historischen Wandel und hinterlassen bei Schüler/innen den Eindruck, dass die Vorstellungen eines angemessenen Umgangs mit Literatur lehrerabhängig seien. Zudem wurden sie von passionierten Lesern bereits so verinnerlicht, dass eine Explikation unter Verweis auf nebulöse Begabungsvorstellungen, die von schulischen Interventionen kaum beeinflusst werden könnten, möglicherweise häufig unterbleibt. Umso wichtiger ist es, Regelverstöße zum Thema metakognitiver Lernprozesse zu machen, um das implizite syntaktische Wissen und die damit verbundenen Lehrererwartungen transparent zu machen. Solche Regelverstöße manifestieren sich z. B., wenn Schüler den Wortlaut des Textes überspringen, statt sich interpretierend auf ihn einzulassen, etwa indem sie »zügig eine höhere oder übertragene Bedeutung […] formulieren« (Zabka 2001, S. 116). In einer anderen Variante wird ein Text ausschließlich als Anlass zur Mobilisierung eines formalen Analyseinstrumentariums (Köster 2004, S. 175 f.) oder zur Applikation eines Kontextwissens genommen, ohne dass beides für die Vertiefung des Textverständnisses funktional wäre. Regelverstöße können auch vorliegen, wenn einem interpretationsbedürftigen Text (gesellschafts-)kritische Botschaften zugeschrieben werden, sodass er umstandslos defiktionalisiert wird.

Alle genannten Beispiele zeugen von dem Unvermögen, die Spezifik der literarischen Gestaltung sowie die illukotionäre Unterbestimmtheit vieler literarischer Texte interpretierend zu bewältigen. (Literarische Texte können als illokutionär unterbestimmt gelten, sofern mehrdeutig bleibt, was sie tun, indem sie etwas »sagen«, also z. B. affirmieren, kritisieren, ironisieren, bekräftigen, infrage stellen.) Statt von individuellen Verständnisproblemen auszugehen und Fragen zu entwickeln, die auf der Basis sorgfältiger interpretierender Lektüren geklärt bzw. reflektiert werden können, greifen Schüler – durchaus bis zum Abitur bzw. darüber hinaus – auf Strategien zurück, die den mangelnden Sinn für den Zweck und die Vorgehensweise des literarischen Interpretierens kaschieren sollen. Dieses Verhalten dürfte wohl auch häufig aus dem defizitären Erwerb syntaktischen Wissens resultieren. Der ist, wie Kämper-van den Boogaart/Pieper hervorheben, verknüpft mit der Entfaltung motivational-volitionaler Bereitschaften.

Verstehensanforderungen und motivational-volitionale Bereitschaften

Das interpretatorische »Vermeidungsverhalten« vieler Schüler/innen dürfte in dem Unvermögen begründet sein, eine interessierte Einstellung gegenüber einem Text zu entwickeln. In diesem Sinn hat bereits Köpf (1981, S. 96 f.) darauf hingewiesen, dass das »*Woraufhin* der Interpretation […] Fragestellungen voraus[setzt], die »aus dem Interesse [erwachsen], das im Leben, im pragmatischen Kontext des Fragenden beheimatet ist«. Deshalb ist »das Verhältnis des Lesers zur ›Sache Literatur‹, d. h. auch zur Sache, um die es im Text geht bzw. auf die hin er befragt wird, […] eine Voraussetzung des Verstehens«. Dies muss auch bei der Entwicklung von Lernaufgaben berücksichtigt werden, die – über die Erschließung eines konkreten Textes hinaus – dem Erwerb von syntaktischem Wissen dienen sollen.

Lernprozesse im Bereich des literarischen Textverstehens müssen ihren Ausgang also von individuellen Verstehensakten nehmen, die immer in individuellen Interessen und lebensweltlichen Bezügen wurzeln und affektiv imprägniert sein können. Allerdings ist jenes »Lebensverhältnis« (Köpf 1981, S. 96 f.) nicht die einzige Bezugsgröße für Interventionen zur Entwicklung einer interessierten Einstellung. Deren Entfaltung ist nämlich, wie Nikolaus Wegmann (1998, S. 381) hervorgehoben hat, an den Vollzug einer Mehrfachlektüre gekoppelt, durch die

> »ein Text [...] auch in sachlicher Hinsicht hinzu[gewinnt]. Denn eine zweite Lektüre liest nicht einfach dasselbe noch einmal, schließlich findet sie immer schon in einer im Vergleich zur ersten verschiedenen Situation statt. [...] Sie produziert Abweichung, aber nur so viel, daß die Identität des in der Lektüre stehenden Textes nicht aufgekündigt wird. Der zu wiederholende Text muß sich in jeder Lektüre als Dasselbe erkennen lassen – z. B. in neuen Kontexten bestätigt werden oder Sinnverweisungen entwickeln. Kurz: im Zuge dieses per Wiederholungslektüre Durch-die-Zeit-Gehens produziert das Buch Sinnreichtum. [...] Jeder Leser, so er diese Lesefertigkeit einsetzen kann und will, wird demnach in diesem auch durch sein eigenes Lesen forterzeugten Sinnreichtum etwas finden, was ihn – und im vollen Sinn dann nur ihn – interessieren wird«.

Mit Wegmann kann man also die Erzeugung *sach*bezogenen Klärungsbedarfs »lesetechnisch« als Produkt individueller Wiederholungslektüren kennzeichnen. Allerdings werden literarische Texte nur dann durch Wiederholungslektüren nicht einfacher und damit langweiliger, sondern komplexer und reflexionsbedürftiger, wenn sie Differenzen zwischen Text und Deutungen vor Augen führen, die dazu veranlassen, das eigene Textverständnis und dessen Voraussetzungen zu überdenken.

Solche Differenzen treten jedoch nur zutage, wenn verdeckte Unterscheidungen (zwischen zentralen/peripheren Textelementen), die ein erstes Textverständnis konstituieren, bewusst und zum Gegenstand eines Diskurses gemacht werden, der alternative Selektionsmöglichkeiten erprobt. Nur wenn die eigenen Verständnisvoraussetzungen überprüft und ggf. modifiziert werden, kann sich die Erfahrung einstellen, dass Texte vielschichtiger sind als zunächst gedacht.

In diesem Sinne ist die Offenlegung impliziter hermeneutischer Selektionsentscheidungen und deren probeweise Überschreitung eine wesentliche Voraussetzung für die Erfahrung des Bedeutungs- und Wirkungspotenzials literarischer Texte und deren kognitive Bewältigung. Damit einhergehend erzeugt erst die Erarbeitung eines größeren Spektrums textueller Verknüpfungsmöglichkeiten die kognitive Herausforderung, die Tragfähigkeit einer Hypothese über Sinn und Wirkung eines literarischen Textes zu prüfen und evtl. unter Abwägung von Deutungsalternativen zu modifizieren. Individueller Klärungsbedarf erwächst aus rekursiven Lese- und Reflexionsprozessen, welche aus der (motivational-volitionalen) Bereitschaft entspringen, einen Text mehr als einmal zu lesen, der möglicherweise zunächst schwierig oder wenig attraktiv erscheint. Doch was kann Leser dazu motivieren?

Diese Bereitschaft entspringt einem Vertrauensvorschuss, der aus der »mehr als einmal gemacht[en] Erfahrung« resultiert, dass das Bemühen um sorgfältige Bedeutungskonstruktion im Zuge des rekursiven Lesens »interessante Verstehenszuwächse eintragen kann« (Kämper-van den Boogaart 2006, S. 168). Gerade für heranwachsende Leser gilt, dass man solche »Erfahrungen [...] aber kaum [macht], wenn man dazu nicht durch Aufgabenstellungen eingeladen wird, die einem Genauigkeit in der Lektüre, gemeinsame Klärung von Bezügen usw. abverlangen« (Kämper-van den Boogaart 2006, S. 168 f.) Deshalb müssen Lernaufgaben Schülern helfen, Texte fragwürdiger zu machen, als sie auf den ersten Blick erscheinen.

→ Um Schüler/innen zu Differenzerfahrungen zu verhelfen, müssen Lernaufgaben Anknüpfungspunkte zur Entwicklung und Überprüfung von Hypothesen im Bereich des semantischen und idiolektalen Textverstehens bereitstellen, um Anlässe zur sorgfältigen Klärung textueller Bezüge zu schaffen, bei der Verstehensspielräume ausgelotet und individuelle Verständnisvoraussetzungen überdacht werden können.

→ Darüber hinaus müssen sie metakognitive Lernprozesse anregen, durch die Schülerinnen und Schüler über den Einzelfall hinaus das Vermögen erwerben, Bezüge zu konstruieren, aus denen Klärungsbedarf erwächst. Denn um das Bedeutungs- und Wirkungsspektrum literarischer Texte zu erschließen, bedarf es der Aufmerksamkeit für textuelle Elemente, die einer vorschnellen Lektüre entgegenwirken, und der Beachtung literaturspezifischer Lese- und Verstehenskonventionen, deren praktischer Sinn erworben werden muss.

Im weiteren Verlauf wird nun am Beispiel ausgewählter Rezeptionsdokumente demonstriert, welche Herausforderungen die Auseinandersetzung mit »textuellen Elementen« bei der Entwicklung von literarischen Lese- und Reflexionsprozessen birgt. Im Anschluss daran werden Vorschläge unterbreitet, wie jene Form des rekursiven Lesens, aus der die Entwicklung, Prüfung und Modifikation von Hypothesen über das Deutungs- und Wirkungspotenzial erwächst, instruiert werden kann.

Empirische Rezeptionsdokumente und Ansätze zur Diagnostik literarischen Textverstehens

Das Wiedersehen

Ein Mann, der Herrn K. lange nicht gesehen hatte, begrüßte ihn mit den Worten: »Sie haben sich gar nicht verändert.« »Oh!« sagte Herr K. und erbleichte.

Aus den Anfangstagen der empirischen Rezeptionsforschung stammen die nachfolgend präsentierten Schülerrezeptionsdokumente zu Brechts »Das Wiedersehen«, die mit dem Ziel erhoben wurden, »eine genauere Analyse der Vorgänge beim Verstehen von Texten [zu] ermöglichen« und »Grundmechanismen der Rezeption offen[zu]legen« (Hillmann 1972, S. 219, 228).

Für diesen Beitrag sind die Rezeptionsdokumente in doppelter Weise interessant. Erstens erlauben sie Rückschlüsse darüber, wie die Schüler die Verstehensanforderungen bewältigen. Und zweitens zeigt die didaktische Kommentierung der Rezeptionsdokumente, welche Probleme bei dem Versuch, Textverstehen einzuschätzen, auftreten können. Aus beidem werden Konsequenzen für die Entwicklung von Lernaufgaben zur Schulung des literarischen Textverstehens gezogen, die im Rekurs auf Ecos *intentio operis* erläutert und anhand ausgewählter Aufgabenbeispiele veranschaulicht werden.

Textseitige Verstehensanforderungen

Brechts Text ist trotz seiner Kürze ein höchst interpretationsbedürftiger Text, der zeigt, inwiefern Literatur durch »systematische Unbestimmtheit« und »Indirektheit« den »Aufbau komplexer, über das nötige Verstehen einer Textstelle hinausgehender Annahmen, etwa zur Psyche einer literarischen Figur« provoziert und angesichts der »Pluralität der Verstehensmöglichkeiten« die »kognitive Bewältigung systematischer Mehrdeutigkeit« erfordert (Zabka 2006, S. 82 f.).

Der Text präsentiert die Sprechhandlung eines Mannes, die als floskelhaftes Kompliment verstanden werden kann, sowie die emotionale Reaktion von Herrn K. darauf. Wie komplex die Inferenzbildungsprozesse sind, die bei der Lektüre vollzogen werden müssen, zeigt ein Blick auf die Deutungsspielräume des Textes.

Klärungsbedürftig ist die unerwartete Reaktion von Herrn K. und damit auch
→ die Intention des Mannes (1.),
→ die Reaktion von Herrn K., die bestimmt und deren Motivation rekonstruiert werden muss (2.),
→ sowie die Frage, ob der Mann von Herrn K. gemäß seiner Intention verstanden wurde oder ob Herr K.s emotionale Reaktion Resultat eines Missverständnisses ist, das aus einer nicht intendierten, übertragenen Bedeutung des Gesagten resultiert (3.).
→ Angesichts der emotionalen Reaktion von Herrn K. steht zudem die Frage im Raum, wer von beiden (un-)angemessen auf den anderen reagiert (4.).
→ Ein weiteres Verständnisproblem, das aus der Indirektheit des Textes resultiert, betrifft die Frage, ob der Mann überhaupt beabsichtigt, dass Herr K. die Intention seiner Sprechhandlung am Wortlaut der Äußerung erkennt, oder ob er intendiert, dass eine Illokution wirksam ist, ohne von Herrn K. erkannt zu werden (5.).

Schließt man gemäß den Konventionen des literarischen Spiels aus, dass der Autor aus Unvermögen die illokutionäre Rolle im propositionalen Akt des Mannes nicht hinreichend kenntlich gemacht hat, muss man davon ausgehen, dass der literarische Text mit Absicht so konstruiert ist, dass eine Analyse des propositionalen Akts keine eindeutige Ableitung der Illokution (sowie der Perlokution) aus der Äußerung (und der emotionalen Reaktion) ermöglicht und dass auch die Leser Schwierigkeiten haben sollen, eine eindeutige Absicht im Sinne Searles zu identifizieren.

Somit wäre die Textintention erst dann geklärt, wenn beantwortet ist, warum der Text (s)einen Inhalt auf diese spezifische, indirekte Weise präsentiert.

Bewältigung der Verstehensanforderungen

Schülerin 1 (12. Jahrgang): »*In den ›Geschichten von Herrn Keuner‹ stellt Brecht kurze Begebenheiten aus dem täglichen Leben eines Menschen dar, in denen meistens solche selbstverständlich gebrauchten Verhaltensweisen aufgezeigt werden, über die sonst der Leser dieser Geschichten vorher nie nachgedacht hat. Brecht zwingt dazu, sich über diese Dinge einmal Gedanken zu machen, nachdem der Leser erschreckt bemerkt hat, wie gedankenlos auch er diese Floskeln […] gebraucht […] Erst dann fällt dem Leser auf, daß diese so oft gebrauchten Sätze nur dastehen, um dem Redenden eigenes Denken zu ersparen. Anstatt sich Gedanken zu machen über Herrn K. und diese Gedanken in eigenen Worten auszudrücken, sagt er ganz allgemein: ›Wie nett …‹ Durch diese Möglichkeit, in eine Floskel auszuweichen, wird der Mensch nicht gezwungen, sich seiner Gleichgültigkeit dem Mitmenschen gegenüber bewußt zu werden. Die Bewußtwerdung und die daraus mögliche Änderung will Brecht mit diesen ›Geschichten‹ erreichen*« (Hillmann 1972, S. 227).

Schülerin 2 (12. Jahrgang): »*Dieses Erbleichen erscheint mir ziemlich verständlich. Denn wer hört schon gern, dass er sich nicht weiter entwickelt hat. Mir würde es genau so gehen, wie Herrn K., z. B. wenn ich Verwandte besuche, äußern sie sich genau so wie der Mann. […] Dies empfinde ich als äußerst unpassend, denn ich glaube, daß ich mich ständig weiterentwickle, genau wie jeder andere Mensch es auch tut, oder tun sollte. Selbst wenn man die Worte des Mannes nur auf äußerliche Erscheinungen bezieht, ist die Aussage unzutreffend. […] Der Mann […] wird sich nicht über die eigentliche Bedeutung seiner Worte bewußt gewesen sein, und diese mehr oder minder als Floskel gesagt haben…*« (S. 230).

Schüler 3 (Berufsschüler): »*Der Mann ist […] ein Kriminalbeamter, der gerade einen Stammkunden auf frischer Tat ertappt hat und ihn, weil er ihn schon des öfteren erwischt hat und seine Methoden kennt, so begrüßt. Er erbleichte, als er sah, dass es wiederum der Mann war, der ihn schon einige Male zu einem kostenlosen Aufenthalt hinter Gittern verholfen hat*« (S. 223).

Germanistikstudent 1: »*Der Mann gebraucht eine floskelhafte Redewendung, will eigentlich gar nichts weiter sagen. Herr K. nimmt aber das Gesagte ernst, hält es für eine Anklage einer anonymen Instanz; er erschrickt, weil er sich vor dieser Anklage schuldig fühlt*« (S. 232).

> *Germanistikstudent 2: »Der Mann hat sich vor Jahren von Herrn K. ein Bild gemacht. Jetzt überprüft er dieses Bild nicht neu, sondern hält es für selbstverständlich, daß Herr K. ihm entspricht. Der Mann zwängt Herrn K. in eine Rolle, darüber erschrickt Herr K.« (S. 232).*

Die Rezeptionsdokumente zeugen von dem Versuch, ein Situationsmodell des Textes durch Bezüge zur eigenen Lebens- bzw. Leseerfahrung zu konstruieren. Durchgängig wird ein Missverhältnis von Sprechhandlung und emotionaler Reaktion als klärungsbedürftig empfunden, welches durch die Konstruktion einer Geschichte aufgelöst wird, die Motive bzw. Gründe für das Erbleichen präsentiert.

Diese Strategie ist nicht nur bei den Schülern zu beobachten, die auf den Besuch bei Verwandten (Schülerin 2) oder den Kontext eines Kriminalfalles (Schüler 3) verweisen, sondern auch bei den Germanistikstudenten, die »Das Wiedersehen« in den Kontext von Kafkas »Prozess« (Student 1) und Frischs Tagebuchaufzeichnungen (Student 2) rücken. All diese Versuche zeugen von dem Bemühen, zu verstehen, wodurch das Erschrecken motiviert ist, was der Text aber gerade verschweigt. Insofern sind diese Kontextualisierungen und die damit verknüpfte Applikation von Vorwissen aus dem Bereich des Sprach- und Weltwissens sicherlich ein legitimer Schritt auf dem Weg zur Entwicklung eines ersten Textverständnisses. Doch ist dieser Weg nicht immer förderlich für die Entfaltung von literarischem Textverstehen im Sinne der Elaboration und Begründung von Verstehensprozessen in semantischer und idiolektaler Hinsicht.

Das zeigt bereits das Missverhältnis von Narration und Bezugnahme auf den Text in den Rezeptionsdokumenten. Wichtiger ist indes, dass die narrative Bewältigung der Verstehensanforderungen ebenso wie die kontextuellen Bezugnahmen der Studenten zur Vermeidung von sorgfältigen Relektüren führen. Vergleicht man die Rezeptionsdokumente mit dem oben skizzierten Selektionspotenzial des Textes, lässt sich gerade an ihrem Beispiel zeigen, wie die Applikation von Deutungsschemata Interpretationen hervorbringt, die nicht am Wortlaut des Textes geprüft werden und deshalb im Urteil von Gräbner (1998, 6) zu »nicht legitimierbaren Verzerrungen in der Rekonstruktion der Bedeutungsstrukturen« führen.

Ein weiteres Beispiel ist die Argumentation einer anderen Schülerin (12. Jahrgang). Deren Verständnisvoraussetzungen fußen auf einem scheinbar sicheren Wissen über Brecht und die Funktion des Keuner als Denkender, der als kritischer Kommentator im Sinne des epischen Theaters auf die Veränderung des Menschen und dessen gesellschaftlicher Verhältnisse hinwirke. Dieses Vorwissen wird zur Erzeugung scheinbar kompetenter Aussagen genutzt: »Ausgangspunkt: Da es eine Kurzgeschichte von Brecht ist, versucht man sofort, eine soziale oder gesellschaftliche Kritik zu sehen« (Hillmann 1972, S. 233). Der Rückgriff auf das konventionalisierte Brecht-Wissen bringt die Schülerin zur Identifikation einer Kritik, die nicht K., sondern dem Mann (und der Gesellschaft im Allgemeinen) gilt. In diesem Sinn heißt es auch bei anderen Schüler/innen des 12. Jahrgangs:

»Brecht klagt uns [...] an, daß wir mit unserer Sprache so nachlässig umgehen, nicht reflektieren«.

»Ganz einfach und klar umreißt Brecht die Situation unter den Menschen: das Aneinandervorbeireden und Einanderfremdsein. [...] Brecht will uns hiermit einen Denkansatz geben, daß wir über unsere Beziehung zu anderen Menschen nachdenken. Andererseits kann man es auch allgemein auf die Gesellschaft beziehen und darüber nachdenken« (Hillmann 1972, S. 220).

Bedenkt man, wie vielschichtig und widersprüchlich die Einstellung von Herrn K. gegenüber dem Anfertigen von (Selbst- und Fremd-)Bildnissen oder einem angemessenen Umgang mit Gefühlen in Texten wie »Wenn Herr K. einen Menschen liebte«, »Die Rolle der Gefühle« oder »Der hilflose Knabe« ausfällt, erscheint das von den Schülerinnen mobilisierte Wissen zu schematisch, um differenziertere Reflexionen in Gang bringen zu können. Das gilt umso mehr, als sich selbst einzelne »Geschichten vom Herrn Keuner« bei genauer Lektüre als heterogen und widersprüchlich erweisen (Kämper-van den Boogaart 2005).

Dass die Leser nicht motiviert sind, ihr Wissen auf dessen Eignung zur Vertiefung des Textverstehens zu prüfen und dabei textuelle Verstehens- und Wirkungspotenziale auszuloten, mag auf dem Glauben beruhen, dass im Unterricht erworbenes (Brecht-) Wissen das Textverstehen erleichtere. Umso wichtiger ist es, Lernaufgaben zu entwickeln, die eine Auseinandersetzung mit den Tücken dieser Annahme ermöglichen, die sich dort zeigen, wo die Applikation von Vor- und Schemawissen zur Vermeidung sorgfältiger Lektüren und zur Ausblendung von Klärungsbedarf führt. Ebenso wichtig ist es, Lernaufgaben zu konstruieren, die interpretationsrelevantes Vorwissen stärker mit Blick auf Verknüpfungspotenziale zwischen (Kon-)Texten aufbauen und dabei die Reflexion von Differenzerfahrungen durch das Prüfen von Gemeinsamkeiten, Differenzen, aber auch Unstimmigkeiten akzentuieren.

Reflexionsbedürftig ist auch die Auseinandersetzung der Leser mit der emotionalen Reaktion des Erbleichens, die mehrfach als Erschrecken gedeutet wurde. Sofern Erschrecken eine »Reaktion auf eine Bedrohung« (Gräbner 1998, S. 4) darstellt, ist zu klären, ob oder inwiefern die Sprechhandlung des Mannes von Herrn K. tatsächlich als Bedrohung verstanden werden kann.

Aufschlussreich sind vor diesem Hintergrund die Äußerungen der Schülerin 2: Ausgehend von der Irritation über die Inkompatibilität von Sprechhandlung und Reaktion begreift sie die Sprechhandlung als Bedrohung der Identität von Herrn K., insofern als sie eine kommunikative Norm verletze, die – so die explizite Annahme – auf der Anerkennung des Sich-Veränderns als gesellschaftlichem Wert basiere. Die Schülerin kommt im Rekurs auf die Unterscheidung von wörtlicher versus übertragener Bedeutung zu dem Schluss, dass der Sprecher das Bedeutungsspektrum seiner Äußerung und deren Wirkung nicht hinreichend überblickt.

Doch ist Erschrecken tatsächlich eine plausible Reaktion auf die Bedrohung der eigenen Identität durch Bloßstellung? Bemerkenswert unbestimmt bleibt, wie die diagnostizierte Verletzung der gesellschaftlichen Höflichkeitskonvention auf Herrn K. wirkt. Was die Schülerin »als äußerst unpassend« empfindet, ist die Verkennung der Veränderungsbereitschaft von Herrn K. bzw. die Missachtung tatsächlicher Veränderungen, die Herr K. gemäß dieser Lesart als Verkennung, vielleicht sogar als Bedrohung seines Selbstbildes empfindet.

Dass dieser Punkt interpretatorischen Sprengstoff birgt, zeigt die Relektüre von Jörg Gräbner (1998, S. 5), der sich um den Nachweis bemüht, dass allgemeine Sprach- und Interaktionskompetenz hinreichende Bedingungen für den Erwerb von literarischer Verstehenskompetenz seien, sofern deren Einübung am »Wortlaut des Textes« (Gräbner 1998, S. 4) bzw. am »Prinzip der Wörtlichkeit« (Gräbner 1998, S. 4) orientiert werde.

Kern seiner Beurteilung eines gelingenden Textverstehens ist die These, dass »die Lesart« der Schülerin »schlicht den Wortlaut des Textes [verfehlt]«, wodurch »das Verstehensproblem, das der Text aufwirft, nicht gelöst, sondern beseitigt [wird]«. Ausgangspunkt seiner Kritik ist die Rekonstruktion der – von der Schülerin selbst nicht explizierten (!) – Annahme, dass sich Herr K. »offensichtlich ertappt fühlt bei der Nichterfüllung eigener Gütekriterien (Entwicklung)«, »denn der hier unterstellte Reaktionsmechanismus des Peinlich-Berührtseins fordert vom Sprachgebrauch her, daß Herr K. im Text errötet« (Gräbner 1998, S. 4).

Basis seiner Kritik ist der Verweis darauf, dass »der Sprachgebrauch, der die sinnliche Evidenz für sich hat, [...] doch sehr eindeutig zwischen Situationen [unterscheidet], in denen von Erröten oder Erbleichen die Rede ist« (Gräbner 1998, S. 4). Was Gräbner infrage stellt, sind Inferenzen, die Inkohärenzen im Verhältnis von identifizierter Reaktion und Motivation betreffen. Tatsächlich wäre zu fragen, ob eine Person, die sich bei der Nichtbeachtung persönlichkeitsrelevanter Strebungen ertappt fühlt, Scham statt Schrecken fühlen müsste. Ohne Verständigung über entsprechende Situationen kann das Reflexionspotenzial des Textes kaum erschlossen werden. Gerade weil das Erröten als »zentrale physiologische Veränderung bei Schamgefühlen« anzusehen ist (Tiedemann 2006, S. 24), wäre zu bedenken, ob die Reaktion des Erbleichens auch auf andere emotionale Reaktionen zurückgeführt werden kann, wodurch es naheliegend wäre, das bislang entwickelte Textverständnis einer erneuten Prüfung zu unterziehen und zu erweitern.

Interessant ist indes, wie Gräbner eine angemessene Lektüre profiliert. Leitend ist der Gedanke, dass eine textnahe Lektüre zu folgenden Schlüssen führe: Zu bemerken sei, »daß ›Erbleichen‹ ein Erschrecken bedeutet. Erschrecken wiederum ist die Reaktion auf eine Bedrohung«, was die Frage aufwerfe, »inwiefern die Behauptung einer Nichtveränderung eine Bedrohung und damit ein Grund zu erschrecken [ist]« (Gräbner 1998, S. 4): »Strukturell ist das in allen Situationen der Fall, in denen eine Tarnhandlung mißlungen ist«, weshalb Gräbner diese »Struktur« der Handlungssituation zur »Grundlage weiterer ästhetischer Reflexion« (Gräbner 1998, S. 6) erhebt, an der sich gelingendes literarisches Textverstehen erweise. Als gelungen wertet er die Rezeption des Schülers 3 (trotz offenkundiger Schwächen im Bereich »explizite[r] reflektierte[r] Interpretation«). Dieser habe eine Deutung formuliert, der »die implizite gestaltrichtige Rekonstruktion des Problems« zugrunde liege (Gräbner 1998, S. 6).

Was Gräbner positiv hervorhebt, ist, dass die Deutung des Schülers die »Grundstruktur des Textes« reproduziere: Sie »operiert auf der Grundlage genau dieser Struktur, indem sie ein bekanntes Muster generiert, das inhaltlich auf diese Struktur paßt. Insofern liegt der Geschichte die implizit gestaltrichtige Rezeption der Textstruktur zugrunde« (Gräbner 1998, S. 6).

Obgleich Gräbner die Interpretationsbedürftigkeit des Erbleichens nicht überliest, sondern zum Ausgangspunkt einer vertieften Textreflexion macht, ist seine Vorgehensweise bei der Diagnose von Verständnisproblemen problematisch, aber lehrreich für die Entwicklung von Lernaufgaben, die Schülern die Erschließung des Interpretationspotenzials literarischer Texte und den Erwerb von syntaktischem Wissen erleichtern sollen. Hier zeigt sich, dass auch im Kontext literarischer Lernprozesse keine Hilfestellungen zur Vertiefung des literarischen Textverstehens entwickelt werden können, ohne zugleich Vorstellungen von legitimer Lektüre ins Spiel zu bringen, die auf der impliziten Diskriminierung (un-)angemessener Interpretationen basieren. Denn trotz seiner Berufung auf den »Wortlaut des Textes« bzw. auf das »Prinzip der Wörtlichkeit« (Gräbner 1998, S. 4) unterscheidet Gräbner ebenfalls zwischen einfacher, wörtlicher, pragmatischer und übertragener Bedeutung. Doch indem er zu dem Resultat gelangt, der Text habe keine anderen als die »wörtlichen« Bedeutungen, blendet er die Möglichkeit weiterer Bedeutungen auf der Basis eben dieser reflexiv getroffenen Unterscheidung aus. Problematisch ist, dass Gräbners Verweis auf den allgemeinen »Sprachgebrauch« eine Norm evoziert, die durch die Phänomenologie des Emotionserlebens in dieser Eindeutigkeit nicht gedeckt ist (Kalbe 2002, S. 25). Aus psychologischer Sicht kann man auch aus Wut – z. B. über die unpassende Bemerkung – erbleichen (Ekmann 1989, S. 212). Ebenfalls ausgeblendet wird die Möglichkeit, die von Gräbner diskreditierte Scham dem Bereich der Angstemotionen zuzuordnen. Dann würde es sich um eine Basisemotion handeln, die nach landläufigem Sprachgebrauch ein Erbleichen zur Folge haben kann. Vor diesem Hintergrund wäre nicht auszuschließen, dass Herrn K.s Reaktion auf »Scham-Angst« im Sinne einer »Angst vor einer bevorstehenden Bloßstellung« (Tiedemann 2006, S. 24) verweist. Was Gräbner ebenfalls ignoriert, ist die Möglichkeit, dass die emotionale Reaktion von Herrn K. unangemessen sein könnte. Wer von beiden unangemessen auf den anderen reagiert, lässt sich aufgrund der illokutionären Unterbestimmtheit des Textes eben nicht eindeutig am Wortlaut ablesen. Vor diesem Hintergrund wird klar, dass Gräbners Lektüre keinesfalls alternativlos ist, sodass auch deren implizite Richtigkeitsvorstellungen offengelegt und in Beziehung zu Lernvoraussetzungen gesetzt werden müssen.

Gleichwohl soll Gräbners Interpretation hier keineswegs als defizitär bezeichnet werden, gerade weil der Versuch, das Erbleichen als Reaktion auf eine misslungene Tarnhandlung zu verstehen, auch literarhistorisch gerechtfertigt werden kann, etwa indem man den Text in den Kontext von Exil bzw. Großstadterfahrung rückt (Kämper-van den Boogaart 2005). Für die Konstruktion von Lernaufgaben zur Förderung literarischen Verstehens ist aber der Modus der Rechtfertigung problematisch. Wenn man nämlich mit Gräbner die »Grundstruktur des Textes« (Gräbner 1998, S. 6) zum Beurteilungsmaßstab (un-)angemessener semantischer Interpretationen und zur Bezugsgröße für die Entwicklung von Lernhilfen erhebt, darf nicht außer Acht gelassen werden, dass die von ihm identifizierte Textstruktur das Ergebnis einer semantischen Interpretation ist, die auch hätte anders ausfallen können. Gerade weil die Analyse struktureller Texteigenschaften häufig als Voraussetzung der Interpretation angesehen wird (Zabka 2011), muss man sich vor trügerischen Annahmen über deren Objektivität hüten. Das sollen die folgenden Überlegungen verdeutlichen.

Was Gräbners Interpretation von denen der (meisten) Schüler und Studenten unterscheidet, geht – so meine Vermutung – auf Unterschiede in der mentalen Repräsentation der Textstruktur zurück, aus denen unterschiedliche Rückschlüsse auf die vom Text intendierte Lesersteuerung hervorgehen, ohne dass sich ohne Weiteres entscheiden ließe, welche angemessener sind: Indem die meisten Leser aus dem Text ein unangemessenes kommunikatives Verhalten des Mannes ableiten und nach Transfermöglichkeiten suchen – z. B. durch den Bezug auf die »Gleichgültigkeit dem Mitmenschen gegenüber« (Schülerin 1) –, fundieren sie ihre Deutungen in einem parabolischen Verständnis des Textes, das sie zur Formulierung einer didaktischen Maxime veranlasst. Dieses Textverständnis kann durchaus einer Analyse von Textmerkmalen entspringen, etwa indem man auf die Dialogizität, Unbestimmtheit der Figuren, Verknappung und das Vorkommen einer Pointe als Kennzeichen von Kalendergeschichten bzw. Parabeln verweist. Wer den Text in diesem Sinne liest, muss lernen (bzw. gelernt haben), die textseitigen Signale als Anlass zu verstehen, eine Bedeutungsübertragung vorzunehmen, die in die Formulierung einer allgemeinen didaktischen Maxime mündet, durch die die (systematischen) Inkohärenzen des Textes aufgehoben werden.

Wenn Gräbner dagegen davon ausgeht, dass »Das Wiedersehen« nicht im übertragenen Sinne, sondern wörtlich zu verstehen sei, aber mehr impliziere, als der Text expliziert, so nimmt er an, dass nur Lesarten durch den Text legitimiert seien, die auf die Rekonstruktion eines größeren implizierten Problemzusammenhangs abzielen. Auch dieser Verstehensmodus, der dem einer prototypischen Kurzgeschichte entspricht (Nickel-Bacon 2012), ließe sich durch den Verweis auf formale Textmerkmale legitimieren, die »Das Wiedersehen« mit Kurzgeschichten teilt (Könecke 2006, S. 287 f.): Kürze, erzählerische Verknappung, Offenheit, fragmentarische Gestaltung, Beschränkung auf wenige Figuren, etc. Wer den Text so liest, muss lernen (bzw. gelernt haben), die Textmerkmale als Anlass für die Rekonstruktion eines impliziten Problemzusammenhangs zu verstehen. Entsprechende Anknüpfungspunkte (z. B. kulturhistorischer Art) müssten im Unterricht ebenso vermittelt werden wie ein Sinn für (un-)angemessene Formen der Bezugnahme darauf.

Zu Recht hat Irmgard Nickel-Bacon (2012, S. 93) darauf aufmerksam gemacht, dass die Identifikation formaler Texteigenschaften allein noch nicht »die Erfassung der rezeptionssteuernden Funktionen zentraler Texteigenschaften« ermöglicht, sondern dass die Ermittlung des »Funktionszusammenhang[s] von Texteigenschaften und Handlungsaufforderungen zur kointentionalen Bedeutungskonstruktion« stets in Bezug zur kommunikativen Funktion von Textsortenschemata erfolgen muss. Angesichts der literaturwissenschaftlich offenen Gattungsfrage der Keuner-Geschichten (Knopf 1996, S. 461), die eine eindeutige Falsifikation der divergierenden Verstehensmodi nicht ermöglicht, wäre deshalb vor einer Überschätzung der Belastbarkeit von deklarativen Wissensbeständen und formalen Analyseergebnissen bei der Beurteilung von Verstehensbemühungen zu warnen.

Nicht weniger als bei der Konstruktion von Leistungsaufgaben muss bei der Entwicklung von Lernaufgaben vermieden werden, dass Aufgaben »eine einzige, vermeintlich richtige Lesart oder fragwürdige Hierarchien von ›mehr‹ oder ›weniger‹ adäquaten Lesarten favorisieren« (Kammler 2006, S. 5). Die Orientierung an Ecos literaturtheoretischer Anwendung von Poppers Falsifikationismus kann vor einer unzulässigen Beschränkung der Verstehensspielräume literarischer Texte bewahren, die aus der Verabsolutierung subjektiver, möglicherweise gar kanonisierter Deutungen resultiert und zulasten der individuellen Erprobung unterschiedlicher Verstehensmodi und der Erfahrung des subjektiven Angesprochenseins erfolgt.

Das Falsifikationsprinzip kann insofern als Grundlage für die Instruktion von Lernprozessen im Bereich des literarischen Textverstehens und für die Beurteilung der Tragfähigkeit von Verstehensversuchen dienen, als es Lehrende dazu anhält, die Beurteilung des Potenzials von Vorgehensweisen und Interpretationen im Sinne eines Ex-negativo-Verfahrens vorzunehmen, welches eine größtmögliche Vielfalt literarischer Verstehensmöglichkeiten legitimiert, die als Ausgangspunkt individueller Lernprozesse im Bereich des literarischen Textverstehens fungieren können. Lernenden kann es mittels geeigneter Aufgaben zur Erschließung und Beurteilung von Interpretationsspielräumen verhelfen. Im Kern geht es darum, den Anspruch, empirische Interpretationsversuche im Rekurs auf den Text rechtfertigen zu können, nicht aufzugeben, sondern diesen Anspruch mittels der »Falsifizierung der Fehlinterpretationen« (Eco 1990, S. 51) in Prozessen des Hypothesen erzeugenden und überprüfenden Lesens einzulösen. Dann gilt: »Wenn schon keine Regeln verbürgen, welche Interpretationen die ›besten‹ sind, dann lässt sich doch zumindest entscheiden, was ›schlecht‹ ist« (Eco 1990, S. 59). In diesem Sinne gilt eine »partielle Textinterpretation […] als haltbar, wenn andere Textpartien sie bestätigen, und sie ist fallenzulassen, wenn der übrige Text ihr widerspricht« (Eco 1992, S. 73).

Im Sinne der Lernerorientierung gilt es bei der Aufgabenentwicklung zu bedenken: Wie am Beispiel Gräbners zu sehen war, entstehen vertiefende (rekursive) Reflexionsprozesse aus der Auseinandersetzung mit (vorgegebenen) Interpretationskontexten, die alternative Selektionsentscheidungen zu bedenken geben. Wie das für die Entwicklung von Lernprozessen im Bereich des literarischen Textverstehens fruchtbar gemacht werden kann, sollen nun Beispielaufgaben verdeutlichen.

Aufgabe 1: Welcher Schluss passt am besten zur Geschichte?

Ein Mann, der Herrn K. lange nicht gesehen hatte, begrüßte ihn mit den Worten: »Sie haben sich gar nicht verändert.« »Oh!« sagte Herr K. und …
☐ lächelte.
☐ errötete.
☐ erbleichte.
☐ ....

Kreuzen Sie an und begründen Sie Ihre Entscheidung, indem Sie notieren, was für und was gegen die Vorschläge spricht. Wenn Ihre persönliche Erwartung von den vorgeschlagenen Reaktionsweisen abweicht, sollten Sie einen Alternativvorschlag formulieren, der besser zum Text passt.

Aufgabe 2: In welcher Absicht spricht der Mann die Worte »Sie haben sich gar nicht verändert«?

Der Mann möchte …
☐ ein Gespräch in Gang bringen.
☐ Herrn K. bloßstellen.
☐ ein Kompliment machen.
☐ Herrn K. beleidigen.
☐ Herrn K. warnen.
☐ ....

Kreuzen Sie an und begründen Sie Ihre Entscheidung. Formulieren Sie einen Alternativvorschlag, wenn Sie der Meinung sind, der Mann verfolge mit seinen Worten eine (ganz) andere Absicht.

Aufgabe 3: Welches Gefühl zeigt Herr K., als er erbleicht?

☐ Wut
☐ Schreck
☐ Neid
☐ Scham
☐ ....

Kreuzen Sie an und begründen Sie Ihre Entscheidung. Wenn Ihr Verständnis von den vorgeschlagenen Reaktionsweisen abweicht, sollten Sie einen Alternativvorschlag formulieren.

Aufgabe 4: Welche Lehre entspricht dem Wortlaut der Geschichte von Herrn K. am ehesten?

Ein Schüler vermutet, der Text solle eine Lehre vermitteln. Wie könnte diese Lehre lauten?
☐ Höflichkeit wird überschätzt!
☐ Vermeide unbedachte Äußerungen!
☐ Zeige keine Gefühle!
☐ Nur wer sich ändert, bleibt sich treu.
☐ ....

Wählen Sie eine Antwortalternative und begründen Sie Ihre Entscheidung. Wenn Sie mit allen Lehren unzufrieden sind, sollten Sie eine Lehre formulieren, die nach Ihrer Auffassung den Wortlaut der Geschichte besser trifft.

Weitere zahlreiche Aufgaben und Erläuterungen für den Literaturunterricht finden sich in den Online-Materialien zu diesem Buch.

Beispielaufgaben

Die – hier als halbgeschlossen bezeichneten – Aufgaben beruhen überwiegend auf einer Kombination des geschlossenen Multiple- bzw. Forced-Choice-Formats mit einem offenen Aufgabenformat. Diese Aufgabenformate stammen aus dem Bereich der Leistungserhebung. Ungeachtet dieser Herkunft wird hier die These vertreten, dass ein geschlossener Aufgabentypus mit exploratorischem Charakter *im Kontext des skizzierten Kompetenz- und Wissenserwerbs* geeignet ist, um Schülerinnen und Schüler bei der Bewältigung der oben skizzierten Verstehensherausforderungen literarischer Texte und der Entwicklung von syntaktischem Wissen zu unterstützen.

Erläuterungen

Die skizzierten Aufgaben erfüllen eine exemplarische Funktion. Sie sollen am Beispiel eines Textes demonstrieren, wie Anknüpfungspunkte für die Vertiefung der Erstrezeption entwickelt werden können, sodass Kompetenzen im Bereich des semantischen, idiolektalen und kontextuellen Textverstehens gefördert, die Auseinandersetzung mit textseitig intendierten Emotionen angeregt sowie metakognitive Lernprozesse in Gang gebracht werden können, aus denen ein tieferes Verständnis literarischen Verstehens erwächst. Vor diesem Hintergrund sollen die Beispiele die Entwicklung weiterer Aufgaben anregen, die vergleichbare Lernprozesse bei anderen Texten anregen. Wer selbstständig weitere Aufgaben konstruieren oder aber eine Auswahl dieser Aufgaben im Unterricht einsetzen will, muss auf jeden Fall vorab klären, welche Teildimensionen des Verstehens zum Gegenstand einer vertieften Auseinandersetzung gemacht werden sollen.

Semantische Interpretationsprozesse sollen durch die Aufgaben 2, 3 und 4 initiiert werden. Darüber hinaus sollen die Aufgaben 1, 3 und 5 die Erschließung der emotionalen Implikationen des Textes anbahnen.

Eher indirekt geschieht das durch Aufgabe 1, die auf die Antizipation jener emotionalen Reaktion von Herrn K. abzielt, die im Kontext der zuvor geschilderten Situation als angemessen gelten kann. Die Aufgabe zielt darauf ab, jenes Wissen über soziale Interaktionsmuster bewusst zu machen, das die Bildung von sozialen Erwartungen und emotionalen Reaktionen motiviert, die vom nachfolgenden Text enttäuscht werden. Mit ihren Begründungen legen die Schülerinnen und Schüler die Inferenzen offen, die ihrem Textverständnis zugrunde liegen. So wird eine Basis geschaffen, um zu erörtern, welche Textstellen die Erwartungen erzeugt haben und warum der Text die ausgelösten Erwartungen (nicht) enttäuscht.

Aufgabe 3 fordert die Identifikation der von Herrn K. präsentierten, vom Text aber nicht benannten Emotion und zwingt zur Vergegenwärtigung jenes emotionsspezifischen Wissens über äußerliche Symptome emotionaler Reaktionen, die sich über körperliche Zustände, non-verbale Ausdrucksmanifestationen (Mimik, Gestik), paraverbale Aspekte (Prosodie) manifestieren können. Diese Aufgabe kann die Voraussetzungen für eine vertiefte Auseinandersetzung mit Aufgabe 4 schaffen.

Aufgabe 5 lenkt den Blick auf das Spektrum jener Reaktionsweisen, die vom Text intendiert sein können und deren Rekonstruktion eine vertiefte Auseinandersetzung mit der anvisierten Steuerung des Lesers durch den Text ermöglicht. So wie kundige Rezipienten von Horrorfilmen kognitiv wissen können, dass das Erschrecken der Zuschauer durch bestimmte Elemente stimuliert werden soll, ohne dass sie den Schrecken selbst erleben, so kann man mit Frederking/Brüggemann (2012) auch beim literarischen Textverstehen zwischen textseitig intendierten und real evozierten Emotionen unterscheiden. Dabei kann es durchaus sinnvoll sein, Diskrepanzen zwischen tatsächlich erlebten Emotionen zum Anlass der Suche nach deren textseitiger Stimulierung zu nehmen.

Über die punktuelle Vertiefung der Reflexion über literarisches Textverstehen hinaus kann sich der Einsatz eines Sets von Aufgaben als sinnvoll erweisen – etwa im Anschluss an eine individuelle Lektüre, an eine verzögerte Präsentation des Textes oder an eine erste gemeinsame Verständigung über die Lektüreerfahrung. Auf diese Weise erhalten Schülerinnen und Schüler einerseits Orientierung (durch die Vorgabe von Untersuchungskontexten und Antwortmöglichkeiten). Indem die Aufgaben zur begründeten Entscheidung zwischen konkurrierenden, nicht abwegigen Antwortmöglichkeiten auffordern, werden Schülerinnen und Schüler andererseits dazu angeregt, individuelle Verständnisvoraussetzungen zu überdenken und ggf. zu modifizieren. So entsteht Raum für individuelle Lerneraktivitäten.

Ob sich ein regelmäßiger Einsatz entsprechender Aufgabensets positiv auf die Entwicklung von Problemlösungsstrategien auswirkt – auf die Fähigkeit, selbstständig textsortenspezifische Fragen und prüfenswerte Deutungsalternativen zu entwickeln –, wäre zu untersuchen.

Eine weitere Option besteht darin, mit einem entsprechenden Aufgabenset einen Rahmen für nicht lehrerzentrierte Gespräche über Verstehensspielräume und -grenzen von Literatur im Unterricht zu schaffen, die in Gruppen (4–5 Teilnehmer) durchgeführt werden. Dabei entsteht durch die spezifische Kombination von Orientierungs- und Aktivierungsstrukturen dieses halbgeschlossenen Aufgabentyps die Möglichkeit, die Spannung zwischen dem Bemühen um die Autonomie literarischen Verstehens (im Rahmen schülerzentrierter Gespräche) und dem Bedürfnis, ein angemessenes Verständnisniveau zu sichern, auszutarieren.

Idealiter wären die skizzierten Aufgabentypen in eine Unterrichtskultur eingebettet, die bestimmt ist durch eine Orientierung an den Vorstellungen der Lernenden als Ausgangspunkt literarischer Verstehensbemühungen, einem diskursiven Lehr- und Lernstil sowie durch die Förderung von metakognitivem Verhalten von Lehrenden und Lernenden. Im besten Fall erwüchsen prüfenswerte Antwortalternativen sogar aus Schülerbeiträgen, sodass der Einsatz ausgewählter Aufgaben situativ im Rahmen einer induktiven Vorgehensweise erfolgt. Ausgangspunkt des didaktischen Einsatzes vergleichbarer Aufgaben muss stets die Analyse der Verstehensanforderungen und -spielräume der jeweils behandelten Texte sein, Zielpunkt ist die Abstraktion von den

Verstehensanforderungen des spezifischen Textes mittels metakognitiver Lernarrangements zum Aufbau eines systematischen Wissens über Literatur und literarisches Verstehen.

Erwartungen und Desiderate

Um die Eignung entsprechender Aufgaben einschätzen zu können, ist zu prüfen, ob jene halbgeschlossenen Aufgabentypen tatsächlich
→ literarisches Textverstehen in semantischer, idiolektaler und kontextueller Hinsicht fördern,
→ schwächeren Schülern die Entwicklung und Modifikation von Interpretationshypothesen erleichtern,
→ Anknüpfungspunkte für die Entwicklung von Fragen ermöglichen, die mittels einer Interpretation geklärt werden können,
→ vorschnelle Deutungen verzögern und literarische Komplexität erfahrbar machen sowie
→ das Erfassen und die Beurteilung klärungsbedürftiger Textelemente erleichtern.

Mit dem Aspekt der Metakognition im Verhalten von Lehrenden und Lernenden gerät darüber hinaus die Frage der Unterrichtsqualität in den Blick. Möglicherweise trägt ein Unterricht, der reflektierende und metakognitive Aktivitäten der Lernenden mittels der skizzierten halbgeschlossenen Aufgabentypen fördert, zu einem tieferen Verständnis literarischer Texte und literarischer Verstehenskompetenz sowie zu einer besseren emotionalen Einstellung gegenüber dem Literaturunterricht bei.

In diesem Zusammenhang ist zu klären, welche Rolle hypothesenbasierte Reflexion und Metakognition bei der Förderung literarischer Verstehenskompetenz und bei der Förderung von Motivation im Literaturunterricht spielen.

Darüber hinaus müssen im Rahmen zukünftiger Forschungen Einblicke in die Aufgabentypen gewonnen werden, die hypothesengeleitete Reflexion und metakognitive Aktivitäten bei Lernenden fördern.

Aufschlussreich wäre darüber hinaus die Untersuchung der Frage, ob die routinierte Erschließung parabolischer Texte mittels jener textsortenspezifischer Analyseschwerpunkte und Interpretationskontexte, wie sie z. B. in den Aufgaben 1–5 repräsentiert sind, tatsächlich stärker zur Ausbildung von Problemlösestrategien bzw. zur Vermeidung unproduktiver Analyserituale (Zabka 2011) führt als die Applikation rein formaler Analysekategorien (Köster 2004, S. 269 ff.).

Ob auf diesem Weg der Aufbau eines nicht fragmentierten und nicht isolierten domänenspezifischen Wissens gelingt, kann allerdings nur über die Beobachtung der Praxis geklärt werden.

Literatur

Abraham, U. (2004): Symbolisches Verstehen als unabschließbare Aufgabe einer »Lehre der Literatur«. In: Frederking, V. (Hrsg.): Lesen und Symbolverstehen. Medien im Deutschunterricht 2003. Jahrbuch. München: kopaed, S. 100–112.

Artelt, C./Schlagmüller, M. (2004): Der Umgang mit literarischen Texten als Teilkompetenz im Lesen? Dimensionsanalysen und Ländervergleiche. In: Schiefele et al., S. 169–196.

Brecht, B. (1977): Das Wiedersehen. In: Gesammelte Werke Bd. 12. Frankfurt am Main: Suhrkamp, S. 383.

Brüggemann, J. (2008): Literarizität und Geschichte als literaturdidaktisches Problem. Eine Studie am Beispiel des Mittelalters. Frankfurt am Main: Peter Lang.

Brüggemann, J. (2011): Inwiefern beeinflussen kulturhistorische Lernarrangements die Ausprägung literarischer Verstehenskompetenz? In: Pieper, I./Wieser, D. (Hrsg.): Fachliches Wissen und Literarisches Verstehen. Frankfurt am Main: Peter Lang, S. 275–295.

Cohors-Fresenborg, E./Sjuts, J. (2001): Die Berücksichtigung von kognitiver und metakognitiver Dimension bei zu erbringenden und zu beurteilenden Leistungen im Mathematikunterricht. In Solzbacher, C./Freitag, C. (Hrsg.): Anpassen, Verändern, Abschaffen? Schulische Leistungsbewertung in der Diskussion. Bad Heilbrunn: Klinkhardt, S. 147–162.

Eco, U. (1962/1998): Das offene Kunstwerk. Frankfurt am Main: Suhrkamp.

Eco, U. (1972/2002): Einführung in die Semiotik. München: Wilhelm Fink.

Eco, U. (1987/1998): Lector in fabula. Die Mitarbeit der Interpretation in erzählenden Texten. München: Hanser.

Eco, U. (1990/1999): Die Grenzen der Interpretation. München: dtv.

Ekmann, P. (1989): Weshalb Lügen kurze Beine haben: Über Täuschungen und deren Aufdeckung im privaten und öffentlichen Leben. Berlin, New York: de Gruyter.

Frederking, V./ Brüggemann, J. (2012): Literarisch kodierte, intendierte bzw. evozierte Emotionen und literarästhetische Verstehenskompetenz. Theoretische Grundlagen einer empirischen Erforschung. In: Arbeitskreis Literaturdidaktik im SDD (Hrsg.): Literaturdidaktik in Zeiten der Empirie – zwischen ästhetischer Erfahrung und Kompetenzorientierung. Freiburg im Breisgau: Fillibach, S. 15–40.

Frederking, V./Meier, C./Brüggemann, J./Gerner, V./Friedrich, M. (2011): Literarästhetische Verstehenskompetenz – theoretische Modellierung und empirische Erforschung. In: Zeitschrift für Germanistik XXI, H. 1, S. 131–144.

Freudenberg, R. (2011): Wer mehr weiß, ist klar im Vorteil? Der Einfluss domänenspezifischen Vorwissens auf das Erschließen literarischer Texte. In: Pieper, I./Wieser, D. (Hrsg.): Fachliches Wissen und Literarisches Verstehen. Frankfurt am Main: Peter Lang, S. 259–273

Gailberger, S./Krelle, M./Triebel, W. (2007): Wissen und Kompetenz im Literaturunterricht. Am Beispiel von Nachts schlafen die Ratten doch. In: Gailberger/Krelle (Hrsg.): Wissen und Kompetenz. Entwicklungslinien und Kontinuitäten in der Deutschdidaktik. Baltmannsweiler: Schneider, S. 97–119

Gräbner, J. (1998): Phantastische Genauigkeit. Zur literarischen Lesekompetenz von Kindern. www.ph-heidelberg.de/fileadmin/user_upload/deutsch/Lesezentrum_Archiv/Hefte_01-05/graebner.pdf (Abruf 2.1.2012).

Hillmann, H. (1974): Rezeption – empirisch. In: Dehn, W. (Hrsg.): Ästhetische Erfahrung und literarisches Lernen. Frankfurt am Main: Fischer-Athenäum, S. 219–237.

Janssen, T./Braaksma, M./Rijlaarsdam, G. (2006): Literary rading activities of good and weak students: A think aloud study. In: European Journal of Psychology of Education 21, H. 1, S. 35–52.

Kalbe, W. (2002): Scham: Komponenten, Determinanten, Dimensionen. www.sub.uni-hamburg.de/opus/volltexte/2002/693/ (Abruf 2.1.2012).

Kammler, C. (2006): Vorwort des Herausgebers. In: Kammler (Hrsg.): Literarische Kompetenzen – Standards im Literaturunterricht. Modelle für die Primar- und Sekundarstufe. Seelze, S. 5–6.
Kämper-van den Boogaart, M. (1997): Schönes schweres Lesen. Legitimität literarischer Lektüre aus kultursoziologischer Sicht. Wiesbaden: Deutscher Universitäts-Verlag.
Kämper-van den Boogaart, M. (2005): Lässt sich normieren, was als literarische Bildung gelten soll? Eine Problemskizze am Beispiel von Brechts Erzählung »Der hilflose Knabe«. In: Rösch, H. (Hrsg.): Kompetenzen im Deutschunterricht. Frankfurt am Main, S. 27–50.
Kämper-van den Boogaart, M. (2006): Kleinschrittiges Lesen als Kompetenz. Zu Johann Wolfgang Goethe »Das Göttliche« (Jahrgangsstufe 11–13). In: Kammler, C.: Literarische Kompetenzen – Standards im Literaturunterricht. Modelle für die Primar- und Sekundarstufe. Seelze, S. 158–175.
Kämper-van den Boogaart, M./Pieper, I. (2008): Literarisches Lesen. In: Didaktik Deutsch. Sonderheft 2, S. 46–65.
Klieme, E./Avenarius, H. et. al. (2003): Zur Entwicklung nationaler Bildungsstandards. Eine Expertise. Berlin: BMBF.
Knopf, J. (1996): Brecht Handbuch. Sonderausgabe. Theater, Lyrik, Prosa, Schriften. Stuttgart: Metzler.
Könecke, R. (2006): Gattungsmerkmale der Kurzgeschichte. In: Könecke, R.: Deutschsprachige Kurzprosa zwischen 1945 und 1989. Hamburg, S. 286–288.
Köpf, G. (1981): Ästhetische Erfahrung und literarisches Verstehen. Vorüberlegungen zu einer Rezeptionspragmatik. In: Köpf, G. (Hrsg.): Rezeptionspragmatik. Beiträge zur Praxis des Lesens. München, S. 79–104.
Kopp, D./Wegmann, N. (1988): Das Lesetempo als Bildungsfaktor? Ein Kapitel aus der Geschichte des Topos »Lesen bildet«. In: Der Deutschunterricht 40, H. 4, S. 45–58.
Korte, Hermann (1996): Erinnerungsarbeit. Literaturgeschichte und Literaturunterricht. In: Literatur in Wissenschaft und Unterricht 29, 1, S. 41–52.
Köster, J. (2004): Konzeptuelle Aufgaben – Jenseits von Orientierungslosigkeit und Gängelei. In: Köster, J./Lüttgert, W./Creutzburg, J. (Hrsg.): Aufgabenkultur und Lesekompetenz. Deutschdidaktische Positionen. Frankfurt am Main, S. 165–184.
Leubner, M./Saupe, A. (2008): Textverstehen im Literaturunterricht und Aufgaben. Baltmannsweiler: Schneider.
Meier, C./Henschel, S./Roick, T./Frederking, V. (2011): Literarästhetische Textverstehenskompetenz und fachliches Wissen. Möglichkeiten und Probleme domänenspezifischer Kompetenzforschung. In: Pieper, I./Wieser, D. (Hrsg.):Fachliches Wissen und literarisches Verstehen. Studien zu einer brisanten Relation. Frankfurt am Main, Berlin, Bern, Bruxelles, New York, Oxford, Wien: Peter Lang, S. 237–258.
Nickel-Bacon, I. (2012): Parabel oder Kurzgeschichte? Prozeduralisiertes Gattungswissen, literarische Lesekompetenz und ästhetische Erfahrung am Beispiel von Kurzprosagattungen. In: Arbeitskreis Literaturdidaktik im SDD (Hrsg.): Literaturdidaktik in Zeiten der Empirie – zwischen ästhetischer Erfahrung und Kompetenzorientierung. Freiburg im Breisgau: Fillibach, S. 85–103.
Nutz, M. (2002): Epochenbilder in Schülerköpfen? Zur Didaktik und Methodik der Literaturgeschichte zwischen kulturellem Gedächtnis und postmoderner Konstruktion. In: Mitteilungen des Deutschen Germanistenverbandes 49/3, S. 330–346.
Ossner, J. (2006): Kompetenzen und Kompetenzmodelle. In: Didaktik Deutsch 21, S. 5–19.
Peskin, J. (1998): Constructing Meaning When Reading Poetry. An Expert-Novice Study. In: Cognition and Instruction 16, H. 3, S. 235–63.
Pieper, I. (2009): Literarische Kompetenz: Zentrum oder Peripherie der Kompetenzdiskussion? In: Hochreiter, S./Klingenböck, U./Stuck, E./Thielking, S./Wintersteiner, W. (Hrsg.): Schnittstellen. Aspekte der Literaturlehr- und –lernforschung. Innsbruck: StudienVerlag, S. 205–221.

Pieper, I./Wieser, D. (2011): Fachliches Wissen und Literarisches Verstehen. Frankfurt am Main: Peter Lang.

Renkl, A. (1996): Träges Wissen: Wenn Erlerntes nicht genutzt wird. In: Psychologische Rundschau 47, S. 78–92.

Schiefele, U./Artelt, C./Schneider, W./Stanat, P. (2004): Struktur, Entwicklung und Förderung von Lesekompetenz. Vertiefende Analysen im Rahmen von PISA 2000, Wiesbaden: VS.

Shulman, L. S. (2004): Those Who Understand. Knowledge Growth in Teaching. In: Shulman, L. S.: The Wisdom of Practice. Essays on Teaching, Learning and Learning to Teach. Hrsg. v. S. M. Wilson.Mit einem Vorwort von P. Hutchings. San Francisco: Jossey-Bass, S. 189–215.

Spinner, K. H. (1992): Bildung im Literaturstudium? Für eine hochschuldidaktische Neubesinnung. In: Griesheimer, F./Prinz, A. (Hrsg.): Wozu Literaturwissenschaft? Kritik und Perspektiven. Tübingen, S. 180–197.

Stark, T. (2011): Zum Perspektivenverstehen beim Verstehen literarischer Texte: Ausgewählte Ergebnisse einer qualitativen Untersuchung. In: Pieper, I./Wieser, D. (Hrsg.): Fachliches Wissen und Literarisches Verstehen. Frankfurt am Main: Peter Lang, S. 153–169.

Tiedemann, J. L. (2007): Die intersubjektive Natur der Scham. www.diss.fu-berlin.de/2007/659/ (Abruf 2.1.2012).

Waldmann, G. (1990): Produktiver Umgang mit Literatur im Unterricht. Grundriss einer produktiven Hermeneutik. Theorie – Didaktik – Verfahren – Modelle. Baltmannsweiler: Schneider.

Wegmann, N. (1998): »Gute Bücher«. Zum technischen Medium Literarischer Bildung. In: Köhnen, R. (Hrsg.): Wege zur Kultur. Perspektiven für einen integrativen Deutschunterricht. Vorträge des Germanistentages in Bochum 1996. Frankfurt am Main, S. 369–383.

Wegmann, N. (2000): Theorie als Sachwissen – Das *Gute* Buch zwischen Fachwissenschaft und Didaktik. In: Förster, J. (Hrsg.): Wieviel Germanistik brauchen DeutschlehrerInnen? Fachstudium und Praxisbezug. Kassel: University Press, S. 121–137.

Weinert, F. E. (2001): Vergleichende Leistungsmessung in Schulen – eine umstrittene Selbstverständlichkeit In: Weinert, F. E. (Hrsg.): Leistungsmessungen in Schulen. Weinheim/Basel: Beltz, S. 17–31.

Winkler, I. (2007): Welches Wissen fördert das Verstehen literarischer Texte? Zur Frage der Modellierung literarischen Wissens für den Deutschunterricht. In: Didaktik Deutsch, H. 22, S. 71–88.

Winkler, I. (2011): Aufgabenpräferenzen für den Literaturunterricht. Eine Erhebung unter Deutschlehrkräften. Wiesbaden: VS Verlag für Sozialwissenschaften.

Zabka, T. (2002): Interpretationen interpretieren. Zur Erforschung von Unterrichtshandlungen, in denen literarischen Texten übertragene Bedeutungen zugeschrieben werden. In: Kammler, C./Knapp, W. (Hrsg.): Empirische Unterrichtsforschung und Deutschdidaktik. Hohengehren, S. 116–127.

Zabka, T. (2006): Typische Operationen literarischen Verstehens. Zu Martin Luther »Vom Raben und Fuchs« (5./6. Schuljahr). In: Kammler, C. (Hrsg.): Literarische Kompetenzen – Standards im Literaturunterricht. Modelle für die Primar- und Sekundarstufe. Seelze: Klett Kallmeyer, S. 80–101.

Zabka, T. (2011): Analyserituale und Lehrerüberzeugungen. Theoretische Untersuchung vermuteter Zusammenhänge. In: Pieper, I./Wieser, D. (Hrsg.): Fachliches Wissen und Literarisches Verstehen. Frankfurt am Main: Peter Lang, S. 35–52.

Zabka, T. (2012): Didaktische Analyse literarischer Texte. Theoretische Überlegungen zu einer Lehrerkompetenz. In: Arbeitskreis Literaturdidaktik im SDD (Hrsg.): Literaturdidaktik in Zeiten der Empirie – zwischen ästhetischer Erfahrung und Kompetenzorientierung. Freiburg im Breisgau: Fillibach, S. 139–162.

Schreiben

Kompetenzorientierter Deutschunterricht

Johanna Fay

Rechtschreiblernen in der Primarstufe

Orthografie ist ein relativ unflexibler Gegenstand der Deutschdidaktik. Die Richtigschreibung von Wörtern und Sätzen ist gesetzt; wer davon abweicht, liegt falsch. Fehlende Rechtschreibkompetenz wird – ob dies nun als angemessen erachtet werden darf oder nicht – streng sanktioniert; sei es in allen Schulfächern, im späteren Beruf oder auch im privaten Bereich. Damit kommt der Orthografie eine ganz besondere Rolle in der Didaktik zu: Sie ist eine zentrale Konstante, die es zu beherrschen gilt, um in allen schulischen wie außerschulischen Kontexten schriftsprachlich adäquat kommunizieren zu können (ähnlich wie das flüssige Lesen; Gailberger/Nix in diesem Band). Der Anbahnung und Förderung von Rechtschreibkompetenz wird daher bereits in der Primarstufe hohe Aufmerksamkeit gewidmet.

Theoretische Darstellung des Kompetenzbereichs

Über die Definition von Rechtschreibkompetenz lässt sich, verglichen mit anderen Bereichen der Deutschdidaktik, zunächst wenig streiten. Ein Wort ist entweder richtig oder falsch geschrieben, der Schreiber verfügt also über einen gewissen Grad an Rechtschreibkompetenz oder nicht. Das liegt an dem normativen Charakter der Orthografie, an der Augenfälligkeit ihrer Beherrschung. Was heute in der Rechtschreibung als richtig gilt, wird für das Deutsche von einem zwischenstaatlichen Gremium, dem »Rat für deutsche Rechtschreibung«, bestimmt und manifestiert sich in dem Dokument »Regeln und Wörterverzeichnis« (www.ids-mannheim.de/service/reform/regeln2006.pdf; Abruf 1.8.2012). Diese rein präskriptive (vorschreibende) Betrachtung von Schrift spielt allerdings in didaktischen Kontexten eine weit untergeordnete Rolle.

Im Folgenden stehen die deskriptive und die handlungsorientierte Betrachtung von Schrift im Fokus:

Deskriptiv blickt die Linguistik auf das Sprachsystem und will »die natürliche Sprache, d. h. die sich durch den Gebrauch von Individuen und in Gemeinschaften fortwährend verändernde soziokulturelle Praxis, in ihrer Regelmäßigkeit erfassen und ihre Strukturen beschreiben« (Thelen 2010, S. 329). Hierüber lässt sich durchaus streiten: Schrifttheoretische Annahmen, wie z. B. das Verhältnis von gesprochener und geschriebener Sprache, die zentralen Einheiten der Schrift oder die Herleitung einzelner orthografischer Phänomene werden kontrovers diskutiert. Dies bleibt wiederum nicht ohne Einfluss auf die Rechtschreibnorm. So mag es erstaunen, dass je nachdem, welche Wissenschaftler in den Gremien zur Rechtschreibnorm mitwirken, das »orthografisch Richtige« je anders ausfallen kann (zur Interaktion von Deskription und Norm vgl. Peyer et. al. 1996).

Zur handlungsorientierten Sprachbetrachtung gehören eigene wissenschaftliche Disziplinen, u. a. die Sprachdidaktik. Sie setzt sich mit Orthografie auseinander, indem sie z. B. Schriftspracherwerb in Entwicklungsphasen und hinsichtlich Niveaustufen modelliert. Diese Arbeit ist ein fortwährender Prozess, der u. a. deshalb noch nicht besonders weit fortgeschritten ist, weil die für diese Fragestellungen notwendige Kooperation der Disziplinen Fachwissenschaft, Fachdidaktik und Psychometrie erst sehr allmählich gelingt.

Da die handlungsorientierte, didaktische Perspektive auf Orthografie und ihren Erwerb nicht ohne die deskriptive, linguistische Perspektive auskommt, werden im Folgenden zunächst verschiedene Annahmen zur Orthografietheorie dargelegt. Anschließend werden aktuelle Arbeiten zu Entwicklungs- und Kompetenzmodellen im Orthografieerwerb vorgestellt.

Annahmen zur Orthografietheorie

Die Linguistik beschreibt das Schriftsystem traditionell auf mehreren sprachlichen Ebenen bzw. zentralen Einheiten. Besonders populär sind die Ausführungen von Eisenberg, der die entsprechenden Kapitel im aktuellen »Grammatik-Duden« verfasst hat (u. a. Eisenberg 2009). Einem in einigen Aspekten dagegen nahezu konträren Ansatz zur Beschreibung des Schriftsystems folgt Maas (1992). Beide Betrachtungsweisen werden im Folgenden kurz skizziert. Weitere Schrifttheoretiker wie z. B. Nerius (2007), Augst (1997), Gallmann/Sitta (1996) und Munske (1987, 2005), die gewissermaßen zwischen diesen Positionen angesiedelt werden können, werden an dieser Stelle aus Platzgründen ausgelassen.

Eisenberg erklärt die Schriftsystematik von den kleinsten segmentalen Einheiten, den Phonemen und Graphemen her und arbeitet sich davon ausgehend vor zu größeren Einheiten wie Silben, Morphemen und schließlich ganzen Wörtern und Sätzen. In diesem Sinne unterscheidet er das phonographische, das silbische und das morphologische Prinzip, sowie »weitere Mittel der Wortschreibung« (Eisenberg 2009).

Phonographische Ebene
Grundlage ist das »phonographische Prinzip«. In diesem Prinzip wird der primäre Charakter der deutschen Schrift deutlich, nämlich die symbolische Abbildung der Lautung des Gesprochenen und nicht etwa dessen semantische Bedeutung (»Alphabetschrift«). Aus einem Inventar von 37 Phonemen, den kleinsten bedeutungsunterscheidenden Einheiten des Gesprochenen, und 31 Graphemen, deren Pendant im Geschriebenen, wird Sprache zu Papier gebracht (Zahlen nach Eisenberg 2009, S. 67 f.). Wir sprechen /ˈgryːn/ und wir schreiben dafür <grün>. Da das Deutsche jedoch keine Lautschrift, also keine 1:1-Übersetzung des Gesprochenen in Geschriebenes ist, müs-

sen Informationen aus phonemübergreifenden Einheiten hinzugenommen werden, um zur richtigen Schreibung zu gelangen. Wir sprechen /ˈzɔmɐtaːks/ und schreiben <sommertags> und nicht etwa <*somataks>.

Im Gegensatz dazu nimmt Maas genau dies zum Anlass, von vorneherein *nicht* von einem phonographischen Grundprinzip auszugehen: Welche Buchstabenzeichen geschrieben werden, könne nicht durch das Herausschälen einzelner Laute aus dem Gesprochenen ermittelt werden. Dies sei allein schon durch den prosodischen Charakter der Sprache und der damit einhergehenden »Koartikulation« (die Verschmelzung der Laute im Redefluss) nicht möglich. Deshalb konstatiert Maas zum einen, dass Buchstabenzeichen nicht einzelnen Lauten zugeordnet werden, sondern Silbenstrukturen, aus denen sie sich entwickeln. Denn wie ein Buchstabe beim Lesen klingt bzw. welcher Buchstabe für welchen Laut geschrieben werden muss, hänge davon ab, an welcher Position er in der Silbe steht. Zum anderen rekonstruiert er im Gegensatz zu Eisenberg das Sprachsystem insgesamt von der größeren zur kleineren Einheit hin und nicht umgekehrt, da es sich aus dem Gesprochenen ableite, welches sich natürlicherweise in Text- und Satzform ausdrücke und niemals in Einzellauten (Maas 1992, S. 46 und 223 f).

Silbische Ebene
Über die Beschreibung der Einheit Silbe (»silbisches Prinzip«) erklärt Eisenberg orthografische Phänomene wie die Reduktion von Überlängen im Anfangsrand, <Strich> statt <*Schtrich>, die Lesehilfe Dehnungs-h zum Erkennen gespannter Vokale, <Hahn> statt <*Han>, das silbeninitiale-h, <gehen> statt <*geen> und die Konsonantendopplung <Schlitten> statt <*Schliten>. Besonders anhand der Herleitung der Konsonantendopplung lassen sich auf silbischer Ebene unterschiedliche orthografietheoretische Ansätze erkennen. Eisenberg erklärt:

> »Steht in einer phonologischen Wortform zwischen einem betonten ungespannten und einem unbetonten Vokal ein einzelner Konsonant, so ist dieser Konsonant ein Silbengelenk. In der phonologischen Wortform [ˈʃlɪtən] beispielsweise gehört das [t] sowohl zur ersten wie zur zweiten Silbe« (Eisenberg 2009, S. 76).

Während Eisenberg demnach den Silbenschnitt im Gesprochenen »auf« den Konsonanten setzt ([ˈʃlɪtən]), trennt Maas derlei Wortformen nach dem Vokal ([ˈʃlɪ-tən]). Für das Geschriebene ist dann entscheidend, welche Qualität das Anschlussverhältnis von Vokal und Konsonant hat. Bei einem »festen Anschluss« wird der Vokal der offenen Silbe durch den Konsonanten »gebremst«. »Nun hat die deutsche Orthografie für das Bremszeichen [...] aber kein eigenes graphisches Symbol eingeführt, sondern sich der obsolet gewordenen Tradition der Geminatenschreibung bedient« (Maas 1992, S. 288).

Diese den Leser mitunter etwas spitzfindig anmutende Differenzierung spielt in didaktischen Ansätzen der Orthografievermittlung eine entscheidende Rolle: Schließlich behauptet ja die eine Theorie, man könne das doppelte <t> in <Schlitten> durch langsames Sprechen ermitteln, während die andere Theorie eine Analyse der lautlichen Wortgestalt in Verbindung mit Regelwissen voraussetzt.

Morphematische Ebene
Die kleinsten bedeutungstragenden Einheiten der Sprache, die Morpheme, unterliegen im Gesprochenen häufig lautlichen Veränderungen, die aber im Geschriebenen nicht wiedergegeben werden. Solche Erscheinungen werden unter dem »morphologischen Prinzip« zusammengefasst. Die Morphemkonstanz zeigt sich z. B. in der Auslautverhärtung, <Hund> statt <*Hunt>, der vokalischen Umlautung, <Bäume> statt <*Beume>, der Verschmelzung an Morphemgrenzen, <Handtasche> statt <*Hantasche>, und festen Schreibkonventionen bei einigen Affixen, <ver-> statt <*fer-> usw. Außerdem bleiben silbisch erklärte Phänomene auch in morphologisch abgeleiteten Formen erhalten, <du kommst> statt <du *komst>. Im Gegensatz zu anderen Bereichen der Orthografie ist man sich in der linguistischen Forschung hinsichtlich der Herleitung morphematischer Rechtschreibphänomene weitestgehend einig.

Lexikalische und syntaktische Ebene
Als letztes fasst Eisenberg unter der Überschrift »Weitere Mittel der Wortschreibung« neben der Fremdwortschreibung die Phänomene Groß- und Kleinschreibung und Getrennt- und Zusammenschreibung zusammen. Hierbei ist strittig, von welcher größeren sprachlichen Einheit es abhängt, ob ein Wort groß oder klein, getrennt oder zusammen geschrieben wird. Hören kann man auch das nicht. »Substantive werden großgeschrieben« (Eisenberg 2009, S. 85). Dieser Satz weist auf eine traditionelle lexikalische Herleitung des Phänomens hin; die Wortart entscheidet über das Setzen einer Majuskel. Diese Regel ist jedoch von diversen Ausnahmen im Bereich der Konversionen geprägt. So können beispielsweise andere Wortarten substantiviert werden, <das ewige Prüfen>, Substantive wiederum in andere Wortarten übergehen, <kraft seines Amtes>, oder durch feste Fügungen wie ein Wort anderer Wortart gebraucht werden, <ich bin schuld>. Deshalb steht der lexikalischen Herleitung eine syntaktische gegenüber. Entscheidend ist dann nicht die dem einzelnen Wort anhaftende Wortart, sondern seine Funktion im Satz. Großgeschrieben werden Wörter, die durch Attribute erweiterbar sind und das rechte Ende einer Nominalgruppe darstellen (z. B. Maas 1992; Günther/Nünke 2005; Bredel 2006). Ähnliches lässt sich für die Getrennt- und Zusammenschreibung durchspielen und führt dazu, dass diese Phänomene terminologisch sowohl unter dem »lexikalischen Prinzip« wie auch unter dem »syntaktischen Prinzip« geführt werden (z. B. Sommerfeldt 1985, S. 268; weitere Bezeichnungen sind »grammatisches, semantisches oder pragmatisches Prinzip«, z. B. Primus 2010, S. 29).

Grundsätzlich gilt zu bedenken, dass die deutsche Schrift nicht ein künstlich konstruiertes, sondern gewissermaßen ein natürliches System ist. Was heute in der Orthografie geregelt ist, hat sich, wie alle Sprachen – ob nun geschrieben oder gesprochen –, über Jahrhunderte historisch entwickelt. Dabei haben auch Dinge Einfluss genommen, die mit Systemlogik wenig zu tun haben. Dass wir beispielsweise bis vor der letzten Rechtschreibreform <st> nicht getrennt haben, liegt nicht etwa daran »dass es ihm weh tut«. Vielmehr hat es technische und ökonomische Gründe: Das <st> war in der Bleischrift auf einen Kegel gegossen, um den Buchdruckern die Arbeit zu erleichtern und den Handsatz zu beschleunigen. Eine Trennung des <st> hätte einen Handgriff mehr bedeutet, weshalb die Drucker ein Trennverbot vom Duden verlangten (Gallmann/Sitta 1998, S. 194). Die hier beschriebenen Prinzipien können daher heute zwar als »state of the art« verstanden werden, sie sind aber lange nicht in der Lage, alle orthografischen Phänomene zu erklären. Sie sind als übergeordnete und durchaus logische und daher lernbare Grundlagen des Schriftsystems zu verstehen, die jedoch durch eine Reihe von Einzelfallregelungen ergänzt werden (zur Geschichte der Orthografie z. B. August 1997; Strunk 2006).

Modellierung von Rechtschreiberwerb

Die sprachdidaktische Forschung der letzten 30 Jahre hat sich u. a. intensiv mit dem Rechtschreiberwerb befasst, d. h. den Gegenstand Orthografie in seiner Implikation auf Lerner betrachtet. Dabei geht es um die Fragen:
→ Was ist unter »Rechtschreibkompetenz« zu verstehen?
→ Wie entwickelt sie sich?
→ Welche Niveaustufen lassen sich in der Rechtschreibkompetenz festlegen?

Ergebnis der Bemühungen sind Rechtschreibkompetenzmodellierungen, sodass mittlerweile von *Kompetenz*modellen, *Struktur*modellen, *Entwicklungs*modellen und *Niveaustufen*modellen die Rede ist. Dabei liegt es in der Natur der Sache, des Modells, dass der je betrachtete Gegenstand reduziert umschrieben wird und »die Darstellung der objekthaften Bestandteile hinter der Darstellung ihrer relational-funktionalen Beziehungen (Struktur) zurück[tritt]« (Mittelstraß 2004, S. 911). Genau darin liegt auch das Problematische an den Modellen des Rechtschreiberwerbs: Irgendetwas kommt dabei immer zu kurz. Wenn nun im Folgenden verschiedene Modelle als Antwort auf die drei oben stehenden Fragen vorgestellt werden, muss zusätzlich bedacht werden, dass sie nicht »aus einer Feder« entstanden sind, sondern im Gegenteil jeweils Ausdruck einer ganz bestimmten Perspektive auf den Lerngegenstand Orthografie sind (Riegler 2011, S. 122). Insofern darf auch zwischen den Modellen nur eine recht eingeschränkte Stringenz erwartet werden.

Was ist unter »Rechtschreibkompetenz« zu verstehen?
Der Kompetenzbegriff hat spätestens seit der Einführung der Bildungsstandards 2004 seinen festen Platz im didaktischen Diskurs. Populär (und wohl auch am mächtigsten, das heißt am nachhaltigsten) ist die Definition von Weinert, der Kompetenz als (im besten Fall) emotional-motivational gefestigte Fähigkeiten und Fertigkeiten beschreibt, die zur alltäglichen Problembewältigung in vielen Lebensbereichen vonnöten sind (Weinert 2001, S. 27 f.). Diese noch recht allgemein und daher abstrakt gehaltene Definition (Gailberger 2011, S. 16 ff.) wurde Ausgangspunkt für eine Differenzierung

in allen Teilbereichen der Didaktik. Ossner nimmt in diesem Zuge ein lernpsychologisches Konstrukt aus der naturwissenschaftlichen Didaktik auf und unterscheidet Kompetenz hinsichtlich vier verschiedener Wissensarten: dem deklarativen Wissen, dem Problemlösungswissen, dem prozeduralen Wissen und dem metakognitiven Wissen (Mandl 2006). Bezogen auf den Lerngegenstand Orthografie kommt er zu dem Strukturmodell in Tabelle 1.

Wissensart ...	... bezogen auf die Rechtschreibkompetenz
deklaratives Wissen	stoffliches Wissen wie z. B. Definitionen und Rechtschreibregeln kennen
	Merksatz: Deklaratives Wissen entsteht durch Faktenlernen.
Problemlösungswissen	Strategien zur Herleitung der richtigen Schreibung kennen, z. B. morphematische Ableitung
	Merksatz: Problemlösungswissen zeigt sich in der intelligenten Anwendung von Methoden zur Erkenntnisgewinnung.
prozedurales Wissen	die Beherrschung der Orthografie, wenn sie keine besondere Aufmerksamkeit mehr braucht
	Merksatz: Prozedurales Wissen entsteht durch Üben und zeigt sich vor allem im automatisierten Können. [...] Es ist ein implizites Wissen.
metakognitives Wissen	Kenntnis seiner eigenen Fähigkeiten und Grenzen in der Orthografie, beispielsweise bezogen auf Fehlerschwerpunkte oder nützliche Lernstrategien
	Merksatz: Metakognitives Wissen ist eng an Reflexion geknüpft.

Tab. 1: *Wissensarten in Anlehnung an Ossners Strukturmodell (2006).*

Das Besondere an dieser Ausdifferenzierung von Rechtschreibkompetenz ist der mehrdimensionale Charakter: Rechtschreibkompetenz zeigt sich nicht ausschließlich im normgerechten Schreibprodukt, sondern auch in weniger offenkundigen Formen, nämlich einer innersprachlichen Reflexion über Schriftstrukturen und deren Herleitung. Ein kurzer Dialog aus dem Schulalltag verdeutlicht diesen Unterschied:

> Pia, Anfang Klasse 3, schreibt <*Külschrank>.
> Studentin: *Bei Kühlschrank kommt noch ein* <h> *hinter das* <ü>.
> Pia (überlegt): *Nee.*
> Studentin: *Wieso nee?*
> Pia: *Na, weil* »Kühlschrank« *kommt von* »Kuh« *und* »Kuh« *schreibe ich ja auch ohne* <h>.

Auch wenn bei Pia einiges durcheinandergerät, zeigt sie in diesem Dialog doch einen bestimmten Grad an Rechtschreibkompetenz. Sie ist in der Lage, eine erste morphematische Ableitungsstrategie anzuwenden, d. h. sie verfügt im Ossner'schen Sinne über orthografisches Problemlösungswissen. Das Schreibergebnis ist dennoch nicht korrekt; letztlich mangelt es an Wissen zur Wortherkunft bzw. -verwandtschaft und zu den komplexen Phänomenen Dehnungs-h und silbeninitales h.

In didaktischen Zusammenhängen bekommen die verschiedenen Formen von Rechtschreibkompetenz eine unterschiedliche Wertigkeit.

»Ziel einer Didaktik der Orthographie muss Rechtschreibsicherheit sein – im Großen und Ganzen also prozedurales Wissen, in Zweifelsfällen als Problemlösungswissen verfügbar. Je prozeduraler die Orthographie verfügbar ist, desto mehr Aufmerksamkeit kann auf den Inhalt des Geschriebenen gelegt werden« (Ossner 2006a, S. 164).

Wie entwickelt sich Rechtschreibkompetenz?
Die Entwicklung der Rechtschreibkompetenz ist, insbesondere hinsichtlich der Primarstufe, in den letzten 30 Jahren ausgiebig erforscht worden. Die meisten daraus entstandenen »Entwicklungsmodelle« leiten sich aus der englischsprachigen Arbeit von Uta Frith (1985) ab und wurden mit einigen wenigen Abweichungen ins Deutsche übertragen. Thomé (2003) vergleicht die Ergebnisse und findet grob folgende Gemeinsamkeiten in den Entwicklungsphasen:
1. Logographemische oder proto-alphabetisch-phonetische Phase: Das Schreiben hat nachahmenden Charakter in Form von Kritzelschrift oder rudimentären Verschriftungen, d. h. wahllos angeordneten Buchstabenzeichen.
2. Alphabetische Phase: Wahrgenommenen Sprachlauten können Buchstaben zugeordnet werden, d. h. das phonographische Prinzip wird verstanden.
3. Orthografische Phase: Es werden Rechtschreibregeln angewandt, die außerhalb des phonographischen Prinzips liegen.

In neuerer fachdidaktischer Literatur werden allerdings derlei Verallgemeinerungen hinsichtlich eines so hochkomplexen Aneignungsprozesses zunehmend kritisiert. Zunächst wird nicht deutlich, welches Verständnis von Rechtschreibkompetenz hierbei zugrunde gelegt wird. Offenbar gehen hier einige Kompetenzdimensionen durcheinander, die analytisch zu trennen wären. Weiterhin ist in der sprachdidaktischen Forschung bisher nicht geklärt, zu welchen Anteilen Schriftsprache gelernt oder erworben wird. Würde Rechtschreibkompetenz im entwicklungspsychologischen Sinne Piagets weitestgehend ungesteuert mithilfe innerer Hypothesen- und Regelbildungen erworben werden, könnte man tatsächlich von derart universellen Entwicklungsmodellen ausgehen. Da wir es aber in erster Linie mit einem von außen, d. h. vom schulischen Unterricht gelenkten Lernprozess zu tun haben, gilt das nicht. Die Entwicklung der Rechtschreibkompetenz hängt maßgeblich davon ab, wie der Rechtschreibunterricht gestaltet ist. Bestehende Entwicklungsmodelle sind daher auch Ergebnis von didaktischem Wirken und daher ein »Zirkelschluss, da die Didaktik damit etwas erklärt, was sie methodisch selbst verursacht hat« (Bredel/Fuhrhop/Noack 2011, S. 96). Insbesondere der Beginn der orthografischen Phase und der Erwerb einzelner darin verorteter orthografischer Bereiche ist also im Sinne einer interaktionistischen Lerntheorie maßgeblich durch den Rechtschreibunterricht bedingt.

Welche Niveaustufen lassen sich in der Rechtschreibkompetenz festlegen?
Mit Einführung der Bildungsstandards ist es Aufgabe der Fachdidaktiken, in den je unterschiedlichen Kompetenzbereichen unterschiedliche Anforderungsniveaus auszuweisen bzw. empirisch begründet festzulegen. »Jede Kompetenzstufe ist durch kognitive Prozesse und Handlungen von bestimmter Qualität spezifiziert, die Schüler auf dieser Stufe bewältigen können, nicht aber Schüler auf niedrigeren Stufen« (Klieme 2007, S. 22). Bei der Erarbeitung von Niveaustufen müssen drei Aspekte berücksichtigt werden:
→ Wie ist der Ist-Zustand des Kompetenzerwerbs? Hier kann auf Entwicklungsmodelle zurückgegriffen werden (s. o.)?
→ Wie ist der Soll-Zustand des Kompetenzerwerbs? Hier werden Überlegungen bezüglich des allgemeinen Bildungsauftrages und der Zumutbarkeit bestimmter Anforderungen angestellt.
→ Wie lässt sich der Lerngegenstand, die Orthografie, strukturell hinsichtlich seiner Komplexitätsgrade gliedern? Hier sollte eine gewisse Stringenz in der Orthografietheorie wiederzuerkennen sein (s. o.).

Die Entwicklung von »Niveaustufenmodellen« ist also eine durchaus schwierige Angelegenheit, und die ersten Arbeiten dazu sind mit Bedacht zu begutachten. Voss/Blatt/Kowalski haben im Rahmen der Ergänzungsstudie IGLU-E ein Konzept vorgelegt, in dem Rechtschreibkompetenz in fünf Anforderungsbereiche untergliedert wird (Blatt/Voss/Kowalski 2007; Blatt 2010). Sie unterscheiden dabei (in Anlehnung an die Prinzipien nach Eisenberg) auf inhaltlicher Ebene Bereiche der Orthografie, als da wären: phonographisches und silbisches Prinzip, morphologisches Prinzip, Prinzipien der Wortbildung und wortübergreifendes Prinzip (Blatt/Voss/Kowalski 2007, S. 17). Auf der Anforderungsebene werden die Bereiche »phonographisches und silbisches Prinzip« und »morphologisches Prinzip« entsprechend der Regelhaftigkeit der darin verorteten orthografischen Phänomene unterteilt. Zum »Kernbereich« zählen jene Phänomene, die verlässlich geregelt sind und daher »auf Verstehens- und Wissenstransferbasis gelernt werden können« (Blatt/Voss/Kowalski 2007, S. 17 f.). Zum »Peripheriebereich« zählen die Ausnahmen, die überwiegend durch Üben eingeprägt werden müssen und damit ein höheres Anforderungsniveau darstellen. Die Niveaustufen sind hier also zunächst recht grob in zwei Levels angelegt.

Zwischenfazit

Aus der Darstellung der bisherigen Entwicklungs- und Niveaustufenmodelle werden Desiderata für die zukünftige empirische Rechtschreiberwerbsforschung deutlich. So wird es vor allem darum gehen, die bisherigen Erkenntnisse auszudifferenzieren. Dies betrifft vor allem die Entwicklung der Rechtschreibkompetenz in den Phasen, die jenseits einer basalen phonematischen Analyse liegen. Abhängig von didaktischen Konzepten des Schriftspracherwerbs gilt es ferner auf breiter Datenbasis herauszufinden, wie sich die Leistung in einzelnen orthografischen Bereichen entwickelt, um daraus Anforderungsniveaus ableiten zu können (erste Erkenntnisse hinsichtlich morphematischer Phänomene bietet z. B. die Arbeit von Scheele 2006). Dabei sollten verschiedene »Schreibdimensionen« (Ludwig 1995, S. 275 f.) berücksichtigt werden, d. h. es muss unterschieden werden, ob orthografische Phänomene in Einzelwort- und Satzschreibungen eines Rechtschreibtests oder Diktats verschriftet werden können oder aber in einem frei verfassten Text (ein Ausgangspunkt bietet die Arbeit von Fay 2010a). Weiterhin muss die Rechtschreiberwerbsforschung Möglichkeiten finden, Kompetenzfacetten in ihrer Entwicklung zu untersuchen, die sich nicht allein im Schreibprodukt ausdrücken, wie z. B. die in Tabelle 1 unterschiedenen Wissensarten.

Diagnostik von Rechtschreibkompetenz

In der Diagnostik von Rechtschreibkompetenz hat sich sowohl in der Forschung als auch in den Lernstandserhebungen im Schulalltag ein Paradigmenwechsel etabliert: Rechtschreibleistung wird diagnostisch gesehen nicht mehr ausschließlich an der Menge von Rechtschreibfehlern festgemacht. Um herauszufinden, welche Stärken und Schwächen ein Schreiblerner hat, wird auf die Qualität der Schreibungen geschaut: Welcher Art sind die Fehler und welches Wortmaterial liegt vor? Diese Form der Diagnostik ist weniger ökonomisch, dabei aber sehr viel genauer und aussagekräftiger. Weniger populär, aber nicht weniger wichtig sind Diagnoseverfahren, die nicht das Schreibprodukt, sondern den Schreibprozess in den Blick nehmen. Mit ihrer Hilfe gelingt es zwar auch nicht, in die Köpfe der Kinder zu schauen, zu einem gewissen Grad können aber Hypothesen über das Schriftsystem und damit das Zustandekommen von Schreibungen nachvollzogen werden.

Beide Formen, Produkt- und Prozessdiagnostik, betrachten je unterschiedliche Kompetenzfacetten, sie nehmen unterschiedliche Altersgruppen in den Blick, und es gibt sie als standardisierte und nicht standardisierte Verfahren. Der Markt rechtschreibdiagnostischer Mittel wächst stetig, sodass eine Orientierung an übergreifenden Ordnungskategorien hilfreich ist. Diese Kategorien liegen strukturell zwar nicht auf einer Ebene, sind aber didaktisch spannend. Im Folgenden werden ausgesuchte Diagnoseinstrumente sortiert vorgestellt (eine Übersicht befindet sich in den Online-Materialien zu diesem Buch).

Altersgruppen

Die meisten Rechtschreibdiagnoseverfahren setzen eine gewisse Grundfertigkeit im Schreiben voraus, d. h. sie erheben Rechtschreibkompetenz frühestens ab Beginn der alphabetischen Phase. Ausnahmen bilden zum einen Verfahren, die explizit den Elementarbereich ansprechen und damit präschriftliche Kompetenzen (der Anbahnung von Schrift und Schriftkultur) in den Blick nehmen. Dazu zählen diverse Erhebungen des viel beschriebenen Konstrukts »phonologische Bewusstheit«, auf das an dieser Stelle nicht weiter eingegangen werden soll (dazu z. B. das BISC von Jansen et al. 2002, oder »Der Rundgang durch Hörhausen« von Martschinke et al. 2008).

Eine weitere Ausnahme stellen die Schulanfangsbeobachtungen von Dehn/Hüttis-Graff (2006) dar. Sie werden bereits in den ersten Schulwochen durchgeführt; die Fähigkeit zum alphabetischen Schreiben kann also nicht vorausgesetzt werden. In diesen geht es ganz grundsätzlich darum, herauszufinden, »was sie [die Kinder; JF] in Bezug auf Schrift schon können« (Dehn/Hüttis-Graff 2006, S. 26). Ein systematisches Beobachtungsverfahren stellt für diese Altersgruppe »Das leere Blatt« dar (Dehn/Hüttis-Graff 2006, S. 32 f.). Dabei bekommen jeweils zwei Kinder ein leeres Blatt (DIN A2 oder DIN A3) mit dem Auftrag, darauf nach Belieben zu schreiben. Der je individuelle Umgang mit dieser Aufgabe (d. h. Buchstaben und Wörter schreiben oder diese nachahmen, etwas malen, den eigenen Namen schreiben, gar nichts zu Papier bringen usw.) lässt Rückschlüsse auf den Ist-Zustand der Rechtschreibkompetenz sowie der nächsten Lehr-Lern-Schritte zu. Nicht am Schreib*produkt*, sondern am Lern*prozess* ist die Beobachtungsaufgabe »Memory mit Schrift« orientiert (Dehn/Hüttis-Graff 2006, S. 45 f.). Materialgrundlage ist ein Memoryspiel, bei dem jeweils eine Rückseite von jedem Kartenpaar beschriftet ist. Beim Spielen ist dann zu beobachten, wie Kinder bereits zu Beginn ihres schulischen Schriftspracherwerbs mit dem Informationsträger »Schrift« umgehen. Hilft die Schrift, einzelne Buchstaben, die Länge eines Wortes usw., das Memoryspiel zu gewinnen?

Standardisierte versus nicht standardisierte Verfahren

Während bei qualitativen Beobachtungsverfahren wie den Schulanfangsbeobachtungen der Interpretationsspielraum in der Auswertung sehr groß ist, bieten standardisierte, normierte Rechtschreibtests einen empirisch abgesicherten Nachweis bestimmter Facetten der Rechtschreibkompetenz. Sie erfreuen sich im Schulalltag mittlerweile u. a. deshalb großer Beliebtheit, weil sie besonders ökonomisch in Durchführung und Auswertung sind. Im besten Fall genügen sie allen gängigen Testgütekriterien, zumindest jedoch sind sie objektiv, reliabel und valide (z. B. Lienert/Raatz 1998). Die Ergebnisse eines einzelnen Rechtschreiblerners oder einer ganzen Lerngruppe werden in normierten Maßen ausgedrückt (in der Regel in Prozenträngen) und bieten daher einen zuverlässigeren Maßstab, als beispielsweise der Vergleich der Leistung eines einzelnen Kindes mit seinen Klassenkameraden. Zu den standardisierten Rechtschreibtests zählen im deutschsprachigen Raum u. a. die Hamburger Schreibprobe (HSP, May/Vieluf/Malitzky 2007), der Diagnostische Rechtschreibtest (DRT, Müller 2004), der Weingartener Grundwortschatz-Rechtschreibtest (WRT, Birkel 2007) und der Deutsche Rechtschreibtest (DERET, Stock/Schneider 2008). Das Testformat ist in diesen Verfahren immer recht ähnlich: Die Kinder haben die Aufgabe, vorgegebene Wörter (und teilweise Sätze) zu entsprechenden Abbildungen oder nach Diktat zu schreiben.

Kritisch zu bewerten ist der vornehmlich quantitative Charakter der Kompetenzmessung, der dazu führt, dass wichtige Informationen über die Stärken und Schwächen der Schreiblerner verloren gehen. So werden beispielsweise in der HSP sog. »Graphemtreffer« gezählt: Jedes richtig verschriftete Graphem (einfach oder komplex) bekommt einen Punkt, jedes falsche wird abgezogen. Die Schreibung <*Farat> hat drei Graphemtreffer (<F, r, a>), die Schreibung <*Faraht> dagegen bloß zwei (<F, r>). Tatsächlich muss aber dem Schreiber von <*Faraht> eine höhere Rechtschreibkompetenz attestiert werden, da er schon begriffen hat, dass es im Deutschen Verschriftungen gibt, die über das basale phonographische Prinzip hinausgehen; hier in Form einer Hyperkorrektur des Dehnungs-<h>. Eine qualitative Analyse der Rechtschreibleistung findet in den gängigen Rechtschreibtests allenfalls indifferent statt. Zugunsten von Testökonomie und Interpretationsobjektivität werden orthografische Phänomene in wenigen groben Bereichen zusammengefasst (beispielsweise HSP: drei »Strategien«: alphabetische, orthografische, morphematische Strategie; vgl. May et al. 2007, S. 24 f.).

Diesem Kritikpunkt wird vor allem durch die Verwendung ausdifferenzierter Fehlerschlüssel begegnet. Bei diesem nicht standardisierten Instrument handelt es sich um eine systematische Auflistung orthografischer Phänomene auf verschiedenen sprachlichen Ebenen, mithilfe derer sowohl Fehler als auch Richtigschreibungen klassifiziert werden können. Sie können auf jegliches Wortmaterial angewandt werden, sind also nicht von spezifischen Testformen abhängig. Ergebnis von Analysen mittels Fehlerschlüssel sind sehr genaue Fehler- bzw. Könnensprofile einzelner Lerner. Verfügbar sind derzeit z. B. die Aachener förderdiagnostische Rechtschreibfehleranalyse (AFRA, Hernè/Naumann 2005), die Oldenburger Fehleranalyse (OLFA, Thomé/Thomé 2004) und das Raster von Fay (2010a). Nachteil ist neben der fehlenden Normierung der Ergebnisse vor allem der prohibitiv hohe Arbeitsaufwand, der mit derlei Analysen verbunden ist. Eine Lösung hierfür können computerisierte Verfahren sein. Diese sind allerdings erst im Entstehen (Fay/Berkling/Stüker 2012).

Produkt- versus Prozessdiagnostik und Kompetenzfacetten

Produktdiagnostik
Bei allen Diagnoseverfahren, die Schreibprodukte zur Grundlage der Analyse nehmen, ist eine wichtige Unterscheidung hinsichtlich der Kompetenzfacette »Schreibdimension« (Ludwig 1995, S. 273 f.) zu treffen. Die Schreibdimension meint den Handlungskontext, in dem geschrieben wird. »Integriertes Schreiben« liegt vor, wenn

der Schreibprozess in den Prozess der Textproduktion integriert ist, wenn also ein eigener Text verfasst wird (ein Aufsatz, eine E-Mail oder ein Einkaufszettel). »Nicht integriertes Schreiben« liegt vor, wenn beispielsweise ein Lückentext ausgefüllt oder nach Diktat geschrieben wird, wenn also der Prozess des Schreibens von dem der Textproduktion abgetrennt ist. Die klassischen Verfahren der Produktdiagnostik wie Rechtschreibtests oder auch das etwas altmodische Diktat betrachten nicht integrierte Schreibungen. Die Schreibdimensionen haben aber derart unterschiedlichen Charakter, dass sie – zumindest für Schreiblerner – mit unterschiedlichen Anforderungen verbunden sind, die in der Diagnostik von Rechtschreibkompetenz berücksichtigt werden müssen:

→ Beim integrierten Schreiben muss der Schreiber gleichzeitig auf verschiedene Teilprozesse achten: Schreibabsicht und Schreibidee müssen geklärt, die Gedanken geordnet, Sätze formuliert, passende Begriffe gefunden werden, und schließlich muss auf die orthografische Norm geachtet werden. Dies fällt beim nicht integrierten Schreiben weg, sodass hier von einem geringeren handlungstheoretischen Anspruch ausgegangen werden kann (auch Weigl 1974, S. 167).

→ Nicht integrierte Schreibungen wie die Einzelwort- und Satzschreibungen eines Rechtschreibtests bestehen aus einem spezifischen Wortmaterial: Um Rechtschreibleistung in möglichst vielen orthografischen Bereichen in möglichst ökonomischer Weise überprüfen zu können, handelt es sich um sehr komplexe Items, die über eine überdurchschnittlich hohe »Dichte an Fehlerfallen« verfügen (Fay 2010a, S. 152 f.). Hier liegt also im Vergleich zu frei verfassten Texten, in denen das Wortmaterial nach semantischen und nicht nach orthografischen Kriterien ausgesucht wird, eine höhere Anforderung im nicht integrierten Schreiben vor.

Letzteres Merkmal wiegt so schwer, dass davon ausgegangen werden kann, dass es einen Einfluss auf das Rechtschreibkönnen von Kindern hat. So hat die Studie von Fay (2010a) einen Leistungsunterschied zwischen Test (HSP) und frei verfassten Text ergeben, was in erster Linie mit den orthografischen Anforderungen des künstlichen Wortmaterials im Test begründet werden kann. Es ist also nicht egal, in welcher Schreibdimension der Lernstand im Rechtschreiben erhoben wird. Bezieht man nun noch die Frage ein, welche der beiden Kompetenzfacetten in der realen Alltagskommunikation bedeutsam ist, wird die Relevanz der Schreibdimension für die Diagnostik noch deutlicher: Alltäglich benötigt wird die Kompetenzfacette im integrierten Schreiben, diagnostiziert wird jedoch in der Regel im nicht integrierten Schreiben. Um ein umfassendes und realistisches Bild der Rechtschreibkompetenz von Schreiblernern zu bekommen, bedarf es daher neben den klassischen standardisierten Rechtschreibtests vor allem einer differenzierten Analyse freier Schreibungen mittels Fehlerschlüsseln (auch Fay 2010b).

Prozessdiagnostik
In der Prozessdiagnostik nimmt man zunächst einmal ernst, dass der lineare Rückschluss von Geschriebenem auf eine dahinterstehende Kompetenz prinzipiell heikel

ist. Deshalb interessiert hier weniger das Schreibergebnis selbst als sein Zustandekommen, wenngleich klar ist, dass auch seine Untersuchung nicht ohne ein gehöriges Maß an Interpretation und Kompetenzzuschreibung auskommt. Grundsätzlich darf hinsichtlich des Zustandekommens von Schreibungen von zwei möglichen Wegen ausgegangen werden: Entweder die Schreibung wird *memoriert*, also aus dem innersprachlichen Gedächtnis abgerufen, oder sie wird *konstruiert* (u. a. Scheerer-Neumann 1987). Aus lernpsychologischer Sicht wird für das Konstruieren *Problemlösungswissen* benötigt. Das Werkzeug für diese Wissensart sind Herleitungsstrategien, also heuristische Lösungsmethoden, die gekennzeichnet sind durch ein absichtsvolles, geplantes Vorgehen der Lösungssuche, die allerdings nicht den Lösungserfolg garantieren (Mandl et al. 1993, S. 191 f.). In der Prozessdiagnostik ist man nun daran interessiert, diese Kompetenzfacette möglichst genau zu ergründen, denn wenn Klarheit darüber besteht, wie Schreibungen (richtig oder falsch) von den Kindern hergeleitet werden, kann ihre Förderung sehr präzise angesetzt und durchgeführt werden.

Eine einfache, aber aufschlussreiche Methode, etwas über die Herleitungsstrategien von Kindern herauszufinden, ist die Befragung. Diese kann mündlich oder schriftlich in offenen oder geschlossenen Formen vonstattengehen. Eine mögliche Frage könnte lauten: »Warum hast du das so geschrieben?« (u. a. Valtin 1986; Hinney 1997; Eckert/Stein 2004; Nickel 2006). In Multiple-Choice-Formaten könnte es hingegen heißen: »Warum schreibt man das Wort ›Räuber‹ mit äu? Kreuze an […]« (hierzu etwa das Pusteblume Sprachbuch 3, 2007). Das Anforderungsniveau ist dabei erhöht, wenn der Befragung eine Fehlerkorrektur vorausgeht, die der Schreiber begründen soll (Abbildung 1).

Die Teller fallen schepernd zu Boden.	☐ ✓ richtig!	✗ ⊗ falsch!	Richtig ist: scheppernd Weil: man ein kurzes E hört.

Abb. 1: Fehlerkorrektur mit Begründung

Zu fragen ist, welche Kompetenzfacette damit tatsächlich erhoben wird. Denn die Herleitungsstrategien werden im Moment der Diagnostik nicht angewandt, sondern von Dritten abgefragt. Voraussetzung dafür ist eine kognitive Klarheit über das Vorliegen eines orthografischen Problems und seiner Lösung. Damit ist das Ergebnis in der Erhebungssituation »deklarativ kodiert« (Hinney 1997, S. 51). Im Terminus der Lernpsychologie handelt es sich um »explizites Problemlösungswissen«. Ob das Kind im Schreibprozess – implizit – tatsächlich die genannten Wege eingeschlagen hat oder aber die Schreibung memoriert (s. o.) und die Begründung bloß notwendigerweise nachgeliefert hat, wissen wir nicht.

Eine Möglichkeit, sich der Kompetenzfacette »Problemlösungswissen« weiter zu nähern, ist das sog. »Pseudowortdiktat«. Pseudowörter sind nach den Regeln des deutschen Schriftsystems aufgebaute, allerdings nicht existierende Wörter. Wer also Pseudowörter gemäß der orthografischen Strukturen korrekt schreiben kann, muss über ein gewisses Maß an Problemlösungswissen verfügen, da diese Wörter nicht memoriert werden können. Es spricht also viel dafür, dass der Verfasser der Schreibungen in den Abbildungen 1 und 2 tatsächlich die Herleitungsstrategie zur Gemination <pp> anwendet. Andernfalls hätte er das Pseudowort hinsichtlich dieses Phänomens vermutlich falsch verschriftet.

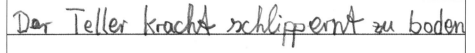

Abb.2: Pseudowortverschriftung

Der Versuch einer Verknüpfung der bis hierhin vorgestellten Formen der Prozessdiagnostik zu einem stringenten Instrument ist bei Fay (2012) nachzulesen.
Zu guter Letzt sei in dieser Sparte die Erhebung metakognitiven Rechtschreibwissens betrachtet. Hierbei geht es weniger um konkrete orthografische Teilprozesse als um den Lernprozess an sich. Verfahren, die das metakognitive Wissen in den Fokus nehmen, erwarten Hinweise zur »Befindlichkeit der Lerner selbst, ihren Defizit- und Könnenswahrnehmungen, insbesondere Anzeichen für sich verfestigende negative rechtschreibliche Selbstkonzepte« (Risel 2003, S. 32). Risel schlägt hierfür einen Rückmeldebogen für die 3. und 4. Klassenstufe vor. Darin geht es neben allgemeinen Selbsteinschätzungen (»In letzter Zeit hatte ich beim Rechtschreiben diese Schwierigkeiten: …«, »Gut kann ich: …«) ebenso um fachspezifische Ursachenzuschreibungen (»Wenn ich ein schlechtes Diktat schreibe, liegt es daran: …«; Risel 2003, S. 34). Damit eröffnet diese Form der Diagnostik auch die Chance, inadäquate Bewertungen der eigenen Kompetenz (als Schicksal, Pech oder Zufall) zu erkennen und dann zu intervenieren, indem Rechtschreibung ent-emotionalisiert und Rechtschreiblernen sachlich-systematisch angegangen wird.

Rechtschreibförderung

Was aber bedeutet es, wenn – wie oben gefordert – Rechtschreiblernen sachlich-systematisch angegangen werden soll? Um diese Frage beantworten zu können, braucht es als unbedingte Basis den systemischen Aufbau der Schriftsprache an sich. Kinder müssen begreifen, dass wir nicht Laute, sondern Worte schreiben, »oder noch richtiger gesagt: wir schreiben in grammatischen Strukturen« (Maas 1992, S. 7). Dass daher die Maxime »schreib, wie du sprichst, sprich deutlich, hör genau hin« beim Ermitteln der Richtigschreibung nicht ausreicht, ist wohl mittlerweile in der didaktischen Praxis angekommen. Dennoch fällt bei der genauen Betrachtung diverser gängiger Lehrwerke und Übungsmaterialien auf, dass darin Rechtschreiblernen in erster Linie auf phonographischer Ebene vermittelt und damit implizit weiterhin auf die oben genannte Maxime zurückgegriffen wird. Wie ist also der Kernbereich der Wortschreibung, der vor allem silbische, morphologische und teils syntaktische Strukturen repräsentiert, adäquat zu vermitteln? Im Folgenden werden ausgesuchte Übungen zu konkreten Rechtschreibphänomenen vorgestellt. Diese Übungen haben den Anspruch,

→ Orthografie als logisches und daher lernbares Systems darzustellen,
→ Schriftsprache als Repräsentation prosodischer Muster zu begreifen (auch Bredel/Fuhrhop/Noack 2011, S. 109),
→ rechtschriftliche Phänomene als »Lesezeichen« für potenzielle Leser zu vermitteln, sowie
→ komplexe Phänomene durch (teilweise algorithmisch geprägte) Herleitungsstrategien transparent zu machen.

Ausgangspunkt ist folgende Lernerschreibung:

*<Di Eltan Gen in di Beten und Schlafn. Das Kind bleipt Wach.>
<Die Eltern gehen in die Betten und schlafen. Das Kind bleibt wach.>

Phonographische und silbische Ebene

Auf phonographischer und silbischer Ebene handelt es sich um folgende Falschschreibungen:

<ie>-Schreibung in <Die>
Das Phonem /i:/ wird in betonten Silben zu ca. 92 Prozent als <ie> verschriftet. Es ist daher sinnvoll, diese Phonem-Graphem-Korrespondenz im Schriftspracherwerb von Beginn an regelhaft als solche einzuführen. Dies kann jedoch nur gelingen, wenn von der verbreiteten Arbeit mit »Anlauttabellen« abgesehen wird, da das <ie> nicht im Anlaut auftritt. Die Einführung des /i:/ durch beispielsweise <Igel> stellt daher die Präsentation einer Ausnahme dar. Sie sollte als solche neben weiteren <i>-Ausnahmen wie <Tiger> und <lila> als Merkwörter explizit gelernt werden, während das <ie> als Normalfall kennengelernt wird.

Silbenstruktur und Betonung in <Eltern, gehen, schlafen>
Was diesem Schreiber offensichtlich fehlt, ist systematisches Wissen über den Aufbau von Silben und den Einfluss von Betonungsmustern auf die Schreibweise: Jede Silbe

wird durch einen Vokal präsentiert, deshalb können <*gen> und <*Schlafn> nicht richtig sein, denn sie bestehen aus zwei Silben. Jede Reduktionssilbe (unbetonte Silbe mit Schwa-Laut) enthält ein <e> als vokalischen Kern, weshalb auch <*Eltan> nicht stimmen kann.

Silbenanalytisches Wissen kann den Kindern bereits vor dem eigentlichen Schriftspracherwerb in schriftfreien Spielen vermittelt werden, bzw. ist es vielen Kindern ohnehin intuitiv zugänglich. Dabei geht es nicht etwa nur darum, Silben zu klatschen, zu springen oder zu schwingen. Derlei Ansätze fassen die Silbe lediglich als rhythmische Einheit, bei denen aber die Silbenbetonung und der damit zusammenhängende Klang einzelner Laute verloren gehen. Durch das Legen großer und kleiner Punkte (Knöpfe, Muscheln, Steine etc.) zu abgebildeten Gegenständen werden die Anzahl und die Betonung der Silben visualisiert (Abbildung 3). Spielerisch wird mit den prosodischen Merkmalen der Sprache experimentiert: Wie klingt es richtig: /ˈɡitarə/ oder /ɡiˈtarə/, /ɡitˈarə/ oder /ɡitˈaːrə/?

Abb. 3: Betonungsspiel in Anlehnung an Röber (2009, S. 157)

Diese Vorläuferfähigkeit ist wichtig, wenn es dann ans Schreibenlernen geht. Ein silbenorientiertes Konzept zum Lesen- und Schreibenlernen legt Röber mit der »silbenanalytischen Methode« vor (u. a. Röber 2009). Es richtet sich konsequent nach der Orthografietheorie von Maas. Zur Unterstützung dient hier die Darstellung der verschiedenen Silbentypen und deren orthografischer Charakteristika in sogenannten »Häuschenmodellen« (Abbildung 4).

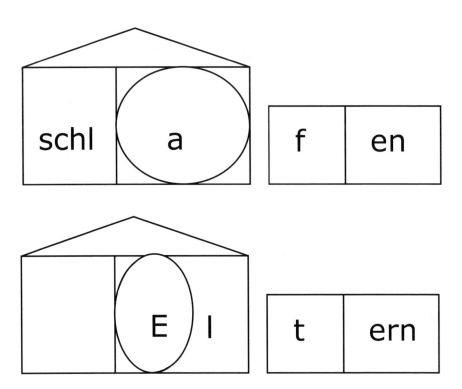

Abb. 4: Häuschenmodell nach Röber (2009)

Die betonte Silbe »wohnt« im Haus, die Reduktionssilbe in der Garage. Ist die Silbe betont, offen und gespannt (<schla-fen>), hat das <a> das zweite Zimmer ganz für sich allein. Ist hingegen die betonte Silbe geschlossen, muss sich der Vokalbuchstabe das Zimmer mit dem Konsonanten teilen. Er hat also bildlich weniger Platz (<El-tern>), was sich wiederum lautlich als ungespanntes /e/ bemerkbar macht. Für den Verfasser der obigen Schreibungen ist wichtig: In der Garage wohnt immer ein <e> im zweiten Zimmer, auch wenn es anders klingt, als die <e>-Laute im Haupthaus (<schla-fen, El-tern>).

Konsonantendopplung in <Betten>
Mit der Verdopplung des Konsonanten in <Betten> wird für Leser gekennzeichnet, dass der vorangehende Vokal der betonten Silbe ungespannt klingt. Anders als es immer wieder in Lehrwerken propagiert oder impliziert wird, kann dieses Phänomen nicht durch langsames und deutliches Sprechen hörbar gemacht werden (»Unterlege die Wörter mit Silbenbögen und lies dabei langsam und deutlich mit. Kel-ler«; in Wortstark 5, 2007). Hier wird vom Geschriebenen statt vom Gesprochenen ausgegangen, denn es wird sprachstrukturierendes Wissen vorausgesetzt, das nur ein Schrift-

kundiger haben kann. Zur Richtigschreibung bedarf es also einer systematischen Analyse des Gesprochenen. Folgt man der Anschluss-Theorie von Maas, handelt es sich bei dem verdoppelten Konsonanten um ein »Bremszeichen« (Maas 1992, S. 288), das den festen Anschluss der betonten zur unbetonten Silben für das Schriftliche symbolisiert. Didaktisch ist auch dieses Phänomen von Röber mit der Darstellung in Häuschen umgesetzt (Abbildung 5).

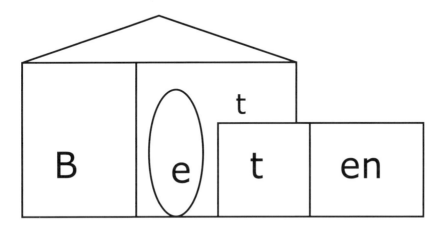

Abb. 5: Häuschenmodell zur Konsonantendopplung nach Röber (2009)

Die Lerner sollen hierdurch die Notwendigkeit erkennen, offene Silben mit unterschiedlichen Anschlussverhältnissen zu kennzeichnen. Bei <Betten> ist die Silbe zwar offen, /bɛ-tn/, trotzdem sind /ɛ/ und /t/ eng verknüpft (fester Anschluss) und das /ɛ/ ist ungespannt. Deshalb muss das <t> verdoppelt werden, und die Garage rückt ins Haus, sodass das <e> wie schon bei <Eltern> (s. o.) gewissermaßen grafisch wie lautlich weniger Platz hat.

Morphematische Ebene

Auf morphematischer Ebene geht es darum, den Lernern Wortverwandtschaften, die sich in der Orthografie niederschlagen, begreiflich zu machen. In <*bleipt> wurde also die Verwandtschaft zu <bleiben> nicht erkannt und stattdessen die Auslautverhärtung phonographisch verschriftet. Eine Möglichkeit, Wortverwandtschaften von Beginn an sichtbar zu machen, ist wiederum mit dem »Häuschen-Modell« möglich. Bredel (2010) nimmt Röbers Grafik zur Grundlage und markiert darin die Wortstämme farbig. Die Morphemanalyse wird besonders greifbar, indem das Häuschen-Modell ausgeschnitten und an entsprechender Stelle geknickt wird (Abbildung 6). Der farbige Stamm ist die Basis für alle verwandten Wörter, also auch für {bleib} {t}.

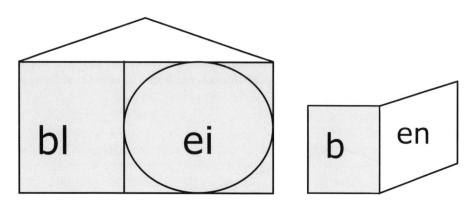

Abb. 6: Häuschenmodell mit Morphemkennzeichnung nach Bredel (2010)

Ein anderer didaktischer Zugang zu morphematischen Phänomenen setzt auf Herleitungsstrategien (vgl. »Problemlösungswissen«). Diese heuristischen Lösungswege zeichnen Schritt für Schritt vor, wie in bestimmten Fällen die Richtigschreibung erarbeitet werden kann (Abbildung 7).

Abb. 7: Algorithmische Herleitung, »Lernwegweiser« (Bartz et al. 2005, S. 5)

Schwierig bleibt, dass Herleitungsstrategien überhaupt nur zum Einsatz kommen, wenn der Lerner die Notwendigkeit einer Überprüfung wahrnimmt. Das Trainieren von derlei Hilfestellungen ist also nur dann zielführend, wenn aufseiten des Lerners ein gewisses »Rechtschreibgespür« hinzukommt (vgl. »metakognitives Wissen«). Wie das nachhaltig gefördert werden kann, ist bisher allerdings kaum erforscht.

Syntaktische Ebene

Auf syntaktischer Ebene treten in der oben stehenden Schreibung mehrere Fehler in der satzinternen Großschreibung auf. Diesem Lerner muss also nicht nur verdeutlicht werden, welche Wörter großgeschrieben werden, sondern auch, dass dies notwendig ist, um den Text für den Leser so zu strukturieren, dass es das Sinnerschließen erleichtert.

Traditionelle Konzepte gehen hierbei den Weg über die Wortart: Da Eigennamen und Substantive großgeschrieben werden, lernen Kinder, diese u. a. über semantische Merkmale oder über pseudo-grammatische Proben zu bestimmen. Ersteres ist z. B. bekannt als »Dingwort« bzw. als »alles, was man anfassen kann«. Letzteres kennt man als sog. »Artikelprobe«. Ein alternativer Weg, der auf die syntaktische Herleitung setzt, wird von Günther/Nünke (2005) vorgeschlagen (großgeschrieben werden Wörter, die durch Attribute erweiterbar sind und das rechte Ende einer Nominalgruppe darstellen). Das Konzept sieht drei Stufen vor:
1. Die Kinder lernen, dass man Kerne von Nominalgruppen erweitern kann.
Dies wird didaktisch mittels sogenannter »Treppengedichte« unterstützt.
die Betten
die weichen Betten
die weichen, warmen Betten
…
2. Die Kinder lernen, dass bei der Erweiterung nur Attribute zugelassen sind.
Um zu verhindern, dass nicht attributive Erweiterungen zu falschen Rückschlüssen führen (*<Das Kind bleipt *sehr lange* Wach>), wird die Flektierbarkeit von Attributen als Erkennungsmerkmal eingeführt und durch besondere Kennzeichnung der Attributendungen darauf aufmerksam gemacht.
die Betten
die weich<u>en</u> Betten
die weich<u>en,</u> warm<u>en</u> Betten
…
3. Die Kinder lernen die Anwendung der syntaktischen Probe in ihrer eigenen Schreibpraxis (Günther/Nünke 2005, S. 16 f.).

Damit präsentieren Günther/Nünke ein sachadäquates Herleitungsverfahren, das weitaus zuverlässigere Ergebnisse hervorbringt, als die wortartenbezogene Groß-/Kleinschreib-Didaktik.

Schluss

Wie wichtig eine sachadäquate Heranführung an den Gegenstand Orthografie in der Primarstufe ist, wird dann besonders deutlich, wenn sie missglückt. So geraten Lerner, denen das Fundament orthografischer Kompetenz fehlt, in ganz erhebliche Schwierigkeiten, wenn sie mit großen rechtschriftlichen Defiziten in die Sekundarstufe und schließlich in die Berufswelt entlassen werden. Umgekehrt haben Lehrkräfte in der Sekundarstufe gut zu tun, wenn sie die falschen, verfestigten Annahmen der Kinder korrigieren wollen, gleichzeitig aber im Lehrplan kaum mehr Zeit für orthografische Grundlagen vorgesehen ist (Weinhold in diesem Band).

So schließt dieser Beitrag mit denselben Worten wie Eckert/Stein in der Vorstellung ihrer Studie, in der sie inadäquate Auffassungen über Rechtschreibung von Hauptschülern nachweisen und u. a. auf den Grundschulunterricht zurückführen:

> »Allemal besser wäre die Heranführung der Kinder an die Schrift, die die Regelhaftigkeit ihrer Präsentation von Gesprochenem von Anfang an unmissverständlich darstellt« (Eckert/Stein 2003, S. 158).

Für dieses Anliegen sollten mit dem vorliegenden Beitrag die schrifttheoretische Basis, Möglichkeiten der Diagnostik und didaktische Ansätze für die Unterrichtspraxis aufgezeigt werden.

Literatur

Augst, G. (1997): Zur Neuregelung der deutschen Orthographie. Begründung und Kritik. Tübingen: Niemeyer.

Bartz, B./Herné, K.-L./Jungmann, M./Lorenz, B./Naumann, Carl Ludwig/Stoffers, J. (2005): Rechtschreibbausteine 5. Materialien zum intensiven Üben in der Rechtschreibung. Stuttgart: Klett.

Birkel, P. (2007): Weingartener Grundwortschatz Rechtschreib-Test für erste und zweite Klassen, WRT 1+. Göttingen: Hogrefe.

Blatt, I. (2010): Sprachsystematische Rechtschreibdidaktik: Konzept, Materialien, Test. In: Bredel, U./Müller, A./Hinney, G. (Hrsg.): Schriftsystem und Schrifterwerb. Linguistisch – didaktisch – empirisch. Berlin: de Gruyter, S. 101–132.

Blatt, I./Voss, A./Kowalski, K. (2007): Zur Erfassung orthographischer Kompetenz in IGLU 2006: Dargestellt an einem sprachsystematischen Test auf Grundlage von Daten aus der IGLU-Voruntersuchung. In: Symposion Deutschdidaktik e. V. (Hrsg.): Didaktik Deutsch. Baltmannsweiler: Schneider, S. 15–32.

Bredel, U. (2006): Die Herausbildung des syntaktischen Prinzips in der Historiogenese und in der Ontogenese der Schrift. In: Bredel, U./Günther, H. (Hrsg.): Orthographietheorie und Rechtschreibunterricht. Tübingen: Niemeyer 2006, S. 139–163.

Bredel, U. (2010): Der Schrift vertrauen. Wie Wörter und ihre Strukturen entdeckt werden können. In: Praxis Deutsch, Jg. 37, H. 221, S. 14–21.

Bredel, U./Fuhrhop, N./Noack, C. (2011): Wie Kinder lesen und schreiben lernen. Tübingen: Francke.

Budde, M./Riegler, S./Wiprächtiger-Geppert, M. (2011): Sprachdidaktik. Berlin: Akademie.

Busse, A./Hintz, I./Kühn, P. (2007): Wortstark. Sprache-Lese-Buch 5. Braunschweig: Schroedel.

Dehn, M./Hüttis-Graff, P. (2006): Beobachtung und Diagnose. Schulanfangsbeobachtung, Lernbeobachtung Schreiben und Lesen, Lernhilfen. Berlin: Scriptor.

Eckert, T./Stein, M. (2004): Ergebnisse aus einer Untersuchung zum orthographischen Wissen von HauptschülerInnen. In: Bredel, U./Siebert-Ott, G./Thelen, T. (Hrsg.): Schriftspracherwerb und Orthographie. Baltmannsweiler: Schneider, S. 123–161.

Fabricius-Hansen, C./Gallmann, P./Eisenberg, P. et al. (2009): Die Grammatik. Der Duden Bd. 4. Mannheim.

Fay, J. (2010a): Die Entwicklung der Rechtschreibkompetenz beim Textschreiben. Eine empirische Untersuchung von Klasse 1 bis 4. Frankfurt am Main: Peter Lang.

Fay, J. (2010b): Kompetenzfacetten in der Rechtschreibdiagnostik. Rechtschreibleistung im Test und im freien Text. In: Symposion Deutschdidaktik e. V. (Hrsg.): Didaktik Deutsch. Baltmannsweiler: Schneider, S. 15–36.

Fay, J. (2012): Prozessorientierte Rechtschreibdiagnostik – Wie kommen richtige und falsche Schreibungen zustande? In: Grundschulunterricht Deutsch. Heft 3. Berlin: Oldenbourg Schulbuchverlag, S. 33–37.

Fay, J./Berkling, K./Stüker, S. (2012): Automatische Analyse von Rechtschreibfähigkeit auf Basis von Speech-Processing-Technologien. In: Didaktik Deutsch. Heft 33. Baltmannsweiler: Schneider.

Frith, U. (1985): Beneath the Surface of Developmental Dyslexia. In: Patterson, K. et al. (Hrsg.): Surface Dyslexia. Neuropsychological and Cognitive Studies of Phonological Reading. London: Erlbaum, S. 301–330.

Gallmann, P./Sitta, H./Reichlin, F. (1998): Handbuch Rechtschreiben. Zürich: Lehrmittelverlag des Kantons Zürich.

Günther, H./Nünke, E. (2005): Warum das Kleine groß geschrieben wird, wie man das lernt und wie man das lehrt. Kölner Beiträge zur Sprachdidaktik. Duisburg: Gilles und Franck.

Herné, K-L.; Naumann, C. L. (2005): Aachener Förderdiagnostische Rechtschreibfehler-Analyse. Systematische Einführung in die Praxis der Fehleranalyse mit Auswertungshilfen zu insgesamt 31 standardisierten Testverfahren als Kopiervorlagen. Aachen: Alfa Zentaurus.

Hinney, G. (1997): Neubestimmung von Lerninhalten für den Rechtschreibunterricht. Ein fachdidaktischer Beitrag zur Schriftaneignung als Problemlöseprozeß. Frankfurt am Main: Peter Lang.

Institut für Deutsche Sprache (2006): Deutsche Rechtschreibung. Regeln und Wörterverzeichnis. www.ids-mannheim.de/service/reform/regeln2006.pdf (Abruf 1.8.2012).

Jahn, C./Menzel, W. (2007): Pusteblume – das Sprachbuch. Braunschweig: Schroedel.

Jansen, H./Mannhaupt, G./Marx, H./Skowronek, H. (2002): Bielefelder Screening zur Früherkennung von Lese-Rechtschreibschwierigkeiten. BISC. Göttingen: Hogrefe.

Klieme, E. (2007): Zur Entwicklung nationaler Bildungsstandards. Eine Expertise. Bonn: BMBF.

Lienert, G. A./Raatz, U./Lienert-Raatz (1998): Testaufbau und Testanalyse. Weinheim: Beltz Psychologie-Verlags-Union.

Ludwig, O. (1995): Integriertes und nicht-integriertes Schreiben. Zu einer Theorie des Schreibens: eine Skizze. In: Baurmann, J.; Weingarten, R. (Hrsg.): Schreiben. Prozesse, Prozeduren und Produkte. Opladen, S. 273–288.

Maas, U. (1992): Grundzüge der deutschen Orthographie. Tübingen: Niemeyer.

Mandl, H./Friedrich, H. F./Hron, A. (1993): Psychologie des Wissenserwerbs. In: Weidenmann, B./Krapp, A. et al. (Hrsg.): Pädagogische Psychologie. 3. Aufl. Weinheim: Beltz, S. 143–218.

Mandl, H. et al. (2006): Psychologie des Wissenserwerbs. In: Krapp, A./Weidenmann, B. (Hrsg.): Pädagogische Psychologie. Ein Lehrbuch. 5., vollst. überarb. Aufl. Weinheim: Beltz, S. 143–187.

Martschinke, S./Kirschhock, E.-M./Frank, A./Lindenberg, D. (2008): Der Rundgang durch Hörhausen. Erhebungsverfahren zur phonologischen Bewusstheit. Donauwörth: Auer.

May, P./Vieluf, U./Malitzky, V. (2007): Diagnose orthographischer Kompetenz, Handbuch, Hamburger Schreib-Probe 1–9. Hamburg: Verlag für pädagogische Medien.

Mittelstraß, J. (Hrsg.) (2004): Enzyklopädie Philosophie und Wissenschaftstheorie. Band 2 (H–O). Stuttgart: Metzler.

Müller, R. (2005): Diagnostischer Rechtschreibtest für 3. Klassen, DRT 3. Manual. Göttingen.
Munske, H. H. (1987): Orthographie als Sprachkultur. Frankfurt am Main: Peter Lang.
Munske, H. H. (2005): Lob der Rechtschreibung. Warum wir schreiben, wie wir schreiben. München: C. H. Beck.
Nerius, D. (Hrsg.) (2007): Deutsche Orthographie. Hildesheim, Zürich, New York: Olms.
Nickel, S. (2006): Orthographieerwerb und die Entwicklung von Sprachbewusstheit. Zu Genese und Funktion von orthographischen Bewusstseinsprozessen beim frühen Rechtschreiberwerb in unterschiedlichen Lernkontexten. Norderstedt: Books on Demand.
Ossner, J. (2006a): Sprachdidaktik Deutsch. Paderborn: Schöningh.
Ossner, J. (2006b): Kompetenzen und Kompetenzmodelle im Deutschunterricht. In: Symposion Deutschdidaktik e. V. (Hrsg.): Didaktik Deutsch. Baltmannsweiler: Schneider, S. 5–19.
Peyer, A./Portmann, P. R./Brütsch, E./Gallmann, P./Lindauer, T./Linke, A. et al. (1996): Norm, Moral und Didaktik. Die Linguistik und ihre Schmuddelkinder. In: Peyer, A./Portmann, P. R. (Hrsg.): Norm, Moral und Didaktik – die Linguistik und ihre Schmuddelkinder. Eine Aufforderung zur Diskussion. Tübingen: Niemeyer, S. 9–46.
Primus, B. (2010): Strukturelle Grundlagen des deutschen Schriftsystems. In: Bredel, U./Müller, A./Hinney, G. (Hrsg.): Schriftsystem und Schrifterwerb. Linguistisch – didaktisch – empirisch. Berlin: de Gruyter, S. 9–45.
Risel, H. (2003): »Weil ich es immer falsch mache«. In: Praxis Grundschule, H. 3, S. 32–34.
Röber, C. (2009): Die Leistungen der Kinder beim Lesen- und Schreibenlernen. Grundlagen der Silbenanalytischen Methode. Hohengehren: Schneider.
Röber-Siekmeyer, C. (1999): Ein anderer Weg zur Groß- und Kleinschreibung. Leipzig: Klett.
Scheele, V. (2006): Entwicklung fortgeschrittener Rechtschreibfertigkeiten. Ein Beitrag zum Erwerb der »orthographischen« Strategien. Frankfurt am Main: Peter Lang.
Scheerer-Neumann (1987): Kognitive Prozesse beim Rechtschreiben. Eine Entwicklungsstudie. In: Eberle, G./Reiß, G. (Hrsg.): Probleme beim Schriftspracherwerb. Heidelberg: Winter, S. 193–219.
Sommerfeldt, K.-E. (1985): Einführung in die Grammatik und Orthographie der deutschen Gegenwartssprache. Leipzig: Bibliographisches Institut.
Stock, C./Schneider, W. (2008): Deutscher Rechtschreibtest für das erste und zweite [dritte und vierte] Schuljahr. Göttingen: Hogrefe.
Strunk, H.(2006): Dokumentation zur Geschichte der deutschen Orthographie in Deutschland in der ersten Hälfte des 20. Jahrhunderts. Hildesheim, Zürich, New York: Olms.
Thelen, T. (2010): Orthographische Regeln in Sprachwissenschaft, Sprachdidaktik und Computerlinguistik. In: Iorio, M./Reisenzein, R. (Hrsg.): Regeln, Norm, Gesetz. Eine interdisziplinäre Bestandsaufnahme. Frankfurt am Main: Peter Lang, S. 329–347.
Thomé, G. (2003): Entwicklung der basalen Rechtschreibkenntnisse. In: Bredel, U./Günther, H./Klotz, P./Ossner, J./Siebert-Ott, G. (Hrsg.): Didaktik der deutschen Sprache. Paderborn, S. 369–380.
Thomé, G./Thomé, D. (2004): OLFA Oldenburger Fehleranalyse, Instrument und Handbuch zur Ermittlung der orthographischen Kompetenz ab Klasse 3. Oldenburg: Institut für sprachliche Bildung.
Valtin, R. et al. (1986): Kinder lernen schreiben und über Sprache nachzudenken: Eine empirische Untersuchung zur Entwicklung schriftsprachlicher Fähigkeiten. In: Valtin, R./Naegele, I. (Hrsg.): »Schreiben ist wichtig!«. Frankfurt am Main: Arbeitskreis Grundschule e. V., S. 23–53.
Weigl, E. (1974): Zur Schriftsprache und ihrem Erwerb – neuropsychologische und psycholinguistische Betrachtungen. In: Eichler, W./Hofer, A. (Hrsg.): Spracherwerb und linguistische Theorie. Texte zur Sprache des Kindes. München: Piper, S. 94–173.
Weinert, F. E. (2001): Vergleichende Leistungsmessung in Schulen – eine umstrittene Selbstverständlichkeit. In: Weinert, F. E. (Hrsg.): Leistungsmessungen in Schulen. Weinheim: Beltz, S. 17–31.

Swantje Weinhold

Rechtschreiblernen in der Sekundarstufe I

Schreibungen wie <*jetnen> und <*fertelkawe> geben schriftkundigen Lesern Rätsel auf. Wir haben trotz unseres (impliziten) Lese-Rechtschreibwissens allergrößte Schwierigkeiten, sie zu entschlüsseln, doch wir versuchen es: Wir wenden typische Betonungsmuster für Wörter an: <*jetnen> wie z. B. < melken>, also erste Silbe geschlossen und betont, kurzer Vokal, zweite Silbe unbetont und darin der Vokal <e> nur gemurmelt. <*Fertelkawe> vielleicht wie <Gürteltasche>; Vermutung, dass es sich um ein Kompositum handeln könnte, also zwei Betonungen setzen, etc. Diese Strategien führen hier aber nicht zum Erfolg. Also verschieben wir die Betonungen; variieren die Vokalqualität, versuchen Wortbausteine wie Vorsilben oder Stämme auszumachen und gleichen immer wieder den so entstehenden Klang mit uns bekannten Wortklängen ab – vergeblich.

Erfahren wir über den Entstehungszusammenhang dieser Schreibungen, dass Sebastian im 8. Schuljahr gebeten worden war, zu notieren, was seine Eltern beruflich machen, dann haben wir

→ als Leser eine neue Spur: Kontextwissen,
→ und als Didaktiker einen Erkenntnisgewinn: Die Logik der Schrift wurde nicht gelernt.
→ Als Lehrkräfte sind wir in Sorge: Wie soll der Junge seinen Schulabschluss schaffen?
→ Und als Vertreter der Handelskammer sind wir entsetzt: Wo bleibt die Ausbildungsfähigkeit?

Rechtschreibung – bildungspolitisch

Rechtschreibfehler: Chancen oder Risiko?

Offenbar haben also alle möglichen bildungspolitischen Akteure etwas zum Thema Rechtschreibfähigkeit bzw. Rechtschreibfehler als Ausdruck mangelnder Rechtschreibfähigkeit zu sagen. Dies ist besonders vor dem Hintergrund interessant, dass heutzutage in Fachkreisen orthografischen Fehlern *zunächst* großes Wohlwollen entgegengebracht wird: Mit Blick auf die Lerner sind Falschschreibungen notwenige Entwicklungsschritte, weswegen sie auch als Lernerschreibungen bezeichnet werden.

Für Lehrkräfte und Schreibforscher geben sie Einblick in die kognitiven Prozesse der Lerner, wie ein berühmt gewordenes Zitat von Christa Erikson betont: »Der Unterschied [zu früheren Auffassungen, S. W.] liegt in der – beschämend spät gewonnenen – Erkenntnis, daß Kinder Fehler machen müssen – und nicht nur dürfen! Sie sind entwicklungsnotwendig! [Nach dem neuen Verständnis sind Fehler, S. W.] einerseits unumgängliche Station auf dem Weg zur Beherrschung der Schrift und andererseits ›Schaufenster‹ in die kognitiven Strategien der Kinder« (Erickson, 1987, S. 150 f.). Oder wie Siekmann/Thomé ganz aktuell fordern: »Fehler [sind] als Hinweise und Hilfen [zu verstehen, S. W.], mit denen in einer Gesamtschau das System der inneren Regeln, die der Rechtschreibkompetenz eines bestimmten Lerners zu einem gegebenen Zeitpunkt zugrunde liegen, rekonstruiert werden kann« (Siekmann/Thomé 2012, S. 13).

Diese positive, lernerorientierte Sicht auf orthografische Fehler in Schule und Gesellschaft ist aber bekanntermaßen begrenzt. Im Anfangsunterricht ist Fehlertoleranz fast oberstes Gebot, denn »ein zu frühes Einfordern von Normschreibungen [kann] sowohl die Entwicklung der Rechtschreibkompetenz als auch die Schreibmotivation in hohem Maße behindern« (Lindauer/Schmellentin 2008, S. 32).

Wer jedoch am Ende der Grundschule, spätestens aber in der neunten Klasse die Orthografie nicht beherrscht, bekommt nicht nur massive Probleme im Fach Deutsch, sondern Probleme beim Schulabschluss bzw. beim Übergang in die weiterführende oder berufliche Bildung. Häufig geht dies einher mit Zuschreibungen wie »mangelnde Leistungsbereitschaft«, »Konzentrationsdefizit«, »generelle Lernschwäche«, »Legasthenie« oder gar »Dummheit«. Hier spätestens beginnen dann auch die Schuldzuweisungen: »Was haben die denn bloß in der Grundschule gemacht?«, »Die Schülerinnen und Schüler können ja nichts (mehr heutzutage)«. Und die Kolleginnen und Kollegen aus der Grundschule kennen ihrerseits (außerschulische) Gründe und Schuldige dafür, dass »ihre« Lerner das richtige Schreiben noch nicht hinreichend beherrschen. Häufig geraten da Kitas ins Visier, Eltern, kulturelle, sprachliche oder gar genetische Hintergründe.

Die Orthografie hat also offenbar so wie das Lesen einen hohen Stellenwert in der Gesellschaft, an dem sich die Gemüter immer wieder erhitzen können. Richtig schreiben zu können, wird als wesentlicher Indikator von Gebildetheit überhaupt genommen und zur Legitimation von Entscheidungen über Bildungswege und gesellschaftliche Partizipation herangezogen. Besonders deutlich wird dies, wenn man sich die Definition von Ausbildungsfähigkeit ansieht. Dort zeigt sich, dass kaum ein schulischer Lernbereich so betont wird wie der der Orthografie (Ehrenthal/Eberhard 2005).

Es wundert daher nicht, dass die Beherrschung der Orthografie (nicht ihre möglichst effektive Vermittlung für das Schreiben von Texten) in der Primar- und Sekundarstufe so wichtig genommen wird, obwohl namhafte Vertreter des Faches in regelmäßigen Abständen vor einer derartig folgenschweren Überbetonung warnen:

»Es gibt keinen anderen Lernbereich, der die tägliche Arbeit in den Grundschulen dermassen belastet und beeinträchtigt wie die Rechtschreibung. Noch immer, all den vielen Aufklärungsbemühungen zum Trotz, ist Rechtschreibung das heimliche Hauptfach. Während wir ziemlich nachsichtig sind, wenn jemand seine in der Schule erworbenen Geographie- und Geschichtskenntnisse wieder verliert oder sich nur noch mit Hilfe des Taschenrechners an zweistellige Zahlen wagt, gewähren wir bei der Rechtschreibung keine Toleranz« (Reichen 1997, S. 10).

Während Reichen die Orthografie für völlig überbewertet hält und sich dafür ausspricht, nicht sie, sondern vor allem grammatisches, semantisches und Wortschatzwissen zu lehren, geht die ebenfalls radikale Kritik von Konrad Duden 99 Jahre früher in eine andere Richtung:

»Die bisherige deutsche Rechtschreibung schädigt durch nutzlose Gedächtnisbelastung [...] die geistige und leibliche Gesundheit unserer Jugend. Indem sie der Schule kostbare Zeit, dem Kind Lust und Freude am Lernen raubt, ist sie der schlimmste Hemmschuh unserer Volksbildung. Sie wirkt verdummend, indem sie unter größter Kraftvergeudung Verstand und Gedächtnis zum gegenseitigen Kampf zwingt. Trotz aller aufgewandten Mühe – sie heißt zurecht das Schulmeisterkreuz – gelingt es der Schule doch nicht, sie dem größeren Teil unserer Jugend fürs spätere Leben einzuprägen« (Duden 1908).

Er plädiert dafür, die Rechtschreibung so zu vereinfachen, dass sie leichter lernbar ist, damit sie nicht Aufmerksamkeit und Kraft bindet, sondern jedem als Kommunikationsmittel zu Gebote steht.

Unser Sebastian aus der 8. Klasse könnte ein Beispiel für das sein, was Konrad Duden vor Augen hatte. Er kann trotz jahrelangem Rechtschreibunterricht nicht schreiben, was er sagen möchte, d. h. ihm steht die Schrift nicht als Werkzeug für den Ausdruck seines Gedankens zur Verfügung. Dieser Umstand ist für sich genommen alarmierend, denn er macht Sebastians Partizipation in einer durchweg schriftgeprägten Gesellschaft ungewiss. Dass Sebastian ein schwerer Fall ist, aber kein Einzelfall, zeigt sich, wenn man den Blick auf den tatsächlichen orthografischen Lernstand in Deutschland richtet.

Wie steht es um die Rechtschreibleistungen der Sekundarstufenschüler?

Über die aktuellen Rechtschreibleistungen der Schülerinnen und Schüler der Sekundarstufe 1 gibt der letzte Ländervergleich von 2009 Auskunft, der zur Normierung der Bildungsstandards für den Mittleren Schulabschluss im Jahr 2008 (an 1 500 Schulen, die mit jeweils einer 9. Klasse beteiligt waren) vom Institut für Qualitätsentwicklung im Bildungswesen (IQB) durchgeführt wurde. Ein Lückendiktat, ein un*komma*tierter Text und ein Fehlertext wurden von den Lernern bearbeitet. Die Auswertung führte zu einem Kompetenzstufenmodell (www.iqb.hu-berlin.de/bista/dateien/Deutsch_KSM_Ortho.pdf), vor dessen Hintergrund u. a. folgende Ergebnisse zur Kenntnis genommen werden müssen: 4,7 Prozent der Neuntklässlerinnen und Neuntklässler erreicht nur die Niveaustufe I und damit *nicht einmal* ein »definiertes Minimum an Kompetenzen« (S. 7). Weitere 21,5 Prozent der Schülerinnen und Schüler kommen *nicht* über die Kompetenzstufe II hinaus. Das bedeutet konkret:

> „*Richtig*, d. h. großgeschrieben werden schon *einige Substantivierungen* wie *Arbeiten*, denen im Text Präpositionen und/oder Artikel vorangehen, und ein Wort wie *Bekannte*, ein substantiviertes Adjektiv, das im Text allein ein Satzglied bildet.
> Schülerinnen und Schüler meistern auf diesem Niveau die Schreibung *etwa der Hälfte* der im Text vorkommenden, im Alltag *häufig gebrauchten Fremdwörter* (wie Experten, Stress und intensiv).
> Richtig geschrieben wird ebenfalls *die Konjunktion dass*, mit der ein nach dem übergeordneten Satz platzierter Objektsatz eingeleitet ist.
> Auf diesem Niveau werden nur *wenige Fälle von Zusammenschreibung* bewältigt, z. B. zusammenhalten und irgendetwas.
> Gemeistert wird auch etwa *die Hälfte der Fälle*, in denen ein *Dehnungs-h* zu schreiben ist.
> Was die *Mehrheitsschreibung der Vokallänge* angeht, so bereitet sie normalerweise keine Probleme […].
> Auch auf diesem Niveau werden *nur wenige Kommata* richtig platziert […].
> Auf diesem Niveau werden wieder *nur wenige Korrekturaufgaben* gemeistert, insgesamt etwa *ein Viertel*. […]
> Insgesamt interpretieren wir dieses Niveau im Sinne der Erreichung von Mindeststandards« (S. 9; Hervorhebungen S. W.).

Selbst wenn hier vom Erreichen eines Mindeststandards gesprochen wird, so kann man nicht behaupten, dass mit diesen Ergebnissen im eigentlichen Sinne ein Ziel erreicht worden sei: Aus schulischer Perspektive würde bei Ergebnissen wie diesen zweifelsfrei von mangelhaften Leistungen (Note 5) gesprochen werden, wenn nicht von Rechtschreibversagen, und das bei rund 25 Prozent der Schülerinnen und Schüler.

Interessant ist, dass sich auch hier bei Weitem nicht alle Falschschreibungen auf Rechtschreibphänomene beziehen, die man dem weiterführenden Orthografieunterricht zuordnen würde: So werden beispielsweise nur etwa ein Drittel der Vokalkürzungen wie in <geschafft> korrekt markiert, und ein Viertel der konsonantischen und vokalischen Ableitungen <lie̱bsten; Tä̱tigkeit> gelingen nicht.

In jedem Fall sind die Ergebnisse Anlass genug, den gegenwärtigen ein- und weiterführenden Orthografieunterricht curricular und in der schulischen Praxis noch einmal kritisch zu beleuchten: Warum gelingt es bei Weitem nicht, alle Schriftlerner zu Schriftkundigen zu machen?

Das gegenwärtige schulische Rechtschreibcurriculum

Will man diese Frage beantworten, werden mehrere Einflussgrößen sichtbar: Da ist zum einen die fachdidaktische Forschung, die zumeist nur verzögert und in Bruchstücken Einzug in den schulischen Alltag findet; ihr gegenüber steht das »didaktische Brauchtum«. Und – seit 2004 – sind die Bildungsstandards und Kerncurricula dazugekommen, die als eine Art Scharnier zwischen gesellschaftlichen Ansprüchen, fachdidaktischer Forschung und Unterrichtstraditionen verstanden werden können. Sie legen verbindlich fest, welche Rechtschreibkompetenzen Lerner bis zum Ende der 4. bzw. 9./10. Klasse erworben haben sollen. Dieser normative Anspruch an das Lehren und Lernen, konkretisiert in Gestalt von zu erwerbenden Kompetenzen, existiert also parallel zur etablierten Schreibdidaktik und soll diese zugleich nachhaltig beeinflussen.

Zunächst zum klassischen Zuschnitt des schulischen Schriftspracherwerbs. Es ist Tradition im Anfangsunterricht, Laut-Buchstaben-Korrespondenzen in den Mittelpunkt des Schriftlernens zu stellen, bevor dann ab Klasse 3 und 4 mehr oder weniger ohne Bezug auf das bisher Vermittelte orthografische Schreibungen gelernt, trainiert und erwartet werden. Dazu gehören dann Doppelkonsonanten und Dehnungsmarkierungen, Grundzüge der Großschreibung, Satzschlusszeichen und Worttrennung am Zeilenende. Mit Ende der Primarschulzeit soll der Schriftspracherwerb im Prinzip abgeschlossen sein, sodass sich der weiterführende Orthografieunterricht auf die Festigung und Automatisierung des bisher Gelernten konzentrieren kann, sowie auf die Erweiterung und Vertiefung der Groß- und Klein-, Getrennt- und Zusammenschreibung und der Kommasetzung.

Dieses Vorgehen geht von der Annahme aus, dass sich Rechtschreiblernen im Wesentlichen als ein linearer Prozess vollzieht, in dem sukzessiv eine Stufe/Phase durch die nächste abgelöst wird. In vielen Stufenmodellen ist dieser Entwicklungsverlauf ähnlich modelliert worden (z. B. Frith 1985, Valtin 1988, Scheerer-Neumann 1989, Thomé 2003). So wird in den ersten Schuljahren – je nach Diktion – z. B. zunächst die sogenannte protoalphabetische und dann alphabetische Strategie ausgebildet und angewandt; ab Klasse 3 folgt die orthografische Strategie, die – je nach Modell – das morphematische Schreiben beinhaltet oder die Basis dafür bildet.

Betrachtet man die neuen Bildungsstandards für den Kompetenzbereich Schreiben, in dem sich der Unterpunkt »Richtig schreiben« findet, ergibt sich ein Wiedererkennungseffekt: Die Schülerinnen und Schüler sollen bis Ende Klasse 4 die Rechtschreibung im Wesentlichen beherrschen, sodass die Orthografie in der Sekundarstufe v. a. eine dienende Funktion für das Textschreiben haben kann. Dabei sollen alle Rechtschreibstrategien zum Einsatz kommen, die bereits in der Primarstufe erworben wurden. Diese werden allerdings nicht so explizit gestuft gekennzeichnet, wie es in der schulischen Praxis und in Lehrwerken häufig der Fall ist. Insgesamt sind die Standards für die Sekundarstufe I radikaler als die schulische Praxis: Es wird gar kein Lernweg bzw. Erkenntnisgewinn im Hinblick auf den Lerngegenstand Orthografie mehr gekennzeichnet.

Grundschule 4	HS 9	MSA 10
Die Kinder verfügen über grundlegende Rechtschreibstrategien. Sie können lautentsprechend verschriften und berücksichtigen orthografische und morphematische Regelungen und grammatisches Wissen. Sie haben erste Einsichten in die Prinzipien der Rechtschreibung gewonnen. Sie erproben und vergleichen Schreibweisen und denken über sie nach. Sie gelangen durch Vergleichen, Nachschlagen im Wörterbuch und Anwenden von Regeln zur richtigen Schreibweise. Sie entwickeln Rechtschreibgespür und Selbstverantwortung ihren Texten gegenüber.	Die Schülerinnen und Schüler [...] verfassen sie unter Beachtung von Strategien zur Fehlervermeidung und mithilfe eines Wörterbuches weitgehend fehlerfrei, schätzen sie selbstkritisch ein und überarbeiten sie gegebenenfalls.	Die Schülerinnen und Schüler [...] verfassen sie unter Beachtung von Strategien zur Fehlervermeidung und mithilfe eines Wörterbuches weitgehend fehlerfrei, schätzen sie selbstkritisch ein und überarbeiten sie gegebenenfalls.
Standards	**Standards**	**Standards**
→ geübte, rechtschreibwichtige Wörter normgerecht schreiben → Rechtschreibstrategien verwenden: mitsprechen, ableiten, einprägen → Zeichensetzung beachten: Punkt, Fragezeichen, Ausrufezeichen, Zeichen bei wörtlicher Rede → über Fehlersensibilität und Rechtschreibgespür verfügen → Rechtschreibhilfen verwenden, Wörterbuch nutzen, Rechtschreibhilfen des Computers kritisch nutzen → Arbeitstechniken nutzen → methodisch sinnvoll abschreiben → Übungsformen selbstständig nutzen → Texte auf orthografische Richtigkeit überprüfen und korrigieren	→ Grundregeln der Rechtschreibung und Zeichensetzung kennen und anwenden → häufig vorkommende Wörter – auch wichtige Fachbegriffe und Fremdwörter – richtig schreiben → individuelle Fehlerschwerpunkte erkennen und Fehler durch Anwendung von Rechtschreibstrategien vermeiden: z. B. ableiten, Wortverwandtschaften suchen, grammatisches Wissen nutzen	→ Grundregeln der Rechtschreibung und Zeichensetzung sicher beherrschen → häufig vorkommende Wörter, Fachbegriffe und Fremdwörter richtig schreiben → individuelle Fehlerschwerpunkte erkennen und mithilfe von Rechtschreibstrategien abbauen, insbesondere nachschlagen, ableiten, Wortverwandtschaften suchen, grammatisches Wissen anwenden

Tab. 1: Bildungsstandards für den Kompetenzbereich »Richtig schreiben« (KMK 2004)

Unabhängig davon, dass es wünschenswert gewesen wäre, das Veränderungspotenzial der Bildungsstandards viel stärker zu nutzen, ist Folgendes festzustellen: Faktisch hat das klassische, gestufte Vorgehen der Schule in dem Fall von Sebastian und bei den vielen anderen Schülerinnen und Schülern, die im Ländervergleich getestet wurden, nicht zum Erfolg geführt. Und aus der Perspektive der aktuellen Orthografieforschung und den Erkenntnissen über den Schriftspracherwerb verwundert dies auch gar nicht. Die folgenden Ausführungen über die Logik und Systematik der Schrift sollen deutlich machen, dass der Lerngegenstand eine andere unterrichtliche Auseinandersetzung nahelegt als die gängige.

Rechtschreibung – sachlich

Gesprochene und geschriebene Sprache

Der Begriff Orthografie bezeichnet die geregelte, amtlich kodifizierte Norm von Schreibungen. Sie legt also fest, was richtig ist. Insofern ist richtig schreiben zu können keine besondere Begabung oder Tugend, sondern das Befolgen einer Norm. Ändert sich diese, ändert sich, was richtig und falsch ist, und man macht u. U. Fehler, die früher keine waren. Um zu verstehen, welche Systematik in einer Schrift wie der deutschen steckt, welche vielfältigen Informationen sie transportiert, ist es aufschlussreicher, sich mit den Erkenntnissen der Graphematik auseinanderzusetzen, denn diese linguistische Teildisziplin untersucht die Regularitäten, die den geschriebenen Äußerungen einer Sprache innewohnen. Sie beschreibt, wie man schreibt (Eisenberg/Fuhrhop 2007). Und dabei stellt sich als Erstes ganz deutlich heraus, dass man *nicht* schreibt, wie man spricht.

Verdeutlicht werden soll dies (noch einmal) an einem Vergleich gesprochener und geschriebener Sprache (Maas 1992, S. 6):

A: vas.vɪlstn̩ˈmaxn̩‖

B: jaʔiçvɔltanziç‖øm‖mɪtdeːmpaˈtsientndizəsˈbux‖bəʔaːba͜itn̩

A: was willst'n machn?
B: Ja ich wollt an sich …öhm… mitdem patienten dies buch bearbeitn

A: Was willst du denn machen?
B: Ja, ich wollte an sich mit dem Patienten dieses Buch bearbeiten.

Es fällt sofort ins Auge, wie weit Schrift und Sprache auseinanderliegen. Je lesbarer die Sätze werden, desto weniger haben sie mit den gesprochenen Äußerungen gemeinsam. Bei dem ersten Beispiel handelt es sich um eine Transkription zweier gesprochener Sätze mit Hilfe des internationalen phonetischen Alphabets (IPA). Jedes einzelne Zeichen dieses Alphabets transportiert genaue Ausspracheinformationen. Es gibt an, was ein Sprecher mit seinen Sprechwerkzeugen nacheinander tun muss, um den korrekten Klang der gesprochenen Sprache zu reproduzieren.

Dabei wird als erster großer Unterschied zu Schrift deutlich, dass wir nicht in einzelnen Lauten oder Wörtern sprechen – zwischen ihnen gibt es keine Lücken –, sondern in einem Lautstrom, der nur zum Atemholen unterbrochen wird und dies in der Regel an Silben- oder Sinngrenzen.

Die zweite Fassung entspricht einer alltagssprachlichen Form, Eigenheiten gesprochener Sprache wiederzugeben. Hier wird zum einen kenntlich gemacht, dass Laute nicht einfach Buchstaben entsprechen (zu sagen, das <e> in <machen> wäre »verschluckt« worden, entspricht dem Blick von der Schrift aus und betrachtet nicht die gesprochene Sprache für sich). Zum anderen wird veranschaulicht, dass es keine Unterscheidung von Groß- und Kleinbuchstaben gibt.

Erst in der dritten, orthografisch korrekt geschriebenen Fassung finden sich all die silbischen, morphologischen und grammatischen Informationen, die wir als Leserinnen und Leser durch die Schrift zu bekommen gewohnt sind und die uns dienen, um das Geschriebene schnell und sicher zu verstehen. Und gerade diese Leistung der Schrift für die Rezipienten macht die Aufgabe für den Schreiber so anspruchsvoll.

Wäre die Schrift in erster Linie eine Schrift für den Schreiber, hätte sie v. a. *Aufzeichnungsfunktion*. Demgemäß würde sie phonographisch aufgebaut sein, d. h. es würde die Maxime gelten: »Schreibe, wie du sprichst.« Dies würde orthografische Konventionen überflüssig und die Schrift leicht lernbar machen. Der Schreiber arbeitet aber eben v. a. für den Leser. Er macht den Textaufbau, den Satzaufbau und den Wortaufbau – und damit die Bedeutung und Funktionsweise der Wörter – für einen (stummen) Leser auf der Basis von Laut-Buchstaben-Zuordnungen sichtbar (u. a. Munske 2005). Man nennt das die *Erfassungsfunktion* der Schrift (u. a. August/Dehn 2007, S. 32). Man könnte daher als Maxime formulieren: »Schreibe, wie du gelesen werden willst.«

Prinzipien der Graphematik

Dieser Service für den Leser spiegelt sich in verschiedenen Prinzipien wider, die dem deutschen Schriftsystem zugrunde liegen. Je nach Systematik wird zwischen zwei bis acht Prinzipien unterschieden. Das Amtliche Regelwerk beispielsweise unterscheidet nur »Beziehung zwischen Schreibung und Lautung« von »Beziehung zwischen Schreibung und Bedeutung« (Rat der deutschen Rechtschreibung 2006).

Die Duden-Grammatik unterscheidet: phonographisches, silbisches, morphologisches und »weitere Mittel der Wortschreibung«. Wieder andere nehmen beispielsweise noch ein ästhetisches Prinzip und/oder ein Homonymieprinzip dazu, das Schreibungen wie <Wal> vs. <Wahl> erklärt (z. B. Riehme 1974).

Unabhängig davon, wie viele Prinzipien angenommen werden, ist es entscheidend festzuhalten, dass das deutsche Schriftsystem ein Mischsystem ist, in dem die verschiedenen Prinzipien zusammenwirken und keines dominant ist, was in den verschiedenen Leistungen der Prinzipien für den »Leserservice« begründet liegt. Hinzu kommt, dass sich die Entwicklung der Orthografie einer Sprache mit einer langen Schrifttradition wie der deutschen in einem ständigen Prozess der Wechselwirkung zwischen Schreibusus und Normkodifizierung vollzieht, in dem es – mit Ausnahme von Reformen – nicht das Bestreben gibt, prinzipienreine Schreibungen zu schaffen. Die Prinzipien sind daher in Wörtern parallel aufzufinden und interagieren; wie, das muss gelernt werden (Bredel/Fuhrhop/Noack 2011, S. 51 ff.).

Spätestens daraus folgt, dass es kein sinnvolles Ziel ist, die Orthografie in ihrer Gesamtheit zu beherrschen, sondern im Sinne der Graphematik die Logik und die Leistungen der Prinzipien für den Transport von Informationen zu verstehen und daraus Lernbereiche für den ein- und weiterführenden Orthografieunterricht abzuleiten (vgl. dazu den letzten Teil dieses Beitrages).

Mit der graphematisch ausgerichteten Duden-Grammatik wird im Folgenden von vier Prinzipien ausgegangen, die für das deutsche Schriftsystem grundlegend sind: phonographisches, silbisches und morphematisches Prinzip sowie »weitere Mittel der Wortschreibung«, die auf die Ebene des Satzes verweisen und daher zu einem syntaktischen Prinzip gezählt werden. Nimmt man aus der Perspektive des Lesers die drei Einheiten hinzu, in denen er sich jeweils schnell orientieren muss, nämlich Text, Satz und Wort, dann werden folgende »Serviceleistungen« der Schrift deutlich:

→ Informationen über die *Textstruktur* gibt die Schrift u. a. mithilfe von Überschriften, Absätzen, Gliederungszeichen, Fußnoten.
→ Auf *Satzebene* unterstützen v. a. die Großschreibung, aber auch die Getrennt- und Zusammenschreibung sowie die Spatien- und Zeichensetzung das schnelle Lesen.
→ Auf *Wortebene* wird schnelle Lesbarkeit durch die Struktur der Silben und durch Morphemkonstanz gewährleistet. Dazu zählt:
  – Schwer lesbare Konsonantencluster mit mehr als vier Konsonanten werden vermieden und ggf. gekürzt (<st>/<sp>);
  – Konsonantenkombinationen sind begrenzt (Braten/Verb, nicht aber <Rb...> am Wortanfang);
  – das silbeninitiale h macht aufeinander folgende Silbenkerne kenntlich (<sehen> statt <Seen>);
  – Konsonantenverdopplungen machen Silbengelenke deutlich (<Schlitten>);
  – Auslautverhärtung (wird in der Schrift nicht mitgemacht) (<Hund> weil <Hunde> obwohl [hʊnt]);
  – Umlautschreibung zur Kennzeichnung der Wortfamilienzugehörigkeit;
  – Vererbung von silbischen Informationen (<siehst>);
  – Erhaltung von Morphemgrenzen (verraten) (dazu ausführlicher Fay in diesem Band; Duden 2006; Müller 2010; Noack 2011a).

Rechtschreibung – kompetenzdiagnostisch

Betrachtet man diese für das Lesen funktionale Sachstruktur aus dem Blickwinkel von Schülerinnen und Schülern als Lerngegenstand, dann zeigt sich am Beispiel der Lautung /hɛlt/ der Wörter <Held, hält, hellt> noch einmal: Was sich für den schriftkundigen Leser als »hoch effizient erweist«, stellt für die Schriftlerner eine schwierige Aufgabe dar (Noack 2011a, S. 379). Alle diese drei Wörter klingen gleich, würden also nach dem phonographischen Prinzip identisch geschrieben. Dann aber würden genau die silbischen, morphematischen und syntaktischen Informationen fehlen, die für den Leser zum Verständnis ihrer Bedeutung *notwendig* sind.

Und genau das ist dem eingangs zitierten Achtklässler Sebastian mit seinen Schreibungen <*jetnen> und <*fertelkawe> nicht gelungen. Er orientiert sich bei seiner Schreibung ausschließlich an der Lautung, und damit wird der Erfassungsfunktion der Schrift eben nicht Genüge getan. Wir als Leser meinen in den zwei Schreibungen jeweils ein Wort vor uns zu haben und versuchen, diesem silbische und morphematische Informationen zu entnehmen. Diese wurden aber von Sebastian in seinen – konzeptionell mündlichen – Sätzen (!) gar nicht codiert. Er wollte mitteilen: »(Meine Mutter) geht nähen«; »(Mein Vater) fährt LKW«. Abgesehen von der besonderen Schreibung der Abkürzung LKW hätte Sebastian – in Kürze nach den vier Prinzipien geordnet – Folgendes wissen bzw. berücksichtigen müssen:

Phonographisches Prinzip	Silbisches Prinzip	Morphematisches Prinzip	Syntaktisches Prinzip
<j(et)> dialektale Aussprachevarianten finden in der Schrift keine Berücksichtigung	silbeninitiales h bei <geht> und <nähen> unbetonte zweite Silbe des Wortes <nähen> wird mit Vokal <e> visualisiert Dehnungs-h in <fährt>	silbeninitiales h bleibt in <geht> erhalten Umlautschreibung <ä> wegen Naht und fahren	Spatien zwischen Wörtern Großschreibung von Substantiven

Tab. 2: Sebastians Rechtschreibfehler nach Prinzipien systematisiert

Aus dem bisher Ausgeführten wird nun erkennbar, was Rechtschreibkompetenz beinhaltet (dazu ausführlich Hinney 2011): Ein kompetenter Rechtschreiber hat gelernt, welche Informationen jeweils in der Schrift transportiert werden müssen und wie man sie sicher codieren kann (= Kompetenzinhalte). Das macht sein deklaratives und Problemlöse-Rechtschreibwissen aus (=- Kompetenzdimensionen). Hinzu muss prozedurales Wissen kommen, das meist das Ergebnis von Üben ist. Dieses Wissen spielt gerade im Bereich der Rechtschreibung eine große Rolle, denn sie soll ja letztlich möglichst wenig Aufmerksamkeit in Anspruch nehmen, sodass sich ein Schreiber auf die konzeptionellen Prozesse des Textschreibens konzentrieren kann (Ossner 2006).

Für die fachdidaktische unterrichtliche Arbeit ist es maßgeblich zu erkennen, dass Rechtschreibkompetenz nicht im Sinne einer linearen Progression verstanden werden darf, die sich stufenweise von einem Rechtschreibprinzip zum nächsten vorarbeitet. Denn die Prinzipien bauen wie gesagt nicht aufeinander auf, sondern greifen ineinander und sollten daher entsprechend *integrativ* behandelt werden. Daher ist Voss et al. zu folgen, wenn sie konstatieren: »Die vorherrschende Auffassung von einem stufenweisen Aufbau, wonach sich Wissen, Fähigkeiten und Fertigkeiten in aufeinanderfolgenden sich ablösenden Stufen mit steigendem Schwierigkeitsgrad ausbilden, wird zunehmend in Frage gestellt« (Voss/Blatt/Kowalski 2007, S. 18).

Dies fundieren sie in einer Untersuchung von 2007. Dort haben sie versucht, mithilfe eines neu entwickelten sprachsystematischen Tests (SRT) auf Grundlage der Daten der IGLU-Voruntersuchung die orthografische Kompetenz Ende Klasse 4 zu erfassen. Grundlage dafür bildete ein Rechtschreibkompetenzmodell, das die Anforderungsbereiche (= Kompetenzinhalte) an den oben dargestellten Prinzipien ausrichtet. Unterschieden wurden: 1. phonographisches und silbisches Prinzip im Kernbereich; 2. morphologisches Prinzip im Kernbereich; 3. Peripheriebereich; 4. Prinzipien der Wortbildung; 5. wortübergreifendes Prinzip. Die Untersuchung ergab, »dass das mehrdimensionale Modell mit den fünf Teilfähigkeiten die Rechtschreibkompetenz zuverlässiger erfasst als ein eindimensionales Modell auf Wortebene« (Voss/Blatt/Kowalski 2007, S. 29). In einer »Ergänzungsstudie Orthografie« zum Hamburger Leseförderprojekt (HeLp), die 2007/2008 durchgeführt wurde, konnte dieses Ergebnis im Wesentlichen bestätigt werden. »Nur die ›wortübergreifende Teilkompetenz‹ ließ sich in ihrem Zusammenhang zu den übrigen Teilkompetenzen nicht verlässlich erfassen« (Blatt/Voss/Kowalski/Jarsinski 2011, S. 252). Als Konsequenz daraus wurde das Modell versuchsweise auf vier Dimensionen reduziert: Der Bereich Wortbildung wurde aufgeteilt, sodass die Derivationsmorpheme dem Bereich 2 zugeordnet wurden und die Kompositionsmorpheme dem Bereich 5.

Entscheidend für den Rechtschreibunterricht ist folgendes Fazit der Untersuchung: »Der Zusammenhang zwischen den Teilfähigkeiten und die Unterschiede im Schwierigkeitsgrad deuten darauf hin, dass sich die Rechtschreibkompetenz über die Regularitäten der Schrift aufbaut. Dafür spricht vor allem, dass sich die Teilfähigkeiten im Kern- und Peripheriebereich substantiell unterscheiden. Im Kernbereich der Wortschreibung und im Bereich der Wortbildung können Kinder Regelhaftigkeiten erkennen und gewonnene Einsichten transferieren. Gelingt ihnen dieses, so verfügen sie über eine ausbaufähige Basis« (Voss et al. 2007, S. 29 f.).

Sebastian hat diese ausbaufähige Basis offensichtlich nicht erreicht, obwohl er schon weitere Jahre in Orthografie geschult wurde. Seine Fehler liegen wie oben dargestellt im Wesentlichen im Kernbereich. Dass Sebastian kein Einzelfall ist, haben die Ergebnisse des Ländervergleichs bereits gezeigt. Für die Planung von förderlichem Unterricht sollen jedoch noch weitere Schreibungen kontrastiv-qualitativ betrachtet werden. Denn an ihnen kann genauer diagnostiziert werden, wie Rechtschreibprobleme (in der Sekundarstufe) im Einzelnen beschaffen sind. Die Ergebnisse münden in Schlussfolgerungen für einen veränderten Orthografieunterricht im letzten Teil dieses Beitrages.

Klasse 2/3
Tuam, Kenderwagn, Kwakuchen , Fernsehr, mig, Zähnne

Klasse 4/5
Prieftträger, Brifdreger
fersebrokram, Fernsenbrogrm
schinft, schümpft

Gym Klasse 7
Giskanne, Ferhnsehprogramm, Pekchen

RS Klasse 8
emphelen, befohr, fordwerend, Schitzrichter
bein Kartofel schälen, olynpischespiele
bevohr, höfflich, beim Katopfel schählen. Strapatzen, Gliedmasen

Tab. 3: Lernerschreibungen Klasse 2–8

Es wird deutlich, dass sich die Fehler in den verschiedenen Klassenstufen wenig unterscheiden. Man kann nicht sagen, die Lerner Ende Klasse 4/Anfang Klasse 5 beherrschen im Unterschied zu den Lernern in Klasse 2/3 bereits das phonographische Prinzip, aber das silbische und morphematische noch nicht. Ebenso wenig kann gesagt werden, die Schülerinnen und Schüler in den Klassen 7 und 8 beherrschen im Wesentlichen das phongraphische, das silbische und das morphematische Prinzip, und es hapert nur noch an den Bereichen, die klassischerweise zu den Themen der Sekundarstufe gehören, nämlich GuK- und GuZ-Schreibungen. Auch diese Mittelstufenschüler kämpfen, wie die Beispiele zeigen, mit diversen schriftsystematischen Merkmalen, die in weiten Teilen dem Kernbereich zuzuordnen sind. Die Fehler verweisen auf die Un-Logik in der Auseinandersetzung mit dem Lerngegenstand Schrift im klassischen Orthografieunterricht.

Phonographisches Prinzip im Kernbereich	Silbisches Prinzip im Kernbereich	Morphologisches Prinzip im Kernbereich	Wortübergreifendes Prinzip
stimmloser s-Laut nach langem Vokal bei <Gießkanne, Gliedmaßen> <ie> regelhaft für langes betontes [i] in Briefträger stimmhafter Plosiv [b] in Briefträger	Langvokal bei <höflich, Strapazen, Schiedsrichter> Kurzvokal, Silbengelenk bei <Päckchen, Kartoffel> Dehnungs-h (Peripheriebereich) in <empfehlen, fortwährend>	Ableitung Umlaut bei <fortwährend, Päckchen> Ableitung Auslautverhärtung bei <Schiedsrichter>	Getrennt-/Zusammen- und Groß-/ Kleinschreibung bei <Olympische Spiele, Kartoffelschälen> Ableitung Kompositionsmorpheme bei <Fernsehprogramm>

Tab. 4: Lernerschreibungen systematisiert nach Prinzipien

Rechtschreibung – didaktisch

Eichler (2004) kann daher einerseits bestätigt werden, wenn er über Rechtschreibleistungen festhält: »Man möchte meinen, in der späten Sekundarstufe I sei die alphabetische Phase längst abgeschlossen und auch bei der Erarbeitung orthografischer Regeln habe sich das deklaratorische Wissen, also die im Unterricht vermittelten expliziten Regelformulierungen, gegen die ›provisorischen‹ inneren Regeln längst durchgesetzt. Überraschend [...] war nun, dass auch Neuntklässler – und zwar in allen Leistungsgruppen – noch ›lautliche‹ Fehler machen und das nicht zu knapp. Die Vermutung, dass für alle die alphabetische Phase längst abgeschlossen sein müsste, ist also abwegig« (Eichler 2004, S. 186 f.) Nicht zuzustimmen ist ihm im Hinblick auf die (implizit unterstellte) Konzeption des Unterrichts. Vielmehr ist kritisch zu fragen, ob nicht gerade ein Unterricht, der stufenorientiert auf die alphabetische Strategie gesetzt hat, für eben diese Ergebnisse verantwortlich ist.

Diese Frage würde auch für Lindauer/Schmellentin (2008) gelten, wenn sie zur Verteilung des Rechtschreibstoffes folgendes anraten: »So zeigt sich beispielsweise bis zur dritten Klasse erst vereinzelt eine korrekte Schreibung von Doppelkonsonanten. Die Schreibungen nehmen im Verlauf des vierten und vor allem fünften Schuljahres so stark zu, dass es sich in dieser Zeit anbietet, die Doppelkonsonantenregel zu thematisieren. Die vorher als Lernwörter behandelten Wörter mit Doppelkonsonanten können nun zu Regelwörtern werden« (Lindauer/Schmellentin 2008, S. 29).

Hier wird der Bereich der Schärfungsmarkierungen und Gelenkschreibungen, der für sich genommen im Deutschen sehr systematisch und regelmäßig ist, über mehr als drei Lernjahre als Ausnahme von einem (insgeheim) dominant gesetzten Prinzip der Phonem-Graphem-Korrespondenz behandelt. Dies ist didaktisch schwer nachzuvollziehen, denn es zeigt sich in vergleichenden Untersuchungen, dass Lerner Schärfungsmarkierungen durchaus früher lernen, wenn man sie – etwa mit der silbenanalytischen Methode – entsprechend schult und nicht von einem »natürlichen« Entwicklungsgang über die alphabetische Strategie ausgeht, der vielmehr selber v. a. Resultat des Unterrichts ist (Weinhold 2006, 2009).

In diesem Sinne sind auch die Bildungsstandards bzw. die daraus entwickelten Kerncurricula der Länder kritisch und mit Vorsicht zu lesen. Auch wenn es auf den ersten Blick so zu sein scheint, als hätte eine graphematische Sicht auf den Lerngegenstand Schrift Einzug erhalten, weil verschiedene Orthografieprinzipien als Kompetenzen ausgedrückt werden (vgl. Bildungsstandards für die Grundschule; Kultusministerkonferenz 2004), zeigt sich bei genauerer Betrachtung Folgendes: Während in den Rahmenrichtlinien der 1980er- und 90er-Jahre noch didaktische Konzepte sichtbar und Vermittlungsformen aufgezeigt wurden (Giese/Osburg/Weinhold 2003), geschieht dies in den Kerncurricula nicht mehr: »Sie sind in jüngster Zeit inhaltlich zunehmend ausgedünnt und durch den institutionellen Entstehungsprozess begrifflich unpräzise und formelhaft ausgearbeitet. Sie hinken der didaktischen Diskussion wie in der Berücksichtigung empirischer Befunde deutlich hinterher und enthalten orthografietheoretische Fehler« (Risel, 2011, S. 265). Die Gefahr, dass stufenweiser Strategieerwerb weiter leitendes Prinzip des Rechtschreibunterrichts sein wird, ist daher groß.

Für den (weiterführenden) Rechtschreibunterricht bedeuten die Ergebnisse aus den schrifttheoretischen und diagnostischen Teilen dieses Beitrages Folgendes: Es muss eine »tragfähige Basis« hergestellt bzw. nachgeholt und/oder gefestigt werden. Dies ist nicht gewährleistet, wenn damit allein die Beherrschung der alphabetischen Strategie gemeint ist. Vielmehr ist dafür eine Orientierung an allen graphematischen Prinzipien erforderlich, für die sich eine Unterteilung in Kernbereich und Peripherie sachstrukturell und lerntheoretisch als sinnvoll erwiesen hat.

Astrid Müller (2010) hat aus den dargestellten Prinzipien Lernbereiche für den Unterricht (v. a. in der Sekundarstufe) im Kernbereich abgeleitet und auf Grundlage der Annahme, dass die Jugendlichen noch nicht mit der Schrift*systematik* vertraut sind, inhaltlich ausgeführt (Müller 2010, S. 54 ff.). In der folgenden Darstellung wird zur Orientierung für die eigene Unterrichtsplanung gekennzeichnet, welche Prinzipien in welchen Lernfeldern im Vordergrund stehen (müssten):

	Phonographisches Prinzip	Silbisches Prinzip	Morphologisches Prinzip	Syntaktisches Prinzip
Wortstruktur (die Schreibung von Wörtern im Wortinneren)	X	X	X	
Wortbildung			X	
Groß- und Kleinschreibung (v. a. satzintern)			X	X
Getrennt- und Zusammenschreibung			X	X
Fremdwortschreibung	X	X	X	

Tab. 5: Grundlegende Lernbereiche der deutschen Rechtschreibung (die Fremdwortschreibung gehört systematisch in den Bereich Wortstruktur, sollte aber unter dem Gesichtspunkt der Lernbarkeit getrennt behandelt werden)

Konkrete Beispiele für graphematisch orientierte Rechtschreibförderung finden sich nach diesen Prinzipien gegliedert bei Fay in diesem Band. Orthografiesystematische Konzepte und Unterrichtsmodelle für die Lernbereiche bzw. -inhalte, die eher dem weiterführenden Rechtschreibunterricht zuzurechnen sind, finden sich bei Ossner (2010) und außerdem aktuell kompakt gesammelt in dem Band »Weiterführender Orthografieerwerb« von Bredel und Reißig (2011). Für den Bereich Groß- und Kleinschreibung Röber (2011) und Noack (2011b). Zur Getrennt- und Zusammenschreibung siehe Blatt (2011). Für die Didaktik der Fremdwortschreibung sei der Beitrag von Ursula Bredel (2011) empfohlen.

Literatur

Augst, G./Dehn, M. (2007): Rechtschreibung und Rechtschreibunterricht. Eine Einführung für Studierende und Lehrende aller Schulformen. 3. Aufl. Stuttgart: Klett.

Balhorn, H./Brügelmann, H. (Hrsg.) (1987): Welten der Schrift in der Erfahrung der Kinder. Deutsche Gesellschaft für Lesen und Schreiben/Band 2.

Blatt, I./Voss, A./Kowalski, K./Jarsinski, S. (2011): Messung von Rechtschreibleistung und empirische Kompetenzmodellierung. In: Bredel, U./Reißig, T. (Hrsg.): Weiterführender Orthographieerwerb. Baltmannsweiler: Schneider, S. 226–256.

Blatt, I. (2011): Wie man Wortgrenzen entdeckt – GZS im Kernbereich und in der Peripherie. In: Bredel, U./Reißig, T. (Hrsg.): Weiterführender Orthographieerwerb. Baltmannsweiler: Schneider, S. 571–584.

Bredel, U./Reißig, T. (Hrsg.) (2011): Weiterführender Orthographieerwerb. Baltmannsweiler: Schneider.

Bredel, U. (2011): Didaktik der Fremdwortschreibung. In: Bredel, U./Reißig, T. (Hrsg.): Weiterführender Orthographieerwerb. Baltmannsweiler: Schneider, S. 355–373.

Duden, K. (1908): Orthographisches Wörterbuch der deutschen Sprache. Nach den für Deutschland, Österreich und die Schweiz gültigen amtlichen Regeln. 8. Aufl., Leipzig und Wien: Bibliographisches Institut.

Duden (2006): Die Grammatik. Mannheim, Leipzig, Wien, Zürich: Duden.

Eichler, W. (2004): Sprachbewusstheit und orthographie. Über den Erwerb von analytischen Einstellungen zur Sprache im Ortographieerwerb mit Bemerkungen zur Erhebung von Rechtschreibleistungen in der PISA-Nachfolgestudie DESI. In Bremerich-Vos, A./Löffler, C./Herné, K.-L. (Hrsg.): Neue Beiträge zur Rechtschreibtheorie und –didaktik. Freiburg: Fillibach, S. 179–189.

Ehrenthal, B./Eberhard, V. et al.(2005): Ausbildungsreife – auch unter den Fachleuten ein heißes Eisen. – Ergebnisse des BIBB-Expertenmonitors -. Online verfügbar unter https://www.expertenmonitor.de/downloads/Ergebnisse_20051027.pdf.

Eisenberg, P./Fuhrhop, N. (2007): Schulorthographie und Graphematik. In: Zeitschrift für Sprachwissenschaft, Heft 26, S. 15–41.

Erichson, C. (1987): Aus Fehlern soll man klug werden. Überlegungen zum Lernen aus Fehlern. In: Balhorn, H./Brügelmann, H. (Hrsg.): Welten der Schrift in der Erfahrung der Kinder. Deutsche Gesellschaft für Lesen und Schreiben/Band 2. Stuhr: S. 148–157.

Frith, U. (1985): Beneath the surface of developmental Dyslexia. In: K.E Patterson und J.C &. Coltheart M. Marshall (Hrsg.): Surface Dyslexia. Neuropsychological and cognitive studies of phonological reading. London: Hillsdale, S. 301–330.

Giese, H./Osburg, C./Weinhold, S. (2003): Sprachunterricht in der Primarstufe. In: Bredel, U./Günther, H./Klotz, P./Ossner, J./Siebert-Ott, G. (Hrsg.): Didaktik der deutschen Sprache. Paderborn, München, Wien, Zürich: Schöningh, S. 684–697.

Hinney, G. (2011): Was ist Rechtschreibkompetenz? In: Bredel, U./Reißig, T. (Hrsg.): Weiterführender Orthographieerwerb. Baltmannsweiler: Schneider, S. 191–225.

Kultusministerkonferenz (2004): Bildungsstandards im Fach Deutsch für den Primarbereich (Jahrgangsstufe 4).

Beschlüsse der Kultusministerkonferenz 2004. München: Wolters Kluwer, 15.10.2004.

Lindauer, T./Schmellentin, C. (2008): Studienbuch Rechtschreibdidaktik. Die wichtigen Regeln im Unterricht. Zürich: Orell Füssli.

Müller, A. (2010): Rechtschreiben lernen. Die Schriftstruktur entdecken – Grundlagen und Übungsvorschläge Seelze: Kallmeyer/Klett.

Munske, H. H. (2005): Lob der Rechtschreibung. Warum wir schreiben, wie wir schreiben. München: Beck.

Nerius, D. (1994): Orthographieentwicklung und Orthographiereform. In: Hartmut Günther und Otto Ludwig (Hrsg.): Schrift und Schriftlichkeit. Berlin: Erich Schmidt, S. 120–739.

Noack, C. (2011a): Orthographische Strukturen beim Lesen nutzen. In: Bredel, U./Reißig, T. (Hrsg.): Weiterführender Orthographieerwerb. Baltmannsweiler: Schneider, S. 374–391.

Noack, C. (2011b): Entdeckung der Großschreibung. In: Bredel, U./Reißig, T. (Hrsg.): Weiterführender Orthographieerwerb. Baltmannsweiler: Schneider, S. 585–600.

Ossner, J. (2006): Sprachdidaktik Deutsch. Paderborn: Schöningh.

Ossner, J. (2010): Orthographie. Paderborn: Schöningh.

Rat für deutsche Rechtschreibung (Hrsg.) (2006): Amtliches Regelwerk zur deutschen Rechtschreibung. Deutsche Rechtschreibung. Regeln und Wörterverzeichnis; amtliche Regelung. Tübingen: Narr.

Reichen, J. (1996): Rechtschreibung: Funktion und Didaktik.

Riehme, J. (1974): Probleme und Methoden des Rechtschreibunterrichts. Erweiterte und stark veränderte Auflage. Berlin: Volk und Wissen.

Risel, H. (2011): Die Rechtschreibung in Lehrplänen und Bildungsstandards. In: Bredel, U./Reißig, T. (Hrsg.): Weiterführender Orthographieerwerb. Baltmannsweiler: Schneider, S. 257–267.

Röber, C. (2011): Konzepte des Erwerbs der Groß-/Kleinschreibung. In: Bredel, U./Reißig, T. (Hrsg.): Weiterführender Orthographieerwerb. Baltmannsweiler: Schneider, S. 296–317.

Scheerer-Neumann, G. (1989): Rechtschreibschwäche im Kontext der Entwicklung. In: Naegele, I./Valtin, R. (Hrsg.): LRS in den Klassen 1–10. Handbuch der Lese-Rechtschreib-Schwierigkeiten. Band 1: Grundlagen und Grundsätze der Lese-Rechtschreib-Förderung. Weinheim und Basel: Beltz, S. 25–35.

Scheerer-Neumann, G. (1995): Wortspezifisch: ja – Wortbild: nein. Ein letztes Lebewohl an die Wortbildtheorie. In: Balhorn, H./Brügelmann, H. (Hrsg.): Rätsel des Schriftspracherwerbs, S. 149–173.

Siekmann, K./Thomé, G. (2012): Der orthographische Fehler. Grundzüge der orthographischen Fehlerforschung und aktuelle Entwicklungen. Geschichte und aktuelle Tendenzen. Oldenburg: isb.

Thomé, G. (2003): Entwicklung der basalen Rechtschreibkenntnisse. In: Bredel, U./Günther, H./Klotz, P./Ossner, J./Siebert-Ott, G. (Hrsg.): Didaktik der deutschen Sprache, Bd. 1. Paderborn, München, Wien, Zürich: Schöningh, S. 513–524.

Valtin, R. (1988): Schriftspracherwerb als Entwicklungsprozess. In: Grundschule 20, Heft 12, S. 12–16.

Voss, A./Blatt, I./Kowalski, K./Vogt, R. (2007): Zur Erfassung orthographischer Kompetenz in IGLU 2006. Dargestellt an einem sprachsystematischen Test auf Grundlage von Daten aus der IGLU Voruntersuchung. In: Didaktik Deutsch. Baltmannsweiler: Schneider, S. 15–32.

Weinhold, S. (Hrsg.) (2006): Schriftspracherwerb empirisch. Konzepte, Diagnostik, Entwicklung. Baltmannsweiler: Schneider.

Weinhold, S. (2006): Entwicklungsverläufe im Lesen- und Schreibenlernen in Abhängigkeit verschiedener didaktischer Konzepte. In: Weinhold, S. (Hrsg.): Schriftspracherwerb empirisch. Konzepte, Diagnostik, Entwicklung. Baltmannsweiler: Schneider, S. 120–151.

Weinhold, S. (2009): Effekte fachdidaktischer Ansätze auf den Schriftspracherwerb in der Grundschule. In: Didaktik Deutsch, Heft 27. Hohengehren: Schneider, S. 52–75.

Thorsten Pohl

Texte schreiben in der Grundschule

In den Bildungsstandards wird die Qualität von Schüler- und Schülerinnentexten, wie sie zum Ende der 4. Klasse erreicht werden soll, mit folgendem zentralen Passus bestimmt:

> »Texte schreiben – verständlich, strukturiert, adressaten- und funktionsgerecht schreiben: Erlebtes und Erfundenes; Gedanken und Gefühle; Bitten, Wünsche, Aufforderungen und Vereinbarungen; Erfahrungen und Sachverhalte« (Kultusministerkonferenz 2004a, S. 14).

Nun ist in der Literatur mehrfach festgestellt worden (z. B. Pohl 2008 und Baurmann/Pohl 2009), dass die Standards mit diesen Anforderungen an dem, was Grundschülern empirisch gesichert tatsächlich möglich ist, deutlich »über das Ziel hinaus schießen«. Der Standard ist so formuliert, dass – abgesehen von den im zweiten Teil genannten Schreibanlässen – eigentlich keine Differenz zu einer *optimalen* Textproduktion zu erkennen ist, wie sie von weiter fortgeschrittenen Lernern, etwa von Zehntklässlern oder Abiturienten, (vielleicht) gemeistert wird. Entsprechend ähnlich lautet der korrespondierende Passus in den Standards für den Hauptschul- und mittleren Schulabschluss (Kultusministerkonferenz 2004b, S. 9, und 2004c, S. 9).

Im Umkehrschluss bedeutet dies allerdings keineswegs, dass Grundschülerinnen und -schüler gar keine relevanten Entwicklungsschritte bezüglich der Fähigkeit machten, eigenständig Texte zu planen, zu formulieren und auch zu überarbeiten. Im Gegenteil ist mit der aktuellen Forschung durchaus davon auszugehen (insb. Augst et al. 2007 sowie Weinhold 2000), dass ganz entscheidende Erwerbsphasen auf dem Weg zu einer entwickelten Textproduktionskompetenz bereits in den Grundschuljahren erfolgen, die als zentrales Fundament für die sich dann weiter ausdifferenzierenden Schreibkompetenzen der Mittel- und Oberstufe gelten müssen. Überdies kann als breiter Konsens in der Didaktik des Erstlesens und -schreibens gelten (Topsch 2003, S. 775), dass der Schriftspracherwerb im engeren Sinne (als En- und Decodierfähigkeit von Schriftzeichen überhaupt; zur Differenz von *Schriftspracherwerb* und *Schreibentwicklung* Feilke 2003, S. 178 ff.) von Beginn an in für die Lernenden als kommunikativ relevant erfahrbaren Situationen zu gestalten ist, also auch durch die Produktion erster kleinerer, aber eigenständig formulierter Texte.

Im folgenden Abschnitt soll zunächst erläutert werden, wie die Kompetenz des *Texte Schreibens* genauer zu bestimmen ist. Dazu werden sowohl ein Schreib*produkt*- als auch ein Schreib*prozess*-bezogener Zugang verfolgt:

→ D. h. zum einen, wie müssen Texte (*Schreibprodukte*) gestaltet sein, damit sie ihre kommunikative Funktion erfüllen können?
→ D. h. zum anderen, welche Teilhandlungen müssen vom Schreibenden ausgeführt und koordiniert werden, um ein möglichst gelungenes Schreibprodukt zu verfertigen (*Schreibprozess*)?

Im nächsten Abschnitt werden an drei unterschiedlichen Textsorten für die Grundschulzeit typische Entwicklungsphasen beschrieben und an Schülertexten vorgeführt. Als Textsorten werden neben der *Erzählung*, die in der Primarstufe oft geschrieben wird, die *Instruktion* sowie die *Argumentation* gewählt; von Letzterer wird vielfach angenommen, dass sie zu schwer für Grundschüler sei, was die empirischen Daten indes nicht bestätigen. Im dritten Abschnitt werden schließlich aus den Erkenntnissen der Schreibentwicklungsforschung diagnostische Kriterien abgeleitet sowie Fördermaßnahmen vorgeschlagen.

Texte schreiben – Kompetenzbestimmung

Die Schreibprodukt-Perspektive

In der Textlinguistik sind unterschiedliche Definitionen von dem, was Texte sind und was sie ausmacht, entwickelt worden. Einer dieser Textbegriffe ist für schulische Belange besonders einschlägig, weil man mit ihm besonders gut bestimmen kann, was die Textproduktion für Schüler und Schülerinnen zu einer so anspruchsvollen Tätigkeit macht bzw. was bei Schuleintritt für die Lerner als noch unbekannte Kommunikationsanforderung gelten muss. Die Rede ist von dem Textbegriff, wie er von Ehlich vorgeschlagen wurde (1984). Als zentrales Spezifikum, mit dem die Kommunikation mittels Texten von der mündlichen Kommunikationssituation von Angesicht zu Angesicht zu unterscheiden ist, setzt Ehlich die »Zerdehnung« an: Während sich in der »face-to-face«-Kommunikationssituation die Kommunikationspartner gegenseitig sowie die sie gemeinsam umgebende Umwelt wahrnehmen können, zeichnet sich die Kommunikation mit Texten durch einen Bruch in Zeit und Raum aus; Texte werden zeit- und raumversetzt geschrieben und gelesen. Daraus leitet Ehlich dann auch die zentrale Funktion von Texten ab: Sie dienen der Überlieferung bzw. Tradierung und überwinden so die Flüchtigkeit des gesprochenen Wortes.[1]

Die Zerdehntheitskonstellation bzw. der Bruch in der Kommunikationssituation hat nun unweigerlich Effekte auf das sprachlich Geäußerte oder Realisierte, wie man sich leicht an einer schematischen Gegenüberstellung der »face-to-face«-Kommunikation mit der Textkommunikation verdeutlichen kann (Abbildung 1).

---

[1] Texte können für Ehlich sowohl medial schriftlich als auch medial mündlich realisiert sein, was hier aber nicht näher betrachtet wird.

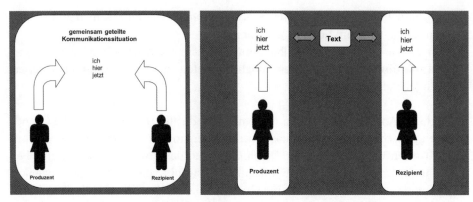

Abb. 1: Vergleich »face-to-face«-Kommunikationssituation vs. Kommunikation mittels Text

Betroffen sind sämtliche die Kommunikation fundierende Faktoren, nämlich die Kommunikationssituation selbst sowie Sender, Empfänger und das sprachlich Übermittelte (Feilke/August 1989):

→ *Kommunikationssituation*: Während sich die Kommunikationspartner im Gespräch u. a. dadurch verständigen können, dass sie auf die gemeinsam wahrgenommene Umwelt unmittelbar verweisen (z. B. *da vorne* oder *da drüben*, aber auch *heute Abend*, *gestern* etc.), muss in einem Text zunächst ein *entsprechender Verstehenskontext* aufgebaut werden. Es muss beispielsweise deutlich gemacht werden, welcher Tag *heute* ist, damit ein Ausdruck wie *gestern* verständlich wird. Weiterhin: Ein unmittelbares Verweisen auf die Umwelt des Schreibenden ist nicht möglich, weil sich der Lesende bei der Textrezeption in einer anderen Situation befinden wird. Hier muss also der Textautor entsprechende Vorkehrungen treffen, indem er die betreffenden Gegenstände und Sachverhalte, die er thematisiert, in seinem Text zunächst etabliert.

→ *Sender:* Während der Sprecher in der »face-to-face«-Kommunikationssituation mit seiner gesamten Körperlichkeit kommunizieren kann (Mimik, Gestik, Proxemik, Stimmqualität etc.), stehen dem Sender diese Ausdrucksmöglichkeiten in der Kommunikation mittels Texten nicht zur Verfügung. Die betreffenden Ausdrucksqualitäten müssen mit anderen Mitteln – nämlich mit rein verbalen – zurückgewonnen werden. Man kann daher sagen, dass Schriftlichkeit bzw. Textualität spontane unmittelbare Expressivität gewissermaßen »ausbremst«. Gleichzeitig sind Texte selbstverständlich nicht expressionslos, sondern gewinnen *spezifische Ausdrucksqualität* u. a. durch eine komplexere Syntax und vor allem differenziertere Lexik. (Ausnahme bilden die durch die Email- und Chat-Kommunikation entstandenen Emotikons ☺, ☹ etc., mit denen genau dieser für Schriftlichkeit charakteristische »Verlust« an Ausdrucksqualität auszugleichen versucht wird.)

→ *Empfänger:* Die Gesprächssituation ist in der Regel durch ein intensives hörerseitiges Rückmeldungsverhalten geprägt. Dies kann von schlichten Verstehens- oder Einverständnissignalen (*hm*, *ja* etc.) über detaillierte Nachfragen (beispielsweise

Wie meinst du das jetzt?) oder Ergänzungen (beispielsweise *Mir ist neulich was ganz Ähnliches passiert ...*) bis hin zu Einwänden (beispielsweise *Also das finde ich nicht ...*) reichen. Auch hier gilt für die Textkommunikation, dass diese aufgrund der raum-zeitlichen Trennung entfallen. Der Autor eines Textes muss darauf durch *intensive Antizipationsleistungen* reagieren, die u. a. das beim Kommunikationspartner, dem Leser, vorauszusetzende Wissen anbelangen (beispielsweise *Was muss ich noch schreiben, damit mich mein Leser versteht?*), seine möglichen Reaktionen auf bestimmte Aussagen (beispielsweise *Könnte mein Leser sich jetzt durch das Geschriebene angegriffen fühlen?*) oder mögliche durch den Kommunikationspartner aufgeworfene Fragen/Einwände (beispielsweise *Welche Perspektive oder Meinung könnte mein Leser in dieser Frage haben?*) umfassen.

→ *Text:* Gespräche sind immer kooperative Leistungen. Sender und Empfänger, die im Gespräch ohnehin immer wieder die Rollen wechseln, arbeiten gewissermaßen an einem gemeinsamen kommunikativen und sprachlichen Produkt. Dies betrifft die darin realisierten Verstehensleistungen, dies betrifft die sprachliche Gestaltung von Formulierungen im engeren Sinne, und dies betrifft sogar den Gesamtaufbau – d. h. die Komposition – des Gesprächs. Letzteres kann man sich z. B. gut an Aufbau und Verlauf von Telefongesprächen verdeutlichen, die oftmals mit Begrüßungspaarformeln, einer Aufwärmphase, dem Hauptanliegen des Anrufs sowie einer fakultativen Ausblendphase und abschließenden Verabschiedungsformeln durch beide Gesprächspartner kooperativ realisiert werden. Im Gegensatz dazu liegt die alleinige Verantwortlichkeit beim Text aufgrund seiner Monologizität ausschließlich beim Autor. Entsprechende Gestaltungsleistungen auf den verschiedenen sprachlichen Ebenen (von der Einzelformulierung bis hin zum Gesamtaufbau oder der Struktur des Textes) müssen von einem Einzelnen eingebracht werden. Dies macht intensive Planungs- und ggf. auch Überarbeitungsvorgänge notwendig, sodass – evtl. auf der Basis von entsprechenden Textsortenkonventionen – eine für andere *nachvollziehbare Textordnung* gelingt.

Die Besprechung der für Kommunikationsvorgänge grundlegenden Faktoren macht deutlich, dass es sich bei der Textproduktion verglichen mit dem Gespräch freilich nicht um gänzlich neue oder differente Anforderungen handelt. Man muss aber sicherlich – aufgrund der Zerdehnung – von Kommunikationsanforderungen »unter verschärften Bedingungen« sprechen, die besondere sprachliche und textuelle Leistungen erforderlich machen; und dies gilt erst recht für die Lernenden, für die diese Anforderungen z. T. noch kommunikatives »Neuland« bedeuten. Selbstverständlich gibt es vorschulisch Vorläufer- und Anbahnungskonstellationen; man denke z. B. an das zwar medial mündliche, aber dennoch zumindest ansatzweise texthafte Erzählen aus dem Kindergarten.

Die Schreibprozess-Perspektive

Welche Teilschritte bzw. Teilhandlungen bei geübten Schreibern ablaufen, wird von einem Modell beschrieben, das mittlerweile recht alt ist, auf das sich aber immer noch viele Schreibforscher stützen. Es stammt von den amerikanischen Forschern Flower und Hayes und ist ein sogenanntes »Problemlöse-Modell«, weil der zu schreibende Text als zu lösendes Problem betrachtet wird (Abbildung 2).

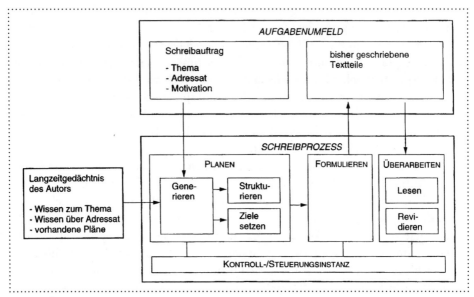

Abb. 2: *Übersetzung des Modells von Flower/Hayes (1980); übernommen aus Sieber (2003, S. 213)*

Dem Modell zufolge läuft also der Schreibprozess bei Schreibexperten beginnend beim Schreibauftrag über das Generieren von Textinhalten (durch Rückgriff auf das im Langzeitgedächtnis gespeicherte Wissen) zum Strukturieren der betreffenden Inhalte und unter der Maßgabe der für den Text gesetzten Kommunikationsziele bis zum Formulieren. Die Autoren gehen davon aus, dass erst bei diesem Schritt verbale Elemente im engeren Sinne ins Spiel kommen. Im darauf folgenden Schritt wird das Formulierte überarbeitet, indem es zunächst kontrollierend gelesen und sodann ggf. verbessert wird.

Nun ließe sich einwenden, dass man dafür nicht unbedingt ein Modell benötigte bzw. dass man sich den Schreibprozess mit seinen drei grundlegenden Phasen von *Planen*, *Formulieren* und *Überarbeiten* auch so vorstellen kann, also ohne Modell. Das Modell will aber mehr zeigen: Zwar gibt es bei den untersuchten Schreibexperten diese drei genannten *Globalphasen* von Planen, Formulieren und Überarbeiten; die eigentliche Textexpansion, also das Fortschreiben des Textes von Satz zu Satz oder Absatz zu Absatz, erfolgt aber immer schon durch wiederkehrende Planungs-, Formulierungs- und Überarbeitungsschritte. Es ließe sich also von zusätzlichen *Lokalphasen* sprechen, die nicht wie die Globalphasen streng sukzessiv hintereinander ablaufen, sondern iterativ und rekursiv von den Schreibenden durchschritten werden. Das Ineinandergreifen der Lokalphasen wird von einem Monitor überwacht; dabei können die Lokalphasen auch in anderen Reihenfolgen miteinander verknüpft sein: Z. B. kann ein Überarbeitungsschritt zu einem erneuten Teilplanungsvorgang und Rückgriff auf das Langzeitgedächtnis führen, oder aber geplante Textinhalte können direkt evaluiert und revidiert werden, oder eine ausgewählte Formulierung kann direkt »vor Ort« und ohne dass sie überhaupt aufgeschrieben wurde durch eine angemessenere Formulierung ersetzt werden. (Wie Baurmann und Pohl herausstellen, wird diese spezifische »Dynamik« des Schreibprozesses in den Standards für das vierte Schuljahr nicht angemessen dargestellt, 2009, S. 78.)

Ein weiterer wichtiger Ertrag des Modells – neben anderen hier nicht thematisierten – besteht in der Anordnung der »bisher geschriebenen Textteile«, die Flower und Hayes ganz bewusst dem Aufgabenumfeld zuordnen. Der bereits produzierte Text wirkt gewissermaßen wie ein »dynamisierter Schreibauftrag«, was man sich folgendermaßen klar machen kann: Während der Textautor vor dem ersten zu formulierenden Satz seines Textes nahezu unendlich viele Möglichkeiten hat, wird mit jedem geschriebenen Satz dieser Möglichkeitsreichtum zusehends eingeschränkt, denn die neuen Textteile müssen ja sinnvoll an die bereits formulierten anschließen, damit ein kohärenter Text entsteht. Noch etwas anders gewendet kann man sagen: Das ursprünglich zu lösende Problem (einen bestimmten Text zu verfassen) wird mit jedem Schritt, der zu seiner Lösung unternommen wird, modifiziert und verändert, sodass sich der Autor auf dem Weg zur Gesamtlösung *vollständiger Text* verschiedensten Teilproblemen stellen muss.

Kompetenzmodell Texte schreiben

In diesem Abschnitt werden die zuvor entfalteten Prozess- und Produktperspektiven auf das Verfassen von Texten in einem Kompetenzmodell zusammengeführt, das von Baurmann und Pohl (2009, S. 96) übernommen wird. Wichtig ist dabei festzuhalten, dass es sich tatsächlich um *Perspektiven* auf ein und denselben Kompetenzkomplex handelt. Bereits Bühler hat mit seinen Begriffen der »Sprechhandlung« und des »Sprachwerks« darauf hingewiesen, dass man ein und dasselbe sprachliche Phänomen einmal in einer subjektbezogenen Handlungsperspektive und zugleich in einer subjektentbundenen Werkperspektive betrachten kann (1982, S. 49), und genau dies wird in vorliegendem Modell realisiert (Abbildung 3).

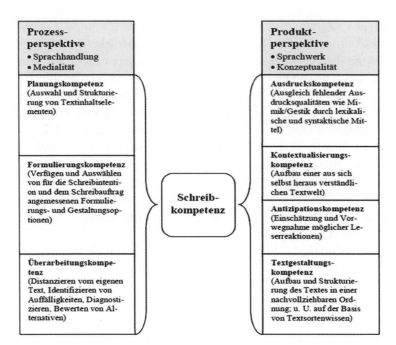

Abb. 3: Schreibkompetenzmodell nach Baurmann/Pohl (2009, S. 96)

Dass es sich lediglich um Perspektiven auf das identische Kompetenzphänomen handelt, muss für das didaktische Handeln insofern eigens beachtet werden, als zwischen den beiden Seiten des Modells (Prozess und Produkt) kein ein-eindeutiger Zusammenhang besteht. Dies erklären Baurmann und Pohl an folgenden Beispielen:

»Wenn ein Schülertext in Produktperspektive beispielsweise bestimmte Schwächen hinsichtlich der Leserantizipation aufweist, kann dies erstens in einem ungenügenden Planungsprozess, zweitens in der Wahl unangemessener Formulierungen und drittens in einer oberflächlichen Überarbeitungsphase seine Ursachen haben. Und ebenso gilt umgekehrt: Schwächen z. B. in der Planungsphase können zu einer misslungenen Textordnung, zu einer verunglückten Leserantizipation oder zu einer lückenhaften Kontextualisierung führen« (2009, S. 97).

Die Autoren führen aber im vorliegenden Zusammenhang weiterhin aus:

»Was zunächst vielleicht als ein Nachteil erscheint, eröffnet einer Schreibdidaktik im gleichen Moment vielfältige Möglichkeiten, den Lernenden Zugänge zum Verfassen von Texten zu erschließen und gezielte Trainings- und Übungsmöglichkeiten zu verschaffen. So lassen sich verschiedene Produktqualitäten mit besonderem Augenmerk auf eine bestimmte Schreibprozessphase üben (z. B. mit der Aufgabenstellung, bei der Textplanung besonders auf die Bedürfnisse eines zu antizipierenden Lesers zu achten oder beim Vorgang des Überarbeitens den Fokus besonders auf einen aus sich selbst heraus verständlichen Text zu legen). Hier sind vielfältige Kombinationsmöglichkeiten nicht nur denkbar, sondern bei der individuellen Kompetenzförderung sogar wünschenswert« (2009, S. 97).

Texte schreiben – Kompetenzentwicklung

Kompetenzmodelle zeichnen sich in der Regel nicht nur dadurch aus, dass sie zentrale Teilkompetenzen ausweisen, sondern auch dadurch, dass sie eine (wenn möglich empirisch belegte) Stufung hinsichtlich des Schwierigkeitsgrades jener Teilkompetenzen angeben. Das Letztere soll im vorliegenden Zusammenhang nicht geleistet werden. Stattdessen wird eine Studie zur »Text-Sorten-Kompetenz« (Augst et al. 2007) vorgestellt, die die Schreibentwicklung – und damit auch die Kompetenzentwicklung – in den Grundschuljahren vom 2. bis zum 4. Schuljahr an insgesamt fünf unterschiedlichen Textsorten nachvollzieht (zusammenfassend Pohl 2008). Die von den Autoren für die Erwerbsphasen getroffenen – sehr technischen – Bezeichnungen werden dabei (wie bereits in Baurmann/Pohl 2009) durch einfachere und »sprechendere« Ausdrücke ersetzt. Bei der Studie von Augst et al. handelt es sich um eine Untersuchung von Textprodukten, die aber indirekt auch Rückschlüsse auf zugrunde liegende Prozesskompetenzen erlaubt. Die Darstellung erfolgt daher neuerlich zunächst in Produkt-, sodann in Prozessperspektive.

Die Schreibprodukt-Perspektive – Entwicklung

Augst et al. ermitteln vier für die Grundschuljahre zentrale Entwicklungsphasen, die bei den insgesamt fünf untersuchten Textsorten in vergleichbarer Weise auftreten (Erzählung, Bericht, Instruktion, Beschreibung, Argumentation). Die Autoren kommen zu dem Ergebnis, dass es sich um *integrative* Phasen handelt, worunter zu verstehen ist, dass die jeweils vorausgehende Phase im Erwerbsprozess nicht überwunden oder »abgestoßen« wird, sondern als Teilkompetenz in die nächstfolgende Phase eingeht.

1. Entwicklungsphase: assoziative Texte
Die ersten Schreibversuche der Kinder sind sehr stark von ihrem persönlichen Zugang zum Schreibgegenstand geprägt. Die Lerner bedienen sich eines reinen *knowledge telling* (Bereiter/Scardamalia 1987), d. h. sie schreiben assoziativ unmittelbar das zu Papier, was ihnen durch den Kopf schießt. Dies hat zur Folge, dass es zu vielfältigen inhaltlichen Brüchen kommt, die für den Außenstehenden nicht unbedingt nachvollziehbar sind. Zudem zeichnen sich die Texte oftmals durch eine besondere emotionale Ausdrucksqualität aus, in der sich die Begeisterung für das Schreibthema widerspiegelt. Typische Beispiele für dieses Anfangsstadium sind die folgenden Texte (Erzählung, Instruktion, Argumentation):

> Ich war in eine Höhle/gegangen/Ich hatte eine Kerze in/der Hand. Ich war in eine/Höhle gegangen. //Ich habe/eine Spinne gesehen und/ich schrie um Hilfe. //Die Spinne wollte mich/beißen. Ich bin weggelaufen //und habe einen Schatz/gefunden. Ich bin aus der/Höhle gegangen. (Adrian, Kl. 2)
>
> Wassergespenst //Als erstes steht jemand/in der Mitte. und dann/muss man versuchen an/dem vorbeizukommen. Und/dem wer als Letztes/da ist hat gewonnen./Und man muss von ganz/vorne vorbeilaufen. (Marcel, 2. Kl.)
>
> Lieber Herr Professor Augst, //Das Auto //Ich finde dass Autos nicht/abschaffen sollten. Ich finde/das aber nicht gut das mit dem/Öl. (Jannik, 2. Kl.)[2]

Obschon wir es also bei dieser Entwicklungsphase noch mit ersten Textualitätsanfängen zu tun haben, reagieren die Kinder dennoch immer in spezifischer Weise auf die verschiedenen Schreibaufträge: Dadurch, dass die Lernenden auf einer Mikroebene eine angemessene Schreibhaltung realisieren, kann man den Lernertexten durchweg ablesen, welche Textsorte sie zu realisieren versuchen: Adrian verwendet für seine Erzählung Vergangenheitstempora und ein geschichtentypisches »Inventar«, Marcel bedient sich bei seiner Instruktion des Präsens und modifiziert die verbalen Aspekte mit *müssen*, Jannik drückt in seiner Argumentation Positionshaftigkeit mit *ich finde, dass* und *sollte* aus.

2. Entwicklungsphase: verkettende Texte

Das assoziative Moment geht in dieser Phase bereits sehr stark zurück. Stattdessen versuchen die Kinder, sich an einer für den Schreibgegenstand zentralen Sachverhaltsbeziehung zu orientieren und richtiggehend an dieser entlang zu schreiben, also z. B. in einer chronologischen Folge (u. a. beim Erzählen und Instruieren) oder in einer dialogischen Ordnung von Position – Nachfrage – Begründung (beim Argumentieren). Am deutlichsten ist das daran ablesbar, dass die Autoren ihre Texte jetzt an der sprachlichen Oberfläche mit entsprechenden Bindewörtern verknüpfen (u. a. mit *und dann*):[3]

---

2 Im Falle der Erzählung waren die Kinder aufgefordert, eine spannende Geschichte für ein gemeinsames Geschichtenbuch zu verfassen, bei der Instruktion sollte zu einem Lieblingsspiel aus dem Sportunterricht angeleitet werden und zwar so, dass ein fremdes Kind, das neu nach Deutschland kommt, sofort mitspielen kann, bei der Argumentation sollten die Lerner einen Brief an Herrn Professor Augst schreiben, der die Position vertrat, Autos sollten besser abgeschafft werden; vgl. für eine kritische Analyse der von Augst et al. gewählten Schreibaufträge Dehn (2009). – Zur Transkription der Lernertexte: »//« steht für eine Leerzeile, »/« steht für einen Zeilenwechsel, ferner: Die Texte sind rechtschriftlich korrigiert.

3 Die Markierungen in Fettdruck sind nicht von den Kindern vorgenommen worden, sondern dienen hier der Aufmerksamkeitssteuerung des Lesers/der Leserin.

> Ich war mal bei einer Höhle./Ich war in einer Höhle. Und/dann war ich reinge. //**Und/dann habe ich eine Stimme/gehört.** Lauter Ratten waren/da. **Und dann** kamen lauter/Spinnen. Und dann bin ich/weiter. **Und dann** kamen auf/einmal sind Schlangen gekommen./**Und dann** kam ein gefährlicher Drache. //**Und dann** hab ich/dem Drachen wehgetan. **Und/dann** habe ich den Drachen/noch mal verletzt. **Und dann** bin ich wieder nach Hause. (Marcel, 2. Kl.)
>
> Der Hüpfkönig //Bei Hüpfkönig muss man ein/aussuchen der sich in die Mitte/stellt wenn man einen gefunden/hat holt man ein Seil und/ein etwa 30 bis 35 cm langen/Ring. **Und dann** bindet man das Seil an den Ring fest. **Dann**/stellen sich alle in einen Kreis/auf **dann** gibt es erst drei Übungs/runden. **Und dann** wird richtig/gespielt. (Felix, 2. Kl.)
>
> Lieber Herr Professor Augst,//Ich **finde dass** man die Autos/nicht abgeschafft werden./**Warumdeswegenweil** man/dann nicht in die Schule/gefahren werden kann. Und/dann kann man nicht/mehr zu den Freunden gehen./**Und dann** kann man auch/nicht mehr einkaufen fahren. VieleGrüßedein/Marcel (Marcel, 2. Kl.)

Man erkennt, dass die Autoren mit dieser Strategie viel stärker beim Thema bleiben und dadurch die Kohärenzbrüche deutlich zurückgehen. Insgesamt erscheinen die Verkettungstexte geordneter und daher auch für außenstehende Leser verständlicher, gleichzeitig wirken sie aber aufgrund der wiederkehrend eingesetzten Bindewörter (hier: *und dann*) oftmals sehr monoton.

3. Entwicklungsphase: gegliederte Texte

Dieses monotone Moment geht in der dritten Phase dadurch zurück, dass die Autoren nun versuchen, einzelne Textteile in besonderer Weise verbal zu markieren und diese Textteile sprachlich eigenständiger zu gestalten:

> **Es war/einmal** ein/Mann. Der/hatte einen/**Spaziergang**/gemacht./**Plötzlich**/war eine/riesige Höhle/vor ihm./Es war die Höhle eines Bär/wo auch viele Fledermäuse und/Spinnen drin waren. In der Höhle/war es **ziemlich dunkel aber/zum Glück** hatte der Mann ein/paar Streichhölzer mit. Er ging/in die Höhle hinein. **Auf einmal**/blieb er stehen er **hörte ein/Geräusch** es war der Bär der/Mann versteckte sich und der/Bär suchte ihn ganz lange. (Jannik, 3. Kl.)
>
> Spiel: Tarzan //**Als Erstes braucht man**/eine große dicke Matte, die/legt man auf den Boden./Dann bindet man 4/große und lange Seile/an einen stabilen Baum./Man stellt eine Bank/vor die dicke Matte und/eine hinter die Matte./**Und dann kann es/losgehen!** Man stellt sich auf die Bank und/nimmt sich ein Seil./Und schwingt sich/mit dem Seil auf die andere Bank. (Sabrina B., 4. Kl.)
>
> Lieber Herr Professor Augst, **Ich finde/man sollte** Autos abschaffen weil,/es der Umwelt schadet diese ganzen/Abgase und das Gebrumme/von den vielen Autos/macht Tieren bestimmt Angst./**Es ist aber auf der anderen/Seite** auch dumm weil/man dann in Urlaub laufen/muss. (Romina, 3. Kl.)

In dieser Entwicklungsphase gelingt es den Kindern, verschiedene Textteile mit Bezug auf die angestrebte Textsorte zu realisieren. Konkret handelt es sich beim Erzählen in der Regel um die Differenzierung von Einleitung/Exposition mit einem Normalzustand und dem darauf folgenden Planbruch (bei Janniks Text noch schwach ausgeprägt, aber eindeutig markiert mit *Es war einmal* und *Plötzlich*), beim Instruieren differenzieren die Autoren zwischen einem Vorbereitungs-/Inventarteil und dem eigentlichen Regel- oder Spielverlaufsteil, beim Argumentieren schließlich führt die Entwicklungsphase zur Differenzierung von Pro- und Kontra-Argumenten gegenüber der eigenen Position (Letztere tauchen in den ersten beiden Entwicklungsstadien gar nicht auf).

4. Entwicklungsphase: textsortenfunktionale Texte

Obschon die jungen Autoren bereits auf dem dritten Entwicklungsniveau zentrale Eigenschaften der von Augst et al. untersuchten Textsorten zu realisieren vermögen, gelingt es ihnen erst auf dem vierten Entwicklungsniveau, ihre Texte vollständig so zu gestalten, dass die betreffende Textfunktion tatsächlich eingelöst wird:

> Der kleine Zwerg //Der kleine/Zwerg Hobbel/machte einen/Spaziergang/in den Bergen./Als er an eine/Höhle kam aus/dieser Höhle/kamen/seltsame pfeifende Geräusche. Der/Zwerg sah an der Wand eine brennende/Kerze. Er nahm all seinen Mut/zusammen und ging langsam/in die Höhle. Die Geräusche wurden/immer lauter um so weiter er/hinein ging. Plötzlich sah er eine/kleine Gestalt in der Höhle und diese/**Gestalt war ein kleiner pfeifender/ Hund der ganz alleine war.**/Der Hund war angekettet. Hobbel/streichelte den Hund und machte/ihn los. Sie gingen aus der Höhle/Hobel nahm ihn mit nach Hause./Er nannte ihn Schnufi. **Die beiden/sind die besten Freunde geworden.** (Jaquelin, 4. Kl.)
>
> Hüpfspiel, man braucht: ein Seil, einen/Reifen und viele Kinder, die mitspielen./Zuerst bindet man den Reifen an ein/Ende des Seil`s. Wenn man das gemacht/hat, fängt das Spiel an. Alle Kinder/stellen sich in einen Kreis, aber nur/einer geht in die Mitte. Der jenige,/der in der Mitte steht, bekommt das/Seil. Er muss das Seil aber am/anderen Ende in die Hand nehmen./Nun muss er das Seil drehen, als/ob er etwas zeigen möchte (also/im Stuhlkreis). Alle anderen müssen/über`s Seil springen. **Und wer hängen/bleibt muss raus (also darf nicht mehr/mitspielen). Der, der als letzter drin bleibt/hat gewonnen ist also der Hüpfkönig.** (Elisa, 4. Kl.)
>
> Lieber Herr Professor Augst, //ich finde, dass manchmal auch gut, wenn es/keine Autos mehr geben würde. Wegen der/Umwelt. Aber wenn man mal in den Urlaub/fahren will ist ein Auto ganz nützlich./Es ist zwar wirklich nicht gut für die Pflanzen,/aber dafür kann man weite Strecken fahren./**Man müsste eine Möglichkeit finden die/Umwelt zu schützen und gleichzeitig mit den/Autos weite Strecken zurücklegen. Am besten/wäre es wenn man mit vielen Leuten in einem/Bus oder in einem Auto zu fahren.** (Linda, 4. Kl.)

Konkret bedeutet dies für die drei vorgestellten Textsorten, dass in den Erzählungen eine narrative Pointe, d. h. eine überraschende Auflösung des Spannungsbogens gelingt, dass beim Instruieren nicht nur deutlich wird, wie das Spiel abläuft, sondern auch, worauf es genau ankommt, also wie Spielende und Spielsieger zu bestimmen sind, und dass beim Argumentieren so etwas wie ein argumentatives Fazit/eine Konklusion realisiert wird, indem die zuvor entfalteten Pro- und Kontra-Argumente in spezifischer Weise gewichtet werden.

Die Schreibprozess-Perspektive – Entwicklung

Obschon Augst et al. ihre Untersuchung ausschließlich auf die Analyse von Schreibprodukten stützen, lassen sich aus dem skizzierten Entwicklungsverlauf klare Rückschlüsse auf die Planungsaktivitäten der Lerner ziehen.

1. Entwicklungsphase: assoziative Texte
Aufgrund des stark assoziativen Modus, in dem die Texte noch formuliert werden, ist davon auszugehen, dass im Grunde *keine Planungsaktivitäten* vorliegen.

2. Entwicklungsphase: verkettende Texte
Die Lernenden schreiben hier oftmals in einer »Stereotypie des Satzes« (Feilke 1995), die darauf schließen lässt, dass die Texte von Einzelsatz zu Einzelsatz fortgeschrieben werden; es handelt sich demnach um eine *Planungsaktivität von Satz zu Satz*.

3. Entwicklungsphase: gegliederte Texte
Aufgrund des hier gelingenden Ausdifferenzierens von eigens gestalteten Textteilen lässt sich von *Planungsaktivitäten auf der Ebene von Textteilen* ausgehen.

4. Entwicklungsphase: textsortenfunktionale Texte
Um die Textsortenfunktion tatsächlich einzulösen, ist der Text von seinem (funktionalen) Ende her zu planen. Das wird insbesondere bei der narrativen Pointe und der argumentativen Konklusion deutlich. Im ersten Fall muss der Schreibende im Vorfeld relativ genau überlegen, welche Informationen er an welcher Stelle des Textes vergeben darf, damit der angestrebte Überraschungseffekt beim Leser eintritt; im zweiten Fall muss die Gewichtung der Argumente vorab so vorgenommen werden, dass sich zum am Ende der Argumentation erfolgenden Fazit kein Widerspruch ergibt. Es handelt sich daher um *Planungsaktivitäten auf der Ebene des Gesamttextes*.

Der Entwicklung von Planungskompetenzen, wie sie aus den Ergebnissen von Augst et al. ableitbar sind, entsprechen zwei allgemeine Entwicklungstrends, die generell in der Schreibentwicklung festgestellt wurden:
→ von »lokaler zu globaler Kontrolle« (Feilke 1995, S. 74) und
→ von »Textoberfläche« zu »Textbasis« (Feilke 1995, S. 75).

Obwohl die Forschungslage in diesem Bereich nicht so differenziert ist, sind die beiden genannten Entwicklungstrends auch für die Überarbeitungsaktivitäten anzunehmen, »wo schon früh orthographisch motivierte Korrekturen und erst später tiefergehende globale Änderungen am Text insgesamt beobachtbar sind« (Feilke 1995, S. 74). Das heißt indes nicht, dass Grundschüler noch überhaupt nicht zu Textüberarbeitungsschritten fähig wären, die über Oberflächenphänomene wie die Orthografie hinausführen; das lässt sich etwa aus der Studie von Held schließen (2006). Allerdings nehmen sie in der Regel solche aufwendigeren Überarbeitungsschritte nicht selbstständig vor, sondern bedürfen dazu besonderer Anregungen und Schreibarrangements (s. dazu der abschließende Abschnitt).

Diagnose von Schreibkompetenz

Wenn wir uns auf das im obigen Abschnitt vorgestellte Kompetenzmodell zurückbeziehen (Abbildung 3), dann wird deutlich, dass das Entwicklungsmodell von Augst et al. (2007) augenscheinlich sehr stark auf die *Textgestaltungskompetenz* rekurriert, weil insbesondere textstrukturelle Merkmale, die den Textaufbau betreffen, für die Einordnung in eine Entwicklungsphase ausschlaggebend sind. Es ist jedoch so, dass wir mit dieser Einordnung indirekt auch viel über die anderen relevanten Teilkompetenzen erfahren, weshalb man sagen kann, dass die Diagnose oder Analyse jener textstrukturellen Merkmale hohen diagnostischen Wert besitzt. Dies konnten wir schon oben in Hinsicht auf die Planungskompetenz feststellen. Es ergeben sich darüber hinaus Zusammenhänge zwischen Textgestaltungskompetenz einerseits und weiteren im Kompetenzmodell ausgewiesenen Teilkompetenzen andererseits, wobei die *Überarbeitungskompetenz* in Anbetracht des oben Erläuterten ausgespart bleibt (Tabelle 1).

	1. Assoziative Texte	2. Verkettende Texte	3. Gegliederte Texte	4. TS-funktionale Texte
Ausdruckskompetenz	stark expressiv-emotionale Texte, für Schriftlichkeit noch untypisch	starke Versachlichungstendenz in den Schülertexten	Aufbau an Adressaten involvierender Expressivität	textsortenfunktional gestaltete Expressivität
Kontextualisierungskompetenz	keine Kontextualisierung, abrupter Sprung in die Textwelt	kaum kontextualisierend, aber durch Textordnung verständlichere Textwelt	Kontextualisierung insbesondere durch textsortenspezifische Eröffnungsteile (z. B. Exposition beim Erzählen)	kontextualisierend vermittels der Einlösung textsortentypischer Textbauteile

Antizipations-kompetenz	keine Antizipationsleistung, extrem egozentrische Textwahrnehmung	keine Leserantizipation im engeren Sinne, aber größere Textobjektivität durch Versachlichung	Antizipationsleistung ansatzweise durch Funktionalisierung von Textteilen	[wie Entwicklungsphase 3]
Planungskompetenz	keine	von Satz zu Satz	auf der Ebene von Textteilen	auf der Ebene des Gesamttextes
Formulierungskompetenz	noch extrem sprechsprachliche Formulierungsweise	eher neutrale Formulierungen	Aufbau von typisch schriftsprachlichen und textsortenspezifischen Formulierungen	[Fortsetzung von Entwicklungsphase 3]

Tab. 1: Zusammenhänge zwischen Textgestaltungskompetenz und den anderen Teilkompetenzen (Überarbeitungskompetenz ausgespart)[4]

Da die in der Tabelle abgetragenen Zusammenhänge zwischen Textgestaltungskompetenz und den anderen Teilkompetenzen mit hoher Wahrscheinlichkeit auftreten, liegt nun die zentrale Idee nahe, sich die Teilkompetenz der Textgestaltung im Sinne eines Lackmus-Tests *diagnostisch* zu Nutze zu machen: Wir betrachten lediglich das Schreibprodukt des Schülers oder der Schülerin und dies lediglich in Hinsicht auf eine spezifische Teilkompetenz, was uns aber zumindest ansatzweise Rückschlüsse auf die Gesamtkompetenz erlaubt. (Zur speziellen Diagnose von Schreibprozesskompetenzen eignen sich insbesondere Portfolios, worauf Senn (2010) aufmerksam macht.) Neben diesem Vorteil ergeben sich verglichen mit den in den Bildungsstandards genannten Global-Kriterien wie »verständlich, strukturiert, adressaten- und funktionsgerecht« (Kultusministerkonferenz 2004a, S. 14) für den Haus- oder besser Schulgebrauch griffigere und einfacher anzulegende Kriterien, für die folgende Leitfragen vorgeschlagen werden:

1. Entwicklungsphase: assoziative Texte
Zeigt der Lernertext auf der Formulierungsebene ansatzweise eine dem Schreibauftrag angemessene *Schreibhaltung* (auch wenn von dieser im Verlauf des Textes u. U. abgewichen wird, wenn also z. B. das Beschreiben assoziativ ins Erzählen übergeht)?

---

[4] Hinsichtlich der *Antizipationskompetenz* bremsen Baurmann und Pohl deutlich das in den Standards Erwartete: »Die Antizipation eines konkreten Lesers mit dessen individuellem Vorwissen und speziellen Verständnisbedürfnissen kann von Grundschülern nur zu einem gewissen Grad eingefordert werden; [...]. Was aber die Viertklässler erworben haben sollten, ist die grundlegende Einsicht, dass Texte überhaupt Leser haben, verbunden mit einem Bewusstsein dafür, dass Texte von Lesern miss- oder anders verstanden werden können«, (2009, S. 76).

2. Entwicklungsphase: verkettende Texte
Zeigt der Lernertext eine dem Schreibauftrag sinnvolle *Verkettungsstruktur*, die mittels satzverbindender Bindewörter realisiert wird (auch wenn diese wiederholend und monoton verwendet werden)? Die von den Lernenden verwendeten Ordnungsstrukturen können chronologisch, z. B. mit *und dann*, aber auch räumlich, z. B. beim Beschreiben mit *und daneben*, systematisch, z. B. beim Instruieren, indem das Spielerpersonal durchgegangen wird, sowie dialogisch beim Argumentieren sein.

3. Entwicklungsphase: gegliederte Texte
Zeigt der Text unterschiedlich eingeleitete und sprachlich gestaltete *Textteile*, die zur Textsorte passen (auch wenn global noch keine textsortenfunktionale Schließung des Gesamttextes gelingt)? Beispiele dafür können eine fehlende narrative Pointe beim Erzählen, ein fehlendes Spielziel beim Instruieren oder fehlendes Fazit beim Argumentieren sein.

4. Entwicklungsphase: textsortenfunktionale Texte
Zeigt der Text eine durchgehende textsortenfunktionale Gestaltung mit entsprechenden Textteilen und Realisierung der zentralen *Textfunktion* (auch wenn zu Lernertexten aus der Mittelstufe noch erhebliche Unterschiede bestehen)?

Obschon die solcherart gewonnenen diagnostischen Kriterien nicht identisch mit den in den Standards genannten Anforderungen sind, ergeben sich dennoch vielfältige Entsprechungen und Bezüge, die hier allerdings nicht detailliert erläutert werden können. In Ansehung des empirisch bei Viertklässlern faktisch zu erwartenden Kompetenzstandes ist jedoch – wie einleitend angeklungen – Vorsicht geboten; Baurmann/Pohl formulieren vor dem Hintergrund der Befunde aus Augst et al. (2007):

> »Im Sinne einer angemessenen Kompetenzerwartung ist darauf hinzuweisen, dass in derjenigen Textsorte, bei der die Schüler und Schülerinnen am besten abgeschnitten haben, nämlich beim Erzählen (wahrscheinlich, weil es die literale Umwelt der Kinder stark prägt und in der Grundschule besonders geübt wird), *nur knapp die Hälfte aller getesteten Kinder die vierte Entwicklungsphase erreichen*; ein Ergebnis, das die hohe, in den Bildungsstandards geäußerte Kompetenzerwartung [...] deutlich relativiert« (2009, S. 84; Hervorhebung T. P.).

Förderung von Schreibkompetenz

Ein kompetenzorientierter Schreibunterricht sollte nach Möglichkeit besonders stark am individuellen Entwicklungsgang der Lernenden orientiert werden. Ausschlaggebend für eine solche differenzierende Orientierung sind also die Leitfragen:
→ Welche Teilkompetenzen haben die Schüler *bereits* erworben?
→ Welche Teilkompetenzen erwerben die Schüler *gegenwärtig*?
→ Welche *künftigen* Teilkompetenzen können angebahnt werden?

Schreibprodukt-orientierte Förderung

Für die zu konzipierenden oder zu verwendenden *Schreibaufgaben* gilt zunächst unabhängig von einer einzelnen Entwicklungsphase, dass sie für die Schülerinnen und Schüler *kommunikativ plausibel* sind. Dies betrifft zunächst das Medium: Dass geschrieben (und nicht gesprochen) wird, muss »Sinn machen«. Dies umfasst ferner die Angabe eines Adressaten, dessen Vorwissen einigermaßen von den Schreibenden eingeschätzt werden kann. Und dies betrifft schließlich auch das Schreibthema selbst; es sollte den Kindern soweit zugänglich oder vertraut sein, dass sie tatsächlich etwas Sinnvolles zu Papier bringen können, denn erst auf der Basis vorhandenen Wissens – das gilt für das Schreiben allgemein – können Menschen Texte verfassen (zu solchen *profilierten* Schreibaufgaben vgl. Bachmann/Becker-Mrotzek 2010).

Selbstverständlich sind die frühen Phasen der Entwicklung noch relativ stark durch Einschränkungen des Schriftspracherwerbs geprägt. (Merklinger (2010) zeigt durch die Methode des Diktierens, wie diese Einschränkungen überwunden werden können.) Daher sind zunächst relativ freie Schreibaufträge/-impulse angemessen. Diese sollten eine Integration von ikonischen Darstellungsformen zulassen, sodass sich Geschriebenes und Gemaltes in ihrer Ausdrucksfunktion ergänzen. Bedenkt man zudem den emotional und subjektiv geprägten Zugang der Kinder (Phase 1: *Assoziative Texte*), sollten die Schreibaufträge an die individuellen Interessen der Lernenden anschließen und durchaus die Begeisterung für den Schreibgegenstand stimulieren; z. B. Schreiben zu ansprechenden Figuren aus ihrer Lebenswelt (wie in Weinhold 2000). Oben wurde erläutert, dass ein Adressatenbezug im engeren Sinne Grundschülern nur bedingt möglich ist; dies gilt erst recht für dieses Anfangsstadium. Dennoch ergeben sich durchaus Möglichkeiten, *an* jemanden zu schreiben (z. B. mittels einer Postkarte, einem Briefchen für den Klassenpostkasten, einem Wunschzettel). Und in diesen Fällen sollte dann unbedingt die kommunikative Funktion und Wirkung des Geschriebenen für die Kinder erfahrbar werden (etwa durch ein entsprechendes Antwortschreiben, z. B. im Email-Austausch mit einer Patenklasse).

Den für die nächste Entwicklungsphase typischen monotonen Satzanfängen wird oftmals durch die Forderung nach einer strikten Variation des Satzanfangs begegnet. So verständlich dies ist, muss man sich zunächst der besonderen Leistung bewusst werden, die von den Schülern in dieser Phase (Phase 2: *Verkettende Texte*) erbracht wird: Die Verkettungsstrukturen führen – verglichen mit den Texten der ersten Entwicklungsphase – zu *erstens* stärker geordneten und zu *zweitens* genauer auf den Schreibgegenstand bezogenen Texten; beide Teilleistungen waren den Lernenden in der vorausgehenden Phase noch nicht möglich. Anders gewendet: Die schlichte *und dann*-Strategie bildet für eine gewisse Zeit des Erwerbs ein eingeschränktes, aber durchaus zielführendes Mittel. Angebahnt werden kann dieses Stadium beispielsweise durch kooperative Kettenerzählungen, die zunächst mündlich im Sitzkreis und evtl. mittels entsprechender Leitfragen »Was passiert dann?«, »Was kommt als Nächstes?« evoziert werden. Im Sinne einer Stützfunktion lassen sich derartige Leitfragen auch in Schreibaufgaben integrieren.

Erst im Zusammenhang mit der dritten Entwicklungsphase (Phase 3: *Gegliederte Texte*) geht es darum, die Verkettungsstrukturen zugunsten besonders gestalteter Textteile aufzulösen. Es ist denkbar, dass *jetzt* auch die Variation des Satzanfangs ihren Beitrag leisten kann; dann aber nicht im Wechsel von »und dann« zu »danach« und »nachdem« (für das Erzählen), sondern in einem Wechsel von »und dann« zu »plötzlich« oder »auf einmal«, sodass spezifische Textteile mit speziellen textuell-kommunikativen Funktionen evoziert werden. Dies kann man schreibdidaktisch u. a. durch Schreibaufgaben mit Projektcharakter gestalten: Einzelne Autorenteams sind für bestimmte Textteile verantwortlich. So ließe sich im Falle einer Spielanleitung an das Projekt »Klassenturnier gegen die Parallelklasse« denken, bei dem die einzelnen Teams einzelne Textteile, wie *Spielinventar/-vorbereitung, Spielregeln, Spielziel/-sieger, Tipps und Tricks, Austragungsmodalitäten des Turniers*, zu verfassen hätten (vorgeschlagen in Pohl 2007 für das Spiel *Tipp-Kick*). Ein solches Vorgehen macht die Zusammensetzung eines Textes aus einzelnen Textteilen für die Lernenden besonders deutlich. Ab dieser Phase der Entwicklung ist es dann auch didaktisch sinnvoll, über sprachliche Gestaltungsmöglichkeiten für besondere Textsorten zu reflektieren und Sammlungen entsprechender Sprachmittel gemeinsam anzulegen (und dies durchaus im Sinne der oftmals verpönten »traditionellen Aufsatzdidaktik«; etwa beim Erzählen: wörtliche Rede oder bestimmte Formulierungsoptionen). Schließlich gilt für dieses Entwicklungsstadium: Spätestens jetzt müssen die Schülertexte die kommunikative Rückmeldung eines konkreten Lesers erhalten; z. B. durch einen Außenstehenden, der die Anleitung im handelnden Nachvollzug prüft, bevor sich Überarbeitungsversuche anschließen.

Schreibprozess-orientierte Förderung

Aufgrund der eingeschränkten Forschungslage in diesem Feld (s. oben) können hier – verglichen mit dem voranstehenden Abschnitt – nicht so präzise am Erwerbsprozess ausgerichtete Hinweise gegeben werden. Zudem kann dies aus Platzgründen nicht der Ort sein, in die einschlägigen Instrumentarien einer prozessorientierten Schreibdidaktik einzuführen (dazu z. B. Baurmann 2006). Dennoch soll auf drei wichtige Leitgesichtspunkte hingewiesen werden, die in der betreffenden Literatur nicht immer explizit angeführt werden.

Das Unsichtbare sichtbar machen
Man muss sich klar machen, wie insbesondere Grundschülern mit ihren geringen Schreiberfahrungen in der Regel Texte begegnen (also in der Fibel, im Sachbuch, im Kinderroman etc.), nämlich als erratische Ganzheiten, die jegliche Spuren ihrer Entstehungsgeschichte, ihres Schreibprozesses, verloren haben und perfekt in Druck, Satz und Formulierung dastehen. Dies muss fast zwangsläufig bei den Lernenden zu einer falschen Annahme – zu einer Ideologie über das Schreiben – führen, Texte ließen sich quasi in einem »Rutsch« perfekt »runterschreiben«. Die Mühen und Anstrengungen

des Schreibprozesses sichtbar und erfahrbar zu machen, muss als grundlegender Teil eines prozessorientierten Schreibunterrichts gelten. Hierzu bietet sich insbesondere die Lehrperson selbst an, von der Grundschüler geneigt sind anzunehmen, sie könne alles perfekt. Im Sinne einer Meisterlehre lässt sich der Schreibprozess beispielsweise auf dem Overhead-Projektor und im Modus des lauten Denkens in der Klasse publik machen. Die Schüler und Schülerinnen können so erfahren, wie ihr/e Lehrer/in selbst einen Text schreibt, mit den entsprechenden Planungsschritten, dem Formulieren, dem Durchstreichen und Austauschen von Formulierungen etc. Die Lerner befinden sich dabei in einer Beobachter-Rolle und können nachher das gemeinsam Wahrgenommene reflektieren. Die Erkenntnis, dass auch für den erwachsenen Schreiber das Schreiben Kraft kostet, dass das Arbeiten am Text etwas ganz Normales ist, wäre ein erstes wichtiges Lernziel in diesem Arrangement.[5]

Von »hinten« nach »vorne«
Wenn man das vorgestellte Schreibprozessmodell von Flower und Hayes ernst nimmt, dann geht es in einer prozessbezogenen Schreibdidaktik nicht allein darum, das Überarbeiten als Globalphase zu üben. Die Erfahrung der Lernenden mit Textüberarbeitung – beispielsweise in Schreibkonferenzen (Becker-Mrotzek 2000) oder mit einer Textlupe (Böttcher/Wagner 1993) – sollten in den späteren Entwicklungsphasen zusehends im Prozess nach »vorne« wandern und von den Lernern zu Lokalphasen (s. oben) ausgebaut werden. Für ein solches selbstkritisches Operieren am eigenen Text sind Streichungs-, Ergänzungs-, Umstellungs- und Ersetzungsvorgänge besonders relevant (vgl. das »UWE-Prinzip« nach Fix 2003). Ossner schreibt zu derartigen »Proben«:

> »Die gezeigten Proben machen Sprache ›beweglich‹, indem die erstbeste Formulierung auf ihr Veränderungspotential hin abgeklopft werden kann, um erst vor dem Gesamt der Alternativen die am beste [sic!] geeignete zu wählen« (2007, S. 142 f.).

Entwicklungsziel muss also sein, dass die Schüler und Schülerinnen das, was sie in kooperativen Überarbeitungsphasen kennengelernt haben, zusehends selbstständig bereits bei der Textproduktion durchführen (also in der Globalphase des Formulierens). Das Überarbeitungsverhalten muss gewissermaßen im Schreibprozess nach »vorne« wandern, sodass nicht einfach »drauflos« geschrieben, sondern bereits beim Formulieren selbst nach sprachlichen Alternativen gesucht wird.

---

5 Mit dem Verfahren des »observational learning« haben Rijlaarsdam et al. (2007) gute Forschungsergebnisse erzielt. Es lässt sich auch so durchführen, dass man die Klasse teilt und eine Gruppe A kooperativ Texte verfasst, sodass die sonst im Stillen ablaufenden kognitiven Prozesse verbalisiert werden, und eine Gruppe B die Schreibgruppe dabei beobachtet.

Von »außen« nach »innen«
Die Entwicklungsbewegung im Schreibprozess von »hinten« nach »vorne« ist zugleich eine Entwicklungsbewegung von »außen« nach »innen«, also von der erfahrenen Leserreaktion und gemeinsamen Textüberarbeitung zu selbstständig durchgeführten und den Schreibprozess begleitenden Überarbeitungsvorgängen, die sich »nur« noch *im* Autor *selbst* abspielen.[6] Dieser Verinnerlichungsprozess gilt für alle drei Prozessphasen gleichermaßen, ist aber vor allem für eine distanzierte Haltung gegenüber dem eigenen Text besonders wichtig. Während Schreibexperten gewissermaßen »schizophrene Schreiber« sind, die den eigenen Text mit »fremden« Augen wahrnehmen können, neigen Grundschüler noch stark dazu, den egozentrischen Blick auf den selbstverfassten Text zu verabsolutieren. Aber auch in diesem Punkt bestehen Möglichkeiten, die Lernenden an eine solche kritische Perspektive heranzuführen, und zwar insbesondere mit dem von Glaser und Brunstein entwickelten Verfahren des »selbstregulierten Schreibens« (2007). Bei diesem Verfahren erhalten die Schüler eine kriterienfundierte Checkliste, mit der sie ihr Schreibprodukt selbstständig bepunkten bzw. bewerten müssen, sich für einen anschließend zu schreibenden Text selbstständig Ziele setzen (im Sinne von zu erreichenden Punkten) und auch Überarbeitungsschritte eigenständig vornehmen.

Literatur

Augst, G. et al. (2007): Text-Sorten-Kompetenz. Eine echte Longitudinalstudie zur Entwicklung der Textkompetenz im Grundschulalter. Frankfurt am Main: Lang.

Bachmann, T./Becker-Mrotzek, M. (2010): Schreibaufgaben situieren und profilieren. In: Textformen als Lernformen. Hrsg. v. Pohl, T./ Steinhoff, T. Duisburg: Gilles & Francke, S. 191–209.

Baurmann, J. (2006): Schreiben – Überarbeiten – Beurteilen. Ein Arbeitsbuch zur Schreibdidaktik. 2. Aufl. Seelze: Kallmeyer u. Klett.

Baurmann, J./Pohl, T. (2009): Schreiben – Texte verfassen. In: Bildungsstandards für die Grundschule. Deutsch konkret. Hrsg. v. Bremerich-Vos, A./Granzer, D./Behrens, U./Köller, O. Berlin: Cornelsen, S. 75–103.

Becker-Mrotzek, M. (2000): Schreibkonferenzen. Eine diskursive Form der Textverarbeitung. In: Grundschule. Jg. 12. S. 49–53.

Bereiter, C./Scardamalia, M. (1987): The Psychology of Written Composition. Hillsdale, New Jersey. London: Erlbaum.

Böttcher, I./Wagner, M. (1993): Kreative Text bearbeiten. In: Praxis Deutsch. Jg. 20. H. 119, S. 24–27.

Dehn, M. (2009): Zur Funktion der Aufgabe für den Schülertext. In: Projekte, Positionen, Perspektiven. 40 Jahre DGLS. Hrsg. v. Hofmann, B./Valtin, R. Berlin: DGLS, S. 154–176.

Ehlich, K. (1984):Zum Textbegriff. In: Text – Textsorten – Semantik. Linguistische Modelle und maschinelle Verfahren. Hrsg. v. Rothkegel, A./Sandig, B. Hamburg: Buske, S. 9–25.

Feilke, H. (1995): Auf dem Weg zum Text. Die Entwicklung der Textkompetenz im Grundschulalter. In: Frühes Schreiben. Studien zur Ontogenese der Literalität. Hrsg. v. G. Augst. Essen: Die Blaue Eule, S. 69–88.

---

6 Auf den höheren Kompetenzstufen dann auf der Basis von »Prätexten« im Sinne Wrobels (1995); also auf der Basis von Formulierungen, die nicht mehr unbedingt schriftlich niedergeschrieben werden müssen, bevor sie einer Überarbeitung zugänglich sind.

Feilke, H. (2003): Entwicklung schriftlich-konzeptualer Fähigkeiten. In: Didaktik der deutschen Sprache. Ein Handbuch. Bd. I. Hrsg. v. U. Bredel et al. Paderborn: Schöningh, S. 178–192.

Feilke, H./Augst, G. (1989): Zur Ontogenese der Schreibkompetenz. In: Textproduktion. Ein interdisziplinärer Forschungsüberblick. Hrsg. v. Antos, G./Krings, H. P. Tübingen: Niemeyer, S. 297–327.

Fix, M. (2003): »... dann schneidest du einen Ritz in die Mitte des Leiterwerkes.« Bastelanleitungen nach dem »UWE-Prinzip« verständlich formulieren. In: Praxis Deutsch. H. 179/2003, S. 22 ff.

Flower, L./Hayes, J. R. (1980): The Cognition of Discovery: Defining a Rhetorical Problem. In: College Compositionand Communication. Vol. 31, S. 21–32.

Glaser, C./Brunstein, J. C. (2007): Förderung selbstregulierten Schreibens. In: Handbuch der Pädagogischen Psychologie. Hrsg. v. Schneider, W./Hasselborn, M. Göttingen: Hogrefe, S. 371–380.

Held, U. (2006): Textüberarbeitung in der Grundschule. Eine Untersuchung zur Entwicklung und Förderung grundlegender Revisionskompetenzen bei jungen Schreibern. Frankfurt am Main: Lang.

Kultusministerkonferenz, Beschlüsse der (2004a): Bildungsstandards im Fach Deutsch für den Primarbereich (Jahrgangsstufe 4). Bonn: o. V.

Kultusministerkonferenz, Beschlüsse der (2004b): Bildungsstandards im Fach Deutsch für den Mittleren Schulabschluss. Neuwied: Luchterhand.

Kultusministerkonferenz, Beschlüsse der (2004c): Bildungsstandards im Fach Deutsch für den Hauptschulabschluss. Neuwied: Luchterhand.

Merklinger, D. (2010): »Lernendes Schreiben« am Übergang von Mündlichkeit zu Schriftlichkeit. In: Textformen als Lernformen. Hrsg. v. Pohl, T./ Steinhoff, T. Duisburg: Gilles & Francke, S. 117–142.

Ossner, J. (2007): Sprachbewusstheit: Anregung des inneren Monitors. In: Kompetenzhandbuch für den Deutschunterricht. Auf der empirischen Basis des DESI-Projekts. Hrsg. v. H. Willenberg. Baltmannsweiler: Schneider Verlag Hohengehren, S. 134–147.

Pohl, T. (2007): Tipp-Kick. Eine Spielanleitung schreiben. In: Grundschulunterricht. Nr. 9/2007, S. 35–44.

Pohl, T. (2008): Die Entwicklung der Text-Sorten-Kompetenz im Grundschulalter. In: Lernstandsbestimmung im Fach Deutsch. Gute Aufgaben für den Unterricht. Hrsg. v. a. Bremerich-Vos et al. Weinheim u. Basel: Beltz, S. 88–116.

Rijlaarsdam, G. et al. (2007): Observational learning through videobased models: Impact on students' accuracy of self-efficacy beliefs, task knowledge and writing performances. In: Studies in Writing. Vol. 19. Writing and Motivation. Ed. by G. Rijlaarsdam et al. Oxford: Elsevier, S. 219–238.

Senn, W. (2010): Schreiben als Voraussetzung und Ziel der Portfolioarbeit. Mit dem Portfolio Schreiben lernen. In: Textformen als Lernformen. Hrsg. v. Pohl, T./ Steinhoff, T. Duisburg: Gilles u. Francke, S. 163–190.

Sieber, P. (2003): Modelle des Schreibprozesses. In: Didaktik der deutschen Sprache. Ein Handbuch. Bd. I. Hrsg. v. U. Bredel et al. Paderborn: Schöningh, S. 208–223.

Topsch, W. (2003): Methoden des Handschreibunterrichts. In: Didaktik der deutschen Sprache. Ein Handbuch. Bd. II. Hrsg. v. U. Bredel et al. Paderborn: Schöningh, S. 772–784.

Weinhold, S. (2000): Text als Herausforderung. Zur Textkompetenz am Schulanfang. Freiburg im Breisgau: Fillibach.

Wrobel, A. (1995): Schreiben als Handlung. Überlegungen und Untersuchungen zur Theorie der Textproduktion. Tübingen: Niemeyer.

Olaf Gätje

Schreiben in der Sekundarstufe I

Der vorliegende Beitrag thematisiert die für die Schreibdidaktik und die Schulpraxis relevante Frage nach der Diagnostizierbarkeit und Förderbarkeit von Schreibkompetenzen in der Sekundarstufe I. Wenn im Folgenden von der *Diagnostizierbarkeit von Schreib- bzw. Textproduktionskompetenzen* gesprochen wird, dann ist damit ein Konzept von Diagnostik gemeint, das sich abgrenzt von dem in der Pädagogischen Psychologie verwendeten Diagnosebegriff mit seinen nach Maßgabe psychometrischer Gütekriterien[1] konstruierten wissenschaftlichen Testverfahren, wie sie beispielsweise in Bildungsmonitorings wie PISA zum Einsatz kommen. Diagnostik im hier verstandenen Sinne meint vielmehr die von Lehrkräften in der alltäglichen Unterrichtspraxis praktizierte Einschätzung und Beurteilung von Kompetenzständen, -entwicklungen und -entwicklungspotenzialen (s. Helmke zur diagnostischen Expertise von Lehrkräften 2003, S. 84 ff.; Pallack 2008). Dass solche diagnostischen Kompetenzen der Lehrkräfte in den einzelnen Unterrichtsfächern nicht ohne fachdidaktisch begründete Kriterien, Beschreibungskategorien und Aufgabentypen zu denken sind, ergibt sich aus den Anforderungen an Lehrerdiagnosen, zu möglichst objektiven Urteilen zu gelangen, die geeignet sind, das weitere didaktische Handeln zu orientieren (Hesse/Latzko 2009, S. 25).

Der Kompetenzbereich Schreiben in den Bildungsstandards der KMK

In den als *abschlussbezogene Regelstandards* formulierten Bildungsstandards der Kultusministerkonferenz (KMK) für den Hauptschulabschluss vom 15. Oktober 2004 und für den Mittleren Bildungsabschluss vom 4. Dezember 2003 wird der Kompetenzbereich *Schreiben* wie folgt beschrieben: »Die Schülerinnen und Schüler kennen die vielfältigen Möglichkeiten des Schreibens als Mittel der Kommunikation, der Darstellung und der Reflexion und verfassen selbst adressatengerecht Texte.«[2] Schreiben wird in den Bildungsstandards für die Haupt- und Mittelschule demnach als ein *kommunikativer Prozess* aufgefasst, womit an das Konzept der kommunikativ orientierten

---

1 Die Pädagogische Psychologie unterscheidet die drei Gütekriterien Objektivität, Reliabilität und Validität, vgl. Helmke (2003, S. 87 f.); Pallack (2008, S. 22).
2 Eine schulformbezogene Differenzierung findet auf dieser globalen Beschreibungsebene nicht statt.

Schreibdidaktik angeschlossen wird[3], ohne dass die ebenfalls relevanten Funktionen von Schrift als Mittel der *Reflexion* und *Wissensrepräsentation* aus dem Blick geraten.

In der Detailbeschreibung dieses Kompetenzbereichs werden neben einigen basalen Schreibfähigkeiten die vier Teilkompetenzen *Einen Schreibprozess eigenverantwortlich gestalten*, *Texte planen und entwerfen*, *Texte schreiben* und *Texte überarbeiten* aufgeführt.[4] Die vier genannten Teilkompetenzen werden nicht zufällig in genau dieser Reihenfolge genannt, denn in dieser Anordnung geben sie die von der Kognitionspsychologie und Schreibprozessforschung in den vergangenen ca. drei Jahrzehnten verschiedentlich beschriebene Abfolge der den Schreibprozess konstituierenden Phasen in ihren Grundzügen wieder (Hayes/Flower 1980; kritisch dazu Fix 2006, S. 36 ff.):

Vor der Niederschrift recherchiert und vorstrukturiert der Schreiber in einer *Planungsphase* den zu verbalisierenden Inhalt und entwirft einen Schreibplan, anschließend beginnt er mit der Formulierung und Vertextung seiner Gedanken (*Verbalisierungsphase*) und nimmt vor Beendigung des Schreibprozesses eine finale Textrevisionshandlung (*Überarbeitungsphase*) vor, die einzelne Formulierungen, die Ordnung der Propositionen in einzelnen Absätzen oder auch die Gesamtstruktur des Textes betreffen kann. Irgendeinen Text zu schreiben heißt also, bestimmte Handlungsschritte des Schreibprozesses zu durchlaufen.

Allerdings wäre die Teilkompetenz *Texte schreiben*, wie sie in den Bildungsstandards der KMK konzeptualisiert wird, nur unvollständig begriffen, würde man sie einzig und allein als eine Phase des Schreibprozesses ansehen. Vielmehr beinhaltet die Beschreibung dieser Teilkompetenz weitere ganz grundlegende Aspekte der schriftlichen Textproduktion: Für Absolventen der Hauptschule umfasst die Teilkompetenz *Texte schreiben* beispielsweise die Fähigkeit, »grundlegende Schreibfunktionen« wie »erzählen, berichten, informieren, beschreiben, appellieren, argumentieren« umsetzen zu können. Außerdem sollen nicht nur einige für den nachschulischen Werdegang unmittelbar nutzbare Textsorten wie der sachliche Brief, der Lebenslauf und Bewerbungsschreiben beherrscht werden, sondern auch einige den kommunikativen Alltag von Hauptschulabsolventen mutmaßlich weniger dominierende Darstellungsformen wie Schaubilder, Diagramme und Tabellen.

Der durchschnittliche Absolvent der Mittelschule soll dagegen die »zentralen Schreibformen beherrschen und sachgerecht nutzen« können. Zu diesen zentralen Schreibformen zählt die KMK »informierende (berichten, beschreiben, schildern), argumentierende (erörtern, kommentieren), appellierende, untersuchende (analysieren, interpretieren), gestaltende (erzählen, kreativ schreiben)« Texte. Damit wird von dem durchschnittlichen Absolventen der Mittelschule ein breiter gefächertes anwendungsbezogenes Wissen bezüglich Textsorten, Vertextungsmustern und Schreibfunk-

---

3   S. Ludwigs Beobachtung zum Aufkommen des *kommunikativen Aufsatzes* zu Beginn der 1970er-Jahre (1980 und 1988, S. 453).
4   Da die Standards in den Bildungsstandards der KMK abschlussbezogen konzipiert sind, beziehen sich die Kompetenzformulierungen immer auf das Ende der jeweiligen Schulform.

tionen erwartet als von dem durchschnittlichen Hauptschüler am Ende der neunten Klasse.[5]

Wie dem im Einzelnen auch sei: Die unter der Teilkompetenz *Texte schreiben* erwähnten Fähigkeiten liegen erkennbar auf einer anderen Ebene als die zuvor beschriebenen *Phasen des Schreibprozesses*, weil die Fähigkeit, Textsorten und Textfunktionen realisieren zu können, als *Textproduktionskompetenz* bzw. *Schreibkompetenz* schlechthin zu verstehen ist. Ungeachtet von solchen Ungereimtheiten in der Beschreibung der Kompetenzbereiche in den Bildungsstandards der KMK kann festgehalten werden, dass das von den Absolventen von Haupt- und Mittelschulen im Bereich *Schreiben* geforderte Anforderungsniveau darin besteht, schriftliche Texte mit unterschiedlichen kommunikativen Funktionen produzieren zu können, sprich den Anforderungen *zerdehnter Schriftkommunikation* (i. S. v. Ehlich 1994) gerecht zu werden. Ob mit diesen abschlussbezogenen Kompetenzniveaus für die Haupt- und Mittelschule tatsächlich nur ein *mittleres Anforderungsniveau* formuliert ist, muss freilich bezweifelt werden.

Schreibunterricht als Entwicklung von Text(sorten)kompetenzen

Nachdem in der Grundschule die für den Schreibprozess grundlegenden Fähigkeiten in den Bereichen der Feinmotorik, Wahrnehmung, Augen-Hand-Koordination, des Erkennens von Phonem-Graphem-Korrespondenzen, der Worterkennung und -schreibung, der Orthografie und Grammatik[6] vermittelt wurden, rückt bereits das Schreiben von Texten, vornehmlich von *Erzählungen*, in den Blickpunkt.

In der Sekundarstufe I richtet sich der schreibdidaktische Schwerpunkt dann auf die Ausbildung von *Vertextungs-* bzw. *Textproduktionskompetenzen*, also auf die Fähigkeit der Schülerinnen und Schüler, unterschiedliche Textsorten im Medium der Schrift kohärent, adressatenorientiert und strukturiert herstellen zu können. Im schulischen Alltag zeigt sich die Fokussierung auf *Textproduktionskompetenzen* in der Unterrichtung der kanonisierten Aufsatzformen – traditionell in einer festgelegten Reihenfolge. Marthaler hat diese Aufsatzarten in den 60er-Jahren wie in Tabelle 1 systematisiert.

---

5 Als Vertextungsmuster werden das *Argumentieren, Beschreiben, Erzählen* und *Berichten* aufgefasst. Otto (1980, S. 75) charakterisiert die ersten drei der genannten Vertextungsmuster als die »grundlegenden Stil- und Darstellungsformen«; ähnlich spricht Brinker von den »Grundformen thematischer Entfaltung«, ([7]2010/1985, S. 56). Vertextungsmuster sind nicht mit Textsorten gleichzusetzen, die innerhalb einer Kultur zur Bearbeitung rekurrenter komplexer sprachlich-kommunikativer Aufgaben ausgebildet werden.

6 Köller bemerkt: »Explizite Grammatikkenntnisse brauchen alle Personen, die ihre Handlungsprozesse nicht nur mit Sprache begleiten, sondern die ihre Handlungsprozesse mit Sprache realisieren« (1988, S. 47). Diese Feststellung müsste folglich auch für Schülerinnen und Schüler und deren Schreibhandlungen gelten. Empirische Untersuchungen über den Zusammenhang von traditionellen Grammatikübungen in der Schule und Textqualität zeigen jedoch, dass solche Übungen keine oder sogar negative Effekte auf die Textqualität haben (vgl. Philipp 2012, S. 64). Das heißt jedoch nicht, dass explizites Grammatikwissen per se keinen positiven Einfluss auf die Textqualität haben kann, es heißt lediglich, dass der herkömmliche schulische Grammatikunterricht keine positiven Effekte auf die Textqualität hat.

	subjektbezogen	objektbezogen
Geschehnisse	Erzählungen	Berichte
Sachverhalte	Schilderungen	Beschreibungen
Gedanken	Betrachtungen (Besinnungsaufsätze)[7]	Abhandlungen (Erörterungen)

Tab. 1: Marthalers Systematik der Aufsatzarten nach Otto 1988, S. 44

Die Kritik an einem Schreibunterricht, der sich an diesen traditionellen Aufsatzarten orientiert, entzündet sich vorrangig an der starken Formorientierung dieser zum »didaktischen Brauchtum« (Ivo 1977, S. 56) gehörenden Lernformen des schriftlichen Ausdrucks. Der traditionelle Aufsatzunterricht wird häufig als gebundener Aufsatzunterricht bezeichnet, weil die Schülerinnen und Schüler in ihm »an klare Formvorgaben ›gebunden‹ waren« (Becker-Mrotzek/Böttcher 2006, S. 20; vgl. auch Ludwig zum *sprachgestaltenden Aufsatz der Nachkriegszeit* 1988, S. 448; kritisch hierzu außerdem Feilke/August 1989, S. 306).

In der Folge wird die Schreibkompetenz im traditionellen Aufsatzunterricht daran bemessen, in welchem Maße die normativen Formvorgaben in den Texten der Schülerinnen und Schüler realisiert werden, ungeachtet des Umstands, ob der Text unter kommunikativ-pragmatischen Gesichtspunkten als adäquat einzuschätzen ist. Mit der Fokussierung auf die Form einher geht außerdem eine Aufgabenkultur, in der die Schreibhandlung weitgehend abgekoppelt ist von den spezifischen Anforderungen *zerdehnter* Kommunikation im Medium der Schrift. Die Schaffung authentischer Schreibanlässe im Deutschunterricht ist jedoch Voraussetzung dafür, dass die Schülerinnen und Schüler den Schreibunterricht in einem sinnvollen Zusammenhang mit der eigenen Lebenswirklichkeit bringen können.

Ein weiterer zentraler Kritikpunkt betrifft die curriculare Abfolge dieser Aufsatzformen, beginnend mit der *Erlebnis-* und *Phantasieerzählung* gegen Ende der Grundschulzeit und zu Beginn der Sekundarstufe, den sachorientierten Aufsatzarten *Bericht* und *Beschreibung* in der 5. und 6. Jahrgangsstufe, bis hin zu der meinungsbetonten Erörterung in der 7. und 8. und der dialektischen Erörterung in der 9. bzw. 10. Jahrgangsstufe – ob diese Reihenfolge einer didaktischen Ratio in dem Sinne gehorcht, als dass sie auf die entwicklungspsychologisch bedingten sprachlichen und kognitiven Voraussetzungen der Schülerinnen und Schüler abgestimmt ist, darf bezweifelt werden. Abseits von solchen verselbstständigten Traditionen des Aufsatzunterrichts in deutschen Schulen fordert der Schreibdidaktiker Steve Graham, bezugnehmend auf eine Liste von acht unterschiedlichen Funktionen des Schreibens, dass diese *in jeder*

---

7 Im Zuge eines allgemeinen Unbehagens »gegenüber den etablierten Stilformen« in den 70er-Jahren (Asmuth 1996, S. 1284) ist der Besinnungsaufsatz als eine ideologisch belastete Erfindung des nationalsozialistischen Aufsatzunterrichts (hierzu Otto 1988, S. 396) als Aufsatzform verschwunden. Auch die Stil- bzw. Aufsatzform der Schilderung ist aus dem Kanon der Aufsatzformen weitgehend verschwunden.

Phase des Schreibunterrichts unterrichtet werden sollten: »Students should use writing for these purposes at all grade levels« (2008, S. 5).

Die acht von Graham aufgelisteten Schreibzwecke lauten:
→ communicating with others (miteinander kommunizieren)
→ informing others (jmd. informieren)
→ persuading others (jmd. überzeugen)
→ learning content material (Inhalte aneignen beispielsweise durch das Schreiben einer Zusammenfassung)[8]
→ entertaining others (jmd. unterhalten beispielsweise durch das Schreiben einer Erzählung)
→ reflecting about self (Selbstreflexion beispielsweise durch autobiografisches Schreiben in Tagebüchern)
→ responding to literature (Literatur kommentieren und analysieren beispielsweise in Form der den Aufsatzunterricht der Sekundarstufe II prägenden literarischen Erörterung)
→ demonstrating knowledge (Wissen präsentieren beispielsweise in Fragetests)

Auf die mangelnde Trennschärfe dieser verschiedenen Schreibzwecke (auch: Textfunktionen) soll an dieser Stelle nicht näher eingegangen werden; eine systematische Beschreibung der Funktionen geschriebener Sprache legt Otto (1980, S. 74 ff.) vor. Angemerkt sei nur, dass die aufgelisteten Zwecke systematisch nicht alle auf einer Ebene liegen, was besonders deutlich an dem Zweck *miteinander kommunizieren* wird, der im Vergleich zu solchen Schreibzielen wie *jemanden überzeugen* oder *jemanden informieren* auf einer übergeordneten kategorialen Ebene liegt. Doch von solchen systematischen Mängeln abgesehen ist an dieser Liste entscheidend, dass die in ihr aufgeführten Zwecke ein deutlich breiteres Funktionsspektrum abdecken, als dies im traditionellen Aufsatzunterricht und auch in anderen Konzeptionen der Aufsatzdidaktik der Fall ist. Denn Grahams Auflistung von Schreibzwecken bündelt *kommunikative, ästhetische, erkenntniserzeugende* (kognitive) und *(selbst)reflektorische* (emotive) Zwecke von Schreibhandlungen.[9] Damit wird eine Diversität möglicher Schreibfunktionen/-handlungen angesetzt, die sich nicht nur über die Beschränkungen des die Sekundarstufe I prägenden traditionellen Aufsatzunterrichts hinwegsetzt, der »sich auf das Einüben von erzählend-berichtenden, beschreibenden und argumentierenden Texten beschränkt« (Haueis 1996, S. 1262) und damit nur einen kleinen Ausschnitt der in der alltäglichen kommunikativen Praxis aufgerufenen Schreibhandlungen thematisiert. Darüber hinaus geht diese Liste auch über das Konzept eines Schreibunterrichts hinaus, das die kommunikativen Handlungszwecke in den Vordergrund rückt.

---

8 S. a. zum lernenden Schreiben Pohl/Steinhoff (2010a, S. 19 ff.).
9 Dass das *lernende Schreiben* zunehmend auch durch die deutschsprachige Schreibdidaktik Beachtung findet, zeigen das von Martin Fix 2008 herausgegebene Themenheft »Lernen durch Schreiben« sowie der 2010 von Pohl/Steinhoff herausgegebene Sammelband »Textformen als Lernformen«.

Allein die Komplexität der entsprechenden Schreibaufgaben zur Herstellung eines Textes, in dem eine oder mehrere der Funktionen realisiert werden, sollte von Klassenstufe zu Klassenstufe ansteigen (Graham 2008, S. 5). Damit würde die starre Abfolge von Aufsatzformen im Curriculum zugunsten eines Schreibunterrichts ersetzt werden, in dem *alle* Textfunktionen in allen Klassenstufen unterrichtet werden. Vorliegende empirische Befunde der didaktischen Schreibforschung sprechen für ein solches Vorgehen. So zeigen die Ergebnisse einer empirischen Untersuchung Feilkes, dass bereits Grundschüler in der Lage sind, argumentative Texte zu verfassen, die »*alle* (!) auch später beobachtbaren Grundprinzipien der Organisation frei geschriebener argumentativer Texte« aufweisen (1995, S. 85, Hervorhebung im Original; s. a. Augst u. a. 2007). Ein weiterer empirischer Befund ist ebenfalls geeignet, die didaktische Forderung zu untermauern, mit der Unterrichtung aller Aufsatzarten nicht nur im Primarbereich zu beginnen, sondern diese auch bis in die Sekundarstufe II hinein zu betreiben. In seiner Untersuchung zur »Ontogenese der Erzählkompetenz« kommt Augst (2010) nämlich zu folgendem Ergebnis:

> »Wenn einerseits die Untersuchung von Augst et al. (2007) gezeigt hat, dass Kinder schon in der Grundschule Beschreibungen, Instruktionen, Berichte und Argumentationen in nuce schreiben können, und andererseits diese jetzige Untersuchung belegt, dass selbst Kinder in der 9. Klasse zum Teil das Strukturschema der Erzählung noch nicht aktiv beherrschen und auf jeden Fall der Erzählton noch entwicklungsbedürftig ist, dann gilt es Abschied zu nehmen von der pädagogischen Textsortenstufung: Grundschule = Erzähltexte, Mittelstufe = Sachtexte, Oberstufe = Erörterung/Textanalyse. Stattdessen gehört jede Textsorte in jede Schulstufe« (Augst 2010, S. 93 f.).

Demnach erhält die Forderung Grahams, den schulischen Aufsatzunterricht in einer Weise zu konzipieren, dass in allen Jahrgangsstufen zu allen o. g. Schreibzwecken Schreibaufgaben bearbeitet werden, durch empirische Studien zur Schreibentwicklung Unterstützung. Gleichwohl bleibt die Frage ungeklärt, wie genau die Komplexität, sprich das Anforderungsniveau der Schreibaufgaben zu den unterschiedlichen Schreibzwecken zwischen den einzelnen Jahrgangsstufen variiert werden kann. Variablen zur Differenzierung des Schwierigkeitsgrades von Aufgabenstellungen zur Realisierung einer Textfunktion wären beispielsweise die konkret zu verfassende Textsorte und die Komplexität des Textthemas. So stellt das Verfassen eines Briefes an einen guten Freund, in dem der Schreiber über seinen letzten Sommerurlaub berichtet, geringere Anforderungen an das zu aktivierende textsortenspezifische Wissen des Schreibers, als es bei der Abfassung eines Erlebnisberichts für die Schülerzeitung zu demselben Thema der Fall wäre.

Kompetenzmodelle im Bereich Schreiben

Die Tätigkeit des Schreibens wird seit wenigen Jahrzenten nicht nur im sprachdidaktischen Diskurs, sondern auch und bereits seit etwas längerer Zeit von der Kognitionspsychologie intensiv untersucht, dort allerdings weniger als ein schulischer Lerngegenstand, sondern als eine menschliche Handlung, an welcher sich die zur Lösung komplexer Probleme – ein Hauptinteressengebiet der mit kognitiver Entwicklung befassten Wissenschaften (Halford/Andrews 2006) – beteiligten kognitiven Prozesse besonders gut herausarbeiten und profilieren lassen. Die aus der kognitionspsychologischen Forschung im angloamerikanischen Raum hervorgegangene Konzeption vom *Schreiben als Problemlöseprozess* (s. Hayes/Flower 1980)[10] stellt den Anknüpfungspunkt für eine Aufsatz- bzw. *Schreibdidaktik* dar, die sich seit den 1970er-Jahren, beeinflusst durch die Hinwendung der Sprachwissenschaften zu pragmatischen und kommunikationstheoretischen Fragestellungen, in einer kritischen Auseinandersetzung mit der traditionellen Aufsatzdidaktik befand, die stark normativ und formorientiert ausgerichtet war und ist (Asmuth 1996, S. 1284).

Die Konzeption von Schreiben als Problemlösungsprozess gibt der schreibdidaktischen Forschung allerdings auch eine Reihe an Fragen zur Beantwortung auf; Fragen, die die genaue Beschaffenheit, die Beurteilbarkeit und natürlich die Vermittelbarkeit der kognitiven und sprachlichen *Fähigkeiten* bzw. *Kompetenzen* betreffen, die von den Schülerinnen und Schülern zur Lösung dieses vielschichtigen Problems zu erwerben sind. Grundlage für die Bearbeitung dieser Fragen ist zunächst ein allgemeines Verständnis davon, was Schreibkompetenz überhaupt ist.

Eine häufig verwendete Definition lautet wie folgt: »Schriftlich-konzeptuale Fähigkeit in die Beherrschung genau der sprachlichen Formen, die für eine maximal kontextentbundene Verständigung vorausgesetzt werden müssen« (Feilke 2002, S. 9). Für die schreibdidaktische Operationalisierung dieser Kompetenzdefinition ist es einerseits erforderlich, die jeweiligen Teilkompetenzen der Schreibkompetenz genauer zu spezifizieren, andererseits sind die Entwicklungsstufen im Erwerb schriftsprachlicher Kompetenzen zu modellieren. Dazu hat die Schreibdidaktik in den vergangenen Jahren auf Grundlage empirischer Studien oder zumindest empirisch validiert verschiedene Kompetenzmodelle entwickelt, die sich in die Gruppe der Kompetenz*struktur*modelle und die der Kompetenz*niveau*modelle unterscheiden lassen.[11]

Die vorliegenden Kompetenzniveaumodelle zum Schreiben sind von Feilke (2002, S. 9 ff.; 2003, S. 180 ff.) in 3 Arten von Modellen unterschieden worden, die nur kurz genannt werden sollen:
→ die Dimensionswechselmodelle (z. B. Bereiter 1980, S. 82),
→ die Dimensionsdifferenzierungsmodelle (z. B. Feilke/Augst 1989) und
→ die Parallelen Mehrstadienmodelle (z. B. Becker-Mrotzek 1997).

---

10 Allgemein zur Karriere dieses Konzepts s. Molitor-Lübbert (1996, S. 1005 ff.).
11 Zu dieser Unterscheidung: Gniewosz (2011, S. 58 f.).

In Anbetracht dieser Diversität an *Kompetenzniveau-* bzw. Entwicklungsmodellen trifft das Globalurteil Bayrhubers, nach dem »empirisch abgesicherte Kompetenzstrukturmodelle und Kompetenzentwicklungsmodelle« (2007, S. 12) noch nicht vorliegen, für den Kompetenzbereich Schreiben nicht zu. Gleichwohl beschreiben die vorgestellten Modelle die Entwicklung konzeptionell schriftlicher Kompetenzen auf einer Abstraktionsebene, von der aus ein belastbares, für die pädagogische Diagnostik verwertbares Kompetenzentwicklungsmodell für den Bereich Schreiben in der Sekundarstufe I nur schwer zu generieren ist.

Der Hauptgrund für dieses Problem ist die häufig unzureichende Berücksichtigung des Aspekts *Textsorte* und der basalen *Vertextungsmuster* in den jeweiligen Entwicklungsmodellen. Die Entwicklung der Textproduktionskompetenz in der Sekundarstufe erfolgt jedoch notwendig in der Auseinandersetzung mit spezifischen Textsorten bzw. den etablierten Aufsatzformen: »Textualität kann sich immer nur innerhalb eines bestimmten Schreibgegenstandes entfalten und steht dabei immer (wenigstens rudimentär) im Sog einer (eventuell auch mehrerer) Textfunktionen/-sorten« (Augst et al. 2007, S. 30).[12] Eine Schreibdidaktik, die dem entwicklungsrelevanten Faktor der Musterhaftigkeit von Texten nicht gebührend Rechnung trägt, begibt sich deshalb zentraler Einsichten in die Entwicklung der Textproduktionskompetenz, die eben immer auch eine *Textsortenkompetenz* ist und nur sein kann.

Einen weiteren Grund für die systematische Berücksichtigung von Textsorten und Vertextungsmustern bei der Herstellung von Entwicklungsmodellen erwähnen Augst et al. (2007) in ihrer Longitudinalstudie zur Entwicklung von Text*sorten*kompetenz in der Grundschulzeit: Die Entwicklung von Kompetenzen bei der Abfassung des einen Vertextungsmusters kann in einer erwerbsrelevanten Relation zu der Entwicklung von Kompetenzen bei der Abfassung anderer Vertextungsmuster bzw. Textsorten stehen (Augst et al. 2007, S. 29).

Die Kompetenzstrukturmodelle des Schreibens gliedern die allgemeine Schreibkompetenz in die sie konstituierenden Teilkompetenzen auf. Becker-Mrotzek und Böttcher (2006) schlagen ein Modell vor, in dem die Schreibkompetenz, oder genauer: die Textproduktionskompetenz in die sprachlichen und kognitiven Dimensionen in Tabelle 2 ausdifferenziert wird.

Schreibkompetenz				
grammatische Kenntnisse	lexikalische Kenntnisse	Textmusterkenntnisse	Schriftkenntnisse	soziale Kognition

Tab. 2: Schreibkompetenzmodell nach Becker-Mrotzek/Böttcher (2006, S. 59)

---

12 S. dazu beispielhaft das eng an die Textsorte Bedienungsanleitung angelehnte Entwicklungsmodell von Becker-Mrotzek (1995).

Auch das von Feilke/August bereits 1989 vorgelegte Entwicklungsmodell enthält Elemente eines Kompetenzstrukturmodells oder besser: eines *Wissensstrukturmodells*. Das von den Autoren vorgeschlagene »interaktive Modell von Wissenskomponenten« ist als ein *Strukturmodell* zu verstehen, in dem sich die sprachlich-kognitiven Komponenten des Schreibkompetenz-Modells von Becker-Mrotzek/Böttcher (2006) im Wesentlichen wiederfinden, das seine Strukturkomponenten jedoch stärker ausdifferenziert und in dem darüber hinaus die zwischen den einzelnen Komponenten bestehenden Relationen beschrieben werden.[13] Die Autoren differenzieren zunächst zwischen Konzeptions-, Realisierungs- und Routinewissen und spezifizieren diese allgemeinen Typen von Wissen dann im Hinblick auf die kognitiven Anforderungen, die zerdehnte Schriftkommunikation an den Textproduzenten stellt (im Folgenden sensu Feilke/August 1989, S. 301 ff.):

→ Das *Konzeptionswissen* in Bezug auf Schreibkompetenz im Allgemeinen umfasst demnach das Wissen um allgemeine Normen und Regeln des kommunikativen Miteinanders[14] sowie sprachlich codiertes Weltwissen. Dass solches Wissen nicht allein für erfolgreiche Schriftkommunikation vorauszusetzen ist, sondern für sprachliche Kommunikation generell, sollte jedermann einleuchten. Indes ändert die Nicht-Exklusivität dieser Wissenskomponente nichts an deren Relevanz für die Textproduktionskompetenz.

→ Das *Realisierungswissen* einer allgemeinen Textproduktionskompetenz umfasst die stärker *schriftsprachlichen Wissenskomponenten*, die für die Produktion eines kohärenten Textes erforderlich sind. Damit sind Fähigkeiten angesprochen, die die Gliederung des Textes, das Wissen über Textmuster sowie allgemeine Kohärenzprinzipien betreffen. Von diesem linguistischen Makrostrukturwissen, dem *die* »Schlüsselstellung im Erwerb schriftsprachlicher Fähigkeiten« (S. 305) zugewiesen wird, ist das linguistische Mikrostrukturwissen zu unterscheiden, das die Bereiche der Syntax, Lexik und insbesondere der für die Vertextung besonders relevanten kohäsiven Techniken wie z. B. implizite und explizite Wiederaufnahmerelationen betrifft.

→ Mit dem *Routinewissen* nehmen die Autoren Bezug auf die implizit ablaufenden, nicht fokalen Handlungen der Textproduktion Bezug, von denen einige, wie die Rechtschreibung oder Interpunktion, die Verwendung von schriftsprachlichen Routineformeln (*Textroutinen*) bewusstseinsfähig sind, andere dagegen, wie die motorischen Schreibaktivitäten, eher nicht.

Die besondere Pointe dieses kognitiven Wissensmodells besteht darin, dass die einzelnen Wissenskomponenten nicht isoliert, sondern in ihrer Interaktion betrachtet werden, worauf an dieser Stelle aber nicht weiter eingegangen werden kann. Entscheidend ist, dass dieses Wissensstrukturmodell erst im Zusammenspiel mit einem

---

13 S. a. das noch detailliertere Modell von *Wissenstypen* von Becker-Mrotzek/Schindler (2007, S. 12 ff.).
14 Das sog. *Kommunikationsnormenwissen* erinnert stark an die Grice'schen Konversationsmaximen.

Modell kommunikativer Handlungsprobleme seinen Wert für die Modellierung der Entwicklung der Schreibkompetenz gewinnt. Dabei verstehen die Autoren den Schreibprozess »insgesamt als Versuch [...], ein komplexes Kommunikationsproblem zu lösen« (Feilke/August 1989, S. 307). Die Kompetenz des Schreibers, solche komplexen Kommunikationsprobleme erfolgreich zu bearbeiten – also einen *schriftlichen Text* zu verfassen – erfolgt über die schrittweise Ausbildung von vier Kompetenzen, die sich als Reaktion auf vier Problemdimensionen kommunikativer Schreibhandlungen herausdifferenzieren, die dem Lerner nach und nach in den Blick geraten (wiederum sensu Feilke/August 310 f.):

→ *Desymptomatisierung* als Antwort auf die *expressive Problemdimension* meint die Fähigkeit des Lerners, seine Affekte und spontanen Emotionen in eine dem Ausdruckspotenzial der Schrift angepasste und damit stark sublimierte und kontrollierte Form zu bringen, was letztendlich zu einer Versachlichung der Schriftkommunikation führt.

→ *Dekotextualisierung* als Antwort auf die *kognitive Problemdimension* meint die Fähigkeit des Lerners, einen aus sich selbst heraus verständlichen, also kontextfreien Text verfassen zu können. Aufgrund des Fehlens eines gemeinsamen Wahrnehmungsraums, wie er in der dialogischen »face to face«-Situation gegeben ist, muss die gesamte Last der Informationsvermittlung in zerdehnter Schriftkommunikation allein mit sprachlichen Mitteln geleistet werden. Wie Ong lakonisch bemerkt: »Words are alone in a text« ([1]1982/2009, S. 100). Genau deshalb benötigt der Schreiber ein »ein differenziertes lexikalisches Inventar« sowie ein Repertoire an syntaktischen und transphrastischen Verknüpfungstechniken.

→ *Reflexivierung* als Antwort auf die *textuelle Problemdimension* meint die Fähigkeit des Lerners, den Textproduktionsprozess zu antizipieren und zu planen.

→ *Kontextualisierung* als Antwort auf die *soziale Problemdimension* meint die Fähigkeit des Lerners, einen Text in Hinblick auf einen realen oder virtuellen Adressaten und dessen Erwartungen zu produzieren. Der Schreiber antizipiert also einen sozialen Kontext und passt seinen Text diesem Kontext an.

Der entscheidende Punkt an diesen auf Grundlage theoretischer Überlegungen gewonnenen Teilkompetenzen ist deren Stufenabfolge in der Schreibentwicklung:

»Tatsächlich sind [...] die unter systematischen Gesichtspunkten nebeneinander zu stellenden Teilkompetenzen einer bestimmten entwicklungslogischen Abfolge ihres Erwerbs unterworfen und bilden sich somit erst langsam, nacheinander und aufeinander aufbauend aus« (Feilke/August 1989, S. 314).

Die Abfolge in der Ontogenese der Schreibkompetenz kann demnach wie in Abbildung 1 visualisiert werden.

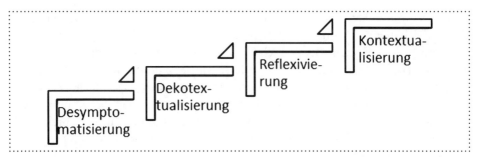

Abb. 1: Abfolge der Niveaustufen in der Ontogenese der Schreibkompetenz nach Feilke/Augst (1989)

Dieses theoretisch-deduktiv gewonnene Stufenmodell der Entwicklung wird von den Autoren anhand der Analyse eines Korpus argumentativer Briefe von Schülern und Studenten im Alter von 13, 16, 19 und 23 Jahren validiert. Das Modell ist für die Untersuchung der Kompetenzen von Schülertexten aus der Sekundarstufe I aber insbesondere aus dem Grund geeignet, weil die in ihm dargestellten Kompetenzstufen häufig in der Sekundarstufe I – in den jeweiligen Schulformen unterschiedlich ausgeprägt – anzutreffen sind.

Es soll nicht unterschlagen werden, dass die Zuordnung von dem durch eine Aufgabenstellung hervorgerufenen Lösungsverhalten einzelner Schülerinnen und Schüler zu den jeweiligen Kompetenzstufen in vielen Fällen gar nicht oder nur mit Schwierigkeiten möglich ist.[15] Als eine Art heuristisches Hilfsmittel kann so ein Kompetenzentwicklungsmodell wie das vorgestellte bei der Beurteilung von Schülertexten jedoch allemal dienen, da mit ihm Kriterien für die systematische Unterscheidung von Kompetenzständen im Bereich des Schreibens von Texten vorliegen.

Diagnostik schriftsprachlicher Teilkompetenzen

Vorbemerkung

Sich dem Kompetenzbereich *Schreiben* in der Sekundarstufe I unter der Frage seiner Diagnostizierbarkeit zu nähern, heißt, sich für die Produktion von Texten im Medium der Schrift zu interessieren und dabei zu untersuchen, wie die sprachlichen und kognitiven Entwicklungen der Schülerinnen und Schüler in diesem Kompetenzbereich adäquat beschrieben und wie die erreichten Kompetenzniveaus von Schülerinnen und Schülern zu einem definierten Zeitpunkt nicht nur wissenschaftlich, sondern vor allem im Schulalltag möglichst präzise bestimmt werden können. Denn erst ein

---

15 Vgl. Husfeldt/Lindauers Kritik zu dem grundsätzlichen Theorie-Empirie-Defizit auf diesem Gebiet (2009, S.140 ff.).

didaktisch fundiertes diagnostisches Urteil über erreichte Kompetenzstände kann als Grundlage für die Durchführung individueller Fördermaßnahmen dienen.

Angesichts der durch die Sprachdidaktik in jüngerer Zeit verstärkt in den Fokus gerückten diagnostischen Fähigkeiten von Lehrkräften in der Unterrichtspraxis muss der Befund besorgen, dass »dieser Bereich in der deutschen universitären Lehramtsausbildung eine minimale Rolle« spielt (Helmke 2003, S. 87; ähnlich der Befund von v. Saldern 2008, S. 52). In Übereinstimmung mit diesen Befunden konstatiert Bredel bezogen auf die Sprachdidaktik das Fehlen von Ausbildungseinheiten in der Lehrerausbildung, »die sich mit der Diagnose von Sprachständen befassen« (2007, S. 77), ja, der Sprachdidaktik fehle sogar weitgehend eine *diagnostische Kultur* (S. 78), sodass das aktuelle Förderhandeln im Deutschunterricht »weitgehend von einer Augenscheindiagnostik bestimmt« sei (S. 77).

Dabei wird die Relevanz diagnostischer Kompetenzen aufseiten des Lehrpersonals von Erziehungswissenschaftlern und Entwicklungspsychologen immer wieder betont:

> »Die Bedeutung der diagnostischen Kompetenz für das schulische Lernen ergibt sich unmittelbar daraus, dass die Schwierigkeit von Unterrichtsmaßnahmen, Fragen und Aufgaben auf die Lernvoraussetzungen der Schüler abgestimmt sein muss« (Helmke 2003, S. 85).

Und Helmke ergänzt, dass die individuelle Förderung von Schülerinnen und Schülern »ein ausreichendes und diagnostisches Wissen der verantwortlichen Lehrkraft zwingend voraus[setzt]« (Helmke 2003, S. 85).

Diesen kritischen Befunden zum Status quo zum Trotz gilt für das Fach Deutsch, dass »gerade in Bezug auf Sprache [...] viele testtheoretisch unabdingbare Voraussetzungen beim bisherigen Kenntnisstand nur schwer zu erfüllen« sind, was an den *Phänomenstrukturen* liegt, »die für ein so komplexes Gebilde wie Sprache und ihre Aneignung kennzeichnend« sind (Ehlich 2007, S. 51; s. a. Abraham/Müller 2009, S. 6 f.).[16] Eine didaktische Konsequenz, die sich aus der Komplexität des Unterrichtsgegenstandes des Faches Deutsch und den komplizierten Vermittlungsprozessen ergibt, lautet, dass die *Phänomenstrukturen* zu bestimmen und zu beschreiben sind, die für die Kompetenzdiagnostik von Nutzen sein können. Das soll im folgenden Abschnitt anhand von *literalen Prozeduren* versucht werden.

---

16 Im Jahr 2004 widmet die Zeitschrift OBST gleich zwei Heftausgaben, Nr. 66 und 67, dem Thema *Diagnose und Schrift*, blendet dabei aber die Frage nach der Diagnose textproduktiver Kompetenzen zwar ausdrücklich, aber ohne weitere Begründung aus.

Literale Prozeduren als Indikatoren für Kompetenzstände im Bereich argumentativen Schreibens

Wie bereits deutlich geworden sein sollte, ist die Entwicklung der Schreibkompetenz im Sekundarbereich I genau genommen als ein Erwerbsprozess von Textproduktionskompetenzen oder noch präziser: Text*sorten*produktionskompetenz zu begreifen. Dabei kann der Erwerb solcher Textproduktionskompetenzen »texthandlungstypen- und -sortenabhängig als ein Erwerb von literalen Prozeduren rekonstruiert werden« (Feilke 2010, S. 13). Literale Prozeduren sind vereinfacht gesagt sprachliche Form-Funktionseinheiten,

→ die ausdrucksseitig eine mehr oder weniger saliente Gestalt aufweisen und
→ die rekurrente kommunikative Aufgaben typischerweise in spezifischen Textsorten erfüllen,
→ deren genuines Funktionspotenzial in *zerdehnter (schriftlicher) Kommunikation* liegt (Feilke 2010, S. 3).

Bezogen auf das oben dargestellte *interaktive Wissensmodell* von Feilke/August (1989) sind literale Prozeduren dem Routinewissen zuzuordnen, weshalb sie in der Forschung auch als *Textroutinen* bezeichnet werden. Da literale Prozeduren jedoch grundsätzlich bewusstseinsfähig sind, können sie hinsichtlich ihrer Form und Funktion reflektiert und ihr adäquater Gebrauch kann eingeübt werden.

Ein illustratives Beispiel für eine literale Prozedur ist das gliedernde Textadverb *einerseits ... andererseits*, mit dem in argumentativen Texten zwei Propositionen miteinander ins Verhältnis gesetzt werden. Dass die Verwendung dieser spezifischen literalen Prozeduren als aussagekräftiger Indikator für Kompetenzstände gelten kann, zeigt die groß angelegte Longitudinal-Studie zur Kompetenzentwicklung bei der Produktion unterschiedlicher Texthandlungstypen im Grundschulalter von Augst u. a. (2007). Bezogen auf argumentative Texte hat sich gezeigt, dass »dieses eindeutig *der Schriftsprache zuzurechnende* Adverb« (Augst et al. 2007, S. 222, Hervorhebung O. G. – deswegen auch *literale* Prozeduren!) nur von solchen Schülerinnen und Schülern adäquat eingesetzt wird, die sich auf einem aus der Studie hervorgegangenen vierstufigen Entwicklungsniveaumodell zur Textsortenkompetenz auf den beiden höchsten Stufen befinden. Damit drängt sich der Verdacht auf, dass literale Prozeduren einen kompetenzdiagnostischen Nutzen haben. Feilke bemerkt dazu: »Ihr [die Rede ist von *literalen Prozeduren*, Anmerkung O. G.] Vorhandensein oder Nichtvorhandensein sowie Varianten der Durchführung sind gleichermaßen ein tragfähiger Kompetenzindikator und ein möglicher Ansatzpunkt für die Förderung« (Feilke 2010, S. 13).

Das Konzept der *literalen Prozeduren* kann freilich nur unter der Voraussetzung einen diagnostischen Nutzen für die Beurteilung der Entwicklung textsortenproduktiver Kompetenzen entfalten, wenn es für den Schulalltag operationalisierbar ist. Damit die Sprachdidaktik jedoch literale Prozeduren systematisch als Kompetenzindikatoren modellieren kann, ist eine vorherige sprachwissenschaftlich fundierte Beschreibung dieser semiotischen Konstruktionen für die unterschiedlichen schulisch unterrichteten Vertextungsmuster erforderlich. Eine solche Beschreibung steht jedoch zum gegenwärtigen Stand der Forschung noch aus – bislang liegen keine Inventarlisten *literaler Prozeduren* für die unterschiedlichen curricular relevanten Vertextungsmuster wie beispielsweise *Argumentieren, Beschreiben* oder *Erzählen* vor.

Am meisten sind bis dato die literalen Prozeduren argumentativer Texte untersucht. Aus erwerbstheoretischer Sicht liegen Untersuchungen zu den sog *Positionierungsprozeduren* (Gätje/Steinhoff/Rezat 2012) und den *konzessiven Prozeduren* vor (Rezat 2011). Im Folgenden soll anhand der Entwicklung von Positionierungsprozeduren der Nutzen dieses Konzepts für die Beurteilung von Kompetenzen im Bereich des argumentativen Schreibens demonstriert werden.

Positionierungsprozeduren kommen in argumentativen Texten immer dann zum Einsatz, wenn der Schreiber die Gültigkeit eines Sachverhalts aus seiner subjektiven Sicht zu qualifizieren versucht,[17] was in argumentativen Schreibhandlungen immer erforderlich ist, da der Schreiber beim Argumentieren häufig subjektive Einschätzungen und Wertungen vornimmt, von denen er annehmen muss, dass deren Gültigkeit von Dritten grundsätzlich in Frage gestellt werden kann.[18] Die Verwendung von Positionierungsprozeduren geschieht also bereits im Hinblick auf einen möglichen Leser. Die enge Verkopplung von Positionierungsprozeduren mit argumentativen Schreibhandlungen lässt sich u. a. daran aufzeigen, dass diese Prozeduren nur in Ausnahmefällen in anderen Vertextungsmustern gebraucht werden und ihre Verwendung in einem Text somit als Indikator für das Vorliegen eines argumentativen Textes gelten kann.

Die Analyse eines Korpus von argumentativen Schülertexten von Gätje/Rezat/Steinhoff (2011) hat gezeigt, dass sich die formale Seite der Positionierungsprozeduren im Verlauf der Schulzeit stark ausdifferenziert und es zur Ausbildung eines Inventars entsprechender Konstruktionen kommt. Im Folgenden werden anhand argumentativer Briefe von Schülerinnen und Schülern, die sich größtenteils in der ersten Hälfte ihrer zweiten Lebensdekade befinden, verschiedene Positionierungsprozeduren aufgezeigt. Die Texte sind dem sog. Ergänzungskorpus entnommen, das im Kontext der bereits erwähnten Studie zur Entwicklung der Text(sorten)kompetenz im Grundschulalter von Augst et al. (2007) erhoben wurde und neben argumentativen auch erzählende, berichtende, beschreibende und instruktive Texte umfasst.[19] Die für die Abfassung eines argumentativen Briefes gestellte Aufgabe war so konzipiert, dass die Schülerinnen und Schüler unterschiedlicher Leistungsstärke ihre jeweiligen Fähigkeiten optimal darstellen konnten, zum einen, weil die Aufgabe in einem authentisch anmutenden kommunikativen Kontext eingebettet war, der für die Jugendlichen zudem eine gewisse Relevanz besitzt, zum anderen, weil für den Schreibprozess kein

---

17   Vgl. Köller zum analogen Konzept der Modalisierung (1995, S. 42).
18   Solche subjektiven Einschränkungen der Gültigkeit von Aussagen werden insbesondere im Medium der Schrift erforderlich, da verschriftete Aussagen eher nachprüfbar, damit kritisierbar und außerdem von dem Schreiber schwerer abzustreiten sind als Aussagen in gesprochener, dialogischer Sprache.
19   Im Internet einzusehen auf der Webseite Text-Sorten-Kompetenz: www.staff.uni-oldenburg.de/thorsten.pohl/tsk/content/erweiterungskorpus.htm, Abruf 12.8.2012.

tiefergehendes Textsortenwissen oder thematische Expertise vorausgesetzt war.[20] Das den weiteren Ausführungen zugrunde liegende Teilkorpus der argumentativen Brieftexte setzt sich wie in Tabelle 3 zusammen.

Jahrgangsstufe	6. Klasse	7. Klasse	9. Klasse
Schulform			
Hauptschule	16 Texte	20 Texte	20 Texte
Realschule		20 Texte	20 Texte
Gymnasium		20 Texte	20 Texte

Tab. 3: Zusammensetzung des Ergänzungskorpus argumentativer Briefe von Augst u. a. (2007). Die Texte der 6. Klasse stammen aus der verlängerten Grundschule.

Im Folgenden vier Schülertexte aus dem Ergänzungskorpus von Augst et al. (2007):

> 6. Klasse (verlängerte Grundschule)
> Lieber Herr Professor Augst,
> also **ich finde** Autos sehr nützlich. So kann man an Orte fahren, die viel zu weit weg sind, um mit dem Fahrrad zu fahren. Allerdings sind sie auch sehr Umweltverschutzend und das Benzin ist sehr teuer. **Ich finde** man könnte Autos erfinden die mit Wasser funktionieren. Die Umwelt währe geschützt und es wäre nicht so teuer.
>
> 7. Klasse (Hauptschule)
> Sehr geehrter Professor August
> Dafür Ich denke so darüber: **Ich finde** es/persönlich gut das wir keine Hausauf-/gaben mehr auf bekommen. Dann kann/nämlich deregt nach der Schule/raus gehen. Dagegen **Ich finde** es scheiße das sie abgeschaft/werden sollen den dan lernt man/nicht mehr.
>
> 7. Klasse (Gymnasium)
> Sehr geehrter Professor August
> Ich bin 13 Jahre alt und schreibe ihnen, um ihnen/meine Meinung zum Thema »Sollen Hausaufgaben an/deutschen Schulen abgeschafft werden?« mitzuteilen./**Ich bin der Meinung**

---

20 Die Aufgabenstellung für die Abfassung der argumentativen Texte hatte für die Schülerinnen und Schüler der 6. Klasse ein anderes Thema als für die Schülerinnen und Schüler der 7. und 9. Klasse. Waren die Sechstklässler aufgefordert, in einem Brief an Professor Augst Stellung zu dessen Idee zu beziehen, Autos abzuschaffen, lautete die Aufgabenstellung für die Schülerinnen und Schüler der Sekundarstufe I, sich in einem Brief an Professor Augst mit dessen Vorschlag zur Abschaffung der Hausaufgaben auseinanderzusetzen. Diese thematische Varianz der Aufgabenstellung ist für das vorliegende Erkenntnisinteresse jedoch nicht von Bedeutung, da die beiden Aufgaben, »Schreibe einen Brief ...«, strukturell identisch sind.

das Hausaufgaben nicht abgeschafft/werden sollten, da die Schüler den Stoff der Stunde noch/einmal wiederholt lernen können. Aber es sollten/weniger Hausaufgaben aufgegeben werden. Besonders bei/einem 8stündigen Schultag, weil die Schüler noch Zeit/haben sollten ihre Freizeit aus zu leben. Ich hoffe das/sie meinen Brief aufmerksam lesen und meine Meinung/anerkennen. (84) (Unterschrift der Verfasserin)

9. Klasse (Gymnasium)
Sehr geehrter Herr Professor August,
Marienstatt
ich habe von ihrem Projekt mit dem/Thema: »Sollen Hausaufgaben an deut-/schen Schulen abgeschafft werden?«,/gehört und möchte Ihnen meine Mei-/nung zu diesem Thema mitteilen. **Ich denke**, allgemein sind Hausauf-/gaben sinnvoll. Gerade für schlechtere/ Schüler, weil sie so den Schulstoff/nochmal üben und wenn es/dabei Schwierigkeiten gibt am nächsten/Tag in der Schule nochmals nachfra-/gen können. Allerdings sollte man/nicht zuviele Hausaufgaben geben/weil sie aus meiner Sicht nur zum/Üben, Wiederholen und Vertiefen/da sind. Außerdem sollte man nur/sinnvolle Hausaufgaben aufgeben/und nicht nur um die Schüler ir-/gendwie zu beschäftigen.
Meiner Meinung nach sollten Hausaufga-/ben nicht abgeschafft werden, weil kein/Schüler freiwillig Vokabeln lernt oder/den Stoff der letzten Stunde wiederholt./Und ohne dies würden die Notendurch-/schnitte an allen Schulen bestimmt/schlechter werden. Ich hoffe mein Brief hat Ihnen ge-/holfen.
Mit freundlichen Grüßen (142) (Unterschrift der Verfasserin)

Es stellt sich jetzt die Frage, wie und ob überhaupt diese in den vier Texten gefetteten Positionierungsprozeduren in Bezug auf Kompetenzentwicklung interpretiert werden könnten. Dafür kann die Tabelle 4 hilfreich sein, die das erstmalige Auftauchen von Positionierungsprozeduren in argumentativen Schülerbriefen für den Zeitraum von der 1. bis zur 12. Klasse zeigt. Der Untersuchung liegen das von Augst/Faigel 1986 erhobene Korpus argumentativer Texte für die Klassenstufen 2, 4, 7, 10 und 12 sowie das von Helmuth Feilke im Zeitraum von 1988 bis 1991 mit gleicher Aufgabenstellung nacherhobene Korpus für die Klassenstufen 1, 3 und 6 zugrunde. Die Texte aus dem Sekundarbereich I und II stammen von Gymnasiasten. Die Aufgabenstellung entspricht der des o. g. Ergänzungskorpus von Augst et al. für die 7. und 9. Klasse (Abschaffung der Hausaufgaben) von 2007.

Klasse	ich finde + NP + Adj.	ich finde, dass	ich finde + HS	ich bin für/gegen + NP	ich bin dafür/dagegen, dass	ich bin der/Ihrer Meinung	ich bin der/Ihrer Meinung, dass	ich meine, dass	ich halte + NP + für + Adj.	meiner Meinung/Auffassung/Ansicht nach	meines Erachtens	m. E.
1	x											
2		x	x	x	x							
3						x						
4							x	x				
6									x	x		
7												
10											x	
12												x

Tab. 4: Erstmaliger Gebrauch von Positionierungsprozeduren von der 1. bis zur 12. Klasse (Gätje/Steinhoff/Rezat 2012, S. 138)

Es wird deutlich, dass in den Schülertexten der 6. und 7. Klasse Positionierungsprozeduren zum Einsatz kommen, die erstmalig bereits in Schülertexten der 1. und 2. Jahrgangsstufe sowie – wenn auch mit erkennbaren grammatischen Problemen – der 4. Jahrgangsstufe auftauchen (»Ich bin der Meinung das Hausaufgaben nicht abgeschafft werden sollten«). Im Unterschied zu den anderen Prozeduren ist die in der 1. Klasse auftauchende Prozedur »ich finde + NP + Adj« (analog dazu das obige Beispiel »ich finde [es]$_{NP}$ [scheiße]$_{Adj}$«) nicht allein eine Positionierung, sondern auch eine Bewertungshandlung (die Adjektive in derlei Konstruktionen sind folglich auch immer evaluierend). Diese Bewertungshandlung kann als Zeichen affektiver Involviertheit gedeutet werden, die wiederum in der Form »ich bin der Meinung, dass« nicht zu erkennen ist. Mit Bezug auf das weiter oben vorgestellte Entwicklungsmodell von Feilke/Augst ist die Verwendung der Konstruktion »ich finde + NP + Adj« demnach ein Indiz (und keineswegs mehr!) dafür, dass sich der Schreiber noch in der basalen Entwicklungsphase der *Desymptomatisierung* befindet.

Die Übersicht zur erstmaligen Verwendung von Positionierungsprozeduren zeigt zudem, dass im Verhältnis zur Entwicklung entsprechender Formen in der Grundschulzeit in der 6. und 7. Klasse eine leichte Stagnation zu erkennen ist. Diese Stagnation gilt allerdings nur für die *Menge* der neuerworbenen Formen zur Positionierung. Qualitativ ist das Auftauchen einer Präpositionalphrase mit eingebetteter Nominalphrase wie »meiner Meinung nach«, die die Funktion eines Kommentaradverbials erfüllt, als ein wichtiger Entwicklungsschritt in der Textproduktionskompetenz zu werten.[21] Tabelle 5 zeigt die Verwendung der expliziten Positionierungsprozedur »meiner Meinung/Ansicht nach« in dem *Augst et al.-Korpus* in Abhängigkeit von Schulform und Jahrgangsstufe.

Jahrgangsstufe Schulform	6. Klasse	7. Klasse	9. Klasse
Hauptschule		–	2 (in einem Text)
Realschule	–	1	3
Gymnasium		–	5

Tab. 5: *Erstmaliges Auftauchen und Verwendungshäufigkeit der Prozedur »meiner Meinung nach« in argumentativen Texten bezogen auf Jahrgangsstufen und Schulform (die Texte der 6. Klasse stammen aus der verlängerten Grundschule)*

Die Tabelle zeigt: Erstmalig taucht die Positionierungsprozedur »meiner Meinung nach« in der 7. Klasse auf, ähnlich dem erstmaligen Auftauchen des Prozedur in der 6. Klasse in dem von Gätje/Steinhoff/Rezat (2012) untersuchten Korpus. Allerdings bleiben diese Konstruktionen in den argumentativen Texten aus diesen Jahrgangsstufen in beiden Korpora eher seltene Phänomene. Erst gegen Ende der Sekundarstufe I wird diese Prozedur häufiger eingesetzt, allerdings in Abhängigkeit von der jeweiligen Schulform in verschieden starkem Maße. Während die Konstruktion in der 9. Klasse der Hauptschule ein eher peripheres Phänomen bleibt, arbeitet bereits jeder vierte Gymnasiast mit dieser Prozedur.

Das heißt natürlich nicht, dass in der Hauptschule keine Positionierungsprozeduren zum Einsatz kommen. Allerdings kann vermutet werden, dass die Real- und Gymnasialschüler im Verhältnis zu den Hauptschülern zu diesem Zeitpunkt ein umfangreicheres Inventar an Positionierungsprozeduren erworben haben. Der entscheidende Punkt ist jedoch nicht dieser quantitative Ausbau des für das Argumentieren relevanten Prozedureninventars; vielmehr indiziert das Auftauchen der syntaktisch

---

21 Im *Handbuch der deutschen Konnektoren* wird die Konstruktion »meiner Meinung nach« funktional als *Adverbial der epistemischen Einstellung* (Pasch et al. 2003, S. 166) bestimmt, was in etwa der hier beschriebenen Positionierungsfunktion entspricht.

integrierten Präpositionalphrase m. E. eine generelle Kompetenzentwicklung hin zu konzeptioneller Schriftlichkeit (Koch/Oesterreicher 1994, S. 591), die sich u. a. durch *Komprimierung* auszeichnet: Im vorliegenden Fall werden die bisher erworbenen Positionierungsprozeduren, die ganz überwiegend mit Nebensatzkonstruktionen arbeiten (z. B. »ich meine, dass«), durch die in eine Präpositionalphrase eingebettete Nominalisierung (»meiner Meinung/Ansicht nach«) ersetzt.

Aufgabenkultur und Förderung

Die Ausführungen zu den möglichen schreibdidaktischen Fördermaßnahmen, die sich an die Diagnose von Kompetenzständen anschließen, müssen vergleichsweise dürftig ausfallen, weil auch der wissenschaftlich gesicherte Erkenntnisstand auf diesem Gebiet dürftig ist: »Diejenigen Faktoren oder Faktorenbündel, die die Entwicklung befördern, sind empirisch noch nicht [...] belegt« (Bachmann/Becker-Mrotzek 2010, S. 193). Noch misslicher ist die Erkenntnislage in Bezug auf die *Passung* zwischen der diagnostischen Einordnung von Schülertexten in ein Kompetenzniveaumodell, sprich den Lernvoraussetzungen der Schülerinnen und Schüler, und den jeweils geeigneten Fördermaßnahmen.

In der didaktischen Forschung herrscht Einvernehmen darüber, dass den *Aufgabenstellungen* ein zentraler Stellenwert bei der Diagnose und Förderung von Kompetenzen beizumessen ist. Diagnose und Förderung von Kompetenzen sind jeweils mit unterschiedlichen Aufgabentypen, den *Lernaufgaben* auf der einen und den *Leistungsaufgaben* auf der anderen Seite, zu realisieren (zu dieser Unterscheidung Köster 2008; Abraham/Müller 2009). Während die *Lernaufgaben* der Erarbeitung und Verfestigung von Lerngegenständen dienen, wird mit *Leistungsaufgaben* eine Überprüfung der von den Schülerinnen und Schülern erreichten Kompetenzstände angestrebt.[22] Lernaufgaben dienen m. a. W. der Förderung von Kompetenzen. Als Lernaufgaben sind auch die sog. »Aufgaben mit Profil« zu zählen, ein Terminus, der ein ganzes »theoretisches Konstrukt eines schreibförderlichen Unterrichts« bezeichnet (Bachmann/Becker-Mrotzek 2010, S. 194). Die Autoren verstehen unter diesem Konzept »Schreibaufgaben, die so klar konturiert und profiliert sind, dass sie für die Lerner/innen in einem klar erkennbaren und nachvollziehbaren Handlungszusammenhang stehen bzw. einen solchen abbilden«. Schreibaufgaben müssen dementsprechend folgende Bedingungen erfüllen:
→ Sie müssen eine klar erkennbare kommunikative Funktion haben.
→ Das für die Textproduktion erforderliche Weltwissen sowie das erforderliche sprachliche Wissen (z. B. textsortenspezifische Formulierungen) stehen den Schülerinnen und Schülern zur Verfügung oder können mit Hilfe geeigneter und ggf. didaktisch aufbereiteter Materialien angeeignet werden.

---

22 Abraham/Müller weisen darauf hin, dass auch Leistungsaufgaben in den Lernprozess integriert werden können.

→ Der Schreibanlass muss in eine soziale bzw. kommunikative Situation eingebettet sein.
→ Die Schülerinnen und Schüler müssen die Möglichkeit haben, die Wirkung ihres Textes zu überprüfen, beispielsweise im Rahmen von Schreibkonferenzen oder durch Adressatenrückmeldungen.

An den Bedingungen wird deutlich, dass in dem Konzept der *Aufgaben mit Profil* die Schreibhandlung i. S. eines kommunikativen Problemlöseprozesses verstanden wird. Andere Schreibhandlungen, wie das *selbstreflektorische* oder das *lernende Schreiben* (i. S. v. Pohl/Steinhoff 2010a, S. 19 f.) bleiben in diesem Konzept außen vor. Dabei ist beispielsweise das Schreiben von Zusammenfassungen eine zentrale Form des lernenden Schreibens in der Sekundarstufe I. Schließlich ist die Reproduktion von zentralen Aussagen eines Referenztextes nicht nur in der Schule von Bedeutung, sondern ggf. auch »für das nachfolgende Studium oder die Berufsausbildung« (Berger/Schmitz 200, S. 93; dort findet sich auch eine Übung zum Schreiben von Zusammenfassungen). Das wiederholte Training des Schreibens von Zusammenfassungen verbessert dabei nicht nur das Verständnis der jeweiligen Referenztexte; Graham/Perin merken an, dass gerade die Textsorte *Zusammenfassung* durch Training besonders gut erlernt werden kann (2007, S. 16).

Einen globaleren Ansatz zur Schreibförderung verfolgen die gerade erwähnten Didaktiker Graham/Perin, die in einem 2007 vorgelegten Forschungsbericht eine Liste mit elf die Textproduktionskompetenz betreffenden Fördermaßnahmen für die 4. bis 12. Klasse formulieren. Dieser Ansatz ist nicht nur in dem Sinne *globaler*, als dass es in ihm nicht allein um die Aufgabenstellung geht, er ist auch globaler, weil in ihm die Produktion schriftlicher Texte nicht allein als kommunikative Handlung angesehen wird.

Graham/Perin legen tatsächlich so etwas wie ein umfassendes Förderkonzept für das Schreiben von Texten vor, das für Schülerinnen und Schüler aller Kompetenzniveaus gleichermaßen anzuwenden ist: »The report focusses on all students, not just those who display writing difficulties« (2007, S. 3); die elf vorgeschlagenen »elements of effective adolescent writing instructions« sind das Kondensat verschiedener empirischer Forschungsprojekte zur Effizienz von die Schreibkompetenz betreffenden Fördermaßnahmen (vgl. die elf Fördermaßnahmen in Graham/Perin 2007). Es sollen nicht alle elf Fördermaßnahmen aufgezählt werden, stattdessen soll abschließend die effizienteste Form kurz angesprochen werden: Als besonders erfolgreiche didaktische Maßnahme zur Verbesserung der Textqualität gilt die Vermittlung von *Schreibstrategien*, deren Beherrschung insbesondere bei leistungsschwächeren Schreiblernern zum Teil zu erheblichen Verbesserungen der Textqualität führt (Graham/Perin 2007, S. 15).

Insbesondere das von Harris/Graham (1996) entwickelte Förderprogramm *Self-Regulated Strategy Development* (kurz: SRSD) ist hier hervorzuheben, da es im Vergleich zu anderen schreibstrategischen Fördermaßnahmen zu den besten Resultaten führt. Mit dem SRSD-Ansatz lernen Schreiber zum einen den Schreibprozess systematisch zu gestalten, also das Planen, Entwerfen und Überarbeiten von Texten, zum anderen sollen die Schreiber metakognitive Fähigkeiten einüben, wozu die Selbstbeobachtung, die Selbstbewertung und ggf. -disziplinierung, die Zielsetzung und -konstanz des eigenen Schreihandelns gehören. Einen besonderen Akzent auf die Vermittlung von *selbstregulatorischen Schreibstrategien* legt auch das 2011 erschienene Manual zum Aufsatztraining für die 5. bis 7. Klasse, das neben einer theoretischen Darstellung und Fundierung auch Unterrichtsmaterialien für einen auf die Vermittlung von Schreistrategien ausgerichteten Deutschunterricht enthält (s. Glaser/Keßler/Palm 2011).

Literatur

Abraham, U./Müller, A. (2009): Aus Leistungsaufgaben lernen. In: Praxis Deutsch, 36. Jg., Nr. 214/2009, S. 4–12.

Asmuth, B. (1996): Geschichte der Didaktik und Methodik des Schreib- und Aufsatzunterrichts. In: H. Günther/O. Ludwig (Hrsg.): Schrift und Schriftlichkeit. HSK, Bd. 2. Berlin; New York: de Gruyter, S. 587–604.

Augst, G. (2010): Zur Ontogenese der Erzählungskompetenz. In: Pohl, T./Steinhoff, T. (Hrsg.), S. 63–95.

Augst, G./Disselhoff, K./Henrich, A./Pohl, T./Völzing, P. (2007): Text-Sorten-Kompetenz. Eine echte Longitudinalstudie zur Entwicklung der Textkompetenz im Grundschulalter. Frankfurt am Main: Lang.

Augst, G./Faigel, P. (1986): Von der Reihung zur Gestaltung. Untersuchungen zur Ontogenese als Modell zur Aneignung von Schreibprozeduren von 13–23 Jahren. Frankfurt am Main: Lang.

Bachmann, T./Becker-Mrotzek, M. (2010): Schreibaufgaben situieren und profilieren. In: Pohl, T./Steinhoff, T. (Hrsg.), S. 191–209.

Bayrhuber, H. (2007): Einführung – Beitrag der Fachdidaktiken zur Qualitätsverbesserung im Bildungssystem. In: Ders./Elster, D./Krüger, D./Vollmer, H. (Hrsg.): Kompetenzentwicklung und Assessment. Forschungen zur Fachdidaktik, Band 9. Innsbruck/Wien/Bozen: Studienverlag.

Becker-Mrotzek, M. (1995): Wie entwickelt sich die Schreibfähigkeit? In: Diskussion Deutsch, Jg. 26, S. 25–35.

Becker-Mrotzek, M. (1997) Schreibentwicklung und Textproduktion. Der Erwerb der Schreibfertigkeit am Beispiel der Bedienungsanleitung. Opladen: Westdeutscher Verlag.

Becker-Mrotzek, M./Böttcher, I. (2006): Schreibkompetenz entwickeln und beurteilen. Praxishandbuch für die Sekundarstufe I und II. Berlin: Cornelsen.

Becker-Mrotzek, M./Schindler, K. (2007): Schreibkompetenz modellieren. In: Dies. (Hrsg.): Texte schreiben. Duisburg: Gilles & Francke, S. 7–26.

Bereiter, C. (1980): Development in Writing. In: L. W. Gregg/E. R. Steinberg (Hrsg.): Cognitive Processes in Writing. Hillsdale, New Jersey: Lawrence Erlbaum, S. 73–93.

Bredel, U. (2007): Sprachstandsmessung – eine verlassene Landschaft. In: Anforderungen an Verfahren der regelmäßigen Sprachstandsfeststellung als Grundlage für die frühe und individuelle Förderung von Kindern mit und ohne Migrationshintergrund. Hrsg. v. Bundesministerium für Bildung und Forschung. Bildungsforschung Band 11, S. 77–119.

Bredel, U. et al. (Hrsg.) (2003): Didaktik der deutschen Sprache. Bd. 1. Paderborn: Schöningh.

Brinker, Klaus (1985/72010): Linguistische Textanalyse. Eine Einführung in Grundbegriffe und Methoden. Berlin: Schmidt.

Ehlich, K. (1994): Funktion und Struktur schriftlicher Kommunikation. In: H. Günther/O. Ludwig (Hrsg.): Schrift und Schriftlichkeit. HSK, Bd. 1. Berlin; New York: de Gruyter, S. 18–41.

Ehlich, K. (2007): Sprachaneignung und deren Feststellung bei Kindern mit und ohne Migrationshintergrund – Was man weiß, was man braucht, was man erwarten kann. In: Anforderungen an Verfahren der regelmäßigen Sprachstandsfeststellung als Grundlage für die frühe und individuelle Förderung von Kindern mit und ohne Migrationshintergrund. Hrsg. v. Bundesministerium für Bildung und Forschung. Bildungsforschung Band 11, S. 11–75.

Feilke, H. (1995): Auf dem Weg zum Text. Die Entwicklung der Textkompetenz im Grundschulalter. In: Frühes Schreiben. Studien zu Ontogenese der Literalität. Hrsg. v. G. Augst. Essen: Die Blaue Eule, S. 69–88.

Feilke, H. (2002): Die Entwicklung literaler Textkompetenz. Ein Forschungsbericht. Papiere zur Aneignung sprachlicher Strukturformen, Heft 10/2002.

Feilke, H. (2003): Entwicklung schriftlich-konzeptualer Fähigkeiten. In: Bredel, U. et al. (Hrsg.), S. 178–192.

Feilke, H. (2010): »Aller guten Dinge sind drei« – Überlegungen zu Textroutinen & literalen Prozeduren. Internet (Abruf 23.8.2012).

Feilke, H./Augst, G. (1989): Zur Ontogenese der Schreibkompetenz. In: G. Antos/H. P. Krings (Hrsg.): Textproduktion. Ein interdisziplinärer Forschungsüberblick. Tübingen: Niemeyer, S. 297–327.

Fix, M. (2006): Texte schreiben. Schreibprozesse im Deutschunterricht. Paderborn u. a.: Schöningh.

Fix, M. (2008): Lernen durch Schreiben. Praxis Deutsch-Themenheft, Heft 210.

Gätje, O./Rezat, S./Steinhoff, T. (2012): Positionierung. Zur Entwicklung des Gebrauchs modalisierender Prozeduren in argumentativen Texten von Schülern und Studenten. In: H. Feilke/K. Lehnen (Hrsg.): Schreib- und Textroutinen. Frankfurt am Main u. a.: Lang, S. 125–153.

Glaser, C./Keßler, C./Palm, D. (2011): Aufsatztraining für 5. bis 7. Klassen. Ein Manual für Lehrkräfte. Hogrefe.

Gniewosz, B. (2011): Kompetenzentwicklung. In: H. Reinders et al. (Hrsg.): Empirische Bildungsforschung. Wiesbaden: Verlag für Sozialwissenschaften, S. 57–67.

Graham, S. (2008): Effective writing Instruction for All Students. Renaissance Learning.

Graham, S./Perin, D. (2007): Writing Next. Effective strategies to improve writing of adolescents in middle and high schools. Washington: Alliance for Excellent Education.

Halford, G. S./Andrews, G. (2006): Reasoning and Problem Solving. In: W. Damon/R. Lerner (Hrsg.): Handbook of child psychology. Vol. 2: Cognition, Perception and Language. New York: Wiley, S. 557–608.

Harris, K. R./Graham, S. (1996): Making the writing process work. Strategies for composition and self-regulation. 2. Aufl. Cambridge, M. A.: Brookline Books.

Haueis, E. (1996): Aspekte und Probleme des Schreibunterrichts: Aufsatzunterricht. In: H. Günther/O. Ludwig (Hrsg.): Schrift und Schriftlichkeit. HSK. Bd. 2, S. 1260–1268.

Hayes, J./Flower, L. (1980): Identifying the organization of writing processes. In: Gregg, L./Steinberg, E. (Hrsg.): Cognitive processes in writing. Hillsdale: Erlbaum, S. 3–30.

Helmke, A. (2003) Unterrichtsqualität. Erfassen, bewerten, verbessern. Seelze: Kallmeyer.

Hesse, I./Latzko, B. (2009): Diagnostik für Lehrkräfte. Opladen & Farmington Hills: Verlag Barbara Budrich.

Husfeldt, V./Lindauer, T. (2009): Kompetenzen beschreiben und messen. In: A. Bertschi-Kaufmann/C. Rosebrock (Hrsg.): Literalität. Bildungsaufgabe und Forschungsfeld. Weinheim; München: Juventa, S. 137–150.

Ivo, H. (1977): Zur Wissenschaftlichkeit der Didaktik der deutschen Sprache und Literatur. Vorüberlegungen zu einer »Fachwissenschaft«. Frankfurt a. M.: Diesterweg.

Kliemann, S. (2008) (Hrsg.): Diagnostizieren und Fördern in der Sekundarstufe I. Schülerkompetenzen erkennen, unterstützen und ausbauen. Berlin: Cornelsen.

Koch, P./Oesterreicher, W. (1994): Schriftlichkeit und Sprache. In: H. Günther/O. Ludwig (Hrsg.): Schrift und Schriftlichkeit. HSK, Bd. I. Berlin; New York: de Gruyter, S. 587–604.

Köller, W. (1995): Modalität als sprachliches Grundphänomen. In: Der Deutschunterricht 4, S. 37–50.

Köster, J. (2008): Lern- und Leistungsaufgaben im Deutschunterricht. In: Deutschunterricht 5/2008, S. 4–8.

Kuhn, D./Franklin, S. (2006): The second decade: What develops (and how). In: W. Damon/R. Lerner (Hrsg.): Handbook of child psychology. Vol. 2: Cognition, Perception and language. New York: Wiley, S. 953–993.

Molitor-Lübbert, S. (1996): Schreiben als mentaler und sprachlicher Prozeß. In: H. Günther/O. Ludwig (Hrsg.): Schrift und Schriftlichkeit. HSK, Bd. 2. Berlin; New York: de Gruyter, S. 1005–1027.

Ong, W. J. (11982/2009): Orality and Literacy. London; New York: Routledge.

Otto, L. (1980): Funktionen geschriebener Sprache. In: Zeitschrift für Germanistische Linguistik 8/1980, S. 74–92.

Otto, L. (1988): Der Schulaufsatz. Seine Geschichte in Deutschland. Berlin; New York: de Gruyter.

Pallack, A. (2008): Diagnostische Tests – alter Hut oder konkrete Utopie. In: Kliemann, S. (Hrsg.), S. 22–35.

Pasch, R. et al. (2003): Handbuch der deutschen Konnektoren. Linguistische Grundlagen der Beschreibung und syntaktische Merkmale der deutschen Satzverknüpfer (Konjunktionen, Satzadverbien und Partikeln). Berlin; New York: de Gruyter.

Philipp, M. (2012): Wirksame Schreibförderung. Metaanalytische Befunde im Überblick. In: Didaktik Deutsch 33/2012, S. 59–73.

Pohl, T./Steinhoff, T. (Hrsg.) (2010): Textformen als Lernformen. (Reihe Kölner Beiträge zur Sprachdidaktik.) Duisburg: Gilles & Francke.

Pohl, T./Steinhoff, T. (2010a): Textformen als Lernformen. In: Dies. (Hrsg.), S. 5–26.

Rezat, S. (2011): Schriftliches Argumentieren. In: Didaktik Deutsch, Jg. 17, Nr. 31, S. 50–67.

Saldern, M. v. (2008): Diagnostik und Testverfahren für die Sekundarstufe. In: I. Kunze/C. Solzbacher (Hrsg.): Individuelle Förderung in der Sekundarstufe I und II. Baltmannsweiler: Schneider, S. 51–56.

Astrid Neumann

Schreiben in der Sekundarstufe II

Der vorliegende Artikel zum Schreiben in der Sekundarstufe II beruht auf einem am 7. Mai 2011 durchgeführten Workshop auf dem Landesfachtag Deutsch am Institut für Qualitätsentwicklung an Schulen Schleswig-Holstein (IQSH) in Kiel. Er stellt einerseits Zugänge zum wissenschaftlichen Verständnis von Schreibkompetenzen und deren Ausbildung bzw. Förderung, andererseits praktische Umsetzungsmöglichkeiten für Aufgabenentwicklungen und Verfahren der Textüberarbeitung in der Sekundarstufe II vor. Nach einer Darstellung der »Problemlage« des Aufsatzschreibens stehen verschiedene praxisrelevante Ideen der aktuellen Schreibdidaktik im Fokus. Diese werden im Kontext eines sprachbewussten schriftsprachlichen Handelns über die damit verbundenen Anforderungen und Auswertungskriterien an Lern- und Leistungsaufgaben diskutiert. Die dargestellten Aufgabenvorschläge und Reflexionen von Überarbeitungsverfahren sind gemeinsam diskutierte und revidierte Fassungen der Produkte des Workshops. Daher gilt mein Dank den Teilnehmerinnen und Teilnehmern für deren intensive Arbeit und hilfreiche Unterstützung.

Kompetenzbereich Schreiben

Schreiben in der Oberstufe

Schreiben gilt aufgrund seiner Komplexität als globale Sprachfähigkeit, aus der in größeren Untersuchungen auch Indikatoren für andere Fähigkeiten extrahiert werden. An den produktiven Äußerungen der Schülerinnen und Schüler werden auch deren Denkvermögen, Handlungsfähigkeit in komplexen Situationen oder mediale Kompetenzen beurteilt. Gerade deshalb erscheint es notwendig, aus Sicht der Deutschdidaktik belastbare Konzepte und Daten zur Entwicklung der Schreibfähigkeiten, auch in einem fächerübergreifenden Kontext, bereitzustellen.

Als bekanntes Problem dabei gilt das weitgehende Fehlen echter kompetenzorientierter Leistungsmodelle, die an repräsentativen Stichproben abgesichert sind. Betrachtet man die Schreibanforderungen in der Oberstufe, so lassen sich die aus Novizen-Experten-Analysen hervorgegangenen Entwicklungsmodelle von Bereiter (1980) und Scardamalia/Bereiter (1987), die Modelle zu Entwicklungen von informierenden, argumentativen und instruktiven schriftsprachlichen Fähigkeiten

(Fix 2000; Augst/Faigel 1986; Grundler 2010; Becker-Mrotzek 1997), die aktuellen textsortenübergreifenden Entwicklungsmodelle (Augst et al. 2007), aber auch das DESI-Schreibkompetenzmodell (Neumann/Lehmann 2008) und dessen erweiterte Anwendung am Bielefelder Oberstufenkolleg (Neumann 2011) aufgrund der mangelnden Komplexität der Schreibaufträge nur als Orientierung nutzen. Keine der in diesen Modellen genutzten Informationen und dargestellten Ergebnisse beruhen auf einer ausreichend abgesicherten Datenbasis im Bereich des wissenschaftspropädeutischen Schreibens in Klassen bzw. Kursen der Oberstufe.

Verhältnis von Schreibforschung und Schreibunterricht

Betrachtet man das Verhältnis zwischen Forschungsimpulsen für die Leistungsmessung und schulischer Praxis beim Erlernen des Textschreibens seit Beginn der Bundesrepublik, dann lässt sich die Geschichte eines Widerspruches aufzeigen: Nur selten finden Forschungsergebnisse in diesem Bereich ihren Niederschlag in der schulischen Praxis.

→ Während Ulshöfer im Jahr 1949 in seinen berühmt gewordenen Aufsätzen die Ungerechtigkeit der Aufsatzbewertung nachweist und anprangert, wird parallel ein vom Dogmatismus befreiter Schreibunterricht aufgebaut, der dieses Problem aber nicht beseitigen kann. Noch Ingenkamp (1995) weist in seinen Metaanalysen ähnliche Probleme nach. Die klassischen Übungen zur Sensibilisierung zukünftiger Lehrerinnen und Lehrer im Bereich der Sprachstandsdiagnose, die regelmäßig an den Universitäten unter Einbeziehung verschiedener Hintergrundinformationen durchgeführt werden, und die Probleme, die in allen großen Studien bei der Codierung offener Antworten trotz eines sehr großen personellen und monetären Aufwandes bestehen (Birkel/Birkel 2002; Granzer/Böhme/Köller 2008), sprechen immer noch dieselbe Sprache.

→ Mitte der 1970er-Jahre findet erneut eine, wenn auch anders motivierte, Hinwendung zu Fragen der Beurteilung von Schülertexten statt, wobei die Ergebnisse von Gzezik/Fischer (1984) mit ihrem Plädoyer für global- bzw. merkmalsgestützte Bewertungen diametral zu denen von Hofen (1980) stehen, der detaillierte Mikromerkmale empfiehlt. Während sich die Schreibforschung weiter mit Problemen der Textbeurteilung beschäftigt, findet in der Praxis eine stärkere Orientierung an kreativen Schreibmethoden statt, die eine Festlegung konkreter Bewertungskriterien schier unmöglich zu machen scheint. Ende des 20. Jahrhunderts weisen Fix/Melenk (2002) aus schreibdidaktischer Perspektive nach, dass Schülerinnen und Schüler ihre eigenen Texte besser überarbeiten können, wenn sie klare Orientierungen an Textmustern haben, womit sich praktisch eine Wende hin zur Vermittlung von differenziertem Textmusterwissen vollzieht.

→ Im Zuge einer stärkeren Internationalisierung der Schreibforschung in der IEA-Aufsatzstudie Mitte der 1980er-Jahre kann nachgewiesen werden, dass die Messung von Textqualität in Abhängigkeit vom Bewerter geschieht (Lehmann 1988).

Diese kann aber mit speziellen Schulungen, der Arbeit mit klaren Vorgaben, Mustertexten und vor allem einer Doppelblindbewertung (ein Text wird ohne Wissen von zwei Beurteilern unabhängig voneinander bewertet) minimiert werden (Lehmann 1990). In der schulischen Praxis bleibt diese Erkenntnis unbeachtet. Größeren Einfluss hat dagegen das Züricher Textanalyse-Raster (Nussbaumer 1991), das auf einer textlinguistischen Grundlegung multipler Analysekategorien beruht. Es bietet mit seiner linguistisch ausgerichteten Aufstellung verschiedener Bewertungskategorien Nutzungsmöglichkeiten sowohl für die schulische als auch für die Forschungspraxis und wird daher bis heute von beiden Seiten als Referenzkonzeption aufgegriffen.

→ Anfang des neuen Jahrtausends reagierte die KMK mit einer umfassenden curricular ausgerichteten Studie zur Erfassung der Kompetenzen und der Unterrichtswirklichkeit in Deutsch und Englisch auf das im internationalen Vergleich schwache Abschneiden der deutschen Schülerinnen und Schüler in der ersten PISA-Untersuchung. Während hier im Modul »Textproduktion Deutsch« auf Basis eines kombinierten detaillierten und holistischen Codiersystems ein messmethodisch abgesichertes Modell der Textkompetenz für Neuntklässlerinnen und Neuntklässler an argumentativen Briefen entstand (Neumann 2007a), wurde in der Fachdidaktik über textsortenspezifische und -übergreifende Lernprozesse nachgedacht. Diese Diskussion fand ihren Höhepunkt vorerst in dem neuen Konzept der »Lernformen« (Pohl/Steinhoff 2010). Dieses Konzept spiegelt den in der Schreibdidaktik präferierten ressourcenorientierten Ansatz des Sprach(en)-Lernens wider, indem es den Schülertext als Potenzial für weitere Entwicklungen hin zu einem Expertentext in den Vordergrund stellt.

→ Parallel dazu erließ die KMK 2003/04 zur besseren Steuerung des Bildungswesens und zur Erhöhung der Chancengleichheit im gesamten Bundesgebiet die nationalen Bildungsstandards, die auf einem kompetenzorientierten Verständnis des Lernens aufbauen. Mit der Formulierung, vor allem aber mit den damit verbundenen Beispielaufgaben und den in vielen Bundesländern eingeführten Vergleichsarbeiten in den Klassen 3/4, 6 und 8 entstand eine neue Aufgabenkultur in der Grundschule und in der Sekundarstufe I. Grundlage dieser Kultur sind Aufgaben und deren kriteriengeleitete Auswertungen, die in einigen Bundesländern auch für Haupt- und mittlere Schulabschlüsse zentral entwickelt wurden. Auf diese Weise setzt sich in der Sekundarstufe I allmählich ein kompetenzorientiertes Lehren und Lernen durch, was sich in den neueren Rahmenplänen, also auch auf administrativer Seite zeigt. Dabei beruht die Bewertung der Texte häufig immer noch auf der Dreiteilung »Inhalt«, »Struktur/Ausdruck« und »sprachlicher Richtigkeit« (vgl. Downloadmaterial zu Glässing/Schwarz/Volkwein 2011: 40), deren Differenzierung sich in der Forschung so seit Jahrzehnten nicht abbilden ließ (Hartmann/Lehmann 1987; Neumann 2007a; Neumann/Lehmann 2008; NAEP 1998-2007; Bremerich-Vos 2010; Böhme/Schipolowski 2011).

Diese Lücke zwischen Forschungsergebnissen und praktischer Nutzung wird durch den gezielten Einbezug fachdidaktischer Expertise bei der zentralen Aufgabenentwicklung zu schließen versucht. Seit Herbst 2010 gibt es den Auftrag der KMK zur Entwicklung von Bildungsstandards für die Abiturstufe. Diese werden derzeit von einer länderübergreifenden Steuergruppe erarbeitet. Parallel dazu werden illustrierende Lernaufgaben entworfen und Ideen für zentrale Abituraufgaben erprobt. Diese Entwicklungen sind angesichts der sehr verschiedenen Anforderungen der einzelnen Bundesländer als vielschichtig einzustufen. Schreibdidaktisch gilt es, neben objektiven, reliablen und validen Leistungseinschätzungen eine große Bandbreite an Schreibaufgaben bereitzustellen. Hierbei sollen sowohl produktorientierte und prozessorientierte Ansätze als auch kollaborative, medial unterstützte Schreibformen und das Schreiben als Lernmedium in die Dokumente Einzug halten, um die Schülerinnen und Schüler möglichst optimal auf das wissenschaftspropädeutische Schreiben vorzubereiten.

Sprachbewusstheit und Schreibprozess

Besonders vielversprechend ist zum Aufbau der Schreibkompetenz nach den Ergebnissen der DESI-Studie eine gute Ausbildung der Sprachbewusstheit auf individueller und kollegialer Ebene (DESI-Konsortium 2008). Auf Schülerebene bestehen die größten Zusammenhänge zwischen den Leistungen im Sprachbewusstheitstest und den Teilkompetenzen im Schreibtest (Neumann 2007b). Die Jugendlichen der neunten Klassen können dann nachweisbare Leistungsverbesserungen beim Schreiben erreichen, wenn ein gemeinsamer, kollegialer sprachbewusster Umgang mit den Schüleräußerungen nachgewiesen werden konnte (Steinert/Hartig/Klieme 2008).

Es erscheint also notwendig, die zugrunde liegenden Mechanismen und deren theoretische Konzepte genauer auf ihr Potenzial für die Schreibentwicklung anzusehen. Bewusstsein über ein sprachliches Phänomen baut ein Lerner dann auf, wenn er sich mit dessen regelhafter Verwendung auseinandersetzt. Dabei kommt es auf dem Weg zu einer explizit bewussten Nutzung und Beschreibung der Potenziale durch die Integration eines komplexen sprachlichen Inputs und/oder durch instruktive Prozesse zu Verunsicherungen/Fehlern in der regelhaften Anwendung. Diese sind Bedingung für die Reflexion des vorherigen Sprachverhaltens (Karmiloff-Smith 1992). Dieser U-Kurven-Effekt kann/sollte für einen konstruktiven Aufbau der Kompetenzen genutzt werden, indem in der Schule immer wieder Sprachbetrachtungsaktivitäten möglichst am eigenen Sprachmaterial initiiert werden. Dabei sind nach Bredel (2007, S. 22 ff.) »alle Tätigkeiten, mit denen wir Sprache zum Gegenstand unserer Aufmerksamkeit machen« und die implizit oder explizit vollzogen und versprachlicht werden, als Sprachbetrachtungsaktivitäten zu bezeichnen, wenn sie durch »Distanzierung«, »Deautomatisierung« und/oder »Dekontextualisierung« das grammatische, mediale oder kommunikative (Handlungs-)System fokussieren. Texte bieten dabei durch ihre Distanzierung über die Schrift auf allen genannten Ebenen Möglichkeiten zur

Sprachbetrachtung und zum authentischen und systematischen Umgang mit grammatischen, pragmatischen und medialen Phänomenen.

Beim Textproduzieren ist ein Umgang mit diesen mindestens implizit in der Auseinandersetzung mit der Aufgabe erforderlich. Die Reflexion des Schreibprozesses findet hier nach dem klassischen Modell von Flower/Hayes (1980) durch die Aktivierung eines inneren Monitors (hier: Kontroll-/Steuerungsinstanz) statt (Abbildung 1).

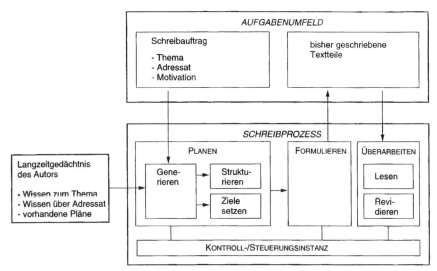

Abb. 1: Übersetzung des Modells von Flower/Hayes (1980); übernommen aus Sieber (2003, S. 213)

Dieser innere Monitor ist die Instanz, mit der der Schreibende mit thematischem und sprachstrukturellem Wissen und Kenntnissen über ein potenzielles Publikum eine Passung zwischen Aufgabe und Schreibsituation durch die eigene Schreibzielsetzung generiert. Im Text vergegenständlichte Lösungen werden mittels verschiedener Überarbeitungsschleifen optimiert. In den Erweiterungen des klassischen Modells sind dabei die Situierung des produzierten Textes und damit der Ansatz der Revisionen bereits vor der Niederschrift angemerkt worden (Nussbaumer 1991). Darüber hinaus wurde die Verschiedenartigkeit der Revisionstiefe (Baurmann/Ludwig 1984) und vor allem die Rekursivität dieser Prozesse unter Einbezug aller Voraussetzungen aufgezeigt (Fix 2006; Neumann 2007a). Allen Modellen gemeinsam ist eine intensive Auseinandersetzung mit den Rahmenbedingungen und eine optimale Beantwortung der Schreibsituation durch den produzierten Text.

Mit der Entwicklung weiterer im Zuge konstruktivistischer Lernansätze gewonnener didaktischer Zugangsweisen stehen vor allem Ideen *kollaborativer Überarbeitungsverfahren* (Fix 2000; Lehnen 2000; Böttcher/Becker-Mrotzek 2003; Rijlaarsdam et al. 2008; Girgensohn et al. 2009) und die Reflexion des eigenen Lernprozesses in der *Portfolioarbeit* im Zentrum der Aufmerksamkeit (Winter/Schwarz/Volkwein 2008; Winter 2010). Diese ermöglichen eine Balance in der Auseinandersetzung zwischen Produkten und Prozessen.

Schreibaufgaben und Textüberarbeitung

Die oben angeführten Darlegungen machen deutlich, dass ein einheitliches Kompetenzmodell für das Schreiben in der Oberstufe noch in weiter Ferne ist. Der Schreibunterricht selbst ist gekennzeichnet durch einen Spagat zwischen Kompetenzaufbau und stetiger abiturrelevanter Leistungsüberprüfung. So müssen alle Lehrenden immer beide Konzepte, das Vermitteln relevanter Fähigkeiten (mittels Lernaufgaben) und die gleichzeitige Überprüfung (durch Leistungsaufgaben), im Blick behalten. Dabei stehen folgende Fragestellungen im Vordergrund:
→ Wie lernt man effektiv schreiben?
→ Welches Schreibprodukt können die Schülerinnen und Schüler erstellen?

Zur Bearbeitung der ersten Frage sind komplexe, entwicklungsorientierte Lernarrangements nötig, die meist global und lernkontextbezogen ausgewertet werden. Die zweite Frage zielt auf eine Produktorientierung mit einem Text oder gut distinguierbaren Teilfähigkeiten in Einzelaufgaben, die distinkt und kompetenzorientiert codiert und/oder bewertet werden. In beide Aufgabenformate sind die zugrunde liegenden Schreibprozesse impliziert und sie bilden insofern auch ein Bindeglied zwischen den Zugangsweisen. Dies soll nun an drei aktuellen Modellen aus verschiedenen Perspektiven gezeigt werden.

Fix (2006) sieht aus didaktischer Herangehensweise den Schreibprozess im Zentrum der »Subjektperspektive Schreiber«, der »Sachperspektive Text« und der »institutionellen Perspektive Schreibunterricht« (Abbildung 2).

Abb. 2: Perspektiven auf den schulischen Schreibprozess (Fix 2006, S. 15)

Kruse (2008) hebt aus Sicht der Genreforschung neben Produkt- und Schreibmedien vor allem den Inhalt und den Kontext des Schreibens hervor (Abbildung 3), der im Prozess verbunden ist.

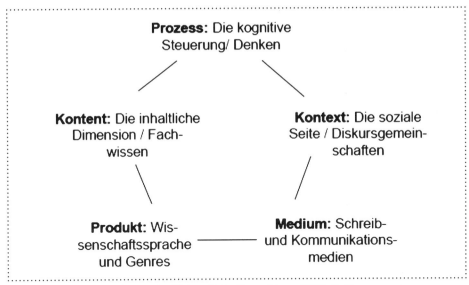

Abb. 3: Dimensionen wissenschaftlichen Schreibens (Kruse 2008, S. 8)

Dagegen stellt das Potsdamer Triangel aus einem dokumentenanalytischen Zugriff die Komplexität von multimedialen Informationssystemen in den Vordergrund, was sich in Abbildung 4 erkennen lässt. Dabei werden explizit sowohl der Produktions- als auch der Rezeptionsprozess in ihrer Funktionalität berücksichtigt.

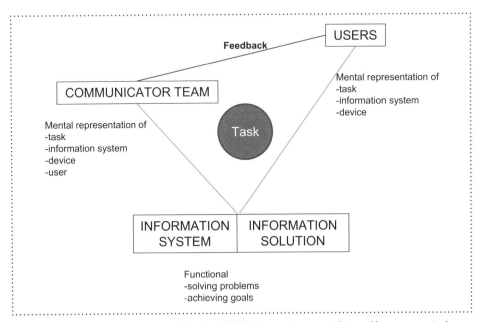

Abb. 4: Potsdamer Triangel der WG3 des COST-Netzwerkes, erstellt von Karremann et al.

Allen drei theoretischen Zugängen ist gemeinsam, dass ein Produzent seinen Schreibprozess in eine ausgewählte Textart münden lassen muss, die in der gegebenen mehr oder weniger komplexen Kommunikationssituation eine adäquate Informationsübermittlung zum (imaginierten) Empfänger optimal ermöglichen kann.

Dazu müssen die Schülerinnen und Schüler in der Institution Schule befähigt werden (Neumann 2012). Es muss ausreichend Übungsfeld für die Ausbildung dekontextualisierter Teilkompetenzen geschaffen werden, um die Schreibenden für die Komplexität durch Routinisierung zu befähigen (Feilke 2010) und das Arbeitsgedächtnis für die beschriebenen hyperkomplexen Anforderungen zu entlasten (Wolf 2008).

Dabei sollte dem Transparenzgebot oberste Priorität eingeräumt werden. Eine grundlegende Transparenz bzgl. der Erwartungen ermöglicht allen Beteiligten eine faire Auseinandersetzung mit den eigenen Leistungen in den verschiedenen Situationen. Nur in einem authentischen Umgang mit den eigenen und fremden Texten und dem gemeinsamen Lernprozess der Lernenden und Lehrenden kann der Grundstein für eine erfolgreiche, lebenslange Bewältigung schriftsprachlicher Anforderungen verschiedener Kontexte und Medien gelegt werden. Die Anforderungen an die Aufgaben sind dabei insgesamt, wie oben bereits im Modell von Hayes/Flower (s. Abbildung 1) dargestellt, auf sehr verschiedenen Ebenen anzusiedeln. Die Schreibmotivation und damit die Motivation, dies auch zu lernen, ist demnach theoretisch hoch, wenn die Aufgabe klar situiert ist, das Thema für den Schreibenden von seinen kognitiven Anforderungen her zu bewältigen und das entsprechende Vorwissen vorhanden ist oder erschlossen werden kann. Auf kommunikativer Ebene sind gute Aufgaben durch eine Spezifizierung des Empfängers des zu erstellenden Textes gekennzeichnet, damit die Schreibenden die inhaltliche Ausrichtung antizipieren, die benötigte Textform, das Register und die entsprechende Versprachlichung umsetzen können.

Diagnose der Schreibkompetenz

Die anzuwendenden Be- und Auswertungsmethoden für eine den jeweiligen Erfordernissen angemessene Diagnose sollten zu einer kompetenzorientierten Schreibförderung führen. Die Wahl des Bewerterverfahrens ist dabei davon abhängig, in welchem Kontext das Schreibprodukt eines Lernenden von wem beurteilt werden soll. Dabei gilt folgendes zu beachten: Je erfahrener eine Leserin/ein Leser ist, desto besser kann sie/er auf globale, in der Auswertung ökonomischere Verfahren zurückgreifen. Sie/Er verzichtet dabei allerdings auf eine für den Lernenden unabhängig von der Bewerterperson und der Zeit nachvollziehbare Leistungsrückmeldung, die aber Grundvoraussetzung für eine konkrete Kompetenzentwicklung ist (Lehmann 1993; Neumann 2008).

Die Möglichkeit einer konkreten, auch von eher unerfahrenen Leserinnen und Lesern der Texte reliabel durchführbaren Schreibleistungsdiagnose bieten kriteriengeleitete Bewertungsmethoden. Beispielhaft dafür stehen die Auswertungsrichtlinien für den mittleren Schulabschluss in Berlin. Dies soll an den Schreibaufgaben 2008 demonstriert werden:

Nach einer durch Teilaufgaben gelenkten Überarbeitungsaufgabe »Überarbeiten eines Pinnzettels« wurde von den Prüflingen das Verfassen einer Nachricht für eine Zeitung nach dem umgekehrten Pyramidenprinzip gefordert. Den Schreibenden wurden dazu Informationen (inhaltliches Vorwissen), das journalistische Prinzip, die Vorgehenshinweise (Strategie) und darüber hinaus die Schreibbedingungen in der Zeitung (Schreibsituation) zur Verfügung gestellt. Darüber hinaus sollten die Prüflinge einen formalen argumentativen Brief als Reaktion auf einen Artikel im »Tagesspiegel« schreiben und erhielten dazu die formale Rahmung des Textes. Dem Gebot der Transparenz wurde durch eine durchgängige Angabe aller zu vergebenden maximalen Punktzahlen auch für alle Teilbereiche, die den jeweiligen Anforderungen entsprechen, Rechnung getragen (Tabelle 1).

Überarbeitung		Zeitungsnachricht		formaler Brief	
Kriterium	*Punkte*	*Kriterium*	*Punkte*	*Kriterium*	*Punkte*
inhaltliche Ergänzung	1	Aufbau	4	Aufbau	3
Synonym	1			Adressatenorientierung	3
umgangssprachliche Wendungen markieren und umformulieren	4	Textsorte	2	Textmuster	3
Korrektur von Rechtschreibfehlern	3	Schreibfunktion	4	Schreibfunktion	3
Korrektur von Kasusfehlern	2	Format	2	Format	2
Korrektur von Zeichensetzungsfehlern	1			Originalität/Einfallsreichtum	2
		sprachliche Richtigkeit/ Verständlichkeit	2	sprachliche Vielfalt und Genauigkeit	2
		Schreibregeln, leserfreundliche Gestaltung	2	sprachliche Richtigkeit/ Verständlichkeit	2
				Schreibregeln	2
gesamt	12	*gesamt*	16	*gesamt*	22

Tab. 1: Codierraster für die Schreibaufgaben MSA 2008 (nach SenBWF 2008, S. 6–8)

Für die korrigierenden Lehrenden sind alle richtigen Lösungen auch für mögliche Teilpunktzahlen spezifiziert. Insgesamt nimmt die Textproduktion mit den aufgezeigten Facetten am Ende der Sekundarstufe I etwas mehr als 40 Prozent der Gesamtprüfungsleistung ein. Angesichts der Tatsache, dass in der Oberstufe die Abschlussprüfung derzeit aus *einem* zusammenhängenden Text besteht, lässt sich so ein großer Bedarf an Förderung der Schreibkompetenz und deren Erfassung aufzeigen.

Für den Bereich der Oberstufe (mit anderen Bedingungen und erhöhten Anforderungen in den Klausuraufgaben) steht unter www.klausurgutachten.de eine elektronisch handhabbare und individuell spezifizierbare Variante mit entsprechend zu generierenden Verbalgutachten zur Verfügung. Mit diesem Tool lassen sich Einzelauswertungen für die Schülerinnen und Schüler, aber eben auch Gesamtinformationen über den Schreiberfolg eines Kurses oder der vollständigen Kohorte einer Schule erstellen. So lassen sich individuelle Überarbeitungshinweise und kursspezifische Vermittlungsschwerpunkte aufzeigen, die in eine sukzessive Ausbildung einfließen sollten. Verschiedene Ansätze dazu bieten Glässing/Schwarz/Volkwein (2011) mit ihren Förderinstrumenten (Brückenkurse, förderdiagnostische Gespräche, individuelle Schreibberatung im Lernbüro, begleitete Hausarbeit), die individualisiert nach intensiver Eingangsdiagnose am Oberstufenkolleg in Bielefeld genutzt werden. Sie schlagen sich in spezifischen Lernzuwächsen in Teilfähigkeiten der Schreibkompetenz über die gesamte Kurszeit hinweg nieder (Neumann 2011).

Förderung: Kompetenzorientierte Ansätze der Schreibdidaktik

Aus den oben dargestellten Bedingungen lassen sich zwei Hauptstränge zur Förderung der Schreibkompetenzen in der Oberstufe extrahieren: Zum einen geht es um eine verbesserte, stärker reflektierte Kultur der Erstellung kompetenzorientierter Aufgaben, zum anderen um eine deutliche Verbesserung der Lernbedingungen beim Schreiben durch die Stärkung der Bewusstheit über den *prozessualen Charakter* der Textentstehung. Beide Schwerpunkte sollen im Folgenden genauer betrachtet und mit Ergebnissen aus dem Workshop vorgestellt werden.

Aufgabenkultur

Eine veränderte Aufgabenkultur setzt eine verstärkte Auseinandersetzung mit den Anforderungen an gute Lern- und Leistungsaufgaben voraus. Diese beruht auf den o. g. Voraussetzungen für einen gut situierten, authentischen Schreibanlass. Die Schwierigkeit einer Aufgabe ist aber darüber hinaus von weiteren Faktoren abhängig, die aus der Leistungsforschung (Neumann 2008; Rosebrock/Nix 2008; Lindauer/Schneider 2008) bekannt sind und implizit durch den Schreibanlass mit simuliert werden. So sind Schreibaufgaben dann schwieriger zu bewältigen, wenn

→ *auf formaler Ebene* das Layout die Erschließung erschwert. Dieser Fall liegt vor, wenn beispielsweise eine zu kleine Druckgröße gewählt wurde, der Text im Flattersatz geschrieben ist oder Bilder und Grafiken schlecht platziert sind. Komplexe textuelle Impulse sind häufig schwerer zu erschließen als deren grafische Umsetzungen.

→ *auf sprachlicher Ebene* unbekannte Textmuster, ein komplexer und/oder ein ungebräuchlicher Wortschatz verwendet werden sowie Distanziertheit statt konzeptionell mündlicher Umgangssprache (inklusive Emotionalität) ausgedrückt ist. Besonders lange Sätze und/oder eine komplexe Syntax, die sich u. a. durch integrierte partizipiale Nominalphrasen, in vielen hypotaktischen Konstruktionen oder Auslassungen zeigen und dies ggf. noch mit ungebräuchlichen Stellungen im Satz und Interpunktionszeichen verbinden können, erhöhen die Aufgabenschwierigkeit. Besonders erschwert wird das Verstehen, wenn viele und vor allem mehrdeutige Referenzen und Formulierungen im Ausgangsmaterial vorhanden sind.

→ *auf inhaltlicher Ebene* thematisch unvertrautes Gebiet aus einer Gruppensituation bearbeitet werden muss; die relevanten Informationen im Ausgangsmaterial weit verteilt situiert oder die Ausgangsmaterialien minimal redundant sind; sich widersprechende Angaben finden; die Inhalte nicht linear dargestellt sind und kein unmittelbarer Handlungsbezug für die Schreibenden sichtbar wird.

Die aufgezeigten schwierigkeitsbestimmenden Faktoren treffen für verschiedene Lernalter in unterschiedlichem Maße zu, müssen aber zur Erstellung von Lern- und Leistungsaufgaben bedacht werden. Dies sollte als *erste Zielsetzung* im Workshop für die gymnasiale Oberstufe exemplarisch reflektiert, ausprobiert und diskutiert werden.

Revisionsverfahren

Zur Bewusstmachung des Schreibprozesses stehen verschiedene Verfahren der Textüberarbeitung zur Verfügung. Für eine individuelle Überarbeitung gelten immer noch das laute Lesen und Überarbeiten oder das Überarbeiten nach schriftlicher Lehrerkorrektur als die gängigen schulischen Verfahren. Die Arbeit mit Kriterienlisten oder Feedback-Bögen nimmt nach dem Umdenken am Anfang des Jahrtausends und dem damit verbundenen Bereitstellen solcher Materialien durch die Lehrbuchverlage einen immer breiteren Raum ein, während die Arbeit mit Mustertexten (Lehmann 1993) oder Vignetten (Rijlaarsdam et al. 2009) noch immer eher im Bereich der Schreibforschung angesiedelt ist. Auf der Ebene der Selbstreflexion der eigenen Kompetenzen und noch aufzuarbeitenden Lücken im Lernprozess sind neuere Verfahren der Kompetenzraster in Anlehnung an den Gemeinsamen Europäischen Referenzrahmen für Sprachen zu sehen (competence grid o. J.; Grabe et al. 2006).

Für die durch einen veränderten Lernbegriff zu favorisierenden Verfahren gemeinsamen Lernens stehen verschiedene kollaborative Überarbeitungsverfahren zur Verfügung, bei denen die Schreibenden von der Expertise ihrer Mitschülerinnen und

Mitschüler profitieren können. Alle diese Überarbeitungsverfahren können multimedial unterstützt werden, und allen ist gemeinsam, dass der jeweilige Autor am Ende des Überarbeitungsprozesses seinen Text vertreten muss, die Verantwortung dafür also bei ihm bleibt.

Das wohl prominenteste Beispiel für so ein Verfahren ist die Schreibkonferenz. »Schreibkonferenzen stellen ein Verfahren dar, einen selbst verfassten Text einer kleinen kritischen Öffentlichkeit zur Diskussion zu präsentieren, um aus den Reaktionen der Teilnehmer Hinweise für eine eventuelle Überarbeitung des Textes zu erhalten« (Spitta 1992, S. 13). Dabei kann ein Autor-Schreiber von anderen Schreibenden mittels freier, spontaner, mündlich geäußerter Verständnisfragen zu einem besseren Text geführt werden. Der Autor kann diese Fragen als Änderungsvorschläge deuten, seinen Text durch Spezifizierung verbessern oder aber auch seinen Ursprungstext in seiner Form verteidigen.

Stärker gelenkt sind Verfahren des schriftbasierten »peer review« (Böttcher/Becker-Mrotzek, 2003) in Formen

→ *des Stationenbetriebs*: An jeder Station wird an einem prototypischen Text ein bestimmter Schwerpunkt der Textualitätskriterien von mehreren Mitschülerinnen und Mitschülern nacheinander bearbeitet;

→ *der Expertenteams*: Jeweils ein Text wird Satz für Satz hinsichtlich des Spezialgebiets des Teams analysiert und mit entsprechenden Verbesserungsvorschlägen versehen;

→ *des »Über-den-Rand-hinaus-Schreibens«*: In jeweils einem Text werden in der Gruppe nach lautem, satzweisem Vorlesen Lehrstellen nummeriert und anschließend von jeweils einem Gruppenmitglied mit Verbesserungsvorschlägen außerhalb des Originaltextes versehen;

→ *der Textlupe*: Jeder Reviewer schreibt im Umlaufverfahren für andere Schülertexte auf, was ihm am jeweiligen Text besonders gut gefallen hat, was ihm aufgefallen ist, was er nicht verstanden und welche Veränderungsvorschläge er hat.

Als ein weiteres, hier nicht zur Diskussion stehendes Verfahren kann das gemeinsame Schreiben im Schreibatelier oder der Schreibwerkstatt angesehen werden. Hierbei verfolgen die Lernenden ein gemeinsames Ziel zu einem bestimmten Schwerpunkt. So sind die Schreibenden meist hoch motiviert bei der Arbeit und die Überarbeitung ist bereits in den gemeinsamen Schreibprozess integriert.

Die aufgezeigten Verfahren sind vorrangig für die Grundschule entstanden. Es stellt sich die Frage, inwiefern sie auch für das Schreiben in der Oberstufe nutzbar gemacht werden können. Dies herauszufinden war neben einer Sensibilisierung der Lehrkräfte eine *zweite Zielsetzung* des Workshops.

Umsetzung in die Praxis

Im Workshop wurden Stationen zur Analyse von Unterrichtsaufgaben aus Lehrwerken, zur Aufgabenentwicklung anhand verschiedener Ausgangsmaterialien und zur Textüberarbeitung von Schülertexten angeboten. Die jeweiligen Arbeitsaufgaben und Textgrundlagen sind in Tabelle 2 dargestellt.

Material

Station 1: Reflexion von Unterrichtsaufgaben

Aufgabe: Analysieren Sie die vorhandenen Unterrichtsmaterialien hinsichtlich der Einhaltung der Transparenzfragen und der Erfüllung schreibprozess- und schreibproduktorientierter Erfordernisse.

Material: Schwerpunktthema Medien in Lehrwerken für die beruflichen Gymnasien:
- Krohne, H./Richter, K. (2007): Unsere Sprache im Beruf. Troisdorf: Bildungsverlag EINS, S. 212–229. – Kapitel: Informations- und Kommunikationstechniken
- Kohrs, P. (Hrsg.) (2009): Deutsch: Profile. Themen Texte Techniken. Ein Arbeits- und Methodenbuch für das berufliche Gymnasium. Paderborn: Schöningh, S. 339–345. – Kapitel: Das Internet – ein modernes Kommunikationsmittel
- Fuchs, F./Gäng, E./Hiebl, W./Lehrnert-Branz, A./Nußbaumer, K. (2010): Themenfeld Deutsch. Berufskompetenz durch Lernsituationen. Braunschweig: Winklers, S.100–121. – Kapitel: Ich nutze neue Medien

Station 2: Entwicklung von Lern- und Testaufgaben

Aufgabe: Erarbeiten Sie bitte jeweils eine Aufgabe und das dazugehörige Auswertungsraster für eine Lern- und eine Leistungsaufgabe mit folgenden Materialien:

Material: Schwerpunkt Sprache und Kommunikation
- Gesprächstranskript zur beruflichen Kommunikation: Astrid Neumann (2009): Ein Treffen zwischen der Managerin eines Betriebes und einem Angestellten. Lehrmaterial zur Analyse beruflicher Kommunikation. Lüneburg (unveröffentlicht).
- fiktionaler Text zum Umgang mit Sprache unter Bedingungen von Mehrsprachigkeit: Stephan Serin (2010): Föhn mich nicht zu: Aus den Niederungen deutscher Klassenzimmer. Hamburg: rororo, S. 25–32.
- pragmatischer Text zur Nutzung neuer Medien: Christoph Amend: Ein ganzes Land verliebte sich in sie. Zeitmagazin (44), 28.10.2010, S. 13–20.

Station 3: Textüberarbeitung

Aufgabe: Nutzen Sie bitte eines der angebotenen Verfahren zur Textüberarbeitung eines Klausurtextes. Reflektieren Sie die Nutzbarkeit in der Sekundarstufe II.

Material: Schwerpunkt Rhetorik, genderspezifische Kommunikation
- Klausuren eines Grundkurses (2002) zum Interview von C. Wolf vom 22.9.2000 »Männer haben Angst vor starken Frauen. Monique Riesterer über Gewichtheben«.

Tab. 2: Darstellung der Fragestellungen und Materialien der Stationen der Workshops auf dem Landesfachtag Deutsch am 7. Mai 2011

Das Ausgangsmaterial für die Aufgabenkonstruktion und die Textüberarbeitungen ist im oben beschriebenen Sinn als mittelschwer einzustufen. Die eigentliche Problematik entsteht aus einer nicht unbekannten, im Unterricht wohl aber eher ungebräuchlichen Präsentation der Informationen: Gesprächstranskript, Essay, Kombination verschiedener Textsplitter für die zu entwickelnde Schreibaufgabe und die multiple Textualität der Aufgabe, ihrer Lösung und des Arbeitsauftrages bei der Überarbeitung. In diesem Sinn sind die entstandenen Aufgabenvorschläge am oberen Rand der Anforderungsskala anzusiedeln.

Ergebnisse

Es werden die Ergebnisse der Stationen 2 und 3 vorgestellt, da sich an ihnen produktive Verarbeitungsprozesse der oben besprochenen Bestandteile eines neuen Blicks auf den Schreibunterricht der Sekundarstufe diskutieren lassen.

Lern- und Leistungsaufgaben
Bei der Aufgabenentwicklung wurden wesentliche Aspekte einer neuen Aufgabenkultur in einer Vielzahl von Aufgaben umgesetzt. So wurde zu dem *Gesprächstranskript* als Lernaufgabe für die 11. Jahrgangsstufe die Analyse der Kommunikationssituation mit einer theoretischen Einbettung in ein bekanntes Kommunikationsmodell vorgeschlagen (z. B. Schulz von Thun 1994), anhand dessen Veränderungsvorschläge für die Gesprächsführung an ausgewählten Stellen entwickelt werden sollten. Aspekte der Genderkommunikation sollten dabei durch eine Beschreibung des Inhalts und der Entwicklung des Gespräches erarbeitet werden. Wesentliche Bereiche einer Gesprächsanalyse könnten so erschlossen werden.

Als Leistungsaufgabe sollte entweder der Inhalt an einer Bruchstelle des Gespräches unter Nutzung formaler Kriterien einer Mail in einer elektronischen Korrespondenz weiterbearbeitet werden. In einer anderen Leistungsaufgabe sollte ein Memo über das Gespräch geschrieben werden, das sowohl die Ergebnisse als auch die Gesprächsatmosphäre beinhaltet.

Während also in der Lernsituation die Auseinandersetzung mit den kommunikativen Bedingungen in den Vordergrund gerückt wurde, galt es sich in der »Test«-Situation schriftlich unter spezifischen medialen Bedingungen einer inhaltlichen Lösung des Problems zu nähern. Dabei wurde das Ausgangsmaterial zunächst von den gesprächsanalytischen Aspekten entlastet und ein klarer, für die Schreibenden lösbarer Fokus gesetzt, der aufgrund der inhaltlichen Fülle noch hinreichend komplex für eine schriftliche Auseinandersetzung erscheint. Im Prozess des Transfers kann dabei auf weitere (z. B. genderpsychologische und/oder kommunikationsfördernde) Aspekte in diesem Gespräch eingegangen werden, ohne dass sie explizit als Kritik formuliert sein müssen.

Der Umgang mit dem *fiktionalen Text* sollte für die Schreibenden der Oberstufe durch folgende Schwerpunkte einer möglichen Lernsituation unterstützt werden:

Die Schülerinnen und Schüler sollten schreibend eine neue Perspektivierung, die als literarischer Versuch die heterogenen Voraussetzungen im Unterricht, verschiedene Formen von Mehrsprachigkeit und Klischeebildungsmechanismen thematisiert, entwickeln. Dazu müssten die Jugendlichen vor dem eigentlichen Schreibprozess umfangreich selbst organisiert inhaltlich recherchieren und im Anschluss in Gruppen gemeinsam einen Textverfassen.

Als Leistungsaufgabe ist hier eine klassische Textanalyse mit weiterführendem Schreibauftrag entstanden, bei der 1. die vorliegenden Texte in Hinblick auf das sich wandelnde Selbstverständnis des Ich-Erzählers und seinen sich verändernden Umgang mit den Schülern analysiert würden, wobei 2. die für die Textsorte spezifischen sprachlichen Mittel in ihrer Wirkungsweise berücksichtigt und 3. der vom Ich-Erzähler postulierte Sprachverfall unter Einbezug aus dem Unterricht bekannter Positionen beurteilt werden sollte. Als Bewertungskriterien könnten dabei die Erzählperspektive und Haltung des Erzählers, verwendete sprachliche Mittel (Codes), in Hinsicht auf die Aussageabsicht und Wirkung des Textes, fremde Positionen und die eigene Positionierung zum Sprachverfallsthema transparent aus der Aufgabenstellung abgeleitet werden. So wüssten die Schreibenden schon durch den Arbeitsauftrag, was auf inhaltlicher Seite von ihnen erwartet wird. Da es sich hier nicht um eine kreative Aufgabe im Sinne eines literarischen (Gegen-/Parallel-)Textes handelte, sei dies auch in einer dem Schüler adäquaten Metasprache zu leisten und damit vom fiktionalen Element in der Bearbeitung entlastet.

Im Umgang mit dem *Essay* zu Veränderungen durch die Medien im Fall der Grand-Prix-Sängerin Lena entstanden andere Ideen einer neuen reflektierenden Perspektivierung, wie das Schreiben eines Leserbriefes, eines inneren Monologs oder eines Tagebucheintrags. Es wurde auch diskutiert, was beim Verfassen eines Lexikoneintrages nach 50 Jahren noch von dem Phänomen dieses medialen Aufstieges übrig geblieben sein und dargestellt werden könnte.

Für die Leistungssituation wurde einerseits eine Klausur mit vorherigem Rechercheauftrag vorgeschlagen, um eine mögliche inhaltliche Vorentlastung abzusichern. Dabei sollte der Essay als Mustertext verstanden werden. Die Auswertungskriterien für diese im deutschen Sprachraum eher unbekannte Textsorte gelte es vorab mit den Schreibenden gemeinsam zu entwickeln. Das so erworbene inhaltliche und Handlungswissen werde im Schreiben eines Paralleltextes über einen anderen Star nachgewiesen. In diesem Fall ginge es also vorrangig um das auch stilistisch richtige Einbringen vorab recherchierten Wissens. Eine andere Idee bestand darin, den Essay für ein Blog-Format zu adaptieren. Dazu sollten selbstständig jeweils drei Hyperlinks mit Erklärungen für Menschen in anderen Ländern (z. B. einen Professor aus Japan oder einen Freund) geschrieben werden, wobei neben der inhaltlichen Richtigkeit auch die Antizipation des jeweiligen Interesses und Wissens und die Wahl des entsprechenden Registers ein wesentliches Kriterium der Aufgabenerfüllung darstellten.

Textüberarbeitungsverfahren
Für die Reflexion der Überarbeitungsaufgaben lassen sich vorab zwei Beobachtungen der Teilnehmerinnen und Teilnehmer festhalten:
→ Erfahrene Schreiber tendieren sehr schnell zur Reflexion, noch bevor sie die Methode selbst ausprobiert haben. Sie erfahren die Vorteile und Tücken oft erst in einem zweiten Durchlauf. Verfahren der Textüberarbeitung sind aber gerade dann erfolgreich, wenn man sie nutzt.
→ In die Reflexion der jeweiligen Methoden fließen stärker als die eigenen, selbst gewonnenen Erfahrungen antizipierte Vorstellungen des eigenen (Oberstufen-) Kurses mit einem hohen intellektuellen Anspruch ein.

Die Schreibprozesserfahrungen sollen im Folgenden unter dem Fokus der Brauchbarkeit in der Oberstufe dargestellt sein:

Die *Schreibkonferenz* wurde aufgrund der Mündlichkeit/Flüchtigkeit der Vorschläge und der bekannten Neigung, eher Fehlendes oder Negatives zu bemerken als positiv zu loben, als schwieriges Verfahren eingestuft. Dadurch gerate der Autor/die Autorin mit dem individuellen Text in einen ungewollten Rechtfertigungszwang. Hier hänge der Erfolg des Verfahrens von einem positiven Lernklima mit einer wertschätzenden, ressourcenorientierten Feedback-Kultur ab.

Ein einhellig positives Urteil gab es zur *Textlupe*, da das gelenkte Vorgehen durch den Auswertungsbogen gleich zu Beginn ein positives Feedback evoziere und damit das Überarbeitungsverfahren an ein positives Empfinden gekoppelt sei. Die Detailliertheit der zu beantwortenden Fragestellungen erfordere aber auch eine Auseinandersetzung mit auffallenden Leerstellen und Schwächen der Texte. Die bewusst verhinderte Anonymität der Reviewer sichere einen ersthaften und fairen Umgang mit dem Originaltext.

Das *Über-den-Rand-hinaus-Schreiben* wurde eher in die Hand der erfahrenen Lehrkräfte empfohlen. Satzweises Lesen verstelle bei längeren Texten, wie sie in der Oberstufe geschrieben werden, den Blick auf die Gesamtaussage(n). Damit werden die satzübergreifenden Zusammenhänge und die globale Kohärenz der Texte weniger beachtet. Das Verfahren eigne sich hervorragend für die gezielte sprachliche Überarbeitung einzelner problematischer Textstellen, nicht aber für eine Revision des Gesamttextes.

Ähnliches gelte für die Arbeit mit *Expertenteams*. Insgesamt erweise sich das Vorgehen als sehr differenziert, allerdings voraussichtlich mit deutlichen Gruppeneffekten. Die Frage, welcher Schreibende für welchen Bereich als Experte eingesetzt werden solle, entscheide darüber, wie zielführend die Hinweise sein können, und es bestanden Zweifel daran, ob Schüler alles Problematische erkennen können. Unabhängig davon, dass dieses Ziel auch für Schreibexperten unrealistisch ist, bestehe die Gefahr einer einseitigen Fokussierung einzelner Schülerinnen und Schüler auf Bereiche, die sie bereits gut beherrschen und eine Vernachlässigung derjenigen, in denen sie mehr Routine gewinnen müssten. Insgesamt sei ein globaleres Vorgehen wünschenswert.

Dieses beim *Stationenbetrieb* durch das Bearbeiten der thematisch festgelegten Fragestellungen an einen Text gelöste Problem evozierte den kritischen Blick auf das »Folgelernen«. Es stellten sich die Fragen, wie die Reviewer mit den Anmerkungen der vorausgegangenen Leser umgehen, ob sie sie im Falle von fehlerhaften Anmerkungen ggf. korrigieren oder weiterführen, und was der/die Letzte an der Station noch ergänzen soll, wenn bereits alles kommentiert ist. Das Potenzial eines Lernens vom Anderen sei nach dem Wechsel zugunsten jeweils neuer Kommentierungen an unbearbeiteten Textausdrucken zurückzustellen.

Diskussion

Das systematische Ausprobieren neuerer Ansätze der Schreibforschung im Bereich der Aufgabenentwicklung und der Textüberarbeitung in der Oberstufe bot die Möglichkeit, durch eigene Erfahrungen eine höhere Sensibilität für diese Aspekte zu gewinnen. Dabei waren neben den oben vorgestellten Annahmen auch allgemeine pädagogische und psychologische Fragen und ein Wissen über Lernprozesse ausschlaggebend.

So konnten neue Aufgaben unter den Vorgaben für gute Aufgabenformulierungen und den Transparenzgeboten für die Bewertung an oberstufenspezifischen Themen getestet werden. In diesem Zusammenhang wurden auch Fragen der Authentizität in medial passenden Kontexten (z. B. Gesprächsanalyse, Hypertext) diskutiert. Grundsätzlich wurden die Erfahrungen der gemeinsamen Aufgabenentwicklung und Schülertextüberarbeitung, also Formen des kollaborativen Arbeitens, auch von den Lehrenden als angenehm erlebt. Dieses Erleben sollte verstärkt und in den schulischen Alltag übertragen werden. Eine neue Entwicklungs- und Überarbeitungskultur etablierte dabei Lehrende als Vorbild, die beim eigenen Schreiben glaubhaft vorleben könnten, dass Schreiben und der Aufbau der dazugehörigen Kompetenzen Zeit brauchen.

Neben dem Modelllernen birgt die Nutzung verschiedener Perspektiven auf Texte unterschiedliche Potenziale, bei denen jeder Lernende »Andock«-Möglichkeiten je nach seinen Fähigkeiten finden und dann die »Zone der nächsten Entwicklung« (Vygotsky 2002) anstreben kann. Aus der Aptitude-Treatment-Interaktion-Forschung (Schründer-Lenzen 2006, 2008) ist bekannt, dass starke Lerner in komplexeren, offeneren Lernarrangements von den Kommentaren der anderen lernen, während schwächere sich eher an Modellen oder klaren Richtlinien orientieren (Gibbons 2002; Wellenreuther 2009). Dabei können sie durch die oben aufgezeigte Vielzahl der Verfahren spezifisch unterstützt werden. Ein Blick, der dabei auf positive Möglichkeiten der Entwicklung und auf Vorhandenes in den Texten setzt, und ein Arbeiten, das nicht fehlerorientiert ist, wirken motivational besonders unterstützend.

Natürlich müssen für alle Aktivitäten die Gruppierungen mit Bedacht gewählt werden, starke Schreibende »können« meist alle Bereiche erfolgreich bewältigen, aber auch hier können Potenziale der Weiterentwicklung identifiziert und bearbeitet werden. Eine Umorientierung der Lehrenden vom Schreibinstrukteur zum Schreibberater sollte mindestens phasenweise authentisches Schreibenlernen ermöglichen.

Literatur

Amend, C. (2010): Ein ganzes Land verliebte sich in sie. In: Zeitmagazin (44), 28.10.2010, S. 13–20.
American College Testing (ACT) (2002): Writing Framework and Specification for the 1998 National Assessment of Educational Progress. Washington DC: Governing Board.
Augst, G./Disselhoff, K./Henrich, A./Pohl, T./Völzing, P.-L. (2007): Text-Sorten-Kompetenz. Eine echte Longitudinalstudie zur Entwicklung der Textkompetenz im Grundschulalter. Frankfurt am Main: Peter Lang.
Augst, G./Faigel, H. (1986): Von der Reihung zur Gestaltung. Frankfurt am Main: Peter Lang.
Augst, G./Feilke, H. (1989): Zur Ontogenese der Schreibkompetenz. In: Antos, G./Krings, H. P.: Textproduktion. Tübingen: Niemeyer, S. 297–327.
Baurmann, J./Ludwig, O. (1984): Texte überarbeiten. Zur Theorie und Praxis von Revisionen. In: Boueke, D./Hopster, N. (Hrsg.): Schreiben – Schreiben lernen. Rolf Sanner zum 65. Geburtstag. Tübingen: Narr, S. 254–276.
Becker-Mrotzek, M. (1997): Schreibentwicklung und Textproduktion. Opladen: Westdeutscher Verlag.
Bereiter, C. (1980): Development in writing. In: Gregg, L. W./Steinberg, E. R. (Hrsg.): Cognitive processes in writing: An interdisciplinary approach. Hillsdale. NJ: Erlbaum, S. 73–93.
Birkel, P./Birkel, C. (2002): Wie einig sind sich Lehrer bei der Aufsatzbeurteilung? In: Psychologie in Erziehung und Unterricht 49, S. 219–224.
Böhme, K./Bremerich-Vos, A./Robitzsch, A. (2009): Aspekte der Kodierung von Schreibaufgaben: Vergleich holistischer und analytischer Kodierungen unter besonderer Berücksichtigung der Interraterreliabilität. In: Bremerich-Vos, A./Granzer, D./Köller, O. (Hrsg.): Bildungsstandards Deutsch und Mathematik. Weinheim/Basel: Beltz, S. 290–329.
Böhme, K./Robitzsch, A. (2008): Rating von Schülertexten und Raterübereinstimmung. Unveröffentlichter Vortrag beim Nachwuchsnetzwerk Fachdidaktik Deutsch, 18.–19.07.2008, Essen.
Böhme, K./Schipolowski, S. (2011): Messung von Schreibkompetenz in den Vergleichsarbeiten der 8. Jahrgangsstufe. Unveröffentlichter Vortrag auf dem DIES-Forschertreffen, 17.12.2011, Dortmund.
Böttcher, I./Becker-Mrotzek, M. (2003). Texte bearbeiten, bewerten und benoten. Schreibdidaktische Grundlagen und unterrichtspraktische Anregungen. Berlin: Cornelsen scriptor.
Bredel, Ursula (2007): Sprachbetrachtung und Grammatikunterricht. Paderborn/München/Wein/Zürich: Schöningh utb.
Bremerich-Vos, A. (2008): Testaufgaben zum Schreiben in der Sekundarstufe I. unveröffentlicher Vortrag auf dem 17. Symposion Deutschdidaktik, 18.9.2008, Köln.
Competence grid (o. J.): www.institut-beatenberg.ch (Abruf 18.8.2011).
DESI-Konsortium (Hrsg.) (2008): Unterricht und Kompetenzerwerb in Deutsch und Englisch. Ergebnisse der DESI-Studie. Weinheim, Basel: Beltz.
Europarat (2001): Gemeinsamer Europäischer Referenzrahmen für Sprachen: lernen, lehren, beurteilen. Berlin: Langenscheidt.
Feilke, Helmuth (2010): »Aller guten Dinge sind drei« – Überlegungen zu Textroutinen & literalen Prozeduren. In: Fest-Platte für Gerd Fritz. Hrsg. und betreut von I. Bons, T. Gloning und D. Kaltwasser. Gießen 17.5.2010. www.festschrift-gerd-fritz.de/files/feilke_2010_literale-prozeduren-und-textroutinen.pdf (Abruf 2.1.2012).
Fix, M. (2000): Textrevisionen in der Schule. Baltmannsweiler: Schneider Verlag Hohengehren.
Fix, M. (2006). Texte schreiben. Schreibprozesse im Deutschunterricht. Paderborn, München, Wien, Zürich: Schöningh.
Fix, M./Melenk, H. (2002): Schreiben zu Texten – Schreiben zu Bildimpulsen. Das Ludwigsburger Aufsatzkorpus. Mit 2300 Schülertexten, Befragungsdaten und Bewertungen auf CD-ROM. Baltmannsweiler: Schneider Verlag Hohengehren.

Fuchs, F./Gäng, E./Hiebl, W./Lehrnert-Branz, A./Nußbaumer, K. (2010): Themenfeld Deutsch. Berufskompetenz durch Lernsituationen. – Kapitel: Ich nutze neue Medien. Braunschweig: Winklers, S. 100–121.
Gibbons, P. (2002): Scaffolding Language, Scaffolding Learning: Teaching Second Language Learners in the Mainstream Classroom. Sydney: Heinemann Educ Books.
Girgensohn, K./Lange, I./Lange, U./Neumann, F./Zegenhagen, J. (2009): Gemeinsam schreiben: Das Konzept einer kollegialen Online-Schreibgruppe mit Peer-Feedback. www.zeitschrift-schreiben. eu (Abruf 27.3.2009).
Glässing, G./Schwarz, H.-H./Volkwein, K. (2011): Basiskompetenz in der Oberstufe. Ein Konzept für Unterricht und Schulentwicklung. Mit Praxismaterial als Download. Weinheim/Basel: Beltz. www.beltz.de/material.
Grabe, L.-E./Grosklos, U./Lischewski, A./Markwerth, P. (2006): Kompetenzraster. Handreichung. studienseminare-bbs.bildung-rp.de/fileadmin/Seminare/Neuwied/Handreichung/Kompetenzraster.pdf (Abruf 17.8.2011).
Granzer, D./Böhme, K./Köller, O. (2008): Kompetenzmodelle und Aufgabenentwicklung für die standardisierte Leistungsmessung im Fach Deutsch. In: Bremerich-Vos, A./Granzer, D./Köller, O. (Hrsg.): Lernstandbestimmung im Fach Deutsch. Gute Aufgaben für den Unterricht. Weinheim/Basel: Beltz, S. 10–28.
Grundler, E. (2011): Kompetent argumentieren: Ein gesprächsanalytisch fundiertes Modell. Tübingen: Stauffenburg.
Grzesik, J./Fischer, M. (1984): Was leisten Kriterien für die Aufsatzbeurteilung? Opladen: Westdeutscher Verlag.
Hartmann, W./Lehmann, R. H. (1987): The Hamburg Study of Achievement in Written Composition. National Report for the IEA International Study of Achievement in Written Composition. Part I: Method and Findings. Hamburg: University.
Hayes, J./Flower, L. (1980): Identifying the organization of writing processes. In. L. W. Gregg and J. R. Steinberg (Hrsg.): Cognitive processes in Writing. Hillsdale: Lawrence Erlbaum, S. 3–30.
Hofen, N. (1980): Messen und Beurteilen sprachlich-produktiver Leistungen im Deutschaufsatz. Dissertation. Mannheim.
Ingenkamp, K. (Hrsg.) (1995): Die Fragwürdigkeit der Zensurengebung. Weinheim/Basel: Beltz.
Jude, N. (2008): Zur Struktur von Sprachkompetenz. Frankfurt am Main: Universität.
Karmiloff-Smith, A. (1992): Beyond Modularity: A Developmental Perspective on Cognitive Science. Cambridge: MIT.
Karreman, J./Ganier, F. (2011): Potsdam Triangel of European Research Network on Learning to Write Effectively (ERN-LWE): Results from J. Karreman, F. Ganier, A.-S. Collard, W.-K. Giera, I. Madrid, K.-H. Pogner & P. Wright of 3nd Workshop 2011 in Potsdam. Unveröffentlicher Vortrag, 21.6.2011, Brest.
KMK-Bildungsstandards Fach Deutsch: www.kmk.org/schul/Bildungsstandards/Grundschule_Deutsch_BS_307KMK.pdf, www.kmk.org/schul/Bildungsstandards/Hauptschule_Deutsch_BS_307KMK.pdf, www.kmk.org/schul/Bildungsstandards/Deutsch_MSA_BS_04-12-03.pdf (Abruf 30.8.2011).
Kohrs, P. (Hrsg.) (2009): Deutsch: Profile. Themen Texte Techniken. Ein Arbeits- und Methodenbuch für das berufliche Gymnasium. Paderborn: Schöningh, S. 339–345.
Krohne, H./Richter, K. (2007): Unsere Sprache im Beruf. Troisdorf: Bildungsverlag EINS, S. 212–229.
Kruse, Otto (2007): Wissenschaftliches Schreiben und studentisches Lernen. www.afh.uzh.ch/instrumente/dossiers/WissSchreiben_01_10.pdf (Abruf 2.1.2012).
Lehmann, R. H. (1988): Reliabilität und Generalisierbarkeit der Aufsatzbeurteilung im Rahmen des Hamburger Beitrags zur internationalen Aufsatzstudie der IEA. In: Empirische Pädagogik. Zeitschrift zu Theorie und Praxis erziehungswissenschaftlicher Forschung 2 (4), S. 349–365.

Lehmann, R. H. (1990): Aufsatzbeurteilung – Forschungsstand und empirische Daten. In: Ingenkamp, K./Jäger, R. (Hrsg.): Tests und Trends. Jahrbuch der pädagogischen Diagnostik. Bd. 8. Weinheim; Basel: Beltz.

Lehmann, R. H. (1993): Verbesserte Lernerfolgsrückmeldungen im Aufsatzunterricht der Sekundarstufe I. In: Deutschunterricht, Jg. 46, Heft 7/8, S. 377–381.

Lehnen, K. (2000): Kooperative Textproduktion. Zur gemeinsamen Herstellung wissenschaftlicher Texte im Vergleich von ungeübten, fortgeschrittenen und sehr geübten SchreiberInnen. Dissertation, Bielefeld.

Lindauer, T./Schneider, H.-J. (2008): Lesekompetenz ermitteln: Aufgaben im Unterricht. In: Bertschi-Kaufmann (Hrsg.): Lesekompetenz Leseleistung Leseförderung. Grundlagen, Modelle und Materialien. Zug: Klett und Balmer, S. 109–125.

NAEP 2007: nationsreportcard.gov/writing_2007/data.asp (Abruf 16.8.2011).

National Assessment Governing Board (NAGB) (2011): Developing Achievement Levels on the National Assessment of Educational Progress for Writing Grades 8 and 12 in 2011 and Grade 4 in 2013. www.nagb.org/publications/achievement.htm (Abruf 16.8.2011).

Neumann, A. (2007a): Briefe schreiben in Klasse 9 und 11. Beurteilungskriterien, Messungen, Textstrukturen und Schülerleistungen. Münster: Waxmann.

Neumann, A. (2007b): Schreiben: Ausgangspunkt für eine kriteriengeleitete Ausbildung in der Schule. In: Willenberg, H. (Hrsg.): Kompetenzhandbuch für den Deutschunterricht. Auf der empirischen Basis des DESI-Projekts. Baltmannsweiler: Schneider Verlag Hohengehren, S. 74–83.

Neumann, A. (2008): Textproduktion in der Sekundarstufe I. Empirische Hinweise zur vergleichbaren Messbarkeit von Schreibleistungen aus der Sicht des Large-Scale-Assessment in DESI. In: Bremerich-Vos, A./Granzer, D./Köller, O. (Hrsg.): Lernstandsbestimmung im Fach Deutsch. Gute Aufgaben für den Unterricht. Weinheim/Basel: Beltz, S. 117–132.

Neumann, A. (2009): Ein Treffen zwischen der Managerin eines Betriebes und einem Angestellten. Lehrmaterial zur Analyse beruflicher Kommunikation. Lüneburg (unveröffentlicht).

Neumann, A. (2011): Lernfortschritte in komplexen Lernarrangements. Schreibkompetenzen messen. In: Glässing, G./Schwarz, H.-H./Volkwein, K. (Hrsg.): Basiskompetenz Deutsch. Konzepte und Anregungen für Unterricht und Schulentwicklung der Gymnasialen Oberstufe. Weinheim/Basel: Beltz, S. 166–180.

Neumann, A. (2012): Blick(e) auf das Schreiben. Erste Ergebnisse aus IMOSS. In: Didaktik Deutsch (32), S. 63–85.

Neumann, A./Lehmann, R. H. (2008): Schreiben in Deutsch. In: DESI-Konsortium (Hrsg.): Unterricht und Kompetenzerwerb in Deutsch und Englisch. Ergebnisse der DESI-Studie. Weinheim/Basel: Beltz, S. 89–103.

Nussbaumer, M. (1991): Was Texte sind und wie sie sein sollen. Ansätze zu einer sprachwissenschaftlichen Begründung eines Kriterienrasters zur Beurteilung von schriftlichen Schülertexten. Tübingen: Niemeyer.

Persky, H. R./Daane, M. C./Jin, Y. (2003): The Nation´s Report Card. Writing 2002. Washington, D. C.: US Department of Education. Education Publications Center (ED Pubs).

Pohl, T./Steinhoff, T. (Hrsg.) (2010): Textformen als Lernformen. Köln: Gilles & Francke.

Rijlaarsdam, G./Braaksma, M./Couzijn, M./Janssen, T./Kieft, M./Raedts, M./van Steendam, E./Toorenaar, A./van den Bergh, H. (2009): The role of readers in writing development: Writing students bringing their texts to the test. In. R. Beard, D. Myhill, M. Nystrand, J. Riley (Hrsg.): Handbook of Writing Development. London: Sage Publications, S. 436–452.

Rijlaarsdam, G./Braaksma, M./Couzijn, M./Janssen, T./Raedts, M./van Steendam, E./Toorenaar, A./van den Bergh, H. (2008): Observation of peers in learning to write, Practice and Research. Journal of Writing Research 1, S. 53–83.

Rosebrock, C./Nix, D. (2008): Grundlagen der Lesedidaktik und der systematischen schulischen Leseförderung: Baltmannsweiler: Schneider Verlag Hohengehren.

Scardamalia, M./Bereiter, C. (1987): Knowledge telling and knowledge transforming in written composition. In. S. Rosenberg (Hrsg.): Advances in applied psycholinguistics, vol2: reading, writing, and language learning. Cambridge: University Press, S. 142–175.

Schründer-Lenzen, A. (2008): Sprachbewusster Unterricht in der mehrsprachigen Klasse. In: Kiper, H., Miller, S., Palentien, Ch., Rohlfs, C. (Hrsg.): Lernarrangements für heterogene Gruppen – Lernprozesse professionell gestalten. Bad Heilbrunn: Klinkhardt, S. 184–198.

Schründer-Lenzen, A. (Hrsg.) (2006): Schriftspracherwerb und Unterricht. Bausteine professionellen Handlungswissens. Opladen: Leske & Budrich.

Schulz von Thun, F. (1994): Miteinander reden. Allgemeine Psychologie der Kommunikation. Reinbek bei Hamburg: rororo Sachbuch.

Senatsverwaltung für Bildung, Wissenschaft und Forschung (2008): Schriftliche Prüfungsarbeit zum mittleren Schulabschluss 2008 im Fach Deutsch. www.poelchau-oberschule.de/msa08-deutsch-set-1-loesung.pdf (Abruf 3.1.2012).

Serin, S. (2010): Föhn mich nicht zu: Aus den Niederungen deutscher Klassenzimmer. Hamburg: rororo.

Spitta, G. (1992): Schreibkonferenzen in Klasse 3 und 4. Ein Weg vom spontanen Schreiben zum bewussten Verfassen von Texten. Frankfurt am Main: Cornelsen.

Steinert, B./Hartig, J./Klieme, E. (2008): Institutionelle Bedingungen der Sprachkompetenz. In: DESI-Konsortium (Hrsg.): Unterricht und Kompetenzerwerb in Deutsch und Englisch. Ergebnisse der DESI-Studie. Weinheim/Basel: Beltz, S. 411–450.

Ulshöfer, R. (1949): Zur Beurteilung von Reifeprüfungsaufsätzen. Auswertung eines gemeinsamen Versuchs der Deutschlehrer. Mit Musterkorrekturen von F. Vogt. In: Der Deutschunterricht (1), Nr. 8, S. 84–102.

Ulshöfer, R: (1949): Wie beurteilen Sie diesen Reifeprüfungsaufsatz? In: Der Deutschunterricht, (1), Nr. 6, S. 95–98.

Vygotskij, L. S. (2002): Denken und Sprechen. Weinheim, Basel: Beltz Taschenbuch.

Wellenreuther, M. (2009): Forschungsbasierte Schulpädagogik. Anleitungen zur Nutzung empirischer Forschung für die Schulpraxis. Baltmannsweiler: Schneider Verlag Hohengehren.

Winter, F. (2010): Leistungsbewertung. Eine neue Lernkultur braucht einen anderen Umgang mit den Schülerleistungen. Baltmannsweiler: Schneider Verlag Hohengehren.

Winter, F./Schwarz, J./Volkwein, K. (2008): Unterricht mit Portfolio. Überlegungen zu einer Didaktik der Portfolioarbeit. In: Schwarz, J./Volkwein, K./Winter, F. (Hrsg.): Portfolio im Unterricht. 13 Unterrichtseinheiten mit Portfolio. Seelze-Velber: Friedrich, S. 21–56.

Wolf, M. (2000): Männer haben Angst vor starken Frauen. Monique Riesterer über Gewichtheben. In: Berliner Zeitung 22.9.2000, S. 43.

Wolf, M. (2008): Das lesende Gehirn: Wie der Mensch zum Lesen kam – und was es in unseren Köpfen bewirkt. Heidelberg: Spektrum Akademischer Verlag.

Sprachbewusstheit und Deutsch als Zweitsprache

Kompetenzorientierter Deutschunterricht

Christopher Sappok

Sprache und Sprachgebrauch untersuchen in der Primarstufe

Erfolgreichen kompetenzorientierten Unterricht zum Bereich »Sprache und Sprachgebrauch untersuchen« zu machen, stellt eine spannende Herausforderung dar. – Andere würden vielleicht sagen, diese Aufgabe ist eher undankbar. Die in den Bildungsstandards formulierten Erwartungen bieten viele Anknüpfungspunkte und lassen großen Spielraum für die konkrete Umsetzung. – Andere interpretieren sie womöglich als eher praxisfern. Die fachdidaktische Diskussion zum Thema ist vielfältig und von einer intensiven Dynamik geprägt. – Oder ist sie eher unübersichtlich und dabei kurzlebig? Und schließlich ist das öffentliche Interesse hier traditionsgemäß besonders groß – was wiederum heißt, dass man es kaum allen wird recht machen können. Der vorliegende Beitrag kann nicht auf das ganze so angedeutete Spannungsfeld eingehen. Aber er verfolgt das Ziel, Hilfestellungen für das Lösen der eingangs formulierten Aufgabe zu geben.

Das erste Kapitel stellt die Besonderheiten des Kompetenzbereichs und die einzelnen Bildungsstandards vor (KMK 2005) sowie ausgewählte didaktische Positionen dazu (Kühn 2010). Dann wird die Testung von Kompetenzen in diesem Bereich erörtert. Dies geschieht vor dem Hintergrund des empirischen Kompetenzstufenmodells, das am Institut zur Qualitätsentwicklung im Bildungswesen (IQB) in Zusammenarbeit mit der Universität Duisburg-Essen entwickelt wurde (Bremerich-Vos/Böhme 2009).

Im zweiten Kapitel geht es um Kompetenzdiagnostik am Beispiel von VERA-3 (= »Vergleichsarbeiten im Fach Deutsch für die dritte Jahrgangsstufe«). In den Blick genommen werden dabei die VERA-Aufgaben, die 2012 zu »Sprache und Sprachgebrauch untersuchen« zum Einsatz gekommen sind (Bremerich-Vos/Krelle 2012, IQB 2012). Damit wird zum Ausgangspunkt gemacht, dass kompetenzorientierter Unterricht auf einer Bestandsaufnahme in der 3. Klasse (im Mai) aufbaut. Die Bestandsaufnahme liefert Anhaltspunkte, wie weit die Kinder zum genannten Zeitpunkt davon entfernt sind, das zu »können«, was die Kinder einer Vergleichsstichprobe aus Jahrgangsstufe 4 »können«. Dazu werden konkrete Vorschläge gemacht, wie man das diagnostische Potenzial ausschöpfen kann, das ein Gefüge von VERA-Aufgaben birgt, und welche Grenzen dem gesetzt sind.

Im dritten Kapitel schließlich geht es um Unterrichtsaufgaben. Dazu wird eine Anregung aus den VERA-Aufgaben aufgegriffen, ein Arbeitstext wird vorgestellt und es werden exemplarisch Aufgaben für einen kompetenzorientierten Unterricht entwickelt.

Besonderheiten des Kompetenzbereichs

»In altersgemäßen, lebensnahen Sprach- und Kommunikationssituationen erfahren und untersuchen die Kinder die Sprache in ihren Verwendungszusammenhängen und gehen dabei auf die inhaltliche Dimension und die Leistung von Wörtern, Sätzen und Texten ein« (KMK 2005, S. 9).

Integrativität

Die aufgeführte Formulierung aus den Bildungsstandards fasst wesentliche Aspekte des Kompetenzbereichs »Sprache und Sprachgebrauch untersuchen« (im Folgenden: Kompetenzbereich SG) zusammen. Angesprochen sind mit der »inhtaltliche[n] Dimension« und der »Leistung« von sprachlichen Einheiten die klassischen Unterrichtsgegenstände Wortschatz und Grammatik. Im Vordergrund steht dabei aber der Bezug auf authentische Kontexte. Diese Orientierung wird *integrativ* genannt. Sie zeichnet den Kompetenzbereich SG besonders aus. Vereinfacht gesprochen bedeutet Integrativität, dass der Unterricht hier weniger Selbstzweck als Dienstleistung für die anderen Kompetenzbereiche sein soll (Steinig/Huneke 2007, S. 161 ff.). Dies wird nun kurz weiter ausgeführt, um dann eine an sich unerwünschte Konsequenz anzusprechen, die mit dem integrativen Anspruch des Kompetenzbereichs SG für die Kompetenzdiagnostik einhergeht.

Bezeichnend für den Kompetenzbegriff der Bildungsstandards ist, dass Aktivitäten beschrieben werden und nicht Stoff aufgeführt wird, den es auf eine nicht näher bestimmte Weise zu beherrschen gilt. Die »Anhäufung von deklarativen Wissensbeständen [wird] ersetzt durch ein Kompetenzmodell, das auf operationale Fertigkeiten und Fähigkeiten abhebt« (Kühn 2010, S. 21).

Kompetenzen im Deutschunterricht sind also Sprachhandlungskompetenzen. Insgesamt begegnen sich dabei die vier elementaren Aktivitäten Sprechen, Hören, Lesen und Schreiben auf Augenhöhe, wenn auch mit wechselnder Schwerpunktsetzung. Übergeordnetes Ziel ist, dass Verständigung mittels Sprache als etwas Machbares erfahren und dass Mut kultiviert wird, dabei die Initiative zu ergreifen. Dies gilt für die Arbeit im Gespräch wie für die Arbeit an Texten. In der letztendlichen Organisation der Bildungsstandards treten Sprechen und Zuhören als ein gemeinsamer Kompetenzbereich auf, neben Schreiben und Lesen mit eigenen Kompetenzbereichen, und das Ensemble ist ergänzt um »Sprache und Sprachgebrauch untersuchen« (s. Abbildung 1). Die horizontale Ausrichtung des Kompetenzbereichs SG im Schema verweist darauf, dass die Arbeit hier integrativ stattfinden soll, d. h. in engem und dabei auch Gemeinsamkeit stiftenden Schulterschluss mit den anderen Kompetenzbereichen.

Sprechen und Zuhören	Schreiben	Lesen – mit Texten und Medien umgehen
• zu anderen sprechen • verstehend zuhören • Gespräche führen • szenisch spielen • über Lernen sprechen	• über Schreibfertigkeiten verfügen • richtig schreiben • Texte planen • Texte schreiben • Texte überarbeiten	• über Lesefähigkeiten verfügen • über Leseerfahrungen ve rfügen • Texte erschließen • Texte präsentieren

Methoden und Arbeitstechniken
Methoden und Arbeitstechniken werden jeweils in Zusammenhang mit den Inhalten jedes einzelnen Kompetenzbereichs erworben.

Sprache und Sprachgebrauch untersuchen
• grundlegende sprachliche Strukturen und Begriffe kennen
• sprachliche Verständigung untersuchen
• an Wörtern, Sätzen, Texten arbeiten
• Gemeinsamkeiten und Unterschiede von Sprachen entdecken

Abb. 1: Kompetenzbereiche des Deutschunterrichts und zugehörige Standards (Reproduktion aus KMK 2005, S. 207)

Vor diesem Hintergrund ist zwischen dem mündlichkeitsbezogenen Kompetenzbereich einerseits und den beiden schriftlichkeitsbezogenen Kompetenzbereichen andererseits zu unterscheiden. Jeder Mensch wird der Sprache zunächst im gesprochenen Dialog teilhaftig. Das bedeutet z. B., an Bestätigung und Stimulation durch unmittelbares Feedback gewöhnt zu sein. Beim Verfassen und Erfassen von Texten tritt diese hochgetaktete Form von Feedback in den Hintergrund (Scardamalia/Bereiter/Goelman 1982).

Textarbeit ist mit vielen neuen Anforderungen verbunden, bietet aber auch neue Möglichkeiten des Zugriffs. So kann die Sprache selbst Untersuchungsgegenstand werden. Die Einsichtnahme in ihren Aufbau kann eine ganz andere Form von Feedback vermitteln. Dieses wiederum kann für die Bewältigung der neuen Anforderungen fruchtbar gemacht werden. Dieses Fruchtbar-Machen ist gemeint, wenn – gerade im Zusammenhang mit Wortschatz und Grammatik – ein integrativer Unterricht gefordert wird:

»Neben der grundsätzlichen Vernetzung der basalen Kompetenzbereiche sowie deren konsequenter Textorientierung gilt es auch, die genuin linguistischen Kompetenzen neu zu verorten. Lexikalisch-semantische Kompetenzen [und] grammatisch-syntaktische Kompetenzen [...] stehen ebenfalls im Dienst des produktiven und rezeptiven Sprachhandelns der Schülerinnen und Schüler. Dies bedeutet, dass diese Kompetenzbereiche [...] nicht als Selbstzweck unterrichtet werden dürfen, sondern konsequent integriert werden müssen« (Kühn 2010, S. 23).

Wie dieser Anspruch erfüllt werden kann, verdeutlicht Kühn mit vielen Vorschlägen für den Unterricht (Kühn 2010, S. 113 ff.; siehe auch Oomen-Welke/Kühn 2009). Auch im vorliegenden Beitrag wird ein Vorschlag gemacht. Zunächst soll es aber hauptsächlich um eine wichtige *Vorbedingung* gehen, nämlich die kompetenzdiagnostische Bestandsaufnahme. Sie liefert Anknüpfungspunkte, indem zu einzelnen Kindern oder Gruppen ermittelt wird, welche Kompetenzen zu welchem Zeitpunkt in welchem Maße gegeben sind.

Dabei verursacht nun ausgerechnet die integrative Ausrichtung des Kompetenzbereichs Probleme, denn die präzise Testung von Kompetenzen ist darauf angewiesen, dass nicht »im selben Atemzug« auch andere Kompetenzen mitgetestet werden. Die systematische Bestandsaufnahme von SG-Kompetenzen steht also vor der Aufgabe, Sprech-, Zuhör-, Lese- und Schreibkompetenzen nach Möglichkeit auszublenden.

Bildungsstandards und Kompetenzstufen

»Wenn es gelingt, Bildungsstandards so zu gestalten, dass sich in ihnen eine Vision von Bildungsprozessen abzeichnet, eine moderne ›Philosophie‹ der Schulfächer, eine Entwicklungsperspektive für die Fähigkeiten von Schülern, dann können die Standards zu einem Motor der pädagogischen Entwicklung unserer Schulen werden« (Klieme et al. 2007, S. 10).

Dieses Unterkapitel beschränkt sich weitgehend darauf, die vier Standards des Kompetenzbereichs SG und ihre Substandards aufzuführen. Dabei ist davon auszugehen, dass die Standards in der Unterrichtspraxis unterschiedlich stark repräsentiert sind, d. h. dass damit teilweise eher Desiderate als Gegebenheiten beschrieben sind. Zu der »Vision«, deren Umsetzung mit den Standards in die Wege geleitet werden soll, werden also für den Kompetenzbereich SG hier nur die Eckdaten geliefert. Der Großteil des restlichen Beitrags beschäftigt sich mit einem kleinen Teil der aufgeführten Kompetenzen, nämlich mit solchen, die vernünftig in großem Stil abgeprüft werden können. Der Schwerpunkt liegt damit nicht mehr auf dem »Philosophie«-Aspekt der Vision, sondern auf dem »Motor«-Aspekt und der Frage, wie die Standards als Motor wirken können bzw. wie eine solche Motorfunktion aussieht (Granzer et al. 2008).

Der »Antrieb« besteht dabei in einer bestimmten Form von Information, nämlich der, wie weit ein Kind etwa ein Jahr vor Ende der Grundschulzeit von der Erfüllung bestimmter Standards entfernt ist. Diese Information soll dazu dienen, die Entwicklung des Kindes in der verbleibenden Zeit optimal zu »befördern«. Dazu ist es einmal nötig, die Information möglichst verlässlich zu machen und zweitens natürlich, die Information möglichst sinnvoll zu interpretieren. Die erste Anforderung wird gelöst durch ein Kompetenzstufenmodell, das fünf Kompetenzniveaus unterscheidet. Die zweite ist Sache der Lehrkraft. Um ihr nachzukommen, ist es hilfreich, die Grundprinzipien des Kompetenstufenmodells zu kennen. Dazu soll folgende Erläuterung dienen:

Die in den Standards formulierten Anforderungen werden hier allein daraufhin begutachtet, wie schwierig sie sind. Das angewendete Verfahren beruht auf der Item-Response-Theorie (Rost 2004) und umfasst vereinfacht folgende Schritte:

Die Standards werden in einen Pool von konkreten Aufgaben »übersetzt« (s. Abbildung 2), die dann von einer ausreichend großen Stichprobe von Kindern bearbeitet werden. Daraufhin wird zu jeder Aufgabe ermittelt, wie groß der Anteil an Kindern ist, die sie lösen (Aufgabenschwierigkeit). Parallel wird zu jedem Kind ermittelt, wie groß der Anteil von Aufgaben ist, die es löst (Kompetenzstärke). Der Stichtag ist dabei jener Zeitpunkt, für den die Standards gelten, d. h. gegen Ende der vierten Klasse.

Beide Parameter – Aufgabenschwierigkeit und Kompetenzstärke – werden dann so geeicht, dass der Mittelwert der Verteilung der Kompetenzstärken 500 beträgt, bei einer Standardabweichung von 100 (s. Abbildung 3). Die Aufgabenschwierigkeiten sind auf derselben Skala verortet. Die Beziehung zwischen Kompetenzstärke und Aufgabenschwierigkeit ist wie folgt definiert: *Ein Kind mit Kompetenzstärke x löst eine Aufgabe der Schwierigkeit x mit einer Wahrscheinlichkeit von 62,5%.*

Auf dieser Grundlage ergeben sich für jedes Kind auch die Lösungswahrscheinlichkeiten für alle anderen Aufgaben.

In Hinblick auf die Standards ist festzuhalten, dass die beschriebene Verfahrensweise technisch komplex und damit aufwendig und fehleranfällig ist. Deshalb ist sie für bestimmte Kompetenzen mehr, für andere weniger und für wieder andere gar nicht geeignet. Vor diesem Hintergrund werden nun die einzelnen Standards des Kompetenzbereichs vorgestellt.

Grundlegende sprachliche Strukturen und Begriffe kennen und verwenden (KMK 2005, S. 13 f.)
Der Standard beschreibt am ehesten die Zielsetzung, die »in diesem Bereich nach wie vor faktisch im Zentrum des Unterrichts steht« (Bremerich-Vos/Böhme 2009, S. 379). Bei der Liste von dazu angegebenen Einzelkategorien (KMK 2005, S. 14) können folgende Grobkategorien unterschieden werden:
→ wortintern phonologisch (Buchstabe, Laut, Silbe)
→ wortintern grammatisch (Wortfamilie, Wortstamm, Wortbaustein)
→ wortbezogen semantisch (Wortfeld)
→ wortbezogen grammatisch (Wortarten: Nomen, Verb, Artikel, Adjektiv, Pronomen)
→ satzbezogen (Satzzeichen, Satzglieder: Subjekt, Prädikat, Ergänzungen)

Der Standard steht im Mittelpunkt des Kompetenzstufenmodells, und auf ihn beziehen sich auch viele der Aufgaben aus dem VERA-Durchgang, der später genauer in den Blick genommen wird. Hinzuweisen ist auf ein wichtiges Ergebnis aus der

Entwicklung des Kompetenzstufenmodells: »Auffällig ist [...], dass Aufgaben zur Segmentierung von Sätzen in Satzglieder bzw. zur Identifikation von Subjekten und Prädikaten im Wesentlichen erst auf den Niveaus IV und V lösbar sind. Deutlich mehr als die Hälfte der Viertklässler scheitert an Aufgaben dieses Typs« (Bremerich-Vos/Böhme 2009, S. 393).

Festzuhalten ist noch, dass die Terminologie, die diesem Standard zugrunde liegt, gegenwärtig im fachdidaktischen Diskurs ein heißes Thema ist (Kühn 2010, S. 43 f., oder die Diskussion in Didaktik Deutsch, Hefte 32 und 33 [Pohl et al. 2012]). Außerdem ist festzuhalten, dass die Entwicklung von Test- und Lernaufgaben zu diesem Standard vor der Herausforderung steht, einen Textbezug herzustellen und nicht nur mit arg konstruierten Einzelsätzen aufzuwarten.

Sprachliche Verständigung untersuchen (KSM 2005, S. 13)
Die Bündelung, die dieser Standard vornimmt, ist neu; herkömmliche Gefüge von Schwerpunkten sollen damit ein Stück weit aufgelöst und dann ergänzt und rearrangiert werden. Pragmatische Perspektiven erscheinen den grammatischen neben-, wenn nicht übergeordnet. Dabei herrscht Einigkeit, dass diesem Standard in der Praxis noch längst nicht der angestrebte Stellenwert zukommt (Kühn 2010, S. 33; Bremerich-Vos/Böhme 2009, S. 377 f.). Als Substandards werden aufgeführt:
- ➔ »Beziehung zwischen Absicht – sprachlichen Merkmalen – Wirkungen untersuchen,
- ➔ Unterschiede von gesprochener und geschriebener Sprache kennen,
- ➔ Rollen von Sprecher/Schreiber – Hörer/Leser untersuchen und nutzen,
- ➔ über Verstehens- und Verständigungsprobleme sprechen«.

Weder im Kompetenzstufenmodell noch bei VERA konnte dieser Standard berücksichtigt werden, da er sich kaum »unter vertretbarem Aufwand in Testaufgaben ›umsetzen‹« lässt (Bremerich-Vos/Böhme 2009, S. 379). Die aufgeführten Kompetenzen gehen Hand in Hand mit anderen Kompetenzen und sind somit kaum an und für sich überprüfbar. Eine didaktische Position dazu ist z. B. Oomen-Welke/Kühn (2009, S. 143 f.).

An Wörtern, Sätzen, Texten arbeiten (KSM 2005, S. 13)
Dieser Standard stellt das Bindeglied zwischen den beiden bisher besprochenen dar. Strukturen und Begriffe sollen über arrangierende und operative Verfahren »in Bewegung gesetzt«, vor allem aber »in Betrieb genommen« werden. In der gängigen Unterrichtspraxis kommt der letztgenannte Aspekt oft noch zu kurz: »Die Gefahr besteht, lediglich an Kompetenzen aus dem Teilbereich ›grundlegende sprachliche Strukturen und Begriffe kennen und verwenden‹ zu arbeiten [...]. Alles bleibt Drill und Spielerei« (Kühn 2010, S. 37). Sowohl Strukturen und Begriffe als auch Arrangement und Operationen erhalten demnach erst Sinn, wenn sie konsequent in den Dienst der produktiven und rezeptiven Textarbeit gestellt werden. Die hier unterschiedenen Substandards lauten:

→ »Wörter strukturieren und Möglichkeiten der Wortbildung kennen,
→ Wörter sammeln und ordnen,
→ sprachliche Operationen nutzen: umstellen, ersetzen, ergänzen, weglassen,
→ die Textproduktion und das Textverständnis durch die Anwendung von sprachlichen Operationen unterstützen,
→ mit Sprache experimentell und spielerisch umgehen«.

Beim Kompetenzstufenmodell und bei VERA wurden die ersten drei Substandards berücksichtigt. Bei den zwei letztgenannten ist es, neben erhöhtem technischen Aufwand, wieder die an sich erwünschte integrative Orientierung, die der Testung »in die Quere kommt«. Diese weiterführenden Aspekte von Lesen und Schreiben müssen bei VERA schon allein deshalb außen vor bleiben, weil sie in anderen VERA-Kontexten getestet werden. Die VERA-Aufgaben zu den ersten drei Substandards zeigen aber in ihrer Gestaltung Wege auf, wie der Unterricht auch die anderen beiden Substandards sinnvoll angehen kann.

Gemeinsamkeiten und Unterschiede von Sprachen entdecken (KMK 2005, S. 13)
In der öffentlichen Wahrnehmung gilt die Gegebenheit eines hohen Anteils von Nicht-Muttersprachlern im Klassenverband nach wie vor als Hemmnis auf dem Weg zu einem »guten Deutsch«; ähnlich verhält es sich bei einem stark dialektal geprägten Umfeld. Solchen Auffassungen erteilt dieser Standard eine Absage: Die genannten Umstände werden als Chancen präsentiert.

In der Praxis dürfte dieser Kompetenzbereich allerdings noch keine große Rolle spielen: »Es fehlen [...] grundschulgerechte Materialien für diesen Bereich. In der Fachdidaktik Deutsch findet er erst allmählich Interesse« (Oomen-Welke/Kühn 2009, S. 152). Spezifiziert wird dieser Standard wie folgt:
→ »Deutsch – Fremdsprache, Dialekt – Standardsprache; Deutsch – Muttersprachen der Kinder mit Migrationshintergrund; Deutsch – Nachbarsprachen,
→ gebräuchliche Fremdwörter untersuchen«.

Das Kompetenzstufenmodell und VERA können diesen Standard nicht berücksichtigen. Dabei ist er als maximal integrativ anzusehen, indem sogar die Schwelle zwischen Sprachen überbrückt wird. Die Ausklammerung ist hier weniger auf technische als auf situative Faktoren zurückzuführen, denn jeder Klassenverband steht für die Arbeit an diesem Standard auf einem anderen Ausgangspunkt: »Angesichts dessen, dass hier jeweils auf lokale bzw. regionale Bedingungen Rücksicht zu nehmen wäre, kann dieser Standard in einem für alle Kinder des dritten bzw. vierten Schuljahrs in Deutschland validen Test nicht erfasst werden« (Bremerich-Vos/Böhme 2009, S. 379).

Aufgezeigt wurde somit, welche Standards einer großflächig angelegten Diagnostik zugänglich und welche Gründe für die resultierende Beschränkung verantwortlich sind. Das nachfolgende Unterkapitel greift die Skizze auf, die oben zum Kompetenzstufenmodell entworfen wurde, und ergänzt die Darstellung um konkrete Angaben und eine Zusammenfassung der Einzelergebnisse.

Das Kompetenzstufenmodell

Sowohl bei den Aufgaben als auch bei den Kindern, die bei der Entwicklung des Kompetenzstufenmodells einbezogen wurden, handelt es sich um Stichproben, d. h. die betreffenden Mengen repräsentieren andere, größere Mengen. Die ausgewählten Aufgaben stehen für alle erdenklichen Aufgaben zu einem bestimmten Kompetenzbereich; die ausgewählten Kinder stehen für alle Kinder einer bestimmten Schul-Jahrgangsstufe. Dass diese Stellvertreterfunktion erfüllt ist, wird dadurch gewährleistet, dass relevante Merkmale in den Stichproben genauso verteilt sind wie in den zugeordneten Grundgesamtheiten.

Die folgenden Angaben beziehen sich auf Merkmalsverteilungen in den Stichproben und geben damit Aufschluss darüber, welche Eigenschaften von Aufgaben und Schulkindern in das Kompetenzstufenmodell einfließen. Die Entwicklungsarbeit besteht allerdings auch darin, einzelne Aufgaben, Personen oder Merkmale auszuschließen. Die Darstellung klammert diese Prozesse aus (hierzu: Bremerich-Vos/Böhme 2009, S. 381 ff.) und beschränkt sich auf die letztendlich einbezogenen Aspekte.

Insgesamt wurde ein Pool von 128 Aufgaben berücksichtigt. Die wichtigste Klassifizierung bezieht sich auf linguistische Merkmale (Abbildung 2).

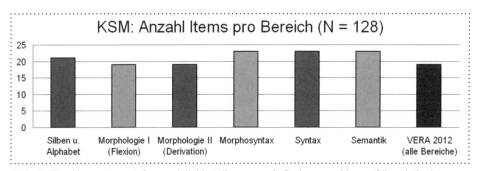

Abb. 2: *Das Kompetenzstufenmodell: Verteilung von Aufgabenanzahlen auf linguistische Bereiche (Beispielangaben in Bremerich-Vos/Böhme 2009, S. 381 ff.); zum Vergleich die Aufgabenzahl des VERA-Durchgangs SG von 2012*

Die Aufgaben wurden insgesamt 9229 Schülerinnen und Schülern dritter und vierter Klassen vorgelegt (Verhältnis w/m ca. 50:50, Durchschnittsalter ca. 10 Jahre). Dabei hat nicht jedes Kind jede Aufgabe bearbeitet, die Aufgaben wurden aber gleichmäßig abgedeckt.

Abbildung 3 zeigt die Verteilung der Kompetenzstärken der Kinder aus der Eichstichprobe von Viertklässlern. Eine wichtige Schwelle auf der x-Achse ist der Übergang von Kompetenzstufe II zu III, denn Kompetenzstufe III stellt die Erreichung von Mindestanforderungen dar. Daraus ergibt sich, dass ca. 2/3 der Kinder den Mindeststandard erreichen (KS III, IV und V) und ca. 1/3 nicht (KS I und II).

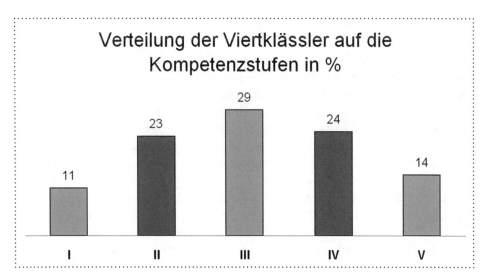

Abb. 3: Eichverteilung: Auf der zugrunde liegenden Skala ist der Mittelwert auf 500 und die Standardabweichung auf 100 festgesetzt (gerundete Prozente; nach Bremerich-Vos/Böhme 2009, S. 388)

Die Ergebnisse der Drittklässler wurden in den so geschaffenen Referenzrahmen direkt eingebettet. Daraus geht hervor, dass auch 46 Prozent der Drittklässler den Mindeststandard bereits erreichen (Abbildung 4).

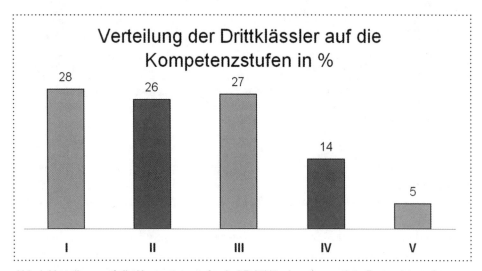

Abb 4: Verteilung auf die Kompetenzstufen bei Drittklässlern (gerundete Prozente; nach Bremerich-Vos/Böhme 2009, S. 388)

Festzuhalten ist, dass man anhand einer übersichtlichen Anzahl von Aufgaben, die auf das Kompetenzstufenmodell geeicht sein müssen, beliebige Kinder testen und ihnen so eine Kompetenzstufe zuweisen kann. Aus Platzgründen soll vor diesem Hintergrund exemplarisch nur das Profil von Kompetenzstufe III zitiert werden, dafür aber in aller Ausführlichkeit:

»Stufe III (465 bis 539)
Schülerinnen und Schülern auf dieser Kompetenzstufe gelingt es, in Texten und einzelnen Sätzen Exemplare der im Grundschulunterricht zentralen Wortarten Nomen, Verb und Adjektiv zu identifizieren. Dabei handelt es sich jeweils um frequente Wörter, und es gibt keine Fehlerverlockungen, etwa durch Nominalisierungen. So lautet eine auf einzelne Sätze bezogene Aufgabe: ›Zu welcher Wortart zählen die unterstrichenen Wörter? Trage ein: N für Nomen, A für Adjektive, V für Verben!‹
Es werden auch Aufgaben zur Derivation gemeistert. Dabei geht es um Kurzantworten wie bei ›Darauf weiß die Lehrerin keinen Rat. Sie ist ...‹.
Einschlägig sind ebenfalls Aufgaben zur Verbflexion. So sind textbezogen bei gegebenen Infinitiven Wortformen im Präsens bzw. im Präteritum einzusetzen. Dieser Aufgabentyp bezieht sich also nicht allein auf Morphologisches, sondern auf die Morphosyntax. Eine Reihe dieser Items ist an der Schwelle zu Stufe IV angesiedelt.
Ebenfalls auf Morphosyntax zielt die Anforderung, in einem Text an bestimmten Stellen die jeweils passenden Formen von Personalpronomen auszuwählen und so Referenzidentität herzustellen.
Lösbar sind weitere Aufgaben wie die, den (seltenen) Plural von *Sommer* (mit Nullmorphem) zu bilden, unter Paraphrasen von Kollokationen die richtigen auszuwählen oder die Bedeutung der idiomatischen Wendung ›*sich etwas aus dem Kopf schlagen*‹ zu erkennen. Schließlich werden ABC-Sortieraufgaben auch dann bewältigt, wenn sich die Differenz erst beim dritten Graphem ergibt.
Schülerinnen und Schüler, die diese Kompetenzstufe oder eine höhere erreicht haben, erfüllen die in den Bildungsstandards beschriebenen Erwartungen, d. h. sie erreichen die von der KMK festgelegten Regelstandards« (Bremerich-Vos/Böhme 2009, S. 386 f.).

Zwischen dem vorgestellten Kompetenzstufenmodell und den Aufgaben, die für VERA-3 2012 SG entwickelt wurden, bestehen wichtige Beziehungen. So liegt aus Pilotierungsstudien zu jeder Aufgabe ein Schwierigkeitswert auf der Skala des Kompetenzstufenmodells vor, und den Leistungen der Kinder können Kompetenzstufen zugeordnet werden. Es gibt aber auch wesentliche Unterschiede zwischen VERA-Ergebnissen und Ergebnissen einer solchen »large scale«-Testung, wie sie dem Kompetenzstufenmodell zugrunde liegt. Das individuelle VERA-Ergebnis ist von geringerer Reliabilität. Hier spielt z. B. die begrenzte Aufgabenauswahl eine Rolle und die Tatsache, dass die Erhebungs- und Auswertungsumstände weniger kontrolliert sind. Deshalb eignet sich VERA kaum zur Individualdiagnostik. Klar im Vordergrund steht die Erhebung des Lernstandes von Gruppen, namentlich von Klassenverbänden.

Die 19 Aufgaben von VERA-2012 »Sprachgebrauch«

Aufgabe 3.8:
»Tim sagt: ›In deinem Buch sind ja Eselsohren!‹
Maria antwortet: ›Das kann nicht sein, denn es ist ein Buch über Fische.‹
Was ist mit dem Wort **Eselsohren** gemeint?«
»Weil der Fich genau so grose Oren hat wie der Esel.«
(Antwort von Jan, Klasse 3a)

Wie ein VERA-Aufgabengefüge funktioniert

Das nun vorgestellte Gefüge von 19 Aufgaben wurde bei VERA-3 2012 zu »Sprache und Sprachgebrauch untersuchen« zum Einsatz gebracht. Die Aufgaben sind unter www.iqb.hu-berlin.de/vera/aufgaben online abrufbar, wobei sich die im Folgenden gewählte Nummerierung auf deren Anordnung im eingesetzten Testheft bezieht (1. = »Riesenhasen«, 2. = »Rezept für Milchreis«, 3. = »Esel«). Abbildung 5 zeigt die Aufgaben nach Schwierigkeitsgrad sortiert. Die Ellipsen folgen dabei der Analogie, dass jede Aufgabe einer Zielscheibe entspricht: je größer, desto leichter. Relevant ist dabei nur, ob die Aufgabe gelöst, d. h. ob die Scheibe getroffen wird oder nicht.

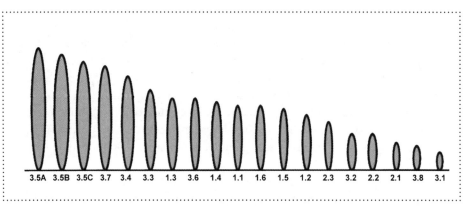

Abb. 5: Die Schwierigkeitsgrade der 19 Aufgaben von VERA-3 »Sprache und Sprachgebrauch untersuchen« 2012, aufsteigend als »Zielscheiben« visualisiert

Vor diesem Hintergrund werden nun die VERA-Daten zweier fiktiver Klassenverbände diskutiert, die wir 3a und 3b nennen wollen. Angenommen werden die in Abbildung 6 aufgeführten Verteilungen der Kinder auf die Kompetenzstufen. Was lässt sich solchen Ergebnissen für die klassenverbandspezifische Diagnostik entnehmen?

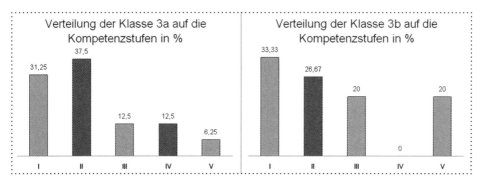

Abb. 6: Die Verteilungen der Klassen 3a (n=16) und 3b (n=15) auf die Kompetenzstufen

Ein erster Blick gilt den Kindern, die den Mindeststandard Kompetenzstufe III noch nicht erreicht haben. In 3a beträgt deren Anteil ca. 2/3. In 3b ist es eher die Hälfte. Dieser Befund ist unauffällig mit Bezug zu den Drittklässlern, die beim Kompetenzstufenmodell zum Einsatz kamen (s. Abbildung 4).

Betrachtet man jetzt die Stufen III bis V, zeigen sich Unterschiede. Bei 3a ergibt sich ein Grüppchen, bei 3b ergeben sich zwei Grüppchen – eines davon scheint den Rest abgehängt zu haben.

Das könnte für den SG-Unterricht bedeuten, dass hier zwei unterschiedliche Herangehensweisen zu wählen sind. Nähere Aufschlüsse ergeben sich, wenn man die Ergebnisse der einzelnen Kinder einbezieht. Hierzu wird ein Verfahren vorgeschlagen, dessen Anwendung weniger als fünf Minuten pro Kind in Anspruch nimmt und diverse Anhaltspunkte für die Unterrichtsplanung liefern kann.

Das Formular

Abbildung 7 ist Kopiervorlage zu einem Formular, das die Ergebnisse zu drei Kindern eines Klassenverbandes zusammenfasst. Legt man das Formular quer, so erscheinen die Aufgaben nach genauem Schwierigkeitsgrad sortiert (s. Abbildung 5 bzw. www.iqb.hu-berlin.de/vera/aufgaben). Legt man das Formular hochkant, repräsentiert die y-Achse diesen Schwierigkeitsgrad, von unten nach oben steigend. Auf der x-Achse ist dann mit den drei Säulen für drei Kinder eine weitere Dimension vorgegeben. Als erstes trägt man hier ganz links die Ergebnisse des schwächsten Kindes ein, dann die des zweitschwächsten und dann die des drittschwächsten. Das Formular muss vervielfältigt und so der Klassenverband weiter aufsteigend nach Leistung abgearbeitet werden.

Sprachbewusstheit und Deutsch als Zweitsprache

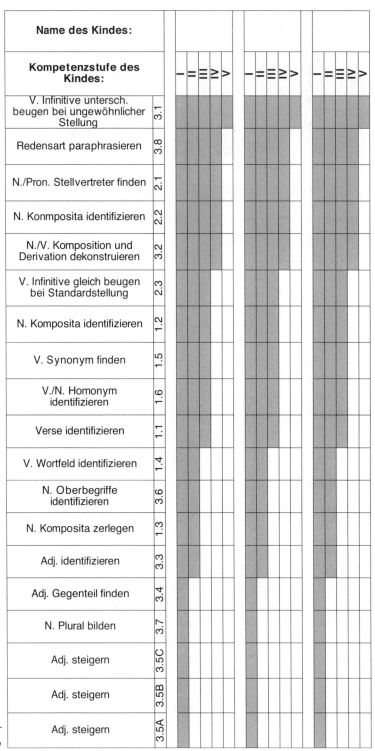

Abb. 7: Formular für Ergebnisse

Besonders anschaulich wird das entstehende Klassenprofil, wenn man am Schluss alle Formularblätter der Klasse zusammenklebt. Bei den angehefteten Blättern wird dabei der Kommentarbalken abgeschnitten oder überklebt, im besten Fall so, dass der Abschnitt zwischen Kind 3 und Kind 4 gleich dem Abstand zwischen Kind 3 und Kind 2 ist.

Grundlage für die Arbeit mit dem Formular ist die sorgfältige Wertung aller Bearbeitungen. Mehrteilige Aufgaben gelten als nicht gelöst, wenn auch nur eine Teillösung falsch ist (Ausnahme: Aufgabe 3.5). Als Beispiel folgt die Bearbeitung von Aufgabe 2.3 durch die Schülerin Gundel (Klasse 3a). Die Aufgabe wurde durch ein Rezept für Milchreis eingeleitet (nicht mit aufgeführt). Gundel hat fast alles richtig gemacht. Aber eben nur fast. Die Aufgabe zählt als nicht gelöst.

>Aufgabe 2.3
>»Im folgenden Text wird beschrieben, wie der Reisbrei zubereitet wird.
>Setze die Verben in der richtigen Form ein.
>Beispiel: Zuerst <u>stellst</u> (stellen) du alle Zutaten bereit.«
>Dann <u>schüttelst</u> (schütten) du die Milch in einen Topf.
>Danach <u>gibst</u> (geben) du Butter und Salz hinzu.
>Nun <u>erhitzt</u> (erhitzen) du die Milch.
>Jetzt <u>rührst</u> (rühren) du den Reis mit einem Schneebesen hinein.

Insgesamt wird nach der Wertung aller Bearbeitungen eines Klassenverbandes wie folgt vorgegangen.
1. Für jedes Kind wird zunächst die Anzahl der gelösten Items festgehalten.
2. Auf dieser Grundlage werden die Kinder in eine Rangfolge gebracht und auf die beschriebene Weise in den Satz von Formularen eingetragen.
3. Ab hier geht es um die Dokumentation der Ergebnisse eines einzelnen Kindes. Hierzu wird das betreffende Blatt quergelegt und eine Stufenreihe in den Blick genommen. Die ermittelte Kompetenzstufe des Kindes wird per Lineal durch Verstärkung der Linien gekennzeichnet, die die betreffende Längsreihe ober- und unterhalb markieren. Die Kompetenzstufe dient so markiert als »Orientierungsbalken«.
4. Dann werden gelöste Aufgaben markiert. Hierfür ist die stufenspezifisch unterste graue Box anzukreuzen.

Abbildung 8 zeigt ein komplett ausgefülltes Formularblatt aus Klasse 3b. In den Blick genommen wird damit der Übergang von KS II (Klarabella) zu KS III (Hein, Klaas).

292 Sprachbewusstheit und Deutsch als Zweitsprache

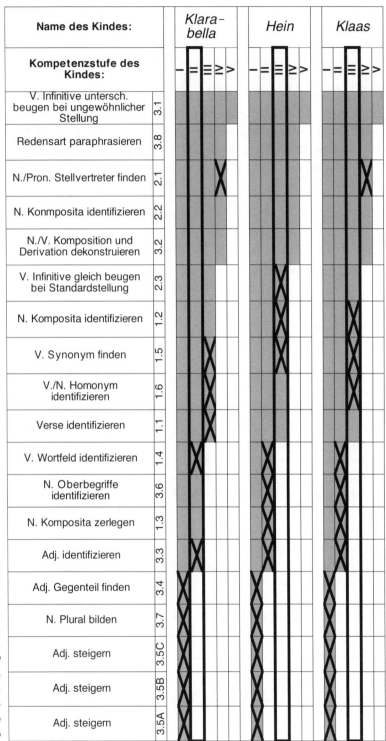

Abb. 8: Beispielauswertung eines Formulars anhand des Übergangs zwischen Kompetenzstufe II und III (jeweils als »Orientierungsbalken« markiert) in Klasse 3b

Wie bei Klarabella und Hein können so für einen Großteil der Kinder gelöste Aufgaben identifiziert werden, die auf einer besseren Kompetenzstufe als das Kind selber angesiedelt sind. Die betreffenden Aufgaben können als Anknüpfungspunkte herangezogen werden, wenn es darum geht, das Kind zu motivieren – nach dem Motto: »Dass es bei dir mit dieser besonders schwierigen Aufgabe geklappt hat, zeigt, dass du mehr kannst.«

Gruppendiagnostische Konsequenzen

Die Rückmeldungen zu VERA enthalten die in Abbildung 6 visualisierten Informationen in Form von Banddiagrammen. Diese Darstellungsform ist aber eher unübersichtlich, wenn es darum geht, Verteilungen miteinander zu vergleichen. Sie lässt sich mit wenig Aufwand in eine Darstellung nach Art der Abbildungen 3, 4 und 6 überführen. Dazu werden die fünf Prozentangaben, die im Banddiagramm nebeneinander stehen, z. B. in MS Excel 2010 untereinander eingetragen. Die resultierende Spalte von fünf Zellen wird markiert und über die Funktion *Einfügen/Säule/2-D Säule* als Säulendiagramm visualisiert. Wichtigste Referenzgruppe für ein solches klassenspezifisches Säulendiagramm ist die Drittklässlergruppe des Kompetenzstufenmodells (Abbildung 4).

Die folgenden Ausführungen beschränken sich auf Aspekte, die direkt in die Planung des Unterrichts zum Kompetenzbereich SG für die Klassen 3a und 3b einfließen können. Erste Aufschlüsse gibt der klasseninterne Vergleich mit dem Leistungsspektrum zum parallel gelaufenen VERA-Durchgang zum Kompetenzbereich »Lesen – mit Texten und Medien umgehen«. Zeigt sich beim Lesen eine allgemeine Tendenz zu besseren oder auch schwächeren Leistungen, ist eine Schwerpunktsetzung auf den schwächeren Bereich sinnvoll.

Was den zukünftigen Unterricht zu SG in den vorgestellten Klassenverbänden angeht, so legt Abbildung 6 für beide Klassen nahe, zwei Untergruppen in den Blick zu nehmen: Bei Klasse 3a umfasst die erste, schwächere Gruppe die Stufen I und II und die zweite Gruppe die Stufen III bis V. In Klasse 3b hingegen können die Stufen I bis III gemeinsam als schwächere Gruppe in den Blick genommen werden, und die Gruppe der Spitzenreiter (V) erhält eigene Schwerpunkte. Die schwächeren Gruppen beider Klassenverbände können mit einer gemeinsamen Konzeption versorgt werden. Um nun über Ansätze für Lernaufgaben nachzudenken, sind die Lösungsprofile der einzelnen Kinder ein Stück weit hilfreich.

Individualdiagnostische Konsequenzen

Abbildung 9 zeigt die kinderspezifischen Verteilungen der gelösten Aufgaben für Klarabella, Hein und Klaas (Abbildung 8). Diese Verteilungen können auf dem Formular durch Schraffur entsprechender Kästchen markiert werden. Dazu nimmt man das

Formular im Längsformat und addiert für jedes Kind und jede Kompetenzstufe auf; die Kreuzchen in der betreffenden Spalte »sacken nach unten«.

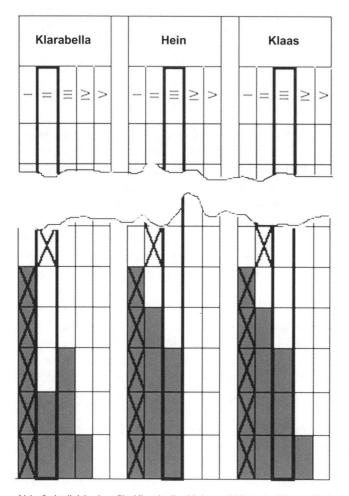

Abb. 9: Individualprofile Klarabella, Hein und Klaas in Klasse 3b (vgl. Abb. 8): gelöste Aufgaben pro Kompetenzstufe

Normal ist ein nach rechts stufig absteigender Verlauf. Die Profile der in Abbildung 9 dargestellten Kinder sind als unauffällig einzuordnen. Die Gesamtheit der fertig ausgefüllten Formulare ergibt zu einem Poster zusammengeklebt eine übersichtliche Darstellung der VERA-Ergebnisse eines Klassenverbandes. Das Arrangement der Aufgaben nach Schwierigkeitsgrad (y-Achse) und der Kinder nach Kompetenzstärke (x-Achse) verdeutlicht dabei das mathematische Grundprinzip des Kompetenzbegriffs. Die Herangehensweise eignet sich auch für den Umgang mit VERA-Ergebnissen zu anderen Kompetenzbereichen.

Für weitere Aufschlüsse kann die persönliche Kenntnis des Kindes durchaus einbezogen werden. Dazu ist noch einmal darauf hinzuweisen, dass die Einzelergebnisse an sich kaum reliabel sind. Im Mittelpunkt stehen bei der individualdiagnostischen Perspektive auf VERA-Daten also weniger spezifische Förderbedürfnisse als Faktoren wie z. B. »Schreibfaulheit« (kann sich in gehäufter Nicht-Lösung von Aufgaben äußern, die bei niedrigem Niveau mit hohem Schreibaufwand verbunden sind). Auffallen sollte immer, wenn die Verteilung der von einem Kind gelösten Aufgaben untypisch für die Kompetenzstufe des Kindes ist. Hier ist als Normal- oder Idealfall anzusehen, wenn alle Aufgaben des betreffenden Niveaus sowie die Aufgaben der Niveaus darunter gelöst sind. Dies ist annähernd der Fall bei dem Kind Hein (Abbildung 8).

Bei Kindern mit den Kompetenzstufen I und V wird der Mangel an individualdiagnostischer Differenziertheit bei der VERA-Testung noch einmal besonders deutlich. Im ersten Fall sind zu wenige Aufgaben, im zweiten Fall sind zu viele Aufgaben gelöst, um irgendwelche individuellen Unterschiede erfassen zu können. Im Vordergrund steht deshalb immer die gruppendiagnostische Perspektive, da sich hier Ungenauigkeiten auf Einzelkindebene tendenziell ausmitteln. Eine Hauptfrage aus der gruppendiagnostischen Perspektive ist, ob der anschließende Unterricht für alle konzipiert werden kann oder ob er mehrere Leistungsgruppen berücksichtigen sollte.

Lernaufgaben

Aufgabe 1.1:
Riesenhasen
von Robert Gernhardt

Wenn die weißen Riesenhasen
abends übern Rasen rasen

und die goldnen Flügelkröten
still in ihren Beeten beten

wenn die schwarzen Buddelraben
tief in ihrem Graben graben

Das Ende des Gedichts ist hier nicht abgedruckt.
Wie könnte es weitergehen?

– wenn die kleine Katze   *– und die feisten Felsenquallen*
hebt die weiße Tatze   *kichernd in die Fallen fallen*

– und ganz viele Riesenfliegen   *– und die großen Riesenpferde*
hinter kleinen Büschen sitzen   *traben in der Herde*

Diese erste Aufgabe des VERA-Gefüges regt den Einsatz von Gedichten als authentischen Texten an. Als Aufgabenschwierigkeit wurde ein Wert von 474 ermittelt. Die Aufgabe liegt also auf Kompetenzstufe III und ist dabei tendenziell leicht. Es folgen fünf weitere Aufgaben der Kompetenzstufen II und III, die mehr oder weniger stark auf das Gedicht bezogen sind. Bei der schwächeren Gruppe der Klasse 3a wurden besonders viele Aufgaben zu dem Gedicht über Niveau gelöst. Insgesamt kann gefolgert werden, dass ein Unterrichtskonzept mit Schwerpunkt Kompetenzstufe III für die schwachen Kinder beider Klassen sinnvoll ist. Hierfür könnten sich die beiden Lehrkräfte zusammentun, denn der Großteil der Kinder beider Klassenverbände wäre mit einem solchen Unterricht abgedeckt.

Zur Textfindung für Lernaufgaben wird nun ein Vorschlag gemacht, der illustrieren soll, wie man sich von einer VERA-Aufgabe inspirieren lassen kann. Bei den anschließend vorgeschlagenen Aufgabenansätzen zu dem gewählten Text, einem Gedicht, wird der Schwerpunkt Kompetenzstufe III angepeilt. Zusätzlich werden immer auch noch ein paar vermutlich schwierigere Aufgaben angeboten. Der Text stammt aus der Sammlung »Mit Sprache(n) spielen« (Belke 2007, S. 34), die einiges an geeignetem Material bietet.

Hier stimmt was nicht
von Paul Maar

Mit den Ohren kann man gucken,
mit den Beinen kann man spucken.
Auf der Zunge kann man kriechen,
mit den Augen kann man riechen.
Hören kann man mit den Zehen,
mit dem Mund, da kann man gehen.
Mit den Händen kann man lecken
und die Schokolade schmecken.
Mit den Knien kann man trinken,
mit der Nase kann man winken.

Damit endet das Gedicht
Und mir scheint: Hier stimmt was nicht!

Aufgaben:
1. Lest das Gedicht zu zweit laut, immer abwechselnd eine Zeile.
Das Gedicht endet mit: »Hier stimmt was nicht!« Was stimmt hier nicht?

Diese Aufgabe ist leicht. Ausgangspunkt ist das laute Lesen, sie bezieht sich also zunächst einmal auf den Kompetenzbereich »Sprechen und Zuhören«. Als Antwort kann man »Alles« gelten lassen. Die Hauptsache ist, sich auf den Text einzulassen.

2. Peter erzählt, was er letzte Nacht geträumt hat. Ergänze die fehlenden Wörter. Richte dich dabei nach dem Gedicht von Paul Maar. Mache es wie im Beispiel.

»Es war ganz komisch:

Beispiel:
Mit den Ohren guckte ich
mit den Beinen (spuckte) ich
auf der Zunge (kroch) ich
mit den Augen (roch) ich
mit den Zehen (hörte) ich
mit dem Mund (ging) ich
mit den Händen (leckte) ich
und die Schokolade (schmeckte) ich
mit den Knien (trank) ich
mit der Nase (winkte) ich

Dann bin ich aufgewacht.«

Hier handelt es sich um einen Lückentext (Auszufüllendes in Klammern), eine Aufgabe nach Art der oben aufgeführten VERA-Aufgabe 2.3, tendenziell sogar leichter. Sie bezieht sich auf den SG-Standard »an Wörtern, Sätzen, Texten arbeiten«. Auf Grundlage des so erzeugten Textes lassen sich weitere, ähnliche Aufgaben stricken.

3. Denke dir Ergänzungen zu Peters Traum aus. Mache es wie im Beispiel.

Beispiel:
Mit den Ohren guckte ich – einen Film
mit den Beinen spuckte ich – (auf den Boden/über die Mauer/ins Meer)
auf der Zunge kroch ich – (nach Hause/durch die Wüste/in eine Höhle)
mit den Augen roch ich – (an einer Blume/den Braten/Lunte)
mit den Zehen hörte ich – (einen Schrei/ein Flüstern/ein Lied)
mit dem Mund ging ich – (in den Wald/nach Berlin/in eine Pizzeria)
mit den Händen leckte ich – (an einem Eis/den Teller ab/mir die Lippen)
und die Schokolade schmeckte ich – (nicht)
mit den Knien trank ich – (Wasser/eine Limo/eine ganze Flasche leer)
mit der Nase winkte ich – (der Nachtigall/dem Zauberer/mir selber)

Diese Aufgabe ist nicht immer leicht. Auch sie bezieht sich auf den Standard »an Wörtern, Sätzen, Texten arbeiten«, namentlich auf den Substandard »sprachliche Operationen nutzen«. Dabei muss noch nicht, kann aber weiter spezifiziert werden, z. B. in folgende Richtung: Verben sind Königinnen und Könige; die Sätze sind ihre Königreiche (Lindauer/Suttner 2006; vgl. auch Sappok 2011). Bei diesen Verben lassen sich die Königreiche erweitern. Merke: An »solchen Stellen« setzt man *kein* Komma.

4. Was kann man über Peter sagen? Mache es wie im Beispiel.

Beispiel:
Mit den Ohren guckte ich – Peter hatte Guckohren.
mit den Beinen spuckte ich – Peter hatte (Spuckbeine).
auf der Zunge kroch ich – Peter hatte (eine Kriechzunge).
mit den Augen roch ich – Peter hatte (ein Riechauge).
mit den Zehen hörte ich – Peter hatte (Hörzehen).
mit dem Mund ging ich – Peter hatte (einen Gehmund).
mit den Händen leckte ich – Peter hatte (Leckhände).
die Schokolade schmeckte ich – ? Peter hatte (Schmeckschokolade).
mit den Knien trank ich – Peter hatte (ein Trinkknie).
mit der Nase winkte ich – Peter hatte (eine Winknase).

Auch diese Aufgabe ist nicht besonders schwer. Sie dient einmal der Erheiterung, zum andern kann dabei herausgearbeitet werden, dass man diese neuen Wörter wohl in seinem ganzen Leben noch nie gehört hat. Und man versteht sie doch. Welches neue Wort passt nicht hinein?

Die Liste dessen, was man mit dem Gedicht im Unterricht anfangen kann, ließe sich verlängern (weitere Aufgaben stehen in den Online-Materialien zu diesem Buch). Sicherlich sind nicht alle Aufgaben für alle Kinder gleich »interessant«. Als wirklich kompetenzorientiert erweisen sie sich, wenn die Kinder beim Arbeiten eigene Arbeitsrhythmen und -strategien finden können. Der Unterricht sollte dazu Raum für individuelle Betreuung und entsprechend unterschiedliche Zeitschienen bieten.

Literatur

Belke. G. (Hrsg.) (2007): Mit Sprache(n) spielen. Textsammlung. Baltmannsweiler: Schneider Verlag Hohengehren.
Bremerich-Vos, A./Böhme, K. (2009): Kompetenzdiagnostik im Bereich »Sprache und Sprachgebrauch untersuchen«. In: Bremerich-Vos, A./Granzer, D./Köller, O. (Hrsg.): Bildungsstandards in den Fächern Deutsch und Mathematik. Leistungsmessung in der Grundschule. Weinheim: Beltz, S. 376–392.
Bremerich-Vos, A./Krelle, M. (2012): Vergleichsarbeiten 2012, 3. Jahrgangsstufe (VERA-3) Deutsch – Didaktische Handreichung. Modul B: Erläuterungen zum Kompetenzbereich Sprachgebrauch. Berlin, IQB. Online unter www.iqb.hu-berlin.de/vera/aufgaben (Abruf 9.9.2012).
Fay, J. (2013): Rechtschreiblernen in der Primarstufe. In: Gailberger, S./Wietzke, F. (Hrsg.): Handbuch Kompetenzorientierter Deutschunterricht. Weinheim: Beltz, S. 172–194.
Gernhardt, R. (2009): Die weißen Riesenhasen … In: Gernhardt, R.: Ein gutes Wort ist nie verschenkt – Gedichte und Geschichten für Kinder. Frankfurt am Main: S. Fischer.
Granzer, D./Böhme, K./Köller, O. (2008): Kompetenzmodelle und Aufgabenentwicklung für die standardisierte Leistungsmessung im Fach Deutsch. In: Bremerich-Vos, A./Granzer, D./Köller, O. (Hrsg.): Lernstandsbestimmung im Fach Deutsch. Gute Aufgaben für den Unterricht. Weinheim: Beltz, S. 10–28.

IQB, Institut zur Qualitätsentwicklung im Bildungswesen (Hrsg.) (2012): VERA-3 Deutsch Sprachgebrauchaufgaben. Online verfügbar unter www.iqb.hu-berlin.de/vera/aufgaben (Abruf 9.9.2012).

Klieme, E. et al. (2007): Zur Entwicklung nationaler Bildungsstandards. Eine Expertise (sog. »Klieme-Expertise«). Bonn u. a., Bundesministerium für Bildung und Forschung. Online verfügbar unter www.bmbf.de/pub/zur_entwicklung_nationaler_bildungsstandards.pdf (Abruf 10.9.2012).

KMK, Sekretariat der Ständigen Konferenz der Kultusminister der Länder in der Bundesrepublik Deutschland (Hrsg.) (2005): Beschlüsse der Kultusministerkonferenz. Bildungsstandards im Fach Deutsch für den Primarbereich (Jahrgangsstufe 4). München: Wolters Kluwer. Online unter www.kmk.org/fileadmin/veroeffentlichungen_beschluesse/2004/2004_10_15-Bildungsstandards-Deutsch-Primar.pdf (Abruf 9.9.2012).

Kühn, P. (2010): Sprache und Sprachgebrauch erforschen. Berlin: Cornelsen.

Lindauer T./Sutter, E. (2006): Könige, Königreiche und Kommaregeln. Eine praxistaugliche Vereinfachung des Zugangs zur Kommasetzung. In: Praxis Deutsch, H. 191, S. 28–32.

Oomen-Welke, I./Kühn, P. (2009): Sprache und Sprachgebrauch untersuchen. In: Bremerich-Vos, A./Granzer, D./Behrens, U./Köller, O. (Hrsg.): Bildungsstandards für die Grundschule: Deutsch konkret. Berlin: Cornelsen Scriptor.

Pohl, T./Rosebrock, C./Weinhold, S./Zabka, T. (Hrsg.) (2012). Didaktik Deutsch, H. 32 und 33. Baltmannsweiler: Schneider.

Rost, J. (2004): Lehrbuch Testtheorie – Testkonstruktion. Bern: Huber.

Sappok, C. (2011): Das deutsche Komma im Spiegel von Sprachdidaktik und Prosodieforschung. Forschungslage - »Parsing vs. Phrasing« - Experimente. Münster: LIT-Verlag.

Scardamalia, M./Bereiter, C./Goelman, H. (1982): The Role of Production Factors in Writing Ability. In: Nystrand, M. (Hrsg.): What Writers Know: The Language, Process, and Structure of Written Discourse. New York: Academic Press, S. 173–210.

Steinig, W./Huneke, H.-W. (2007): Sprachdidaktik Deutsch. Berlin: Schmidt.

Florian Melzer

Modellierung, Diagnose und Förderung von Sprachbewusstheit in der Sekundarstufe

Der Begriff »Sprachbewusstheit« wurde in die muttersprachliche Deutschdidaktik zwar bereits in den 1980er-Jahren eingeführt, jedoch hat sich die Frequenz seiner Verwendung im wissenschaftlichen Diskurs vor allem in den vergangenen zehn Jahren deutlich erhöht. Die Zunahme der Popularität des Begriffs geht einher mit diversen Modellierungsversuchen, die vor allem im Rahmen von »large scale«-Studien wie DESI und VERA entstanden sind und dem Zweck dienen, Schülerleistungen zu erfassen, zu kategorisieren und zu vergleichen.[1]

In den ersten beiden Kapiteln des folgenden Beitrags wird zunächst dargelegt, welche Ideen, Konzepte und Modellierungen sich hinter dem Begriff verbergen. Im dritten Kapitel wird eine empirische Studie zum Umgang von Schülerinnen und Schülern mit einer syntaktischen Problemstellung vorgestellt. Die Ergebnisse der Studie legen eine Erweiterung der zuvor dargestellten Kompetenzmodelle von Sprachbewusstheit nahe. Im vierten Kapitel werden dann zwei Unterrichtsvorschläge zur Förderung von Sprachbewusstheit angeboten.

Verortung des Begriffs Sprachbewusstheit im aktuellen wissenschaftlichen Diskurs

In den Bildungsstandards im Fach Deutsch für den Mittleren Schulabschluss unterscheidet die Kultusministerkonferenz (KMK) die Kompetenzbereiche »Sprechen und Zuhören«, »Schreiben«, »Lesen – mit Texten und Medien umgehen« und »Sprache und Sprachgebrauch untersuchen« (2004, S. 5).

Für den Kompetenzbereich »Sprache und Sprachgebrauch untersuchen« hat die KMK fünf zentrale Teilgebiete ausgewiesen (2004, S. 15 ff.):
→ »Äußerungen/Texte in Verwendungszusammenhängen reflektieren und bewusst gestalten«
→ »Textbeschaffenheit analysieren und reflektieren«

---

1 DESI steht für »Deutsch Englisch Schülerleistungen International«. Es handelt sich um eine von 2001-2006 durchgeführte »repräsentative Schulleistungsstudie […], die Kompetenzen von Schülerinnen und Schülern der neunten Jahrgangsstufe [in den Fächern Deutsch und Englisch] beschreiben und Bedingungen der Kompetenzentwicklung analysieren sollte«, Beck/Klieme 2007, S. 1. VERA steht für »VERgleichsArbeiten«. Die Studie startete 2004 zur Ermittlung des Leistungsstandes von Schülerinnen und Schülern der Grundschule in Deutsch und Mathematik. Mittlerweile werden Lernstandserhebungen in den Klassenstufen 3, 6 und 8 durchgeführt, in Klassenstufe 8 auch in Englisch und Französisch.

→ »Leistungen von Sätzen und Wortarten kennen und für Sprechen, Schreiben und Textuntersuchung nutzen«
→ »Laut-Buchstaben-Beziehungen kennen und reflektieren«

Das fünfte Teilgebiet (»Methoden und Arbeitstechniken«) ist in die ersten vier integriert und beinhaltet das Anwenden von grammatischen Proben, Rechtschreibstrategien und Nachschlagewerken. Bezieht man nun die ersten vier Teilgebiete auf linguistische Disziplinen, wird deutlich, dass sich
→ hinter dem ersten vor allem pragmalinguistische,
→ hinter dem zweiten textlinguistische,
→ hinter dem dritten morpho-syntaktische und
→ hinter dem vierten phonologische und orthografische Aspekte verbergen.

Bremerich-Vos/Böhme weisen darauf hin, dass wesentliche Aspekte des Kompetenzbereichs »Sprache und Sprachgebrauch untersuchen« im aktuellen Diskurs durch Begriffe wie »Language Awareness« und »Sprachbewusstheit« gefasst werden (2009, S. 378). (Weitere Begrifflichkeiten in diesem Kontext sind z. B. »Sprachbewusstsein«, unter dessen Namen dieser Kompetenzbereich in den Bildungsplänen von Baden-Württemberg (2004) firmiert, oder »Reflexion über Sprache und Grammatik« in den Rahmenrichtlinien anderer Bundesländer, vgl. Eichler 2007, S. 147. Holle 2006 problematisiert diese Begriffsvielfalt und die »in mancherlei Hinsicht unklaren Terminologien«, S. 101, und gibt einen Überblick über die Hintergründe der einzelnen Begriffe. Ausführlich differenziert er »Sprachbewusstsein« und »Sprachbewusstheit«.) In besonderem Maß sind Modellierungen von Sprachbewusstheit in den vergangenen zehn Jahren zum Forschungsgegenstand der muttersprachlichen Deutschdidaktik geworden. Dabei wird der Begriff Sprachbewusstheit immer wieder auf internationale Forschungsansätze zur »Language Awareness« zurückgeführt, durch deren Einfluss er zunächst vor allem in der Fremdsprachendidaktik eine Rolle gespielt hat (z. B. Eichler 2007, S. 147). In der muttersprachlichen Deutschdidaktik wurde der Begriff Sprachbewusstheit jedoch bereits in den 1980er-Jahren heimisch, vor allem durch Andresen (1985). (Der Begriff steht bei Andresen jedoch nicht in der Forschungstradition von »Language Awareness«, sondern wird auf den älteren Begriff der »(meta)linguistic awareness« zurückgeführt. Hinter den ähnlich lautenden Begriffen verbergen sich unterschiedliche Konzeptionen.)

Im Rahmen der DESI-Studie und zur Entwicklung ihres dort zur Anwendung gebrachten Kompetenzmodells definieren Eichler/Nold Sprachbewusstheit als eine Fähigkeit, »die sich in der Mutter-, Zweit- und Fremdsprache auf Grund der bewussten und aufmerksamen Auseinandersetzung mit Sprache entwickelt. Sie befähigt Lernende, sprachliche Regelungen kontrolliert anzuwenden und zu beurteilen sowie Verstöße zu korrigieren. Im Vordergrund des Interesses stehen dabei vor allem zwei Teilbereiche der Sprache: Grammatik und sprachliches Handeln« (2007, S. 63). Reflektiert man diese Definition vor dem Hintergrund des von der KMK definierten Kompetenzbereichs, wird darin eine Schwerpunktsetzung auf dem dritten Teilbereich

(»Grammatik«) und auf dem ersten Teilbereich (»sprachliches Handeln«) deutlich. Diese Fokussierung wird von Eichler/Nold mit der »differenzierten Rolle« der Grammatik »für die die Entwicklung des Wissens über Sprache« im muttersprachlichen Unterricht und mit der Prominenz von Grammatik und Aspekten des Sprachgebrauchs in aktuellen Lehrplänen begründet (2007, S. 63 f.). Dass bei dem Konzept der Messung von Sprachbewusstheit in DESI vornehmlich grammatische Testaufgaben eine Rolle spielen, illustrieren die Inhalte der sogenannten »speziellen Aufgabenmerkmale zur Erklärung der Aufgabenschwierigkeiten« (Eichler 2007, S. 151): Von acht Merkmalen betreffen sechs Merkmale grammatische Phänomene im engeren Sinne, wie z. B. die Unterscheidung von Dativ und Akkusativ, das Genitivobjekt oder den Konjunktiv.

Betrachtet man zwei einschlägige Testinstrumente zur Erfassung von Kompetenzen im Bereich Sprachbewusstheit im Primarbereich, wird deutlich, dass auch hier zumeist ein Schwerpunkt auf grammatischen Aspekten liegt. Bremerich-Vos/Böhme setzten 2007 in einer Normierungsstudie zur Diagnostik von Sprachbewusstheit bei Schülerinnen und Schülern der dritten und vierten Jahrgangsstufe 128 Testitems ein, von denen 84 aus den Bereichen Morphologie, Morphosyntax und Syntax stammten (2009, S. 381 ff.). Auch bei der 2006 durchgeführten Normierungsstudie im Projekt VERA waren 72 von insgesamt 109 Testitems den Bereichen Morphologie, Syntax und »grammatisches Regelwissen/Rechtschreibung« zuzuordnen (Isaac/Eichler/Hosenfeld 2007, S. 15).

Das Aufbrechen dieser Fokussierung auf grammatische Teilbereiche von Sprachbewusstheit betrachten Oomen-Welke/Kühn als Desiderat (2009, S. 154 ff.). Sie entwickeln deshalb den Ansatz einer Modellierung des Teilgebiets »Gemeinsamkeiten und Unterschiede von Sprachen entdecken«, das die KMK allerdings nur in den Bildungsstandards für den Primarbereich vorsieht (2005, S. 13 f.). Für die Sekundarstufe besteht vor allem in den ersten beiden der von der KMK ausgewiesenen Teilgebiete weiterer Forschungsbedarf.

Modellierung von Sprachbewusstheit

Die bisher einzige speziell auf die Sekundarstufe ausgerichtete Modellierung des Kompetenzbereichs Sprachbewusstheit im Fach Deutsch haben Eichler/Nold (2007) und Eichler (2007) im Rahmen der bereits erwähnten DESI-Studie vorgelegt. Während sich die aus Großbritannien stammende Konzeption von »Language Awareness« durch eine ganzheitliche Orientierung auszeichnet, in der affektive, soziale und politische Aspekte mit kommunikativen und kognitiven Aspekten von Sprache verbunden werden, kann von einer »deutlichen Reduktion der Breite der Konzeption von Sprachbewusstheit in DESI« (Eichler/Nold 2007, S. 66) zugunsten der kognitiven Domäne gesprochen werden.

Diese Fokussierung geht einher mit der Unterscheidung zwischen implizitem/prozeduralem Sprachwissen einerseits und explizitem/deklarativem Sprachwissen andererseits:

→ Bei Erstgenanntem wird davon ausgegangen, dass es im natürlichen Spracherwerb automatisiert erworben wird und »bei Jugendlichen der 9. Klassenstufe im rezeptiven wie im produktiven Sprachgebrauch vorhanden« ist.

→ Zweitgenanntes betrifft beispielsweise den »institutionellen Schriftspracherwerb«, den »Erwerb von formalen Sprachstilen«, den »Erwerb von sprachlichen Regelungen, die durch Sprachwandel gefährdet sind«, oder, noch allgemeiner ausgedrückt, »schwierige Sprachphänomene« oder Teilkompetenzen, die im Spracherwerbsprozess spät erworben werden. Damit eine explizite bzw. deklarative Art von Sprachwissen oder auch »Wissen über Sprache« erworben werden kann, bedarf es dem Autorenduo zufolge der »Reflexion über den Sprachgebrauch« und der »Regelerarbeitung« (Eichler/Nold 2007, S. 67 f.).

Die Grundidee über den Zusammenhang zwischen diesen beiden Arten des Sprachwissens wird deutlich bei Überlegungen zur Entwicklung eines Kompetenzmodells für den Primarbereich im Projekt VERA (Isaac/Eichler/Hosenfeld 2007, S. 16), das an das Entwicklungsmodell mentaler Repräsentationen von Karmiloff-Smith (1992) anknüpft (vgl. dazu auch den Beitrag von Sappok in diesem Band). Hier wird zwischen drei Kompetenzniveaus differenziert, die als Anfangs-, Mittel- und Endpunkt eines Kontinuums zu betrachten sind, auf dem sich die Ausbildung von Sprachbewusstheit als kontinuierlichem und reziprokem Prozess vollzieht, »bei dem durch Rückgriff auf vorhandene Strukturen neue Strukturen mit zunehmendem Grad an Explizitheit etabliert werden« (so auch Wildemann in diesem Band).

→ Die *erste* Niveaustufe zeichnet sich entsprechend aus durch »weitgehend automatisierten spontanen Umgang mit Sprache aus dem Sprachgefühl heraus«, durch »unbewusste metalinguistische Aktivitäten«, also durch ein Maximum an Implizitheit.

→ Die *dritte* Niveaustufe zeichnet sich durch die volle Ausprägung von explizitem/ deklarativem Wissen aus, das aktiv, funktional und reflektiert eingesetzt wird.

→ Die *zweite* Niveaustufe ist eine Übergangsstufe, die zwar bereits von Sprachbewusstheit geprägt ist, allerdings vornehmlich von einer prozedural-impliziten, die auch als »Monitoring« bezeichnet wird. Je mehr die Schülerinnen und Schüler ihren inneren Vorstellungen über Sprache und ihrem sprachlichen Handeln deklaratives Wissen zuordnen, das im Unterricht erworben wurde/ wird, desto mehr nähern sie sich der dritten Niveaustufe an.

Da empirische Erfahrungen gezeigt haben, dass bereits die Mehrheit der Grundschülerinnen und -schüler die zweite Niveaustufe erreicht (Isaac/Eichler/Hosenfeld 2007, S. 16), kann davon ausgegangen werden, dass sich eine Modellierung von Kompetenz für die Sekundarstufe, vor allem für fortgeschrittene Klassenstufen, im Wesentlichen innerhalb der zweiten und dritten Stufe bewegen muss. Wildemann ordnet die von

Eichler entwickelten fünf Niveaustufen des DESI-Kompetenzmodells den gerade beschriebenen drei Niveaustufen zu (Wildemann in diesem Band, Tabelle 1). Dabei wird deutlich, dass nur die erste Niveaustufe bei DESI (»Kompetenzniveau A«) rein implizites, automatisiertes Sprachwissen beinhaltet.

Einige kritische Überlegungen zu der Möglichkeit einer eindeutigen Trennung von prozeduralem und deklarativem Wissen, wie sie sowohl in der DESI-Studie als auch im Projekt VERA konstitutiv ist, äußern Bremerich-Vos/Böhme (2009, S. 380 f.). Sie weisen darauf hin, dass manche Aufgaben, die vermeintlich deklaratives Wissen erfordern, da sie metasprachliche Begriffe wie »Satzglied« oder »Wortart« enthalten, auch durch Orientierung an gegebenen Beispielen mittels Analogiebildung lösbar seien, also ohne Kenntnis der grammatischen Terminologie. Außerdem geben sie zu bedenken, dass es möglich sein könnte, »dass einige Kinder ursprünglich deklaratives Wissen bereits so ›prozeduralisiert‹ haben, dass sie z. B. für die Lösung von Aufgaben zur Segmentierung von Sätzen in Satzglieder kaum noch Aufmerksamkeit verwenden müssen und auch Schwierigkeiten haben, ihr Vorgehen zu erläutern«.

In eine andere Richtung einer möglichen Kritik an den Kompetenzmodellen, die in DESI und VERA vorliegen, zielt die Frage, inwiefern deklaratives Wissen denn unbedingt als oberstes Desiderat einer kontinuierlichen Entwicklung von Sprachbewusstheit zu betrachten ist. Überlegungen dieser Art knüpfen an eine in der Deutschdidaktik immer wieder geführte Diskussion darüber an, wozu explizites grammatisches Wissen überhaupt dienlich ist: »Werden etwa Fähigkeiten im Bereich des Mündlichen ›verbessert‹? Profitiert man im Rechtschreibunterricht von deklarativem grammatischen Wissen?« (Bremerich-Vos/Böhme 2009, S. 378).

Angesichts der Strittigkeit des Nutzens explizit-deklarativen Wissens erscheint es umso überraschender, dass gerade diese Art von Wissen in den dargestellten Kompetenzmodellen die höchste Stufe von Sprachbewusstheit auszeichnet, die alle niedrigeren, eher von implizit-prozeduralem Wissen geprägten Kompetenzstufen inkludiert. Es scheint zumindest überlegenswert, ob ein solcher Zusammenhang zwischen explizit-deklarativem Wissen und implizit-prozeduralem Wissen für sprachliche Phänomene aller Art proklamiert werden kann. Ist es nicht denkbar, dass Schülerinnen und Schüler trotz umfangreichen deklarativen Wissens über ein sprachliches Phänomen deutliche Defizite im Umgang mit diesem Phänomen, also auf prozeduraler Ebene, aufweisen? Ist es so abwegig, dass Schülerinnen und Schüler fortgeschrittene prozedurale Wissensbestände zu einem bestimmten sprachlichen Phänomen erlangen können, ohne dafür auf deklaratives Wissen angewiesen zu sein?

Vor dem Hintergrund solcher Fragen erscheint eine Modellierung dieser beiden unterschiedlichen Arten von Wissen innerhalb eines einzigen Kontinuums problematisch. Überzeugender könnte eine Modellierung sein, die zunächst beide Arten von Wissen unabhängig voneinander berücksichtigt. Weitere Überlegungen könnten danach auf den Zusammenhang von beiden abzielen.

Diagnose von Sprachbewusstheit

Im vorliegenden Kapitel wird eine empirische Studie vorgestellt, die auf die Erfassung von Kompetenzen im Bereich des Operierens mit grammatischem Wissen zielt. Es geht also nicht darum, deklarative Kenntnisse der Probanden abzuprüfen, sondern darum, zu erfassen, auf welche Art und Weise die Probanden mit einer syntaktischen Problemstellung rezeptiv und produktiv umgehen.

Die syntaktische Problemstellung, mit der sich die empirische Untersuchung auseinandersetzt, ist das Erkennen und Klären von Ambiguitäten, die daraus resultieren, dass eine Wortgruppe in einem Satz mehrere Funktionen einnehmen kann, nämlich entweder die Funktion eines Satzgliedes oder die Funktion eines Attributs. Das folgende Beispiel a) veranschaulicht das Phänomen.

a) Der Bär wartete vor seinem Angriff **auf den Fisch**.

Die Wortgruppe »auf den Fisch« kann sich entweder auf das Verb »wartete« beziehen und somit beschreiben, worauf der Bär wartet; in diesem Fall handelt es sich um ein Satzglied. Genauso kann sich die Wortgruppe aber auch auf das Nomen »Angriff« beziehen und somit genauer definieren, auf wen der Angriff abzielt – dann hat sie attributive Funktion.

Bevor die Probanden mit der Ambiguität konfrontiert wurden, erhielten sie zwei eindeutige Sätze:

b) Der Bär bekommt große Lust *auf den Fisch.*
c) Der Bär lauert an einer bestimmten Stelle **auf den Fisch**.

Es wurde erklärt, dass sich die Wortgruppe »auf den Fisch« in Satz b) nur auf das Nomen »Lust«, nicht aber auf das Verb »bekommen« beziehen kann und in Satz c) nur auf das Verb »lauern«, nicht aber auf das Nomen »Stelle«. Erst danach wurde die Mehrdeutigkeit von Beispielsatz a) entsprechend erklärt. Außer den Begriffen »Nomen« und »Verb« wurde bei der Erklärung keine weitere grammatische Terminologie verwendet. (Die Schülerinnen und Schüler erhielten die dargestellten Erklärungen schriftlich. Nach individueller Lektüre wurde in einer Art Lehrer-Schüler-Gespräch besprochen, weshalb die Beispielsätze b) und c) eindeutig sind, Beispielsatz a) jedoch auf zwei Arten verstanden werden kann.)

Die Probanden erhielten *zwei* Aufgaben zu dem syntaktischen Phänomen (beide Aufgaben wurden schriftlich gestellt und schriftlich nacheinander bearbeitet; während der gesamten Bearbeitungszeit konnten die Schülerinnen und Schüler auf die schriftlichen Erklärungen zurückgreifen):

→ *Erstens: Ambiguitäten feststellen*
   Sätze mussten daraufhin beurteilt werden, ob sie eine Mehrdeutigkeit wie die in Satz a) enthalten oder nicht. Die Antwort erfolgte durch Notieren der Ziffer 1 für »eindeutig« und der Ziffer 2 für »zweideutig«. Vorgegeben wurden 18 Sätze,

12 davon enthielten die Ambiguität, 6 nicht. Die Lösungen wurden als richtig oder falsch eingestuft, sodass die Variable *Ambiguitäten feststellen* Werte zwischen 0 und 18 annehmen kann.

→ *Zweitens: Ambiguitäten klären*
Bei Sätzen, die die Mehrdeutigkeit enthielten, musste jede der beiden möglichen Lesarten mit eigenen Worten verdeutlicht werden. Es waren also frei formulierte Antworten zu geben. Vorgegeben wurden fünf Sätze mit jeweils zwei Lesarten. Lösungen wurden für jede der beiden Lesarten als richtig oder falsch signiert. Da für jeden Satz zwei Lesarten zu klären waren, kann die Variable *Ambiguitäten klären* Werte zwischen 0 und 10 annehmen. Richtige Lösungen wurden zusätzlich danach klassifiziert, ob sie mittels Umstellung der Wortgruppen oder auf anderen Wegen gewonnen wurden.

Die Probanden der Studie waren insgesamt 389 Schülerinnen und Schüler eines Gymnasiums, verteilt auf vier Klassenstufen (Tabelle 1).

Klassenstufe	Zahl der Schülerinnen und Schüler
8	103
9	101
10	109
11	76

Tab. 1: Probanden der Studie

Eine erste Übersicht über die Ergebnisse gibt Tabelle 2.

	Mittelwert		Streuung	
	Ambiguitäten feststellen	Ambiguitäten klären	Ambiguitäten feststellen	Ambiguitäten klären
Kl. 8	11,46	5,31	2,96	2,43
Kl. 9	11,19	6,05	2,77	2,46
Kl. 10	12,09	6,93	2,78	2,17
Kl. 11	13,17	6,89	2,46	2,28
Gesamtgruppe	11,90	6,27	2,85	2,43

Tab. 2: Deskriptive Statistiken

Die in Tabelle 2 dargestellten Daten legen nahe, dass die Leistungen im Feststellen und im Klären von Ambiguitäten sich über die betrachteten Klassenstufen hinweg verbessern. Das bestätigt eine Überprüfung mittels H-Tests (da einige der in der Studie betrachteten Variablen eine deutlich nicht-symmetrische, rechtsschiefe Verteilung aufweisen, werden nichtparametrische statistische Prüfverfahren angewandt; genauere Informationen zu den einzelnen Verfahren finden sich bei Wickens 1989), die für beide Variablen signifikante Unterschiede zwischen den Klassenstufen anzeigt ($p < 0,001$ in beiden Fällen). In ihrem Ausmaß wirken die Unterschiede allerdings nicht sehr stark ausgeprägt.

Im Mittelpunkt der Studie stand die Frage, welche Wege die Schülerinnen und Schüler wählen, um die in den vorgegebenen Sätzen angelegte Ambiguität zu klären. Dabei wurden zwei Wege der Klärung unterschieden: Die Klärung mittels Umstellung des Satzes und die Klärung auf anderen Wegen als dem der Umstellung. Die Satzglied-Lesart von Beispiel-Satz a) kann durch Umstellen verdeutlicht werden, wenn ein Proband sie in seiner Antwort wie folgt wiedergibt:

a1) **Auf den Fisch** wartete der Bär vor seinem Angriff.
Vor seinem Angriff wartete der Bär **auf den Fisch**.

Die Verdeutlichung der Attribut-Lesart mittels Umstellen ist möglich, indem das Attribut mitsamt dem Satzglied, zu dem es gehört, in die präverbale Position gebracht wird:

a2) Vor seinem Angriff *auf den Fisch* wartete der Bär.

Neben Klärungen mittels Umstellen gibt es verschiedene andere Möglichkeiten, um beide Lesarten zu verdeutlichen. Im Fall der Satzglied-Lesart könnten typische Antworten etwa lauten:

→ Der Bär wartete auf den Fisch, bevor er ihn angriff.
→ Der Bär wartete auf den Fisch, bevor er irgendjemand oder irgendetwas anderes angriff.
→ Der Bär wartete auf den Fisch. Erst dann startete er seinen Angriff.
→ »Auf den Fisch« erklärt, auf wen der Bär wartete.

Eine Verdeutlichung der Attribut-Lesart ohne Umstellen könnte wie folgt aussehen:

→ Der Bär wartete, bevor er den Fisch angriff.
→ Der Bär wartete noch auf irgendetwas, bevor er den Fisch angriff.
→ Der Bär wartete erst. Dann startete er seinen Angriff auf den Fisch.
→ »Auf den Fisch« beschreibt genauer, auf wen der Angriff zielt.

Unter den aufgeführten Lösungswegen sind Klärungen mittels Umstellen von besonderem didaktischem Interesse. Sie entsprechen einem Lösungsweg, wie ihn die Schulgrammatik nahe legt. Das bedeutet nicht unbedingt, dass Schülerinnen und Schüler, die sich des Umstellens bedient haben, dabei an die Umstellprobe gedacht haben müssen, wie sie sie in ihrem Grammatikunterricht kennen gelernt haben. Die Verdeutlichung einer Lesart mittels Umstellen ist ja ein Vorgehen, das sich natürlicherweise anbietet und durchaus aufgrund einer spontanen situativen Entscheidung zustande kommen kann. Die Besonderheit einer Lösung durch Umstellen ist jedoch, dass sie jedenfalls potenziell systematisierbar und generalisierbar ist.

Wie viele Klärungen auf die verschiedenen Wege entfallen, geht aus Tabelle 3 hervor.

	Ambiguitäten klären ohne Umstellen		Ambiguitäten klären mittels Umstellen	
	Satzglied-Lesart	Attribut-Lesart	Satzglied-Lesart	Attribut-Lesart
Kl. 8	2,25 (1,40)	2,01 (1,58)	0,92 (1,29)	0,13 (0,65)
Kl. 9	2,42 (1,45)	2,53 (1,56)	0,96 (1,26)	0,14 (0,45)
Kl. 10	2,64 (1,50)	2,94 (1,55)	1,22 (1,40)	0,13 (0,41)
Kl. 11	2,68 (1,35)	2,99 (1,51)	1,09 (1,20)	0,13 (0,38)
Gesamtgruppe	2,49 (1,44)	2,60 (1,60)	1,05 (1,30)	0,13 (0,47)

Tab. 3: Klären von Ambiguitäten für verschiedene Lösungswege und Lesarten (Mittelwerte richtiger Lösungen; Streuungen in Klammern)

In Tabelle 3 ist der in der vorhergehenden Tabelle angegebene Gesamtwert für die Variable »Ambiguitäten klären« in vier Teilkomponenten aufgesplittet. Vergleicht man die Veränderungen, welche in den vier Teilkomponenten von Klassenstufe 8 bis 11 zu beobachten sind, so ergibt sich, dass die aus Tabelle 2 hervorgehende Verbesserung der Gesamtleistung im Klären von Ambiguitäten ausschließlich auf eine Verbesserung im Klären ohne Umstellen zurückgeht. Dieser Eindruck wird durch die durchgeführten H-Tests bestätigt, die für das Klären von Attribut-Lesarten ohne Umstellen eine signifikante Verbesserung über die Klassenstufen hinweg anzeigen ($p < 0,001$), während sich die auf den verschiedenen Klassenstufen erreichten Leistungen für alle anderen Lösungswege nicht signifikant unterscheiden.

Eine Durchsicht der beiden letzten Spalten von Tabelle 3 zeigt ein weiteres bemerkenswertes Faktum: Das Klären mittels Umstellen scheint den Probanden bei Satzglied-Lesarten deutlich besser gelungen zu sein als bei Attribut-Lesarten. Ein entsprechender Unterschied ist beim Klären ohne Umstellen nicht zu verzeichnen. Beides bestätigt ein Wilcoxon-Test (z = 12,115, p < 0,001 für Klärungen mittels Umstellen; z = 1,667, p = 0,096 für Klärungen ohne Umstellen). Der unterschiedliche Erfolg der Probanden lässt sich also eher in Beziehung setzen zur Vorgehensweise (umstellen oder nicht umstellen) als zur Lesart (Satzglied oder Attribut).

Die größere Schwierigkeit, die das Klären von Attribut-Lesarten den Probanden gegenüber dem Klären von Satzglied-Lesarten bereitete, soweit es mittels Umstellen erfolgte, lässt sich nicht nur beim personenweisen Vergleich der Lösungen beobachten, sondern auch beim Vergleich der zu einzelnen Sätzen gegebenen Lösungen. Probanden, die bei einem Satz die Attribut-Lesart mittels Umstellen zutreffend klärten, gaben in den meisten Fällen (66,7 Prozent) auch eine zutreffende Klärung der Satzglied-Lesart mittels Umstellen. Bei Probanden, die zu einem Satz eine Klärung der Satzglied-Lesart mittels Umstellen gaben, fand sich dagegen nur in wenigen Fällen (8,3 Prozent) auch eine Klärung der Attribut-Lesart des gleichen Satzes mittels Umstellen. Das geht aus der folgenden Übersicht hervor.

		Attribut-Lesart mittels Umstellen aufgelöst	
		ja	nein
Satzglied-Lesart mittels Umstellen aufgelöst	ja	34	374
	nein	17	1520

Tab. 4: Klären von Ambiguitäten mittels Umstellen

Für die in Tabelle 4 angegebenen Werte errechnet sich nach dem McNemar-Test χ^2 = 29,632, df = 1, p < 0,001. (Jeder Proband geht in Tabelle 4 mit k = 5 voneinander abhängigen Werten ein, da jeweils fünf Sätze zu bearbeiten waren. In einer solchen Situation darf ein χ^2-Test nicht ohne Korrektur verwendet werden. Der hier für χ^2 angegebene Wert ergibt sich, wenn man das aus der McNemar-Formel zu errechnende χ^2 durch 2*k + 1 = 11 teilt. Nach Wickens 1989, S. 28 f., führt diese Korrektur von χ^2 zu einer konservativen, aber zuverlässigen Signifikanzprüfung.) Der Unterschied ist also signifikant. Ein vergleichbarer Unterschied findet sich nicht, wenn die Klärung ohne Anwendung der Umstellprobe erfolgte. Die Klärung von Satzglied- und Attribut-Lesarten war in diesem Fall, wenn sie aufgabenweise betrachtet wurde, gleich schwierig (korrigiertes χ^2 nach McNemar-Test 0,196, df = 1, p = 0,658). Insgesamt spricht das dafür, dass es sich beim Klären von Attribut- und von Satzglied-Lesarten mittels Umstellen um Leistungen handelt, die auf einer Skala angeordnet werden können und auf dieser Skala deutlich unterschiedliche Schwierigkeiten aufweisen.

Wie oben beschrieben, sind Klärungen mittels Umstellen insbesondere dann von Interesse, wenn sie systematisch erbracht werden. Um die Systematik der Probanden im Vorgehen zu erfassen, wurden sie nach der Zahl der mittels Umstellen erreichten Lösungen in drei Gruppen aufgeteilt, je nachdem, ob sie eine Lesart wiederholt (2–5 Mal) mittels Umstellen klärten, ob sie das Umstellen überhaupt (1 Mal) zur Klärung nutzten, oder ob sie es gar nicht nutzten (0 Mal).

Tabelle 5 gibt einen Überblick über die Gruppierung der Probanden nach diesem Kriterium.

		Ambiguitäten klären mittels Umstellen	
		Satzglied-Lesart	Attribut-Lesart
Gruppe 1	0 Mal	191	351
Gruppe 2	1 Mal	89	30
Gruppe 3	2–5 Mal	110	8

Tab. 5: Klären der Lesarten mittels Umstellen nach Personengruppen

Bei dieser Klassifikation zeigte sich, dass das systematische Klären mittels Umstellen bei Attribut-Lesarten in eine Beziehung gebracht werden kann zur Fähigkeit, Ambiguitäten festzustellen. Für das Klären von Satzglied-Lesarten mittels Umstellen ließ sich eine entsprechende Beziehung jedoch nicht feststellen. Abbildung 1 verdeutlicht diesen Zusammenhang.

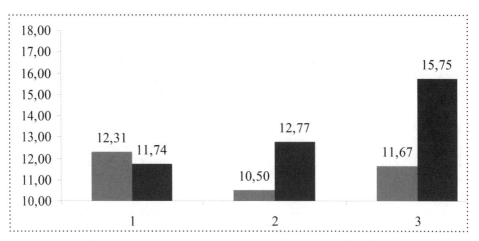

Abb. 1: Ambiguitäten feststellen durch Probanden der Gruppen 1–3 (jeweils linke Säule: Satzglied-Gruppen; jeweils rechte Säule: Attribut-Gruppen)

Je öfter Probanden die Attribut-Lesart durch Umstellen klärten, desto zuverlässiger gelang es ihnen auch, Ambiguitäten festzustellen ($p < 0{,}001$ nach H-Test). Das verdeutlicht die jeweils rechte Säule von Abbildung 1. Zwischen der Häufigkeit der Klärung der Satzglied-Lesart und dem zuverlässigen Feststellen der Ambiguitäten gibt es jedoch offensichtlich keinen solchen Zusammenhang ($p = 0{,}152$ nach H-Test), wie die jeweils linke Säule zeigt.

Schlussfolgerungen

Welche Folgerungen lassen sich nun aus diesen Befunden der Studie im Blick auf ein Modell grammatischer Kompetenzen ziehen? Zwei Annahmen werden nachfolgend skizziert (es ist selbstverständlich, dass diese Folgerungen, wenn überhaupt, so nur einen hypothetischen Status haben können):

→ Die größere Schwierigkeit des Klärens von Attribut- gegenüber Satzglied-Lesarten mittels Umstellen ist erklärbar, wenn man die Unterschiedlichkeit der Anforderungen ins Auge fasst. Für Schülerinnen und Schüler, die eine Satzglied-Lesart mittels Umstellen zu verdeutlichen versuchen, ist das kritische Satzglied bereits im Fokus der Aufmerksamkeit. Seine Hervorhebung durch Umstellen liegt daher nahe. Um eine Attribut-Lesart mittels Umstellen zu verdeutlichen, muss die Zielgröße – das Attribut – dagegen zusammen mit einer anderen Größe – dem Satzglied, zu dem es gehört – verschoben werden. Das erfordert eine Abstraktion von dem zunächst gegebenen Aufmerksamkeitsfokus und darüber hinaus die Antizipation der Lösung, zu der das Umstellen führen soll.

Wenn also das Klären von Attribut-Lesarten mittels Umstellen, gemessen auf derselben Skala mit dem Klären von Satzglied-Lesarten, eine größere Schwierigkeit aufweist, so könnte das dafür sprechen, dass eine fortgeschrittene Stufe der grammatischen Kompetenz durch die Fähigkeit der systematischen Antizipation von grammatischen Operationen gekennzeichnet ist. Das scheint deshalb bedeutsam, da es einen anderen Aspekt fortgeschrittener Kompetenz beleuchtet als der Begriff des explizit-deklarativen Wissens, der in den zuvor dargestellten Kompetenzmodellen für fortgeschrittene Sprachbewusstheit steht: Nicht die Fähigkeit zur Verbalisierung grammatischen Wissens wird als Kennzeichen fortgeschrittener Kompetenz betrachtet, sondern die Fähigkeit zur antizipierenden grammatischen Operation. Inwieweit eine solche Fähigkeit mit explizitem Wissen in Zusammenhang steht, bleibt eine offene Frage, die in weiterführender Forschung zu untersuchen ist. Primär ist diese Fähigkeit jedenfalls einer fortgeschrittenen Stufe prozeduraler Sprachbewusstheit zuzuordnen.

→ Gerade im Blick auf diese Fähigkeit erbringt die Studie allerdings keinen Hinweis, dass sie sich über die Klassenstufen 8-11 hinweg verändert. Das scheint eine bemerkenswerte Beobachtung, da am ehesten im Fall des Klärens mittels Umstellen erwartbar sein sollte, dass es durch den Grammatikunterricht gefördert wird. Sie stimmt mit anderen Befunden überein, nach denen Entwicklungen im gramma-

tischen Wissen und Können in den Bereichen, von denen angenommen werden kann, dass sie dem direkten Einfluss des Unterrichts unterliegen, eher schwächer ausgeprägt scheinen als in unterrichtsfernen Bereichen (Funke 2005). Über eine Erklärung dafür lässt sich an dieser Stelle allerdings höchstens spekulieren:
- Möglich ist, dass in den Klassenstufen 8 bis 11 gerade am Gymnasium ein systematischer Grammatikunterricht kaum noch stattfindet.
- Möglich ist aber auch, dass sich der Grammatikunterricht in diesen Klassenstufen auf den Aufbau explizit-deklarativen Wissens als Ziel fortgeschrittenen grammatischen Lernens konzentriert, dass jedoch dieses Wissen nicht zu der Fähigkeit beiträgt, grammatische Operationen antizipierend auszuführen.

Förderung von Sprachbewusstheit

Geht man von der Aufgabenstellung bei der zuvor dargestellten empirischen Studie aus, stellt sich die kompetente Nutzung einer grammatischen Operation als Lösung für eine sprachliche Problemstellung dar. Die konsequente Tätigkeit der Umstellung von Wortgruppen zur Verdeutlichung der Lesart von Sätzen ist aus dieser Perspektive als Zielpunkt eines Lernweges im Deutschunterricht zu betrachten. Das steht im Kontrast zu einer Unterrichtspraxis, in der die Umstellprobe als Ausgangspunkt des Lernens erscheint, von dem aus der Zugang zu einer syntaktischen Kategorie, nämlich zu der Kategorie »Satzglied« (in Abgrenzung zum Satzgliedteil bzw. Attribut), ermöglicht werden soll.

Unterricht, der darauf setzt, deklaratives grammatisches Wissen durch die Anwendung grammatischer Operationen zu vermitteln (wie z. B. »Das ist ein Satzglied, weil man es vors konjugierte Verb stellen kann«), birgt das Risiko, dass die Operationen rein formal gehandhabt werden. So kritisiert Menzel beispielsweise den Umgang mit der Umstellprobe in der Unterrichtspraxis folgendermaßen: »Eine wichtige Regel für die Arbeit an Satzgliedern [besteht] darin, dass sich bei Umstellproben die Bedeutung eines Satzes nicht verändern darf. Diese Regel wird meist […] nicht benannt (und auch später nicht beachtet)« (1999, S. 72). Beispiel d) illustriert diese semantische Regel:

d) Er war ein auffälliger Junge *mit langen Haaren*.
   Mit langen Haaren war er ein auffälliger Junge.

Die Wortgruppe »mit langen Haaren« kann zwar rein formal betrachtet umgestellt werden und müsste demnach ein Satzglied sein. Jedoch ergibt sich durch die Umstellung ein Bedeutungsunterschied. Im ersten Satz hat die Wortgruppe »mit langen Haaren« attributive Funktion und beschreibt eine generelle Eigenschaft des Jungen. Im zweiten Satz hat sie adverbiale Funktion und beschreibt, wodurch bzw. unter welcher Bedingung der Junge auffällig war.

Eine Erfahrung, von der Bremerich-Vos berichtet, scheint Menzels Kritik insofern zu bestätigen, dass es Schülerinnen und Schülern auch in höheren Klassenstufen schwerfällt, Bedeutungsnuancen, die sich durch Umstellungen ergeben, zu beschreiben. Er schreibt: »In einer achten Realschulklasse sollten Bedeutungsunterschiede zwischen ›Die Katze miaute auf der Matte‹ und ›Die Katze auf der Matte miaute‹ nicht nur per Abstimmung postuliert werden, sondern auch beschrieben werden. Man kam […] nur dazu, eine geringfügige Veränderung der Gewichtung [der Bedeutung] zu konstatieren. Man hielt die beiden Sätze also im Wesentlichen für bedeutungsgleich« (1993, S. 120 f.).

Bedenkt man, dass man wohl jede Situation, die man zutreffend mit dem Satz »Die Katze miaute auf der Matte« beschreiben kann, im Prinzip auch zutreffend mit dem Satz »Die Katze auf der Matte miaute« beschreiben könnte – und umgekehrt, erscheint das Problem der Schülerinnen und Schüler nachvollziehbar. Jedoch macht es ein fehlendes Bewusstsein dafür deutlich, dass sich durch die Umstellung die syntaktische Funktion der Wortgruppe »auf der Matte« ändert (im ersten Satz ist sie ein Satzglied mit adverbialer Funktion, im zweiten Satz hat sie attributive Funktion) und dass mit solchen Funktionsveränderungen immer Bedeutungsunterschiede einhergehen, auch wenn sie in manchen Fällen nur minimal und schwer zu fassen sind.

Das Problem der Schülerinnen und Schüler liegt womöglich genau darin begründet, dass sie die Umstellprobe als rein formale Tätigkeit kennen gelernt haben, ohne dass ihnen der syntaktische Unterschied, den sie verdeutlichen soll (Satzglied oder kein Satzglied bzw. Satzgliedteil), stabil zugänglich geworden ist. Unter dieser Bedingung ist es nicht überraschend, wenn es ihnen nicht gelingt, grammatische Operationen zur Lösung sprachlicher Problemstellungen heranzuziehen, denn sie können ihr im Grammatikunterricht erworbenes Wissen nicht in Zusammenhang bringen mit den sprachlichen Strukturen selbst, denen sie beim Lesen und Schreiben begegnen. Entsprechend kann dieses Wissen wenig zur Erweiterung ihrer Sprachbewusstheit und ihres schriftsprachlichen Könnens beitragen.

Die folgenden Unterrichtsvorschläge gehen davon aus, dass ein sprachreflexiver Unterricht, der auf der Vermittlung und Anwendung analytischer Operationen beruht, das Risiko einer rein formalen Sprachbetrachtung in sich birgt. Im nächsten Abschnitt wird ein Vorschlag zur Einführung der Umstellprobe und des Satzgliedbegriffs vorgestellt, der auf dieses Problem zu reagieren versucht. Im darauf folgenden Abschnitt wird dann ein Unterrichtsansatz skizziert, der durch eine »direkte« Auseinandersetzung mit grammatischen Strukturen Sprachbewusstheit fördert.

Förderung von Sprachbewusstheit am Beispiel der Einführung von Umstellprobe und Satzgliedbegriff

Bremerich-Vos berichtet – im Gegensatz zu seiner Beobachtung in einer achten Klasse – an anderer Stelle, »dass Grundschulkinder einen Sprachdidaktiker ohne weiteres belehren können. Ihrer Auffassung nach kann [der Satz ›Der Verbrecher erschlug den Mann mit dem Hut‹] durchaus zwei Lesarten haben. ›Mit dem Hut‹ muss nämlich nicht Attribut zu ›den Mann‹ sein. Man könne nämlich durchaus auch sagen ›Mit dem Hut erschlug der Verbrecher den Mann.«" (1999, S. 26). Diese Erfahrung mit Grundschülern führt zu einem anderen Bild, als es die zuvor beschriebene Erfahrung mit Sekundarschülern nahezulegen scheint: Schülerinnen und Schüler können schon in recht frühem Alter einen spontanen Zugang zu der syntaktischen Unterscheidung von Adverbial und Attribut haben. Ihr Problem liegt möglicherweise weniger darin, den syntaktischen Unterschied als solchen zu erkennen, als darin, ihn beim Umgang mit Sätzen – etwa bei Diskussionen über deren Bedeutung – konsequent im Blick zu behalten.

Dass Schülerinnen und Schülern noch in höheren Klassenstufen nicht bewusst wird, dass die syntaktisch unterschiedliche Struktur bei Sätzen wie »Die Katze auf der Matte miaute« und »Die Katze miaute auf der Matte« auch zu unterschiedlichen Lesarten führt, ist nicht verwunderlich, wenn eine Problematisierung vielfältiger, struktureller wie semantischer, Aspekte bei der Einführung und Nutzung der Umstellprobe zu Beginn der Sekundarstufe ausbleibt.

Diese Beobachtung ist der Ausgangspunkt für den nachfolgenden Vorschlag, die Umstellprobe durch die Schülerinnen und Schüler als Methode zur Klärung von Bedeutung entdecken zu lassen und in diesem Kontext die strukturelle Kategorie Satzglied einzuführen. Wie dies im Einzelnen geschehen kann, zeigen die folgenden Unterrichtsschritte.

In einem ersten Schritt erhalten die Schülerinnen und Schüler Sätze mit und ohne die Ambiguität und pro Satz zwei Umschreibungen seiner potenziellen Bedeutung. Die Lernenden sollen entscheiden, welche der Umschreibungen zutreffend sind (eine oder beide). Beispiel e) zeigt einen mehrdeutigen Satz, Beispiel f) einen eindeutigen; jeweils zwei Umschreibungen werden angeboten:[2]

e) Patrick beobachtete den Mann **mit dem Fernglas.**
Patrick hatte ein Fernglas und beobachtete damit den Mann.
Patrick beobachtete einen Mann, der ein Fernglas hatte.

f) Patrick wartete vor dem Haus auf meinen Freund.
Patrick stand vor dem Haus und wartete auf meinen Freund.
Patrick wartete auf meinen Freund, der vor dem Haus stand.

In einem zweiten Schritt bietet es sich an, die Schülerinnen und Schüler kreativ an dem sprachlichen Phänomen arbeiten zu lassen. Zum einen können leicht visuali-

---

2   Die Beispiele e) und f) sind in Anlehnung an eine Übung aus »deutsch.kombi 3. Arbeitsheft zur Differenzierung mit Übungen aus allen Lernbereichen« (2007), S. 29 gebildet. Auch Beispiel-Satz a) bietet sich als mehrdeutiger Satz an; Umschreibungen seiner potenziellen Bedeutungen wurden im 3. Kapitel gegeben. Im Kontrast dazu bieten sich die Beispiele b) und c) als eindeutige Sätze an. Als weiteres mehrdeutiges Beispiel könnte der Satz »Die Enkel erzählten die Geschichte *ihrer Großmutter*« dienen. Hier ergibt sich die Mehrdeutigkeit der Wortgruppe »ihrer Großmutter« aus der Tatsache, dass sie sowohl als Dativ(-Objekt) wie auch als Genitiv(-Attribut) gelesen werden kann.

sierbare Beispielsätze (wie z. B. »Die Frau erschlug den Einbrecher **mit dem Gewehr**«) von den Lernenden gezeichnet werden. Eigene Erfahrungen sprechen dafür, dass die Schülerinnen und Schüler einer Klasse bei den mehrdeutigen Sätzen in der Regel unterschiedliche oder beide Lesarten visualisieren. Nachdem die Zeichnungen in der Klasse präsentiert und diskutiert worden sind, können weitere mehrdeutige Beispielsätze vorgegeben werden mit der Aufgabe, zu beiden Lesarten eine kurze Geschichte zu erfinden, aus der eindeutig klar wird, welche Lesart gemeint ist.

Als dritten Schritt bekommen die Schülerinnen und Schüler den Auftrag, von den als mehrdeutig erkannten Sätzen beide Lesarten eindeutig zu formulieren, jedoch ausschließlich unter Verwendung der im Ursprungssatz enthaltenen Wörter und ohne Wörter wegzulassen. Man kann davon ausgehen, dass die Lernenden durch den Arbeitsauftrag von sich aus Umstellungen der Wortgruppen vornehmen und somit selbstständig die Umstellung als Methode – zunächst nur zum Zweck der Disambiguierung – erarbeiten. Folgende Umstellungen von Satz e) sind zu erwarten:

e1) **Mit dem Fernglas** beobachtete Patrick den Mann.
Den Mann beobachtete Patrick **mit dem Fernglas**.
Patrick beobachtete **mit dem Fernglas** den Mann.
e2) Den Mann *mit dem Fernglas* beobachtete Patrick.

Im vierten Schritt kann dann *erstens* die Beobachtung festgehalten werden:
→ »Durch Umstellung mancher Wortgruppen an den Satzanfang können die mehrdeutigen Sätze eindeutig gemacht werden.«

Zweitens kann definiert und erklärt werden:
→ »Wortgruppen, die allein vor dem gebeugten Verb des Satzes stehen können, sind Satzglieder. Welche Wortgruppen eines Satzes an dieser Stelle stehen können, findet ihr durch die Umstellprobe heraus.« (Die Lehrenden müssen allerdings darauf achten, dass die Schülerinnen und Schüler aller möglichen eindeutigen Satzstellungen gewärtig werden, vgl. Beispiel e1) mit drei verschiedenen Stellungsmöglichkeiten zur Darstellung der Satzgliedlesart, da andernfalls das Missverständnis entstehen könnte, nur »mit dem Fernglas« oder nur »den Mann« oder nur »Patrick« sei ein Satzglied.)
→ »Je nachdem, welche Bedeutung man bei einem mehrdeutigen Satz meint, kann eine Wortgruppe entweder ein eigenes Satzglied sein oder zu einem anderen Satzglied dazugehören.« (Bei einer späteren Einführung des Attributbegriffs kann an dieser Beobachtung angeknüpft werden, da es sich bei Attributen ja genau um die Wortgruppen handelt, die zu einem Satzglied dazugehören.)

Folgende Aspekte des dargestellten Verfahrens begünstigen die Entwicklung von Sprachbewusstheit:
→ Die Umstellprobe wird nicht durch die Lehrenden eingeführt und danach von den Schülerinnen und Schülern mechanisch benutzt. Stattdessen wird die Umstellung

als sprachlich funktionale Tätigkeit intuitiv entdeckt und verwendet, um syntaktische Ambiguitäten aufzulösen.
→ Die Mehrdeutigkeiten bzw. der Vergleich der nach der Disambiguierung eindeutigen Sätze e1) und e2) ermöglichen die Reflexion darüber, dass eine Wortgruppe unterschiedliche Funktionen einnehmen kann, ohne dabei ihre Form zu ändern.
→ Der frühzeitige Umgang mit ambigen Sätzen dieser Art kann zu einem späteren Zeitpunkt aufgegriffen werden, um den auf der Umstellprobe basierenden Satzgliedbegriff zu problematisieren. Der Versuch der Disambiguierung durch Verschiebung funktioniert nämlich nicht zwangsläufig, wie Beispiel g) zeigt:

g) Die Kinder zeigten keine Angst *vor dem alten Haus*.
Vor dem alten Haus zeigten die Kinder keine Angst.

Die mehrdeutige Wortgruppe »vor dem alten Haus« durch Platzierung vor dem konjugierten Verb eindeutig der Satzgliedesart zuzuführen, ist zum Scheitern verurteilt, weil sie auch in dieser Stellung attributive Funktion für das Nomen »Angst« beibehalten kann. So kann in höheren Klassenstufen thematisiert werden, dass die Definition der grammatikalischen Kategorie Satzglied in bestimmten Situationen zugunsten semantischer bzw. funktionaler Aspekte modifiziert werden sollte, weil sie in Sätzen wie g) allein mit der Umstellprobe nicht mehr erfassbar ist, was die Nicht-Auflösbarkeit der Mehrdeutigkeit offenbart.

Die erkennbar werdenden didaktischen Potenziale der Arbeit mit Ambiguitäten lassen sich mit Gornik zusammenfassen, die feststellt: »Das Phänomen der Mehrdeutigkeit ist ein reizvoller Weg zu zeigen, ›wozu wir Sprache haben und was wir damit tun und erreichen können‹. [...] Mehrdeutigkeiten zu thematisieren, heißt gleichzeitig, sprachliche Alternativen zu erproben« (2006, S. 11).

Förderung von Sprachbewusstheit durch »direktes« Umgehen mit syntaktischen Strukturen

Der folgende Unterrichtsansatz folgt der Prämisse, dass der Deutschunterricht eine Lernumgebung bereitstellen muss, in der die Aufmerksamkeit der Lernenden auf spontan auftretende syntaktische Information gelenkt wird und in der sie veranlasst werden, sich eingehend mit dieser Information zu beschäftigen, auch ohne dass ein Versuch gemacht wird, syntaktische Merkmale in einer für alle einheitlichen Weise zu beschreiben. Eine ausführliche Darstellung einer solchen Lernumgebung gibt Melzer (2011).

In dieser Lernumgebung arbeiten die Schülerinnen und Schüler an syntaktischen Kontrasten, die dadurch induziert werden, dass einer sprachlichen Einheit auf den ersten Blick verschiedene syntaktische Merkmale zugeschrieben werden können. Beispiel h) illustriert ein solches Phänomen. Alle vier Sätze enthalten die initiale Einheit »Eine gute Jeans«, die jedoch in drei Fällen als Nominativ und nur im vierten Fall als Akkusativ zu interpretieren ist.

h) Eine gute Jeans braucht einen schicken Schnitt.
Eine gute Jeans braucht nickelfreie Nieten.
Eine gute Jeans braucht einen trendigen Farbton.
Eine gute Jeans braucht jeder coole Jugendliche.

Eine mögliche Arbeitsform bei der Beschäftigung mit dem Phänomen besteht darin, dass die Schülerinnen und Schüler eine Art Werbeplakat für ein Produkt entwerfen, bei dem sie den syntaktischen Kontrast, der in Beispiel h) vorliegt, nutzen sollen. Zum Einstieg wird ihnen zunächst ein bereits erstelltes Werbeplakat gezeigt, dessen Sprachmaterial beispielsweise folgendermaßen aussehen könnte:

i) Trinken Sie Melzers Milch!
Melzers Milch macht müde Männer munter.
Melzers Milch macht faule Forscher fleißig.
Melzers Milch macht gestresste Schwestern glücklich.
Melzers Milch macht der Almbauer Florian für Sie jeden Tag frisch.

Mögliche Folgeschritte könnten sein:
→ Die Schülerinnen und Schüler lesen das Plakat leise für sich.
→ Die Schülerinnen und Schüler äußern sich kurz über ihren Gesamteindruck zu dem Plakat.
→ Im Gespräch wird herausgearbeitet, dass es sich um ein Werbeplakat handelt.
→ Mehrere Schülerinnen und Schüler lesen den Text einmal laut vor. Dabei können die Sätze von der Lehrperson zunächst verdeckt und nacheinander aufgedeckt werden.
→ Die Schülerinnen und Schüler denken darüber nach, wie die Sätze Aufmerksamkeit erzeugen und weshalb durch die Anordnung der Sätze ein Überraschungseffekt entsteht, und äußern ihre Überlegungen.
→ In einem Gespräch wird der letzte Satz als »Umdenksatz« herausgearbeitet, da man auf Grund der vorhergehenden Sätze bestimmte Erwartungen an die Fortsetzung der Reihe hat, gegen die der letzte Satz jedoch verstößt.
→ Dieser Effekt wird durch eine rote Einfärbung der initialen Nominalphrase des Umdenksatzes und durch eine andere Einfärbung der initialen Nominalphrasen der vorhergehenden Sätze veranschaulicht.
→ Die Schülerinnen und Schüler erstellen selbst solche Plakate für andere Produkte, bei denen der einleitende Appell zum Kauf des Produkts, die initialen Nominalphrasen und das Verb vorgegeben sind. Stellt sich diese Aufgabenstellung für einige als zu schwierig heraus, kann als Hilfestellung Sprachmaterial angeboten werden, das eine Auswahl an mehr oder weniger passenden Wortgruppen für die Ergänzung der Sätze enthält.
→ Die Produkte der Schülerinnen und Schüler werden präsentiert, miteinander und mit dem Musterplakat verglichen. Es wird darüber diskutiert, inwiefern bei den Produkten der Schülerinnen und Schüler derselbe Überraschungseffekt entsteht wie bei der Werbung für »Melzers Milch«.

Bei jeglicher Form der Beschäftigung mit syntaktischen Kontrasten unterschiedlicher Art sind die Grundprinzipien des Unterrichtsansatzes *erstens*, dass die Schülerinnen und Schüler Anstöße erhalten, sich selbst auf syntaktische Informationen, die sie im Zuge der Sprachverarbeitung spontan erzeugen, hinzuweisen, und *zweitens*, dass alle Aufgaben- und Übungsformate ihnen selbst die Entscheidung überlassen, wie sie sich auf diese Information hinweisen – mit oder ohne Nutzung einer schulgrammatischen Terminologie. Die Schülerinnen und Schüler sollen also weder dazu ermutigt noch davon abgehalten werden, bereits zuvor im Grammatikunterricht erlernte Begriffe und Prozeduren zu benutzen.

Diese Prinzipien bringen im Umgang mit dem dargestellten sprachlichen Phänomen den Vorteil mit sich, dass der syntaktische Kontrast zwischen Nominativ und Akkusativ nicht mittels der »Grammatiker-Fragen« aus den Schülerinnen und Schülern herausgefragt wird.

Der didaktische Nutzen der Frageproben, mit denen in der Schulgrammatik zumeist die Kasus und in der Folge unterschiedliche Satzglieder ermittelt werden sollen, ist höchst fragwürdig (Granzow-Emden 1999, 2006). Denn wer den Kasus einer Wortgruppe nicht bereits kennt, der findet ihn auch durch das Erfragen (z. B. »Heißt es jetzt ›wer oder was?‹ oder ›wen oder was?‹«) nicht zuverlässig heraus, weil eine passende Fragestellung in diesem Fall auf Erraten, also auf Zufall basiert. Wer jedoch den Kasus einer Wortgruppe bereits kennt, für den ist die Frageprobe eine rein schematische Tätigkeit, die kaum zusätzliche Erkenntnisse zu erbringen vermag. In beiden Fällen kann also die Frageprobe kaum zu einem Zuwachs an Sprachbewusstheit beitragen.

Die Idee des dargestellten Unterrichtsansatzes ist eine andere: Der Zugang zu dem syntaktischen Kontrast soll bei den Schülerinnen und Schülern dadurch allmählich stabilisiert und zuverlässig verfügbar gemacht werden, dass ihre Aufmerksamkeit durch wechselnde Arbeitsformen immer wieder auf den Strukturkontrast gelenkt wird. Durch diese Stabilisierung wird nach und nach die Bewusstheit für das Phänomen gesteigert.

Unabhängig von dem jeweiligen sprachlichen Phänomen, an dem gearbeitet wird, konzentriert sich der Unterrichtsansatz auf eine vertiefte Förderung implizit-prozeduraler Sprachbewusstheit, ohne verfrüht auf die Erarbeitung deklarativen Wissens zu drängen, die nicht selten in fehlerhaftem Halbwissen endet. So berichtet beispielsweise Funke (1995), dass Schülerinnen und Schüler das Wort »nicht« als Verb einstufen, weil es direkt nach einem Personalpronomen im Nominativ stehen kann und somit konjugierbar sei (»ich nicht, du nicht, er/sie/es nicht …«). Dieser Fehlleistung liegt eine rein formale Nutzung der Ersatzprobe zugrunde, mit der in diesem Fall bestimmt werden soll, welche Wörter als Verben zu klassifizieren sind und welche nicht.

Im Rahmen des beschriebenen Unterrichtsansatzes wurden direkte Formen des Umgangs mit der grammatischen Kategorie »Verb« im Satzkontext entwickelt, bei denen zwar auch Missverständnisse auftreten können, bei denen aber nicht deklaratives Wissen systematisch aufgebaut wird, das sich weder auf die Sprachbewusstheit noch auf das schriftsprachliche Können der Schülerinnen und Schüler positiv auswirkt.

Empirische Befunde legen nahe, dass ein direkter Umgang mit bestimmten syntaktischen Strukturen die Leistungen der Schülerinnen und Schüler im Bereich der Groß-/Kleinschreibung verbessern kann (Melzer 2011).

Literatur

Andresen, H. (1985): Schriftspracherwerb und die Entstehung von Sprachbewusstheit. Opladen: Westdeutscher Verlag.
Beck, B./Klieme, E. (2007): Einleitung. In: dies. (Hrsg.): Sprachliche Kompetenzen. Konzepte und Messung. DESI-Studie (Deutsch Englisch Schülerleistungen International). Weinheim: Beltz, S. 1–8.
Bremerich-Vos, A. (1993): Grammatikunterricht – ein Plädoyer für das Backen kleinerer Brötchen. In: ders. (Hrsg.): Handlungsfeld Deutschunterricht im Kontext. Frankfurt am Main: Diesterweg, S. 102–129.
Bremerich-Vos, A. (1999): Zum Grammatikunterricht in der Grundschule: wie gehabt, gar nicht, anders? In: ders. (Hrsg.): Zur Praxis des Grammatikunterrichts. Freiburg: Fillibach, S. 13–80.
Bremerich-Vos, A./Böhme, K. (2009): Kompetenzdiagnostik im Bereich »Sprache und Sprachgebrauch untersuchen«. In: Granzer, D./Köller, O./Bremerich-Vos, A./van den Heuvel-Panhuizen, M./Reiss, K./Walther, G. (Hrsg.): Bildungsstandards Deutsch und Mathematik. Weinheim: Beltz, S. 376–392.
deutsch.kombi 3 (2007): Arbeitsheft zur Differenzierung mit Übungen aus allen Lernbereichen. Stuttgart/Leipzig: Klett.
Eichler, W. (2007): Sprachbewusstheit. In: Beck, B./Klieme, E. (Hrsg.): Sprachliche Kompetenzen. Konzepte und Messung. DESI-Studie (Deutsch Englisch Schülerleistungen International). Weinheim: Beltz, S. 147–157.
Eichler, W./Nold, G. (2007): Sprachbewusstheit. In: Beck, B./Klieme, E. (Hrsg.): Sprachliche Kompetenzen. Konzepte und Messung. DESI-Studie (Deutsch Englisch Schülerleistungen International). Weinheim: Beltz, S. 63–82.
Funke, R. (1995): Das Heben des Wortartschatzes. In: Praxis Deutsch 22, H. 129, S. 57–60.
Funke, R. (2005): Sprachliches im Blickfeld des Wissens. Grammatische Kenntnisse von Schülerinnen und Schülern. Tübingen: Niemeyer.
Gornik, H. (2006): »Hannah mag Computer lieber als Freddy«. In: Deutschunterricht 59, H. 1, S. 10–15.
Granzow-Emden, M. (1999): Grammatik ist, wenn man trotzdem fragt. Vom »Elend der Grammatiker-Fragen« bei der Kasus-Ermittlung. In: Klotz, P./Peyer, A. (Hrsg.): Wege und Irrwege sprachlich-grammatischer Sozialisation. Bestandsaufnahme, Reflexionen, Impulse. Baltmannsweiler: Schneider-Verlag Hohengehren, S.169–183.
Granzow-Emden, M. (2006): Wer oder was erschlägt man besser nicht mit einer Klappe? Kasus und Satzglieder im Deutschunterricht. In: Becker, T./Peschel, C. (Hrsg.): Gesteuerter und ungesteuerter Grammatikerwerb. Baltmannsweiler: Schneider-Verlag Hohengehren, S.87–104.
Holle, K. (2006): Sprachbewusstsein und Sprachbewusstheit. Vorschlag für eine begriffliche Unterscheidung im Rahmen einer prozess- und strategieorientierten Didaktik sprachlichen Handelns. In: Kurzrock, T./Peyer, A. (Hrsg.): Sprachreflexion im medialen Umfeld. Lüneburg: Universität Lüneburg, S. 99–226.
Isaac, K./Eichler, W./Hosenfeld, I. (2007): Ein Modell zur Vorhersage von Aufgabenschwierigkeiten im Kompetenzbereich Sprache und Sprachgebrauch untersuchen. In: Hofmann, B./Valtin, R. (Hrsg.): Checkpoint Literacy. Tagungsband 2 zum 15. Europäischen Lesekongress 2007 in Berlin. Berlin: Deutsche Gesellschaft für Lesen und Schreiben, S. 12–27.

Karmiloff-Smith, A. (1992): Beyond Modularity. A Developmental Model on Cognitive Science. Cambridge, Mass.: MIT Press.

Melzer, F. (2011): Direktes Umgehen mit syntaktischen Strukturen – ein Unterrichtsansatz für die Sekundarstufe I. In: Noack, C./Ossner, J. (Hrsg.): Grammatikunterricht und Grammatikterminologie. OBST Band 79. Duisburg: Universitätsverlag Rhein-Ruhr, S. 159–180.

Menzel, W. (1999): Grammatik-Werkstatt. Theorie und Praxis eines prozessorientierten Grammatikunterrichts für die Primar- und Sekundarstufe. Seelze: Kallmeyer.

Ministerium für Kultus, Jugend und Sport Baden-Württemberg (Hrsg.) (2004): Bildungsplan 2004. Allgemein bildendes Gymnasium. Stuttgart.

Oomen-Welke, I./Kühn, P. (2009): Sprache und Sprachgebrauch untersuchen. In: Bremerich-Vos, A./Granzer, D./Behrens, U./Köller, O. (Hrsg.): Bildungsstandards für die Grundschule: Deutsch konkret. Berlin: Cornelsen Scriptor, S. 139–184.

Sekretariat der Ständigen Konferenz der Kultusminister der Länder in der BRD (Hrsg.) (2004): Bildungsstandards im Fach Deutsch für Mittleren Bildungsabschluss. München: Wolters Kluwer.

Sekretariat der Ständigen Konferenz der Kultusminister der Länder in der BRD (Hrsg.) (2005): Bildungsstandards im Fach Deutsch für den Primarbereich. München: Wolters Kluwer.

Wickens, T. D. (1989): Multiway Contigency Tables Analysis for the Social Sciences. Hillsdale, New Jersey: Lawrence Erlbaum Associates.

Wildemann, A. (2013): Sprache(n) thematisieren – Sprachbewusstheit fördern. In: Gailberger, S./Wietzke, F. (Hrsg.): Handbuch Kompetenzorientierter Deutschunterricht. Weinheim: Beltz, S. 321–338.

Anja Wildemann

Sprache(n) thematisieren – Sprachbewusstheit fördern

Das Nachdenken über Sprache und Sprachen beinhaltet einerseits sprachreflexive Tätigkeiten und ist andererseits Ausdruck von Sprachbewusstheit im Sinne einer kognitiven Disposition. Sprachbewusstheit lässt sich dabei in der Regel nicht direkt beobachten, sondern ist lediglich auf metakommunikative und metasprachliche Äußerungen zurückführbar. Anders verhält es sich beispielsweise mit der Lesekompetenz, für die inzwischen detaillierte Modelle vorliegen (hierzu Bremerich-Vos 2010, S. 199; Hurrelmann 2007; Rosebrock/Nix 2010; Gailberger 2013). Und dennoch ist die Reflexion über Sprache und damit verbunden die Ausbildung von Sprachbewusstheit derjenige Kompetenzbereich des Faches Deutsch, der sich – quasi quer liegend – wie kein anderer durch alle übrigen Kompetenzbereiche hindurchzieht.

Führt man den Begriff auf seine anglo-amerikanischen Wurzeln und damit auf das Language-Awareness-Konzept zurück, so verbindet sich mit ihm mehr als die übliche Schulgrammatik (Wildemann 2011, S. 284). Danach beinhaltet Language Awareness, und damit Sprachbewusstheit – so die 1991 auf dem *European Symposium on Language Awareness* offiziell festgelegte Übersetzung ins Deutsche (Sinclair et al. 1992) – die Fähigkeiten, sprachliche Strukturen bewusst zu erfassen und zu analysieren, über Sprachgebrauch zu reflektieren und das eigene Sprachhandeln gezielt zu gestalten.

Ein Deutschunterricht, der auf die Ausbildung von Sprachbewusstheit in diesem Sinne abzielt, tut daher gut daran, auf der Grundlage von Kompetenzdimensionen die verschiedenen Aspekte des Gegenstandfeldes zu integrieren. Voraussetzung für einen sprachförderlichen Deutschunterricht ist die Wahrnehmung der sprachlichen Leistungen der Schülerinnen und Schüler. Beides – Spracherfassung und Sprachförderung – werden in diesem Beitrag am Beispiel von Schülerschreibungen thematisiert.

Theoretischer Rahmen

Kompetenzdimensionen zu »Sprachbewusstheit«

Bereits 2006 stellt Ossner fest, dass – folgt man den nationalen Bildungsstandards – der Kompetenzbereich »Sprache und Sprachgebrauch untersuchen« den anderen Bereichen zwar übergeordnet und somit eine »integrierte Sprachbetrachtung« (Ossner

2006, S. 8) präferiert werde, dass es zugleich aber an einer einheitlichen inhaltlichen Ausgestaltung fehle. Diese Feststellung untermauert er in einer späteren Schrift durch eine Auflistung der in den Ländern konkurrierenden Bezeichnungen in den jeweiligen Lehrplänen (Ossner 2007, S. 134). Der Kompetenzbereich scheint vor allem aufgrund seiner terminologischen Vielfalt, hinter der sich wiederum divergente Theoriekonstrukte verbergen, nur schwer operationalisierbar zu sein (dazu Andresen/Funke 2003; Gornik 2010; Hug 2007). Dies mag ein Grund dafür sein, dass, im Vergleich zu anderen Bereichen des Deutschunterrichts, bislang kaum Kompetenzmodelle für »Sprachbewusstheit« vorliegen.

Ein theoretisches Konstrukt, welches als Grundlage für eine Modellbildung herangezogen werden kann, liegt mit den Kompetenzniveaus der DESI-Studie (2007, 2008) vor, die sich an den Entwicklungs-Level von Karmiloff-Smith (1995) orientieren. Anders als Chomsky zuvor differenziert Karmiloff-Smith zwischen *impliziten* und *expliziten* Wissensmodalitäten, nicht polarisierend als sprachpraktisches (prozedurales Wissen) und metasprachliches Wissen (deklaratives Wissen). Sie geht vielmehr von einem Kontinuum aus, in dessen Verlauf es stets zu Umstrukturierungen der mentalen Repräsentation von Sprache kommt. Die Ausbildung von Sprachbewusstheit ist demzufolge sowohl ein kontinuierlicher als auch ein reziproker Prozess, bei dem durch Rückgriff auf vorhandene Strukturen neue Strukturen mit zunehmendem Grad an Explizitheit etabliert werden.

Auf dieser Grundannahme fußen auch die im Rahmen der DESI-Stufe entworfenen fünf aufgabenbezogenen Kompetenzniveaus sowie die sich daraus ergebenden Fähigkeitsniveaus, bei denen prozedurales und deklaratives Wissen ineinander greifen.

Der in DESI vertretene Ansatz läuft mit einer spracherwerbstheoretischen Betrachtung von Sprachbewusstheit konform, wie sie u. a. von Andresen (2011) und Karmiloff-Smith (1996) vertreten wird. Danach sind Kinder bereits frühzeitig in der Lage, grammatische Strukturen zu produzieren, ohne explizit über die dazugehörigen mentalen Kategorien zu verfügen. Bei DESI entspricht eine solche anwendungsbezogene Fähigkeit dem Kompetenzniveau A bzw. dem Fähigkeitsniveau 1, welches von 20 Prozent der Sekundarstufenschüler erreicht wurde (Eichler 2008, S. 115).

Im Verlauf des Spracherwerbs finden mentale Umstrukturierungsprozesse statt, in deren Folge die Sprachlerner sprachliche Kategorien bilden und zunehmend bewusst auf diese zurückgreifen können. Sichtbar wird der Prozess der Kategorienbildung beispielsweise bei den zu beobachtenden »Restrukturierungsprozessen« (Andresen 2011, S. 19). So bei der Verbflexion, die von ihnen im Laufe des Spracherwerbs in der Regel zunächst korrekt und zu einem späteren Entwicklungszeitpunkt zwar an die gelernte grammatische Regel angepasst, jedoch dann nicht mehr korrekt angewandt wird, da zu diesem Zeitpunkt noch keine Unterscheidung der grammatischen Strukturen auf der Mikroebene stattfindet. So lässt sich beobachten, dass Kinder statt »er kam« »er kommte« sagen – eine Übergeneralisierung im Sinne eines Übergangs, die auch bei mehrsprachigen Lernern zu beobachten ist (Jeuk 2010; Tracy 2007, S. 128 f.).

Kompetenzniveaus in Bezug auf Aufgaben zur Überprüfung von Sprachbewusstheit	beobachtbare Fähigkeitsniveaus
Kompetenzniveau A weitgehend automatisierte Sprachbewusstheit, implizite Fehlerkorrektur	*Fähigkeitsniveau 1* elementare Fähigkeiten; weitgehend unbewusst vorhandene Fähigkeiten, bei denen Sprache als Werkzeug gebraucht wird
Kompetenzniveau B prozedurale Sprachbewusstheit in Monitorfunktion: Kohärenz und Stil in einfachen Kontexten auch mit Text, Grammatikfehler auch in komplexen Kontexten, zuordnendes, deklaratorisches Wissen	
Kompetenzniveau C prozedurale Sprachbewusstheit in entfalteter Monitorfunktion bei Grammatik und beginnendes Stilempfinden; Zuordnung im Bereich deklaratorischen Wissens	*Fähigkeitsniveau 2* erweiterte Fähigkeiten; implizite Sprachbewusstheit, welche sich durch das Monitoring ausdrückt
Kompetenzniveau D hochaktives stilistisches Monitoring in komplexen Kontexten als prozedurales Wissen; präzise Einbringung deklaratorischen Wissens.	*Fähigkeitsniveau 3* fortgeschrittene Fähigkeiten; explizite Sprachbewusstheit; gezieltes Umgehen mit grammatischen Begriffen und Strukturen
Kompetenzniveau E aktive Anwendung deklaratorischen Wissens in Form von bewusster Kommentierung, prozedurales Wissen auch in hochkomplexen Zusammenhängen.	

Tab. 1: *Feststellbare Fähigkeitsniveaus und aufgabenbezogene Kompetenzniveaus nach DESI (zusammengestellt aus Eichler, 2008, S. 114, Eichler 2007a, S. 154 ff., Eichler 2007b, Eichler 2007c, S. 42 f., S. 128 f., Eichler et al. 2009, S. 29).*

Während das sprachliche Wissen auf dem Kompetenzniveau A noch ein unbewusstes, in erster Linie sprachpraktisches Wissen ist, setzt bereits auf der zweiten Niveaustufe (weiterhin als prozedurale Sprachbewusstheit) das Monitoring ein. Ohnehin bleibt Sprachbewusstheit im Entwicklungsprozess vornehmlich an das sprachliche Handeln und damit an prozedurales Wissen gekoppelt (hierzu Eichler 2007b). Und damit unterscheidet es sich von dem, was im Deutschunterricht als deklaratorisches Wissen zu vermitteln versucht wird. Kompetenzorientierter Deutschunterricht – so unscharf der Begriff bislang auch sein mag (dazu Feindt 2010; Klieme 2010) – will die Schülerinnen und Schüler zu einem bewussten Sprachhandeln im Sinne prozeduraler Sprachbewusstheit führen. Den Lernern soll es zunehmend gelingen, gezielt auf ihr deklaratorisches Wissen zurückzugreifen und dieses für ihr Sprachhandeln zu nutzen (Kompetenzniveau D nach DESI, siehe Tabelle 1) sowie darüber hinaus metasprachliche und -kommunikative Reflexionen zu vollziehen (Kompetenzniveau E nach DESI).

Die vorgeschlagenen Kompetenzniveaus gehen somit von einer allmählichen Ausdifferenzierung und damit verbundenen Explizierbarkeit sprachlichen Wissens aus.

Dies darf jedoch nicht zu dem Trugschluss führen, dass ein kompetenzorientierter Unterricht dann gegeben ist, wenn darin die Inhalte und Aufgaben der Kompetenzstufen chronologisch abgearbeitet werden. Vielmehr beinhaltet das hier präferierte Verständnis von Kompetenzorientierung ein Lehren und Lernen auf der Grundlage von vorab definierten Standards und somit erwartbaren – auch im Sinne von schülerorientierten – Lernergebnissen mit dem Ziel des kumulativen und nachhaltigen Wissensaufbaus (Klieme 2005). Dazu ist eine Ausrichtung an Kompetenzdimensionen, wie sie hier für den Bereich der Sprachbewusstheit nachgezeichnet werden, erforderlich, denn sie liefert einen Rahmen für die Unterrichtsplanung von Lehrkräften. Sie allein reichen jedoch nicht aus, um einen kompetenzorientierten Unterricht zu gewährleisten.

So benennen Feindt und Meyer (2010, S. 30 ff.) insgesamt sechs Merkmale kompetenzorientierten Unterrichts: diese sind *individuelle Lernbegleitung, Metakognition, lebensweltliche Anwendung, kognitive Aktivierung, Übung und Überarbeitung* sowie *Wissensvernetzung* (siehe dazu auch Feindt 2010). Fußend in der weinertschen Trias »Wissen, Können und Wollen« (Weinert 2001) und umrahmt von den formalen Anforderungen wie Standards, Curricula und Kompetenzmodellen entsteht so ein »didaktisches Grundgerüst« (Feindt 2010, S. 88) für einen kompetenzorientierten Sprachunterricht.

Sprachbewusstheit und Mehrsprachigkeit

Wenn es nun aber darum gehen soll, über Sprachen nachzudenken, um auf diese Weise metasprachliche und metakommunikative Fähigkeiten in sprachheterogenen Lerngruppen zu fördern, so ist es unerlässlich, den Blick auf die Entwicklung von Sprachbewusstheit bei mehrsprachigen Lernern zu richten. Bekannt ist, dass ihre Aufmerksamkeit für sprachliche Strukturen aufgrund der früheren Konfrontation mit mindestens zwei Sprachsystemen zumeist höher ist als bei einsprachigen Lernern, die in der Regel erst mit dem Schriftspracherwerb ein zweites Sprachsystem kennenlernen (dazu Andresen/Funke 2003; List 2001; Tracy 2009; Videsott 2011; Weskamp 2007; Weth 2008). Demnach müssten Schülerinnen und Schüler mit einem mehrsprachigen Hintergrund eigentlich einen Vorteil beim sprachlichen Lernen haben. Die Realität in Deutschland sieht jedoch anders aus, und dafür können im Wesentlichen drei Gründe aufgeführt werden:

→ Im Deutschunterricht wird nach wie vor zu wenig auf das sprachliche Wissen mehrsprachiger Lerner rekurriert (Wildemann 2010c, 2010d; Roth 2006).
→ Die Diskussion und Entwicklung von Sprachförderung zielt vornehmlich zu einseitig auf die Beherrschung der Mehrheitssprache ab und ist damit primär defizitorientiert konzeptualisiert (dazu auch Ehlich 2009; Maas 2008; Wildemann 2010c).

→ Dies alles geschieht auf einer noch unzureichend empirisch erschlossenen Grundlage im Hinblick auf Sprachaneignung, Sprachdiagnostik und Sprachfördermaßnahmen (dazu Redder et al. 2011).

Trotz der insgesamt problematischen Forschungslage liegen für den Bereich der Sprachbewusstheit bei Mehrsprachigen einige empirische Resultate vor, die für eine Modellierung eines sprachbewussten, kompetenzorientierten Unterrichts herangezogen werden können. Exemplarisch werde ich die Erhebung der sprachreflexiven Fähigkeiten von Sprachlernern von Kutsch (1988), die Freiburger Studie zu Sprachvorstellungen mehrsprachiger Kinder von Oomen-Welke (2008) und die Untersuchung der Sprachlernstrategien erwachsener Sprachlerner von Wildenauer-Jósza (2005) skizzieren.

Wie Eichler geht Kutsch davon aus, dass Sprachbewusstheit beim zweitsprachlernenden Kind vor allem im Kontext des sprachpraktischen Handelns, und somit als prozedurales Wissen, zum Ausdruck kommt (Kutsch 1988, S. 12 ff.). Im Gegensatz zur DESI-Studie, in der Lerner durch Aufgaben gezielt zu sprachbewusstem Handeln animiert und diese Handlungen wiederum für die Beschreibung von Sprachbewusstheit herangezogen werden – eine Vorgehensweise, die Kutsch kategorisch ablehnt –, untersucht er aus dem Saarbrücker Korpus die spontanen metasprachlichen und metakommunikativen Handlungen von türkischen und italienischen 8- bis 12-Jährigen über einen Zeitraum von zwei Jahren. Da in seinem Treatment keine sprachbewussten Handlungen von außen, also durch den Untersucher, provoziert werden, kann er Sprachbewusstheit folglich ausnahmslos an die beobachtbare kindliche Fähigkeit zur Explizierbarkeit binden. Das führt ihn zu einer quasi »natürlichen« Datenbasis, mit der er mögliche Zusammenhänge zwischen Spracherwerb und Sprachbewusstheit aus erwerbstheoretischer Perspektive überprüfen kann.

Auf diese Weise wird jedoch auch nur ein Teilbereich von Sprachbewusstheit erfasst, nämlich der, der unmittelbar an das prozedurale Wissen gekoppelt ist. Aussagen zur Aktivierung von deklaratorischem Wissen, auf der Grundlage des erlebten Sprachunterrichts, wie sie DESI ermöglicht, sind hier ausgeschlossen bzw. können nur vermutet werden. So kommt Kutsch zu dem Resultat, dass Sprachlerner vorwiegend phonologische und semantische Merkmale thematisieren (Kutsch 1988, S. 15), hingegen

»den Erwerb von Syntax und Morphologie nicht reflexiv kontrollieren, und zwar weil sie diesen Erwerbsbereich spontansprachlich nicht thematisieren« (Kutsch 1988, S. 238).

Darin unterscheiden sich seine Daten zu den spontansprachlichen reflexiven Äußerungen von Ergebnissen aus Testsituationen, die nach dem Prinzip der Elizitation verfahren. Im Hinblick auf Sprachbewusstheit als Ergebnis schulischer Lehr-Lern-Zusammenhänge bleibt ihm nur zu prognostizieren:

»Der Grund für den Mangel an grammatischen Sprachreflexionen wird in der Annahme gesehen, daß eine Reflexion erst zu dem Zeitpunkt erfolgen kann, an dem ein grammatisches Begriffssystem der zu lernenden Sprache zur Verfügung steht und der Lerner *bewußt* über seine Sprache verfügt« (Kutsch 1988, S. 238).

Kutsch schlussfolgert daraus, dass Sprachbewusstsein nicht mit Beginn des kindlichen Spracherwerbs vorliegt, sondern es sich bei den spontansprachlichen Äußerungen lediglich um sogenannte »Prä-Strukturen« handelt (1988, S. 238). Er orientiert sich mit seinem Begriff von Sprachbewusstsein dabei an der von Andresen aufgeworfenen Unterscheidung von eigentlicher und aktueller Bewusstwerdung, wobei er die spontansprachlichen Reflexionen der von ihm untersuchten Kinder der aktuellen Bewusstwerdung zuordnet (Kutsch 1988, S. 18) und von einem bewussten Umgang mit Sprache im Sinne von eigentlicher Bewusstwerdung abgrenzt. Er verwendet den Terminus Sprachbewusstsein hier synonym mit dem der Sprachbewusstheit, wobei sich Zweiterer inzwischen als Übersetzung von Language Awareness durchgesetzt hat (s. Budde/Riegler/Wiprächtiger-Geppert 2011, S. 32). Auf der Grundlage der von ihm präferierten Annahme, dass sprachbewusstes Handeln immer nur dann vorliegt, wenn Sprecher sowohl phonologische und semantische als auch morphologische, syntaktische und grammatische Urteile metasprachlich und metakommunikativ realisieren, ist seine Schlussfolgerung durchaus nachvollziehbar. Führt man die Ergebnisse von Kutsch konsequent – und auf der Folie des in diesem Beitrags dargestellten Begriffs von Sprachbewusstheit – weiter, so folgt daraus, dass gerade der schulische Sprachunterricht, im Gegensatz zum ungesteuerten Spracherwerb, eine Schlüsselfunktion für die Ausbildung von Sprachbewusstheit im Sinne der erweiterten und fortgeschrittenen Fähigkeiten (nach DESI) hat. Das gilt sogar insbesondere für mehrsprachige Lerner, die mehrheitlich gezwungen sind, ihr (meta-)sprachliches Begriffssystem parallel zum Erwerb der Zweitsprache zu entwickeln. Sie benötigen daher sowohl Sprachpraxis als auch einen systematischen Sprachunterricht, in dem sprachliche Strukturen explizit thematisiert werden (dazu auch Belke 2003, S. 181 f.) und sie dadurch ihr deklaratorisches Wissen aufbauen können.

Auch die Freiburger Studie zur »Sprachaufmerksamkeit und Sprachbewusstheit bei Kindern und Jugendlichen mit Migrationshintergrund« hat Spontandaten von Schülerinnen und Schülern erfasst und auf Anzeichen von Sprachaufmerksamkeit hin analysiert, geht dabei jedoch von Groebens »Konzept der subjektiven Theorien« (Oomen-Welke 2008a, S. 374) aus. Danach werden die Sprachvorstellungen im dialogischen Untersuchungsfeld untersucht, indem die Probanden ihre subjektiven Konzepte und Ansichten verbalisieren. In der Freiburger Studie wurden auf der Grundlage von Unterrichtstranskripten aus dem Deutsch- und Sachunterricht der Primar- und Sekundarstufe Merkmale von Sprachaufmerksamkeit klassifiziert und zusätzlich durch Leitfaden-Interviews expliziert. Wie Kutsch kommt die Freiburger Forschergruppe zu dem Ergebnis, dass von den mehrsprachigen Lernern in erster Linie semantische und phonologische Aspekte spontan realisiert werden (Kutsch 1988, S. 15; Oomen-Welke 2008a, S. 375 f.; Oomen-Welke/Peña Schumacher 2005). Darüber hinaus ergaben die Gruppeninterviews jedoch eine dreimal so hohe Aktivität der Zweitsprachler im Vergleich zu den einsprachigen Kindern (Oomen-Welke 2008a, S. 377), wobei die metasprachlichen Äußerungen deutlich höher ausfielen, wenn das Interview in einer Gruppe mit mehreren Zwei- bzw. Mehrsprachigen stattfand (s. auch Wildemann 2010c, S. 219).

Im Hinblick auf die Aktivierung reflexiver Auseinandersetzungen mit Sprache und deren Bedeutung für die Ausbildung von Sprachbewusstheit ist auch die Interviewstudie von Wildenauer-Józsa (2005) von Interesse. Darin befragt sie erwachsene Deutschlerner, ob und in welcher Weise sie ihre Erstsprache beim Erlernen der Zweit- oder Fremdsprache aktivieren. Ähnlich wie Oomen-Welke stellt sie fest, dass bei den Lernenden Vorstellungen über Sprache und Sprachstrukturen sowie über den Sprachlernprozess bestehen und somit auch bei erwachsenen Lernern Präkonzepte vorliegen. Diese sind gerade in der Anfangszeit des Lernprozesses bedeutsam, da die Lernenden hier die Strategie des Sprachvergleichs anwenden, um sich sprachliche Strukturen zu erschließen (Wildenauer-Józsa 2005, S.173). Der Sprachvergleich dient dabei vornehmlich »zur Lernökonomisierung und [...] zur Erweiterung sprachlichen Wissens« (S. 249). Die Erkenntnis, dass die Lernenden in den Bereichen Wortschatz und Grammatik mehrheitlich sprachvergleichend vorgehen, wertet Wildenauer Józsa als Anzeichen für das Vorhandensein eines kontrastiven Bewusstseins (S. 220). Während Kutsch noch mutmaßte, die fehlenden grammatischen Sprachreflexionen seien auf ein fehlendes Begriffssystem zurückzuführen, scheint es vielmehr so, folgt man den Ergebnissen von Wildenauer-Józsa, dass (erwachsene) Sprachlerner besonders am Anfang grammatische Strukturen der Sprachen vergleichen, also sprachreflexiv agieren. Dies kann als ein Indiz für vorhandene Sprachbewusstheit betrachtet werden, denn die Lernenden sind nicht nur in der Lage, Sprache zum Gegenstand ihres Denkens zu machen, sondern können ihr sprachliches Handeln zudem auf einer Metaebene verbalisieren.

Während Kutsch die spontanen metasprachlichen und metakommunikativen Äußerungen zweisprachiger Kinder erfasst und im Hinblick auf das Vorkommen im Laufe des Spracherwerbs analysiert hat, versuchten die Freiburger Gruppe und Wildenauer-Józsa ihre Probanden durch Interviews zum Nachdenken über Sprache zu animieren. Auf diese Weise ist es ihnen gelungen, die »versteckten« subjektiven Theorien über Sprachen und Sprachenlernen sichtbar zu machen. Damit liefern sie zugleich eine didaktische Anschlussmöglichkeit (s. auch Oomen-Welke 1998, 1999, 2000, 2008a, b, 2010; Wildenauer-Józsa 2005), in deren Rahmen Präkonzepte der Schülerinnen und Schüler in einem sprachsensiblen Deutschunterricht wahrgenommen und thematisiert werden.

Diagnose von Sprachbewusstheit

Das Vorhandensein von Sprachbewusstheit lässt sich auf zweierlei Weise erfassen, zum einen durch sprachbewusstheitsaktivierende Aufgaben, wie sie im Rahmen der DESI-Studie entwickelt wurden (Eichler 2007b), und zum anderen durch Beobachtungen, wie sie in der Regel im Unterrichtszusammenhang durchgeführt werden. Ich werde Zweiteres vorstellen, da es die durchaus gängigere Alltagspraxis darstellt. Im Gegensatz zu den zumeist unstrukturierten, unspezifischen Beobachtungen, wie sie üblicherweise im Unterrichtsalltag vorherrschen, sollen an dieser Stelle aber Beobachtungsaspekte dargelegt werden, die ein systematisches Vorgehen und damit konkrete Ansätze für einen kompetenzorientieren Unterricht ermöglichen. Dafür ist eine didaktische Haltung notwendig, die ich als »Didaktik des Könnens« (Wildemann 2010a, S. 170, 2010b, S. 38 ff.) bezeichne. Sie beinhaltet zweierlei: 1. den Blick auf das Können des Kindes zu richten und 2. das Ineinandergreifen von Diagnose und Unterricht.

Schreibungen thematisieren und analysieren

In einer fünften Klasse wurden den Schülerinnen und Schülern orthografisch prägnante Wörter in Anlehnung an die HSP 4/5 diktiert und sie anschließend aufgefordert, ihre Verschriftungen verbal zu begründen. Ziel war es, die subjektiven Theorien sowie das orthografische Wissen zu erfassen. Exemplarisch werden hier die Schreibungen und Begründungen von vier Schülern (Tabelle 2) vorgestellt. Mehr noch als die sichtbaren Schreibungen sind dabei die Begründungen von Interesse, da sie sich im Hinblick auf vorhandene Sprachbewusstheit kategorisieren und damit Kompetenzniveaus zuordnen lassen. Die Klassifizierung der Schreibungen orientiert sich zum einen an den in der Hamburger Schreibprobe vorgegebenen »Lupenstellen« (May 2000, May/Malitzky 1999) und zum anderen an den empirischen Daten zu den von mehrsprachigen Lernern thematisierten Sprachstrukturen (Kutsch 1988; Oomen-Welke 2008a). In einer ersten Grobanalyse werden daher Schreibungen und deren Begründungen unterschieden, die eine phonologische Orientierung anzeigen, und solche, die bereits auf orthografisches Wissen verweisen. Anschließend erfolgt in einer Feinanalyse auf beiden Ebenen eine nochmalige Differenzierung. Auf phonologischer Ebene wird unterschieden in eine reine Lautorientierung im Sinne einer antizipierten Phonem-Graphem-Korrespondenz und eine Ausrichtung an der phonologischen Struktur auf Wortebene. Die orthografischen Begründungen werden, da hier ausschließlich das Schreiben von Einzelwörtern untersucht wird, im Hinblick auf morphologische Aspekte analysiert. In der dritten Kategorie werden semantische Aspekte, die auf Wortebene als lexikalische Erklärungen getätigt werden, in den Blick genommen. Somit ergibt sich für die diagnostische Analyse der Schreibungen in Begründungszusammenhängen die Klassifizierungsstruktur in Tabelle 2.

Grobstruktur/ Ebene	Feinstruktur	Erläuterung	Beispiel
Phonologie	phonologische Struktur auf Lautebene	Phonem-Graphem-Zuordnung	»[…], weil man es hört« (Hanttuch)
	phonologische Struktur auf Wortebene	Lautqualitäten im Wortkontext	»[…], weil man es kurz ausspricht« (Fahradschloss)
Orthografie	Morphologie	morphologische Konstantschreibung	»[…] ich sage Hände, dann weiß ich, es wird mit <d> geschrieben« (Handtuch)
Semantik	Lexik	Wortbedeutung	»[…] das meint ja, wann ich geboren bin, also, welcher Tag« (Geburtstag)

Tab. 2: Klassifizierungsrahmen für die Diagnose von Wortschreibungen

Um die Leistungsheterogenität innerhalb einer Schulklasse zu veranschaulichen, werden in der nachfolgenden Übersicht exemplarisch die Schreibungen von vier Schülerinnen und Schülern abgebildet. Es handelt sich dabei um zwei einsprachig aufwachsende Schülerinnen (Christin und Sonja) sowie eine Schülerin (Zara) und einen Schüler (Enes) mit türkischer Erst- und deutscher Zweitsprache. Das Wortdiktat wurde im Klassenverbund durchgeführt. Das sich anschließende Gespräch fand zeitnah in Einzelsituationen statt, nachdem eine erste Sichtung der Schreibungen durch die Lehrkraft stattgefunden hatte. Auf diese Weise kann sich die Lehrkraft einen ersten Gesamteindruck von den Leistungen ihrer Lerngruppe verschaffen und schließlich diejenigen unter ihnen verstärkt in den Blick nehmen, deren Schreibungen Auffälligkeiten aufweisen.

In dem Gespräch wurden die Schülerinnen und Schüler nach ihren Begründungen für die Schreibung der Wörter gefragt. Christin, die alle Wörter richtig geschrieben hat, zieht für die Schreibungen ihr orthografisches Wissen heran. Ihre Begründungen bewegen sich alle auf der morphologischen Ebene, so z. B. ihre Begründung zu der Schreibung des Wortes <Verkäuferin>: »*… das kommt ja von kaufen, deshalb habe ich <äu> geschrieben.*« Darüber hinaus beinhalten ihre Antworten teilweise eine Kombination aus morphologischen und semantischen Überlegungen, beispielsweise ihre Erläuterung zu der Schreibung des Wortes <Handtuch>: »*Es ist ein zusammengesetztes Wort, <Hand> und <Tuch>, halt ein Tuch für die Hände.*« Christins Begründungen zeigen, dass sie bereits ein orthografisches Wissen aufgebaut hat, auf das sie bewusst zurückgreifen und das sie auch explizieren kann. Im Sinne der Kompetenzmodellierung nach DESI befindet sich Christin damit auf einem mittleren Kompetenzniveau (C), da es ihr gelingt, deklaratives Wissen zu aktivieren, dieses in eigene Verschriftungen umzusetzen (also prozedural einzubinden) und Sprachstrukturen auf Nachfrage zu thematisieren.

Wörter	Christin	Kategorie	Sonja	Kategorie
Verkäuferin	Verkäuferin	morphol.	Verkeuferin	phonol.
Fernsehprogramm	Fernsehprogramm	morphol.	Fernsegrogramm	morphol. + phonol.
Fahrradschloss	Fahrradschloss	morphol.	Fahradschloss	phonol.
Geburtstag	Geburtstag	semant.+ morphol.	Geburtstag	morphol.
Handtuch	Handtuch	semant. + morphol.	Hantuch	phonol.
Briefträger	Briefträger	morphol.	Brieftreger	morphol., phonol.
Wörter	**Zara**	**Kategorie**	**Enes**	**Kategorie**
Verkäuferin	Verkeufarin	phonol.	Verkaufrin	phonol.
Fernsehprogramm	Fehrnseprogramm	phonol.	Fernseprogram	phonol.
Fahrradschloss	Faradschloss	phonol. + morphol.	Faratschloss	phonol. + morphol.
Geburtstag	Geburtstag	semant. + morphol.	Geburstag	phonol.
Handtuch	Hahntuch	phonol. + morphol.	Hantuch	phonol.
Briefträger	Brieftreger	phonol. + morphol.	Brieftrega	phonol.

Tab. 3: Wortschreibungen deutscher Schülerinnen (Christin und Sonja) und türkisch-deutscher Schülerinnen und Schüler (Zara und Enes)

Anders sieht es bei den Schreibungen und Begründungen von Sonja, Zara und Enes aus, die dabei mehrheitlich phonologische Aspekte auf der Laut- und Wortebene berücksichtigen. Bei ihnen fallen Antworten beispielsweise so aus:

Lautebene
Han**t**tuch (Enes): »*Weil man es hört.*«
Brieft**r**ega (Enes): »*Ich habe es geschrieben, wie ich es gehört habe.*«
Verkeuf**a**rin (Zara): »*Das hört man doch!*« [spricht das Wort betont]

Wortebene
Fernseprogra**mm** (Sonja): »*Weil das <a> kurz gesprochen wird.*«
Fe**h**rnseprogramm (Zara): »*Weil es lang ist.*«

Einige wenige Antworten von Sonja, Zara und Enes beinhalten morpho-semantische Angaben, die sich dann auf Komposita beziehen. Das sind beispielsweise die Folgenden:

> Geburtstag (Sonja): »*Das meint ja, wann ich geboren bin, also, welcher Tag.*«
> Brieftreger (Sonja): »*<Brief> und <Träger>, sind also eigentlich zwei Wörter.*«
> Faradschloss (Zara): »*Also, einmal das <Fahrrad> und noch das <Schloss>.*«
> Faratschloss (Enes): »*Damit schließt man das <Fahrrad> ab.*«

Die Schülerinnen und Schüler verlassen sich hierbei vor allem auf ihr Gehör und verschriften folglich Lautiertes. Im Gegensatz zu Christin, die ihre orthografischen Kenntnisse aktiviert, können Sonja, Zara und Enes scheinbar noch nicht ausreichend auf ein solches Wissen zurückgreifen. Stattdessen verbleiben sie in erster Linie auf der Ebene der Laut-Buchstaben-Zuordnung. Nichtsdestotrotz finden sich in den Schreibungen der drei auch korrekte Verschriftungen, so z. B. die Lupenstelle <ie> in <Brief>, die Auslautverhärtung in <Tag> (bei <Geburtstag>) oder das Präfix <Ver> in <Verkäuferin>. Ihre Schreibungen können folglich nicht ausschließlich phonologisch geleitet gewesen sein. Sie verfügen bereits über ein implizites orthografisches Wissen, welches sie schließlich im Schreibprozess entsprechend umsetzen können. Eine Erklärung dafür können die drei indes nicht geben (»*Das weiß ich halt*«), vielmehr scheint hier das vorzuliegen, was in DESI als »weitgehend unbewusst vorhandene Fähigkeiten, bei denen Sprache als Werkzeug gebraucht wird« bezeichnet und dem Kompetenzniveau A zugeordnet wird (s. oben).

Deutlich wird an den Beispielen, dass vor allem die Begründungen der Schüler Lehrkräften Auskunft über deren Zugriffsweisen auf Schrift geben können. Sowohl die Tatsache, ob Sprache bewusst oder unbewusst gebraucht wird, als auch die Fähigkeit zur Explizierbarkeit sind dabei Gradmesser für Sprachbewusstheit. Bereits indem die Schülerinnen und Schüler aufgefordert werden, ihre Schreibungen zu begründen (was den meisten anfangs noch schwerfällt), wird ein sprachbewussteres Handeln elizitiert. Wird im Deutschunterricht daran angeknüpft und Sprache zum Thema gemacht, über das gemeinsam nachgedacht und gesprochen wird, so haben die Schülerinnen und Schüler die Möglichkeit, ihre Präkonzepte in Wissen zu transferieren.

Schreibungen und Lernstrategien

Bei den Betrachtungen der Schreibungen und Begründungen gilt es, auch den sprachlichen Hintergrund zu berücksichtigen. Mehrsprachige Lerner verfügen nicht nur über Kenntnisse in beiden Sprachen, sondern zudem über Sprachlernstrategien (dazu Bimmel/Rampillon 2000; Schramm 2008; Wildenauer-Józsa 2005; Wildenauer-Józsa/Holstein 2008), die sie für das Schreiben nutzen. Das bestätigen auch die Aussagen in Tabelle 4 aus dem anschließenden Unterrichtsgespräch.

Aussage	Strategie	Übergeordnete Strategie
Einfache Wörter, also die oft sind, die kann ich so.	Abrufstrategie	Gedächtnisstrategie
Ich versuch mir schwere Wörter zu merken. Aber manchmal vergess ich's doch. Dann muss ich's neu lernen.	Erhaltungsstrategie	Gedächtnisstrategie
Ich hör genau hin, sprech das Wort ganz langsam und deutlich.	phonetische Strategie	Sprachgebrauchsstrategie
Z. B. Geburtstag, dass sind in Türkisch auch zwei Wörter <doğum günü> und Geburtstag auch <Geburt> und <Tag>, aber ich muss es zusammenschreiben.	Produktionsstrategie	Sprachgebrauchsstrategie
Manchmal schreib ich's hin und seh's mir noch mal an. Dann schreib ich's anders.	Kontrollstrategie	metakognitive Strategie

Tab. 4: Angewandte Strategien beim Wortschreiben

Die für das Schreiben aktivierten Strategien beinhalten kognitive und metakognitive Leistungen (affektive Strategien wurden von den Schülerinnen und Schüler nicht genannt). Die angewandten Strategien spiegeln sich wiederum in den Schreibungen wider, in denen im Fall von Zara und Enes phonologische und morphologisch orientierte Wortschreibungen dominieren (siehe Tabelle 2). Es besteht somit ein Zusammenhang zwischen den kognitiven Dispositionen und dem, was später auf dem Papier sichtbar wird. Die systematische Analyse von (ausgewählten) Verschriftungen ermöglicht Rückschlüsse auf das schriftsprachliche Wissen. Die elizitierte Versprachlichung von Präkonzepten und Strategien beim Schreiben hingegen gibt Auskunft über vorhandenes metasprachliches Wissen im Kontext von Mehrsprachigkeit. Folglich ist davon auszugehen, dass insbesondere Schülerinnen und Schüler, die dazu gebracht werden, bewusst auf vorhandene Strategien zurück zu greifen, sie zu erweitern und schließlich auf andere sprachliche Phänomene zu übertragen, zunehmend höhere sprachliche Leistungen erzielen.

Sprachbewusstheit fördern

Prämissen eines kompetenzorientierten Sprachunterrichts

Wer Sprachbewusstheit erfassen und fördern will – ob nun in einem integrativen Deutschunterricht (Michalak in diesem Band) oder in der Auseinandersetzung mit einzelsprachlichen Phänomenen (Eichler 2007b) –, der muss dafür im Unterricht

Räume schaffen, in denen die Schülerinnen und Schüler die Möglichkeit haben, Hypothesen zu formulieren und zu überprüfen. Sichtet man die Begründungen der Schülerinnen und Schüler (in der hier vorliegenden Erhebung wurden die Antworten von 28 Fünftklässler/innen erfasst), so scheint offensichtlich eine Lücke zwischen den Zielen des Deutschunterrichts in Bezug auf die Ausbildung von Sprachbewusstheit und den Wegen dorthin zu klaffen. Wenn es nämlich darum geht, ein schriftbezogenes Wissen aufzubauen, wird interessanterweise das Versprachlichen eigener Vorstellungen und Strategien kaum realisiert. Folglich muss bei vielen Schülerinnen und Schülern der Eindruck entstehen, dass sich das richtige Schreiben irgendwann und irgendwie quasi von allein einstelle. Sie verlassen sich auf ihre intuitiven Eingebungen, auf Wortbilder im Kopf (Scheerer-Neumann 2004) oder auf das, was sie in der Grundschule gelernt haben (dazu auch Eckert/Stein 2004).

Betrachtet man kognitive Orientierung und Metakognition als zwei wesentliche Variablen eines kompetenzorientierten Sprachunterrichts, so ist es Aufgabe eines sprachförderlichen Deutschunterrichts, beides umzusetzen, um das sprachliche Lernen der Schülerinnen und Schüler auf der Grundlage ihres Wissens und Könnens zu erweitern.

Am Beispiel der schriftbezogenen Gespräche konnte aufgezeigt werden, dass auf diese Weise das Wissen und die Strategien der Lerner/innen sichtbar gemacht werden können. Demnach ist es ein Unterschied, ob die Lehrkraft weiß, wie etwas verschriftet wurde oder ob sie auch nachvollziehen kann, warum eine Verschriftung auf eine bestimmte Weise erfolgt ist. Denn erst das *Warum* gibt ihr Auskunft über das abrufbare Wissen und kann in ein didaktisches Handeln münden, bei dem Schülerleistungen und Lernangebote aufeinander abgestimmt sind. Darüber hinaus sollte ein sprachensensibler Unterricht einigen Prämissen folgen, die eine integrierte Sprachbetrachtung, wie sie der Kompetenzbereich »Sprache und Sprachgebrauch untersuchen« impliziert, umsetzt. Dazu gehören die folgenden:
➔ an die Sprache(n) der Schülerinnen und Schüler anknüpfen
➔ Sprachvorstellungen der Schülerinnen und Schüler thematisieren
➔ Präkonzepte versprachlichen lassen
➔ Hypothesen aufstellen, begründen und überprüfen lassen
➔ sprachliches Wissen durch anwendungsorientierte Aufgaben festigen
➔ Lernstrategien erkennbar machen
➔ sprachliche Herausforderungen bereitstellen

Sprachbewusstheit zu fördern heißt somit, Sprache und Sprachen im Deutschunterricht zum Thema zu machen sowie den eigenen Sprachgebrauch zu reflektieren. Das beinhaltet in erster Linie das Sprechen über Sprache(n), denn erst in der Versprachlichung werden Wissen und Können sichtbar – für Lehrende und Lernende.

Sprachförderung konkret – Anregungen für die Praxis

Nachfolgend werden einige Vorschläge für die Unterrichtspraxis aufgezeigt. Dies geschieht exemplarisch an den Schreibleistungen von Sonja, Zara und Enes. Alle drei schreiben vornehmlich nach dem Prinzip »Ich schreibe, was ich höre« und verfügen über noch weitgehend unbewusste Fähigkeiten, bei denen sie Sprache als Werkzeug gebrauchen (Kompetenzniveau A). Für sie ist die geschriebene Sprache in erster Linie die grafische Repräsentation lautlicher Elemente. Gleichzeitig konnten alle drei bereits ein implizites orthografisches Wissen aufbauen, welches sich in den richtigen Schreibungen widerspiegelt. Aus den systematischen Beobachtungen und anschließenden Analysen lässt sich für die unterrichtliche Weiterarbeit daher Folgendes ableiten: Aufgabe des Deutschunterrichts muss es sein, allen drei Schülerinnen und Schülern Erkenntnisse zur *Systematik der Schrift bzw. Orthografie* zu ermöglichen (1) und in diesem Zusammenhang ihre *Monitorfähigkeiten* auszubilden (2).

Schrift als System erkennen
Häufige Fehlerquellen beim Schreiben sind auf die typischen morphologischen Schreibweisen zurückzuführen. Diese sind neben den phonologischen Schreibungen auch bei Sonja, Zara und Enes auffindbar, so zum Beispiel bei der Umlautbildung, der Auslautverhärtung und der Schärfungsschreibung. Sie unterliegen dem Prinzip der morphologischen Formkonstanz und sind somit im Unterricht durchaus systematisch vermittelbar. Die Umlautbildung kann durch das Erstellen von Wortfamilien bewusst gemacht werden, die Auslautverhärtung wird in der Regel durch die Pluralbildung (<Hund – Hunde>) sichtbar und die Schärfungsschreibung wird durch Einsichten in die silbische Struktur von Wörtern nachvollziehbar.

Bei Enes lassen sich zudem Fehler *(Verkaufrin, Hantuch, Geburstag)* ausmachen, die vermuten lassen, dass er im Bereich des Hörverstehens in der Zweitsprache Deutsch noch Schwierigkeiten hat. Da er vor allem lautorientiert schreibt, hat dies unmittelbare Folgen für seine Schreibleistungen. Eine stärkere schriftsystematische Ausrichtung des Unterrichts ermöglicht ihm den Aufbau sprachstrukturellen Wissens und steigert somit seine Analysefähigkeit im Hinblick auf die gesprochene Sprache (z. B. das Zerlegen in kleinere Einheiten). Das erworbene Sprachwissen kann er dann schließlich für das eigene Schreiben heranziehen.

Die hier skizzierten Hinweise sind keine neuen rechtschreibdidaktischen Erkenntnisse, vielmehr zeigen die exemplarisch an einigen Schülerschreibungen festgestellten Kompetenzen und die daraus abgeleiteten Schlussfolgerungen, dass Diagnose und Unterricht unmittelbar ineinandergreifen müssen, will man Schülerinnen und Schüler kompetenzorientiert und individuell fördern.

Eigene Schreibungen überprüfen
Sonja, Zara und Enes schreiben in gutem Glauben, es richtig zu machen. Ihre Begründungen zeigen, dass sie sowohl von ihren Herangehensweisen als auch von ihren Schreibprodukten überzeugt sind. Sie haben somit aus ihrer Sicht keinen Anlass, ihre

Schreibungen zu überprüfen. Ein erster Schritt ist es daher, dass die drei lernen, ihre eigenen Schreibungen prinzipiell zu überprüfen – auch dann, wenn sie sicher sind, alles richtig geschrieben zu haben. Die manchmal etwas hilflos anmutenden Begründungen sind hier nicht nur ein Indiz für fehlendes orthografisches Wissen, sondern auch dafür, dass sie es nicht gewohnt sind, über ihre Schreibungen zu sprechen. Hier sollte im Deutschunterricht als Erstes angesetzt werden. Dies kann beispielsweise durch regelmäßige Schreibgespräche stattfinden, in denen die Schülerinnen und Schüler eigenständig Wörter oder Sätze auswählen, bei denen sie unsicher sind und über die sie mit anderen Klassenkameraden sprechen wollen. Schreibgespräche sind sowohl in der Kleingruppe als auch im Plenum durchführbar.

Außerdem benötigen die Schülerinnen und Schüler Mittel und Methoden, mit denen sie ihre Schreibungen selbstständig überprüfen können. Dies sind zum Beispiel Wörterbücher zum Nachschlagen. Das Überprüfen mithilfe des Wörterbuches sollte integrativer Bestandteil des Unterrichts und für alle Schülerinnen und Schüler selbstverständlich sein. Auch Wörterlisten helfen, individuelle Rechtschreibhürden zu überwinden. Hilfreich sind zudem Handlungsschritte, die das gezielte Überprüfen anleiten. Diese können wie folgt aussehen:
1. Lies deinen Text noch einmal gründlich.
2. Markiere Wörter, bei denen du nicht sicher bist, ob du sie richtig geschrieben hast.
3. Prüfe deine markierten Wörter mithilfe des Wörterbuches.
4. Korrigiere falsch geschriebene Wörter.
5. Gib deinen Text einem Korrekturleser. (In der Klasse wurden im Vorfeld einige Schülerinnen und Schüler zu Korrekturlesern ausgebildet.)
6. Beachte die Hinweise des Korrekturlesers und verbessere markierte Wörter.

Ziel ist es, dass Schülerinnen und Schüler aufmerksam für eigene Schreibungen werden und in die Lage versetzt werden, diese mit entsprechenden Mitteln und Methoden zu überprüfen. Gelingt dies, so ist ein weiterer Schritt getan, und Schülerinnen und Schüler verfügen zunehmend über prozedurale Sprachbewusstheit mit Monitorfunktion auf dem nächsthöheren Kompetenzniveau.

Literatur

Andresen, H. (2011): Entstehung von Sprachbewusstheit in der frühen Kindheit – Spracherwerbstheoretische und didaktische Perspektiven. In: Köpcke, K.-M./Noack, C. (Hrsg.): Sprachliche Strukturen thematisieren. Sprachunterricht in den Zeiten der Bildungsstandards. Baltmannsweiler: Schneider, S. 15–26.

Andresen, H./Funke, R. (2003): Entwicklung sprachlichen Wissens und sprachlicher Bewusstheit. In: Bredel, U./Günther, H./Klotz, P./Ossner, J. (Hrsg.): Didaktik der deutschen Sprache. Band 1. Weinheim, Basel: Beltz, S. 438–451.

Bimmel, P./Rampillon, U. (2000): Lernerautonomie und Lernstrategien. Berlin.

Bremerich-Vos, A. (2010): Modellierung von Aspekten sprachlich-kultureller Kompetenz. In: Zeitschrift für Pädagogik 56, S. 199–203.

Budde, M./Riegler, S./Wiprächtiger-Geppert, M. (2011): Sprachdidaktik. Berlin.

Eichler, W. (2007a): Sprachbewusstheit. In: Beck, B./Klieme, E. (Hrsg.): Sprachliche Kompetenzen. Konzepte und Messung. DESI-Studie (Deutsch Englisch Schülerleistungen International). Weinheim, Basel: Beltz, S. 147–157.

Eichler, W. (2007b): Sprachbewusstheit bei DESI. In: Willenberg, H. (Hrsg.): Kompetenzhandbuch für den Deutschunterricht. Baltmannsweiler: Schneider, S. 124–133.

Eichler, W. (2007c): Prozedurale Sprachbewusstheit, ein neuer Begriff für die Lehr-Lernforschung und didaktische Strukturierung in der Muttersprachendidaktik. In: Hug, M./Siebert-Ott, G. (Hrsg.): Sprachbewusstheit und Mehrsprachigkeit. Baltmannsweiler: Schneider, S. 32–48.

Eichler, W. (2008): Sprachbewusstheit Deutsch. In: DESI-Konsortium (Hrsg.): Unterricht und Kompetenzerwerb in Deutsch und Englisch. Ergebnisse der DESI-Studie. Weinheim, Basel: Beltz, S. 112–119.

Eichler, W./Isaac, K./Metzeld, D. (2009): Bewusster Umgang mit Sprache – Sprache und Sprachgebrauch untersuchen: In: Grundschulunterricht Deutsch, 02/09. München, S. 28–31.

Eckert, T./Stein, M. (2004): Ergebnisse einer Untersuchung zum orthographischen Wissen von HauptschülerInnen. In: Bredel, U./Siebert-Ott, G./Thelen, T. (Hrsg.): Schriftspracherwerb und Orthographie. Baltmannsweiler: Schneider, S. 123–161.

Feindt, A. (2010): Kompetenzorientierter Unterricht – wie geht das? In: Friedrich Jahresheft »Lehrerarbeit. Lehrer sein.«, S. 85–89.

Feindt, A./Meyer, H. (2010): Kompetenzorientierter Unterricht. In: Die Grundschulzeitschrift 09/10, S. 29–32.

Gailberger, S. (2013): Systematische Leseförderung für schwach lesende Schüler (Das Lüneburger Modell). Zur Wirkung von lektürebegleitenden Hörbüchern und Lesebewusstmachungsstrategien auf die Lesekompetenz schwach lesender Achtklässler und Neuntklässler an einer Gesamtschule in Hamburg-Wilhelmsburg. Weinheim: Juventa.

Gornik, H. (2010): Über Sprache reflektieren: Sprachthematisierung und Sprachbewusstheit. In: Frederking, V./Huneke, H.-W./Krommer, A./Meier, C. (Hrsg.): Taschenbuch des Deutschunterrichts. Band 1: Sprach- und Mediendidaktik. Baltmannsweiler: Schneider, S. 232–249.

Hug, M. (2007): Sprachbewusstheit/Sprachbewusstsein – the state oft he art. In: Hug, M./Siebert-Ott, G. (Hrsg.): Sprachbewusstheit und Mehrsprachigkeit. Baltmannsweiler: Schneider, S. 10–31.

Hurrelmann, B. (2007): Modelle und Merkmale der Lesekompetenz. In: Bertschi-Kaufmann, A. (Hrsg.): Lesekompetenz – Leseleistung – Leseförderung. Grundlagen, Modelle und Materialen. Seelze-Velber, S. 18–29.

Jeuk, S. (2010): Rechtschreibung und Grammatik bei mehrsprachigen Kindern. In: Grundschule Deutsch, 3/2010, S. 26–28.

Karmiloff-Smith, A. (1995): Beyond Modularity. Cambridge, Mass. (1992).

Klieme, E. (2005): Bildungsqualität und Standards. Anmerkungen zu einem umstrittenen Begriffspaar. In: Friedrich Jahresheft »Standards«, S. 6–7.

Klieme, E. (2010): Bildungsstandards und kompetenzorientierter Unterricht. Eine Zwischenbilanz. Vortrag auf dem Festakt der 50-Jahrfeier des Friedrich Verlages am 25.9.2010.

Kutsch, S. (1988): Kinder über Sprache. Frankfurt am Main.

List, G. (2001): Das Gehirn hat Platz für viele Sprachen. In: Treffpunkt deutsche Sprache.

Sprachförderung von mehrsprachigen Kindern in Tageseinrichtungen. Forschungsansätze – Konzepte – Erfahrungen. Eine Tagungsdokumentation. Projektheft 5/2001, hrsg. vom Deutschen Jugendinstitut, S. 11–17. www.dji.de/bibs/DJI_SprachfoerderTagg.pdf (Abruf 17.8.2011).

Maas, U. (2008): Sprache und Sprachen in der Migrationsgesellschaft. Die schriftkulturelle Dimension. Göttingen.

May, P. (2000): Hamburger Schreib-Probe (HSP). Hamburg.

May, P./Volkmar M. (1999): Erfassung der Rechtschreibkompetenz in der Sekundarstufe mit der Hamburger Schreibprobe. (HSP 4/5 und HSP 5–9). www1.uni-hamburg.de/psycholo/frames/projekte/PLUS/MayMal99.pdf (Abruf 23.8.2011).

Oomen-Welke, I. (1998): »… ich kann da nix!« Mehr Zutrauen im Unterricht. Freiburg im Breisgau.
Oomen-Welke, I. (1999): Sprachen in der Klasse. In: Praxis Deutsch. H. 157, S. 15–23.
Oomen-Welke, I. (2000): Umgang mit Vielsprachigkeit im Deutschunterricht – Sprachen wahrnehmen und sichtbar machen. In: Deutsch Lernen, 2/2000, S. 143–163.
Oomen-Welke, I. (2008a): Präkonzepte: Sprachvorstellungen ein- und mehrsprachiger SchülerInnen. In: Oomen-Welke, I./Ahrenholz, B. (Hrsg.): Deutsch als Zweitsprache. In der Reihe Deutschunterricht in Theorie und Praxis (DTP), hrsg. von Winfried Ulrich. Baltmannsweiler: Schneider, S. 373–384.
Oomen-Welke, I. (2008b): Didaktik der Sprachenvielfalt. In: Oomen-Welke, I./Ahrenholz, B. (Hrsg.): Deutsch als Zweitsprache. In der Reihe Deutschunterricht in Theorie und Praxis (DTP), hrsg. von Winfried Ulrich. Baltmannsweiler: Schneider, S. 479–492.
Oomen-Welke, I. (2010): Sprachförderung durch Erkunden von Sprachen. Präkonzepte und Selbststeuerung, Reflexion und Kompetenzerwerb durch Sprachvergleich. In: Der Deutschunterricht 6/2010, S. 69–80.
Oomen-Welke, I./Peña Schumacher, T. (2005): Sprachen lernen – Biografische Rekonstruktionen zweisprachiger Schulkinder. In: Hinnenkamp, V./Meng, K. (Hrsg.): Sprachgrenzen überspringen – Sprachliche Hybridität und polykulturelles Selbstverständnis. Studien zur deutschen Sprache 32. Tübingen, S. 289–323.
Ossner, J. (2006): Kompetenzen und Kompetenzmodelle im Deutschunterricht. In: Didaktik Deutsch, 21/06, S. 5–19.
Ossner, J. (2007): Sprachbewusstheit: Anregung eines inneren Monitors. In: Willenberg, H. (Hrsg.): Kompetenzhandbuch für den Deutschunterricht. Baltmannsweiler: Schneider, S. 134–147.
Redder, A./Schwippert, K./Hasselhorn, M./Forschner, S./Fickermann, D./Ehlich, K./Becker-Mrotzeck, M./Krüger-Potratz, M./Rossbach, H.-G./Stanat, P./Weinert, S. (2011): Bilanz und Konzeptualisierung von strukturierter Forschung zu »Sprachdiagnostik und Sprachförderung«. ZUSE Berichte 02/02.
Rosebrock, C./Nix, P. (2010): Grundlagen der Lesedidaktik. 3. Auflage. Baltmannsweiler: Schneider.
Roth, H.-J. (2006): Mehrsprachigkeit als Ressource und als Bildungsziel. In: Becker-Mrotzek, M./Bredel, U./Günther, H. (Hrsg.): Kölner Beiträge zur Sprachdidaktik, Reihe A. Mehrsprachigkeit macht Schule. KöBeS (4). Duisburg, S. 11–14.
Scheerer-Neumann, G. (2004): »Ich rede so im Kopf, wie man es schreibt.« Mitteilungen von Kindern zum wortspezifischen Orthographieerwerb. In: Bremerich-Vos, A./Löffler, C./Herné, K.-L. (Hrsg.): Neue Beiträge zur Rechtschreibtheorie und -didaktik. Freiburg im Breisgau, S. 105–123.
Schramm, K. (2008): Sprachlernstrategien. In: Oomen-Welke, I./Ahrenholz, B. (Hrsg.): Deutsch als Zweitsprache. In der Reihe Deutschunterricht in Theorie und Praxis (DTP), hrsg. von W. Ulrich. Baltmannsweiler: Schneider, S. 95–106.
Sinclair, J./Donmall, G./Garret, P. (1992): Language Awareness: Wat ist dat? In: Language Awareness 1, S. 1–3.
Tracy, R. (2007): Wie Kinder Sprachen lernen. Und wie wir sie dabei unterstützen können. Tübingen.
Tracy, R. (2009): Multitasking: Mehrsprachigkeit jenseits des »Streitfalls«. In: Gogolin, I./Neumann, U. (Hrsg.): Streitfall Zweisprachigkeit – The Bilingualism Controversy. Wiesbaden, S. 163–196.
Videsott, G. (2011): Mehrsprachigkeit aus neurolinguistischer Sicht. Eine empirische Untersuchung zur Sprachverarbeitung viersprachiger Probanden. Stuttgart.
Weinert, F. E. (2001): Vergleichende Leistungsmessung in Schulen – eine umstrittene Selbstverständlichkeit. In: Weinert, F. E. (Hrsg.): Leistungsmessungen in Schulen. Weinheim: Beltz, S. 17–31.
Weskamp, R. (2007): Mehrsprachigkeit. Sprachevolution, kognitive Sprachverarbeitung und schulischer Fremdsprachenerwerb. Braunschweig.
Weth, C. (2008): Sprachwissen mehrsprachiger Grundschulkinder zweier Minderheiten in Frankreich und dessen Nutzung im Unterricht. In: Frings, M./Vetter, E. (Hrsg.): Mehrsprachigkeit als Schlüsselkompetenz: Theorie und Praxis in Lehr- und Lernkontexten. Stuttgart, S. 257–276.

Wildenauer-Jósza, D. (2005): Sprachvergleich als Lernstrategie – Eine Interviewstudie mit erwachsenen Deutschlernenden. Freiburg im Breisgau.

Wildemann, A. (2010a): Lesen und Schreiben lernen erfolgreich unterrichten. Wege im Sprachlichen Anfangsunterricht. München.

Wildemann, A. (2010b): Das Können der Kinder in den Blick nehmen. Plädoyer für einen kompetenzorientierten Sprachlichen Anfangsunterricht. In: Die Grundschulzeitschrift 237/2010, S. 38–41.

Wildemann, A. (2010c): »Eigentlich spreche ich nur Kurdisch und Deutsch«. Sprachinteresse und Sprachenselbstbewusstsein mehrsprachiger Schülerinnen und Schüler. In: Merklinger, D./Jantzen, C. (Hrsg.): Lesen und Schreiben: Lernerperspektiven und Könnenserfahrungen. Freiburg im Breisgau, S. 215–232.

Wildemann, A. (2010d): Transkulturalität und Mehrsprachigkeit in der Deutschdidaktik. Implikationen für die Lehrer(innen)ausbildung. In: STIMULUS: »Germanistik im Spannungsfeld von Regionalität und Internationalität«, hrsg. von der ÖGG und des Instituts für Germanistik an der Universität Innsbruck, S. 228–240.

Wildemann, A. (2011): Multiliteralität als Ausgangspunkt und Zielperspektive auf dem Weg in die Schrift. In: Hüttis-Graff, P./Wieler, P. (Hrsg.): Übergänge zwischen Mündlichkeit und Schriftlichkeit im Vor- und Grundschulalter. Freiburg im Breisgau, S. 273–290.

Julia Webersik

Deutsch als Zweitsprache (DaZ) in der Primarstufe

In Deutschland weisen mittlerweile 31,7 Prozent der 5- bis 10-jährigen Kinder und sogar 34,4 Prozent der unter 5-jährigen einen Migrationshintergrund auf – Tendenz steigend (Statistisches Bundesamt 2011). Angesichts dieser hohen Zahlen sind die Ergebnisse der großen internationalen Vergleichsstudien wie PISA und IGLU besonders besorgniserregend: Schülerinnen und Schüler mit Migrationshintergrund schneiden an unseren Schulen deutlich schlechter ab als Schülerinnen und Schüler ohne Migrationshintergrund (z. B. Klieme et al. 2010) – wobei die »Schere« zwischen Kindern und Jugendlichen mit und ohne Migrationshintergrund im Laufe der Schulzeit immer weiter auseinandergeht. Hierzu legten die allgemeinen Ergebnisse aus PISA 2001 zudem erstmals offen, »dass die mit einem Migrationshintergrund verbundenen Disparitäten in Deutschland größer waren als in den meisten anderen OECD-Mitgliedsstaaten« (Stanat et al. 2010, S. 200) und daher ein erhöhter Handlungsbedarf bestünde. Einigkeit besteht weiterhin darin, dass neben sozio-kulturellen Faktoren vor allem sprachliche Defizite für das schlechte Abschneiden dieser Schülergruppe verantwortlich sind, die sich dann kumulativ auf die Leistungen in allen Fächer auswirken (Baumert 2002).

Angesichts der großen Zahl mehrsprachiger Schülerinnen und Schüler und ihrer scheinbaren Benachteiligung im deutschen Schulsystem ist eine besondere Berücksichtigung und Förderung dieser Gruppe von großer Bedeutung. In diesem Zusammenhang wird immer wieder die Notwendigkeit einer möglichst frühen und durchgängigen Sprachförderung betont (Gogolin/Neumann/Roth 2003). Für eine optimale Förderung sind neben geeigneten didaktischen Konzepten auch grundlegende Kenntnisse zu den Gesetzmäßigkeiten des Zweitspracherwerbs sowie eine gezielte Sprachstandsdiagnose unabdingbar. Jedem der drei Aspekte – Spracherwerb, Diagnose und Förderung – ist der Konzipierung des vorliegenden Bandes folgend jeweils ein Kapitel gewidmet.[1]

---

[1] Der Fokus des Beitrags liegt dabei auf den grundlegenden grammatischen und lexikalischen Kompetenzbereichen. Natürlich sind auch andere Bereiche wie der Schriftspracherwerb, weiterführende Lese- und Schreibfähigkeiten sowie diskursiv-pragmatische Aspekte von den Bedingungen des Zweitspracherwerbs betroffen und bedürfen gezielter Förderung. Da eine vertiefende Betrachtung hier jedoch aus Platzgründen nicht möglich ist, sei als Einführung auf Ahrenholz/Oomen-Welke/Ulrich 2008 und Michalak/Kuchenreuther 2012 verwiesen.

Zweitspracherwerb

Hypothesen

Der Erwerb einer Zweitsprache wird von einer Vielzahl von Faktoren beeinflusst. Generell ist zwischen sprachlichen und nicht-sprachlichen Einflussfaktoren zu unterscheiden. Zu den sprachlichen Einflussgrößen zählen z. B. kognitive Prozesse der Sprachverarbeitung, der Einfluss der Erstsprache, die Art des sprachlichen Inputs oder die Struktur der Zielsprache. Zu den nicht-sprachlichen Faktoren zählen z. B. Persönlichkeitsmerkmale, der sozio-kulturelle Hintergrund, Alter und Geschlecht (Kniffka/Siebert-Ott 2007).

Seit Mitte des 20. Jahrhundert bemüht sich die Spracherwerbsforschung darum, eine umfassende Zweitspracherwerbstheorie zu entwickeln, die möglichst viele Einflussfaktoren berücksichtigt. In diesem Zusammenhang bildeten sich verschiedene L2-Erwerbshypothesen (L2 = *second language* bzw. Zweitsprache) heraus, die jede für sich wichtige Erklärungsansätze für bestimmte Aspekte der Sprachaneignung liefern. Ein Großteil der Forschung konzentriert sich dabei darauf, die verschiedenen *sprachlichen* Einflussgrößen, darunter vor allem die Bedeutung der Erstsprache, in ein Modell zu integrieren. Eine umfassende Modellierung, die alle Faktoren des Spracherwerbs integriert, steht bislang jedoch sowohl für den Erstspracherwerb (Meibauer 2007) als auch für den Zweitspracherwerb (Grießhaber 2010b) noch aus. Dennoch ist »die Spracherwerbsforschung [...] zunehmend in der Lage, Erkenntnisse zu liefern, die eine solide Ausgangsbasis für eine erfolgreiche Steuerung von sprachlichen Aneignungsprozessen bei Kindern und Jugendlichen im Rahmen des Unterrichts oder in besonderen Fördermaßnahmen bieten können« (Kniffka/Siebert-Ott 2007, S. 36).

Zu den klassischen L2-Erwerbshypothesen zählen u. a. die Kontrastivhypothese, die Identitätshypothese, die Schwellen- und Interdependenzhypothese und die Interlanguage-Hypothese. Die Kontrastivhypothese wurde erstmals von Fries (1947) formuliert und später von Lado (1957) weiterentwickelt. Die grundlegende Annahme lautete, dass identische Elemente aus Erst- und Zweitsprache leicht zu lernen sind (positiver Transfer), während »unterschiedliche Elemente und Regeln [...] Lernschwierigkeiten bereiten und zu Fehlern führen« (negativer Transfer bzw. Interferenz) (Bausch/Kasper 1979, zit. in Edmondson/House 2006, S. 218). Diese Hypothese wurde jedoch vor allem aufgrund ihrer engen Anbindung an behavioristische und strukturalistische Theorien kritisiert. Außerdem konnte empirisch nachgewiesen werden, dass nicht allein der Kontrast zwischen Ausgangs- und Zielsprache den Erwerbsprozess beeinflusst (für eine ausführliche Darstellung der Kritik an der Kontrastivhypothese siehe Edmondson/House 2006). Gerade beim frühen L2-Erwerb kann man Prozesse beobachten, die weitgehend unabhängig von der Erstsprache ablaufen und starke Parallelen zum Erstspracherwerb aufweisen.

An diese Feststellung knüpft die Identitätshypothese an. Ihre Vertreter (z. B. Dulay et al. 1982) gehen in Anlehnung an nativistische Theorien zum Erstspracherwerb davon aus, dass der Erwerb einer zweiten Sprache in weiten Teilen den gleichen Prozessen und Strategien unterliegt wie der Erstspracherwerb und sich wie dieser – gesteuert von einem angeborenen Spracherwerbsmechanismus (*Language Acquisition Device*, Chomsky 1974) – weitgehend automatisiert vollzieht. Als Beleg wird z. B. angeführt, dass DaZ-Lerner unabhängig von ihren jeweiligen Erstsprachen die deutschen Wortstellungsmuster in identischer Reihenfolge erwerben (siehe dazu auch den Abschnitt *Profilanalyse*) und beim Erst- und Zweitspracherwerb ähnliche Strategien wie beispielsweise Übergeneralisierungen (z. B. *denkte* statt *dachte*) oder das Auslassen von Funktionswörtern wie Artikeln oder Präpositionen zu beobachten sind.

Die von Selinker (1972) postulierte Interlanguage-Hypothese ist bislang die umfassendste Erwerbshypothese, die wesentliche Aspekte aus Identitäts- und Kontrastivhypothese integriert und m. E. auch soziale Einflussfaktoren berücksichtigt. Der Begriff *Interlanguage* (auch Lernervarietät, Interim- oder Lernersprache) bezeichnet die sich entwickelnde Sprache eines L2- oder Fremdsprachenlerners. Bestimmte lernersprachliche Phänomene lassen sich durch den Einfluss der Muttersprache, andere durch erwerbstypische Strategien der Hypothesengenerierung und -überprüfung erklären (z. B. Übergeneralisierungen). Charakteristisch für Lernersprachen ist, dass sie variabel sind (sich also weiterentwickeln) und dabei zu jedem Zeitpunkt systematisch aufgebaut sind. L2-Lerner versuchen also unbewusst von Anfang an, eine systematische Grammatik für die neue Sprache zu entwickeln. Dabei kommt es z. T. zu Übergeneralisierungen und nicht linearen Erwerbsverläufen. Letzteres Phänomen lässt sich gut bei der Aneignung der Verbflexion beobachten. Zu Beginn verwenden die Lerner sowohl starke als auch schwache Verben in zielsprachlich flektierter Form. Danach folgt eine Phase, in der die schwache Flexion auch bei starken Verben angewandt wird, was zu Fehlbildungen wie »er lest, er leste, er hat gelest« führt. Dies lässt sich dadurch erklären, dass die Lerner die Verbformen zu Beginn des Erwerbs als ganze Einheiten memorieren, ohne die Endungen zu analysieren. In der zweiten Phase erfolgt das Erkennen der zugrunde liegenden Regeln, die dann auch auf Ausnahmen angewandt (übergeneralisiert) werden. Erst im dritten Stadium »filtern die Kinder die ›irregulären Regularitäten‹ aus den prototypischen Fällen aus. Erst jetzt haben sie die Stark-/Schwachflexion als Kumulation von Regel und Abweichung erworben« (Bredel 2007, S. 86). Abweichungen oder Fehler sind in diesem Sinne nicht negativ zu bewerten, sondern sind Teil des natürlichen Erwerbsprozesses. Oftmals kann man an ihnen sogar Erwerbsfortschritte ablesen.

Gerade beim früh einsetzenden Zweitspracherwerb ist unter günstigen Erwerbsbedingungen zu erwarten, dass sich die Lernersprache der Zielsprache immer mehr annähert, bis ein (nahezu) muttersprachliches Niveau erreicht ist. Unter ungünstigen Erwerbsbedingungen oder bei spät einsetzendem L2-Erwerb ist jedoch zu beobachten, dass die Entwicklung der Lernersprache an einem bestimmten Punkt stagnieren (fossilieren) kann.

Während die klassischen Erwerbshypothesen eher grobe Ansätze zur Erklärung zweitsprachlicher Erwerbsprozesse liefern, versucht man in neueren Arbeiten neuronale und kognitive Vorgänge zur Erklärung von Spracherwerbsprozessen mit einzubeziehen. Hierbei geht es vor allem darum zu erklären, auf welche Weise sich L2-Lerner das komplexe System der zweitsprachlichen Grammatik aneignen. Unterschieden werden dabei dualistische Ansätze (z.B. Clahsen et al. 1992; Pinker 2006), die unterschiedliche Erwerbswege für regelmäßige und unregelmäßige Formen postulieren, konnektionistische Ansätze (z.B. Bybee 1989; Marcus 2001), bei denen Regelerwerb grundsätzlich durch Musterextraktion auf Basis neuronaler Netzwerke erklärt wird, und konstruktionsgrammatische Ansätze, bei denen die Häufigkeit des Gebrauchs sowie die kommunikative Relevanz ausschlaggebend sind (z.B. Tomasello 2005).

Stolperstein Schulsprache

Ausgehend von der Beobachtung, dass Quereinsteiger, die zum Zeitpunkt der Einwanderung ein solides Niveau in ihrer Erstsprache erworben hatten, mit den kognitiven Anforderungen der Schule oftmals weniger Probleme hatten als Zweitsprachenlerner, die im jeweiligen Einwanderungsland geboren waren, formulierte Cummins (1979) die Schwellenniveau-Hypothese, die er wenig später durch die Interdependenzhypothese ergänzte (Cummins 1982).

> »[Die Interdependenz-]Hypothese geht davon aus, daß eine Wechselwirkung zwischen der Unterrichtssprache und der Kompetenz, die das Kind in seiner Muttersprache vor seiner Einschulung entwickelt hat, besteht« (Cummins 1982, S. 39).

Anknüpfend an die Annahme einer engen Verbindung sprachlicher und kognitiver Fähigkeiten entwickelte Cummins das Konzept einer Common Underlying (Language) Proficiency *(CUP)*. Damit sind sprachbezogene kognitive Fähigkeiten sowie konzeptuelles sprachliches Wissen gemeint, die die Grundlage für jede zu erwerbende Sprache darstellen und von einer Sprache auf die andere übertragen werden können. Gerade einer kognitiv anspruchsvollen und abstrakten Sprachverwendung, wie sie in der Schule üblich ist, liegen Denkoperationen und Verarbeitungsprozesse zugrunde, die nicht an eine spezielle Sprache gebunden sind und deren Grundlage *CUP* ist. Die Entwicklung dieser grundlegenden sprachlich-kognitiven Fähigkeiten fällt in der Muttersprache leichter, vorausgesetzt, diese wird unter »normalen« Bedingungen erworben.

Umgekehrt kann der Aufbau von *CUP* behindert werden, wenn Kinder mit dem Eintritt in die Schule die dort geforderten sprachlichen Fähigkeiten ausschließlich in einer unzureichend entwickelten Zweitsprache erwerben sollen. Um die Eigenarten schulischer von eher alltagsbezogener Kommunikation abzugrenzen, entwickelte Cummins die Konzepte der Basic Interpersonal Communicative Skills *(BICS)* und der Cognitive Academic Language Proficiency *(CALP)* (Cummins 1979).

Was Cummins als *CALP* bezeichnet, wird in Deutschland *Schul- oder Bildungssprache* genannt. Vertiefenden Analysen internationaler Vergleichsstudien zufolge sind vor allem die zunehmend komplexer werdenden sprachlichen Anforderungen der

Schule für die Leistungsrückstände von Schülerinnen und Schülern mit Migrationshintergrund verantwortlich (z. B. Gogolin/Neumann/Roth 2003; Grießhaber 2008; Knapp 1999; Siebert-Ott 2000). Vollmer/Thürmann (2010, S. 109) sprechen deshalb auch von einer »›Geheimsprache‹ der […] Institution Schule«, die als »eigentliches, aber geheimes Curriculum« gesehen werden kann, das bislang kaum transparent und eindeutig kodifiziert ist. Denn auch wenn Schulsprache Thema diverser Veröffentlichungen ist, sind »die genauen sprachlichen Merkmale von Bildungssprache […] bisher nicht umfassend dargestellt« (Ahrenholz 2010, S. 16). Die existierenden Arbeiten hierzu bieten aber dennoch eine Annäherung an den Begriff. Als übergeordnetes Merkmal wird meist konzeptionelle Schriftlichkeit bzw. Distanzsprachlichkeit genannt (z. B. Gogolin/Neumann/Roth 2003, S. 51; Rösch/Ahrens 2003, S. 31; Knapp 1999, S. 32): Im Gegensatz zur Alltagskommunikation ist bei den Themen, über die man in der Schule spricht, oft kein situativer Kontext gegeben, der das Verstehen erleichtert und auf den man z. B. durch Zeigegesten verweisen kann. Deshalb müssen alle Inhalte verbalisiert werden. Auch hat die Sprache der Schule oft monologischen Charakter, sodass kein Dialogpartner unterstützend eingreifen kann. Um an der Unterrichtskommunikation teilnehmen zu können, sind deshalb differenzierte lexikalische, grammatische und textuelle Kenntnisse nötig. Während in den ersten Schuljahren noch alltagssprachliche Kommunikationsformen dominieren, wird die Sprache der Schule u. a. durch die verstärkte Arbeit mit Texten spätestens im dritten Schuljahr zunehmend komplexer und abstrakter. Sprachliche Merkmale solcher Texte sind u. a. hohe Informationsdichte, symbolische, generalisierende und kohärenzbildende Redemittel, komplexe Strukturen (Gogolin/Neumann/Roth 2003, S. 51), Signale für logische Verknüpfungen, eine fehlende Erzählstruktur, Ersatzformen/Proformen (Rösch 2003, S. 32–33) oder noch konkreter: unpersönliche Ausdrücke, Substantivierungen, Komposita, Konjunktiv, Passiv, Partizipialattribute, uneingeleitete Konditionalsätze etc. (Ahrenholz 2010, S. 16).

Die erhöhten schulsprachlichen Anforderungen führen dazu, dass vor allem Schülerinnen und Schüler mit Deutsch als Zweitsprache den Anschluss verlieren und ab Klasse 3 massive Leistungseinbrüche zu beobachten sind (Knapp 1999, S. 30). Aufgrund der guten alltagssprachlichen Kenntnisse dieser Kinder führen Lehrkräfte die nachlassenden Leistungen oft auf Desinteresse oder fachliche Defizite zurück, was Knapp (1999) zu dem Titel seines viel zitierten Aufsatzes »verdeckte Sprachschwierigkeiten« motivierte. Um sprachliche Defizite zu erkennen und angemessene Fördermaßnahmen entwickeln und durchführen zu können, ist eine gezielte Diagnose der zweitsprachlichen Kompetenz von grundlegender Bedeutung.

Zur Diagnose zweitsprachlicher Kompetenzen

Infolge des sogenannten PISA-Schocks wurde auch in Deutschland der Ruf nach geeigneten Sprachstandsdiagnoseverfahren für Kinder mit Deutsch als Zweitsprache wieder lauter. Ziel dieser Verfahren ist es zum einen, eine Entscheidungsgrundlage dafür zu schaffen, ob ein Kind über ausreichende Sprachkenntnisse verfügt, um dem Regelunterricht zu folgen (Selektion). Zum anderen sollen die Ergebnisse der Sprachstandsdiagnose Rückschlüsse darauf zulassen, in welchen Bereichen besonderer Förderbedarf besteht (Förderdiagnostik). Um sich einen Überblick über die gängigen Sprachstandserhebungsinstrumente zu verschaffen, seien die Zusammenfassungen von Jeuk (2009, 2010), Rösch (2011) und Schnieders/Komor (2007) empfohlen. Im Folgenden sollen einige Verfahren vorgestellt werden, die ohne größeren finanziellen und organisatorischen Aufwand von Lehrkräften in der Primarstufe eingesetzt werden können.

Profilanalyse

Mit der Profilanalyse steht ein Verfahren zur Verfügung, das auf den empirisch belegten Erwerbssequenzen im Bereich der Wortstellungsmuster des Deutschen basiert.

Im Rahmen einer Längsschnittstudie untersuchten Clahsen/Meisel/Pienemann den Zweitspracherwerb italienischer und spanischer Arbeiter (ZISA) und ihrer Kinder in Deutschland (Clahsen/Meisel/Pienemann 1983; Pienemann 1980). Dabei stellten sie fest, dass die Wortstellungsmuster des Deutschen mit wenigen Ausnahmen von allen Lernern in derselben Reihenfolge erworben wurden, und sie identifizierten entsprechend festgelegte Erwerbsstufen, die auch durch unterrichtliche Steuerung nicht verändert werden konnten (Pienemann 1989). Diese Erkenntnisse wurden in der Folge dazu genutzt, Verfahren zu entwickeln, mit denen der Sprachstand, basierend auf den jeweils beherrschten Wortstellungsmustern, ermittelt wird. Grießhaber (2005) hat das profilanalytische Verfahren von Clahsen (1985) weiterentwickelt und für den schulischen Einsatz vereinfacht. Stufe 5 und 6 basieren dabei zwar nicht auf einer empirisch belegten Erwerbssequenz, beinhalten aber Strukturen, die für komplexe Texte wie z. B. Fachtexte typisch sind (Grießhaber 2010b).

Stufe		Erklärung	Beispiele
6	Integration eines erweiterten Partizipialattributs (EPA)	Zwischen Artikelwort und Substantiv befindet sich ein erweitertes Partizip	Sie hat das **von Maria empfohlene** Buch gelesen.
5	Insertion eines Nebensatzes	Einschub eines Nebensatzes in einen Hauptsatz	Sie hat das Buch, **das ihr gut gefiel**, ausgelesen. Sie isst, **wenn sie möchte**, noch ein Eis.
4	Endstellung des Finitums in Nebensätzen	Das finite Verb befindet sich am Ende des Nebensatzes.	…, dass er so schwarz **ist**.

3	Nachstellung des Subjekts nach Finitum	Inversion: Das Subjekt befindet sich hinter dem finiten Verb. Vor dem finiten Verb steht entweder ein anderes Satzglied als das Subjekt ODER das finite Verb steht ganz am Anfang des Satzes.	Dann **brennt** die. **Kommt** Anna mit? **Hol** (du) mir eine Currywurst![2] Wenn ich fertig bin, **komme** ich mit.
2	Separierung finiter und infiniter Verbteile	Finite und infinite Teile des Prädikats sind voneinander getrennt (Verbalklammer).	Und ich **habe** dann **geweint**. Eva **will** ein Buch **lesen**. Eva **liest** ein Buch **durch**.
1	Finitum in einfachen Äußerungen	Es taucht eine finite Verbform auf.	Ich **versteh**. Anna **kommt**.
0	Bruchstücke (ohne Finitum)	Es taucht keine finite Verbform auf.	anzieh Ge dann spielen

Tab. 1: Profilstufen nach Grießhaber (2010b)

Da es sich um eine gut belegte Erwerbssequenz handelt, kann man davon ausgehen, dass Schülerinnen und Schüler, die Strukturen der Stufe 3 produzieren, auch die Strukturen der Stufen 0–2 erworben haben. Um die erreichte Profilstufe eines Schülers zu ermitteln, wird deshalb in jeder Äußerung nach der komplexesten Struktur gesucht. Wird für mindestens drei Äußerungen des Schülers z. B. die Profilstufe 3 ermittelt, so gilt diese Stufe als erworben.

Analysen von Grießhaber zufolge bestehen außerdem »systematische Zusammenhänge zwischen der ermittelten Profilstufe und weiteren Aspekten der Lernersprache« (Grießhaber 2010b, S. 166). Der tatsächliche Zusammenhang der Profilstufen mit anderen sprachlichen Strukturen ist jedoch noch nicht ausreichend empirisch belegt und muss deshalb unter Vorbehalt gesehen werden. Außerdem können wesentliche DaZ-Stolpersteine wie z. B. der Erwerb der Kasusmorphologie nicht ausreichend mit den Profilstufen in Verbindung gebracht werden. Ein weiteres Problem bei der Profilanalyse besteht in der Anwendung auf mündliche Sprache. Zum einen gibt es wesentliche Unterschiede bei den syntaktischen Strukturen gesprochener und geschriebener Sprache, die nicht berücksichtigt werden. Zum anderen kann auch die Verwendung ganzheitlich memorierter Einheiten zu Fehlinterpretationen führen. So würde die wiederholte Verwendung der Floskel »und dann geht der …« zu einer Einordung des Schülers auf Stufe 3 führen, obwohl der Schüler diese Wendung vielleicht als Ganzes gespeichert hat und in anderen Zusammenhängen noch nicht in der Lage ist, Inversionsstrukturen zu produzieren. Selbst wenn der Schüler in demselben Text mehrfach abweichende Strukturen wie »*danach der lacht« produzieren würde, würde die ausschließliche Kompetenzorientierung dieses Verfahrens dazu führen, dass dem Schüler dennoch Stufe 3 attestiert würde. Auch die Frage nach der geeigneten Textlänge sowie

---

2   Auch Imperative, bei denen das Subjekt nicht verbalisiert wird, zählen bei Grießhaber zu den Inversionsstrukturen; zur Begründung Grießhaber 2010b, S. 149–150

die Frage, wie oft eine Struktur produziert werden muss, um als erworben angesehen zu werden, konnten bisher nicht abschließend beantwortet werden. Grießhaber (2010b, S. 165) weist aus diesen Gründen selbst darauf hin, dass »die Ermittlung der Profilstufe insbesondere bei mündlichen Äußerungen ein interpretativer Akt« ist, bei dem auch der Äußerungszusammenhang berücksichtigt werden muss.

Die folgende leicht gekürzte Nacherzählung stammt von einem Schüler der 6. Klasse und ist Jeuk (2010, S. 97) entnommen. Der Text wurde für die Durchführung der Profilanalyse in minimale Äußerungseinheiten gegliedert, für die jeweils die höchstmögliche Profilstufe ermittelt wurde. Da es hier nicht um orthografische Kenntnisse geht, wurde der Text der besseren Lesbarkeit halber von Rechtschreibfehlern bereinigt:

	Minimale Äußerungseinheit	Profilstufe
1	Kurt denkte an das Belohnung,	1
2	was er mit dem Geld machen würde.	4
3	Kurts Eltern konnten ja ihm ein Spezialfahrrad kaufen können.	2
4	Hannes und Maria schoben Kurt nach Minigolfplatz.	1
5	Sie hatten mit den anderen nicht verabredet.	2
6	Auf ihrem Weg begegneten Egon auf sein Moped.	1
7	Er war alleine.	1
8	Er hielt sein Moped	1
9	und rief Kurt.	1
10	»Na, du Garten Zwerg, heute hast du deinen Bogen und Feile dabei.	3
11	Aber warte nur	3
12	Ich werde dir heimzahlen, du heimtückischer Kerl!	2
13	Dass du überhaupt noch wagst uns auszusprechen«,	4
14	sagte Maria. [...]	3
15	Egon guckte überrascht auf Kurt,	1
16	wenn es Maria und Hannes blickten,	4
17	was er vorhat.	4
18	Er sprang zum Rollstuhl,	1
19	gibte Kurt ein heftigen Stoß. [...]	1
20	Er hingte im Draht	1
21	und konnte sich nicht beweg.	2

Tab. 2: Profilanalyse anhand eines Lernertextes eines Sechstklässlers (Jeuk 2010, S. 97)

Es kann beobachtet werden, dass für vier Äußerungen die Profilstufe 4 (Verbendstellung im Nebensatz) ermittelt und diese Stufe somit als erworben angesehen werden kann. Laut Grießhaber (2010a, S. 166–167) impliziert dies nicht nur, dass der Erwerb der grundlegenden Satzmuster abgeschlossen ist, sondern auch, dass der Schüler u. a. über einen differenzierten Wortschatz verfügt, Sätze dicht verkettet, Modalverbkonstruktionen verwendet und die Perfektformen sicher beherrscht. Für eine vertiefende Analyse des Schülertextes eignen sich u. a. die diagnostischen Leitfragen von Knapp (2001) sowie das Beobachtungsraster von Jeuk/Schäfer (2007).

Diagnoseraster und -leitfragen

Das grammatische *Beobachtungsraster* von Jeuk/Schäfer (2007) ist vor allem für den Anfangsunterricht geeignet und kann sowohl auf mündliche als auch auf schriftliche Schülertexte angewendet werden. Der Beobachtungsbogen bezieht sich auf grammatische Bereiche, die Kindern mit Deutsch als Zweitsprache erwiesenermaßen Schwierigkeiten bereiten können: Wortstellung, Verbflexion, Nominalflexion und Präpositionen (Jeuk 2010, S. 72). Bei den Kategorien zur Klassifizierung der Verbstellung orientiert sich Jeuk an der Profilanalyse von Grießhaber, berücksichtig darüber hinaus aber auch verschiedene morphologische Aspekte. Die Stärke des Verfahrens besteht darin, dass es sich durch seine Beschränkung auf wenige sprachliche Bereiche, denen Indikatorfunktion zugeschrieben wird, ohne großen Aufwand von Lehrkräften einsetzen lässt.

Durch diese Reduzierung und die generelle Beschränkung auf morpho-syntaktische Strukturen bietet das Verfahren jedoch nur einen ersten Einblick in die sprachlichen Kompetenzen von DaZ-Schülern und sollte für eine vertiefende Analyse mit weiteren Diagnoseverfahren kombiniert werden. Jeuk (2009, S. 78) schlägt die Kombination mit den *Diagnostischen Leitfragen* von Knapp (2001) vor. Dabei handelt es sich ähnlich wie bei dem Aufnahme- und Diagnosebogen von Dirim in Rösch/Ahrens (2003, KV 36–41) um einen sehr umfassenden Fragenkatalog, den die Lehrkraft auf Grundlage von Unterrichtsbeobachtungen und Elterngesprächen ausfüllen kann. Die Leitfragen decken alle wesentlichen Bereiche sprachlichen Lernens inklusive des kommunikativen Verhaltens, des sozialen Hintergrundes sowie der Sprachbiografie ab. Der Autor betont, dass der Fragebogen in der Praxis nicht vollständig »abgearbeitet« werden muss, sondern Beobachtungsschwerpunkte gesetzt werden können (Knapp 2009, S. 148).

Ein vor allem im grammatikalischen Bereich äußerst differenzierter *Diagnosebogen für schriftliche Texte* wurde mit dem Ziel entwickelt, Effekte formfokussierter Sprachförderung zu ermitteln (Rösch 2011, S. 54–55). Neben den von Jeuk/Schäfer (2007) berücksichtigen Merkmalen werden auch komplexere morpho-syntaktische Strukturen wie Passiv und Konjunktiv analysiert, sodass sich das Raster auch für fortgeschrittene DaZ-Lerner eignet. Außerdem bezieht der Diagnosebogen von Rösch weitere sprachliche Ebenen wie Lexik/Semantik und Textstruktur mit ein und differenziert systematisch zwischen normgerechtem und abweichendem Gebrauch. Ein Nachteil des Bogens besteht darin, dass die Auswertung deutlich aufwendiger ist als das Verfahren von Jeuk/Schäfer (2007). Hier ist jedoch zu sehen, dass der Diagnosebogen von Rösch mit einer anderen Zielsetzung entwickelt wurde und beim schulischen Einsatz ähnlich wie bei den Leitfragen von Knapp Beobachtungsschwerpunkte gesetzt werden könnten.

Bezogen auf den Schülertext in Tabelle 2 ließe sich mit den genannten Verfahren über die Ergebnisse der Profilanalyse hinaus und neben anderen Schwierigkeiten, auf die hier nicht weiter eingegangen werden kann, z. B. feststellen, dass ein Fehlerschwerpunkt im Bereich der Präteritumsformen zu identifizieren ist. Das Präteritum ist eine vor allem in schriftlichen Texten verwendet Zeitform und kann daher zu den typischen Merkmalen von Bildungssprache gezählt werden. Wie bereits oben in den Hypothesen dargestellt, sind Übergeneralisierungen im Bereich der Verbalflexion Teil des natürlichen Erwerbsprozesses. Der Schüler befindet sich offensichtlich in der Erwerbsphrase, in der die Flexion schwacher Verben auf starke Verben übergeneralisiert wird.

Tulpenbeet

Bei dem Verfahren *Tulpenbeet* geht es um die Diagnose schriftsprachlicher Fähigkeiten am Übergang in die Sekundarstufe. Die durch eine Bildergeschichte elizitierten Schülertexte werden »anhand von Indikatoren ausgewertet und ergeben dann ein individuelles schriftsprachliches Kompetenzprofil« (Reich et al. 2008, Anhang, S. 1). Berücksichtigt werden die Bereiche Textbewältigung, Wortschatz, bildungssprachliche Elemente und Verbindung von Sätzen (Reich et al. 2008). Da die Auswertung eng an die Bildergeschichte »Das Tulpenbeet« gebunden ist, lässt sich das Verfahren nur eingeschränkt auf andere Texte anwenden. Einige Bereiche lassen sich dennoch übertragen und bieten eine gute Zusammenfassung relevanter Merkmale fortgeschrittener Lernersprachen. Wendet man beispielsweise die Kategorien zu Satzverbindungen und bildungssprachlichen Elementen auf den Lernertext aus Tabelle 2 an, zeigt sich ein differenzierteres Bild, als z. B. die Profilanalyse liefert: An bildungssprachlichen Elementen verwendet der Schüler Komposita (Z. 3, 4, 12, 18) und zwei adjektivische Attribute (Z. 12, 19) sowie zwei Konjunktiv(ersatz)formen (Z. 2, 16). Nominalisierungen und Passivstrukturen tauchen jedoch nicht auf. Weiterhin werden verschiedene Satzverbindungen verwendet (Z. 2, 9, 11, 16, 17, 21), darunter auch ein erweiterter Infinitiv (Z. 13). Viele Hauptsätze werden jedoch auch unverbunden aneinander gereiht (z. B. Z. 3–8). Weitere interessante Analyseschritte des Verfahrens, die hier aus Platzgründen nicht auf den Lernertext angewandt werden können, betreffen literarischen Elemente, eine differenzierte Wortschatzauszählung sowie die Ermittlung der mittleren Satzlänge.

Die vorgestellten Verfahren bieten erste Anhaltspunkte bei der Diagnose zweitsprachlicher Fähigkeiten. Gerade für fortgeschrittene DaZ-Lerner gibt es jedoch kein systematisches Diagnoseinstrument, das alle sprachlichen Kompetenzbereiche der gesprochenen und geschriebenen Sprache berücksichtigt. Daher ist es umso wichtiger, dass Lehrkräfte über fundierte Kenntnisse (zweit-)sprachlicher Erwerbsprozesse verfügen. Im *Referenzrahmen zur altersspezifischen Sprachaneignung* (Ehlich et al. 2008) werden erstmals wesentliche Erkenntnisse der Spracherwerbsforschung übersichtlich zusammengefasst, die auch für Lehrkräfte eine nützliche Wissensgrundlage darstellen können.

Wichtige Hinweise zu potenziellen Hürden und grundlegenden Merkmalen des Zweitspracherwerbs finden sich auch in den Handreichungen und Rahmenplänen für Deutsch als Zweitsprache der verschiedenen Bundesländer, wo u. a. auch die klassischen Stolpersteine des DaZ-Erwerbs (Rösch/Ahrens 2003) und die Merkmale ihres Erwerbs zusammengefasst werden (z. B. Ministerium für Kultus, Jugend und Sport Baden-Württemberg 2009, S. 153–156). Im folgenden Kapitel sollen nun verschiedene didaktische Ansätze zur DaZ-Förderung vorgestellt werden, die sich u. a. durch die oben angenommenen Hypothesen zum Spracherwerb, die zu fördernden sprachlichen Bereiche und den jeweiligen Förderkontext unterscheiden.

Zur Förderung zweitsprachlicher Kompetenzen

Förderkontexte und curriculare Vorgaben

In den vergangenen Jahren hat es eine Vielzahl an Bemühungen zur sprachlichen Förderung von Kindern mit Deutsch als Zweitsprache gegeben (z. B. Stanat/Müller 2005). Dabei ist es wichtig, die Förderansätze auf den konkreten Förderkontext abzustimmen. Rösch (2005a, S. 75–77) stellt in einer tabellarischen Übersicht die verschiedenen »Angebote für DaZ-Schüler[…] zum Erwerb der deutschen Sprache« in den einzelnen Bundesländern zusammen. Dabei identifiziert sie neben der gemeinsamen Beschulung von DaZ- und DaM-Schülerinnen und -Schülern (DaM = Deutsch als Muttersprache) in der Regelklasse »grob drei unterschiedliche Organisationsformen: Vorbereitungsklassen, Deutschkurse und Förderstunden« (Rösch 2005a, S. 77).

Auch wenn Deutsch als Zweitsprache nicht den Status eines Unterrichtsfachs hat, liegen in vielen Bundesländern inzwischen Rahmenpläne und Handreichungen für Deutsch als Zweitsprache vor, die den Lehrerinnen und Lehrern als Leitfaden dienen sollen (für eine Übersicht siehe Rösch 2011, S. 225–230). Auch die Verlage stellen zunehmend DaZ-spezifische Lehrmaterialien zur Verfügung, wobei sich häufig immer noch eine starke Anlehnung an DaF-Lehrwerke (DaF = Deutsch als Fremdsprache) zeigt (für eine Übersicht siehe Kuhs 2008; Rösch 2005).

Förderansätze

Die Entwicklung geeigneter Förderkonzepte für Kinder mit Deutsch als Zweitsprache hat seit PISA zunehmend an Bedeutung gewonnen. Ein Großteil der Forschung konzentriert sich im Sinne der Frühförderung auf den Elementarbereich. Was den schulischen Bereich angeht, handelt es sich weitgehend um »didaktisches Pioniergebiet« (Schmölzer-Eibinger 2007, S. 140), sodass »DaZ-didaktische Empfehlungen [...] in der wissenschaftlichen Literatur [...] bisher eher selten sind« (Lütke 2011, S. 105).

Die existierenden Konzepte unterscheiden sich einerseits durch die zugrunde gelegten Hypothesen zum Zweitspracherwerb (s. o.), andererseits durch den Förderkontext, für den sie gedacht sind. Grundlegende Prinzipien für die Primarstufe sind nach Rösch (2005b, S. 110): »Handlungsorientierung, flexible Sozialformen, Hypothesenbildung im Zweitspracherwerb nutzen, Akzeptanz der Herkunftssprache, Verbindung von Sprach- und Fachlernen, stabile sprachliche Strukturen aufbauen – Selbstkompetenz stärken, Sprachentwicklung beobachten – Lernprozess dokumentieren« (eine besonders schülerorientierte Möglichkeit für Letztgenanntes ist die Arbeit mit Portfolios, Oomen-Welke 2007). Eine noch differenziertere Auflistung von Prinzipien für den DaZ-Unterricht findet sich in Jeuk (2010, S. 120). Im Folgenden sollen einige grundlegende Ansätze vorgestellt werden, wobei Übungen und Aufgaben hier aufgrund der Komplexität des Lerngegenstands nur exemplarisch angesprochen werden können. Umfangreiche Aufgabensammlungen und methodische Vorschläge finden sich z. B. in Belke (2008), Portmann-Tselikas (1998), Rösch/Ahrens (2003) und Schader (2004).

Kommunikative vs. formbezogene Ansätze

Ein grundsätzlicher Streitpunkt ist die Frage, ob der Spracherwerb am besten implizit in Form vielfältiger Kommunikationsangebote oder durch systematischen und expliziten Grammatikunterricht zu fördern ist. Geht man im Sinne der Identitätshypothese davon aus, dass sich der Erwerb einer Zweitsprache analog zum Erstspracherwerb vollzieht, ist ein gezielt formbezogener Unterricht nicht nötig und kann den natürlichen Spracherwerb sogar stören. Auch die konnektionistischen und konstruktionsgrammatischen Annahmen zum Zweitspracherwerb beschreiben primär einen impliziten (ungesteuerten) Erwerbsweg ohne formfokussierte Steuerung. Für die Vertreter kommunikativer Ansätze ist der Erwerb ausreichender Wortschatzkenntnisse sowie vielfältiges Sprachhandeln in authentischen Kommunikationssituationen ausschlaggebend für den Spracherwerb; »die Grammatik findet sich von allein« (Piepho o. J., zit. in Hölscher 2008, S. 157).

Aufgrund der Konzentration auf inhaltliche Bedeutung und Verstehen spricht man auch von »*focus on meaning*«-Ansätzen. Die Grundannahme dabei ist, dass Kinder durch verständlichen Input in der Lage sind, sich die Sprache vollständig anzueignen. Explizit erworbenes Wissen kann allenfalls als Monitor fungieren, der die Sprachproduktion überwacht. Es kann jedoch nicht in implizites und prozedurales Sprachwissen, wie es für die spontane Sprachproduktion grundlegend ist, überführt werden (Krashen 1984). Sprachunterricht sollte demnach auf sprachliches Handeln ausgerichtet sein und das Experimentieren mit Sprache ermöglichen. Ein solcher Ansatz wird in der Szenariendidaktik vertreten (Piepho 2003). Dieses aus der Fremdsprachendidaktik stammende Konzept wurde durch die Entwicklung entsprechender Materialien auf den DaZ-Unterricht übertragen (Hölscher/Piepho 2003).

»Im Mittelpunkt des Unterrichts steht ein Kernthema aus dem Erfahrungs- und Erlebnisbereich der Kinder [...] oder auch spannender Literatur sowie Sachtexte. [...] Die Kinder wählen je nach Interesse und Kompetenz einzelne Aufgaben, die sie nach Neigung allein, mit einem Partner oder in Gruppen bearbeiten können« (Hölscher 2008, S. 161).

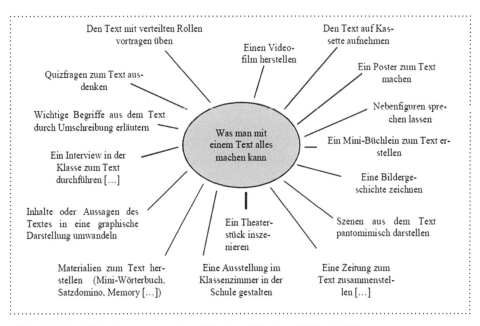

Abb. 1: Beispiel für ein Lernszenario mit Texten (Hölscher 2008, S. 161)

Die starke Ausrichtung auf Aufgaben entspricht dabei dem aus der Fremdsprachendidaktik stammenden *task based approach* (siehe z. B. Sánchez 2004), bei dem die Lernaufgabe ins Zentrum des Unterrichts gestellt wird (zur Aufgabenkonzeption im DaZ-Unterricht siehe Schmölzer-Eibinger 2007).

Fehler gehören entsprechend der Identitäts- und Interlanguage-Hypothese zum Spracherwerb dazu, weshalb ihnen in der Szenariendidaktik keine große Bedeutung beigemessen wird (Hölscher 2008). Am Ende der Szenarienarbeit steht jedoch immer eine Präsentation der Ergebnisse, deren erste Fassung »in einer redaktionellen Überarbeitung mit der gesamten Lerngruppe optimiert« wird (Hölscher 2008, S. 163). Da die Schülerinnen und Schüler sich selbstständig und abgestimmt auf ihre jeweiligen

Fähigkeiten und Interessen Aufgaben aussuchen, die dann gemeinsam, allein oder auch in kleinen Gruppen bearbeitet werden, eignet sich der Ansatz vor allem für heterogene Gruppen und macht im Sinne der Binnendifferenzierung »die gemeinsame Förderung von deutschsprachigen und Deutsch lernenden Kindern möglich« (Hölscher 2008, S. 160).

Vertreter formfokussierter Förderung weisen jedoch darauf hin, dass komplexe sprachliche Phänomene des Deutschen wie z. B. die Nominalflexion auf einem ausschließlich impliziten Weg oft nicht vollständig erworben werden, zumal Kommunikation hier häufig auch mit abweichenden Formen erfolgreich ist. Mit Bezug auf das in der Interlanguage-Hypothese formulierte Phänomen der Fossilierung warnt z. B. Rösch (2005a, S. 119), dass für Schülerinnen und Schüler, die schon lange in Deutschland leben und dennoch bestimmte komplexe Strukturen des Deutschen nicht erworben haben, die Gefahr bestünde, in ihrer lernersprachlichen Entwicklung zu stagnieren, und empfiehlt deshalb eine »induktive Bewusstmachung« der kritischen Strukturen.

Auch Vertreter dualistischer Ansätze gehen davon aus, dass die Vermittlung expliziten Sprachwissens (d. h. Regelwissen) unter bestimmten Bedingungen den Spracherwerb unterstützen kann. So geht z. B. Ellis (1997) mit Bezug zur *Lehrbarkeitshypothese* von Pienemann (1989) in seinem *weak interface model* davon aus, dass expliziter Grammatikunterricht den Erwerb bestimmter sprachlicher Strukturen beschleunigen kann, wenn der/die Lernende in seinem/ihrem natürlichen Erwerbsprozess kurz davor ist, sich die entsprechende Struktur selbst anzueignen. Der Unterricht muss sich demnach an der natürlichen Erwerbssequenz orientieren und bei den Strukturen ansetzen, für die der/die Lerner/in aus psycholinguistischer Sicht »bereit« ist.

Bezogen auf den Erwerb der Wortstellungsmuster bedeutet dies z. B., dass bei Lernenden, die sich Stufe 2 (Separierung finiter und infiniter Verbteile) erfolgreich angeeignet haben, der Erwerb der nächsthöheren Stufe (Inversion) durch Bewusstmachung der zugrunde liegenden Regeln beschleunigt werden kann, eine explizite Vermittlung der Verbendstellung (Stufe 4) zu diesem Zeitpunkt jedoch fruchtlos wäre und den natürlichen Erwerb sogar behindern könnte. Zudem könne systematischer Grammatikunterricht einen indirekten und zeitlich verzögerten Einfluss auf den natürlichen Spracherwerb haben, indem die Lerner durch die Bewusstmachung sprachlicher Strukturen im Unterricht auch in ungesteuerten Kommunikationssituationen eher auf die entsprechenden Phänomene aufmerksam würden (*noticing*). Dieses bewusste oder unbewusste »Bemerken« sei wiederum die Voraussetzung für die Integration der neuen Struktur bzw. Regeln in das lernersprachliche System (*integrating*), denn nur sprachliche Merkmale, die vom Lerner überhaupt wahrgenommen werden, können zu einer Umstrukturierung der Lernergrammatik in Richtung Zielsprache führen (Ellis 1997).

Dass formfokussierter Unterricht den Spracherwerb fördern kann, wird durch die Ergebnisse der Jacobs-Sommercamp-Studie bestätigt, bei der die Effekte impliziter (theaterpädagogischer) und expliziter Sprachförderung im Sinne Röschs systematisch untersucht wurden. Die Kinder, die an der expliziten Sprachförderung teilgenommen hatten, schnitten beim anschließenden Grammatiktest signifikant besser ab als die implizite Fördergruppe. Außerdem konnten positive Transfereffekte der expliziten Förderung auf die Lesekompetenz nachgewiesen werden, die auch drei Monate nach der Intervention noch signifikant waren (Rösch 2007a, S. 288).

Die systematische Förderung im Jacobs-Sommercamp zielte auf eine Verbesserung grundlegender morpho-syntaktischer Strukturen. Im Gegensatz zu traditionellen Methoden der Grammatikvermittlung, bei denen meist deduktiv Regeln vermittelt werden, die dann in isolierten Übungen eingeschliffen werden (vgl. *focus on formS*, Sheen 2002), legt Röschs Ansatz Wert auf authentische Sprachhandlungskontexte zum induktiven Erkennen von Regelhaftigkeiten. Durch Übungen zur Analogiebildung soll das explizit erworbene Sprachwissen in implizites prozedurales Sprachwissen überführt werden (Rösch 2007a, S. 289). Es handelt sich somit um einen »*focus on form*«-Ansatz (Doughty/Williams 2009), der den funktionalen Zusammenhang von sprachlicher Form und kommunikativer Bedeutung in der Vordergrund stellt.

> »Durch die Modellierung des Inputs, der Aufgaben und der Form des Feedbacks im Unterricht wird die Aufmerksamkeit des Lernenden mehr oder weniger stark auf die jeweilige Form gelenkt. Diese soll dem Lernenden bewusst werden, sodass er sie in seine Lernersprache aufnimmt« (Rösch/Rotter 2010, S. 221).

Auch wenn bestimmte Fehler wie die Übergeneralisierung des Flexionsmusters schwacher auf starke Verben charakteristisch für den natürlichen Erwerbsprozess sind, lässt sich der Erwerb dennoch unterstützen und beschleunigen. Entsprechend dem »*focus on form*«-Ansatz muss dafür die Aufmerksamkeit der Lerner gezielt auf die fraglichen Formen gelenkt werden. Eine solche Aufmerksamkeitssteuerung kann z. B. durch *input enhancement* (Wong 2005) erfolgen. Wie im Beispiel unten werden dabei die fraglichen Verbformen im Input besonders salient, d. h. sichtbar und auffällig, gemacht, indem sie z. B. grafisch oder akustisch hervorgehoben, an prominenter Stelle im Satz oder einfach besonders häufig verwendet werden (*input flood*). Auch durch gezielte Aufgaben und korrektives Feedback (siehe z. B. El Tatawy 2002) lässt sich die Aufmerksamkeit auf die zu fördernden Formen richten. Rösch (2007b, S. 192) betont in diesem Zusammenhang die Wichtigkeit der Korrektur:

> »Eine sprachentfaltende Korrektur unterstützt eine Bewusstmachung und Bearbeitung des Regelverstoßes, leitet eine Sprachreflexion ein, die das Interesse der Lernenden auf den Normverstoß lenkt und Impulse zur selbsttätigen Überprüfung, Erläuterung oder auch Korrektur gibt.«

Im Folgenden ein Beispiel für *focus on form* in Bezug auf Form und Funktion von Präteritum und Perfekt:

Kontext: Im Unterricht wurde bereits über Märchen gesprochen und die Lieblingshelden/innen der Kinder mündlich beschrieben.

→ Lies dir die folgenden Textausschnitte aufmerksam durch.
→ Überlege, woher die Texte stammen und wer sie für wen geschrieben haben könnte.

Text A:	Text B:
Rotkäppchen	Rotkäppi
Es **war** einmal ein kleines süßes Mädchen. Das **hatte** jedermann lieb, der sie nur **ansah**, am allerliebsten aber ihre Großmutter. Die **wusste** gar nicht, was sie alles dem Kinde geben **sollte**. Einmal **schenkte** sie ihm ein Käppchen von rotem Samt, und weil ihm das so wohl **stand**, und es nichts anders mehr tragen **wollte**, **hieß** es nur das Rotkäppchen.	Ich **hab** mal ein kleines Mädchen **gekannt**. Das **ist** voll süß **gewesen** und darum **haben** es alle lieb **gehabt**. Die Oma **hat** das Mädchen besonders lieb **gehabt**. Die wollte dem Mädchen am liebsten alles Mögliche schenken. Einmal **hat** sie ihm so ein Käppi aus rotem Samt **geschenkt**. Das **hat** dem Mädchen voll gut **gestanden**! Dann **hat** das Mädchen das Käppi ständig **getragen** und alle **haben** nur noch Rotkäppi zu ihm **gesagt**.

→ Worin unterscheiden sich die dick gedruckten Wörter in Text A) und B)?
→ Trage die dick gedruckten Verben in folgende Tabelle ein und ergänze die fehlenden Formen.

sein	war	gewesen
haben	hatte	gehabt
sehen		
wissen		
stehen		
heißen		
kennen		
tragen		
sagen		
wollen		
sollen		
schenken		

→ Die Formen der letzten vier Verben ähneln sich. Versuche eine Regel zu finden, wie die Formen dieser letzten drei Verben gebildet werden.
→ Schreibe den Anfang eines bekannten oder selbst erfundenen Märchens auf. Betrachte dann deine Verben. Bei welchen Formen bist du dir ganz sicher?

Auch wenn es wesentliche Unterschiede zwischen »*focus on meaning*«- und »*focus on form*«-Ansätzen gibt[3], schließen sich die Konzepte nicht vollständig aus und sollten sinnvoll miteinander integriert werden. In diesem Sinne sollte formfokussierter Unterricht immer eingebettet sein in kommunikativ-funktionale Sprachhandlungszusammenhänge. Die Aufmerksamkeitssteuerung auf Präteritumsformen sollte z. B. immer in Verbindung mit authentischen erzählenden Texten erfolgen, bei denen diese Formen besonders häufig auftreten. Kommunikationsorientierte Ansätze dürfen umgekehrt nicht zu einer »expliziten Nichtberücksichtigung der Grammatik« führen, »weil ein ›an kommunikativen Bedürfnissen und Situationen ausgerichteter Unterricht‹ Grammatik ein- und nicht« ausschließt (Roth 2006, zit. in Lütke 2011, S. 106).

Während sich implizite, kommunikationsorientierte Ansätze gut in den Regelunterricht integrieren lassen und vor allem für jüngere Lerner geeignet sind, empfiehlt sich ein formfokussierter Sprachunterricht vor allem für fortgeschrittene DaZ-Lerner, deren Lernersprache in komplexen grammatischen Bereichen zu fossilieren droht. Ein solcher Unterricht lässt sich besser in externen Förderkontexten umsetzen, wenn die Förderung nicht während des Regelunterrichts stattfinden muss. Andere Konzepte wie z. B. *Language Awareness*, die ebenfalls auf einem Bewusstsein für sprachliche Phänomene aufbauen, lassen sich jedoch problemlos in den Regelunterricht integrieren.

Language Awareness
Beim Ansatz der *Language Awareness* geht es darum, das Interesse und die Neugier der Schülerinnen und Schüler an Sprache(n) zu nutzen, um ein tieferes Bewusstsein für sprachliche Phänomene zu entwickeln. Der in den Bildungsstandards ausdrücklich geforderte reflexive Umgang mit sprachlichen Phänomenen kann dabei durch den Einbezug der Herkunftssprachen der DaZ-Schüler unterstützt werden. Gerade Kinder mit mehrsprachigem Hintergrund haben oft ein ausgeprägtes Bewusstsein für sprachliche Unterschiede, an das man anknüpfen kann, um bestimmte grammatische Phänomene zu thematisieren. Oomen-Welke (2001, S. 144) berichtet beispielsweise von einer Unterrichtssituation, in der sich Grundschulkinder über Dias aus der Türkei austauschen. Während des Gesprächs verlassen die Schüler plötzlich die inhaltliche Ebene, bei der das Bild einer Moschee beschrieben wird, um sich über formale Aspekte auszutauschen (hier gekürzt wiedergegeben):
S2: Moschee\ Hier ist die Moschee\
S3: Ohne Artikel muss man das schreiben! […]
S4: Mit Artikel\ bei Deutsche mit Artikel\ […]
S3: Aber auf Türkisch Moschee schreibt man ohne Artikel!

An eine solche Sequenz könnte man im Sinne eines situativen Grammatikunterrichts anknüpfen, um z. B. Bedeutung und Funktion des Artikels zu thematisieren und darüber zu reflektieren, wie diese Funktion in anderen Sprachen realisiert wird.

---

3 Für eine vergleichende Gegenüberstellung von focus on meaning, focus on form und focus on formS vgl. Rösch/Stanat 2011.

Eine besondere Stärke des Ansatzes besteht in der Wertschätzung der Herkunftssprachen, die hier nicht mehr als Hindernis, sondern als Potenzial aufgefasst werden, von dem *alle* Schülerinnen und Schüler profitieren können. Luchtenberg (2002) sieht deshalb weiterhin die Möglichkeit, durch Sprachvergleich und Perspektivwechsel interkulturelles Lernen zu ermöglichen. *Language Awareness* ist gleichzeitig Ziel und Zweck, indem einerseits an die Sprachbewusstheit der Lernerinnen und Lerner angeknüpft wird, diese andererseits aber auch aufgebaut werden soll, um weiteres Sprachenlernen zu unterstützen. Die Übersicht in Tabelle 3 verdeutlicht anhand des Themenfelds »Eigennamen« exemplarisch, wie auf verschiedenen Ebenen das Nachdenken über Sprache angeregt und genutzt werden kann.

Language(s) Awareness	Beispiel
Grammatik	Eigennamen und Pluralbildung (die Müllers) Eigennamen und Appellativa
Lexik	Bedeutung der Namen
Phonologie/Orthografie	Kinder fallen bislang ungewohnte Schreibweisen auf: So bemerken deutsche Kinder die Schreibung von AYSE im Vergleich zur Aussprache, während […] viele Kinder nicht deutscher Erstsprache die Aussprache von EVA (f) im Deutschen irritiert.
Sprachgeschichte	Entstehung der Familiennamen
Sprachkontakt	Eigennamen aus diversen anderen Sprachen
Texte	Eigennamen in Texten (Referenz durch Paraphrase: Dresden – ELBFLORENZ)
fiktionale Texte	Konnotationen von Eigennamen Auswahl für Genres
Fachsprache	Namen als Gattungsbezeichnungen: DUDEN
Kommunikation	Aussprache von Eigennamen Regeln des Vorstellens
Diskriminierung	ethnische Schimpfnamen im Sprach- und Kulturvergleich Namensänderungen
Sprachkritik	Eigennamen in der Werbesprache Konnotationen von Namen

Tab. 3: Eigennamen als Gegenstand von Language(s) Awareness (Luchtenberg 2002, S. 40)

Weitere konkrete Vorschläge für einen solchen an die Sprachbewusstheit der Schülerinnen und Schüler anknüpfenden Unterricht, der neben sprachlichen auch (inter-)kulturelle Themen berücksichtigt, finden sich in Oomen-Welke (2006) und Luchtenberg (2002).

Auch spielerische Vorgehensweisen wie in Belke (2009) oder Karagiannakis (2007), die je nach Bedarf auch zur Vermittlung oder Einschleifung grammatischer Strukturen verwendet werden können, eignen sich zum Aufbau von Sprachbewusstheit. Mit Bezug auf den obigen Fehlerschwerpunkt der Flexion starker Verben können z. B. Reime oder Kinderlieder eingesetzt werden, mit denen die Ablautreihen rhythmisch eingeübt werden können (z. B. *Ri-Ra-Rutsch oder Bi-Ba-Butzemann* für die Ablautreihe *i-a-u* wie in *singen-sang-gesungen*, Grießhaber 2010b, S. 53, oder Verbreime wie »singen-sang-gesungen, klingen-klang-geklungen, da ist mir was gelungen!«, Rösch/Ahrens 2003, S. 154).

Integriertes Sprach- und Fachlernen
Auch wenn die »Untersuchungen zur Aneignung von Bildungssprache […] noch ganz am Anfang« stehen (Lengyel 2010, S. 597), herrscht Einigkeit darüber, dass der Aufbau schulsprachlicher Fähigkeiten schon in der Grundschule gezielt gefördert werden sollte. In diesem Zusammenhang ist das Konzept des integrierten Sprach- und Fachlernens – im Englischen *content and language integrated learning (CLIL)* – besonders vielversprechend. Dabei wird betont, dass bestimmte sprachliche Strukturen und Bedeutungen eng an das entsprechende Sachfach und die ihm eigene Fachsprache gebunden sind und daher eine enge Kooperation zwischen Deutsch- und Fachunterricht angestrebt werden sollte. Gerade in den naturwissenschaftlichen Fächern werden die für das Verstehen der fachlichen Inhalte notwendigen sprachlichen Voraussetzungen häufig unterschätzt. Sowohl die zunehmend komplexer werdenden Schulbuchtexte als auch die häufig schriftlich formulierten und schriftlich zu lösenden Aufgaben beinhalten hohe sprachliche Anforderungen. Neben Verfahren der Textentlastung (z. B. Erklärungen schwieriger Wörter, Visualisierungen), Übungen zur Umschreibung/Umformulierung, der Verwendung von Nachschlaghilfen und dem Bereitstellen von Textbausteinen für die eigene Textproduktion kommt, wie das folgende Beispiel zeigt, der Vermittlung von Lesestrategien eine besondere Bedeutung zu:

Lesetechnik Textaufgaben knacken, Schülerarbeitsblatt

Familie Sauer möchte ihr Badezimmer modernisieren. Die Eltern haben 5000 Euro auf ihrem Sparbuch. In einem Baumarkt kaufen sie diese Gegenstände aus einem Sonderangebot: Waschtisch 260 Euro, Toilette 280 Euro, Badewanne 320 Euro, Dusche 510 Euro. Für Fliesen und Fliesenleger rechnen sie mit 2500 Euro. Reicht das gesparte Geld für die beabsichtigte Modernisierung aus?

1. **Lies dir den Text aufmerksam und ruhig durch.** Gibt es Wörter, die du nicht ganz verstehst? Dann frage nach oder benutze selbst ein Lexikon.
2. Notiere dir alle Zahlenangaben aus der Aufgabe und schreibe dahinter, was sie bedeuten.
3. Formuliere die Frage im Text mit deinen eigenen Worten.
4. Rechne noch nicht, überleg erst die Rechenschritte.
5. Berechne nun die Aufgabe.
6. Überschlage, ob deine Zahlenwerte stimmen können.
7. Formuliere die Antwort in einem Satz.

Abb. 6: Lesetechnik Textaufgaben knacken (Bezirksregierung Münster 2008, S. 9 f.)

Grundsätzlich ist darauf zu achten, dass die Sprache, mit der die Schülerinnen und Schüler in Kontakt kommen (Texte und Lehrersprache) nicht zu sehr vereinfacht wird, um den Erwerb komplexerer Sprachstrukturen nicht zu verhindern (Gogolin 2007).

Sprachliche Problembereiche wie komplexe Satzgefüge oder die Nominalflexion, die für eine elaborierte Sprachverwendung grundlegend sind, sollten in thematischen Zusammenhängen geübt werden, ggf. im Sinne der Binnendifferenzierung durch sprachspezifisches Zusatzmaterial für DaZ-Lerner (Rösch 2007a, S. 113). Um den Aufbau fachlich angemessener Sprachkompetenzen zu unterstützen, bietet sich außerdem das Verfahren des *scaffolding* an (Gibbons/Cummins 2009). Durch spezielle Aufgabenformate, Hilfestellungen oder direkte Unterstützung vonseiten der Lehrkraft werden die DaZ-Lernerinnen und -Lerner dabei genau dann unterstützt, wenn sie mit ihren eigenen Fähigkeiten nicht mehr weiterkommen. Entscheidend ist, dass die unterstützenden Mechanismen nur dann eingesetzt werden, wenn die Schülerinnen und Schüler an ihre Grenzen stoßen. Das Verfahren dient zudem dazu, von einer eher alltagssprachlichen, situationsgebundenen Kommunikationssituation ausgehend (z. B. bei der Durchführung eines Experiments in kleinen Gruppen) systematisch eine bildungssprachliche, situationsentbundene Sprachverwendung aufzubauen (z. B. bei der Präsentation der Ergebnisse) (Gibbons 2006). Aus fachlicher Sicht hat Joseph Leisen den Ansatz integrierten Sprach- und Fachlernens unter dem Stichwort »sprachsensibler Fachunterricht« systematisch ausgearbeitet, sodass mittlerweile ein entsprechendes Handbuch zur Verfügung steht (Leisen 2010).

Die Integration sprachlichen und fachlichen Lernens wird mittlerweile in vielen DaZ-Rahmen(lehr)plänen und Handreichungen empfohlen, stößt in der Umsetzung aber vor allem aufseiten der Fachlehrer immer noch auf Widerstand (für eine Übersicht, wie DaZ-Förderung in den Unterricht verschiedener Sachfächer integriert werden kann, sei Ahrenholz 2010 empfohlen).

Ausblick

Welche Förderansätze gewählt werden sollten, ist immer vom konkreten Förderkontext und den jeweiligen Lernern abhängig. Gerade die Gruppe der Schülerinnen und Schüler mit Migrationshintergrund zeichnet sich durch eine große sozio-kulturelle und sprachliche Heterogenität aus. Chlosta/Ostermann (2008, S. 20) kommen mit Bezug auf zwei groß angelegte Befragungen in Essen und Hamburg, in deren Rahmen Grundschulkinder zu den von ihnen verwendeten Sprachen befragt wurden, »auf eine Sprachenliste von insgesamt 105 Sprachen«, die von mindestens 100 der befragten Kinder gesprochen wurden. Aber nicht nur der sprachlich-kulturelle Hintergrund, sondern auch die zweisprachlichen Kompetenzen sind äußerst heterogen einzustufen, was eine *differenzierte* Diagnose und Förderung unabdingbar macht.

Aufgrund dieser unterschiedlichen Hintergründe und diverser Einflussfaktoren ist es »schlicht falsch zu erwarten, dass irgendwann die ›optimale‹ Lehrmethode als

Allheilmittel für Lernprobleme jeder Art entdeckt werden wird« (Edmondson/House 2006, S. 128). Neben weiterer Forschung zu sprachlichen Lehr- und Lernprozessen ist daher die Integration unterschiedlicher Ansätze und Methoden, die individuell auf die jeweiligen Lerner abzustimmen sind, sowohl im regulären Unterricht als auch in externen Förderkontexten zu empfehlen.

Da im Rahmen dieses Beitrags nur einige grundlegende Konzepte und Ansätze der DaZ-Erwerbsforschung und DaZ-Didaktik vorgestellt werden konnten, seien zur vertiefenden Lektüre besonders die folgenden Titel empfohlen: Ahrenholz/Oomen-Welke/Ulrich (2008), Belke (2008), Jeuk (2010), Michalak/Kuchenreuther (2012), Portmann-Tselikas (1998), Rösch (2011), Rösch, H./Ahrens, R. (2003) und Schader (2004).

Literatur

Ahrenholz, B. (Hrsg.) (2010): Fachunterricht und Deutsch als Zweitsprache. 2., durchges. und aktualisierte Aufl. Tübingen: Narr.

Ahrenholz, B./Oomen-Welke, I./Ulrich, W. (Hrsg.) (2008): Deutsch als Zweitsprache. Baltmannsweiler: Schneider-Verlag Hohengehren.

Arnold, K. (Hrsg.) (2007): Unterrichtsqualität und Fachdidaktik. Bad Heilbrunn: Klinkhardt.

Bartnitzky, H./Speck-Hamdan, A. (Hrsg.) (2005): Deutsch als Zweitsprache lernen [Reihe: Beiträge zur Reform der Grundschule, 120]. Frankfurt am Main.

Baumert, J. (Hrsg.) (2002): PISA 2000 – Die Länder der Bundesrepublik Deutschland im Vergleich. Deutsches PISA-Konsortium. Opladen: Leske + Budrich.

Belke, G. (2008): Mehrsprachigkeit im Deutschunterricht. Sprachspiele, Spracherwerb und Sprachvermittlung. 4., unveränd. Aufl. Baltmannsweiler: Schneider-Verlag Hohengehren.

Belke, G. (Hrsg.) (2009): Mit Sprache(n) spielen. Kinderreime, Gedichte und Geschichten für Kinder zum Mitmachen und Selbermachen; [Schülerband –] Textsammlung. 2. Aufl. Baltmannsweiler: Schneider Verlag Hohengehren.

Bezirksregierung Münster (2008): Sprachförderung als Aufgabe aller Fächer – Mathematik. Gesamtschulen. Münster. www.bezreg-muenster.nrw.de/startseite/themen/abteilung4/Dezernat_44_Gesamtschulen/sprachfoerderung/Sprachfoerderung_MA_08-07-23.pdf (Abruf 16.1.2012).

Bredel, U. (2007): Sprachstandsmessung – eine verlassene Landschaft. In: Ehlich, K. (Hrsg.): Anforderungen an Verfahren der regelmäßigen Sprachstandsfeststellung als Grundlage für die frühe und individuelle Förderung von Kindern mit und ohne Migrationshintergrund. Bonn [u. a.]: BMBF, S. 77–119.

Bybee, J. L. (1989): Morphology as lexical organization. In: Hammond, M. T./Noonan, M. (Hrsg.): Theoretical morphology. Approaches in modern linguistics. Reprinted. San Diego: Academic Press, S. 199–141.

Chlosta, C./Ostermann, T. (2008): Grunddaten zur Mehrsprachigkeit im deutschen Bildungssystem. In: Ahrenholz, B./Oomen-Welke, I./Ulrich, W. (Hrsg.), S. 17–30.

Chomsky, N. (1974): Rezension von Skinners ›Verbal Behavior‹. In: Eichler, W. (Hrsg.): Spracherwerb und linguistische Theorien. Texte zur Sprache des Kindes [Reihe: Erziehung in Wissenschaft und Praxis, 23]. München: Piper, S. 25–49.

Clahsen, H. (1985): Profiling second language development: A procedure for assessing L2 proficiency. In: Hyltenstam, K./Pienemann, M. (Hrsg.): Modelling and assessing second language acquisition [Reihe: Multilingual matters, 18]. Clevedon: Multilingual Matters, S. 283–331.

Clahsen, H./Meisel, J. M./Pienemann, M. (1983): Deutsch als Zweitsprache. Der Spracherwerb ausländischer Arbeiter [Reihe: Series A, Language development, 3]. Tübingen: Narr.
Clahsen, H./Rothweiler/Monika/Woest, A./Marcus, G. (1992): Regular and irregular inflection in the acquisition of German noun plurals. In: Cognition, H. 45, S. 225–255.
Cummins, J. (1979): Linguistic interdependence and the educational development of bilingual children. In: Review of Educational Research, 49, H. 79, S. 222–251.
Cummins, J. (1982): Die Schwellenniveau- und die Interdependenzhypothese. Erklärungen zum Erfolg zweisprachiger Erziehung. In: Swift, J. (Hrsg.): Bilinguale und multikulturelle Erziehung [Reihe: Internationale Pädagogik, 5]. Würzburg: Königshausen und Neumann, S. 34–43.
Doughty, C./Williams, J. (Hrsg.) (2009): Focus on form in classroom second language acquisition. [Nachdr.] [Reihe: The Cambridge applied linguistics series]. Cambridge: Cambridge Univ. Press.
Dulay, H. C./Burt, M./Krashen, S. (1982): Language Two. 4. Aufl. Oxford: Oxford University Press.
Edmondson, W. J./House, J. (2006): Einführung in die Sprachlehrforschung. 3., aktualisierte und erw. Aufl. [Reihe: Sprachwissenschaft, 1697]. Tübingen: Francke.
Ehlich, K./Bredel, U./Reich, H. H. (Hrsg.) (2008): Referenzrahmen zur altersspezifischen Sprachaneignung [Reihe: Bildungsforschung, 29/1]. Berlin [u. a.]: Bundesministerium für Bildung und Forschung (BMBF), Referat Bildungsforschung.
El Tatawy, M. (2002): Corrective Feedback in Second Language Acquisition. In: Working Papers in TESOL & Applied Linguistics 2, H. 2. journal.tc-library.org/index.php/tesol/article/viewFile/160/158 (Abruf 1.1.2012).
Ellis, R. (1997): SLA Research and Language Teaching. Oxford: Oxford University Press.
Fries, C. C. (1947): Teaching and learning English as a foreign language. Ann Arbor: Univ. of Michigan Press.
Gibbons, P. (2006): Unterrichtsgespräche und das Erlernen neuer Register in der Zweitsprache. In: Mecheril, P. (Hrsg.): Die Macht der Sprachen. Englische Perspektiven auf die mehrsprachige Schule. Münster: Waxmann, S. 269–290.
Gibbons, P./Cummins, J. (2009): Scaffolding language, scaffolding learning. Teaching second language learners in the mainstream classroom. [Nachdr.]. Portsmouth, NH: Heinemann.
Gogolin, I. (2007): Institutionelle Übergänge als Schlüsselsituationen für mehrsprachige Kinder. Expertise des deutschen Jugendinstituts. Deutsches Jugendinstitut. München. www.dji.de/bibs/384_8312_Expertise_Gogolin_Uebergaenge.pdf (Abruf 2.1.2012).
Gogolin, I./Neumann, U./Roth, H.-J. (2003): Förderung von Kindern und Jugendlichen mit Migrationshintergrund. Gutachten. Bund-Länder-Kommission für Bildungsplanung und Forschungsförderung. Bonn (Materialien zur Bildungsplanung und zur Forschungsförderung). www.blk-bonn.de/papers/heft107.pdf (Abruf 11.2.2011).
Grießhaber, W. (2005): Sprachstandsdiagnose im kindlichen Zweitspracherwerb: Funktional-pragmatische Fundierung der Profilanalyse. spzwww.uni-muenster.de/~griesha/pub/tprofilanalyse-azm-05.pdf (zuletzt aktualisiert 21.4.2006, Abruf 11.2.2011).
Grießhaber, W. (2008): Zweitspracherwerbsprozesse als Grundlage der Zweitsprachförderung. In: Ahrenholz, B. (Hrsg.): Deutsch als Zweitsprache. Voraussetzungen und Konzepte für die Förderung von Kindern und Jugendlichen mit Migrationshintergrund. 2., überarb. und erg. Aufl. Freiburg im Breisgau: Fillibach, S. 31–48.
Grießhaber, W. (2010a): Linguistische Grundlagen und Lernermerkmale bei der Profilanalyse. In: Rost-Roth, M. (Hrsg.): DaZ-Spracherwerb und Sprachförderung Deutsch als Zweitsprache. Beiträge aus dem 5. Workshop »Kinder mit Migrationshintergrund«. Freiburg im Breisgau: Fillibach.
Grießhaber, W. (2010b): Spracherwerbsprozesse in Erst- & Zweitsprache. Eine Einführung. Duisburg: Univ.-Verlag Rhein-Ruhr.

Hölscher, P. (2008): Lernszenarien. Sprache kann nicht gelehrt, sondern nur gelernt werden. In: Ahrenholz, B. (Hrsg.): Deutsch als Zweitsprache. Voraussetzungen und Konzepte für die Förderung von Kindern und Jugendlichen mit Migrationshintergrund. 2., überarb. und erg. Aufl. Freiburg im Breisgau: Fillibach, S. 155–171.

Hölscher, P./Piepho, H.-E. (2003): Miteinander leben. Lernszenarien für die Grundschule [Reihe: DaZ – Lernen aus dem Koffer]. Oberursel: Finken.

Jeuk, S. (2009): Aktuelle Verfahren zur Einschätzung des Stands der Sprachaneignung bei mehrsprachigen Kindern im Grundschulalter. In: Jeuk, S./Schmid-Barkow, I. (Hrsg.): Differenzen diagnostizieren und Kompetenzen fördern im Deutschunterricht. Freiburg im Breisgau: Fillibach, S. 61–81.

Jeuk, S. (2010): Deutsch als Zweitsprache in der Schule. Grundlagen – Diagnose – Förderung. 1. Aufl. [Reihe: Lehren und Lernen]. Stuttgart: Kohlhammer.

Jeuk, S./Schäfer, J. (2007): Beobachtung des Zweitspracherwerbs im Anfangsunterricht: Schwerpunkt Grammatik. In: Grundschule Deutsch, H. 14, S. 38–39.

Karagiannakis, E. (2007): Einsatz von Lernspielen im Deutsch als Zweitsprache-Unterricht. In: Ahrenholz, B. (Hrsg.): Kinder mit Migrationshintergrund. Spracherwerb und Fördermöglichkeiten [Interdisziplinärer Workshop »Kinder mit Migrationshintergrund – Spracherwerb und Fördermöglichkeiten«, November 2005, Berlin]. 2., unveränd. Aufl. Freiburg im Breisgau: Fillibach, S. 343–356.

Knapp, W. (1999): Verdeckte Sprachschwierigkeiten. In: Grundschule, H. 5, S. 30–33.

Knapp, W. (2001): Diagnostische Leitfragen. In: Praxis Grundschule, H. 3, S. 4–6.

Knapp, W. (2009): Diagnostische Leitfragen. Abdruck des Aufsatzes in Praxis Grundschule, 3/2001. In: Ministerium für Kultus Jugend und Sport Baden-Württemberg (Hrsg.): Deutsch als Zweitsprache in der Grundschule. Unter Mitarbeit von K. Aschenbrenner, W. Bauer, S. Biermann, N. Hazzouri, A. Hermeneit, S. Jeuk et al. Stuttgart: MKS, S. 147–150.

Klieme, E./Artelt, C./Hartig, J./Jude, N./Köller, O./Prenzel, M. et al. (Hrsg.) (2010): PISA 2000 – 2009. Bilanz der Veränderungen im Schulsystem. Stand: 14.2.2011. Münster, Frankfurt am Main: Waxmann; Deutsches Institut für Internationale Pädagogische Forschung.

Kniffka, G./Siebert-Ott, G. (2007): Deutsch als Zweitsprache. Paderborn: Schöningh UTB.

Krashen, S. D. (1984): Principles and practice in second language acquisition. Reprinted. [Reihe: Language teaching methodology series]. Oxford: Pergamon Press.

Kuhs, K. (2008): Lehrwerke und Unterrichtsmaterialien für die schulische Vermittlung und Förderung von Deutsch als Zweitsprache. In: Ahrenholz, B./Oomen-Welke, I./Ulrich, W. (Hrsg.), S. 315–323.

Lado, R. (1957): Linguistics across cultures. Applied linguistics for language teachers. Ann Arbor: Univ. of Michigan Press.

Leisen, J. (2010): Handbuch Sprachförderung im Fach. Sprachsensibler Fachunterricht in der Praxis; Grundlagenwissen, Anregungen und Beispiele für die Unterstützung von sprachschwachen Lernern und Lernern mit Zuwanderungsgeschichte beim Sprechen, Lesen, Schreiben und Üben im Fach. Bonn: Varus.

Lengyel, D. (2010): Bildungssprachförderlicher Unterricht in mehrsprachigen Lernkonstellationen. In: Zeitschrift für Erziehungswissenschaft, H. 13, S. 593–608

Luchtenberg, S. (2002): Mehrsprachigkeit und Deutschunterricht: Widerspruch oder Chance. In: ide, H. 3, S. 27–46 (auch online unter www.uni-klu.ac.at/deutschdidaktik/downloads/Luchtenberg_03_02.pdf, Abruf 23.12.2011).

Lütke, B. (2011): Didaktische Perspektiven auf zweisprachliches Lernen in der Grundschule – theoretische und empirische Aspekte. In: Apeltauer, E./Rost-Roth, M. (Hrsg.): Sprachförderung Deutsch als Zweitsprache. Von der Vor- in die Grundschule. Tübingen: Stauffenburg, S. 103–115.

Marcus, G. F. (2001): The algebraic mind. Integrating connectionism and cognitive science. Cambridge, Mass.: The MIT Press.

Meibauer, J. (2007): Einführung in die germanistische Linguistik. 2. Aufl. Stuttgart: Metzler.

Michalak, M./Kuchenreuther, M. (Hrsg.) (2012): Grundlagen der Sprachdidaktik Deutsch als Zweitsprache. Baltmannsweiler: Schneider Hohengehren.

Ministerium für Kultus, Jugend und Sport Baden-Württemberg (Hrsg.) (2009): Deutsch als Zweitsprache in der Grundschule. Unter Mitarbeit von K. Aschenbrenner, W. Bauer, S. Biermann, N. Hazzouri, A. Hermeneit, S. Jeuk et al. Stuttgart: MKS.

Oomen-Welke, I. (2006): Der Sprachenfächer. Freiburg im Breisgau: Fillibach [u. a.].

Oomen-Welke, I. (2007): »Meine Sprachen und ich«. Inspiration aus der Portfolio-Arbeit für DaZ in Vorbereitungsklassen und Kindergarten. In: Ahrenholz, B. (Hrsg.): Kinder mit Migrationshintergrund. Spracherwerb und Fördermöglichkeiten. 2, unveränd. Aufl. Freiburg im Breisgau: Fillibach, S. 115–131.

Pienemann, M. (1980): The second language acquisition of immigrant children. In: Felix, S. W. (Hrsg.): Second language development. Trends and issues. Tübingen: Narr, S. 41–56.

Pienemann, M. (1989): Is language teachable? Psycholinguistic Experiments and Hypotheses. In: Applied Linguistics 10, H. 1, S. 52–79.

Piepho, H.-E. (2003): Lerneraktivierung im Fremdsprachenunterricht. »Szenarien« in Theorie und Praxis [Reihe: Fremdsprachen]. Hannover: Schroedel.

Pinker, S. (2006): Wörter und Regeln. Die Natur der Sprache. Genehmigte Sonderausg. Paderborn: Voltmedia.

Portmann-Tselikas, P. R. (1998): Sprachförderung im Unterricht. Handbuch für den Sach- und Sprachunterricht in mehrsprachigen Klassen. Zürich: Orell Füssli.

Reich, H. H./Roth, H.-J. (2007): HAVAS 5. – das Hamburger Verfahren zur Analyse des Sprachstands bei Fünfjährigen. In: Reich, H. H. (Hrsg.): Sprachdiagnostik im Lernprozess. Verfahren zur Analyse von Sprachständen im Kontext von Zweisprachigkeit [Reihe: FörMig-Edition, 3]. Münster: Waxmann, S. 71–94.

Reich, H. H./Roth, H.-J./Gantefort, C. (2008): Der Sturz ins Tulpenbeet. Deutsche Sprachversion. Auswertungsbogen und Auswertungshinweise. In: Klinger, T./Schwippert, K./Leiblein, B. (Hrsg.): Evaluation im Modellprogramm FörMig. Planung und Realisierung eines Evaluationskonzepts. Münster: Waxmann, S. 209–237.

Reich, Hans H. (Hrsg.) (2007): Sprachdiagnostik im Lernprozess. Verfahren zur Analyse von Sprachständen im Kontext von Zweisprachigkeit [Reihe: FörMig-Edition, 3]. Münster: Waxmann.

Rösch, H. (2005a): DaZ-Förderung in der Grundschule – ein Überblick. In: Bartnitzky, H./Speck-Hamdan, A. (Hrsg.), S. 75–89.

Rösch, H. (2005b): Nahtstelle Übergang vom Primar- zum Sekundarbereich. In: Bartnitzky, H./Speck-Hamdan, A. (Hrsg.), S. 110–120.

Rösch, H. (2007a): Das Jacobs-Sommercamp – neue Ansätze zur Förderung von Deutsch als Zweitsprache. In: Ahrenholz, B. (Hrsg.): Kinder mit Migrationshintergrund. Spracherwerb und Fördermöglichkeiten [Interdisziplinärer Workshop »Kinder mit Migrationshintergrund – Spracherwerb und Fördermöglichkeiten«, November 2005, Berlin]. 2., unveränd. Aufl. Freiburg im Breisgau: Fillibach, S. 287–302.

Rösch, H. (2007b): Fachdidaktik und Unterrichtsqualität im Bereich Deutsch als Zweitsprache. In: Arnold, K.-H. (Hrsg.): Unterrichtsqualität und Fachdidaktik. Bad Heilbrunn: Klinkhardt, S. 177–204.

Rösch, H. (2011): Deutsch als Zweit- und Fremdsprache [Reihe: Akademie Studienbücher – Sprachwissenschaft]. Berlin: Akademie.

Rösch, H./Ahrens, R. (2003): Deutsch als Zweitsprache. Sprachförderung: Grundlagen, Übungsideen, Kopiervorlagen. Dr. A 6. [Reihe: Deutsch]. Braunschweig: Schroedel.

Rösch, H./Stanat, P. (2011): Bedeutung und Form (BeFo): Formfokussierte und bedeutungsfokussierte Förderung in Deutsch als Zweitsprache. In: Hahn, N./Roelcke, T. (Hrsg.): Grenzen überwinden mit Deutsch. 37. Jahrestagung des Fachverbands Deutsch als Fremdsprache an der Pädagogischen Hochschule Freiburg im Breisgau 2010. Göttingen: Univ.-Verlag, S. 149–162.

Rösch, H./Rotter, D. (2010): Formfokussierte Förderung in der Zweitsprache als Grundlage der BeFo-Interventionsstudie. In: Rost-Roth, M. (Hrsg.): DaZ-Spracherwerb und Sprachförderung Deutsch als Zweitsprache. Beiträge aus dem 5. Workshop »Kinder mit Migrationshintergrund«. Freiburg im Breisgau: Fillibach, S. 217–235.

Sánchez, A. (2004): The Task-based Approach in Language Teaching. In: IJES, 4, H. 1, S. 39–71 (auch online unter www.um.es/ijes/vol4n1/03-ASanchez.pdf, Abruf 23.12.2011).

Schader, B. (2004): Sprachenvielfalt als Chance. Das Handbuch; Hintergründe und 101 praktische Vorschläge für den Unterricht in mehrsprachigen Klassen. 1. Aufl. Troisdorf: Bildungsverlag EINS [u. a.].

Schmölzer-Eibinger, S. (2007): Deutsch als Zweitsprache. Spracherwerbstheoretische und didaktische Grundlagen für den Unterricht in mehrsprachigen Klassen. In: Lange, G./Weinhold, S. (Hrsg.): Grundlagen der Deutschdidaktik. Sprachdidaktik – Mediendidaktik – Literaturdidaktik. Baltmannsweiler: Schneider, S. 128–150.

Schnieders, G./Komor, A. (2007): Eine Synopse aktueller Verfahren der Sprachstandsfeststellung. In: Ehlich, K. et al. (Hrsg.): Anforderungen an Verfahren der regelmäßigen Sprachstandsfeststellung als Grundlage für die frühe und individuelle Förderung von Kindern mit und ohne Migrationshintergrund. Bonn [u. a.]: BMBF, S. 261–342.

Selinker, L. (1972): Interlanguage. In: IRAL, H. 10, S. 209–231.

Sheen, R. (2002): »Focus on form« and »focus on forms«. In: ELT Journal, 56, H. 3, S. 303–305.

Siebert-Ott, G. (2000): Der Übergang von der Alltagskommunikation zum Fachdiskurs. In: Deutsch lernen, 2000, H. 2, S. 127–142.

Stanat, P./Müller, A. G. (2005): Förderung von Schülerinnen und Schülern mit Migrationshintergrund. In: Bartnitzky, H./Speck-Hamdan, A. (Hrsg.), S. 20–32.

Stanat, P./Rauch, D./Segeritz, M. (2010): Schülerinnen und Schüler mit Migrationshintergrund. In: Klieme, E./Artelt, C./Hartig, J./Jude, N./Köller, O./Prenzel M. et al. (Hrsg.): PISA 2000 – 2009. Bilanz der Veränderungen im Schulsystem. Stand: 14.2.2011. Münster, Frankfurt am Main: Waxmann; Deutsches Institut für Internationale Pädagogische Forschung, S. 200–230.

Statistisches Bundesamt (2011): Bevölkerung und Erwerbstätigkeit. Bevölkerung mit Migrationshintergrund – Ergebnisse des Mikrozensus 2010 [Reihe: Fachserie 1, Reihe 2.2, Migration in Deutschland]. Wiesbaden.

Tomasello, M. (2005): Constructing a language. A usage-based theory of language acquisition. 1. Aufl. Cambridge, Mass.: Harvard Univ. Press.

Vollmer, H. J./Thürmann, E. (2010): Zur Sprachlichkeit des Fachlernens: Modellierung eines Referenzrahmens für Deutsch als Zweitsprache. In: Ahrenholz, B. (Hrsg.): Fachunterricht und Deutsch als Zweitsprache. 2., durchges. und aktualisierte Aufl. Tübingen: Narr, S. 107–132.

Wong, W. (2005): Input enhancement. From theory and research to the classroom. Boston: McGraw-Hill.

Magdalena Michalak

Deutsch als Zweitsprache (DaZ) in der Sekundarstufe I

Bei Betrachtung des Inhaltsverzeichnisses dieses Buches fällt auf, dass didaktische und methodische Empfehlungen zu *jedem* Kompetenzbereich des Deutschen formuliert werden. Diese Ausrichtung an den Bildungsstandards für das Fach Deutsch darf aber nicht implizieren, dass das Thema dieses Beitrages – Deutsch als Zweitsprache (DaZ) – einer dieser Kompetenzbereiche des Deutschunterrichts ist. Schließlich umfasst DaZ alle Arbeitsbereiche des Deutschen, bezieht zugleich die Perspektive der anderen Fächer ein und ist dabei an einer ganz speziellen Zielgruppe orientiert: an Schülerinnen und Schülern, die Deutsch nicht als ihre Erstsprache erworben haben.

Deutsch als Zweitsprache ist somit ein stark interdisziplinär zu denkender Bereich, der sich mit der allgemeinen Deutschdidaktik gegenseitig bedingt und ergänzt. Das Fach Deutsch bildet den Rahmen für DaZ, denn die Bildungsstandards für den regulären Deutschunterricht gelten für alle Schülerinnen und Schüler unabhängig von ihrer Sprachlernbiografie. Daher ist auch für Kinder und Jugendliche mit Migrationshintergrund »die deutsche Sprache vom fachlichen Grundverständnis Medium, Gegenstand und Unterrichtsprinzip zugleich« (KMK 2004, S. 7). Für den Deutschunterricht im mehrsprachigen Kontext sind jedoch besonders die Heterogenität der Lerner, ihre Zweisprachigkeit und die Spezifik des Zweitspracherwerbs zu berücksichtigen.

Aus der Heterogenität der Zielgruppe und der Komplexität der Sprachkompetenz ergibt sich die Schwierigkeit bzw. Unmöglichkeit, den Schwerpunkt der sprachlichen Förderung von DaZ-Lernenden auf einen einzigen Arbeitsbereich des Deutschen zu setzen. Diese Problematik wird im folgenden Beitrag in Bezug auf die Sekundarstufe I beleuchtet. Ausgehend von Sprachkompetenzmodellen und den Anforderungen der Bildungssprache wird diskutiert, welche Kompetenzen im Deutschunterricht aus der Perspektive der Zweitsprachenlernenden vorrangig erworben werden sollten.[1] An einem Schülertext werden die Stärken und Schwächen von Schülerinnen und Schülern mit Deutsch als Zweitsprache exemplarisch gezeigt. Anschließend wird präsentiert, wie ein an diesen Kompetenzen orientierter Unterricht aussehen könnte, der Lernprozesse besonders für sprachlich schwache DaZ-Lernende sinnvoll unterstützt.

---

1 Bildungssprache wird in dem Beitrag als die Sprache des Unterrichts verstanden, in und mit der Fachinhalte, auch im Fach Deutsch, gelernt und gelehrt werden. Dieser Begriff umfasst somit nicht nur *eine einzige* sprachliche Ausprägung, sondern mehrere Varietäten, die sich deutlich von der Alltagssprache abgrenzen. Sie werden im Laufe der Schulzeit komplexer und unterscheiden sich von Fach zu Fach.

Modellierung von Kompetenzen in der Zweitsprache im schulischen Kontext

Die Entfaltung der sprachlichen Kompetenz von Schülerinnen und Schülern mit Migrationshintergrund ist durch den speziellen Umstand geprägt, dass sie in zwei Sprachen aufwachsen (Michalak 2008, S. 7). Die Erziehung in ihren ersten Lebensjahren erfolgt primär in der Herkunftssprache der Eltern, während die Kinder häufig erst durch den Kindergarteneintritt verstärkt mit der Zweitsprache konfrontiert werden (Graf 1989, S. 110, 127). Die Auswahl der von ihnen angewandten Sprache hängt von den sozialen Kontexten ab, in denen sich das Kind bewegt: Die Erstsprache bleibt die Sprache der Familie; Deutsch wird meistens zur Sprache der Kindertagesstätte und der Schule. Die erworbene Sprachkompetenz in beiden Sprachen dient zunächst vor allem der Befähigung zur alltäglichen Kommunikation. Die dafür nötigen Strukturen sind auf sprachliche Handlungen mit einem konkreten, wahrnehmbaren Gegenüber ausgerichtet, sodass seine Reaktionen in die eigenen Aktivitäten eingeplant und die Inhalte in der Interaktion ausgehandelt werden (Maas 2008, S. 332).

Für den schulischen Erfolg reichen diese sprachlichen Kompetenzen jedoch nicht aus. Bereits mit dem Schuleintritt begegnen Kinder einer Varietät des Deutschen, welche eigene Regeln einer Standardsprache aufweist und sich im Laufe der Zeit zu einer formalisierten Fachsprache entwickelt (Michalak 2008, S. 9). Schülerinnen und Schülern wird abverlangt, dass sie eine Entwicklung von einem konkreten, assoziativen und illustrativen zu einem abstrakten und situationsentbundenen Sprachgebrauch bewältigen. Die Unterschiede dieses konzeptionell schriftlich geprägten Sprachgebrauchs gegenüber der mündlichen Alltagssprache liegen insbesondere im strukturellen Bereich (Koch, Oesterreicher 1986, S. 23), sodass es bei Weitem nicht alleine gilt, neuen Wortschatz bzw. neue Fachbegriffe zu erlernen.

Im Kontext der Schule müssen DaZ-Lernende daher – genauso wie ihre monolingual aufwachsenden Mitschülerinnen und Mitschüler – kognitiv-schulbezogene Sprachfähigkeiten, sog. CALP ausbilden (CALP = Cognitive Academic Language Proficiency im Sinne von Cummins 1984). Die elementaren, alltagssprachlichen Kompetenzen (BICS: Basic Interpersonal Communicative Skills, Cummins 1984) entwickeln sich relativ schnell, während die Entfaltung von CALP selbst in der Erstsprache mehrerer Jahre bedarf. Dieses Phänomen wird besonders in der Arbeit mit Zweitsprachenlernenden in der Sekundarstufe I deutlich: Bei Seiteneinsteigern, die erst seit Kurzem in Deutschland leben, ist in der Anfangsphase ihres Spracherwerbs ein schneller sprachlicher Zuwachs zu verzeichnen. Unabhängig davon, ob sie die Sprache gesteuert oder ungesteuert lernen, entwickeln sie sehr schnell ihre basalen Sprachkompetenzen. Für den Ausbau der konzeptionell schriftlichen Kompetenzen (CALP), wie es der schulische Unterricht verlangt, brauchen sie dagegen deutlich mehr Zeit.

In der Sekundarstufe I entscheidet sich, ob sich Schülerinnen und Schüler mit Migrationshintergrund »zu kompetenten Lesern und Schreibern in der Zweitsprache entwickeln« (Ott 2008, S. 196). Orientiert an Bildungsstandards müssen sie letztendlich abschlussbezogen und somit normativ betrachtet das gleiche sprachliche Niveau wie die monolingual aufwachsenden Jugendlichen erreichen. Sie sollten auch Sprachkompetenzen erwerben, die für die spätere Berufsausbildung notwendig sind (KMK 2004, S. 6). Um den zweisprachigen Schülerinnen und Schülern ein erfolgreiches Lernen im Regelunterricht auf Deutsch zu ermöglichen, ist es die Aufgabe des Deutschunterrichts, sie bei der Aneignung und Erweiterung der Sprachkompetenz im schulischen Kontext zu unterstützen (Ballis 2010, S. 80).

An dieser Stelle wäre es wünschenswert, auf ein Kompetenzstufenmodell für Deutsch als Zweitsprache zurückgreifen zu können, das sich an der bildungssprachlichen Kommunikation orientieren und zugleich die Aneignung einer Sprache in ihrer Komplexität berücksichtigen würde. So eine Modellierung gibt es für DaZ aber bislang nicht (Rösch 2011, S. 41). Zur Verfügung steht zwar der Gemeinsame Europäische Referenzrahmen für Sprachen (GER), der die Sprachkompetenzen auf sechs Niveaus beschreibt (GER 2001). Dieser ist aber auf die alltagssprachlichen, pragmatisch-kommunikativen Kompetenzen in einer Fremdsprache ausgerichtet und vernachlässigt somit die Anforderungen, die die Bildungssprache im Kontext der Schule an die Zweitsprachenlernenden stellt (Rösch 2011, S. 41-43). Hinzu kommt, dass sich die im GER beschriebenen Kompetenzbereiche auch nicht ohne weiteres auf die Arbeitsbereiche des Deutschen beziehen lassen (Böhnisch 2008, S. 11). Der Europarat bemüht sich derzeit, den GER mit einem Rahmen zur Beschreibung von Schulsprachen zu verknüpfen und arbeitet daran, einen Referenzrahmen für Sprache als Fach und zugleich Sprache im Fach zu entwickeln (Vollmer/Thürmann 2010, S. 107 f.).

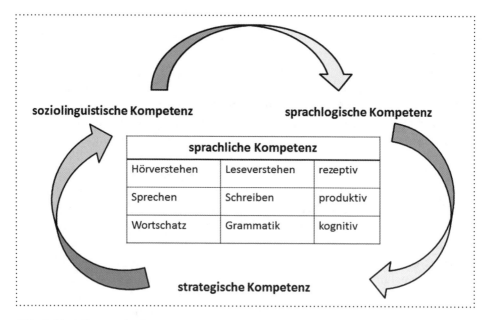

Abb. 1: *Modellierung der Sprachkompetenz nach sprachdidaktischen Feldern (in Anlehnung an Nodari 2002)*

Nodari (2002) versucht, den komplexen Sprachbegriff im Kontext schulischen Lernens in der Zweitsprache durch die Modellierung der Sprachkompetenz nach sprachdidaktischen Feldern zu erfassen (Abbildung 1).[2] Das Modell selbst kann nicht als Messinstrument gelten; es beschreibt lediglich Kompetenzdimensionen und -bereiche im Sinne eines Kompetenzstrukturmodells (Böhnisch 2008, S. 6; Hartig/Klieme 2006, S. 132 f.). Dabei wird Sprachkompetenz als »die Anwendung von Wissen und Können in weitgehend unvorhergesehenen Situationen« verstanden (Nodari 2002, S. 9). Daraus lässt sich schließen, dass die Sprachaneignung augenscheinlich weit mehr umfasst als die traditionellen Bereiche der Grammatik. Hierbei wird die Sprachkompetenz in vier Kompetenzbereiche untergliedert: *sprachliche, soziolinguistische, sprachlogische* und *strategische* Kompetenz.

Die *sprachliche Kompetenz*, die auf der traditionellen Verteilung der vier Fähigkeiten und Fertigkeiten in der Fremdsprachendidaktik basiert, entspricht lernpsychologisch dem Wissen und Können in einer Sprache. Sie bildet also die Basis der Sprachkompetenz, mit der »die gleichsam umgangssprachliche Kompetenz gemeint« ist (Nodari 2002, S. 10). Sie umfasst das Hör- und Leseverstehen als rezeptive Fertigkeiten sowie das Sprechen und Schreiben als produktive Tätigkeiten. Hinzu gehören auch das Wissen über Bedeutungen von Wörtern und Wendungen ebenso wie das Wissen über morpho-syntaktische Formen und Strukturen in einer Sprache. Zwar ist die sprachliche Kompetenz die unabdingbare Grundlage für die Kommunikation in einer Sprache; für das erfolgreiche Lernen in dieser Sprache reicht sie jedoch nicht aus. Hierfür muss der Sprachbegriff viel weiter gefasst werden.

Demnach setzt schulischer Sprachgebrauch ferner eine ausgeprägte *soziolinguistische Kompetenz* voraus. Damit ist die Fähigkeit gemeint, die Sprache im situativen Kontext auch angemessen gebrauchen zu können. Kulturelle und sprachliche Normen bestimmen in jeder Sprache, welche Sprachvariante in unterschiedlichen Situationen mit verschiedenen Kommunikationspartnern angewendet werden sollte (z. B. Fachsprache versus Alltagssprache) (Michalak 2010, S.43 f.). Einsprachige Personen erwerben diese Kompetenz meist mit ihrer Erziehung; DaZ-Lernende sind »ständig auf der Suche nach der gültigen Norm und erhalten bei diesem Prozess selten die nötige Hilfe, weil Normen als etwas Selbstverständliches verstanden werden« (Nodari 2002, S. 11).

Für den Schulerfolg spielt auch die *sprachlogische Kompetenz* eine Schlüsselrolle, denn fachbezogenes Lernen erfolgt überwiegend textgestützt und verlangt umfangreiches Wissen und Können um den rezeptiven und produktiven Umgang mit Texten. So umfasst die sprachlogische Kompetenz die Fähigkeit, u. a. komplexe und abstrakte Sachverhalte zu verstehen, kausale Zusammenhänge zu erkennen, kohärent und

---

2   Die sprachwissenschaftlichen Grundlagen der altersspezifischen Sprachaneignung für die Erst- und Zweitsprache bietet der Referenzrahmen von Ehlich/Bredel/Reich 2008a an, der sich nicht an sprachlichen Fähigkeiten und Fertigkeiten, sondern an sprachwissenschaftlichen Basisqualifikationen orientiert. Dieser umfangreiche Qualifikationsfächer, der die Aneignung phonischer, morphologisch-syntaktischer, semantischer, pragmatischer, diskursiver und literaler Kompetenzen berücksichtigt, bildet den Ausgangspunkt für die Erarbeitung von Diagnoseverfahren.

nachvollziehbar über komplexe Sachverhalte zu sprechen, komplexe Texte zu erschließen und zu produzieren usw. Da die Sprache dabei in kontextarmen Zusammenhängen gebraucht wird und damit Merkmale konzeptioneller Schriftlichkeit aufweist, ist diese Kompetenz gerade für sprachlich schwache Lernende sehr anspruchsvoll (vgl. dazu CALP) und deswegen im Deutschunterricht besonders zu berücksichtigen.

Die letzte Komponente der Sprachkompetenz, die *strategische Kompetenz*, betrifft »die Fähigkeit, Probleme der sprachlichen Verständigung und des Sprachlernens anzugehen und zu lösen« (Nodari 2002, S. 13). Sie ermöglicht, eigene Sprachprobleme wahrzunehmen und zu erkennen sowie Problemlösungsstrategien einzusetzen. Zugleich handelt es sich auch um die Anwendung von Lernstrategien (Benutzung von Wörterbüchern und Lexika, Erstellen und Arbeiten mit Lernkarteien, Lernen im Tandem, Medienbenutzung usw.), die für einen deutlich sichtbaren Lernerfolg nur gezielt eingesetzt werden können. Die fehlenden Strategien des schulischen Wissenserwerbs dagegen führen zu einer unzureichenden Textkompetenz. Diese Defizite sind daran erkennbar, dass z. B. Zweitsprachenlernende einzelne Sätze oder ganze Passagen von der Textvorlage abschreiben oder Inhalte unstrukturiert wiedergeben (Schmölzer-Eibinger 2006, S. 140).

Das hier zugrunde gelegte Sprachkompetenz- bzw. Kompetenzstrukturmodell von Nodari zeigt deutlich, wie umfangreich der Sprachbegriff ist. Deswegen genügt es nicht, für die Vermittlung und Erweiterung der bildungsrelevanten Sprachkompetenz einen einzelnen Kompetenzbereich zu fokussieren.[3] Wie oben gezeigt, sind für die Bewältigung der Bildungssprache mehrere ausgeprägte Teilkompetenzen erforderlich, die miteinander interagieren. Dies ist gerade für die Spracharbeit im Deutschunterricht mit mehrsprachigen Schülerinnen und Schülern von großer Bedeutung (Knapp 2008, S. 258–262). Denn erst wenn die unterschiedlichen bildungsrelevanten Kompetenzbereiche in ihrem Zusammenwirken gefördert werden, kann die Sprachaneignung wirklich gelingen (Ehlich/Bredel/Reich 2008b, S. 19). DaZ-Fördermaßnahmen, die sich ausschließlich auf den Ausbau eines Bereichs wie z. B. Vermittlung von grammatischem Wissen oder Wortschatzarbeit konzentrieren, greifen somit zu kurz.

Diagnostik: Stärken und Schwächen von Zweitsprachenlernenden

Wie erwähnt, stellen DaZ-Lernende eine sehr heterogene Zielgruppe dar. Dazu gehören z. B. Seiteneinsteiger, die vor Kurzem nach Deutschland gekommen sind und (vielleicht) in ihrer Heimat die Schule besuchten. Diese Schülerinnen und Schüler

---

3   Die Kompetenzbereiche aus dem genannten Modell könnten auf die Arbeitsbereiche des Faches Deutsch bezogen werden: Hörverstehen und Sprechen lassen sich auf den Bereich Sprechen und Zuhören übertragen; Schreiben und Leseverstehen auf Lesen – mit Texten und Medien umgehen; Wortschatz und Grammatik wären im Kompetenzbereich Sprache und Sprachgebrauch untersuchen anzusiedeln. Die soziolinguistische und sprachlogische Kompetenz würden sich hingegen auf alle Arbeitsbereiche verteilen. Die Methoden und Arbeitstechniken werden im Modell von Nodari im Kompetenzbereich strategische Kompetenz berücksichtigt.

müssten zuerst ihre alltagsprachlichen Kompetenzen (BICS) auf Deutsch erweitern, um darauf die bildungssprachlichen Kompetenzen (CALP) aufzubauen. Solche Schülerinnen und Schüler können in der Regel davon profitieren, im Laufe ihrer Schullaufbahn in der Heimat die schulbezogenen Fähigkeiten in ihrer Erstsprache altersgemäß entwickelt zu haben (Ott 2008, S. 197; vgl. auch Webersik in diesem Band). Bei den Seiteneinsteigern ist es also empfehlenswert, ihre Fähigkeiten und Fertigkeiten von BICS zu CALP in der deutschen Sprache systematisch zu erweitern.

Die meisten DaZ-Lernenden in der Sekundarstufe I sind jedoch in Deutschland geboren, wurden hier eingeschult und haben den Unterricht schon in der Grundschule auf Deutsch besucht. Sie verfügen somit über basale Kompetenzen (BICS) in der deutschen Sprache (Eckhardt 2008, S. 207 f.). Diese allgemeinsprachlichen Fähigkeiten werden von den Jugendlichen mit Deutsch als Zweitsprache in der schulischen Realität bevorzugt genutzt: Im Unterricht vermeiden sie schriftliche Aufgaben (Michalak 2010, S. 239). Sie favorisieren den mündlichen Ausdruck mit informellen Registervarietäten, da sie auf diese Weise ihre sprachlichen Defizite hinsichtlich konzeptioneller Schriftlichkeit verbergen können (Ballis 2010, S. 120).

Ihre mündlichen und schriftlichen Äußerungen sind stark durch das informelle Register beeinträchtigt (Cantone/Haberzettl 2008, S. 107). Für Lernende, die im Alltag in der Regel einen mündlichen Zugang zu lediglich umgangssprachlichen Varietäten haben, stellt hierbei nicht die Schriftsprache selbst, sondern die bildungsrelevante, formelle Sprache ein Hindernis dar (Maas 2008, S. 629): eine Sprache, die sowohl in mündlichen als auch in schriftlichen Äußerungen, sowohl bei der Textrezeption als auch -produktion im schulischen Kontext angewendet wird (Michalak 2012). Studien verdeutlichen, dass gerade Jugendliche aus bildungsfernen Elternhäusern das informelle Register oft nicht variieren können. Vergleicht man unter diesem Aspekt Schülerinnen und Schüler mit und ohne Migrationshintergrund, so sind die Unterschiede in der Sprachleistung nicht auf ihren Sprachhintergrund zurückzuführen, sondern korrelieren mit dem sozioökonomischen Status der Familien (Eckhardt 2008, S. 208). Da ein großer Teil von DaZ-Lernenden aus bildungsfernen Milieus stammt und ein sowohl quantitativ wie qualitativ im Sinne von Variantenreichtum eingeschränktes Spektrum an Kontakten in der deutschen Sprache hat, liegt demzufolge der Förderbedarf bei ihnen vor allem im Bereich der Bildungssprache.

Differenzen zwischen den DaZ-Lernenden und ihren einsprachigen Mitschülerinnen und Mitschülern zeigen sich an den Stellen, »wo die Sprachformen als Ressource für den sprachlichen Ausbau genutzt werden sollen« (Maas 2008, S. 653).

Ein beispielhafter Schülertext kann diese Probleme illustrieren (Abbildung 2). Der Text entstand im Rahmen eines DaZ-Förderunterrichts in einer niedersächsischen Hauptschule. Bei der Aufgabenstellung sollten die Schülerinnen und Schüler einem Nicht-Netzwerknutzer von »schülerVZ« (hier: der Lehrkraft) die Nutzung des Portals erklären. Der Beispieltext in Abbildung 2 wurde von Irina (Name geändert) verfasst. Irina wurde in Deutschland geboren, als Erstsprache hat sie allerdings Russisch erworben. Zum Zeitpunkt der Untersuchung besuchte sie die 7. Klasse.

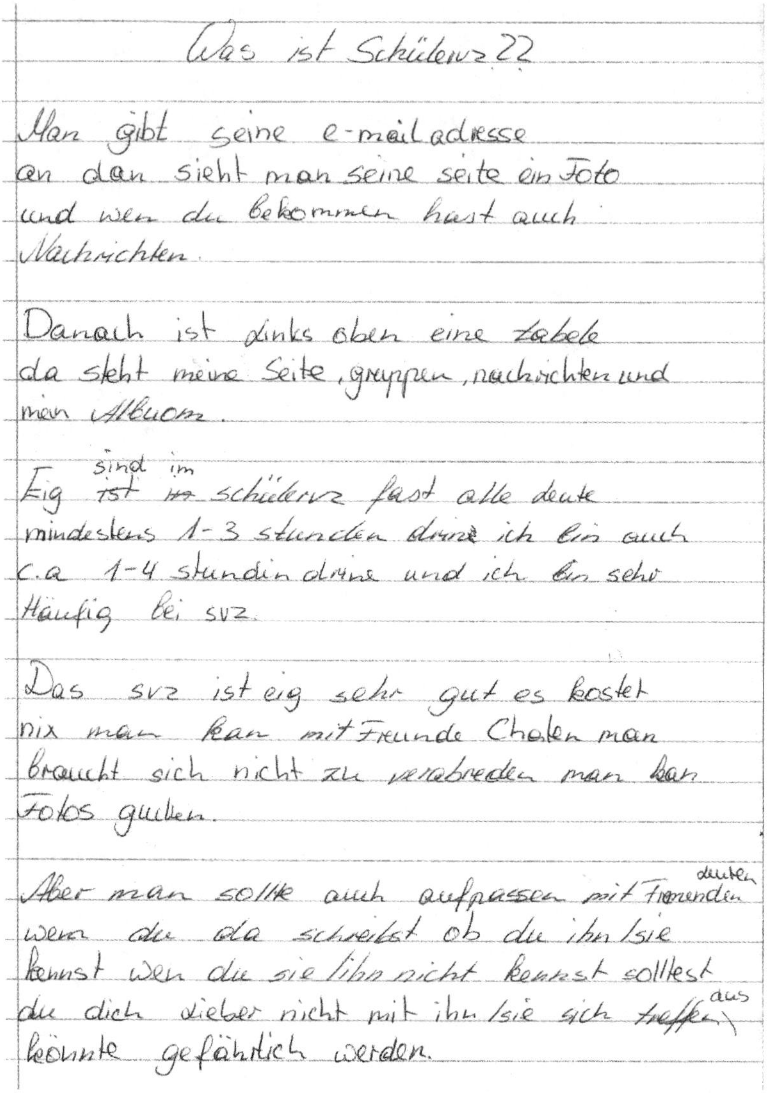

> **Was ist Schülervz??**
>
> Man gibt seine e-mail adresse
> an dan sieht man seine seite ein Foto
> und wen du bekommen hast auch
> Nachrichten.
>
> Danach ist links oben eine tabele
> da steht meine Seite, gruppen, nachrichten und
> mein Album.
>
> Eig ist im schülervz fast alle leute
> mindestens 1-3 stunden drinn ich bin auch
> c.a 1-4 stunden drinn und ich bin sehr
> Häufig bei svz.
>
> Das svz ist eig sehr gut es kostet
> nix man kan mit Freunde Chaten man
> braucht sich nicht zu verabreden man kan
> Fotos gucken.
>
> Aber man sollte auch aufpassen mit Freunden deuten
> wen du da schreibst ob du ihn/sie
> kennst wen du sie/ihn nicht kennst solltest
> du dich lieber nicht mit ihn/sie sich treffen aus
> könnte gefährlich werden.

Abb. 2: Text einer Hauptschülerin

Zieht man den Gemeinsamen Europäischen Referenzrahmen als Beurteilungsgrundlage der Sprachkompetenzen der Schülerin zurate, so wäre es möglich, sich allein auf die kommunikative Fertigkeit *Schreiben* zu beziehen. Demnach beherrscht Irina die deutsche Sprache zwar noch nicht kompetent (im Sinne z. B. des C1-Niveaus; die Niveaustufe C wird im GER als »kompetente Sprachverwendung« bezeichnet, GER 2001), aber sie verwendet diese selbstständig (GER 2001). Sie kann über ein ihr vertrautes Thema einen einfachen Text schreiben, wobei sie sich auf eigene Erfahrungen bezieht. Damit sind ihre Deutschkenntnisse auf dem B1-Niveau einzuschätzen, was der Mittelstufe in einem Fremdsprachenkurs entspricht. In Ansätzen sind im Text auch Sprachanwendungen zu erkennen, die den nächsten Kompetenzstufen des GER zugeordnet werden können: Zwar ist der Text noch nicht eindeutig klar und detailliert, was dem B2-Niveau entsprechen würde; aber die Schülerin kann in einem Text Informationen wiedergeben und versucht zum Schluss, einen bestimmten Standpunkt kurz darzulegen (GER 2001). Diese Kompetenzbeurteilung hilft aber einer Lehrkraft nicht unbedingt weiter, konkrete Fördermaßnahmen für die Schülerin zu planen.

Legt man das Sprachkompetenzmodell von Nodari (2002) der Analyse zugrunde, so lässt sich feststellen, dass Irinas sprachliche Kompetenz gut entwickelt ist:

→ Die Schülerin hat einen *deskriptiv-explikativen* Text mit *narrativen* Elementen verfasst (Ich-Perspektive).
→ Ihre *Schreibungen* (Groß- und Kleinschreibung, Interpunktion, Verdoppelung von Konsonanten) weichen nicht von denen der einsprachigen deutschen Hauptschülerinnen und -schüler ab (dazu Fix 2002).
→ Sie benutzt einen einfachen *Wortschatz*, der ihr aus der alltäglichen Kommunikation geläufig ist (*nix, gucken, drine*). An einer Stelle kann der Einfluss ihrer russischen Muttersprache vermutet werden: Das deutsche Wort *Album* hat Irina durch ein <o> ergänzt, was eventuell auf die Ähnlichkeit des Wortes auf Russisch zurückzuführen wäre: альбом [alˈboᵊm].
→ Für den Bereich der *Grammatik* lassen sich basale Kompetenzen diagnostizieren.
  – Problemlos bildet Irina einfache Sätze mit SVO-Stellung (mit SVO-Stellung ist die Wortstellung im einfachen Satz gemeint: Subjekt – finites Verb / Prädikat – Objekt).
  – Sie variiert die Sätze, indem sie Adverbiale oder andere Satzglieder vor das finite Verb stellt (z. B. *Danach ist Links oben eine tabele*).
  – Die meisten Sätze verbindet sie parataktisch und benutzt oft das reihende *und*; aber auch komplexe Nebensätze sind ihr vertraut.
  – Dabei ist sie sprachlich kompetent genug, um einen Nebensatz einem Hauptsatz voranstellen zu können: *wen du sie/ihn nicht kennst solltest du dich Lieber nicht mit ihm/sie sich treffen*. Die Normen der mündlichen Sprache sind auch im morpho-syntaktischen Bereich zu sehen. So wird die rechte Satzklammer alltagssprachlich angewendet: *Aber man sollte auch aufpassen mit Fremden Leuten wem du da schreibst …*
→ Schwierigkeiten bei der Konjugation, Deklination oder beim Artikelgebrauch sind – bis auf kleine Ausnahmen, die aber auch Konzentrationsfehler darstellen können – in dem einfachen Text kaum zu finden. Auffällig ist der Gebrauch einer Infinitivkonstruktion bei der Negation des Verbs *brauchen* (*man braucht sich nicht zu verabreden*), die im Deutschen als schriftsprachlich markiert ist.
→ Im *soziolinguistischen* und *sprachlogischen* Kompetenzbereich ist der Text hingegen durch Unsicherheiten geprägt. Zwar beginnt Irina den Text in unpersönlicher Form, aber schon in der dritten Zeile wechselt sie zum persönlichen Du und bezieht unerwartet auch die eigene Person (*meine Seite*) mit ein. Dadurch bewältigt sie die Aufgabe nicht angemessen. Bei der Aufgabenstellung wurde nämlich

die Lehrkraft als Leser des Textes genannt, was die Anwendung eines formellen Sprachregisters voraussetzt. Irina verwendet also eine sprachliche Form, die ihr aus dem Alltag vertraut ist und nimmt so wahrscheinlich den Unterschied zwischen den verschiedenen Registern nicht wahr. Demzufolge müsste sie zuerst lernen, wann welche Sprachvariante angemessen ist (Michalak 2012, S. 69). Des Weiteren wurde der Adressat als eine Person beschrieben, die das Portal nicht kennt und nicht nutzt. Die Rolle einer Expertin ist Irina im Schreibprozess nicht klar geworden. Kennt der Leser das »schülerVZ« nicht, so ist es aufgrund fehlender Präzisierungen schwierig, anhand des Textes nachzuvollziehen, was es ist. Mit Formulierungen wie »*man kann mit Freunde Chaten man braucht sich nicht zu verabreden man kan Fotos gucken*« wird die Funktion des Portals nur implizit erklärt. Vielmehr beschreibt die Schülerin, was sie auf der Seite von »schülerVZ« sieht, ohne dabei den Laien-Adressaten mit Wissenslücken zu berücksichtigen.

→ Auch im *sprachlogischen* Kompetenzbereich braucht die Schülerin Unterstützung, hier vor allem im Bereich der normativen Orientierung an schulischen Textmustern: bei der Erkennung und Berücksichtigung der Textfunktion sowie beim Textaufbau und seiner Gliederung. Sie geht in ihrem Text assoziativ vor und reiht die Sätze ohne Verknüpfungen aneinander: *Eig (Eigentlich) sind im Schülervz fast alle Leute mindestens 1–3 stunden drin ich bin auch c.a 1–4 stunden drine und ich bin sehr Häufig bei svz.* Sie trennt ihre Äußerungen (jeweils 2–3 Sätze) durch neue Absätze. Die einzelnen Absätze sind aber nicht miteinander verbunden, wodurch der Text für den Leser nicht kohärent ist. In dem letzten Abschnitt wird der Text jedoch durch zusammengesetzte Sätze syntaktisch komplexer. So gelingt es der Schülerin, eine Wenn-Dann-Beziehung korrekt zu formulieren. Unerwünschte informelle Anteile ihrer Sprache sind im Text durch Nachschübe sichtbar, wie sie ja eigentlich für das Mündliche typisch sind. Wie in einem Gespräch mit einer Freundin ergänzt sie einige Informationen zu dem schon Gesagten: *Aber man sollte auch aufpassen mit Fremenden Leuten wem du da schreibst ob du sie/ihn kennst…* Auch die angewandten Deixis (*danach, da*) sind für die mündliche Kommunikation charakteristisch. Im Hinblick auf die Wahl angemessener Ausdrücke müsste Irina ihren Wortschatz erweitern, um sich durch Synonyme zu umgangssprachlichen Wörtern (*gucken, drine*) dem angemessenen Register zu nähern.

→ Bezüglich der *strategischen* Kompetenz ist festzustellen, dass die Phase der Textplanung sehr kurz dauerte und nur mündlich im Gespräch mit einer Nachbarin erfolgte. Beim Schreiben stellte Irina keine Fragen, z. B. nach der Aufgabenstellung, nach sprachlichen Mitteln oder nach der Struktur des Textes. Sie benutzte auch keine Hilfsmittel, obwohl Wörterbücher und das Internet zur Verfügung standen. Sie bediente sich ihrer eigenen sprachlichen Ressourcen, ohne zu versuchen, diese auszudifferenzieren. Die Schülerin nahm sich aber Zeit für die Überarbeitung ihres Textes. Sie hat den Text im Unterricht überarbeitet und sogar neu aufgeschrieben.

So geht aus der Analyse bzw. Diagnose hervor, dass Irina recht sicher in der Anwendung der *informellen* deutschen Sprache ist. Diese setzt sie in der hier gezeigten Situation bei der Textproduktion ein, obwohl hierfür ja konzeptionelle Schriftlichkeit erwartet wird. Dem folgend braucht Irina vor allem Hilfestellungen bei der Differenzierung zwischen dem umgangssprachlichen und dem formellen Register, um sich schriftsprachlich angemessener auszudrücken.

Wege der Förderung – Vermittlung der Bildungssprache als Ziel

Der vorliegende Artikel möchte dafür appellieren, die Funktion des Deutschunterrichts für mehrsprachige Lernergruppen zu überdenken: Da den Schülerinnen und Schülern mit DaZ viele sprachliche Strukturen und schulische Muster unbekannt sind, müssen ihnen entsprechende sprachliche Mittel für die Sprachrezeption und -produktion bereitgestellt werden. Mit anderen Worten: Die schulische Grammatikarbeit verläuft nicht unbedingt ausschließlich im Sinne der Reflexion über Sprache.

Um die nötigen Kompetenzen zu entwickeln, sollten die Lehrkräfte gerade im Sprachunterricht genügend zielsprachlichen Input anbieten. Das betrifft sowohl die Sprachrezeption als auch die -produktion. Die Jugendlichen sollen gefördert und gefordert werden, sich die Inhalte selbst zu erschließen und damit den Zugang zur Bildungssprache zu erreichen. Wird ihnen stattdessen ein vereinfachter Text präsentiert oder werden die Inhalte nur mündlich dargelegt, so lernen die Schülerinnen und Schüler nicht, auch mit anspruchsvolleren Texten selbstständig umzugehen.

Was aber bedeutet das für einen kompetenzorientierten Deutschunterricht genau? Im Fokus der Spracharbeit sollte die eigentliche Herausforderung für Schülerinnen und Schüler mit Deutsch als Zweitsprache stehen, nämlich die Förderung schulischer Sprachregister und konzeptioneller Schriftlichkeit (Michalak 2012, S. 83). Das impliziert eine Sensibilisierung auf sprachliche Varietäten im Deutschen und ein gezieltes Üben der Sprachanwendung in situativen Kontexten. Den Zweitsprachenlernenden müssen grammatische und textuelle Gebrauchsmuster vermittelt werden, auf die sie in konkreten Kommunikationssituationen zurückgreifen können. Dabei soll die Arbeit an und mit Texten fokussiert und die Anwendung geeigneter Lern- und Arbeitsstrategien trainiert werden (Michalak 2008, S. 13). Diese Ziele können keinesfalls mit grammatikzentrierten Übungsaufgaben oder Lückentexten erreicht werden.

Dementgegen wird im Folgenden ein Modell zur Förderung von Sprachregistern vorgestellt, das im DaZ-Unterricht erprobt wurde und sich bei der Arbeit speziell mit Sachtexten und nicht-linearen Texten bewährt hat (Michalak 2010, 2012). Das Konzept basiert auf der Annahme, dass durch die Fokussierung auf die Textkompetenz, d. h. die Bewusstmachung von Textfunktion und -struktur sowie ein entsprechendes Training, Zweitsprachenlernende deutlich besser mit Sprachregistern umgehen können. Das Sprachbewusstsein wird dadurch entwickelt, dass eine starke Musterorientierung erfolgt, u. a. durch Bewusstmachung der Textfunktion, durch Textanalyse im Hinblick auf angewandte lexikalische und grammatische Muster oder durch Anwendung von textsortenspezifischen Formulierungen bei der Sprachproduktion.

Dem Modell liegt der Registerbegriff von Halliday (1978, 1989) zugrunde, der Sprachgebrauch, Situation und Sprachbenutzer gleichermaßen einbezieht (Michalak 2012). Register umfasst demnach lexiko-grammatische Formen, die von Mitgliedern einer kulturellen Gruppe als typisch für bestimmte Situationen wahrgenommen werden (Halliday1978, S. 111). Jedes Register wird durch drei Dimensionen bestimmt:

→ *In welchem Bereich wird die Sprache gebraucht?* – Gemeint sind damit die soziale Handlung und das damit einhergehende Thema bzw. der Redegegenstand.
→ *In welchem Verhältnis stehen die Kommunikationspartner zueinander?* – Damit wird die Rollenbeziehungen berücksichtigt, die »aufgrund von Variablen wie z. B. Vertrautheit auf einem Kontinuum formaler sprachlicher Ausprägungen variieren« können (Michalak 2012, S. 70). Mit diesem Kriterium wird ein Register abhängig von dem Formalitätsgrad der Situation und der sozialen Rollen beschrieben.
→ *Welche sprachlichen Mittel werden angewendet?* – Hierbei geht es um die sprachliche Gestaltung des jeweiligen Registers, d. h. sprachliche Mittel, die abhängig von dem Sprachkanal und -modus eingesetzt werden und mit deren Hilfe Verknüpfungen zwischen Textelementen, verschiedenen Texten/Äußerungen und zwischen Text und dem situativen oder kulturellen Kontext hergestellt werden (Michalak 2012, S. 70).

Aspekte der Sprachregister	Förderung des Sprachregistergebrauchs Vorgehensweise
Thema	Fragen an die Schülerinnen und Schüler: In welchem Bereich bin ich? Woher stammt der Text, auf den ich mich beziehe? Auf welche Frage suche ich eine Antwort? → Aktivierung des Vorwissens – abschließend: Reflexion über neue Inhalte → bewusste Strukturierung der Informationen → Unterrichtsgespräch als Ausgangspunkt für die Textrezeption und -produktion
Rollen der Gesprächspartner	Fragen an die Schülerinnen und Schüler: Welche Rolle habe ich? Wer ist mein Adressat? Wie viel weiß er über das Thema? Welche Funktion hat mein Text?
sprachliche Mittel	→ gemeinsame Erarbeitung des erforderlichen sprachlichen Materials vor der Lektüre → Analyse der Textsorten; Textvergleich im Hinblick auf angewandte grammatische und lexikalische Muster → inhaltliche und sprachliche Betrachtung der Sachtexte → Vermittlung von Texterschließungsstrategien: Textaufbau, Überschriften, Bilder

Tab. 1: Modell zur Förderung von Sprachregistern

Auf diese drei Kriterien wird im didaktischen Modell zur Förderung von Sprachregistergebrauch Bezug genommen (Tabelle 1). Den Ausgangspunkt bildet das Prinzip, dass man beim Zuhören wie beim Lesen die besonderen Merkmale einzelner Textsorten kennenlernt und dabei erfährt, was Textualität in mündlicher und schriftlicher Kommunikation bedeutet. Diese Reihenfolge ist daher relevant, da die produktiven Kompetenzen im Sinne der Input-Hypothese nicht primär durch Sprechen und Schreiben, sondern durch aktive und immer wiederkehrende rezeptive Tätigkeiten entstehen (Krashen 1985, S. 98 f.).

Daraus ergibt sich die didaktische Konsequenz, dass die Jugendlichen zuerst die spezifischen schulischen Muster kennenlernen müssen, um diese selbst angemessen anwenden zu können. Die Arbeit in dem Modell erfolgt also nach dem 3-Phasen-Prinzip: *Bewusstmachung – Vergleich – eigene Produktion* (Michalak 2012, S. 83). Der Ausgangspunkt für die Textrezeption und -produktion ist jeweils ein Unterrichtsgespräch. Dabei wird das hier beschriebene Vorgehen nicht einmalig im Unterricht durchgeführt, sondern die einzelnen Schritte werden vor jeder Arbeit mit und an Texten thematisiert.

Phase 1

Im ersten Schritt wird darüber reflektiert, was eine bestimmte Textsorte charakterisiert. Hierbei wird auf das Wissen der Schülerinnen und Schüler zurückgegriffen, indem die vorhandenen Informationen zu Textstrukturen gesammelt werden. Gemeinsam wird darüber diskutiert, welche Funktion der jeweilige Text erfüllt, an wen der Text adressiert ist und welche Rolle der Autor zu erfüllen hat. Dies wird gemeinsam erarbeitet und mit inhaltlichen Fragen und mit Hinführung zu hilfreichen Strategien verknüpft.

Bei der Beispielaufgabe von Irina (Abbildung 2) würde es bedeuten, zuerst die informative Textfunktion und den beschreibenden Charakter des Textes zu »entdecken«. Damit sollten der Schülerin das Schreibziel und die Merkmale des zu erwartenden Textes verdeutlicht werden: Das Thema sollte möglichst genau, sachlich und informierend dargestellt werden, damit es der Adressat nachvollziehen kann (Fix 2006, S. 99–102). Es müsste geklärt werden, inwiefern eigene Erfahrungen in solch eine Beschreibung eingebracht werden sollen und welche Rolle Irina als Textverfasserin übernehmen muss.

Bei der inhaltlichen Vorbereitung können zuerst Ideen zusammengestellt und eigene Sprachressourcen aktiviert werden. Dann werden der neue Wortschatz gesammelt und die nötigen Informationen strukturiert (beispielhafte Materialien dazu sind in Michalak 2009 zu finden). Dieser Schritt erfolgt z. B. durch Mindmapping oder durch eine andere Form der Visualisierung (Berkemeier 2009).

Bei dem lexikalischen Material handelt es sich aber nicht nur um einzelne Vokabeln, sondern um Redemittel, die für eine Textsorte typisch sind (z. B.: *schülerVZ ist eine/ein ... für ... Das Portal wurde ... gegründet und wird zurzeit von ... benutzt.*). Die sprachlichen und inhaltlichen Informationen werden im Verlauf der Unterrichtsstunden ergänzt. In der Phase können auch grammatische Strukturen eingeführt werden, die das Rezipieren des Textes sowie den Austausch über die Textinhalte unterstützen können (Abbildung 3).

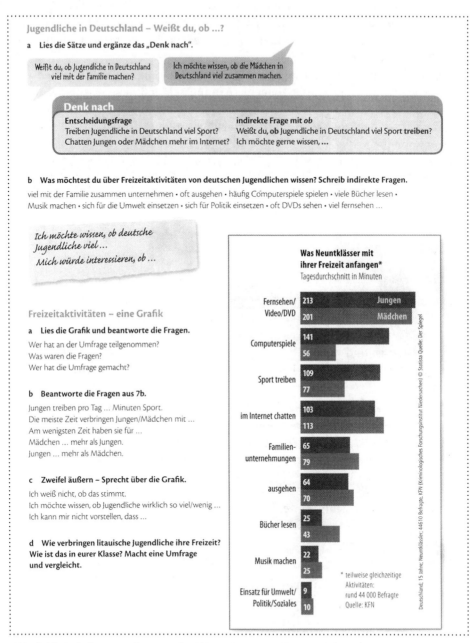

Abb. 3: Verknüpfung von Grammatik-, Wortschatz- und Textarbeit (Jin/Michalak/Rohrmann 2010, S. 89)

Phase 2

Diese Informationen werden auch in der zweiten Phase des didaktischen Vorgehens ergänzt, in der der Vergleich von verschiedenen Textsorten oder Textschreibungen stattfindet (Abbildung 4). Zwei Textversionen werden gegenübergestellt und die Unterschiede zwischen den Fassungen z. B. zuerst in Gruppen und erst danach im Plenum besprochen. Durch Markierungen im Text und eine Zusammenstellung an der Tafel werden die Ergebnisse verdeutlicht und die wichtigsten lexikalischen und grammatischen Strukturen zusammengestellt. Auch die anderen Aspekte, d. h. Textfunktion, Textlänge oder Adressat, werden thematisiert.

Abb. 4: Beispiel aus dem Unterricht

Es können auch gute und schlechte Beispieltexte gegenübergestellt werden, um dadurch die üblichen Textstrukturen sichtbar zu machen und eine mögliche Gliederung auszuwählen. Ein angemessener Text könnte auch von der Lehrkraft in Einzelsätze aufgelöst werden und dann mit der Textversion verglichen werden (Kast 1999, S. 67). Auf diese Weise lernen die Schülerinnen und Schüler beispielhafte Textbausteine kennen, die sie später in ihrer Sprachproduktion anwenden können (Abbildung 5). Im Sinne der Reflexion über Sprache lernen sie so zu erkennen, welcher Text wann und warum besser ist.

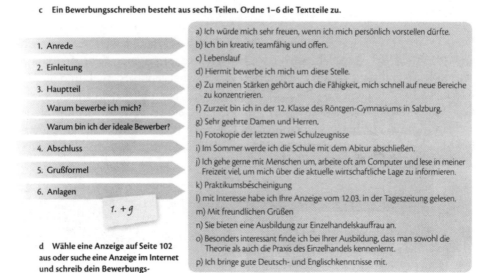

Abb. 5: Verwendung einzelner Sätze als Textbausteine; aus dem Lehrwerk »Prima B1« (Jin/Michalak/Rohrmann 2010, S. 104)

Bei der Produktion von verständlichen und guten Texten muss man Referenzen gezielt einsetzen können. In einem Text können also Wiederaufnahmeelemente analysiert werden, um einerseits den roten Faden zu erkennen und andererseits nach möglichen Synonymen zu suchen. Durch Erarbeitung von stellvertretenden Formulierungen wird die Arbeit am Ausdruck fruchtbar gemacht, z. B. *schülerVZ – Portal – soziales Netzwerk für Schüler – Online Community – Internetplattform*. Solche Referenzübungen sind zugleich eine unterstützende Erschließungsstrategie, die bei der Textrezeption angewendet wird.

Phase 3

Erst nach dieser inhaltlichen und sprachlichen Analyse erfolgt die eigene Sprachproduktion. Dieser Schritt kann durch eine Zusammenstellung verschiedener textkonstruierender Elemente, d. h. Konnektoren und Adverbien, unterstützt werden. Die vorher erarbeiteten Textbausteine oder Satzanfänge helfen beim selbstständigen Generieren von Texten (Abbildung 6).

Eine Rezension schreiben

a Welche CD hat Ihnen in letzter Zeit besonders gut gefallen? Machen Sie Notizen.
1. Titel – Sänger/Band – Erscheinungsjahr
2. Hintergrundinformationen: Wie ist das Album entstanden? Für wen wurde es geschrieben?

b Wie ist die Musik? Wie ist der Text?
Sammeln Sie Wortschatz.

Nomen: der Musiker, der Song, der Text, die Stimme ...
Adjektive: einzigartig, gefühlvoll, dynamisch ...
Verben: gefallen, Erfolg haben, genießen ...

c Schreiben Sie eine Rezension.

Einleitung	... von ... ist zurzeit meine Lieblings-CD. Das Album wurde im Jahr ... in ... aufgenommen.
eigene Meinung	Seine/Ihre ... Stimme und seine/ihre ... Musik finde ich einfach ... Für mich ist die Musik ... Die Texte gefallen mir besonders gut, denn ... ... Musik, ... Texte und ... machen das Album zu einem Hörerlebnis.
Empfehlung	Die CD kann ich jedem empfehlen. Es lohnt sich, das Album zu kaufen. Wer ... mag, für den gibt es nichts Besseres als ...

Abb. 6: Übungen zur Sprachproduktion aus dem Lehrwerk »Prima B2« (Jin/Michalak/Rohrmann/Voß 2011, S. 13)

Hierbei, namentlich bei der Vermittlung der schulischen Sprachregister, spielt die Lehrperson eine kaum zu überschätzende Rolle. Sie übernimmt eine überaus wichtige Verantwortung, sodass sie in ihrem Deutschunterricht gut beraten wäre, eine intensive Auseinandersetzung mit der sprachlichen Vielfalt einzuplanen.

Des Weiteren gilt die Lehrkraft als Sprachvorbild für die Schülerinnen und Schüler: In der Interaktion mit den Lehrenden werden die Jugendlichen mit einem formalen Register konfrontiert und lernen dadurch Unterschiede zwischen der Alltags- und Bildungssprache kennen. Daher ist es wichtig, dass die Lehrkraft ihre eigene Sprache nicht an die Sprachvariante der Schülerschaft anpasst. Dadurch werden die Jugendlichen nicht nur den Unterschied bei den sprachlichen Mitteln merken, sondern auch die Rollenbeziehungen zwischen dem Sprecher und dem Hörer anders wahrnehmen.

Hinzu kommen die Unterschiede zwischen den Lehrpersonen in der Wahrnehmung schulischer Register und in dem daraus folgenden pädagogischen Handeln (z. B. Bestehen auf vollständigen Sätzen und auf Fehlerkorrekturen in mündlichen Äußerungen). DeCarlo (2009, S. 75) weist darauf hin, dass einzelne Lehrkräfte eigene sprachliche Normbegriffe in ihren Klassen entwickeln und vermitteln. Während einige Lehrende die schriftsprachlichen Standards sowohl für die gesprochene als auch für die geschriebene Sprache als Maßstab setzen, beziehen die anderen diese Regeln nur auf schriftliche Texte (DeCarlo 2009, S. 76). Mithin sind die Schülerinnen und Schüler nicht nur über die Zeit mit einem sich verändernden Schulregister, sondern auch mit einer nicht nur fächer-, sondern auch personenabhängig oszillierenden Sprachvarietät konfrontiert. Das deutet auf die Notwendigkeit hin, das eigene Sprachverhalten der Lehrkräfte zu überprüfen.

Fazit

Eine nachhaltige sprachliche Förderung von Jugendlichen mit Migrationshintergrund sollte ein fester Bestandteil eines Gesamtkonzepts des Deutschunterrichts darstellen, der bereits vorhandene Sprachkompetenzen berücksichtigt, aufgreift und entsprechend gezielt weiterentwickelt. Um einem solchen Gesamtkonzept gerecht zu werden, muss die Lehrkraft die sprachliche Sozialisation der Schülerinnen und Schüler kennenlernen, da der Zugang zur deutschen Sprache ausschlaggebend für die Entwicklung der Sprachkompetenz ist. Daher gilt: Werden die Lernenden im Alltag ausschließlich mit der informellen Sprache konfrontiert, so sollten sie im Deutschunterricht pragmatisch-diskursive und -textuelle Konventionen der Schriftsprache vermittelt bekommen. Dabei handelt es sich nicht unbedingt um Phänomene, die für den Zweitsprachenerwerb spezifisch sind, sondern grundlegend um den Einsatz der Bildungssprache, die für einen erfolgreichen Besuch der Sekundarstufe I unerlässlich ist.

Literatur

Ballis, A. (2010): Schriftsprachliche Förderung von Jugendlichen mit Migrationshintergrund. Baltmannsweiler: Schneider Verlag Hohengehren.

Berkemeier, A. (2009): Visualisierend Präsentieren als eine Form des Informationsmanagements. In: Krelle, M./Spiegel, C. (Hrsg.): Sprechen und Kommunizieren. Entwicklungsperspektiven, Diagnosemöglichkeiten und Lernszenarien in Deutschunterricht und Deutschdidaktik. Baltmannsweiler: Schneider, S. 156–170.

Böhnisch, Martin: Diskussionslinien innerhalb der Kompetenzdebatte. Ein Strukturierungsversuch. In: Didaktik Deutsch Sonderheft/2008, S. 5–19.

Cantone, K./Haberzettl, S. (2008): Zielsprache »Schuldeutsch«: Entwicklung eines Sprachdiagnose-Instruments für mehrsprachige Schüler der Sekundarstufe I – ein Werkstattbericht. In: Ahrenholz, B. (Hrsg.), Zweitspracherwerb. Diagnosen, Verläufe, Voraussetzungen. Freiburg: Fillibach, S. 93–113.

Cummins, J.: Zweisprachigkeit und Schulerfolg. In: Die Deutsche Schule 3 (1984), S. 187–198.

De Carlo, S. (2009): Schriftliches Erzählen in der Schule als Spiegel sprachlicher Ressourcen und schulischer Erwartungen. In: Schramm, K./Schroeder, Ch. (Hrsg.): Empirische Zugänge zu Spracherwerb und Sprachförderung in Deutsch als Zweitsprache. Münster: Waxmann, S. 67–90.

Eckhardt, A. (2008): Sprache als Barriere für den schulischen Erfolg. Münster: Waxmann.

Ehlich, K./Bredel, U./Reich, H. (2008a) (Hrsg.): Referenzrahmen zur altersspezifischen Sprachaneignung. Berlin: BMBF. www.bmbf.de/publikationen/2713.php (Abruf 20.1.2012).

Ehlich, K./Bredel, U./Reich, H. (2008b): Sprachaneignung – Prozesse und Modelle. In: Ehlich, K./Bredel, U./Reich, H. (Hrsg.): Referenzrahmen zur altersspezifischen Sprachaneignung. Berlin: BMBF. www.bmbf.de/publikationen/2713.php (Abruf 20.1.2012).

Fix, M. (2002): »Die Recht Schreibung ferbesern« – Zur orthografischen Kompetenz in der Zweitsprache Deutsch, in: Didaktik Deutsch, H.12, S. 39–55.

GER – Europarat(2001): Gemeinsamer Europäischer Referenzrahmen für Sprachen: lernen, lehren, beurteilen. Berlin 2001. www. Goethe.de/Z/50/commeuro/106.htm (Abruf 25.1.2012).

Graf, P. (1989): Deutsch als Zweitsprache in der Schule. oder die Frage nach der Textkompetenz zweisprachiger Schüler. In: Tumat, Alfred J. (Hg.): Deutsch als Fremdsprache. Konzeption und Unterricht. Baltmannsweiler: Burgbücherei Schneider, S. 107–149.

Halliday, M. A. K. (1975), Beiträge zur funktionalen Sprachbetrachtung. Hannover: Schroedel.
Halliday, M. A. K. (1989): Part A. In: Halliday, M. A. K./Hasan, R. (Hrsg.): Language, Context and Text. Aspects of Language in a Social-semiotic Perspective. London: Oxford University Press, S. 3–49.
Hartig, J./Klieme, E. (2006): Kompetenz und Kompetenzdiagnostik. In: Schweizer, K. (Hrsg.): Leistung und Leistungsdiagnostik. Berlin: Springer, S. 127–143.
Jin, F./Michalak, M./Rohrmann, L. (2010): Prima B1. Deutsch für Jugendliche. Berlin: Cornelsen.
Jin, F./Michalak, M./Rohrmann, L. /Voß, U. (2012): Prima B2. Deutsch für junge Erwachsene. Berlin: Cornelsen.
Kast, B. (1999): Fertigkeit Schreiben. Berlin: Langenscheidt.
KMK (2003): Bildungsstandards im Fach Deutsch für den Mittleren Schulabschluss (Jahrgangsstufe 10). Luchterhand.
KMK (2004): Bildungsstandards im Fach Deutsch für den Hauptschulabschluss (Jahrgangsstufe 9). Luchterhand.
Knapp, W. (2008): Förderunterricht in der Sekundarstufe. Welche Schreib- und Lesekompetenzen sind nötig und wie kann man sie vermitteln?. In: Ahrenholz, B. (Hrsg.): Deutsch als Zeitsprache – Voraussetzungen und Konzepte für die Förderung von Kindern und Jugendlichen mit Migrationshintergrund. Breisgau: Fillibach, S. 251–282.
Koch, P.; Oesterreicher, W. (1986): Sprache der Nähe – Sprache der Distanz. Mündlichkeit und Schriftlichkeit im Spannungsfeld von Sprachtheorie und Sprachgeschichte: Deutschmann, Flasche et al. (Hrsg.): Romanistisches Jahrbuch, S. 15–43.
Krashen, S. (1985): The input hypothesis. London: Longman.
Maas, U. (2008): Sprache und Sprachen in der Migrationsgesellschaft. IMIS-Schriften 15. Göttingen: V& R unipress mit Universitätsverlag Osnabrück.
Michalak, M. (2008): Fördern durch Fordern – didaktische Überlegungen zum Förderunterricht Deutsch als Zweitsprache an Schulen. In: Deutsch als Zweitsprache, 3/2008, S. 7–17.
Michalak, M. (2009): Sprachregister trainieren – Übungen für Schüler mit Migrationshintergrund. Deutschunterricht, 1/2009, S. 12–15.
Michalak, M. (2010): Sprachförderung – ja, aber von wem? In: Chlosta, C.; Jung, M. (2010): DaF integriert. Literatur – Medien – Ausbildung. Materialien DaF 81. Universitätsverlag Göttingen, S. 229–244.
Michalak, M. (2010): Der Registerbegriff und seine Relevanz für die Sprachförderung von DaZ-Lernenden. In: Krumm, H.-J./Portmann-Tselikas, P.: Theorie und Praxis. Österreichische Beiträge zu Deutsch als Fremdsprache. Schwerpunkt: Lesen. Prozesse, Kompetenzen, Förderung. 13/2009, S. 41–53.
Michalak, M. (2012): Der Gebrauch von Sprachregistern und ihre Vermittlung als Grundlage für die DaZ-Förderung. In: Bongartz, Ch./Ohm, U. (Hrsg.): Soziokulturelle und psycholinguistische Untersuchungen zum Zweitspracheerwerb. Frankfurt am Main: Peter Lang, S. 67-88.
Nodari, C. (2002): Was heißt eigentlich Sprachkompetenz? In: Barriere Sprachkompetenz. Dokumentation zur Impulstagung vom 2.11.2001 im Volkshaus Zürich, SIBP Schriftenreihe Nummer 18, S. 9–14.
Ott, M. (2008): Zweitsprachler in der Sekundarstufe. In: Ahrenholz, B./Oomen-Welke, I. (Hrsg.): Deutschunterricht in Theorie und Praxis. Baltmannsweiler: Schneider Verlag Hohengehren, S. 189–199.
Rösch, H. (2011): Deutsch als Zweit- und Fremdsprache. Berlin: Akademie.
Schmölzer-Eibinger, S. (2006): Deutsch als Zweitsprache. Spracherwerbstheoretische und didaktische Grundlagen für den Unterricht in mehrsprachigen Klassen. In: Lange, G./Weinhold, S. (Hrsg.): Grundlagen der Deutschdidaktik. Sprachdidaktik – Mediendidaktik – Literaturdidaktik. Baltmannsweiler: Schneider, S.128–150.

Sprechen und Zuhören

Kompetenzorientierter Deutschunterricht

Ulrike Behrens

Zuhörkompetenzen und ihre Förderung in Primar- und Sekundarstufe

> *Der Mensch hat ... zwei Leidenschaften:*
> *Krach zu machen und nicht zuzuhören.*
> *Man könnte den Menschen gradezu*
> *als ein Wesen definieren,*
> *das nie zuhört.*
> (Kurt Tucholsky: Der Mensch)

Keine gute Meinung, die Kurt Tucholsky da von uns Menschen als Zuhörerinnen und Zuhörern hat. Aber stimmt das eigentlich? Bildungsforscher halten dagegen: Zuhören sei der »erste Sinn«: Schon im Mutterleib wird gehört und aus dem Gehörten gelernt. Vom ersten Tage an werten Babys Sprache aus. Und lange bevor das erste gesprochene Wort auch für andere identifizierbar ist, verstehen Kleinkinder, was in ihrer Umgebung gesprochen und gemeint wird. Auch später, im Schulalter, zeigen sich Kinder als durchaus zuhörfähig: In den Pilotierungsstudien zur Normierung der Bildungsstandards für die Primarstufe bestand eine nennenswerte Schwierigkeit darin, Zuhöraufgaben zu entwickeln, die für die Grundschulkinder nicht zu einfach waren (vgl. Behrens/Böhme/Krelle 2009, S. 369).

Auch im Vergleich zum Lesen scheint den Heranwachsenden das Zuhören leichter zu fallen. Diese Tatsache machen sich Unterrichtsmodelle und Projekte neuerdings zunutze: Sie unterstützen das Lesen, das ja erst im Schulalter erworben wird, indem sie Texte beispielsweise in Form von Vorlesen und Hörbüchern über den akustischen Kanal zugänglich machen – mit beträchtlichem Erfolg insbesondere bei leseschwachen Jugendlichen (etwa Belgrad/Schünemann 2011, Gailberger 2011). Auch Trainingsprogramme zur Leseflüssigkeit greifen im Rahmen von Lautlese-Verfahren auf die auditive Sprachwahrnehmung zurück (etwa Rosebrock/Nix 2010, S. 31 ff.). All diese Beispiele weisen eher auf gut funktionierende Zuhörfähigkeiten hin als auf verbreitete Defizite.

Die scheinbare Leichtigkeit macht das Zuhören andererseits zum Stiefkind der sprachlichen Bildung (Imhof 2010, S. 9). Das ist auch durchaus begreiflich, denn: Wie und warum soll man etwas unterrichten, das alle vom Mutterleib an gelernt und zeit ihres Lebens geübt haben?

Ich möchte in diesem Beitrag die These vertreten, dass es im Zuhörunterricht nicht so sehr um den (Neu-)Erwerb, sondern im Wesentlichen um die (Neu-)Entdeckung und *Kultivierung von Zuhörkompetenz* geht. Das ist es ja auch, was Kurt Tucholsky in seinem Text »Der Mensch« bemängelt: Nicht, dass die Menschen nicht zuhören *können*, sondern dass sie es – mangels Interesse am anderen – nicht *tun*, denn (so Tucholsky weiter):

> »Sehr gern hören Menschen: Versprechungen, Schmeicheleien, Anerkennungen und Komplimente. Bei Schmeicheleien empfiehlt es sich, immer drei Nummern gröber zu verfahren als man es grade noch für möglich hält.«
> (Kurt Tucholsky: Der Mensch)

Diese Zielsetzung lässt sich auch mit den Kompetenzanforderungen der Bildungsstandards im Bereich *Sprechen und Zuhören* rechtfertigen, wie ich im folgenden Abschnitt zeigen möchte.

Zuhören in den Bildungsstandards

Zuhören wird in den Bildungsstandards für das Fach Deutsch in Verbindung mit Sprechen, Gesprächsführung und szenischem Spiel zu einem eigenen Kompetenzbereich der mündlichen Kommunikation zusammengeführt. Im Mittelpunkt stehen dabei vor allem Fähigkeiten, die auf sozial angemessenes sprachliches Handeln abzielen:

> Die mündliche Sprache ist ein zentrales Mittel aller schulischen und außerschulischen Kommunikation. Sprechen ist immer auch soziales Handeln.
> Die Kinder entwickeln eine demokratische Gesprächskultur und erweitern ihre mündliche Sprachhandlungskompetenz. Sie führen Gespräche, erzählen, geben und verarbeiten Informationen, gestalten ihr Sprechen bewusst und leisten mündliche Beiträge zum Unterricht. Sie drücken ihre Gedanken und Gefühle aus und formulieren ihre Äußerungen im Hinblick auf Zuhörer und Situation angemessen, hören aufmerksam und genau zu, nehmen die Äußerungen anderer auf und setzen sich mit diesen konstruktiv auseinander.
> (KMK 2005a, S. 8)

Noch deutlicher wird der – durchaus normative – Anspruch in den Bildungsstandards für die Sekundarstufe I:

> Die Schülerinnen und Schüler bewältigen kommunikative Situationen in persönlichen, beruflichen und öffentlichen Zusammenhängen (situations-)angemessen und adressatengerecht.
> Sie benutzen die Standardsprache. Sie achten auf gelingende Kommunikation und damit auch auf die Wirkung ihres sprachlichen Handelns. Sie verfügen über eine Gesprächskultur, die von aufmerksamem Zuhören und respektvollem Gesprächsverhalten geprägt ist.
> (KMK 2004, S. 8 bzw. 2005b, S. 10)

Im übergreifenden Begriff des *sprachlichen Handelns* fließen mündliche Produktion (Sprechen) und Rezeption (Zuhören) zusammen. Darin schlägt sich – vielleicht noch nicht ausreichend (s. u.) – die Einsicht nieder, dass beide Aspekte im kommunikativen Gesamtgeschehen kaum von einander zu trennen sind. Gelingende Kommunikation gilt Gesprächsforschern heute als gemeinsame Hervorbringung aller Beteiligten (etwa Fiehler 2009, S. 32).

Das bedeutet, strikt zu Ende gedacht, dass auch Zuhörerinnen und Zuhörer Einfluss darauf haben, welche Ergebnisse ein Gespräch erbringt, wann Kommunikation von den Beteiligten als gelungen erlebt wird oder auch, wann sie ins Stocken gerät oder endet. Tatsächlich weisen Forschungsergebnisse von Kommunikationswissenschaftlern in diese Richtung (zusammenfassend Behrens, in Vorb.).

Das Problem der Testung von Zuhörfähigkeiten

Wenn schon im Unterricht das Herauslösen des Zuhörens und der schülereigenen Zuhörfähigkeiten aus dem Gesprächsverbund eine Schwierigkeit darstellt, wie problematisch ist dann erst die *Diagnose* von Zuhörschwierigkeiten?[1] Gängige Testverfahren (dazu gehören nicht nur zentrale Vergleichsarbeiten, sondern auch Klassenarbeiten und -tests) sind darauf angewiesen, das untersuchte Konstrukt als Merkmal *einer einzelnen* Person zu begreifen, um seine Ausprägung beschreiben und ggf. bewerten zu können. Gleichzeitig müssen sowohl große empirische Studien als auch Tests zum Ende einer Unterrichtseinheit in Gruppentestungen realisiert werden, was eine Reihe von theoretischen, aber auch ganz pragmatischen Beschränkungen mit sich bringt.

Im Falle der Untersuchungen zur Normierung der Bildungsstandards führten diese Beschränkungen etwa dazu, dass aus dem komplexen Kompetenzbereich »Sprechen und Zuhören« nur der Teilbereich »Hörverstehen« ausgegliedert und in Testaufgaben umgesetzt wurde. Die entsprechenden Substandards für die Primarstufe lauten im Einzelnen:

Verstehend zuhören

→ Inhalte zuhörend verstehen,
→ gezielt nachfragen,
→ Verstehen und Nicht-Verstehen zum Ausdruck bringen.
(KMK 2005a, S. 10)

---

1 »Zuhörfähigkeiten« können hier der Einfachheit halber alltagssprachlich verstanden werden: Gemeint sind die unterschiedlichen Teilfähigkeiten oder -kompetenzen, die einen guten Zuhörer oder eine gute Zuhörerin ausmachen. Wie sich die Teilfähigkeiten im Einzelnen »zusammensetzen« und gegenseitig beeinflussen, darüber geben sog. *Kompetenzmodelle* Auskunft; ausführlicher s. Behrens/Eriksson 2009a, S. 54 ff.

Für den mittleren Schulabschluss (und mit geringer Abweichung für den Hauptschulabschluss) findet sich die folgende Formulierung:

Verstehend zuhören

→ Gesprächsbeiträge anderer verfolgen und aufnehmen,
→ wesentliche Aussagen aus umfangreichen gesprochenen Texten verstehen, diese Informationen sichern und wiedergeben,
→ Aufmerksamkeit für verbale und nonverbale Äußerungen (z. B. Stimmführung, Körpersprache) entwickeln
(KMK 2004, S. 10)

Um das Erreichen dieser Standards zu operationalisieren, wurde im Wesentlichen auf ein Aufgabenformat zurückgegriffen, das sich in Lesetests bewährt hat: Den Schülerinnen und Schülern wurden Hörtexte von einer CD vorgespielt, zu denen in einem Testheft Fragen zu beantworten waren (ausführlicher auch Behrens 2010a).

Zur Entwicklung eines auch empirisch abgesicherten Kompetenz*stufen*modells wurden dann die einzelnen Testaufgaben (–Items) nach der tatsächlichen Lösungshäufigkeit in eine Rangfolge gebracht. Ähnlich schwierige Items wurden schließlich auf Ähnlichkeiten hinsichtlich der kognitiven Anforderungen untersucht und so als Schwierigkeits- bzw. Kompetenzstufe des Modells interpretiert. Daraus resultierten die folgende Kurzbeschreibungen von Kompetenzniveaus (im Detail IQB 2009, S. 8 ff.):

Niveau I (bis 324; unterhalb Minimalstandard):
Wiedererkennen und Erinnern prominenter Einzelinformationen
Niveau II (Minimalstandard):
Benachbarte Informationen miteinander verknüpfen und den Text genrespezifisch zuordnen
Niveau III (Regelstandard):
Verstreute Informationen miteinander verknüpfen, der Vorlage paraverbale Informationen abgewinnen und den Text ansatzweise im Ganzen erfassen
Niveau IV (Regelstandard-plus):
Auf der Ebene des Textes wesentliche Zusammenhänge erkennen, die Gestaltung reflektieren und versteckte Einzelinformationen erinnern
Niveau V (Maximalstandard):
Interpretieren, Begründen, Bewerten und anspruchsvolle Erinnerungsleistungen

Die naheliegende Kritik, dass hier im Wesentlichen wohl Zuhör*typisches*, kaum aber Zuhör*spezifisches* in die Modelle einfließt, ist somit berechtigt. Man kann ja davon ausgehen, dass es gerade durch die Beschränkung auf Hör*verstehen* nennenswerte Überschneidungen mit einer »allgemeinen« Fähigkeit zum Textverstehen gibt, die auch beim Lesen zum Tragen kommt. Andererseits stellt das Verstehen von Gehörtem gewissermaßen den Kernpunkt der Zuhörkompetenz dar: Zum einen bildet das Textverstehen eine wesentliche Voraussetzung der Teilhabe an Kommunikation und

Bedingung für das Lernen (z. B. aus Vorträgen). Zum anderen fließen vermutlich zahlreiche andere Fähigkeiten und Fertigkeiten mit ein, ohne in ihrem Beitrag für das Testergebnis präzise messbar zu sein. So ist es z. B. plausibel anzunehmen, dass höhere Konzentration und Aufmerksamkeitssteuerung zu einem guten Testergebnis ebenso beitragen können wie Empathie oder die Fähigkeit, lebendige Vorstellungen der im Hörtext vorgestellten Situation zu entwickeln (sog. mentale Modelle; s. u.). All diese Aspekte sind also wohl kaum ausgeschlossen, wenn Hörverstehen in dieser Weise modelliert wird.

Anmerkungen zum Kompetenzmodell »Zuhören«

Die oben präsentierte Modellvorstellung vom *Hörverstehen* muss als erste Annäherung an eine empirisch fundierte Modellierung des *Zuhörens* insgesamt verstanden werden. Anders als beim Lesen sowie beim Hörverstehen im Bereich des Fremdsprachenlernens liegen für das muttersprachliche Zuhören bislang nur sehr wenige Studien vor. Die Auswertung und Interpretation auftretender Schwierigkeiten und Erfahrungen werden sicher noch einige Zeit in Anspruch nehmen. Dennoch zeichnen sich interessante Beobachtungen ab, die sich auch vor dem Hintergrund psychologischer und psycholinguistischer Einsichten sinnvoll didaktisch interpretieren lassen.

So kann man zusammenfassend sagen, dass sich entwickelte Zuhörkompetenz darin zeigt, dass jemand
- → die eigene Aufmerksamkeitssteuerung den situativen Anforderungen anpassen kann (also z. B. in einem Fall gezielt auf eine vorab erfragte Information achten, im anderen Fall eher globales Verstehen der Textstruktur anstreben),
- → nicht nur Details erinnern kann, sondern vor allem angemessene innere Vorstellungen (sog. mentale Modelle, s. u.) der relevanten Inhalte und ihrer Zusammenhänge entwickelt,
- → auf dieser Basis ein Gesamtverständnis von Texten finden und diese ggf. auch einem Genre zuordnen kann,
- → auch paraverbale Merkmale wie den Stimmklang, Betonung, Tempo etc. wahrnehmen und ihnen Bedeutung zuschreiben kann.

Diese (und weitere) Anforderungen, die auf höheren Stufen der Zuhörkompetenz bewältigt werden, korrespondieren mit dem sog. S-O-I-Modell von Margarete Imhof: »Zuhören [wird] definiert als intentionale Selektion, Organisation und Integration (S-O-I-Modell) verbaler und nonverbaler Aspekte akustisch vermittelter Information [...]. In Erweiterung des S-O-I-Modells wird ein vorausgehender Schritt der Intentionsbildung bzw. der Motivation angenommen« (Imhof 2010, S. 18).

Die Voraussetzung gelingender Zuhörprozesse ist also zuallererst die Bildung einer zielgerichteten Zuhörintention. Auf deren Grundlage erfolgt eine nicht nur zufällige Auswahl derjenigen Inhalte, die für die jeweilige Herausforderung relevant sind: »Der kompetente und autonome Zuhörer zeichnet sich darüber hinaus durch die Fähigkeit aus, diese Prozesse selbstständig und effektiv zu steuern. Die Förderung selbstregulierten Lernens ist gerade auch unter dem Aspekt des lebenslangen Lernens sowohl Ziel als auch Voraussetzung für eine erfolgreiche Lerngeschichte (Weinert, 1982)« (Imhof 2010, S. 19).

Wenn selbstständige Intentionsbildung und Regulierung der eigenen Ressourcen sich – umgekehrt – bei weniger gut abschneidenden Zuhörerinnen und Zuhörern als Problem darstellen, dann kann man daraus (aus der Beschreibung der *niedrigen* Kompetenzstufen) auch Schlüsse für die schrittweise Förderung dieser Fähigkeiten ziehen:

So kann man demnach Zuhöraufgaben für schwächere Schülerinnen und Schülern leichter machen:

→ Man gibt in Aufgabenstellungen zunächst Zuhör-Ziele vor bzw. erarbeitet diese gemeinsam mit den Schülerinnen und Schülern im vorbereitenden Gespräch.
→ Man leitet die Verknüpfung von Informationen und sich daraus ergebende Schlussfolgerungen schrittweise an.
→ Man arbeitet in Unterrichtsarrangements mit Hörtexten, die die Schüler/innen bei Bedarf individuell mehrfach hören können, um z. B. ihre Höreindrücke gezielt zu überprüfen.

Darüber hinaus sollte Zuhören aber regelmäßig *sowohl Mittel als auch Gegenstand* des Unterrichts sein, um für seine Besonderheiten und Herausforderungen, aber auch für seine Bedeutung und Auswirkungen zu sensibilisieren. In allen Projekten zur Zuhörförderung wird darauf hingewiesen, dass dies nicht die Aufgabe einer einzelnen, isolierten Unterrichtseinheit sein kann, sondern dass Übungen, insbesondere wenn sie auf Konzentration, Aufmerksamkeitssteuerung und Sensibilisierung abzielen, Teil von Klassenroutinen werden müssen.

Förderung von Zuhören im Unterricht

Im Folgenden soll dafür plädiert werden, auch im Unterricht Zuhöraktivitäten systematisch aus dem Gesprächsverbund herauszulösen. Diese durchaus künstliche Trennung zielt hier jedoch nicht in erster Linie darauf ab, Teilkompetenzen des Zuhörens isoliert zu überprüfen oder zu »üben«, sondern zuallererst darauf, Wahrnehmung und Reflexion zu ermöglichen.[2] Ein gewisser Verlust an Authentizität wird dabei auch hier ganz bewusst in Kauf genommen.

Die im Folgenden vorgestellten Übungen zielen sämtlich in diese Richtung. Es wird häufig auf Verfahren der Isolierung, Verfremdung oder Umkehrung[3] zurückgegriffen, denn erst wenn die eigenen Zuhöraktivitäten aus dem gewohnten Kontext herausgelöst, vereinzelt, verlangsamt, ins Gegenteil verkehrt werden, wenn das allzu Ver-

---
2   Zu einer Kritik testförmiger Aufgabenkultur in Unterrichts- und Lernarrangements vgl. Behrens/Eriksson 2009b.
3   Ein schönes Beispiel hierfür stellt auch Sabine Gorschlüter 2002 vor; für weitere Aufgaben für den Grundschulbereich s. auch Behrens/Eriksson 2009a.

traute mit fremdem Blick neu betrachtet wird, kann das Unsichtbare sichtbar werden. Deshalb wird im Folgenden jeweils *ein* Charakteristikum des Zuhörens, also das, was Schülerinnen und Schüler lernen und erfahren sollen, knapp dargestellt und daran anschließend eine mögliche Übung für den Unterricht geschildert. Alle Übungen sind dabei beispielhaft gemeint: Ausgehend von einem spezifischen Merkmal, das im Unterricht zum Gegenstand gemacht werden soll, können Lehrerinnen und Lehrer nach diesem Muster eigene Aufgaben und Übungen erfinden, die der Lerngruppe und -situation angemessen sind. Auf weitere Aufgabenideen in der Literatur wird verwiesen.

Folgende typischen Charakteristika des Zuhörens, wie sie auch in empirischen, teils experimentellen Studien nachgewiesen wurden, kommen dabei in den Blick:
→ Zuhören als psychische Selektionsleistung
→ Eigenschaften des akustischen Signals: Segmentierung des Lautstroms
→ Eigenschaften des akustischen Signals: Verstehen und Verarbeiten »in Echtzeit«
→ Gedächtnisfunktionen beim Zuhören

Zu allen Aspekten werden einfache Übungen und Experimente für den Unterricht vorgeschlagen, mit denen Schülerinnen und Schüler die Charakteristika selbst erfahren und erforschen können. Eine wesentliche Voraussetzung für das Gelingen stellt dabei die inhaltliche Kompetenz der Lehrperson dar, die ggf. helfen muss, Beobachtungen zu systematisieren und sinnvoll auf den Begriff zu bringen.

Das Gehör: der permanent offene Kanal

Ein erstes, physisches Charakteristikum des akustischen Kanals ist, dass wir ihn – anders als etwa beim Sehen – nicht »abschalten« können: Wir hören rund um die Uhr, sowohl im Wachzustand als auch im Schlaf. Dass wir einen großen Teil dessen, was es zu hören gibt, nicht wahrnehmen, kann man deutlich machen, indem man dem einmal Aufmerksamkeit schenkt.

> **Übung 1: Lauschen**
>
> In der Klasse soll eine Minute lang niemand sprechen. Die Lehrperson stoppt die Zeit. Anschließend wird an der Tafel gesammelt, was in der vermeintlichen »Stille« zu hören war: Geräusche von draußen (Vögel, Motoren, Sirene …), vom Flur (Türenknallen, Schritte …) und im Klassenraum (Atmen, ein knurrender Magen, das Rauschen der Klimaanlage …).

Bei solchen Übungen spielt die Auswertung im Unterrichtsgespräch eine zentrale Rolle. Es sollte deutlich werden, dass all diese Geräusche permanent gehört werden, aber in der Regel nicht an unser Bewusstsein gelangen. Den Prozess des »Ausfilterns« muss man sich aber als Aktivität des psychischen Systems vorstellen, das nach bestimmten Kriterien »entscheidet«. Diese Aktivität ist zwar in der Regel automatisiert,

kostet aber durchaus psychische Energie. In diesem Zusammenhang kann man auf zahlreiche Alltagserfahrungen, aber auch Forschungsergebnisse verweisen:
→ Viele Autofahrer schalten intuitiv das Radio ab, wenn sie in eine enge Parklücke einparken wollen.
→ Der sogenannte »Cocktailparty-Effekt« beschreibt die Fähigkeit des menschlichen Gehörs, in einem Gewirr von Stimmen und Geräuschen eine bestimmte Geräuschquelle, zum Beispiel die Stimme des aktuellen Gesprächspartners, hervorzuheben. Bestimmte Reizwörter, insbesondere z. B. der eigene Name, ziehen jedoch die Aufmerksamkeit auf sich.
→ Menschen, die an belebten Straßen oder an einer Bahnstrecke wohnen, berichten oft, dass sie Auto- oder Zuglärm »gar nicht mehr hören«. Die psychische Belastung, die damit einhergeht, bis hin zu gesundheitlichen Beeinträchtigungen, lässt sich aber empirisch nachweisen.

Die Schülerinnen und Schüler können weitere passende Phänomene sammeln. Sie können diskutieren, was das für das Musikhören bei den Hausaufgaben bedeutet.

Das akustische Signal: ein Lautstrom »ohne Punkt und Komma«

Beim Zuhören in einer uns bekannten Sprache haben wir schnell den Eindruck, Wörter und Sätze zu hören. Dass das *eigentlich* nicht der Fall ist, kann man leicht zeigen:

Übung 2: Den Lautstrom sichtbar machen

Vorbereitung: Die Lehrperson macht eine kurze Sprachaufnahme (max. 6 Sekunden), zum Beispiel die Begrüßung der Tagesschau (»Guten Tag, meine Damen und Herren, willkommen zur Tagesschau.«). Wenn man dafür einen digitalen Audiorekorder verwendet (z. B. das im Internet kostenlos verfügbare Programm audacity), lässt sich die Aufnahme auch als Oszillogramm sichtbar machen. Das Oszillogramm wird auf eine Folie gedruckt.

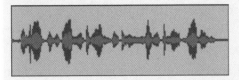

Durchführung: Die Aufnahme wird in der Klasse vorgespielt. Direkt im Anschluss fragt die Lehrperson, wie viele Wörter zu hören waren. Alle werden sich hierüber schnell einig sein.[4] Nun zeigt die Lehrperson das Oszillogramm. Es zeigt zwar Ausschläge, diese entsprechen aber nicht der Zahl der Wörter (oder Silben).

---

4 Die Schüler/innen können auch Auskunft darüber geben, dass sie den Satz innerlich wiederholt haben, um die Wörter zu zählen. Aus diesem Grunde darf die Sequenz nicht länger als die übliche akustische Gedächtnisspanne sein: Längere Texte werden nicht wörtlich erinnert, s. u.

An dieser Übung wird deutlich, dass es sich bei gehörter Sprache um einen nicht segmentierten Lautstrom handelt. Die sichtbare Strukturierung entspricht Betonungen, nicht aber Wörtern. Während Wortsegmentierung (durch Leerräume, Satzzeichen etc.) ein primär schriftsprachliches Phänomen ist, zeichnet sich die mündliche Sprache eher durch eine prosodische Strukturierung (Betonung, Melodie, Lautstärke, Pausen, Akzentuierung etc.) aus.

Im Unterrichtsgespräch fällt auf, dass die Wortsegmentierung eine wesentliche Hürde beim Verstehen von Fremdsprachen darstellt: Ohne einen gewissen Wortschatz erscheint eine unbekannte Sprache undurchdringlich; je vertrauter die charakteristische Melodie einer Sprache ist, desto mehr Anhaltspunkte finden sich für das Verstehen.

Stehen den Schülerinnen und Schülern Computer mit entsprechenden Soundprogrammen zur Verfügung, können sie selbst mit Beispielen verschiedener Sprecherinnen, Sprecher und Sprachen experimentieren.

Die Vergänglichkeit der Klänge: Verstehen und Deuten in Echtzeit

Ein drittes Charakteristikum des akustischen Inputs ist seine physische Flüchtigkeit: Zwar verfügen wir heute über massenhaft und unkompliziert zugängliche technische Möglichkeiten, Akustisches in Aufnahmen zu konservieren. Das ändert aber nichts daran, dass gesprochene Sprache (und alle Geräusche und Klänge) ihrem Wesen nach vergänglich und nicht identisch wiederholbar sind. Das psychische System des Menschen ist auf dieses Merkmal ausgerichtet. Wie komplex das Zusammenspiel von Zuhören, Verstehen, Kategorisieren, Planung und Produktion ist, kann man mit der folgenden Übung verdeutlichen.

> **Übung 3: Geräusche mit Papier**
>
> Ein Blatt Papier (Druckerpapier, Butterbrotpapier, Zeitungsseite ...) soll durch die Klasse gegeben werden. Jede Person muss mit diesem Papier ein Geräusch machen, es soll aber keines der Geräusche zweimal vorkommen.[5]

Die Übung erfordert gutes Zuhören und Speichern der schon gehörten/gemachten Geräusche. Besonders diejenigen, die spät an der Reihe sind, werden berichten, dass sie mehrfach einen schon gefassten Plan verwerfen mussten, weil jemand anders die gleiche Idee hatte; wer früh dran war, schätzt sich glücklich.

Die immense Herausforderung dieser einfachen Übung gleicht den normalen Anforderungen in Gesprächen: Während des Zuhörens müssen die Beiträge zum Thema und zur eigenen Position in Beziehung gesetzt und erinnert werden. Gleichzeitig werden eigene mögliche Gesprächsbeiträge innerlich entworfen; sie verändern sich aber

---

5   Diese Übung verdanke ich Volker Bernius.

mit andauerndem Gespräch fortwährend in ihrer Notwendigkeit und Relevanz. Gerade in größeren Runden kommt es deshalb vor,
→ dass die Konzentration auf den Gesprächsverlauf nachlässt, wenn man sich selbst zu Wort gemeldet hat und innerlich den eigenen Beitrag plant,
→ dass Sprecher (deshalb) nicht bemerken, dass ihr Beitrag nicht mehr passt oder schon von anderen geäußert wurde,
→ dass Gruppen den Überblick über den Gesprächsverlauf verlieren,
→ dass im Nachhinein nicht mehr rekonstruierbar ist, von wem ein bestimmter Vorschlag kam usw.

Anhand solcher Übungen lässt sich thematisieren, dass und warum das Zuhören – unabhängig von den jeweiligen inhaltlichen Herausforderungen – eine äußerst komplexe und anstrengende Tätigkeit darstellt: »Ein besonderes Problem bei der Selektion akustischer Reize im Vergleich zu visuellen Reizen besteht darin, dass das Arbeitsgedächtnis begrenzte Kapazität hat und dass man die Information relativ schnell und abschließend bearbeiten muss, weil man nicht die Möglichkeit hat, auf Information wiederholt zuzugreifen« (Imhof 2010, S. 21).

Anders als zu Beginn dieses Beitrages, in dem eine ausgesprochene Expertise im Zuhören behauptet wurde, ist man geneigt, sich zu fragen: Wie schaffen wir das bloß alles?! Die Antwort liegt in der Art und Weise, wie wir akustische Signale verarbeiten.

Im Gegensatz zu anderen, geschützteren Sinnen, insbesondere dem Sehen, können wir unsere akustische Wahrnehmung nicht »abschalten«. Unser ganzes Leben lang hören wir Tag und Nacht alles, was es zu hören gibt. Vieles davon dringt uns aber nicht ins Bewusstsein, weil unser psychisches System zahlreiche automatisierte Mechanismen beherrscht, die darauf abzielen, irrelevante akustische Information zu reduzieren oder auszufiltern, sodass sie die ohnehin knappe Aufmerksamkeitsspanne (den »Arbeitsspeicher« unseres Gehirns) nicht unnötig belasten.

Im Folgenden sollen einige dieser Mechanismen näher betrachtet werden. Wiederum wird jeweils *eine Funktion* knapp dargestellt und mithilfe einer beispielhaften Übung für den Unterricht illustriert.

Clustern

Ein erster wesentlicher Mechanismus ist die Fähigkeit, Gehörtes zu größeren Informationseinheiten zusammenzuführen. Nach Miller (1994) können wir gleichzeitig nur 7±2 Informationseinheiten (»Chunks«) im Kurzzeitgedächtnis präsent halten. Deshalb wird im Kurzzeit- oder Arbeitsgedächtnis »akustische Information zusammengefasst zu Einheiten, zu Motiven, zu Wörtern, zu kurzen Sätzen, Melodien oder Harmonien. [...] Im Langzeitgedächtnis wird Information semantisch enkodiert, also über die Bedeutung abgespeichert« (Hagen 2004, S. 57 f.).

Jeder dieser Bündelungsschritte geht aber mit dem Verlust von Details einher. Schon wenige Minuten nach dem Hören eines Satzes können wir nicht mehr sicher sagen, welche Ausdrücke genau verwendet wurden, wir sind aber in der Lage, uns an den Sinn, die zentrale Aussage, ihre Bedeutung etc. zu erinnern.

Übung 4

Das kann man zeigen, indem man nach einiger Zeit die Schülerinnen und Schüler nochmals nach dem genauen Wortlaut einer zuvor vorgespielten Sequenz (z. B. aus Übung 2) fragt. Die meisten können sich vermutlich sinngemäß, nicht aber wörtlich erinnern. Die Vorschläge werden an der Tafel gesammelt. Es kann dabei für zusätzliche Verunsicherung gesorgt werden, indem man vier Antwortvorschläge vorgibt, zum Beispiel:
→ Herzlich willkommen, liebe Zuschauerinnen und Zuschauer, zur heutigen Tagesschau.
→ Sehr geehrte Damen und Herren, herzlich willkommen zur Tagesschau.
→ Guten Tag, meine Damen und Herren, willkommen zur Tagesschau.
→ Liebe Zuschauerinnen und Zuschauer, willkommen zur Tagesschau um acht.

Die Optionen sind so formuliert, dass sowohl die Zahl der Wörter als auch die semantische Funktion des Satzes gleich bleibt. Schwieriger wird das Erinnern, wenn formale Merkmale wie die Wortanzahl im Vorfeld keine Rolle spielen.

Fehler- und Unschärfetoleranz

Im Prozess des »Clusterns« zu größeren Sinneinheiten ist der Verlust irrelevanter Details eingeschlossen. Gleichzeitig sind wir aber auch nicht auf jedes Detail angewiesen, um den Sinn des Gehörten zu verstehen. In begrenztem Umfang können wir die akustische Welt um uns herum nicht nur rekonstruieren, sondern sogar erschaffen, was nicht da ist.

Diese Fähigkeit haben beispielsweise Warren und Warren nachgewiesen. Sie spielten Versuchspersonen Sätze vor, die so manipuliert waren, dass der Anfangslaut (*) eines Inhaltswortes durch ein Störgeräusch überlagert war. Je nach semantischem Kontext gaben die Versuchspersonen an, verschiedene Wörter (in Klammern hinter dem Satz) gehört zu haben:

> »It was found that the *eel was on the axle. (wheel)
> It was found that the *eel was on the shoe. (heel)
> It was found that the *eel was on the orange. (peel)
> It was found that the *eel was on the table. (meal)«
> (zit. nach Imhof 2003, S. 14).

Der Bedeutungskontext, den das Wort »table« (Tisch) eröffnet, macht es wahrscheinlicher, »meal« (Essen) zu hören als etwa »peel« (Schale) oder »heel« (Absatz). Rückwirkend entsteht bei den Versuchspersonen deswegen der Eindruck, das entsprechende Phonem [m] tatsächlich gehört zu haben.

Dass man durch die Vorgabe eines neuen Kontextes die Erwartungen der Zuhörenden sogar dann »manipulieren« kann, wenn sie es eigentlich »besser wissen«, lässt sich anhand der zahlreich dokumentierten »Verhörer«, z. B. bei Musikstücken, zeigen.[6]

> **Übung 5**
>
> Vorbereitung: Die Lehrperson wählt zwei bis drei Beispiele aus und sucht eine Audioaufnahme der betreffenden Musikstücke. Sofern die Aufnahme in digitaler Form vorliegt, ist es sinnvoll, nur die entsprechende Textstelle herauszukopieren. Auf einer Folie wird der »falsche« Text festgehalten.
> Beispiel: Audioausschnitt: Hildegard Knef: »Für mich soll's rote Rosen regnen, mir sollten sämtliche Wunder begegnen.« Folientext: »... mir sollten sämtliche Hunde begegnen.«
> Durchführung: Der Audioausschnitt wird in der Klasse vorgespielt; gleichzeitig wird die Folie präsentiert. Die Schülerinnen und Schüler erleben, wie sich eine kurzfristig induzierte Zuhör-Erwartung auf die Wahrnehmung auswirkt. Sie tauschen sich über weitere Beispiele aus.[7]

Solche Rekonstruktionen auf der Ebene einzelner Laute und ggf. Wörter sind hoch automatisiert und erlauben das Verstehen unter allerlei akustisch ungünstigen Bedingungen wie störenden Nebengeräuschen, undeutlicher Aussprache, schlechtem Handyempfang oder wenn wir einzelne Wörter nicht kennen.

Dass dieser Rekonstruktionsfähigkeit durchaus auch Grenzen gesetzt sind, fällt v. a. beim Zuhören in einer fremden Sprache auf: Wird eine kritische Schwelle an verständlicher Information unterschritten, kann kein Sinn mehr hergestellt werden. Umgekehrt fällt das Verstehen leichter, wenn Kontextinformationen vorhanden sind wie z. B. der Gegenstand einer Unterhaltung, das Wissen über die Beziehung der Sprechenden oder eigenes Vorwissen zum Thema.

Akustisches Verstehen setzt also einerseits auf der Wahrnehmung kleinster Informationseinheiten auf (»bottom up«-Verarbeitung), es werden aber auch auf grundlegenden Ebenen des Zuhörprozesses bereits Kontextinformationen herangezogen, um aus dem Gehörten Sinn zu rekonstruieren (»top down«-Verarbeitung). Eine Reihenfolge dieser beiden Prozessrichtungen lässt sich offenbar nicht nachweisen: Verfügbare Informationen werden vom Hörer, möglicherweise unsystematisch, genau so eingesetzt, wie es das Verstehensziel erfordert – und so lange, bis Verstehen zumindest subjektiv erreicht ist.

Mentale Modelle

Im letzten Abschnitt wurde vor allem deutlich, dass wir in der Lage sind, fehlende akustische Information sinngemäß zu ergänzen. Wir orientieren uns dabei daran, was in einem größeren Kontext (und auf Grundlage unseres Weltwissens) wahrscheinlich ist. Zugleich lässt sich aber zeigen, dass auch dieser Kontext selbst nicht einfach »ob-

---

6 Vgl. etwa die »Handbücher des Verhörens« von Axel Hacke: Der weiße Neger Wumbaba; Der weiße Neger Wumbaba kehrt zurück; Wumbabas Vermächtnis.
7 Für eine ganze Sammlung weiterer Beispiele s. www.youtube.com/watch?v=YCg1AY-JwJg.

jektiv« gegeben ist, sondern vom Individuum permanent konstruiert wird. Dies lässt sich auf einfache Weise an einem Beispiel (zit. n. Schnotz 1988, S. 303) illustrieren:

> **Übung 6:**
>
> Die Lehrperson spricht die folgenden Sätze langsam und deutlich und lässt ggf. kleine Denk-Pausen zwischen den einzelnen Sätzen.
>
> Hans war auf dem Weg zur Schule.
> Er machte sich Sorgen wegen der Mathematikstunde.
> Er hatte Angst, er würde die Klasse nicht unter Kontrolle halten können.
>
> Die Schülerinnen und Schüler werden übereinstimmend berichten, dass sie eine sehr schnell gefasste Vorstellung von Hans als Schüler nach dem Hören des dritten Satzes revidieren mussten.[8] Im weiteren Gespräch wird klar, dass sie unwillkürlich noch weitere umfangreiche Elaborationen vorgenommen hatten, etwa Vorstellungen von der Umgebung (ein Gehsteig entlang einer Hecke, eine Häuserschlucht, eine Straßenbahn ...) oder von Hans' Aussehen und Kleidung. Weitere Beispiele solcher Sätze finden sich auch bei Gailberger (2013).

Solche sogenannten *mentalen Modelle* werden beim Zuhören permanent erschaffen und ggf. auf Basis neu hinzukommender Informationen revidiert oder fallengelassen.

Alle mentalen Modelle erleichtern das Zuhören, denn sie schränken den Raum des Möglichen und Wahrscheinlichen ein. Das gilt nicht nur für die Rekonstruktion einzelner Laute und Wörter, Bedeutungen und Intentionen, sondern auch für räumliche und gegenständliche Verhältnisse (sog. Situationsmodelle) sowie für abstraktere Relationen wie etwa logische Hierarchien, soziale Beziehungen usw. (sog. Schemata). Für mentale Modelle, die sich auf komplexe soziale Routinen beziehen, ist der Ausdruck Skripte gebräuchlich. Wenn beispielsweise die Bedienung in einem Restaurant beim Abräumen des Tisches eine Frage stellt, dann ist es sehr wahrscheinlich eine Erkundigung, ob das Essen geschmeckt hat. Die Frage wird auch dann verstanden, wenn sie nicht gut zu hören ist: Unser kulturelles Wissen über entsprechende Gepflogenheiten lässt uns den Ablauf vorhersehen.

Fazit und weiterführende Hinweise: Vorwissen, Interesse, Zuhörstrategien

Im Mittelpunkt dieses Beitrages standen Fähigkeiten, die als grundlegende Prozessmerkmale des Zuhörens gelten können. An Kompetenzmodellen sollte verdeutlicht werden, in welchem Zusammenhang diese Prozessmerkmale mit einer Beschreibung entwickelter (oder noch nicht entwickelter) Zuhörkompetenz stehen. Und es wurde

---

8 Sanford und Garrod konnten in einer Reihe von Experimenten zeigen, dass Versuchspersonen zum Lesen von Sätzen dieser Art signifikant mehr Zeit brauchten als für alternative Formulierungen wie: »Der Lehrer war auf dem Weg zur Schule. Er machte sich Sorgen wegen der Mathematikstunde. Er hatte Angst, er würde die Klasse nicht unter Kontrolle halten können.«

beispielhaft gezeigt, wie man einzelne dieser Prozessmerkmale für die Schülerinnen und Schüler erlebbar und auch beschreibbar machen kann.

Was diese Übungen nicht leisten können, ist eine Förderung der Zuhörkompetenz im Sinne eines schrittweisen Lehrganges. Einige sinnvolle Vorschläge mit dieser Zielrichtung finden sich in der Literatur[9] und auch in den Materialangeboten verschiedener regionaler und überregionaler Projekte zum Zuhören. Eine didaktische Systematisierung, wie sie etwa im Bereich der Leseförderung vorliegt (s. z. B. Rosebrock/Nix 2010), steht für das Zuhören bislang noch aus; eine schon etwas ältere Übersicht über Entwürfe zur Zuhörförderung bietet Margarete Imhof (2003, S. 117).

Gründe für die noch fehlende Systematisierung liegen zum einen in der sich noch entwickelnden Unterrichtskultur zum Zuhören: Für kaum ein Modell liegen umfassende Erfahrungsberichte oder gar empirische Untersuchungen zur Wirksamkeit vor. Zum anderen ist das Verhältnis der Teilprozesse des Zuhörens untereinander noch lange nicht hinreichend geklärt. So kann fehlendes Detailverstehen auf Basis passender mentaler Modelle rekonstruiert oder ergänzt werden; umgekehrt werden aber auch innere Vorstellungen erst durch Auswertung zahlreicher verbaler und nonverbaler Informationen ausgebildet. In welcher Weise genau dabei Textinhalte, prosodische Merkmale und situative Rahmenbedingungen von den Einzelnen bei der (Re-)Konstruktion von Sinn ausgewertet und zusammengeführt werden, ist bislang vollkommen ungeklärt.

Zudem kann angenommen werden, dass ein beträchtlicher Einfluss von nicht zuhörspezifischen Personenmerkmalen besteht, z. B. der Aufmerksamkeitssteuerung, Konzentrationsfähigkeit, Gedächtnisspanne oder auch sozialen Kompetenzen wie Empathie oder Selbstbewusstsein. Wie dieser Einfluss mit anderen Teilkompetenzen interagiert und welche der Aspekte individuell lern- und trainierbar sind, ist bislang weitgehend offen.

Ohne den Einfluss der einzelnen Größen exakt bestimmen zu können, ist jedoch auf Basis der oben dargestellten Einsichten zum Zuhörprozess davon auszugehen, dass eine Reihe von übergreifenden Fähigkeiten sich auch vorteilhaft auf die Zuhörfähigkeiten auswirken. Die im Folgenden aufgezählten Beispiele für solche Fähigkeiten (s. o.) unterstreichen nochmals die Möglichkeit und Notwendigkeit, Zuhören sowohl kompetenzbereichsübergreifend als auch fächerübergreifend zu thematisieren und einzuüben, anstatt sie als isolierte Unterrichtseinheit im Deutschunterricht »abzuarbeiten«.

Einige Einsichten lassen sich aus der Forschung zum Verstehen *schriftlicher* Texte ableiten:
→ Zuhören ist grundsätzlich *interessengesteuert*. Sowohl ein umfassendes thematisches Interesse (beispielsweise an Vampirgeschichten) als auch eine ganz situative Interessiertheit aufgrund einer konkreten Fragestellung (z. B beim Hören eines Wetterberichts) strukturiert das akustische Feld vor und steuert die Selektion der wahrgenommenen Inhalte. Im Zusammenhang mit Zuhöranforderungen sind

---

9   Empfohlen sei zum Beispiel eine Übersicht von Susanne Ulrich und Martin Hartung, 2006; Aufgabenvorschläge für die Grundschule finden sich beispielsweise in Behrens/Eriksson 2009a, c, für die Sekundarstufe bei Krelle, in Vorbereitung, und Behrens 2010b.

deswegen Umfang und Richtung des Interesses zu thematisieren und ggf. neue Zugänge anzubahnen.
→ Eng verbunden mit dem persönlichen oder situativen Interesse ist das bereichsspezifische *Vorwissen*. Für das Lesen gilt hierbei: »Eine hohe Expertise in dem Inhaltsbereich, dem ein Text zuzurechnen ist, kann den negativen Einfluss schlechter Lesefähigkeiten auf das allgemeine Leseverständnis sogar teilweise kompensieren (z. B. Schneider/Körkel/Weinert, 1989; Voss/Silfies, 1996)« (BMBF 2007, S. 13). Ähnliches kann für das Verstehen auditiver Texte angenommen werden.
→ Beide Aspekte spielen für Verstehensleistungen eine entscheidende Rolle, und zwar unabhängig davon, ob dies den Einzelnen bewusst ist oder nicht. In institutionell arrangierten Lernszenarien kann ein wichtiger Lernschritt sein, z. B. lückenhaftes Vorwissen gezielt zu ergänzen. Dazu gehört etwa die Klärung evtl. unbekannter Begriffe oder Zusammenhänge.
→ Ähnlich wie auch beim Lesen kann zudem auch das Einüben von *Zuhörstrategien* hilfreich sein, indem z. B. zu einer längeren Präsentation (z. B. einem Versuch im naturwissenschaftlichen Unterricht) vorbereitend Kenntnisse, Fragen und Erwartungen an Struktur und Inhalte gesammelt und bewusst gemacht werden. Aufgabe des Zuhörunterrichts wäre an dieser Stelle, den positiven Effekt solcher Strategien erlebbar zu machen (Behrens 2010b).
→ Mit regelmäßig wiederholten *Konzentrations- und Entspannungsübungen* können die Schülerinnen und Schüler lernen, die eigenen Befindlichkeiten zu regulieren und diese Fähigkeit bei Bedarf selbstbestimmt einzusetzen.
→ Margarete Imhof schließlich betont in ihrem Modell die bedeutende Rolle der *Selbstregulation:* »Der selbstregulierte Lerner – oder hier: der selbstregulierte Zuhörer – ist in der Lage zu definieren, wozu er was, wann, wie, von oder mit wem und wo etwas aufnimmt (Brunstein u. Spörer, 2006)«. Mechthild Hagen (2004, S. 112) fasst erste empirische Ergebnisse dahingehend zusammen, »dass das Zuhören, die Aufmerksamkeitssteuerung und der Verstehens- und Verhaltensprozess verbessert wird, wenn der Zuhörer aktiv sein Interesse steuert, sich vor dem Zuhören Fragen zum Thema stellt und während des Zuhörens elaborative Techniken anwendet (Imhof 2001)«.

Literatur

Behrens, U. (2010a): Aspekte eines Kompetenzmodells zum Zuhören und Möglichkeiten ihrer Testung. In: Bernius, V./Imhof, M. (Hrsg.): Zuhörkompetenz in Unterricht und Schule. Beiträge aus Wissenschaft und Praxis. Göttingen: Vandenhoeck & Ruprecht, S. 31–50.
Behrens, U. (2010b): Verstehen, was gesagt wird – Übungen zum Zuhören. In: Deutschunterricht, Heft 4/2010, S. 29–33.
Behrens, U./Böhme, K./Krelle, M. (2009): Zuhören – Operationalisierung und fachdidaktische Implikationen. In: Bremerich-Vos, A./Granzer, D./Köller, O. (Hrsg.): Bildungsstandards Deutsch und Mathematik. Leistungsmessung in der Grundschule. Weinheim: Beltz, S. 357–375.
Behrens, U./Eriksson, B. (2009a): Sprechen und Zuhören. In: Bremerich-Vos, A./Granzer, D./Behrens, U./Köller, O. (Hrsg.) (2009): Bildungsstandards für die Grundschule: Deutsch konkret. Berlin: Cornelsen, S. 43–74.

Behrens, U./Eriksson, B. (2009b): Kompetenzorientiert unterrichten – Aufgaben profilieren: Aufgabenkultur im Bereich Zuhören im Visier. In: C. Spiegel/M. Krelle (Hrsg.): Sprechen und Kommunizieren. Baltmannsweiler: Schneider Verlag Hohengehren, S. 204–219.

Behrens, U./Eriksson, B. (2009c): Zuhören ist Gold. Der Kompetenzbereich »Sprechen und Zuhören«. Grundschule, Heft 5, S. 10–13.

Behrens, U. (in Vorb.): Zuhörfähigkeit testen. In: Neumann, A./Mahler, I. (Hrsg.): Empirische Methoden in der Deutschdidaktik: Audio- und videografierte Unterrichtsbeobachtung. Baltmannsweiler: Schneider Verlag Hohengehren.

Belgrad, J./Schünemann, R. (2011): Leseförderung durch Vorlesen: Ergebnisse und Möglichkeiten eines Konzepts zur basalen Leseförderung. In: Behrens, U./Eriksson, B. (Hrsg.): Sprachliches Lernen zwischen Mündlichkeit und Schriftlichkeit. Bern: hep, S. 144–170.

Bundesministerium für Bildung und Forschung (BMBF) (2007): Förderung von Lesekompetenz. Expertise. Bonn/Berlin: Eigenverlag.

Fiehler, R. (2009): Mündliche Kommunikation. In: Becker-Mrotzek, M. (Hrsg.): Mündliche Kommunikation und Gesprächsdidaktik. Baltmannsweiler: Schneider Verlag Hohengehren, S. 25–51.

Gailberger, S. (2011): Lesen durch Hören. Leseförderung in der Sek. I mit Hörbüchern und neuen Lesestrategien. Weinheim: Beltz.

Gailberger, S. (2013): Systematische Leseförderung schwach lesender Schüler in der Sekundarstufe. Weinheim: Juventa.

Gorschlüter, S. (2002): Nicht nur mit halbem Ohr. Praxis Deutsch 29 (2002) 174, S. 24–28.

Hagen, M. (2004): Förderung des Hörens und Zuhörens in der Schule. Begründung, Entwicklung und Evaluation eines Handlungsmodells. Dissertation, LMU München: Fakultät für Psychologie und Pädagogik.

Imhof, M. (2003): Zuhören. Psychologische Aspekte auditiver Informationsverarbeitung. Göttingen: Vandenhoeck & Ruprecht.

Imhof, M. (2010): Zuhören lernen und lehren. Psychologische Grundlagen zur Beschreibung und Förderung von Zuhörkompetenzen in Schule und Unterricht. In: Imhof, M./Bernius, V. (Hrsg.): Zuhörkompetenz in Unterricht und Schule. Beiträge aus Wissenschaft und Praxis. Göttingen: Vandenhoeck & Ruprecht, S. 15–30.

Institut für Qualitätsentwicklung im Bildungswesen (IQB) (2009): Kompetenzstufenmodell zu den Bildungsstandards im Kompetenzbereich Sprechen und Zuhören – hier Zuhören – für den Mittleren Schulabschluss. www.iqb.hu-berlin.de/bista/dateien/Deutsch_KSM_Hre_2.pdf (Abruf 29.5.2012).

KMK (2004): Bildungsstandards im Fach Deutsch für den Mittleren Schulabschluss. Beschluss vom 4.12.2003. München: Luchterhand.

KMK (2005a): Bildungsstandards im Fach Deutsch für den Primarbereich. Beschluss vom 15.10.2004. München: Luchterhand.

KMK (2005b): Bildungsstandards im Fach Deutsch für den Hauptschulabschluss. Beschluss vom 15.10.2004. München: Luchterhand.

Krelle, M./Neumann, D. (2014): Sprechen und Zuhören. In: Behrens, U./Bremerich-Vos, A./Krelle, M./Böhe, K./Hunger, S. (2014): Bildungsstandards für die Sekundarstufe I: Deutsch konkret. Berlin: Cornelsen Scriptor (in Vorbereitung).

Miller, G. A. (1994): The magical number seven, plus or minus two: Some limits on our capacity for processing information. Psychological Review, Vol 101(2), S. 343–352.

Rosebrock/Nix (2010): Grundlagen der Lesedidaktik und der systematischen schulischen Leseförderung. 3. Auflage. Baltmannsweiler: Schneider Verlag Hohengehren.

Schnotz, W. (1988): Textverstehen als Aufbau mentaler Modelle. In: Mandl, H./Spada, H. (Hrsg.): Wissenspsychologie. München/Weinheim: Psychologie Verlags Union, S. 299–330.

Tucholsky, K. (1931): Der Mensch. Ein Schulaufsatz von Kaspar Hauser. Die Weltbühne. 27, Nr. 24, S. 889–890.

Ulrich, S./Hartung, M. (Hrsg.): Besser Zuhören. Übungen und Hintergrundwissen zur Förderung der Zuhörfähigkeit. München, Eigenverlag.

Marita Pabst-Weinschenk

Vortragen und Präsentieren

Vortragen und Präsentieren zählen zu den Schlüsselkompetenzen, die in allen Fächern wichtig *sind* und inzwischen auch wichtig *genommen werden*. So werden sie inzwischen nicht nur im Deutschunterricht erworben (vgl. z. B. Praxis Deutsch 190, Deutschunterricht 5/2006, Deutsch Unterrichtspraxis 12, Deutschmagazin 2/2008, Hoppe 2006, 2007, Klippert 2007, Markmann 2007 u. a. m.), sondern auch für viele andere Fächer als didaktische Notwendigkeit postuliert und modelliert (vgl. z. B. die entsprechenden Themenhefte in Fachzeitschriften wie Der fremdsprachliche Unterricht Englisch, Computer + Unterricht, Mathematik lehren, Geographie heute, Grundschule Sachunterricht, Praxis Schule).

Wenn Präsentieren in den Bildungsstandards der Kultusministerkonferenz (KMK) als grundlegende Fähigkeit im Bereich »Sprechen und Zuhören« dennoch der Domäne Deutschunterricht zugerechnet wird, so sollen eben dort die dafür fundamentalen Erfahrungen, das notwendige Kommunikationswissen für die Reflexion und entsprechende Lernstrategien vermittelt werden. Hilfreich für eine systematische Vermittlung ist ein geeignetes Kompetenzmodell für mündliche Kommunikation, das auch auf Präsentationsleistungen anwendbar ist, sodass es schließlich alle notwendigen Teilfähigkeiten erfassen und integrieren kann.

Vortragen und Präsentieren sind zentrale Tätigkeiten im Bereich »Sprechen und Zuhören«, die bereits ab der Grundschule gefördert werden (Pabst-Weinschenk 2005). Neben dem Sprechen *mit anderen* und dem *szenischen Spielen* ist das Sprechen *vor anderen* der dritte wesentliche Bereich mündlicher Kommunikation. Das Sprechen *vor anderen* wird in den KMK-Bildungsstandards von 2003 und 2004 differenziert in das gestaltende Textsprechen, in längere freie Redebeiträge sowie in Präsentationstechniken. Bei dieser Aufgliederung wird das Präsentieren auf den Medieneinsatz reduziert.

Dagegen wird in diesem Beitrag von einem Präsentationsbegriff ausgegangen, der das freie Reden sowie die Vorbereitung der Inhalte *genauso* wie das Vortragen an sich einbezieht. Insofern geht es beim Präsentieren immer auch um das Sprechen *zu anderen*: Wer gut präsentieren will, muss sich auch verständlich, sach- und situationsangemessen artikulieren können und die Wirkungen der Redeweise kennen, beachten und situations- sowie adressatengerecht anwenden: Lautstärke, Betonung, Sprechtempo, Klangfarbe, Stimmführung; Körpersprache (Gestik, Mimik).

Die Präsentationskompetenzen sind kontinuierlich in der Sekundarstufe I und II weiterzuentwickeln. Je mehr konkrete Präsentationsanlässe für Schüler geschaffen werden, umso größere Chancen bestehen, dass die Schülerinnen und Schüler ihre Fähig- und Fertigkeiten durch *learning by doing* entfalten können.

Kompetenzmodell

Das Kompetenzmodell für Sprechen und Zuhören, von dem hier ausgegangen wird, ist so allgemein, dass es für alle Teilfähigkeiten und spezielle Anwendungsbereiche, also auch für das Präsentieren, geeignet ist. Jede Teilfähigkeit muss dabei als prozedurales Können und deklaratives Wissen erworben werden. Im Langzeitgedächtnis unterscheidet man zwischen deklarativem Wissen und prozeduralem Wissen respektive Können. Das deklarative Wissen umfasst die Inhalte, die sich auf Fakten beziehen und sprachlich in Form von Aussagesätzen beschrieben werden können. Davon wird das prozedurale Wissen/Können unterschieden, das sich auf Handlungsabläufe bezieht und schwierig sprachlich zu formulieren ist. Typische Beispiele für prozedurales Wissen/Können sind Fahrradfahren, Tanzen, Schwimmen und auch kommunikative Kompetenzen wie das Präsentieren. Das deklarative Wissen ist Voraussetzung für die metakognitiven Fähigkeiten.

Kommunikationstheoretische Grundlagen

Zurückgreifen kann man bei der Modellierung auf diverse Quellen und Konzepte, die sich in der Didaktik und Methodik der mündlichen Kommunikation verschmolzen haben und somit theoretische Eckpfeiler bilden:
→ die Abkehr von der klassisch-antiken Rhetorik seit Beginn des 20. Jahrhunderts (z. B. Geißler 1908; Drach 1922, 1932) und die Hinwendung zur Actio und damit zur Tätigkeit des Sprechdenkens und Hörverstehens: Damit einher geht die Propagierung eines (virtuell-)dialogischen statt monologischen Rhetorikverständnisses (Bartsch 1979, 1981; Geißner 1979).
→ die Pragmalinguistik in den 70er-Jahren: Wegweisend war hier vor allem der Aufsatz von Dieter Wunderlich über »Die Rolle der Pragmatik in der Linguistik« (1970), in dem er bereits eine umfängliche Auflistung der Elemente eines Modells des Sprachverhaltens zusammenstellt (1970, S. 19 f.).
→ Wunderlichs Verbreitung der Grice'schen Konversationsmaximen (1972, S. 54 ff.).
→ die Feststellung von zwei Verständigungsebenen: Inhaltsebene und Beziehungsebene von verschiedenen Seiten aus (Geißner 1966, gedruckt 1968, S. 26; Habermas 1971, S. 104 f.; Watzlawick et al. 1972, S. 53 ff.).
→ der Rückgriff in der Sprechwissenschaft auf die Sprachtheorie Karl Bühlers:
   – auf sein Vierfelderschema zur Abgrenzung des sprechwissenschaftlichen Gegenstands als »die miteinander in einer Sprache sprechhandelnden Menschen und die von ihnen erzeugten gesprochenen Sprachwerke« (nach Geißners Funktionskreis 1969).

- Sein Organonmodell wird mit dem W-Fragenkatalog kombiniert und zum Situationsmodell zur Vorbereitung auf rhetorische Prozesse angewendet (Geißner 1975).
- der explizite Vergleich zwischen Pragmalinguistik und Rhetorik, der wesentliche Übereinstimmungen zeigt, z. B. zwischen dem Ansatz von Anton Leist (»Zur Intentionalität von Sprechhandlungen« in Wunderlich 1972, S. 59–98) und dem Verständnis von Hellmut Geißner, der Sprechen als »kommunikative Handlung« versteht, die immer »1. situativ gesteuert, 2. sprachbezogen, 3. partnerbezogen, 4. leibhaft vollzogen, 5. Sinn konstituiert und/oder Handlungen auslöst« (Geißner 1975a; ausführlicher dann 1981, 1982).
→ In seiner Anwendung auf den Deutschunterricht weist Geißner schon 1977 (gedruckt erst 1982a!) auf wesentliche Aspekte und Schwierigkeiten bei der Analyse von mündlicher Unterrichtskommunikation hin. Wenn »Sinn [...] nicht zu beobachten, sondern zu verstehen [ist]« (1982a, S. 241), dann erklärt dies die Probleme, die wir bis heute mit der harten Empirie bei Leistungsmessungen etc. haben (dazu auch Belgrad/Eriksson/Pabst-Weinschenk/Vogt 2008).
→ Mit den sprechtätigkeitstheoretischen Überlegungen zur Motivation von Tätigkeiten und Handlungen/Sprechhandlungen und ihrer Realisation durch Operationen wird theoretisch der Gegensatz zwischen routinierten Sprechverhaltensweisen und Handlungen überbrückt: Handlungen können absinken auf das unbewusste Niveau und als Operationen vollzogen werden, und Operationen können durch bewusste Aufmerksamkeit auch wieder bewusst rhetorisch vollzogen und verändert werden (z. B. Leont'ev 1971, 1972, 1975; in der Anwendung auf rhetorische Lernprozesse Gutenberg 1986).
→ die kommunikationspsychologische Verbindung von Bühlers Zeichenfunktionen und Watzlawicks Kommunikationsebenen im Vier-Seiten/Ohren-Modell von Schulz von Thun.
→ Sprechwissenschaftlich-sprecherzieherische Synopsen-Modelle wie die Rede-Pyramide (Pabst-Weinschenk 1995, S. 23 ff; 2000, S. 9–14; 2004, S. 16 ff.; 2005, S. 22–27) verdeutlichen, wie verschiedene Aspekte der Präsentation und Vorbereitung auf der Makro-, Mezo- und Mikro-Ebene zusammenwirken und dass Zusammenhänge zwischen Form, Inhalt und Persönlichkeit bzw. zwischen rhetorischer Oberflächen-, rhetorischer Tiefenstruktur und kommunikativen Haltungen bestehen.
→ Neuere psycholinguistische Modellierungen der mündlichen Sprachproduktion bestätigen die Erfahrungen und sprecherzieherischen Leitlinien zum Sprechdenken:
  - zur gleichzeitigen »inkrementellen« Verarbeitung auf mehreren Stufen (Levelt 1989) und
  - zur fundamentalen Bedeutung der körpersprachlichen Programmierung (de Ruiter 1998; Pabst-Weinschenk 2003).

Grundsätzlich muss man davon ausgehen, dass Sprechen und Zuhören Komplementärhandlungen sind und entsprechende Teilfähigkeiten erfordern.

Allgemeines Modell der Teilfähigkeiten

Werden die Kompetenzen allgemein formuliert, sind sie sowohl für verschiedene rhetorisch-pragmatische Kontexte (in Rede- und Gesprächssituationen) als auch für ästhetische Kommunikation/szenisches Spiel als auch für das Präsentieren anschlussfähig und gültig (Pabst-Weinschenk 2009) (Tabelle 1).

Sprechen	Zuhören
Teilfähigkeit 1: Situieren	
→ Grundhaltung, Grundbedürfnisse, Motivation (warum) und Intentionen (wozu) klären → Selbst-, Adressaten- und Situationsbezug (wer, wem, wo, wann) klären → Sachbezug klären: Globalthema, Globalthemen (was) → Stil, Register, Genre klären (wie)	→ Hörinteresse im Zusammenhang mit Text erkennen (was will ich wissen, was weiß ich schon) → die kommunikative Situation und den Kontext erfassen, inkl. Definition der Zuhörsituation und der kommunikativen Absicht des Adressierenden → Hauptthema und zentrale Inhalte erkennen und einordnen → Genres und Mitteilungsfunktionen erkennen: erzählen, informieren, reden, präsentieren, argumentieren etc.
Teilfähigkeit 2: Planen	
→ Inhalte gewichten und auswählen, inhaltliche Verknüpfungen herstellen → Status, Gesprächs- und Redestrategien auswählen/entwickeln → sprachliches und nicht sprachliches Wissen strukturieren; Rede strukturierende Mittel → unterstützende Hilfsmittel einplanen (Stichwörter, Folien, Medien ...)	→ die eigene Zuhörsituation organisieren, besonders inhaltliche Erwartungen klären → Hörziel festlegen und Zuhörstrategien auswählen und entwickeln → Vorwissen über Textorganisation, Makrostruktur, Rede strukturierende Mittel bis zur nonverbalen Gestaltung aktualisieren und formale Eigenheiten des Texts ermitteln → Hilfsmittel wie Leitfragen, Mitschrift, Aufnahmen planen
Teilfähigkeit 3: personale Sprech-Hör-Kompetenzen	
→ nonverbaler Ausdruck (Gestik, Mimik, Körperhaltung) einsetzen → Artikulation/Sprechgestaltung: sich situationsangemessen artikuliert und verständlich ausdrücken (Aussprache, Betonung, Melodie, Kadenzen, Tempo, Pausen statt Fülllaute, Klangfarbe der Stimme) → Sprechdenken: Notwendige und angemessene Redemittel und Gesprächsroutinen einsetzen	→ nonverbale Organisatoren auffinden und verstehen; ikonografische Repräsentationen decodieren → sprechsprachliche Gestaltungsmerkmale erkennen und verstehen → Hörverstehen (top down und bottom up): Vorwissen und Erfahrungen mobilisieren (Weltwissen); das Gehörte innerhalb des Vorwissens verorten und interpretieren; Schlüsse ziehen und kausale Relationen bilden, Zusammenhänge zwischen Text-

- → Medien / Hilfsmittel einsetzen
- → Rollen/Figur/Gestus einnehmen (Ambiguitätstoleranz/Flexibilität, Distanz, sich zuschreiben, durchschauen, ausbalancieren)

- → stellen herstellen, Vorstellungen bilden, imaginieren ...
- → Leitfragen, Mitschriftnotizen, Zusammenfassungen, protokollieren, Exzerpte etc. anfertigen
- → emotionale Nähe aufbauen: zum Thema, zu Figuren und anderen Elementen

Teilfähigkeit 4: Formulierungs- bzw. Verstehenskompetenz

- → Text produzieren – Wortwahl (Sprach- und Weltwissen)
- → Inhalte »linearisieren«: textstrukturierende Mittel (z. B. Syntax, Gliederung)
- → Kohäsion herstellen: Verweis/Verknüpfung/Strukturierung (Thema – Rhema), Form
- → Einsatz Kohärenz stiftender Mittel (Inhalt, Zielerreichung im Auge behalten)
- → Sprachmittel zur Markierung anwenden (Expressivität, Intention)

- → Sinnkonstitution durch Sprach- und Weltwissen
- → Strukturierte Wiedergabe von Gehörtem
- → Kohäsionsmittel, ästhetische Elemente, Spielformen, Strukturen erkennen und als intentional verstehen
- → Kohärenz aufbauen und die eigene Hörabsicht und Intention im Auge behalten
- → implizite und explizite Informationen auffinden

Teilfähigkeit 5: Interaktions-Kompetenzen

- → einfache Gesprächsregeln beachten (zuhören, Blickkontakt, sensorische Rückkopplungen in Vortragssituationen, Turntaking ...)
- → Gesprächsorganisation beherrschen (Gespräche vorbereiten, leiten, moderieren)
- → Beziehungsgestaltung (Akzeptanz und Wertschätzung vermitteln, Konflikte ausgleichen)
- → Themenbearbeitung (Äußerungen im Gesprächsverlauf zusammenfassen und strukturieren, mit Fragen leiten, Ergebnisse festhalten)

- → Konzentration auf das Gehörte
- → Gehörtes mit eigenen Gedanken verbinden; sehen, wie Äußerungen bei anderen ankommen und wirken
- → auf Situationen, Vorgeschichte, Vorredner Bezug nehmen und eingehen
- → Zuhörzeichen geben
- → Gegenpositionen, Vorwürfe ruhig zusammenfassen und reverbalisieren, aktives Zuhören
- → verschiedene, auch widersprüchliche Äußerungen im Gedächtnis behalten und ggf. verbalisieren

Teilfähigkeit 6: Monitoring und Evaluation

- → den Sprechprozess und das Produkt reflektieren und optimieren, z. B. den Einsatz der verbalen und nonverbalen Mittel, den Verlauf des Gesprächs etc.
- → Gesamttext auf Anforderung, Selbstverständnis und Wirkung hin überprüfen (z. B. Wirkung der eigenen und fremden Redeweise einschätzen)

- → das Wichtigste erfassen/zusammen-fassen
- → Hörerfahrungen rekapitulieren (nacherzählen) und Textverständnis erläutern
- → über Inhalt (Meinung, Absicht) und Form reflektieren; Sprecher-Hörer-Distanz gewinnen
- → sich über Hörerfahrungen und Textbedeutungen mit anderen verständigen
- → Standpunkte zu Gehörtem begründen: Inhalte, Meinung, Wirkungsabsichten beurteilen (emotional, kognitiv, meta-kognitiv)

Teilfähigkeit 7: Überarbeitungskompetenzen	
→ überarbeiten, korrigieren bzw. improvisieren, reagieren hinsichtlich formaler, textstruktureller Ansprüche → überarbeiten, korrigieren bzw. improvisieren, reagieren hinsichtlich thematischer Ansprüche → überarbeiten, korrigieren bzw. improvisieren, reagieren hinsichtlich funktionaler, intentionaler Ansprüche → dabei jeweils auch verbale und nonverbale Rückmeldungen der Hörenden zur Überprüfung des eigenen Beitrags nutzen	→ Gehörtes und Sinnkonstruktion überprüfen und ggf. korrigieren durch Nachfragen, präzisieren lassen, weitere Erkundigungen einziehen etc.

Tab. 1: Teilfähigkeiten des Sprechens und Zuhörens[1]

Spezifika beim Präsentieren: Visualisierung, diskontinuierliche Texte und Medieneinsatz

Beim Präsentieren geht es im weitesten Sinne um die Vorstellung und Darstellung von Waren, Gegenständen oder Informationen. Spezielle Formen von Präsentationen sind Ausstellungen, Messepräsentationen, Poster, Plakate, Modelle, Folien, Präsentationsprogramme sowie Vorträge und Referate.

Anders als bei einer Rede wird bei einer Präsentation das gesprochene Wort immer durch Medieneinsatz ergänzt und unterstützt. Beim Präsentieren werden die ausgewählten Inhalte den Zuhörern vermittelt, d. h. sie werden ihnen durch Reden, Zeigen und Tun vorgestellt.

Die dabei eingesetzten Medien veranschaulichen das Thema visuell und/oder akustisch und helfen, es für die Zuhörer begreifbar und behaltbar zu machen. Der Unterhaltungswert durch Spannung, amüsante Beispiele etc. und der ästhetische Genuss spielen dabei eine nicht zu unterschätzende Rolle. Denn Zuhörer, die sich emotional angesprochen fühlen und denen das Zuhören, Zuschauen, Mitdenken Spaß macht, sind motivierter und gehen besser mit, d. h. sie lernen die angebotenen Inhalte leichter, lieber und schneller.

Damit wird der Medieneinsatz zu einem grundlegenden Element beim Präsentieren. Genauso wie die Körpersprache nicht additiv als schmückendes Beiwerk für Zuhörer verstanden werden darf, sondern eine elementare Bedeutung für die mündliche Sprachproduktion hat, genauso sind Medien nicht additiv zu sehen. Medienkompe-

---

[1] Eine erste Fassung dieses Kompetenzmodells zum Aspekt »Sprechen« hatte im Anschluss an ein Impuls-Referat von Brigit Ericksson eine Gruppe der AG Mündlichkeit im Symposion Deutschdidaktik mit Gabriele Czerny, Dagmar Tischmacher, Ralf Schünemann und Marita Pabst-Weinschenk am 20.1.2007 in Königswinter erarbeitet; dieses Modell wurde wesentlich weiterentwickelt und auf verschiedene Bereiche angewendet; vgl. auch Pabst-Weinschenk 2009, S. 158 ff..

tenz ist Voraussetzung für Präsentationskompetenz, bzw. sie wird beim Präsentieren integrativ mit aufgebaut.

Die Eins-zu-eins-Übertragung des akustischen Vortragstextes ins Visuelle, also als kontinuierlicher/linearer Text z. B. auf Powerpoint-Folien (oder umgekehrt das Vorlesen des ausformulierten Textes von den Folien in der Vortragssituation) ist nicht sinnvoll. Es langweilt die Zuhörer. Die Medien bei einer Präsentation ermöglichen das Einbeziehen von Bildern und diskontinuierlichen, nicht linearen Texten. Die Redensart »Ein Bild sagt mehr als tausend Worte« verweist auf die Anschaulichkeit solcher visueller Medien, bei denen Form- und Farbgestaltung natürlich immer dem Zweck der Präsentation angepasst sein müssen. Eine Präsentation sollte immer ein einheitliches Design haben und nicht zusammengestückelt wirken.

Unter dem Begriff des diskontinuierlichen bzw. nicht linearen Textes werden Diagramme, Tabellen, Schaubilder und schematische Darstellungen zusammengefasst. Sie fassen Informationen prägnant und übersichtlich zusammen und ermöglichen es, das Zentrale schnell zu erkennen, zu ermitteln und im Zusammenhang mit den anderen Informationen zügig verarbeiten zu können. Im Rahmen einer Präsentation können diskontinuierliche Texte für sich allein stehen (z. B. in einer Ausstellung oder auf einem Poster), häufig werden sie aber mit kontinuierlichen, linearen Texten erläutert, sei es in Büchern oder auch in mündlichen Vortragspräsentationen. Im außerschulischen Bereich haben wir es vielfach mit diskontinuierlichen, nicht-linearen Texten zu tun, z. B. in Form von Fahrplänen, in Tabellen, Diagrammen etc. in Zeitschriften und Zeitungen, im Internet und im Fernsehen, z. B. bei Nachrichtensendungen. Sie besitzen eine hohe Alltagsrelevanz und ihr Anteil in den Printmedien und in den elektronischen Medien ist in den letzten Jahrzehnten stetig gewachsen.

Die Beschäftigung mit diskontinuierlichen, nicht linearen Texten hat in der Schule in den Naturwissenschaften und in Fächern wie Politik, Geografie und Geschichte seit Langem einen festen Platz – nicht so im Deutschunterricht. Aber in den neuen Kernlehrplänen verschiedener Bundesländer ist es auch explizit die Aufgabe des Deutschunterrichts, den Schülerinnen und Schülern – im Rahmen der Lesekompetenz – Wissen über diskontinuierliche, nicht lineare Textformate zu vermitteln und sie mit Strategien zum Erschließen und Verstehen solcher Texte vertraut zu machen (Klassenstufe 7/8). Dazu bietet es sich an, den Umgang mit Tabellen in der Sekundarstufe I bereits ab Klasse 5 zu entwickeln und zu trainieren, um bereits vorhandenes Wissen aus der Grundschule zu reaktivieren und im Sinne des kumulativen Lernens zu nutzen. Bei Präsentationen können diese Kompetenzen sinnvoll weiter ausgebaut werden, sowohl hinsichtlich der Rezeption als auch hinsichtlich der Produktion eigener diskontinuierlicher, nicht linearer Texte.

Ein Streitpunkt unter Rhetoriklehrern ist, ob die bei einer Vortragspräsentation eingesetzten Medien für sich schon verständlich sein sollen oder ohne erklärende Worte des Präsentators gar nicht verständlich sein dürfen. Zum einen wird argumentiert, dass Präsentationsfolien, die für sich bereits verständlich sind, gar nicht mehr des Vortrags und der Erläuterungen durch den Präsentator bedürfen; zum anderen sind Folien, die zu wenig zusammenhängenden Inhalt repräsentieren, wenig hilfreich beim Memorieren und bei der Nacharbeit eines Vortrags. Auch wenn Folien nicht den linearen Text abbilden sollen, so sollten sie doch durch Stichwörter, passende Bilder und diskontinuierliche Texte den Inhalt erläutern. Hilfreich für die Zuhörer ist es, wenn die Folien als Handzettel ausgedruckt vorliegen und man sich beim Zuhören dazu noch Notizen machen kann (das ist z. B. gut möglich bei Ausdruck der Handzettel mit jeweils 3 Folien pro Druckseite!).

Diagnostik: Präsentationsleistungen einschätzen und bewerten

Bei Präsentationsrezeptionen wirken immer die Inhaltsstruktur und die Medien mit der persönlichen Ausstrahlung des Sprechers (verstanden als Körperausdruck *und* Vortragsweise) zusammen. Die Gesamtwirkung entsteht immer erst aus dem Zusammenwirken aller Faktoren, insofern muss man auch bei der Vorbereitung, Durchführung und Bewertung alle Ebenen berücksichtigen: kognitive Struktur, Intentionalität, Situations- und Hörerbezug, verbale Formulierung, paraverbale Sprechgestaltung, extra- bzw. präverbaler Körperausdruck und die Medienauswahl und Gestaltung.

Allerdings folgt die Rezeption einer anderen Reihenfolge als die Produktion. Während man bei der Produktion von der Situierung und Planung ausgeht, stehen bei der Rezeption die personalen Sprech-Hör-Kompetenzen, die sprachlichen Formulierungs-/Verstehenskompetenzen und Interaktionskompetenzen im Vordergrund. Sie werden als »rhetorische Oberflächenstruktur« als erste wahrgenommen, leiten das Verständnis und führen dazu, dass wir uns als Zuhörer die Inhaltsstruktur erschließen und uns ein Bild von der Persönlichkeit des Vortragenden machen (vgl. die Struktur der Rede-Pyramide von Pabst-Weinschenk als Kriteriensystem bei der Besprechung von Rede- und Präsentationsleistungen; Pabst-Weinschenk 1995, 2004 und 2009b, S. 25 ff.).

Listet man die Kriterien detailliert auf, kann daraus ein Fragebogen abgeleitet werden, der der Lehrperson, aber auch den Mitschülerinnen und Mitschülern als Grundlage für beobachtende Diagnostik, für Feedback- und Bewertungsprozesse dienen kann.

In Tabelle 2 wird an einer Beispielpräsentation aufgezeigt, welche Beobachtungen in das Feedback und die Bewertung einfließen können. Dazu wird zunächst die Präsentation in Transkript, Präsentationsfolien und typischen Screenshots dokumentiert, bevor sie anhand des Kriterienkatalogs kommentiert wird.

Typische Screenshots	Folien	Transkript[2]
	**ATEMTECHNIK** WARUM IST SIE WICHTIG FÜRS REDEN UND WIE KANN MAN SIE VERBESSERN? 2 sec, 5 Sprechsilben	soll ich anfangen //
	GLIEDERUNG o Atmung und Stimme o Stimmgebung o Sprechatmung o Sprechatmung verbessern 34 sec, 152 Sprechsilben (inkl. 4 Fülllaute); 4,47 Silben/sec	ok also ich hab mich mit dem Thema Atemtechnik' ähm' beschäftigt und speziell eh mit den Fragen warum Atemtechnik wichtig fürs Reden ist' und' eh wie man sie insgesamt verbessern kann \ hier ist ne kleine Gliederung meines Vortrags erst werd ich auf die Atmung und die Stimme im Gesamten eingehen' wie was wichtig ähm in der Atmung für die Stimme ist / dann die Stimmgebung noch mal kurz erläutern / dann auf die Sprechatmung eh speziell eingehen und zum Schluss noch mal' zusammenfassen was man bei der Sprechatmung verbessern kann / und welche Übungen man da' gut machen kann \
		so kommen wir zu Atmung und zur Stimme / die Atmung hat eh drei wichtige Aufgaben / die erste Funktion ist die lebenserhaltende Funktion und da ist die Atmung die einzige Funktion die beeinflussbar ist / das heißt man kann den Atem anhalten oder man kann schneller

das dritte ist natürlich das was jetzt wichtig ist ist für uns ehm dass die Atmung wichtig für die Stimmgebung ist / man nennt es auch tönende Ausatmung' denn ohne Atmung könnten wir überhaupt nicht reden /
ehm' dann hier sieht man nochmal das ist nochmal der Kehlkopf den hab ich abgebildet und jetzt speziell hier sind die Stimmbänder / und die sind bei der Atmung ganz normal geöffnet und wenn wir sprechen sind diese geschlossen / und werden durch die Atmung in Schwingung versetzt und erst dadurch entsteht halt überhaupt ein Ton den wir hören können \

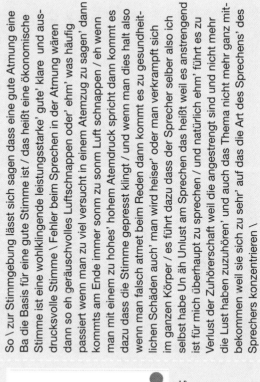

- lebenserhaltende Funktion: beeinflussbar!
  o Spiegel unseres Befindens und emotionalen Zustandes
  o Stimmgebung
  → tönende Ausatmung

42 sec + 19 sec, 287 Sprechsilben (inkl. 5 Füllaute); 4,71 Silben/sec

So \ zur Stimmgebung lässt sich sagen dass eine gute Atmung eine Ba die Basis für eine gute Stimme ist / das heißt eine ökonomische Stimme ist eine wohlklingende leistungsstarke' gute' klare und ausdrucksvolle Stimme \ Fehler beim Sprechen in der Atmung wären dann so eh geräuschvolles Luftschnappen oder' ehm' was häufig passiert wenn man zu viel versucht in einem Atemzug zu sagen' dann kommts am Ende immer sonm zu sonm Luft schnappen / eh wenn man mit einem zu hohes' hohem Atemdruck spricht dann kommt es dazu dass die Stimme gepresst klingt / und wenn man dies halt also wenn man falsch atmet beim Reden dann kommt es zu gesundheitlichen Schäden auch' man wird heiser' oder man verkrampft sich im ganzen Körper / es führt dazu dass der Sprecher selber also ich selbst habe Un äh Unlust am Sprechen das heißt weil es anstrengend ist für mich überhaupt zu sprechen / und natürlich ehm' führt es zu Verlust der Zuhörerschaft weil die angestrengt sind und nicht mehr die Lust haben zuzuhören' und auch das Thema nicht mehr ganz mitbekommen weil sie sich zu sehr' auf das die Art des Sprechens' des Sprechers konzentrieren \

STIMMGEBUNG

„Eine gute Atmung ist die Basis einer guten Stimme!"

o ökonomisch: wohlklingende, leistungsstarke, gute, klare und ausdrucksvolle Stimme

Fehler:
o geräuschvoll nach Luft schnappen
o zu viel in einem Atemzug sagen
o zu hoher Atemdruck
→ gesundheitsschädlich & Verlust der Zuhörerschaft

67 sec, 289 Sprechsilben (inkl. 5 Füllaute); 4,31 Silben/sec

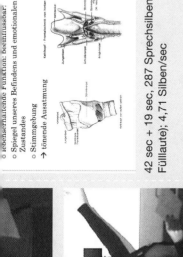

2   Ohne Satzzeichen, mit einfachen Zeichen für kurze Pausen ', Pausen mit schwebender oder steigender Kadenz / und Pausen mit fallender Kadenz \, besondere Betonungen werden unterstrichen

so dann zur Sprechatmung / ähm atmen sollte man insgesamt immer in einer Kombination aus Brust- und Bauchatmung / das heißt ehm' Brustatmung' dass sich beim Einatmen die Lunge ausdehnt und der Brustkorb sich ausdehnt also größer wird' woraufhin sich das Zwerchfell anspannt / und die Organe nach unten gedrückt werden / und der Bauch dann eben Platz macht indem er nach vorne geht \ ne Hochatmung das ist dieses wenn man mit den Schultern wenn man nach oben geht' bei der Atmung das äh behindert das ökonomische Sprechen weil man' sich verkrampft und eh' auch selber dann unter Stress steht und die Konzentration schwer fällt \ dann gibt es eine so genannte Minimallufttheorie von Paul Bruns das eh ähm besagt dass beim Sprechen ähm / wenn weniger Luftverbrauch ist dass man also gar nicht soviel Luft braucht beim Sprechen' wie jetzt beim normalen Atmen / genau \ das kann man auch mit sonm Test machen das man so ne Kerze vor den Mund stellt wenn man spricht' da sollte sie sich möglichst wenig bewegen/ so' dann sollte man immer aus der Atemmittellage sprechen das sollte die Ausgangsbasis sein' das heißt man atmet vorher nicht zu viel ein und auch nicht zu viel aus / ähm genau \ das man aus so ner Mittellage halt spricht also nicht dieses typische' jetzt muss ich ganz viel sagen und atme nochmal ganz schnell ganz viel Luft ein \

so \ dann sollte man öhm ähm eine atemrhythmisch angepasste Phonation beachten das heißt / dass das Sprechen an das natürliche Atmen angepasst sein sollte / das Einatmen Ausatmen und kurze Pause' und während des Ausatmen hauptsächlich dann Sprechen \

so \ und wie man das Ganze verbessern kann das ist noch mal ne kurze Zusammenfassung und ich hab mich hier' ähm auf Coblenzer und Muhar äh hab ich mich mit den Zweien beschäftigt weil die viele Übungen äh' für die Verbesserung der Sprechatmung geben / ähm' zum einen sollte man die Atmung und die Muskelspannung und vor allem die eigene Stimme erst mal selber kennenlernen das machen sie' mit Übungen wie zum Beispiel wie hört sich meine Stimme an wenn ich den Kopf anders lege oder wenn ich gebeugt spreche / wie a-atme ich wenn ich mich hinhocke oder wenn ich' so etwas halt

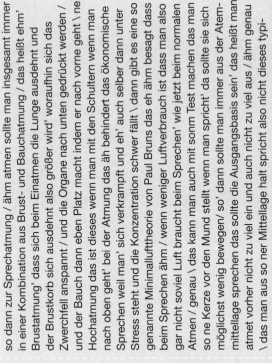

SPRECHATMUNG

o Kombination aus Bauch- und Brustatmung
o Hochatmung behindert das ökonomische Sprechen
o Minimallufttheorie von Paul Bruns
o Atemmittellage als Ausgangszustand
o atemrhythmische angepasste Phonation
→ Einatmen - Ausatmen - Pause

96 sec, 441 Sprechsilben (inkl. 10 Fülllaute); 4,64 Silben/sec

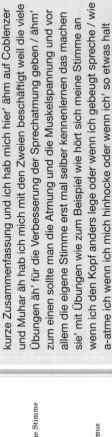

SPRECHATMUNG VERBESSERN

o Atmung, Muskelspannungen und eigene Stimme empfinden lernen
→ keine Hochatmung
o Atemmittellage
→ Haltung verbessern
o aufrechter Stand
→ Bewegung, Atmung und Ton im Rhythmus
→ Lassoschwingen

stehend / weil dann eben so mehr Platz ist für den Bauch' und für die Atmung insgesamt \ dann kann man auch die Bewegungen und äh Atmung und Ton im Rhythmus üben das ist / zum Beispiel mit der Übung das ist dieses Lassoschwingen das hatten wir im ersten Kurs glaub ich auch schon dass man mit dem Arm ein Lasso als wenn man ein Lasso schwingen über den Kopf schwingt und dabei dann immer also was sagt also' hohoho oder so / und dann merkt man halt wie das alles zusammenspielt Bewegung Ton und so \ Ja dann bedanke ich mich / das war mein Beitrag zur Atemtechnik \	Gesamtredezeit: 5.42 min, 1543 Silben (inkl. 30 Fülllaute); 4,51 Silben/sec bzw. 271 Silben/min insgesamt nur 18 fallende Kadenzen: im Durchschnitt also eine Sprechsatzlänge von 19 sec, wobei das durch die Mittelung noch als niedriger Wert erscheint, weil sie 3 x einen Tiefschluss bereits nach dem für sie strukturierenden Wörtchen „so" macht; 2 x verwendet sie das Wörtchen „genau", um den vorherigen Sprechsatz mit schwebend-steigender Kadenz abzuschließen und die Stimme abfallen zu lassen. Zumeist präsentiert diese Sprecherin jede Folie wie einen Sprechsatz. Dadurch verwendet sie innerhalb des jeweiligen Gliederungspunktes (also der 4 inhaltlichen Folien) ein reihend-aufzählendes Sprechen mit Schwebeschlüssen. Das erschwert das Verstehen und Behalten beim Zuhören und wirkt weder besonders kompetent noch engagiert und überzeugt von der präsentierten Sache.
4,63 Silben/sec 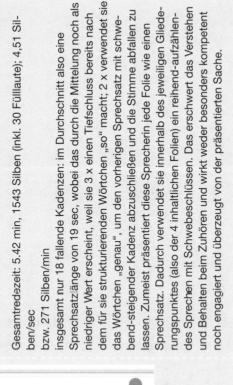 6 sec, 17 Sprechsilben; 2,83 Silben/sec	

Tab. 2: Beispielpräsentation (Auszug)

Will man diese Präsentationsleistung beurteilen, kann man sich an dem Diagnosebogen orientieren, der als Tabelle 3 direkt mit den entsprechenden Beobachtungen angeführt wird (als Blanko-Kopiervorlage findet er sich in den Online-Materialien zu diesem Buch).

	☺☺ prima, super! (2 Punkte)	☺ wirkt gut! (1 Punkt)	☺ bin unschlüssig	☹ sollte noch besser werden
OPTIK:				
Medieneinsatz		PowerPoint-Präsentation vorbereitet		
Visualisierung		gut die Bilder vom Kehlkopf und von der Atembewegung	ansonsten textlastig und nicht optimal auf den Folien angeordnet; besser wäre es gewesen, die Inhalte anschaulicher in Bildern und auf mehreren Folien darzustellen; ferner sind Versalien nicht gut lesbar	
Blick	sucht immer wieder den Blickkontakt zu den Zuhörern		nur beim Zeigen an der Wand dreht sie den Hörern den Rücken zu	
Mimik	freundlich			
Gestik		bei den anschaulichen Passagen (Kehlkopf und Atemübungen) gute Zeigegesten und ikonografische Gesten und Bewegungen	aber keine besonders deutlichen Artikulationsbewegungen	
Haltung			z. T. geschlossen, aber ruhige Haltung, keine besonderen Ableitungsbewegungen bis auf das Zurückstreichen der Haare hinters Ohr ganz zum Schluss der Präsentation; in einigen Passagen etwas taktschlagende Gesten, die auch die akustische Gliederung des Gesprochenen verbessert haben.	Steht mehr nur auf einem Bein, Becken vorgeschoben, runder Rücken, leptosome Haltung
AKUSTIK:				
Stimme		weicher Stimmeinsatz	nicht besonders reso-	

Betonung		schwach
Melodie und akustische Punkte	melodisches Sprechen	zu wenig fallende Kadenzen: insgesamt nur 18 fallende Kadenzen; im Durchschnitt also eine Sprechsatzlänge von 19 sec, wobei das durch die Mittelung noch als niedriger Wert erscheint, weil sie 3 x einen Tiefschluss bereits nach dem für sie strukturierenden Wörtchen »so« macht; 2 x verwendet sie das Wörtchen »genau«, um den vorherigen Sprechsatz mit schwebend-steigender Kadenz abzuschließen und die Stimme abfallen zu lassen; zumeist präsentiert diese Sprecherin jede Folie wie einen Sprechsatz; dadurch verwendet sie innerhalb des jeweiligen Gliederungspunktes (also der 4 inhaltlichen Folien) ein reihend-aufzählendes Sprechen mit Schwebeschlüssen; das erschwert das Verstehen und Behalten beim Zuhören und wirkt weder besonders kompetent noch engagiert und überzeugt von der präsentierten Sache
Tempo/Pausen	flottes Tempo	zu wenig Pausen, die den Sprechfluss gliedern: Gesamtredezeit: 5.42 min, 1543 Silben (inkl. 30 Fülllaute); 4,51 Silben/sec bzw. 271 Silben/min
Ähs und Füllwörter		Obwohl die »ähs« nicht betont werden, fällt deren Häufigkeit auf: 30 Fülllaute, zusätzlich 3 x »so«, 2 x »genau« und 4 x »halt«.
Aussprache	trotz geringer Lautstärke verständlich, leicht rheinische Anklänge	

WORTSPRACHE:			
Satzlänge	Grammatikalisch sind die Sätze abwechslungsreich (Hauptsätze und Satzgefüge) und im Durchschnitt von der Länge her gut verständlich. Da sie aber sprecherisch oft aneinander gereiht werden und damit nicht als eigenständige Sätze gehört werden, erscheinen die Sätze als Reihen und unangemessen lang.		
rhetorische Fragen			nicht als Gliederungssignale und zum Mitdenken eingesetzt
treffende Wortwahl	von der Sprachebene her gut verständlich; Fachbegriffe wie »Atemmittellage« werden erläutert		
wörtliche Reden			Da keine Beispiele verwendet werden, fehlen auch die wörtlichen Reden. Lediglich bei der Übung »Lassoschwingen« wird der Ruf »hohoho« einbezogen.
Gebrauch von Fremdwörtern		nicht auffällig!	
HÖRERBEZUG:			

Anschaulichkeit, Beispiele	bei den Atemübungen vorhanden, sogar ansatzweise bis in Haltung und Gestik	Insgesamt hätten aber mehr Beispiele verwendet werden können.
Gliederungsvorausschau, Transparenz	Die Gliederung wird am Anfang vorgestellt.	
Hörauftrag		nicht vorhanden
Absätze		Die Folien entsprechen den Gliederungspunkten.
SACHBEZUG:		
Umfang/Inhaltsauswahl	Mit 5.42 min schöpft die Sprecherin den vorgegebenen Rahmen von 10 min nur etwas mehr als zur Hälfte aus. Sie hätte also etwas umfangreicher das Thema behandeln können. Vor allem hätte der Hörerbezug besser ausgeführt werden können, und es hätten mehr praktische Übungsbeispiele angeführt und physiologisch erklärt werden können.	
logischer Aufbau	Der Gliederungsaufbau ist logisch, geht aber zu stark von der Sachsystematik aus und ist zu wenig hörerbezogen. So hätte z. B. der Bezug auf die Veranstaltung, in der alle schon einmal mit Atemübungen Erfahrungen gemacht haben, besser am Anfang als Abholer verwendet werden können und nicht erst gegen Ende (systematisch) bei den Atemübungen erwähnt werden sollen.	und nicht von ihrer Problemlage und ihrem Themenbezug abgeholt

Untergliederung		hätte deutlicher auch innerhalb der jeweiligen Gliederungspunkte erfolgen und auch visualisiert werden können
Belege: Argumente, Zitate	Quellen: Autoren, auf die sie sich bezieht, werden im Redetext benannt; zusätzlich Literaturangaben auf der letzten Folie.	
deutliche Zielrichtung	Information über Atmung (physiologische Abläufe und Atemübungen); wird über die Gliederung vermittelt	
Schluss-Botschaft		explizite Schlussbotschaft für die Zuhörer fehlt; rein formaler Schluss (das war's) mit Dank
Gesamtwirkung		freundlich, unverbindlich, wenig engagiert, Thema als »Pflichtübung« absolviert, wenig überzeugt und damit auch wenig überzeugend!

Tab. 3: Diagnosebogen (vgl. Pabst-Weinschenk 2009a, S. 186)

Bei Beobachtungen in der ersten Spalte »prima, super!« gibt es pro Kriterium jeweils zwei Punkte, bei Beobachtungen in der zweiten Spalte »wirkt gut!« jeweils einen Punkt. Liegen die Beobachtungen zwischen erster und zweiter Spalte (erstrecken sich also über beide Spalten), dann werden diese Kriterien mit 1,5 Punkten berechnet. Anhand der jeweils erreichten Punktzahlen können Bewertungen objektiviert und Niveaustufen hinsichtlich der Leistungen differenziert werden. Mein Vorschlag dazu ist: Bei 60 bis 30 Punkten handelt es sich um Niveaustufe 1, bei 29 bis 15 Punkten um Niveaustufe 2 und ab 14 Punkten um Niveaustufe 3. Nach dieser Bewertung handelt es sich beim gegebenen Beispiel mit insgesamt 32 Punkten um eine Leistung am unteren Ende der Niveaustufe 1. Hinweise auf die persönlichen speziellen Ansatzpunkte zur Verbesserung der Präsentationsleistung liefern die rechten Spalten.

In diesem Fall wäre es gut, wenn die Sprecherin bei der Planung und Vorbereitung mehr Beispiele berücksichtigt, dabei vom Bezug der Zuhörer zum Thema ausgeht und die Beispiele auch anschaulich in Form von Bildern, Zeichnungen etc. in die Charts integriert. Denn dabei spricht sie freier, mit mehr Gestik und wirkt überzeugender.

Ferner ist es wichtig, dass sie häufiger die Stimme absenkt und richtige akustische Punkte macht, also kürzere Sprechsätze bildet, was ihr vermutlich auch leichter fällt, wenn nicht ein Gedankenzusammenhang komplett auf einer Folie steht, sondern sie diesen etwas stärker untergliedert und mit Bildern und Beispielen vorbereitet.

Eine weitere Verbesserung ist die Pausentechnik. Insgesamt hat die Sprecherin zu wenig Mut zu Pausen überhaupt. Sie muss erkennen, dass die Pausen wichtig sind für das Verstehen und dass sie nicht als Stocken im negativen Sinne aufgenommen werden. Mehr Pausen entstehen auch, wenn sie den Inhalt auf mehr Folien verteilt und nach inneren Bildern spricht und nicht mehr oder weniger auswendig gelernte Texte abspult.

Unabhängig von meiner Einschätzung haben die Lerner in der Gruppe selbstständig nach den genannten Kriterien untereinander ihre Präsentationen besprochen. Nach den Rückmeldungen hat die Referentin selbst – ohne besondere Empfehlung der Gruppe oder durch mich – folgende persönliche Ziele festgehalten:

1. *Vor dem Beginn tief durchatmen, damit ich nicht zu nervös bin und langsamer und ruhiger spreche.*
2. *Den Vortrag entzerren, indem ich die Stichpunkte auf mehr Folien verteile. Dadurch rast man weniger durch den Stoff, nimmt sich mehr Zeit.*
3. *Überlegen, an welcher Stelle ich das Publikum mit einbeziehen und gemeinsame Übungen machen kann.*

Ergänzt werden muss noch, dass die Themen bei diesem Präsentationstraining nicht frei gewählt, sondern aus dem, was vorher im Seminar bereits angesprochen worden ist (Atmung, Redesicherheit, Farbwirkung, Eristik, Mäeutik, Mediation etc.), ausgelost und eigenständig – ohne Beratung durch eine Lehrperson – vorbereitet wurden.

Wenn Lehrpersonen bei der Vorbereitung auf Präsentationen beratend tätig sind, sollten sie die Schülerinnen und Schüler wirklich hinsichtlich der Präsentation beraten und nicht nur eine Rückmeldung zur schriftlich fixierten Gliederung geben. Wer Schülerinnen und Schüler zur schriftlichen Ausarbeitung des mündlichen Vortrags anhält, tut ihnen oft nichts Gutes. Denn das verführt viele zum Ablesen oder innerlichem Abspulen des schriftlich ausformulierten Textes. Besser wäre es, mit den Jugendlichen das freie Sprech(denk)en anhand von Medien zu üben. Anregungen dazu findet man in der Lernbox »Präsentieren« (Pabst-Weinschenk 2011), aber auch schon in Übungsbüchern wie »Reden im Studium« (Pabst-Weinschenk 1995/2009), die von Deutschdidaktikern wie Kaspar Spinner als »eine praktische Anleitung zur Redeschulung mit vielen Anregungen, die auch in der Sekundarstufe II verwendet werden können« eingeschätzt werden (Spinner 1997, S. 22).

Zur Förderung des Vortragens z. B. mit der Lernbox »Präsentieren«

Die hier vorgestellte Lernbox »Präsentieren« (Pabst-Weinschenk 2011) enthält neben einem Lernheft mit Informationen und Aufgaben ein Portfolio und diverse multimediale Materialien auf CD (Hörbeispiele, Filme, Präsentationen, Arbeitsblätter zum direkten Einsatz im Unterricht). Alle Materialien sind so konzipiert, dass Schülerinnen und Schüler ab der Sekundarstufe I damit selbstständig umgehen und lernen können. Sie sind also für Projekt- und Freiarbeit geeignet. Natürlich kann man als Lehrperson auch einzelne Teile für den Klassenunterricht nutzen. In der Lernbox ist das oben verwendete Kompetenzmodell in Vorbereitungsschritte umgesetzt worden. Sie ist also genuin kompetenzorientiert und kann (wie folgt gegliedert) die Schülerinnen und Schüler im Vortragen und Präsentieren fördern.

Informationen suchen, sammeln und sortieren
Informationen zu suchen, zu sammeln und zu sortieren, dauert manchmal länger, als man vorher gedacht hat. Deshalb rechtzeitig damit beginnen, nicht erst kurz vor dem Termin. Und direkt immer die Quellen notieren, damit man hinterher nicht doppelte Arbeit hat, weil man alles noch einmal durchsehen muss, um z. B. bei einem Zitat den Autor, die richtige Seitenzahl oder das Erscheinungsjahr angeben zu können.

Situation, Ziel und Zuhörer bedenken
Die sortierten Informationen sind noch nicht die Präsentation. Für eine gute Präsentation muss man die Situation bedenken, das Ziel festlegen und überlegen, wie man die Zuhörer abholen kann, bevor es heißt, den Hauptteil zu gliedern.

Den Hauptteil gliedern
Im Hauptteil vermittelt man in mehrere Punkte gegliedert die wichtigen Neuigkeiten. Der Aufbau richtet sich danach, ob man informieren, für eine Meinung argumentieren oder seine Zuhörer überzeugen will. Liegt das Hauptziel in der Information, kann

man die Präsentation wie eine Nachricht aufbauen oder die Fakten sachlogisch systematisch oder chronologisch ordnen. Geht es um eine Meinungsäußerung oder um das Überzeugen, empfiehlt sich ein problemorientierter Aufbau mit Thesen/Lösungen, für die pro und kontra argumentiert wird. Bei allen Präsentationen sollte man für die Zuhörer nachvollziehbar gliedern und ihnen etwas Neues und Interessantes vermitteln. Wer den Hörern nur bereits Bekanntes vorträgt, wirkt langweilig. Schon bei der Gliederung und der Erarbeitung des Stichwortkonzepts sollte man auf Verständlichkeit und Beispiele achten und einen einprägsamen Schluss planen. Sobald die Gliederung steht, geht es an die Medienauswahl.

Medienauswahl und Gestaltung
Vielleicht hat man im Informationsmaterial schon die eine oder andere gute Darstellung, eine zusammenfassende Tabelle oder ein tolles Foto etc. gefunden, ansonsten muss man jetzt selbst Medien produzieren. Wenn alles steht, sollte man mit den Medien eine Sprechprobe durchführen.

Sprechprobe
Bei der zu empfehlenden Sprechprobe merkt man selbst, wo einem vielleicht noch ein Übergang fehlt oder einem viel zu viel einfällt, sodass man noch etwas streichen muss etc. Dabei bitte auch die Zeit stoppen und mit der vorgegebenen/geplanten Vortragszeit vergleichen. Wenn alles stimmt und man selbst mit Gliederung, Medieneinsatz und Vortrag zufrieden ist, ist die Zeit reif fürs Vortragen.

Vortragen
Beim Vortrag selbst wirken neben Inhalt und Medien immer auch die Raumgestaltung, Atmung, Haltung, Gestik, Blickkontakt, Mimik, Sprechausdruck und Sprachstil. Aber Vorsicht: Das kann man nicht alles bewusst und kontrolliert vollziehen. Wer zu viel darauf achtet, kann sich nicht mehr auf den Inhalt und die Zuhörer konzentrieren und kriegt schneller einen Blackout.

Im Unterricht und Training sollte jede Präsentation ausgewertet werden. Spontanes Feedback und gezielte Beobachtungen sind wichtig. Aus einer konstruktiven Kritik kann jeder seine persönlichen Lernziele festhalten und sich von Vortrag zu Vortrag verbessern. Wenn alles in einem Portfolioheft festgehalten wird, kann man den Lernfortschritt gut nachvollziehen und bewerten.

Nach meinen langjährigen Erfahrungen mit Rhetorik- und Präsentationstrainings gibt es auch schon bei Schülerinnen und Schülern bestimmte Erfahrungswerte. Wenn man sie damit konfrontiert, können sie leichter ihre eigenen Erfahrungen reflektieren und dementsprechend die für sie wichtigen Ansatzpunkte beim Präsentierenlernen finden. Die Materialien der Lernbox können so auch für individuelle Zugänge und Schwerpunktsetzungen genutzt werden. Lerner können dort einsteigen, wo ihre Kompetenzen noch besonders gefördert werden müssen (Pabst-Weinschenk 2009a, S. 183 ff.).

Literatur

Bartsch, E. (1979): Grundkomponenten mündlicher Textproduktion. In: Praxis Deutsch, 6. Jg., H. 33, S. 9.

Bartsch, E. (1981): Thesen zu einer Didaktik der praktischen Rhetorik. In: Berthold, S. (Hrsg.): Grundlagen der Sprecherziehung. Düsseldorf: Schwann, S. 50–59.

Becker, S./Pabst-Weinschenk, M. (Hrsg.) (2007): Referate vorbereiten, halten, besprechen. H. 12 von Deutsch – Unterrichtspraxis für die Klassen 5 bis 10.

Belgrad, J./Eriksson, B./Pabst-Weinschenk, M./Vogt, R. (2008): Die Evaluation von Mündlichkeit. Kompetenzen in den Bereichen Sprechen, Zuhören und szenisch Spielen. In: Böhnisch, M. (Hrsg.): Didaktik Deutsch Sonderheft 2008, Beiträge zum 16. Symposion Deutschdidaktik »Kompetenzen im Deutschunterricht«, S. 20–45.

Bühler, K. (1934): Sprachtheorie. Fischer, Jena; 2. unv. Aufl. 1965; Nachdruck 1982, Stuttgart: Fischer.

Deutschmagazin Heft 2, 2008.

Deutschunterricht Heft 5, 2006.

Drach, E. (1922): Sprecherziehung. Zur Pflege des gesprochenen Wortes in der Schule. Frankfurt am Main: Diesterweg.

Drach, E. (1932): Redner und Rede. Berlin: Bott.

Geißler, E. (1908): Rhetorik. In: Rein, W. (Hrsg): Enzyclopädisches Handbuch der Pädagogik. Bd. 7, 2. Aufl. Langensalza: Beyer, S. 500–517.

Geißner, H. (1968): Zur Hermeneutik des Gesprochenen. In: Geißner, H./Höffe, W. L. (Hrsg.): Sprechen – Hören – Verstehen. Wuppertal: Henn, S. 13–30.

Geißner, H. (1969): Sprechwissenschaft. In: Höffe, W. L./Geißner, H. (Hrsg.): Sprechen und Sprache. Tonträger und sprachliche Kommunikation. Ratingen: Henn, S. 29–40.

Geißner, H. (1975): Rhetorik und Politische Bildung. Kronberg: Scriptor.

Geißner, H. (1975a): Pragmalinguistik oder Rhetorik. In: Geißner, H. et al. (Hrsg.): Rhetorik und Pragmatik. Ratingen: Henn, S. 31–48.

Geißner, H. (1979): Rhetorische Kommunikation. Basisartikel. In: Praxis Deutsch. H. 33, S. 10–21.

Geißner, H. (1981): Sprechwissenschaft. Theorie der mündlichen Kommunikation. Königstein/Ts.: Scriptor.

Geißner, H. (1982): Sprecherziehung. Didaktik und Methodik der mündlichen Kommunikation. Königstein/Ts.: Scriptor.

Geißner, H. (1982a): Die Bedeutung der Sprechhandlungstheorie für die Konzeptionen mündlicher Kommunikation in der Schule. In: Bartsch, E. (Hrsg.): Mündliche Kommunikation in der Schule. Königstein/Ts.: Scriptor, S. 229–262.

Gutenberg, N. (1986): Tätigkeit, Handlung und Operation. Zur sprechwissenschaftlichen Rezeption einiger Kategorien der sowjetischen Psychologie. In: Slembek, E. (Hrsg.): Miteinander reden und handeln. Frankfurt am Main: Scriptor, S. 149–160.

Habermas, J. (1971): Vorbereitende Bemerkungen zu einer Theorie der kommunikativen Kompetenz. In: Habermas/Luhmann, N.: Theorie der Gesellschaft oder Sozialtechnologie. Frankfurt am Main: Suhrkamp.

Hoppe, A. (Hrsg.) (2006): Wissen und Können. Standard Deutsch: Sprechen und Zuhören 5/6. Berlin: Cornelsen.

Hoppe, A. (Hrsg.) (2006): Wissen und Können. Standard Deutsch: Sprechen und Zuhören 7/8. Berlin: Cornelsen.

Hoppe, A. (Hrsg.) (2007): Wissen und Können. Standard Deutsch: Sprechen und Zuhören 9/10. Berlin: Cornelsen.

Klippert, H. (2007): Schülerheft Deutsch 7/8 – Texte visualisieren und präsentieren. Stuttgart: Klett.

Kultusministerkonferenz (Hrsg.) (2004): Bildungsstandards für den Mittleren Bildungsabschluss.

Leist, A. (1972): Zur Intentionalität von Sprechhandlungen. In: Wunderlich, D. (Hrsg.): Linguistische Pragmatik. Frankfurt am Main: Athenäum, S. 58–98.

Leont'ev, A. A. (1972): Die psychologischen Mechanismen und Wege zur Bildung von Fertigkeiten zur öffentlichen Rede. Russ. Moskau.
Leont'ev, A. A. (1975): Psycholinguistische Einheiten und die Erzeugung sprachlicher Äußerungen. Berlin: Akademie-Verlag.
Leont'ev, A. A. (1971): Sprache – Sprechen – Sprechtätigkeit. Stuttgart: Kohlhammer.
Levelt, W. J. M. (1989): Speaking. From intention to articulation. Cambridge, Massachusetts: MIT press.
Markmann, F. (2007): Freie Rede. Arbeitsvorlagen. Klasse 5–7 für Deutsch, Rhetorik und Theater-AG. Lichtenau: Aol.
Pabst-Weinschenk, M. (1995): Reden im Studium. Frankfurt am Main: Cornelsen Scriptor, Neuauflage Alpen: pabst press 2009.
Pabst-Weinschenk, M. (2000): Die Sprechwerkstatt. Braunschweig: Westermann.
Pabst-Weinschenk, M. (2003): Probleme beim Sprechdenken? Sprechwissenschaftliche Überlegungen zu einem rhetorischen Grundbegriff. In: Anders, L. C./Hirschfeld, U. (Hrsg.): Sprechsprachliche Kommunikation. Probleme, Konflikte, Störungen. Frankfurt am Main: Peter Lang, S. 259–269.
Pabst-Weinschenk, M. (2004) (Hrsg.): Grundlagen der Sprechwissenschaft und Sprecherziehung. München: Reinhardt, 2., überarb. Auflage 2010.
Pabst-Weinschenk, M. (2005): Freies Sprechen in der Grundschule. Berlin: Cornelsen Scriptor.
Pabst-Weinschenk, M. (2009a): Das Konzept einer Lernbox »Präsentieren«. In: Krelle, M./Spiegel, C. (Hrsg.): Sprechen und Kommunizieren. Entwicklungsperspektiven, Diagnosemöglichkeiten und Lernszenarien in Deutschunterricht und Deutschdidaktik. Baltmannsweiler: Schneider Verlag Hohengehren, S. 171–188.
Pabst-Weinschenk, M. (2009b): Sprechwissenschaft und Sprecherziehung – Was bietet die Doppelpack-Disziplin mit antiker Tradition für den Deutschunterricht? ide-Heft 4/2009, S. 20–31.
Pabst-Weinschenk, M. (2011): Lernbox Präsentieren. Alpen: pabst press.
Präsentieren. Computer + Unterricht. Anregungen und Materialien für das Lernen in der Informationsgesellschaft. 17. Jg., H. 65, 2007.
Präsentieren. Der fremdsprachliche Unterricht Englisch, Jg. 39, H. 76, 2005.
Präsentieren. Grundschule Sachunterricht, Nr. 35, 3. Quartal 2007.
Präsentieren. Heft Praxis Deutsch 190 (2005).
Präsentieren. Mathematik lehren. Die Zeitschrift für den Unterricht in allen Schulstufen. H. 143, 2007.
Ruiter, J.-P. de (1998): Gesture and Speech Production. Nimwegen: Max-Planck-Institut für Psycholinguistik.
Schulz von Thun, F. (1981): Miteinander reden. Bd. 1. Reinbek: Rowohlt.
Spinner, K. H. (1997): Reden lernen. Basisartikel. In: Praxis Deutsch, H. 144, S. 16–22.
Sprechkompetenz: Wege, Ziele, Standards. Praxis Schule 5–10, Heft 4/2004.
Strukturieren, Visualisieren, Präsentieren. Geographie heute. Themen, Modelle, Materialien für die Unterrichtspraxis aller Schulstufen. 27. Jg., H. 245, 2006.
Watzlawick, P./Beavin, J. H./Jackson D. (1972): Menschliche Kommunikation. 3. Aufl. Bern: Huber.
Wunderlich, D. (1970): Die Rolle der Pragmatik in der Linguistik. In: Der Deutschunterricht. Stuttgart, H. 4, S. 5–41.
Wunderlich, D. (Hrsg.) (1972): Linguistische Pragmatik. Frankfurt am Main: Athenäum.

Michael Krelle

Gesprächskompetenz in der Grundschule und der Sekundarstufe I – Konzepte und didaktische Erläuterungen

Gesprächssituationen kommunikativ bewältigen zu können, wird als Basis- oder Schlüsselkompetenz für die kulturelle und gesellschaftliche Teilhabe bezeichnet (KMK 2004, S. 8). Anders als bei schriftsprachlicher Kommunikation gilt es dabei, medial-mündliche Anforderungen zu bewältigen: Menschen erzeugen mit ihren Sprechorganen Schall, der wiederum mit den Ohren wahrnehmbar ist, er ist zeitlich begrenzt und flüchtig. Im Gegensatz zur Schriftlichkeit besteht zumeist ein unmittelbarer Kontakt zwischen den Kommunizierenden. Die sprachlichen Einheiten werden in einem »Sprechzeit-Raum« auf unterschiedlichen Ebenen in verschiedenen semiotischen Modalitäten gemeinsam hergestellt (Becher-Mrotzek 2008, S. 56). Es geht also gleichermaßen um »Sprachliches« und »Körperliches«. In Gesprächssituationen wird so soziale Wirklichkeit geschaffen, die auch die Beziehungen und Identitäten der Kommunizierenden betrifft (Deppermann 2004, S. 18).

Um solche Anforderungen zu bewältigen, greifen kompetente Gesprächsteilnehmerinnen und -teilnehmer auf gesellschaftlich ausgearbeitete und tradierte Verfahren bzw. Handlungsformen zurück. Mündlicher Sprachgebrauch umfasst demnach »mehr« als basale Sprech- und Zuhörfähigkeiten: Vergleichbar zur Schreib- bzw. Textkompetenz vollzieht sich mündlicher Sprachgebrauch mittels komplexer Handlungsmuster und Prozeduren, die auch als »Werkzeuge« zur Lösung wiederkehrender Kommunikationsaufgaben und -zwecke bezeichnet werden (Becker-Mrotzek 2009a; Becker-Mrotzek/Böttcher 2006). Mündlicher Sprachgebrauch ist aus einer solchen Perspektive also eine Kulturtechnik, die in der Regel bereits weit vor und auch außerhalb der Schule entwickelt wird. Im Rahmen des institutionellen Kontextes lernen Schülerinnen und Schüler dann, mit weniger vertrauten Kommunikationspartnern und unter formalisierten und gesellschaftlich tradierten Handlungsbedingungen zu interagieren (Becker-Mrotzek 2009b, S. 108; auch Krelle/Neumann 2014). Dabei wird einerseits das Spektrum der bereits erworbenen Handlungsformen angepasst und erweitert, andererseits werden neue Formen erarbeitet und routiniert. Bei Ehlich (2009) heißt es dazu:

> »Die Kommunikation in der Schule ist eine sehr eigengesetzliche Kommunikation mit charakteristischen Veränderungen der sprachlichen Handlungsmittel. Es ist wichtig zu sehen, dass dies nicht etwas ist, was im Belieben oder Nichtbelieben einzelner Lehrer/innen oder auch der einen oder anderen Schule liegt. Es geht hier vielmehr um Bearbeitungsformen von institutionellen Zwecken, die für diese Institution charakteristisch sind. So gehören sie zur Gesamtheit der Institutionen,

die unsere gesellschaftliche Wirklichkeit prägen und für sie sinnvoll sind. Gesellschaften, die sich als demokratisch verstehen, haben als bestimmendes Kennzeichen die maximale Partizipation von möglichst vielen Teilnehmer/inne/n dieser Gesellschaft an den sie als ganze betreffenden Diskursen und Entscheidungen« (Ehlich 2009, S. 10).

Vor diesem Hintergrund verwundert es kaum, dass der Deutschunterricht dem Bereich »Mündlichkeit« große Aufmerksamkeit schenkt, und zwar nicht nur als Lerngegenstand und Ziel, sondern auch als Lernmedium für andere Kompetenzen (Becker-Mrotzek 2009c, S. XIV):

»Mündlicher Sprachgebrauch [...] ist derjenige Lernbereich und der Deutschunterricht insgesamt derjenige Fachunterricht, der das Zusammentreffen, das Mit- und Ineinander von Sachwissen und Sprachwissen fruchtbar machen muss. Hier, wenn irgendwo, erfahren die Lernenden, dass Sprache ein Medium der Erkenntnis ist und es nie darum geht, schon fertiges Wissen bloß noch verbal einzukleiden« (Abraham 2008, S. 7).

Für die jeweiligen Schulstufen sind nun verschiedene Lernziele und institutionelle Erwartungen maßgeblich, denen ein bestimmter Kompetenzbegriff zugrunde liegt. Im Folgenden werden solche Aspekte diskutiert. Daran anschließend finden sich gesprächsdidaktische Erläuterungen zum Deutschunterricht in der Grundschule und der Sekundarstufe I.

Mündlichkeitsspezifische Lernziele, Standards und Kompetenzen

Gesprächskompetenz

In der Linguistik und Sprachdidaktik firmieren viele der oben formulierten Aspekte unter den Begriffen Gesprächskompetenz oder mündliche Kommunikationskompetenz (Becker-Mrotzek 2009a). Dabei ergibt sich allerdings ein Beschreibungsproblem: Während Gespräche zumeist von mehreren Menschen gemeinsam (»personenübergreifend«) bewältigt werden, ist Kompetenz ein personenbezogenes Konzept. Um dieses Problem zu lösen, wird sich in der Regel ausschließlich auf solche Leistungen bezogen, die die jeweiligen Interaktanten anteilig in der jeweiligen Gesprächssituation zeigen (Quasthoff 2009, S. 85). Es wird also ein Ableitungszusammenhang unterstellt, wonach sich die Anforderungen aus der jeweiligen Situation herleiten, die wiederum nur bewältigt werden kann, wenn Kompetenz vorhanden ist (Becker-Mrotzek 2009a, S. 66). Solche Überlegungen finden sich auch in prominenten Definitionen von Gesprächskompetenz. Folgt man Hartung (2004, S. 50), geht es darum,

»zu einem beliebigen Zeitpunkt in einem Gespräch zu einer angemessenen Einschätzung der aktuellen Situation und der lokalen Erwartungen der Gesprächspartner zu kommen, auf dem Hintergrund dieser Einschätzung eine den eigenen Interessen und den eigenen Ausdrucksmöglichkeiten angemessene Reaktion mit hoher Erfolgswahrscheinlichkeit zu finden und diese Reaktion der eigenen Absicht entsprechend körperlich, stimmlich und sprachlich adäquat zum Ausdruck zu bringen«.

In letzter Zeit sind mehrere Modelle entwickelt worden, um ein solches Konzept für förderdiagnostische Zwecke handhabbar zu machen, z. B. von Spiegel (2007), Becker-Mrotzek (2008 und 2009a), Grundler (2008), Vogt (2009) und Quasthoff (2009). Die jeweiligen Ansätze lassen sich – stark vereinfacht – in Form von Fragen zusammenfassen (Krelle 2011, S. 19). Bei allen Autorinnen und Autoren spielen mehr oder weniger die folgenden Aspekte eine Rolle:

Können die Schülerinnen und Schüler in der jeweiligen Situation und im Hinblick auf ein kommunikatives Ziel
- → ein Thema bzw. einen Inhalt prozessieren und verstehen? (Themenmanagement)
- → die Gesprächs- und Handlungsmuster produzieren und verstehen? (Gesprächs- und Handlungsmanagement)
- → die sprachlichen Formulierungsverfahren angemessen einsetzen und verstehen? (Sprachmanagement)
- → eine entsprechende Identität bzw. ein Image und die Beziehung gestalten und interpretieren? (Identitäts- und Beziehungsmanagement)
- → die eigenen Beiträge durch para- und nonverbale Mittel unterstützen und ebensolche Mittel anderer Gesprächsteilnehmer deuten? (Management von Para- und Nonverbalem)

Mit dem Label »Themenmanagement« ist gemeint, dass Schülerinnen und Schüler satzübergreifende sprachliche Einheiten semantisch lokal und global kohärent produzieren können. Dabei ist es etwa auch wichtig, die Beiträge anderer im Gespräch inhaltlich zu verstehen und zu verarbeiten. Zudem müssen die sprachlichen Handlungsmuster verstanden und im Gesprächsprozess lokal und global eingepasst werden. Wer in diesem Kontext vom »Handlungsmanagement« spricht, meint z. B. Muster des Argumentierens, Erzählens, Berichtens oder Beschreibens etc. Wer die Bewältigung des Turntakings oder von Zuhörersignalen als eigenständige gesprächsstrukturelle Fähigkeit modelliert, spricht zudem vom »Gesprächsmanagement«. Die sprachlichen Einheiten werden dabei auch durch den Einsatz sprachlicher Mittel gesteuert. Zum sogenannten »Sprachmanagement« gehören etwa Vertextungsmittel oder die angemessene Verwendung von Tempora und Modi. Zudem ist die Fähigkeit von Bedeutung, Images und Beziehungen zu prozessieren. Fragen des »Identitäts- und Beziehungsmanagements« sind immer dann entscheidend, wenn es um Fragen des Rezipienten-Designs, der Adressierung, aber auch um Hörererwartungen und eigene Interessen geht. Letztlich werden solche Tätigkeiten durch das Management von

»Para- und Nonverbalem« unterstützt, also etwa durch Gestik, Mimik, Körperhaltung und Intonation.

Im Folgenden findet sich ein Beispiel, mit dem Aspekte solcher Leistungen illustriert werden. Die Schülerin Sarah und die Schüler Eike-Brian und Velten diskutieren die Frage, *ob Hausaufgabenseiten im Internet altersbeschränkt werden sollen.* Die Daten stammen aus einer Studie mit 99 Schülerinnen und Schülern der 9. Klasse eines Gymnasiums in Niedersachsen (vgl. Krelle 2011).

Sarah:	[abeʻ (.)] da muss ich was zu SAgen ähm: auf den meisten ähm (.) auf=den meisten HOMEpages wo sowaʻ (-) also auf den ganzen HAUSaufgabnseiten (-) werden nur die hausaufgaben angenommʻ (.) die mindestens mit zweiPLUS: bewertet wurden (-) und ähm da wird halt auch ähm
	[ja::
Eike-Brian:	[ich mein (-) gibt es (--)
Sarah:	äh da muss es ja etwas richtiges `bei=sein]
Eike-Brian:	man kann=man kann ja nicht (-)]
Velten:	aber wenn=maʻ (-) wenn die hausaufgaben schon beWERtet wurden (-) und du dir das runterlädst IST das nicht eigenlich betrug, beTRÜGST=du damit nicht, dass=du eine schon FERTIGE arbeit (-) als deine EIgene verkaufst?
Sarah:	abeʻ (--)
Eike-Brian:	ma=betrügt sich=a:: (-)
Sarah:	((gelaechter)) [oh=ja schEIße!]
Eike-Brian:	[man betrügt sich=ja] auch (-) insofern betrüg=man sich ja (auch) SELber, weil man nachher sowieso dann (-) bei äh (--) in seine ENDzensur wir=man dann SOwieso die konsequenzen wieder tragen müssen (2 Sek.)

Bei der abgedruckten Sequenz ist strittig, ob die auf Hausaufgabenseiten angebotenen Materialien qualitativ ausreichend sind. Dieses haben Velten und Eike-Brian in einer vorherigen (hier nicht abgedruckten) Sequenz bezweifelt. Als Argument führt Sarah an, dass die Hausaufgaben auf solchen Seiten einer Qualitätskontrolle unterliegen. Eike-Brian versucht zu widersprechen, allerdings etabliert Velten dann das Argument »Betrug«, um wieder für die Beschränkung von Hausaufgabenseiten zu argumentieren. Sarah widerspricht zunächst (abeʻ), um dann zuzustimmen (oh=ja schEIße!), während Eike-Brian das Argument Selbstbetrug weiter ausbaut. Im Hinblick auf das Themenmanagement sind die Schülerinnen und Schüler also gleichermaßen darum bemüht, Argumente nach bestimmten semantisch-logischen Gegebenheiten lokal und global miteinander zu verknüpfen. Dabei wird nicht nur Neues formuliert, sondern bereits im Gespräch Etabliertes aufgegriffen, widerlegt oder ergänzt (Grundler/Vogt in diesem Band). Es werden Koalitionen gebildet, z. B. von Eike-Brian und Velten, aber auch Oppositionen konturiert, z. B. gegenüber Sarah. Zudem werden die sprachlichen Einheiten von den Beteiligten in einen Kontext lokal und global angemessen eingepasst, wenn z. B. Sarah begründet eine These vertritt, wenn Velten nachfragt und widerspricht, wenn Eike-Brian jemanden unterstützt, zustimmt und vieles mehr. Dabei ist dann maßgeblich, welche Routinen im institutionellen Rahmen des Unterrichts ausgebildet worden sind, ob z. B. Gesprächsregeln eingehalten werden oder ob Arten von Bearbeitungsstrategien gelernt wurden. Die Schülerinnen und Schüler unterstützen ihre Beiträge in der abgedruckten Sequenz auch körperlich und stimmlich und verwenden eine den Adressaten angemessene Sprache. Dass es in manchen Fällen – wie bei Sarah oben – dennoch zu unerwünschten Formen von Drastik und Expressivität kommt, sollte nicht zu stark gewichten, sofern es sich um Einzelfälle handelt.

Ein solches Konzept von Gesprächskompetenz orientiert sich an linguistischen Beschreibungsebenen und fasst gleichzeitig sprachproduktive (»Sprechen«), rezeptive (»Zuhören«) und kommunikative Aspekte zusammen, was terminologische Unschärfen nach sich zieht. Beispielsweise wird das Verstehen und Verarbeiten mündlicher Sprache auch als Zuhörkompetenz oder als Hörverstehen bezeichnet (Behrens in diesem Band). Zudem bezieht sich Gesprächskompetenz – wie es bisher modelliert wurde – auf eine Reihe von kommunikativen Funktionen und Bedingungen, z. B. wenn – wie in dem Beispiel – miteinander argumentiert wird, aber auch, wenn es ums Informieren, Präsentieren, Erklären, Erzählen und vieles mehr geht. Es gibt also einen engen Zusammenhang zwischen Facetten von Gesprächskompetenz einerseits und kommunikativen Bedingungen andererseits (Spiegel in diesem Band). So macht es etwa auch einen erheblichen Unterschied (Bremerich-Vos 2005, S. 109),

→ wie einzelne Gesprächsphasen organisiert sind, wie planbar z. B. der jeweilige Handlungsverlauf ist;
→ ob auch persönliche Ansichten und Meinungen einzubringen sind oder ob es möglichst um Sachlichkeit gehen soll;
→ ob die Lehrperson beteiligt ist oder ob es um Gespräche zwischen Schülerinnen und Schülern geht;
→ welche Vorgaben einbezogen werden sollen;
→ wie schwierig das Thema ist;
→ ob Rollenspiele eingesetzt werden u.°v.°m.

In Abbildung 1 sind die bisher angesprochenen Aspekte schematisch dargestellt. Dabei sind Fähigkeiten, kommunikative Bedingungen bzw. Schwierigkeitsfaktoren und Ausprägungen von Gesprächskompetenz gemeinsam modelliert, vergleichbar zum »Kompetenzraum« von Ossner (2006) bzw. den Ausführungen von Becker-Mrotzek (2008).

Ein solches Konzept von Gesprächskompetenz korrespondiert im Wesentlichen mit den Formulierungen in den Bildungsstandards der Kultusministerkonferenz (KMK 2004, 2005a, 2005b). Dort wird ausformuliert, welche Leistungen von Schülerinnen und Schülern zu bestimmten Abschnitten ihrer Entwicklung erwartbar sind. Sie sind ein gemeinsamer, verbindlicher Referenzrahmen, und zwar gleichermaßen

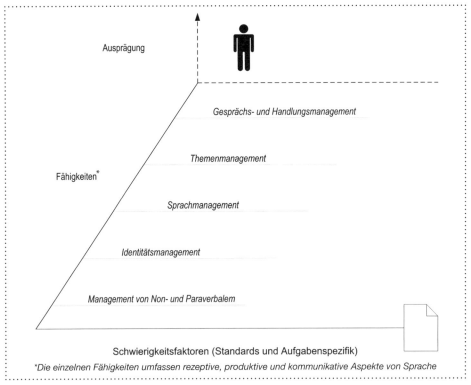

Abb. 1: Aspekte von Gesprächskompetenz (Krelle 2011)

für alle Beteiligten. Die Formulierungen sind dabei jeweils als verbindliche Regelstandards konzipiert. Dem Anspruch nach geht es also um Leistungen, die »durchschnittliche« Schülerinnen und Schüler bewältigen können. Sie sind – so gesehen – der Ausgangspunkt für didaktische Entscheidungen und die Arbeit vor Ort.

Bildungsstandards, Leistungserwartungen und -entwicklungen

In den Bildungsstandards für das Fach Deutsch werden Gesprächskompetenzen unter dem Begriffspaar »Sprechen und Zuhören« zu einem Kompetenzbereich zusammengefasst. Damit wird der linguistischen Tradition gefolgt, wie sie oben formuliert wurde. Vergleicht man die Ansprüche, die für die Grundschule und die Sekundarstufe I formuliert werden, lässt sich eine Erweiterung von Gesprächssituationen und sprachlichen Mustern ableiten. In manchen Bereichen wird zudem die Komplexität der Anforderungen gesteigert. Im Primarbereich sollen Schülerinnen und Schüler etwa zunächst vorhandene sprachliche Kompetenzen für die Zwecke der Schule erweitern und modifizieren. Bis zum Ende der Grundschulzeit wird dann erwartet, dass die Schülerinnen und Schüler ihre Sprachhandlungskompetenz so weit ausgebaut haben, dass sie bereits über eine ihrem Alter angemessene demokratische Gesprächskultur verfügen (KMK 2005a, S. 8). Zum Abschluss der Sekundarstufe I sollen sie schließlich auch anspruchsvollere kommunikative Situationen in persönlichen, beruflichen und öffentlichen Zusammenhängen angemessen und adressatengerecht bewältigen können (KMK 2004, S. 8; KMK 2005b, S. 9).

Solche allgemeinen Erwartungen werden im Rahmen mehrerer Standards konkretisiert, die sich wie folgt interpretieren lassen (vgl. Krelle/Neumann 2014): Unter dem Standard »zu anderen sprechen« sind solche sprachproduktiven Anforderungen versammelt, die sich auf Situationsangemessenheit, adressatengerechtes Kommunizieren und dessen Wirkung und Gelingen beziehen. Der Standard »verstehend zuhören« bezieht sich durchweg auf sprachrezeptive Anforderungen bzw. auf Bedeutungsrekonstruktion und -sicherung (Becker-Mrotzek 2008). Mit weiteren Standards werden dann Anforderungen benannt, die sich im Rahmen bestimmter Gesprächssituationen ergeben. Unter dem Standard »vor anderen sprechen« firmieren etwa durchweg Kompetenzen, die Rednerinnen bzw. Redner brauchen, wenn sie eine exponierte Gelegenheit zum Sprechen haben, z. B. bei einer Rede oder einem Vortrag. Ausführungen zum Standard »mit anderen sprechen« (Hauptschulabschluss und mittlerer Schulabschluss) bzw. »Gespräche führen« (Primarbereich) beziehen sich dann hingegen auf Gesprächssituationen, in denen mehrere Sprecherinnen und Sprechern kommunikative Ziele durch wechselseitige Beiträge gemeinsam bearbeiten, z. B. wenn Anliegen und Konflikte gemeinsam mit anderen diskutiert und geklärt werden sollen (KMK 2005a, S. 9).

Inwiefern Schülerinnen und Schüler solchen Leistungserwartungen entsprechen, ist bisher kaum untersucht. Es liegen Kompetenzstufenmodelle zum Hörverstehen für den Primarbereich und für den mittleren Schulabschluss vor (Bremerich-Vos et al. 2010; Bremerich-Vos et al. 2012; Behrens in diesem Band). Es finden sich zudem wenige Studien zum Kompetenzerwerb. Vergleichsweise gut untersucht ist dort das Erzählen, z.°B. von Boueke et al. (1995) und von Hausendorf/Quasthoff (1996). Zum Diskutieren finden sich die Arbeiten von Vogt (2002) und von Grundler (2011). Letztere zielen allerdings weniger auf Erwerbsprozesse ab.

Wie im Bereich der Schriftlichkeit werden auch beim mündlichen Spracherwerb verschiedene »Stadien« der Kompetenzentwicklung unterschieden. Es wird davon ausgegangen, dass es sich um unterschiedliche Strategien handelt, die sich mehr oder weniger entfalten, um dann in konkreten Verwendungssituationen verfügbar zu sein.

Im Hinblick auf *Erzählstrategien* geht man davon aus, dass im Kindergartenalter Ereignisse in der Regel noch unverbunden nebeneinander (»isoliert«) dargestellt werden. Erst im Laufe der Primarstufe lernen es Kinder, Ereignisse auch »linear« zu verknüpfen, Ereignisfolgen episodisch (bzw. »strukturiert«) zu organisieren und schließlich Ereignisse affektiv zu markieren. Dabei wird auch gelernt, den Zuhörer einzubinden, sodass Erzählwürdiges »narrativ« verkettet werden kann. Bis in die Sekundarstufe I hinein ist das Erzählen dabei an einem »monologischen Ideal« orientiert und hängt eng mit dem Erwerb unterschiedlicher Erzählformen zusammen, wie z. B. Becker (2009) betont.

Was das *mündliche Argumentieren bzw. Diskutieren* angeht, können sich Kinder im Laufe der Grundschulzeit und in der unteren Sekundarstufe I zunehmend auf andere Gesprächsbeteiligte argumentativ einlassen und mit den situativen Bedingungen der Unterrichtssituation umgehen. Es entwickelt sich ein reflektierter Zugriff auf Gegenstände und Sachverhalte, und zwar weg von einem anschaulich-erlebnishaften Zugriff; die Schülerinnen und Schüler bilden dabei bis in die untere Sekundarstufe I so etwas wie eine »sprachlich-kommunikative Identität« des Diskutierens (Vogt 2002, S. 291). Mit Eintritt in die obere Sekundarstufe I (Jahrgangsstufe 8–10) reduzieren die Schülerinnen und Schüler dann ihre Spontanität und neigen dazu, ihre Subjektivität vor der Klassenöffentlichkeit zu verbergen. Gleichzeitig steigt das Interesse an thematischer und personaler Differenzierung (i. S. v. »Identitätskrisen«, so Vogt 2002, S. 305). Schülerinnen und Schüler entwickeln Fähigkeiten zum Diskutieren insbesondere innerhalb zweier Diskussionswelten: durch die von der Lehrkraft gelenkten Unterrichtsgespräche und durch aufgabenspezifische Diskussionen zwischen Schülerinnen und Schülern (Vogt 2002, S. 305). In der Sekundarstufe II können Schülerinnen und Schüler dann schließlich »distanziert« mit sprachlichen Mitteln umgehen, sie sind selbstreflexiv, indem sie Formen sprachlicher Mehrdeutigkeit wie Ironie oder Satire erproben und über die Fähigkeit verfügen, auch fremde Perspektiven einzunehmen. Es bildet sich eine »Diskussionsbewusstheit« (Vogt 2002, S. 306).

Becker-Mrotzek (2009b) betont, dass sich allgemeine Entwicklungsaufgaben für die Arbeit »vor Ort« ableiten lassen, die die Grundlage für didaktische Entscheidungen sein können. Die einzelnen Anforderungen an die Grundschule und Sekundarstufe I sind in Tabelle 1 abgedruckt. Zudem ist auch die jeweils angrenzende Phase (Vorschule) bzw. Schulstufe (Sekundarstufe II) aufgeführt.

Vorschule	→ Ausbau der basalen Fähigkeiten (phonische, lexikalische, syntaktische) → Ausweitung des kommunikativen Handlungsrahmens → präliterale Erfahrungen fördern die Sprachbewusstheit
Primarstufe	→ institutionelle Erwartungen an die (Lern-)Entwicklung → formalisierte und regulierte Handlungsbedingungen → Erwartungen an Form (Standards: artikuliert und in der Standardsprache sprechen) und Inhalt (angemessen und bewusst mit anderen kommunizieren) → Gespräche dienen dem Lernen (über Lernen sprechen) → sich in strukturierten Gesprächen über Sachverhalte von Welt zielorientiert austauschen
Sekundarstufe I	→ Ausweitung und Ausdifferenzierung des fachlichen Lernens → Schriftlichkeit gewinnt weiter an Bedeutung → argumentieren lernen gehört zu den zentralen Aufgaben
Sekundarstufe II	→ Vorbereitung auf Beruf und Studium → öffentliches Sprechen in institutionellen Kontexten

Tab. 1: Entwicklungsaufgaben (Becker-Mrotzek 2009b)[1]

---

1 Vgl. auch www.uni-koeln.de/sdk/Unter_Kommunikation_Druck.pdf (Abruf 31.7.2012)

Aspekte kompetenzfördernden Unterrichts im Bereich Sprechen und Zuhören

Auf Basis der bisher diskutierten Konzepte und Modelle lassen sich didaktische Überlegungen anstellen. Ein grundlegender Gedanke bezieht sich dabei auf affektive und motivationale Aspekte: Mündliche Kommunikationssituationen zu bewältigen, kann im Kindesalter (und darüber hinaus) immer dann aufwendig sein, wenn es um unvertraute Partnerinnen und Partner und ebensolche Kommunikationssituationen geht. Es bietet sich also an, Schülerinnen und Schülern möglichst früh eine Reihe von Erfolgserlebnissen zu ermöglichen, indem unter weniger formalisierten Bedingungen gearbeitet wird. Das betrifft sowohl den Grad der Öffentlichkeit als auch die Zahl der Kommunikationspartner. Anregungen dazu finden sich etwa bei Behrens/Eriksson (2009) (Primarstufe) oder für den Unterricht in der Sekundarstufe I in dem Themenheft »Gespräche planen – führen – reflektieren« der Zeitschrift »Deutsch 5-10«. Eine zweite Überlegung ist es, didaktische Prinzipien, wie sie sich etwa bei Baurmann/Pohl (2009) finden lassen, auf Gesprächskompetenzen zu beziehen. Das betrifft beispielsweise Fragen der Differenzierung und Strukturierung von Unterricht, der Reduktion von Komplexität und der Stufung von Schwierigkeiten. Auf einige dieser Aspekte wird im Folgenden näher eingegangen.

Zur Orientierung an Gesprächskompetenzen und ihrer Entwicklung

In der Regel wird sich in allen Jahrgangsstufen an den oben aufgeführten Teilkompetenzen und Entwicklungsaufgaben orientiert. Dementsprechend sollte schon in der Grundschule das Erarbeiten, Üben und Prüfen von Aspekten des *Themenmanagements*, des *Gesprächs- und Handlungsmanagements*, des *Sprachmanagements*, des *Identitäts- und Beziehungsmanagements* und des *Managements von Non- und Paraverbalem* angesagt sein, damit in der Sekundarstufe I darauf aufgebaut werden kann:

> »Entwicklung zeichnet sich unter anderem dadurch aus, dass die Lernenden zu Beginn nicht alle notwendigen Teilkompetenzen einbringen können bzw. erworben haben. Sie tun das, was für sie ›machbar‹ ist und was ihrem Zugang zum Lerngegenstand am nächstliegenden ist. Mit den weiteren Entwicklungsschritten erfolgt eine immer stärkere Annäherung an die geforderte Kompetenz, wobei sich diese Lernfortschritte oftmals durch bestimmte und eben durch den Entwicklungsvorgang bedingte Auffälligkeiten, Abweichungen und Übergangsphänomene auszeichnen« (Baurmann/Pohl 2009, S. 81).

Man sollte sich also im Hinblick auf die oben genannten Aspekte jeweils fragen: Welche Teilkompetenzen und Kommunikationsformen haben die Schülerinnen und Schüler bereits erworben? Welche Teilkompetenzen und Kommunikationsformen erwerben die Schülerinnen und Schüler gegenwärtig? Welche künftigen Teilkompetenzen und Kommunikationsformen können angebahnt werden, damit sie die Schülerinnen und Schüler erwerben können? (Baurmann/Pohl 2009, S. 85).

Solche Ansprüche sollten auch bei der Auswahl und Entwicklung von Unterrichtsaufgaben leitend sein. Ein Beispiel ist die Erarbeitungsaufgabe in Abbildung 2, die sich bereits ab dem Ende der Grundschulzeit anbietet, aber auch noch in der Sekundarstufe I angewendet werden kann. Sie findet sich bei Behrens/Eriksson (2009, S.68) und lässt sich auf eine Reihe von Themen beziehen. Es geht bei der Aufgabe um Kompetenzen, die Schülerinnen und Schüler brauchen, um *zu anderen zu sprechen*, und zwar, wenn es um Wirkungen der Redeweise geht. Die Autorinnen setzen darauf, dass die Schülerinnen und Schüler bereits Vorläuferfähigkeiten haben, die genutzt werden können, um gemeinsam Kriterien für »gutes Sprechen« zu erarbeiten. Es heißt, dass das vorgeführte Negativbeispiel zunächst den Blick für Kriterien öffnen soll, die an gelungenes Sprechen (z. B. bei einem Vortrag) angelegt werden können (Behrens/Eriksson 2009, S.67). Das Erarbeitete kann dann für weitere Aufgaben und Lernprozesse genutzt werden.

Material und Vorbereitung:

Vorlesegeschichte oder auch kurzer Sachtext zum Vortragen. Der Text muss für diese Aufgabe zusätzlich in einer professionell gesprochenen Aufnahme vorliegen. Eine Fülle an weiterführenden Links zu verschiedenen Gegenstandsbereichen findet sich etwa unter https://ssl.edubs.ch/mediawiki/index.php/Methodik: Podcasts.

Schritt 1:

Die Lehrperson liest eine Geschichte oder einen Sachtext vor. Sie spricht dabei möglichst leise (gerade noch zu hören), langsam, monoton, langweilig. Die Schülerinnen und Schüler werden aufgefordert, sich zu konzentrieren und gut zuzuhören. Im Anschluss werden sie um die Mitteilung ihrer Eindrücke gebeten. Es wird deutlich, dass die Fähigkeit zum konzentrierten Zuhören nicht nur von der Interessantheit des Textes abhängt, sondern auch von der Darbietung.
Anschließend wird der gleiche Text, von einem professionellen Sprecher vorgetragen, vorgespielt.

Schritt 2:

Im Klassengespräch wird zusammengetragen, welche Unterschiede die Schülerinnen und Schüler zwischen guten und schlechten Sprecherinnen und Sprechern festgestellt haben. Die Ergebnisse werden an der Tafel aufgelistet.

Verknüpfung mit anderen Aufgaben, Fächern oder Kompetenzbereichen:

→ Es bietet sich an, an die Aufgabe »Schlechtes Sprechen« Übungen anzuschließen, in denen die Kinder selbst frei sprechen und nach und nach die Regeln für einen gelungenen Vortrag beherzigen.
→ Die Aufgabe lässt sich mit der Aufgabe »Kurzvortrag« und weiteren Übungen zu einer längeren Einheit zum »Vortragen« verknüpfen.

Abb. 2: Aufgabe »Schlechtes Sprechen« (Behrens/Eriksson 2009, S. 68)

Vorhandene Gesprächsanlässe nutzen und systematische Anlässe schaffen

Es wurde oben betont, dass der schulische Rahmen eine besondere Rolle spielt:

> »Kommunikation im Unterricht funktioniert nicht wie Kommunikation im Alltag – und kann es auch nicht. Das ist eine Absage an alle Versuche, die Gesprächsfähigkeit durch die Nachahmung alltäglicher, sog. »natürlicher« Kommunikationsanlässe zu fördern. Denn hinter dieser Attribuierung verbirgt sich die stille Hoffnung, die Natur werde es schon richten« (Becker-Mrotzek 2009b, S. 110 f.).

Es bietet sich also vielmehr an, »vorhandene« Kommunikationsanlässe für die Förderung von Gesprächskompetenz zu nutzen. Es geht um Formen, bei denen die Schülerinnen und Schüler einen möglichst großen Gesprächsanteil haben und bei denen verschiedene (auch schriftsprachliche) Kompetenzen miteinander verschränkt sind. So kann es etwa darum gehen, dass Schülerinnen und Schüler Texte gemeinsam deuten, in Lesetandems zusammenarbeiten, über Schreibprodukte diskutieren u. v. m. Weitere Formen sind auch (Becker-Mrotzek 2009b, S. 112):

→ Gruppen- und Partnerarbeit zur Erarbeitung fachlicher Inhalte
→ Ergebnispräsentationen, etwa zur Darstellung von Partner-, Gruppen- oder Projektarbeiten
→ Recherchen in Form von Interviews, etwa Expertenbefragungen
→ Zusammenfassen von Lernschritten, Texten oder Arbeitsergebnissen
→ Erklären und Erläutern von Sachverhalten
→ Diskussionen über kontroverse Interpretationen von Texten, auch in Form vorbereiteter Streitgespräche
→ Planungsgespräche, die etwa der Planung von Klassenaktivitäten oder Unterrichtsthemen dienen
→ Konflikt- und Klärungsgespräche, etwa zur Bearbeitung von echten Konflikten oder strittigen Fragen
→ Klassengespräche, etwa in Form regelmäßiger Klassenratssitzungen

Vorhandene Kommunikationsanlässe zu nutzen, kann auch in affektiver und motivationaler Hinsicht von Vorteil sein, wenn nämlich die Schülerinnen und Schüler den erarbeiteten Kompetenzen einen Nutzen für ihre tägliche Unterrichtskommunikation abgewinnen können. Daraus ergibt sich eine *integrative Aufgabenkultur*, in dem Sinne, dass mündliche Kompetenzen zwar einerseits isoliert erarbeitet und geübt werden können, um sie dann aber auch im Zusammenspiel mit anderen Kompetenzen anzuwenden und zu vertiefen.

Dazu ein Beispiel: In der Grundschule sollte es ab der ersten Klasse u. a. darum gehen, das Zuhören in den Blick zu nehmen. Es bietet sich hier zunächst an, Aufgaben zur Aufmerksamkeitssteuerung einzusetzen. Typische Formen sind hier z. B. »Geräuschkulissen«, »Geräuschmemory«, »bewegliche Geräusche«, »Kettengeschichten« oder »Stille Post«. Wenn die Schülerinnen und Schüler dann gelernt haben, ihre

Aufmerksamkeit länger aufrechtzuerhalten oder diese auf bestimmte Phänomene zu richten, können sie diese Kompetenz in komplexeren Kommunikationssituationen einsetzen, auch um andere Kompetenzen zu erarbeiten, z. B. wenn ab Klasse 3 in Lautlese-Tandems gearbeitet wird (siehe den Beitrag von Gailberger/Nix in diesem Band).

Im Rahmen einer solchen Aufgabenkultur wird also von Beginn an parallel das gesamte Funktionsspektrum mündlicher Handlungsmuster erweitert, und zwar durch zunehmende Ausdifferenzierung und Komplexion (Becker-Mrotzek 2009, S. 110). Um nur einige Beispiele zu nennen:

→ Im Hinblick auf die Ausdrucksfunktion von Sprache können zunächst kleinere Formen dialogischen Erzählens im Mittelpunkt stehen, um dann bis zum Ende der Sekundarstufe I Schülerinnen und Schüler zu befähigen, auch selbstständig »monologisch« für andere zu erzählen, z. B. im Literaturunterricht.
→ Wenn es um die Darstellungsfunktion von Sprache geht, können zunächst auch einfache Zusammenfassungen angesagt sein, z. B. von kurzen Hörtexten bis hin zu Zusammenfassungen komplexerer Texte als Vorbereitung und zur Ergänzung von Referaten und Präsentationen.
→ Zwar steht die Appellfunktion von Sprache traditionell erst im Mittelpunkt des Unterrichts der Sekundarstufe I. Einfache Argumentationsformen können aber bereits in der Grundschule geübt werden, etwa wenn es darum geht, dass Schülerinnen und Schüler lernen, Konflikte miteinander zu lösen oder kurze Statements zu formulieren.

Praktische Hinweise für die Arbeit im Unterricht finden sich in den einschlägigen Fachzeitschriften für den Deutschunterricht, z. B. zum Erzählen: Der Deutschunterricht, H. 50 oder Praxis Deutsch, H. 144; zum Präsentieren: Praxis Deutsch Nr. 190, Deutsch 5–10, H. 12; zum Argumentieren: Das Grundschulmagazin, H. 8/2008, Deutsch 5–10, H. 22, um nur einige wenige zu nennen.

Zum Bewerten und Beurteilen von Gesprächskompetenz

Wie beim Erwerb schriftsprachlicher Kompetenzen auch sollte das Bewerten und Beurteilen von Gesprächskompetenzen im Deutschunterricht eine Rolle spielen, und zwar bereits ab der Grundschule. Dabei geht es aber nicht vornehmlich um summative bzw. »abschließende« Formen, sondern um formative bzw. »lernprozessbegleitende« Formen. Mit ihnen wird eine differenzierte, auf Förderung angelegte Rückmeldung angestrebt. Man zielt darauf ab, Schülerinnen und Schülern im Erwerbsprozess Rückmeldungen zu ihrem jeweiligen Lernstand zu geben, ohne dass damit zwingend eine »Benotung« verbunden ist. Wie bei der Bewertung und Beurteilung von Schreibleistungen setzt dies kooperationswillige und -fähige Schülerinnen und Schüler voraus. Zudem sollte es klar vereinbarte Feedback-Regeln und Kriterien geben, auf die sich die Beteiligten im Zweifelsfall berufen können. Ist das nicht der Fall, bekommen die Schülerinnen und Schüler womöglich so disparate Rückmeldungen, dass sie die Feedbacks gar nicht nutzen können (Bremerich-Vos/Behrens/Krelle 2009, S. 7). Durch die Verwendung von Kriterienkatalogen und Feedbackregeln können transparentere und tendenziell »gerechtere« Einschätzungen von Leistungen gegeben werden. Die Lehrkräfte zwingt es, sich über die eigenen Qualitätsmaßstäbe explizit Rechenschaft abzulegen. Auf Schülerinnen- und Schülerseite gilt das Gleiche. Sie können sehen, was von ihnen erwartet wird und ggf. ihre Anstrengungen gezielt auf Bereiche richten, in denen sie (noch) Schwächen haben (Behrens/Krelle 2011, S. 182).

Traditionell wird sich bei der Auswahl von Kriterien an den jeweiligen Gesprächsphasen und kommunikativen Aufgaben orientiert. Als allgemeine Kriterien bieten sich die in Abbildung 1 und Tabelle 1 genannten Aspekte an, die allerdings an die jeweilige Aufgabenstellung angepasst werden müssen. Bei der Auswahl können auch Schülerinnen und Schüler beteiligt werden. So wird das Erstellen von Beurteilungsrastern selbst zur Unterrichts- bzw. Lernaufgabe, etwa indem Kriterien als Baukastensystem vorgeben werden. Dabei stellt sich auch die Frage nach der Perspektive: Selbstwahrnehmungen haben den Vorteil, dass emotionale und motivationale Aspekte leicht zu integrieren sind, jedoch fällt es manchen Kindern und Jugendlichen schwerer, sich selbst einzuschätzen als andere. »Der methodische Weg sollte deshalb von der Fremd- zur Selbsteinschätzung gehen« (Abraham/Müller 2009, S. 11). Eine Übersicht typischer Methoden ist in Abbildung 3 abgedruckt.

Eine andere Perspektive ist es, »abschließende« Bewertungen und Beurteilungen vorzunehmen. Es geht also um Formen, die *am Ende eines Lernprozesses* stehen. In solchen Fällen haben sie in der Regel eine Selektions- und Kontrollfunktion, z. B. in Form von mündlichen Prüfungen (Abraham/Müller 2009). Auch hier bietet es sich an, mit den oben formulierten Kriterien zu operieren, um Leistungen und Benotungen bestmöglich zu begründen. In den letzten Jahren haben allerdings auch Beurteilungsformen Konjunktur, die als abschließende »Leistungsmessungen« von außen gestellt werden. Will man, dass Lehrkräfte solchen Formen einen Nutzen für ihre tägliche Arbeit abgewinnen können, sollten Ergebnisse – z. B. aus Vergleichsarbeiten – stärker auf Hinweise für die Arbeit vor Ort abzielen und weniger auf Rangvergleiche hinauslaufen (Bremerich-Vos 2009). Zudem müssten deutlich größere Anstrengungen zur Implementation unternommen werden:

> »Die Erwartung, dass allein die Bereitstellung von externen Evaluationsdaten eine praxiswirksame Diagnose- und Reflexionsfunktion ausübe und gleichsam im Selbstlauf unterrichtsentwickelnde Konsequenzen nach sich ziehe, bestätigt sich bislang nicht« (EMSE 2008).

> **Einige typische Beobachtungs- und Beurteilungsmethoden**
>
> Zielscheibe:
>
> Hierbei handelt es sich um ein Instrument, mit dem Schüler/innen am Ende eines Erarbeitungsprozesses eine grobe Einschätzung der eigenen Ergebnisse erreichen. Sie visualisieren den Erreichungsgrad bestimmter Kriterien auf einer (gemalten) Zielscheibe, wie sie u. a. vom Dartspiel bekannt ist. Je dichter eine Selbsteinschätzung in der Mitte angesiedelt wird, desto höher schätzen die Personen ihr jeweiliges Vermögen ein. Methodisch besteht auch die Möglichkeit, die Zielscheibe zu segmentieren (u. a. in die Segmente Sprachmanagement, Themenmanagement etc., s. o.).
>
> Lernspinne:
>
> Im Zentrum der Lernspinne steht ein Lerngegenstand (z. B. Erklären können, Argumentieren können, Informieren können). Diesem werden verschiedene Teilbereiche zugeordnet. In der Grundkonzeption ist die Lernspinne einer Mindmap ähnlich; d. h. es gehen vom Zentrum Linien einzelner Teilbereiche ab, die den Lernfortschritt markieren.
>
> Beobachtungs- und Beurteilungsbogen bzw. »Raster«:
>
> Solche Instrumente gibt es in einer Vielzahl von Varianten, u. a. in Form von formativen bzw. »abgestuften« Rastern. Sie beinhalten ausgewählte Kriterien für die Wahrnehmung und Einschätzung des Kommunikationsverhaltens. Beobachtungs- und Beurteilungsbogen bzw. -raster sollen dabei helfen einzuschätzen, inwieweit bestimmte Anforderungen erfüllt sind (oder nicht).
>
> Lernlogbuch bzw. Lernheft:
>
> Beim Lernlogbuch bzw. Lernheft handelt es sich um eine Form der lernbegleitenden Dokumentation und Reflexion. Es dient dazu, eigene (längere) Aufgaben bzw. Projekte und Lernprozesse zu begleiten. Auch kann festgehalten werden, welche Probleme auftreten und wie sie gelöst werden.
>
> Gesprächsformen:
>
> Bei einem Kritikgespräch werden begründete positive und negative Beurteilungen von konkretem Kommunikationsverhalten vorgenommen. Dabei geht es etwa darum, die Umsetzung von Aufgabenstellungen zu kritisieren. Das Monierungsgespräch soll zudem auch konkrete Verhaltensalternativen aufzeigen. Ein Feedback-Gespräch beruht hingegen auf dem Vergleich zwischen Selbstwahrnehmung und Fremdwahrnehmung und unterliegt vereinbarten Feedback-Regeln. Es kann etwa um den folgenden Ablauf gehen:
> (1) die Gesprächsbeteiligten äußern ihre Selbstwahrnehmung;
> (2) die Gesprächsbeteiligten holen sich ein Feedback und geben einander Feedback;
> (3) die Gesprächsbeteiligten formulieren ihren Erkenntnisgewinn aus dem Feedback, ggf. auch schriftlich.

Abb. 3: Beurteilungsmethoden (Beste 2007, Mönnich/Spiegel 2009, Krelle 2009)

Literatur

Abraham, U. (2008): Sprechen als reflexive Praxis – Mündlicher Sprachgebrauch in einem kompetenzorientierten Deutschunterricht. Freiburg: Fillibach.
Baurmann, J./Pohl, T. (2009): Schreiben – Texte verfassen. In: Bremerich-Vos, A./Granzer, D./Behrens, U./Köller, O. (Hrsg.): Bildungsstandards für die Grundschule. Deutsch konkret. Berlin: Cornelsen Scriptor, S. 75–103.
Becker, T. (2009): Erzählentwicklung beschreiben, diagnostizieren und fördern. In: Krelle, M./Spiegel, C. (Hrsg.): Sprechen und Kommunizieren in der Schule. Baltmannsweiler: Schneider, S. 64–81.
Becker-Mrotzek, M. (2008): Gesprächskompetenz vermitteln und ermitteln. Gute Aufgaben im Bereich »Sprechen und Zuhören«. In: Bremerich-Vos, A./Granzer, D./Köller, O. (Hrsg.) (2008): Lernstandsbestimmung im Fach Deutsch. Gute Aufgaben für den Unterricht. Weinheim und Basel: Beltz, S. 52–77.
Becker-Mrotzek, M. (2009a): Mündliche Kommunikationskompetenz. In: Becker-Mrotzek, M. (Hrsg.): Mündliche Kommunikation und Gesprächsdidaktik. Deutschunterricht in Theorie und Praxis (DTP, Bd. 3). Baltmannsweiler: Schneider, S. 66–83.
Becker-Mrotzek, M. (2009b): Unterrichtskommunikation als Mittel der Kompetenzentwicklung. In: Becker-Mrotzek, M. (Hrsg.): Mündliche Kommunikation und Gesprächsdidaktik. Deutschunterricht in Theorie und Praxis (DTP, Bd. 3). Baltmannsweiler: Schneider, S. 103–115.
Becker-Mrotzek, M. (2009c): Vorwort. In: Becker-Mrotzek, M. (Hrsg.): Mündliche Kommunikation und Gesprächsdidaktik. Deutschunterricht in Theorie und Praxis (DTP, Bd. 3). Baltmannsweiler: Schneider, S. XII–XIV.
Becker-Mrotzek, M./Böttcher, I. (2006): Schreibkompetenz entwickeln und beurteilen. Berlin: Cornelsen Scriptor.
Behrens, U./Eriksson, B. (2009): Sprechen und Zuhören. In: Bremerich-Vos, A./Granzer, D./Behrens, U./Köller, O. A. (Hrsg.): Bildungsstandards für die Grundschule: Deutsch konkret. Berlin: Cornelsen Scriptor, S. 43–74.
Behrens, U./Krelle, M. (2011): Schülertexte beurteilen im Licht von Bildungsstandards, Kompetenzrastern und Unterrichtsalltag. In: Wyss, E. L./Stotz, D./Gnach, A./Pietro, J. F./Saint-Georges, I. (Hrsg.): Sprachkompetenzen in Ausbildung und Beruf – Übergänge und Transformationen. Les compétences langagières dans la formation et dans la vie professionnelle – Transitions et transformations. Bulletin VALS-ASLA, N°94, S. 167–183.
Beste, G. (2007): Leistungen feststellen und beurteilen. In: Beste, G. (Hrsg.): Deutsch Methodik. Handbuch für die Sekundarstufe I und II. Berlin: Cornelsen Scriptor, S. 262–280.
Bremerich-Vos, A. (2005): »Sprechen und Zuhören«. Zur Förderung der Gesprächskompetenz im Rahmen des Deutschunterrichts. In: Standards, Friedrich-Jahresheft XXIII, S. 108–110.
Bremerich-Vos, A. (2009): Zu den Bildungsstandards im Fach Deutsch für die Grundschule. In: Bremerich-Vos, A./Granzer, D./Behrens, U./Köller, O. (Hrsg.): Bildungsstandards für die Grundschule: Deutsch konkret. Berlin: Cornelsen Scriptor, S. 14–40.
Bremerich-Vos, A./Behrens, U./Böhme, K./Krelle, M./Neumann, D./Robitzsch, A./Schipolowski, A./Köller, O. (2010): Kompetenzstufenmodelle für das Fach Deutsch. In: Köller, O./Knigge, M./Tesch, B. (Hrsg.): Sprachliche Kompetenzen im Ländervergleich. Überprüfung der Bildungsstandards in den Fächern Deutsch und erste Fremdsprache in der neunten Jahrgangsstufe. Münster: Waxmann, S. 37–50.
Bremerich-Vos, A./Behrens, U./Krelle, M. (2011): Vergleichsarbeiten 2011– 3. Jahrgangsstufe (VERA-3) Deutsch Modul B: Erläuterungen zum Kompetenzbereich Schreiben. Berlin: IQB.

Bremerich-Vos, A./Böhme, K./Krelle, M. /Weirich. S./Köller, O. (2012): Kompetenzstufenmodelle für das Fach Deutsch. In: Stanat, P./Pant, H. A./Böhme, K./Richter, D. (Hrsg.): Kompetenzen von Schülerinnen und Schülern am Ende der vierten Jahrgangsstufe in den Fächern Deutsch und Mathematik. Ergebnisse des IQB-Ländervergleichs 2011. Münster: Waxmann, S. 56–71.

Boueke, D./Schülein, F./Büscher, H./Terhorst, E./Wolf, D. (1995): Wie Kinder erzählen. Untersuchungen zur Erzähltheorie und zur Entwicklung narrativer Fähigkeiten. München: Fink.

Deppermann, A. (2004): »Gesprächskompetenz« – Probleme und Herausforderungen eines möglichen Begriffs. In: Becker-Mrotzek, M./Brünner, G. (Hrsg.) (2004): Analyse und Vermittlung von Gesprächskompetenz. Frankfurt am Main: Peter Lang, S. 15–28.

Ehlich, K. (2009): Sprechen im Deutschunterricht – didaktische Denkanstöße. In: Krelle, M./Spiegel, M. (Hrsg.) (2009): Sprechen und Kommunizieren. Entwicklungsperspektiven, Diagnosemöglichkeiten und Lernszenarien in Deutschdidaktik und Deutschunterricht. Baltmannsweiler: Schneider, S. 8–15.

EMSE (2008): Zweites Positionspapier des EMSE-Netzwerkes – verabschiedet auf der 9. EMSE-Fachtagung am 16.–17. Dezember 2008 in Nürnberg. www.emse-netzwerk.de/uploads/Main/EMSE_Positionsp2_Rueckmeldungen.pdf (Abruf 1.8.2012).

Grundler, E. (2008): Gesprächskompetenz – ein Systematisierungsvorschlag im Horizont schulischer Bildungsstandards und Kompetenzen. Didaktik Deutsch, H. 24, S. 48–69.

Grundler, E. (2011): Kompetent argumentieren. Ein Modell für die mündlich-dialogische Argumentationskompetenz. Tübingen: Stauffenburg.

Hartung, M. (2004): Wie lässt sich Gesprächskompetenz wirksam und nachhaltig vermitteln? Ein Erfahrungsbericht aus der Praxis. In: Becker-Mrotzek, M./Brünner, G. (Hrsg.) (2004): Analyse und Vermittlung von Gesprächskompetenz. Frankfurt am Main: Peter Lang, S. 47–66.

Hausendorf, H./Quasthoff U. M. (1996): Sprachentwicklung und Interaktion. Opladen: Westdeutscher Verlag.

KMK (Kultusministerkonferenz, Beschlüsse der) (2004): Bildungsstandards im Fach Deutsch für den Mittleren Schulabschluss – Beschluss vom 4.12.2003. München/Neuwied: Luchterhand.

KMK (Kultusministerkonferenz, Beschlüsse der) (2005a): Bildungsstandards im Fach Deutsch für den Primarbereich (Jahrgangsstufe 4) – Beschluss vom 15.10.2004. München/Neuwied: Luchterhand.

KMK (Kultusministerkonferenz, Veröffentlichungen der) (2005b): Bildungsstandards im Fach Deutsch für den Hauptschulabschluss – Beschluss vom 15.10.2004. München/Neuwied: Luchterhand.

Krelle, M. (2009): Zum Beurteilen von Sprechen und Kommunizieren in Lernkontexten. In: Krelle, M./Spiegel, C. (2009): Sprechen und Kommunizieren. Entwicklungsperspektiven, Diagnosemöglichkeiten und Lernszenarien in Deutschunterricht und Deutschdidaktik. Baltmannsweiler: Schneider, S. 276–291.

Krelle, M. (2011): Dimensionen von Gesprächskompetenz. Anmerkungen zur Debatte über mündliche Fähigkeiten im Deutschunterricht. In: Behrens, U./Eriksson, B. (2011): Sprachliches Lernen zwischen Mündlichkeit und Schriftlichkeit. Bern: HEP, S. 13–34.

Krelle, M./Neumann, D. (2014): Sprechen und Zuhören. In: Behrens, U./Bremerich-Vos, A./Krelle, M./Böhme, K./Hunger, S. (2014): Bildungsstandards für die Sekundarstufe I: Deutsch konkret. Berlin: Cornelsen Scriptor (in Vorbereitung).

Mönnich, A./Spiegel, C. (2009): Kommunikation beobachten und beurteilen. In: Becker-Mrotzek, M. (Hrsg.): Mündliche Kommunikation und Gesprächsdidaktik. Deutschunterricht in Theorie und Praxis (DTP, Bd. 3). Baltmannsweiler: Schneider, S. 429–444.

Ossner, J. (2006): Kompetenzen und Kompetenzmodelle im Deutschunterricht. In: Didaktik Deutsch, H. 21, S. 5–19.

Quasthoff, U. (2009): Entwicklung der mündlichen Kommunikationskompetenz. In: Becker-Mrotzek, M. (Hrsg.): Mündliche Kommunikation und Gesprächsdidaktik. Deutschunterricht in Theorie und Praxis (DTP, Bd. 3). Baltmannsweiler: Schneider, S. 84–100.

Spiegel, C. (2007): Gesprächskompetenzen erwerben durch partnerschaftliches Lernen. In: Grundschulunterricht, H. 9, S. 4–9.

Vogt, R. (2002): Im Deutschunterricht diskutieren. Zur Linguistik und Didaktik einer kommunikativen Praktik. Tübingen: Niemeyer.

Vogt, R. (2009): Gesprächskompetenz – Vorschlag eines gesprächsanalytisch fundierten Konzepts. In: Krelle, M./Spiegel, M. (Hrsg.) (2009): Sprechen und Kommunizieren. Entwicklungsperspektiven, Diagnosemöglichkeiten und Lernszenarien in Deutschdidaktik und Deutschunterricht. Baltmannsweiler: Schneider, S. 15–40.

Carmen Spiegel

Gesprächskompetenzen in der Sekundarstufe II

Will man Gesprächskompetenzen von Schülerinnen und Schülern beschreiben, so ist zweierlei in den Blick zu nehmen, das Sprechen und das Kommunizieren. Zum einen muss man in multimodaler Hinsicht beobachten, *was* jemand sagt, *wie* etwas gesagt wird, und was die Person dabei *körpersprachlich* tut. Im Beobachtungsfokus ist das Sprechen bzw. Zuhören einer Person; beobachtet werden Phänomene auf der *sprachlichen*, der *parasprachlichen* und der *nonverbalen* Ebene. Zum anderen entstehen Gespräche erst durch die Beteiligung von mindestens zwei Personen, deren sprachliches Handeln aufeinander bezogen, also *interaktiv* ist und die durch ihre *gemeinsamen* sprachlichen Handlungen ein Gespräch – in der Regel mit einem bestimmten Zweck und Ziel – »produzieren«.

Da Gespräche interaktiv durchgeführt werden, sind die Leistungen der Gesprächsbeteiligten nur zu einem Teil Einzelleistungen und zu einem größeren Teil Gemeinschaftsleistungen. Will man also Gesprächskompetenzen beschreiben, so muss man die Interaktivität, d. h. den nicht unerheblichen Gestaltungsanteil der Vorredner/innen und der Zuhörenden an dem laufenden Beitrag berücksichtigen.

Während für die Sekundarstufe I und für den Primarbereich Untersuchungsergebnisse über verschiedene Bereiche von Gesprächskompetenzen vorliegen, so zum Beispiel zum Erzählen oder zum Argumentieren, gibt es für die Sekundarstufe II kaum Forschungen zur Entwicklung der Gesprächskompetenzen.

Hingegen kann man inzwischen auf zahlreiche Untersuchungen über Anforderungen in verschiedenen Bereichen des beruflichen Kommunizierens zurückgreifen, die man für eine Förderung von Gesprächskompetenzen in der Sekundarstufe II nutzen kann. Untersuchungen in der Schreibforschung haben gezeigt, dass die Schülerinnen und Schüler bereits zu Beginn ihrer Schreibbiografie zentrale Komponenten der Textmuster erwerben, diese im Erwerbsverlauf zunehmend ausdifferenzieren und somit komplexere Anforderungen bedienen können (z. B. Becker-Mrotzek et al. 2010, Merz-Grötsch ²2005, S. 120 f.). Vergleichbares lässt sich für die Entwicklung der Gesprächskompetenz annehmen. Das würde bedeuten, die Gesprächskompetenzen in der Sekundarstufe II zeichnen sich im Vergleich zu denjenigen der Sekundarstufe I dadurch aus, dass die Beteiligten in der Lage sind, komplexere Anforderungen zu bedienen bzw. diese in anspruchsvollerer Weise zu bearbeiten.

Konkretisiert man dies für die schultypischen Gesprächssorten Erzählen und Berichten, Beschreiben und Argumentieren, so hieße das, die Schülerinnen und Schüler in der Sekundarstufe II seien zu komplexen, multiperspektivischen sowie adressatenspezifischeren Darstellungen von Sachverhalten, Erklärungen oder argumentativen Strukturen imstande, oder aber sie müssten dahingehend zu schulen sein.

Untersuchungen zu Gesprächen in beruflichen Kontexten lassen hingegen die folgenden, an sich basalen Kompetenzen vermissen, die Schülerinnen und Schüler gerade im Sekundarbereich erwerben sollten: Wechselseitig die Gesprächsrollen, d. h. die Sprecher- und die Zuhörrolle respektieren, konzentriert zuhören und verstehen, was das Gegenüber ausdrücken möchte, sich klar und verständlich mitteilen, Inhalte adressatenspezifisch und in hinreichender Weise darstellen.

Während es in den Schuljahren zuvor darum ging, basale Gesprächskompetenzen aufzubauen, wird es in der Sekundarstufe II darum gehen, diese zu vertiefen und in Richtung einer erfolgreichen Kommunikation hin zu verbessern. Es gilt, die Balance herzustellen zwischen adressatenspezifischer Verständlichkeit (Stilvarianz) und der Darstellung komplexer, reflexions- und aspektereicher Inhalte (Inhaltsvarianz), zwischen aktiver Teilhabe zur Erreichung des jeweiligen Gesprächsziels (Handlungsvarianz) und rücksichtsvoller bzw. imageschonender Behandlung aller Gesprächsbeteiligten (Perspektivenvarianz).

Modelle der Kompetenzbeschreibung

Um die Gesprächskompetenzen der Schülerinnen und Schüler zu beschreiben, sind in den letzten Jahren verschiedene Modelle in der Gesprächsdidaktik entwickelt worden, so von Ehlich 2005, Becker-Mrotzek 2009, Spiegel 2007 bzw. Mönnich/Spiegel 2009. Einen kurzen Überblick über diese Gesprächskompetenz-Modelle gibt Michael Krelle (2011 sowie in Bezug auf die Primar- und Sekundarstufe in diesem Band). Die Modelle *ähneln* sich in der Zusammenstellung der Kompetenzbereiche, sie *unterscheiden* sich aber in deren Modellierung, Gewichtung und Ausdifferenzierung.

Hinzu kommen zurzeit spezifizierende Kompetenzmodelle für typische schulische Gesprächssorten wie das Erzählen (Hausendorf/Quasthoff 1996; Becker 2001), das Argumentieren (Grundler 2011; Krelle 2007; Spiegel 2006, 2011b; Vogt 2002), das Präsentieren und Moderieren (Berkemeier 2006; Berkemeier/Pfennig 2009) und das Erklären (Spreckels 2009; Vogt 2009). Im Folgenden werde ich mich auf das Gesprächsmanagement-Modell von Spiegel konzentrieren.

Die Gesprächskompetenzen der Schülerinnen und Schüler zu beschreiben heißt zu beobachten, was diese beim Kommunizieren tun und wie sie es tun. *Was* sie tun, lässt sich mit Hilfe der Ebenen des Gesprächsmanagements beschreiben. *Wie* sie es tun, lässt sich beschreiben mithilfe der drei Bereiche verbal, parasprachlich und nonverbal.

Auf der verbalen Ebene geht es darum, die Formulierungen der Gesprächsbeteiligten in den Blick zu nehmen. Paraverbal ist z. B. die Sprachmelodie, die vom Sprechrhythmus, der Dynamik des Sprechens und der Intonation sowie den Pausen bestimmt wird. Die nonverbale Ebene fokussiert die Körpersprache, die sich aus Mimik, Gestik und Körperhaltung zusammensetzt.

Der Einbezug aller drei Ebenen ist wichtig, denn in allen drei Bereichen wird kommuniziert, und erst durch das Zusammenspiel der verbalen, parasprachlichen und nonverbalen Ausdrucksebenen wird etwas mitgeteilt. Konzentriert man sich nur auf die Formulierungsebene, so fehlen zentrale pragmatische Mitteilungselemente, denn die Inhalte auf der Formulierungsebene können durch die Gestik oder Mimik in ihrer Bedeutung verstärkt, differenziert oder anders gewichtet werden. Ironie zum Beispiel wird intonatorisch und gestisch-mimisch ausgedrückt. Ob eine Äußerung als Frage oder als Anweisung gemeint ist, wird gleichfalls intonatorisch vermittelt. Der Blickkontakt signalisiert Adressierung oder Aufmerksamkeit beim Zuhören, die Mimik zeigt den Grad des Verstehens an. Diese wenigen Beispiele mögen die Relevanz der parasprachlichen und nonverbalen Ebene illustrieren.

Das Gesprächskompetenzmodell von Spiegel basiert auf den Gesprächsforschungen von Werner Kallmeyer, der verschiedene Ordnungsebenen in Gesprächen beschreiben konnte (Spiegel 1995/2011, S. 44 ff.). Zentral für Kallmeyer war die Beschreibung des Gesprächs. All diese Ebenen sind in jedem Gespräch wirksam; je nach Gesprächstyp und Gesprächsphase (Begrüßung/Beginn, Durchführung, Handlungsziel, Beendigung/Verabschiedung) sind die einzelnen Ordnungsebenen in unterschiedlich intensiver Weise beteiligt. Diese wissenschaftlichen Beschreibungsebenen von Kallmeyer aufgreifend stellt sich die Frage nach den Aktivitäten, die die Gesprächsbeteiligten durchführen müssen, um die Ordnungsebenen zu bedienen.

Ein Perspektivwechsel – nicht mehr das Gespräch ist zentral, sondern die Aktivitäten der Gesprächsbeteiligten, die im Gespräch auf allen diesen Ebenen in der Sprecher- und Zuhörrolle aktiv sein müssen – ermöglicht den Blick auf die Tätigkeiten der Gesprächsbeteiligten. Da Gespräche interaktional sind, müssen die Gesprächsbeteiligten ihre Gesprächsaktivitäten auf den unterschiedlichen Ebenen miteinander koordinieren, sie müssen ihre Aktivitäten sozusagen auf den verschiedenen Ordnungsebenen managen, damit sie ein Gespräch gemeinsam erfolgreich durchführen, das heißt das Gesprächsziel erreichen können. Konkret geht es bei den Ebenen um die folgenden Aufgaben:

→ *Ebene der Gesprächsorganisation:* Wie organisieren Sprecher/innen die »technische« Ebene des Gesprächs wie Gesprächsbeginn und -beendigung, den Einstieg in die Handlungsphase des Gesprächs, die Themenbehandlung, den Sprecherwechsel?

→ *Ebene der Handlungsschemata:* Welche sprachlichen (Teil-)Handlungen führen die Gesprächsbeteiligten gemeinsam durch? Gängige Handlungen sind z. B. das Beraten, Verhandeln, Klären, Informieren, Fragen, Begründen.

→ *Ebene der Sachverhaltsdarstellung:* Worum geht es? Was stellen die Gesprächsbeteiligten wie dar? Diese Ebene fokussiert die Inhalte von Gesprächen: Welche werden ausgewählt, wie werden sie dargestellt, als Erzählungen, als Berichte?

→ *Ebene der Modalität:* Welche Stimmung wird im Gespräch wie (von wem) erzeugt? Man unterscheidet zwischen den Grundmodalitäten Scherz und Ernst sowie Variationen wie ironisch, zynisch, ärgerlich, traurig etc.

→ *Ebene der Beziehungskonstitution:* Wie behandeln sich die Gesprächsbeteiligten? Aspekte wie Höflichkeit, Vertrautheit, Hierarchie etc. spielen eine Rolle, aber auch adressatenbezogene Stile und Darstellungsweisen.
→ Eine Ebene, die ich hinzugefügt habe (Spiegel 1996/2011), ist die *Ebene der sprachlichen Darstellung* oder auch die *Formulierungsebene*: Wie formulieren die Gesprächsbeteiligten ihre Beiträge? Welchen Stil verwenden sie?

Eine Basisvoraussetzung für Kommunikation ist die Kooperativität. So müssen die Beteiligten miteinander kooperieren, um auf der Ebene der Gesprächsorganisation gemeinsam ein Gespräch zu beginnen und zu beenden. Gleiches gilt, damit die Sprecherwechsel erfolgreich funktionieren und die Inhalte gemeinsam thematisiert und bearbeitet werden; zentral hierfür ist das Gesprächsmanagement. Auf der Ebene der sprachlichen Handlungen müssen die Gesprächsbeteiligten diese kennen, koordinieren und durchführen, damit das Handlungsziel einer Gesprächsphase (z. B. das Erzählen, Argumentieren oder Erklären) oder eines Gesprächs erreicht wird; es geht hier um das Handlungsmanagement.

Für die Durchführung der jeweiligen Management-Ebenen lassen sich aus diesen Ordnungsebenen *Anforderungen* ableiten und damit verbunden Gesprächskompetenzen beschreiben, die die Schülerinnen und Schüler benötigen, um das Management des Gesprächs in den verschiedenen Bereichen durchführen zu können. Zentral sind
→ *das Gesprächsmanagement:* Die Gesprächsbeteiligten müssen die »technische« Seite des Gesprächs regeln, das Gespräch und seine Phasen Beginn, Gesprächsmitte, Beendigung gemeinsam organisieren. Auch die Organisation der Wechsel der Beteiligtenrollen »Sprecher/in« und »Zuhörer/in« ist Bestandteil des Gesprächsmanagements wie auch die thematische Anbindung an die Vorredner/innen, deren Vernetzung und thematische Weiterführung.
→ *das Handlungsmanagement:* Damit die Gesprächsbeteiligten gemeinsam Gespräche durchführen können, müssen sie gängige sprachliche Handlungsschemata und -abläufe und deren sprachliche Realisierungen kennen, diese im Gespräch erkennen, aus Handlungsalternativen auswählen und diese realisieren. Für das Handlungsschema Unterrichtsdurchführung hieße das, z. B. deren Teilhandlung Wissensdarstellung, Verstehenssicherung und Wissensüberprüfung zu erkennen und sich als Schüler/in aktiv an deren Durchführung zu beteiligen, indem sie die Teilhandlungen Antworten, Nachfragen, Begründen und ähnliche Teilhandlungen durchführen. Zur Handlung Informieren oder Vermitteln gehören beispielsweise aufseiten der Sprecher/innen Teilhandlungen wie Einführen in ein Thema, Inhalte anschaulich darstellen, Erklären, Resümieren; aufseiten der Zuhörenden und der Sprechenden Teilhandlungen wie Nachfragen, Begründen, Kommentieren, Ergänzen. Welche der Teilhandlungen wie durchgeführt werden, ist in Teilen abhängig von der Auswahl des Sprechers/der Sprecherin, aber auch abhängig von dem, was die anderen Gesprächsbeteiligten als relevant signalisieren.
→ *das Inhaltsmanagement:* Die Gesprächsbeteiligten müssen situations- und adressatenspezifisch auswählen, was sie inhaltlich sagen, und die Inhalte strukturieren

und portionieren, denn wir können nur im zeitlichen Nacheinander formulieren. Für das Erzählen einer Geschichte heißt das zum Beispiel, einschätzen zu können, wie viel Kontextwissen die Zuhörenden benötigen, damit die Geschichte verstanden werden kann, oder für den Spannungsbogen einige Inhaltselemente auszuwählen und vorwegzunehmen, sich also nicht an der Chronologie des Ablaufs zu orientieren. Das Inhaltsmanagement besteht in der Fähigkeit, situationsangepasst Themen und Inhalte auszuwählen, zu strukturieren und adressatenspezifisch verständlich zu formulieren (und greift damit in das Sprachmanagement über). Das Komplement auf Zuhörseite besteht im Verstehensmanagement, der Fähigkeit, aus den impliziten und expliziten Äußerungen des Gegenübers Verstehen zu konstruieren und Verstehenslücken durch Nachfragen zu klären.

→ *das Sprach- und Darstellungsmanagement (Stilmanagement):* Die Gesprächsbeteiligten greifen auf ihre Formulierungs- und Stilressourcen zurück, sowohl beim Sprechen als auch beim Verstehen. Ein großes Repertoire an Ausdrücken ermöglicht eine differenzierte stilistische Wahl auf Sprecherseite und erleichtert das Verstehen in der Zuhörrolle. Stil beinhaltet neben der Sprachauswahl auch die Art der Präsentation, der Performance; hierzu gehören sowohl die Prosodie als auch die nonverbale Ebene, denn das Kommunizieren erfolgt multimodal.

→ *das Beziehungsmanagement:* Es hat den imageschonenden, angemessenen Umgang miteinander im Blick. Was jeweils für angemessen erachtet wird, kann je nach Situation und Gegenüber recht unterschiedlich sein. Mit dem Beziehungsmanagement verbunden ist die Fähigkeit, das Gegenüber einzuschätzen, um kommunikativ adäquat reagieren zu können. Die Einschätzung hat Folgen für alle anderen Management-Ebenen:

– für das Stil- und das Inhaltsmanagement bezüglich der Stilwahl und der Auswahl und Darstellung der Inhalte; so erklärt man die Funktionsweise des neuen Handys einer Freundin in anderer Weise als dem Opa.

– auf das Handlungsmanagement, denn sie beeinflusst die Wahrnehmung der situativen und sozialen Rollen der Beteiligten und damit die Wahl und Art der Durchführung der sprachlichen Handlungen: So wird man entsprechend der Partnereinschätzung »großzügiger Mensch« eine Bitte um eine finanzielle Unterstützung in anderer Weise äußern, als wenn die Partnereinschätzung lautet »das ist ein knausriger Mensch«.

– auf das Gesprächsmanagement, so z. B. bezüglich der Rederechte: Wenn ich mein Gegenüber z. B. als statushöher und kenntnisreicher einschätze, werde ich evtl. anspruchsvollere Themen und implikationsreichere Inhalte auswählen und diese elaborierter darstellen, dem Gegenüber größere Rederechte einräumen und andere Gesprächshandlungen wählen, z. B. eher einen Rat suchen als einen Rat geben.

Nicht berücksichtigt habe ich in diesem Modell die Gesprächsmodalität, da deren Handhabung im Management von Sache und Darstellung einfließt. Hinzukommen müssen Fähigkeiten allgemeiner Art, damit eine kommunikative und sozial angemessene Teilhabe möglich ist. So braucht es die *kognitive* Fähigkeit, beobachten und einschätzen zu können: mein Gegenüber, die Situation, die Möglichkeiten, mit dieser oder jener Strategie oder Formulierung erfolgreich zu sein. Dafür muss man zunächst über ein Situations- und Kontextwissen verfügen, die Einschätzungen erlauben. Daneben braucht es ein *praktisches Handlungswissen*: Ich muss wissen, welches sprachliche und nicht sprachliche Wissen in einer sozialen Situation erwartbar und angemessen ist.

Und schließlich müssen auch die *Fähigkeiten zur Perspektivenübernahme* sowie zur *Empathie* ausgebildet sein. Diese sind notwendig, um sich in das Gegenüber hineinversetzen zu können.

Das Wissen um die Management-Ebenen des Gesprächs hilft bei der Diagnose der sprachlichen Fähigkeiten, insofern es die Komplexität eines Gesprächs strukturiert, handhabbar macht und bereichsspezifische, kriteriengeleitete Beobachtungen ermöglicht: Je nach Management-Ebene können *Diagnose-Raster* erstellt werden und so gezielt Gesprächskompetenzen eingeschätzt und gefördert werden. Alle Ebenen und Bereiche eines kommunikativen Ereignisses auf einmal in den Blick zu nehmen, würde selbst die versiertesten Gesprächsanalytiker/innen überfordern.

Diagnose von Gesprächskompetenzen

Man kann zwischen allgemeinen und bereichsspezifischen Gesprächskompetenzen unterscheiden. Unter die allgemeinen Gesprächskompetenzen fallen diejenigen, die prinzipiell für die Durchführung von Gesprächen benötigt werden. Hinzu kommen je nach den spezifischen Gesprächsanforderungen, so z. B. beim Erzählen, Beraten, Erklären oder Argumentieren, die bereichsspezifischen Gesprächskompetenzen. Die spezifische Gesprächskompetenz beschreibt, welche Teilkompetenzen (zusätzlich) für die Durchführung der jeweiligen Aufgabe oder Handlung benötigt werden, denn je nach Zweck des Gesprächs können diese unterschiedlich aussehen.

So gehören das Zuhören und die Verständnissicherung zu den allgemeinen Gesprächskompetenzen, die Strukturierung eines Geschehens zu einer spannend erzählten Geschichte oder die doppelte Aufmerksamkeit, die für eine aktive Beteiligung bei einer Diskussion nötig ist, hingegen betreffen bereichsspezifische Gesprächskompetenzen. Bei der Diagnose der spezifischen Gesprächskompetenz kommt es darauf an zu beobachten, ob und inwieweit die Gesprächsbeteiligten diese Aufgaben, die zum Erreichen des Gesprächsziels notwendig sind, bedienen und wie sie dabei miteinander kooperieren.

Aus Platzgründen werde ich mich hier auf einige allgemeine Gesprächskompetenzen beschränken; auf Arbeiten, die sich mit bereichsspezifischen Gesprächskompetenzen wie dem Erzählen, Argumentieren, Moderieren und dem Erklären beschäftigen, habe ich bereits weiter oben verwiesen.

Zu Beginn wurden bereits allgemeine Ziele von Gesprächskompetenzen, die das Sprechen und Kommunizieren besonders in der Sekundarstufe II betreffen, erwähnt: für das *Sprechen* ist das die Fähigkeit, sowohl *adressatenspezifisch verständlich* (Stilvarianz) als auch *reflexions-* und *aspektereich* (Inhaltsvarianz) formulieren zu können; diese Aspekte betreffen das Sprach- und das Darstellungsmanagement sowie das Inhaltsmanagement. Bezüglich der *interaktiven* Gesprächsfähigkeit sind *Handlungsvarianz*, also die Möglichkeit, über ein reiches Repertoire an Handlungen zu verfügen und diese im Gespräch gemeinsam mit anderen managen zu können, sowie *Gesprächs- und Beziehungsmanagement* (Perspektivenvarianz) relevante Kriterien.

Das Sprechen – sich verständlich ausdrücken

Gerade in der Sekundarstufe II geht es in den Unterrichtsgesprächen um inhaltlich anspruchsvolle Sachverhalte, die gemeinsam diskursiv behandelt werden. Darüber hinaus besteht der Anspruch, möglichst elaboriert zu sprechen, d. h. komplexe syntaktische Konstruktionen und/oder Fremdwörter, Fachbegriffe sowie Ausdrücke des gehobenen Stilbereichs zu wählen und möglichst aspektereich darzustellen mit der Gefahr der Unverständlichkeit oder der Vagheit der Aussage. Es entsteht so das Problem zu verstehen, worauf es dem Sprecher ankommt.

Darauf möchte ich in diesem Kapitel eingehen: Entlang verschiedener Beispiele werden gelungene und problematische Beiträge vorgestellt. Alle Transkriptbeispiele stammen aus Gesprächen von Schüler/innen der 13. Klasse, kurz vor dem Abitur. Sie sind bereits vor einiger Zeit entstanden (1997/1998), daher sind sie inhaltlich nicht unbedingt aktuell, aber bezüglich der Gesprächskompetenzen durchaus aussagekräftig.

Es gilt, die Inhalte so auszuwählen und zu strukturieren (Inhaltsmanagement), dass sie einerseits verständlich, andererseits dem unterstellten Wissen der Gesprächsbeteiligten angepasst sind (Beziehungsmanagement); ferner müssen sie sprachlich akzeptabel formuliert werden (Sprach-/Stilmanagement). Die ersten beiden Beispiele beschreiben zwei verständliche, strukturierte Beiträge von Schüler/innen. Sie stammen zwar aus Diskussionen über Moden und Trends, sie könnten aber auch aus dem Literaturunterricht sein und bestimmte Interpretationen argumentativ untermauern.

Die Verschriftlichung wurde vereinfacht, die Beiträge wurden etwas geglättet, um die Lesbarkeit zu erleichtern.[1] Das Gespräch handelt davon, dass Schülerinnen und Schüler Kleidung als Identifikationsmittel nutzen. Andreas (AN) knüpft in seinem Beitrag daran an:

---

1   Die gesprochene Sprache weist eine andere syntaktische Struktur und andere syntaktische Phänomene auf als die geschriebene Sprache. Das muss sie auch, denn sie muss andere Anforderungen bedienen: Das Mündliche ist flüchtig, multimodal – auditiv und visuell zugleich wahrnehmbar –, zwingend sequenziell und nicht reproduzierbar, kann also nicht, wie das Geschriebene, mehrmals und in beliebiger Reihenfolge rezipiert werden. Die Normen des Schriftsprachlichen auf das Gesprochensprachliche zu übertragen wäre unsinnig, da es sich um eine andere Realisationsform mit anderen Bedingungen und Zwängen handelt: Es gilt beim Gesprochensprachlichen zunächst, die Aufmerksamkeit der Zuhörenden auf den Inhalts- und Relevanzfokus zu legen, mit Wiederholungen, Reihungen zu strukturieren und so das Verstehen zu erleichtern, denn Verbalisiertes ist flüchtig. Insofern ist der gerne von Lehrkräften formulierte Anspruch »Sprich in ganzen (schriftsprachlichen) Sätzen«, häufig realisiert in der Formulierung »ganzer Satz!« (sic!), für die Sprecher/innen unangemessen und für die Zuhörenden eine Zumutung.

Transkriptbeispiel 1
1 AN: na, ich wollte nur sagen, ich denk das problem is gar nich dass
2 die kinder oder die jugendlichen oder allgemein sich irgendwie
3 bestimmte klamotten kaufen wollen, um sich mit 'ner gruppe zu
4 identifiziern, sondern eher das problem ist, ja wer eigentlich die
5 trends macht und wie sie vermarktet werden, und ähm er hat gesagt,
6 derjenige hatn vor – also zieht den nutzen daraus, der die klamotten
7 trägt, aber das stimmt ja gar nich, derjenige, der des verkauft zieht
8 den nutzen draus und zwar ähm wird das ja nich einfach – also bei
9 vielen markenprodukten sieht man ja, der preis, mit dem preis
10 bezahlt man nich die qualität, sondern man bezahlt den namen, und
11 ich denk, das is eigentlich das schlimm/ste an der ganzen sache

Der Beitrag beginnt mit einer Relevanzrückstufung des bisher in der Diskussion behandelten Problems (*das problem is gar nich ...*) und dessen inhaltlicher Zusammenfassung (Zeile 1–4). Es schließt sich der zweite Beitragsteil an mit der Fokussierung *sondern das problem ist* (Zeile 4), in welchem der Sprecher das seiner Meinung nach Relevante in zwei Schritten formuliert. Zunächst thematisiert er das, was er als Problem ansieht in Zeile 4–5, danach erläutert und konkretisiert er es in Zeile 7–10. Dazwischen, in den Zeilen 5–7, zitiert er einen Vorredner und nutzt dessen Position, um seine eigene oppositiv dazu darzustellen.

Durch die Anknüpfung an die laufende Problembehandlung hat der Sprecher seinen Beitrag thematisch und handlungsstrukturell in den Gesprächsverlauf eingebunden. Zugleich hat er einen neuen Aspekt thematisiert, den er in oppositiver Weise mit einem Vorgängerbeitrag und dessen Themenexplikation verbindet, und so konkretisiert er, was er ausdrücken möchte.

Auch Evas Beitrag ist verständlich formuliert; es geht um die Verführbarkeit von Jugendlichen durch Markenkleidung und permanente Stilangebote der Kleidungsindustrie. Sie erklärt mit Hilfe von Kontrastkategorien, die sie gegenüberstellt.

Transkriptbeispiel 2
12 EV: aber es sind ja wahrscheinlich die betroffen, die noch keinen
13 individuellen stil gefunden haben, also ich würd sagen, erst ab
14 zwanzig oder oder ich mein auch schon vorher, ab achtzehn oder so
15 entwickelt sich ähm für jeden so'n eigener stil, den man auch dann
16 eigentlich weitgehend beibehält, und so zwölfjährige oder halt mhm
17 ja, oder auch jüngere noch, die wissen noch gar nich genau, was sie
18 genau wollen für'n stil und machen dann eben alle richtungen mit,
19 alle moderichtungen und, um vielleicht dann ihrn stil zu finden

Die Partikel *aber* signalisiert einen Widerspruch zum Vorangegangenen; danach thematisiert Eva, worum es ihr geht: Nicht alle lassen sich von der Kleidungsindustrie verführen. Sie grenzt zwei Gruppen voneinander ab, eine ältere (*erst ab zwanzig oder*

..., Zeile 13/14) und eine jüngere Gruppe (*und so zwölfjährige* ..., Zeile 16), und sie beschreibt die Bedingungen der Verführbarkeit. In ihrem Beitrag differenziert sie zwischen verschiedenen Gruppen und sie begründet ihre Differenzierung, auch dieser Beitrag ist verständlich und klar strukturiert.

Das nachfolgende Beispiel zeigt eine Beitragsgestaltung, die in ihrer Aussage zu viele Aspekte anspricht, diese zugleich aber nicht miteinander verbindet bzw. strukturiert. Die Äußerung ist insgesamt vage, sodass kaum ersichtlich wird, worum es der Sprecherin geht – trotz der Länge des Beitrags.

Transkriptbeispiel 3
20   ich find jetz grad, da sieht man gleich das problem; sie haben so
21   gesagt, sollte man's mitmachen, und ich find das sind eben sachen,
22   die ähm entscheidet man jetz ja nich so unbedingt so bewusst, wenn
23   man zum beispiel meint – zum beispiel mit den scheidungen, ja
24   ich heirate, aber ich lass mich sowieso mal scheiden oder so was,
25   ähm ich find einfach, da da machts mir eher sorgen, dass das
26   irgendwie alles so ne eigendynamik hat, dass eben jetz zum beispiel
27   immer mehr schei – es gibt einfach immer mehr scheidungen, dass
28   sich da eben insgesamt in den köpfen der menschen was geändert
29   haben muss, dass das eben passiert, und dass sich halt die
30   gesellschaft so weiter entwickelt hat und wir – ich find grade da is
31   es viel schwerer, den den trend wieder irgendwie in andere bahnen
32   zu lenken, weil das eben nich so is, dass man das bewusst
33   beeinflussen kann, find ich, oder jedenfalls nur sehr begrenzt/

Die Sprecherin bindet zwar formal an die Vorrednerin an (*sie haben so gesagt sollte man's mitmachen*, Zeile 20/21), geht aber inhaltlich nicht darauf ein, sondern benennt nur allgemein mit dem Ausdruck *sachen* (21). Danach fokussiert sie mehrere Aspekte (*scheidungen* (27), *änderung in den köpfen* (28), *weiterentwicklung der gesellschaft* (29/30), *trend in bahnen lenken* (31)), ohne diese zu konkretisieren oder in einen konsistenten, kohärenten Zusammenhang zu bringen. Übrigens ist diese Art der Beitragsgestaltung typisch für diese Schülerin.

Die Vagheit des folgenden Beitrags beruht darauf, dass der Sprecher zwar Formulierungen aus möglichen gesellschaftlichen Diskursen aufnimmt, diese aber in seinem Beitrag nicht expliziert. Er stellt den Zuhörenden nicht begründend dar, was er damit meint. Zuvor ging es in dem Gespräch darum, dass sich heutzutage Eltern zu wenig um ihre Kinder kümmern. Zunächst resümiert die Lehrkraft, Timm schließt an den Beitrag der Lehrkraft an, diesen weiter formulierend:

Transkriptbeispiel 4
34 LE: also der trend, der trend nimmt sicher zu
35 TI: bei gleichzeitiger mythologisierungen der familie, also je stärker
36 – ja je stärker also die familie in bedrängnis gerät durch die
37 gegebene situation, desto stärker wird sie mystifiziert, kann man
38 wirklich beobachten, es wird sich auch noch verschärfen, nehm ich
39 mal an in nächster zeit

Timm führt das Thema »Mythologisierung der Familien« ein und entwickelt es weiter: »Die Familien geraten in Bedrängnis, werden stärker mystifiziert, und das wird sich verschärfen«, aber was damit inhaltlich gemeint ist, wird nicht ersichtlich. Der Sprecher unterstellt, dass den Zuhörenden die Inhalte dieses Diskurses vertraut sind und ihnen bereits eine Anspielung – die Erwähnung der Mystifizierung – zur Kontextualisierung ausreicht; dies scheint allerdings nicht der Fall zu sein, denn keiner der Gesprächsbeteiligten geht auf seinen Beitrag ein.

Dabei entspricht der Beitrag von Timm den stereotypen Vorstellungen, die man vom anspruchsvollen Beitrag eines Abiturienten hat, er verwendet Fremdwörter, rekurriert auf den gesellschaftlichen Diskurs und sein Beitrag ist nicht konkret formuliert, sondern abstrakt. Dem zugrunde liegen bestimmte Normen, die die Erwartung bezüglich des Sprechens und Kommunizierens in der Sekundarstufe II präfigurieren und die auch die Vorstellung, in welche Richtung Gesprächskompetenzen geschult werden sollen, prägen. Die Norm, die ich zugrunde lege, lautet: Komplexität in der Sache, aber Verständlichkeit bezüglich der Sprache.

Eine weitere Norm, die unterstellt wird, ist die des Stilpurismus, nämlich die Vorstellung, konsistent eine Stilebene zu verwenden. Dieser Anforderung können die Gesprächsbeteiligten in vielen Situationen bereits strukturell nicht nachkommen. Schülerinnen und Schüler beherrschen verschiedene Stile; es geht darum, dass sie sich dessen bewusst sind und diese Stile weiter ausbauen.

Mit Stil ist dabei nicht nur die Formulierungsweise gemeint, sondern auch die Art der sprachlichen, parasprachlichen und nonverbalen Realisierung. Meist ist die Wahl des passenden Stils nicht einfach. So müssen die Schülerinnen und Schüler in der Regel im Unterricht zwei Adressaten bedienen (Mehrfachadressierung): Sie sprechen zur Lehrperson, die zugleich primäre Adressatin ist; aber das, was sie sagen, wird zugleich von den Mitschülerinnen und Mitschülern wahrgenommen, die als sekundäre Adressaten fungieren. Formen der Mehrfachadressierung finden sich in vielen Gesprächssituationen: So können Erwachsene und Kinder zugleich angesprochen werden, Experten und Laien, Mitarbeiter und Chefin etc.

Im Unterricht verwenden die Schülerinnen und Schüler häufig Stilmischungen dahingehend, dass sie sich einerseits um eine elaborierte Sprache bemühen, andererseits aber jugendsprachliche Ausdrücke integrieren. Es geht hier nicht darum, Stilmischungen zu monieren, sondern darum, darauf aufmerksam zu machen, aus welchen Gründen Stilmischungen erfolgen können: Einerseits orientieren sich Schülerinnen und Schüler an den Erwartungen der Lehrpersonen und verwenden Fachbegriffe oder Fremdwörter, andererseits sprechen sie auch zu ihren Mitschüler/innen, haben dabei ihr Image als »cooler Jugendlicher« im Blick – und flechten wiederholt jugendsprachliche Ausdrücke ein. So bedient auch Michael zwei verschiedene Anforderungen, wenn er einerseits den jugendsprachlichen Ausdruck *krass* verwendet, andererseits aber auch den fremdsprachlichen Ausdruck *synonym*:

Transkriptbeispiel 5
MI: ja also ich würd's nich synonym setzen, ich denk, mhm mode is
eher so'n erscheinungsbild, was relativ schnell wieder ähm
verschwindet, also dass es halt eher' ne schnelle krasse erscheinung
is, während trend eher dahin geht, dass sich alles wandelt, also es is gemäßigter
in meinen augen, ich weiß nich

Die Gesprächskompetenz

Während zuvor das Sprechen Einzelner in den Blick genommen wurde, sind es im Nachfolgenden die Aktivitäten im Gespräch. Zwei Beispiele möchte ich präsentieren: Während das Transkriptbeispiel 6 eine kooperative Gesprächs- und Themenführung zeigt, wird diese im Beispiel 7 zum Problem.

Das nächste Beispiel zeigt, dass die Gesprächsbeteiligten Thomas und Andreas sich wechselseitig zuhören, das Thema und die Themenführung aufgreifen und gemeinsam weiterentwickeln – im Sinne des Vorredners.

Transkriptbeispiel 6
TH: ja also den trend zur computerisierung, also dass jeder'n computer daheim
haben sollte, glaub ich, sollte man schon mitmachen, weil weil's halt das medium
der zukunft is, computer
AN: ich glaub, den muss man sogar mitmachen, den sollte man net, den muss man
mitmachen
TH: weil sonst lebt man halt hinter der zeit, also in ein paar jahrn wird es zumindest, glaub ich, so sein, dass dass vieles nur noch über computer geht
AN: ich denk, auch am arbeitsplatz wird's dann an jeder stelle'n computer geben,
und wenn man da net bescheid weiß

Dass auch Schülerinnen und Schüler in der Sekundarstufe II Probleme des Gesprächsmanagements haben, zeigt das nächste Beispiel. Die Lehrkraft muss zweimal intervenieren: zunächst, als Susanne Andreas unterbricht, dann, als anstelle von Marga, die an sich an der Reihe wäre, Susanne das Rederecht ergreift. Zugleich zeigt der Redebeitrag von Susanne ab Zeile 20, dass sie Andreas gar nicht richtig zugehört hat, denn sie markiert ihre Unterbrechungsversuche und ihre Äußerung als Widerspruch zu Andreas, dieser wird allerdings in ihrem Beitrag inhaltlich gar nicht formuliert.

Transkriptbeispiel 7

```
1   AN: also, was mich jetzt irgendwie stört, ist das wort tradition, weil
2   für mich is tradition nich unbedingt was positives, was man
3   weiterführn muss und
4   SU: doch find ich schon, also ich finde, da gibts auch
5   LE: ne
6   SU: sehr positive sachen
7   LE: wart mal, lass mal, der andreas soll das maln bisschen ausmalen
8   AN: vor allem wenn wenn das jetz irgendwie so zwanghaft sein
9   muss, dass irgendwie traditionen unbedingt behalten werden
10  müssen so, das klingt schon ziemlich konservativ, ehrlich gesagt
11  und die frage is jetz, soll man trends mitmachen und das is ja jetz
12  grade der konflikt, ob man jetzt die tradition beibehalten soll oder
13  den trend mitmachen soll, weil das is ja eigentlich – das sind ja die
14  zwei alternativen, oder ob man sich 'nen eigenen weg findet,
15  SU: ja aber mich nervt
16  LE: direkt du
17  SU: direkt drauf deswegen
18  LE: du willst direkt antworten gut, und dann kommt marga
19  MA: ne, das passt jetzt eh nich mehr, is schon – sag ruhig
20  SU: ich bin jetzt bestimmt eigentlich auch nich die, die alle
21  traditionen bewahren will, aber mich – ich hab eher so den
22  eindruck, dass eben der – der trend is irgendwie – immer irgendwie
23  – alle traditionen – irgendwie sagen, okay jeder traditionell
24  bewusste mensch is konservativ, einfach alle traditionen wegfegen,
25  und das find ich, in die richtung muss es nich gehn, das is – das gibt
26  natürlich traditionen, die die abgelegt werden sollen und auch schon
27  abgelegt worden sind, aber man kann nich immer sagen, alles, was
28  eine tradition is, is schlecht, also das – und so so so sieht's aber
29  manchmal auch aus, dass wirklich viele leute die ansicht haben-
```

Förderung von Gesprächskompetenzen

Allgemeine Gesprächskompetenz

Eine zentrale Voraussetzung für die Förderung der Gesprächskompetenz ist das Aufzeigen und Bewusstmachen der Spezifika des Sprechens und des Gesprächs, sowohl auf allgemeiner als auch auf individueller Ebene:

→ Wie gestalte ich mein Sprechen,
→ was tue ich im Gespräch und
→ wie wirkt das auf andere, was ich im Gespräch tue?
→ Was kann ich gut (z. B. strukturieren), und
→ was muss ich stärker berücksichtigen (z. B. den anderen einbeziehen)?

Dies kann dadurch erfolgen, dass die Schülerinnen und Schüler in die Beobachtung, Diagnose und Förderung aktiv einbezogen werden. Becker-Mrotzek/Brünner (1997/2006) bieten im Online-Verlag für Gesprächsforschung (www.verlag-gespraechsforschung.de/2004/becker1.htm) für die Sekundarstufe II einen Analyseleitfaden, der zugleich die linguistischen Merkmale der Kommunikation nahebringt und der zur Nachahmung empfohlen werden kann.

Die Schülerinnen und Schüler profitieren davon, ihre Gesprächsbewusstheit und ihre reflexive Gesprächskompetenz werden geschult. Da die Gesprächsbeteiligten nicht zugleich kommunizieren und sich selbst beobachten können, helfen Videoaufnahmen, das eigene Gesprächsverhalten und das der anderen dezidiert wahrzunehmen. Auch weil die Kommunikation etwas Flüchtiges ist, nicht alle Phänomene auf der sprachlichen, parasprachlichen und nonverbalen Ebene zugleich wahrgenommen werden können, machen Videoaufnahmen und die Verschriftlichung kleiner Teile der Videoaufnahme Sinn, denn sie ermöglichen eine mehrfache Rezeption und eine gezielte Beobachtung einzelner Phänomene gerade für die Kommunizierenden selbst.

Eine Beobachtung (und eine Diagnose) sollte kriteriengeleitet erfolgen (Mönnich/Spiegel 2009). Im Vorfeld sollte daher geklärt werden,
→ *was* beobachtet werden soll und
→ *wer* was genau beobachtet; so können z. B. die oben erwähnten Management-Ebenen helfen, zunächst punktuell und selektiv zu beobachten und so die Wahrnehmung zu schulen – und nebenbei wird so auch das Zuhören gefördert.
→ Auch die Normen, die man Gesprächen zugrunde legt, müssen transparent gemacht werden.
→ Nicht zu vergessen ist, dass man nicht auf alle Faktoren des Gesprächs und des Sprechens Einfluss nehmen kann.

Verständliche Beiträge

Zunächst werde ich auf den Aspekt »verständliche Beiträge« eingehen, insbesondere auf die Auswahl der Inhalte und die Beitragsstruktur (Inhaltsmanagement) sowie auf die sprachlich-stilistische Realisierung und das Darstellungsniveau (Sprach- und Darstellungsmanagement bzw. Stilmanagement).

Auswahl der Inhalte
Bei der Auswahl der Inhalte gilt, *weniger ist mehr:* Die Konzentration auf einen thematischen Fokus, der ausdifferenziert und multiperspektivisch aufgefächert wird, erleichtert nicht nur die Strukturierung des Beitrags, sondern auch die Aufmerksamkeitsfokussierung der Zuhörenden. Zur Klärung helfen Fragen:
→ Was wurde gerade gesagt?
→ Wie stehe ich dazu und warum?
→ Kann ich aufgreifen und ergänzen, differenzieren, widerlegen?

Die Ausdifferenzierung des Fokus kann erfolgen, indem mehrere Aspekte, Perspektiven oder Positionen dazu dargestellt werden.

Die Beitragsstruktur
Gerade eine aspektereiche Darstellung benötigt eine Strukturierung und Gliederung. Zu überlegen ist, in welcher Reihenfolge und Gewichtung die Inhalte und deren Teilaspekte formuliert werden sollen – und was man alles weglassen kann zugunsten eines gewichtigen Punktes. Die Aufmerksamkeit der Zuhörenden wird durch Relevanzmarker gelenkt: Worum es einem – im Vergleich/Kontrast zu den Vorgängerbeiträgen oder in deren Weiterführung – geht (die Fokussierung), wird in der Regel zuerst formuliert, danach folgt die Explikation entlang der zentralen Punkte.

Im Beispiel 1 ist es dem Sprecher wichtig, Dissens anzuzeigen, daher beginnt er den Beitrag damit. Gleich danach formuliert er, worin dieser Dissens besteht: in einem anderen Problem. Erst in einem dritten und vierten Schritt expliziert er – nachdem er die Aufmerksamkeit der Zuhörenden schrittweise auf das für ihn Wichtige gelenkt hat. In Beispiel 2 signalisiert Eva mit dem Ausdruck *aber* Dissens zum Vorangegangenen, ein im Vergleich zu Beispiel 1 implizites, aber durchaus hinreichendes Verfahren.

Der Fünf-Schritt
Zum Üben und als Orientierung hat sich der Fünf-Schritt bewährt: Eine These/einen Fokus formulieren (Schritt 1) und ihn in drei weiteren Schritten gliedern/spezifizieren/abhandeln. Anschließend ein Resümee, eine Folgerung oder eine Zusammenfassung anschließen (fünfter Schritt). Wie die Schritte zwei bis vier aussehen, ist abhängig vom Zweck des Beitrags. Die Konzentration auf nur fünf Aspekte kommt den Anstrengungen des Zuhörens entgegen: Sehr viel mehr als fünf Punkte kann man kaum auf einmal behalten.

Die Amerikanische Debatte
Ein Übungsforum für eine bewusste Beitragsgestaltung bietet die Amerikanische Debatte, denn sie ermöglicht, ohne den spontanen Formulierungsdruck einer laufenden Interaktion Beitragsstrukturierungen zu überlegen und diese dann zu formulieren. Informationen und Anregungen zur praktischen Umsetzung im Unterricht hierzu finden sich im Internet unter www.jugend-debattiert.de.

Zwar stellt die Debatte eine künstliche Argumentationssituation dar, andererseits ermöglicht sie die Einübung von Teilkompetenzen, die nicht nur für argumentative Gespräche wichtig sind. Sie erlaubt den Teilnehmer/innen, Argumente und Aspekte adressatenspezifisch auszuwählen, vorzuformulieren, mögliche Reaktionen zu antizipieren und im Vorfeld Bearbeitungsmöglichkeiten zu erwägen – und damit vermittelt sie die Erfahrung, sich auf Gespräche vorbereiten zu können.

Darstellungsmanagement
Beim Darstellungsmanagement gilt es, neben der Auswahl der Inhalte auch die Art der Verbalisierung zu bedenken:

→ Wenn ich es abstrakt formuliere, mit welchen Beispielen lässt sich der Sachverhalt veranschaulichen oder der Fachbegriff verständlich paraphrasieren?
→ Was weiß mein Gegenüber, was ist ihm wichtig, und wie kann ich notwendige Wissenselemente implementieren?
→ Und wenn Dissens formuliert werden soll, wie lässt er sich darstellen, damit das Gegenüber möglicherweise Einsichten entwickelt, bzw. welche Vorteile hat das Gegenüber davon?
→ Parasprachlich und nonverbal unterstützen ein freundlicher Ton und Blick die Bereitschaft der Zuhörenden, die Inhalte in kooperativer Weise zu behandeln.

Gesprächs- und Beitragsmuster helfen, das eigene Repertoire bezüglich Beitragsgestaltung und typischer Formulierungsweisen zu erweitern. Die ZDF-Mediathek (www.zdf.de/ZDFmediathek/hauptnavigation/startseite/) bietet zahlreiche Diskussions- und Gesprächssendungen, die gemeinsam oder in Gruppenarbeit rezipiert und analysiert werden können; dabei kann auch die Wirkung einzelner Sprecher oder Beiträge überprüft und reflektiert werden. Die Möglichkeit der Arbeit mit Unterrichtsaufnahmen wurde bereits erwähnt.

Die Förderung der Gesprächsfähigkeit

Zuhören und Moderieren
Die Gesprächsfähigkeit lässt sich durch die Verbesserung der Zuhörfähigkeit schulen. Dafür eignet sich gut – neben Übungen zum aktiven Zuhören – die Tätigkeit des *Moderierens*: Aufgabe der Moderation ist neben der Rederechtsverteilung die thematische Strukturierung:
→ Was wurde gesagt,
→ wie hängen die Beiträge zusammen,
→ wie ist ihr Verhältnis zur zentralen Aufgabe des Gesprächs?

Durch das Moderieren der Gruppenarbeit kann man diese Tätigkeit einüben. Die Moderation im Team erleichtert den Einstieg zur Leitung eines Plenums: Während die eine die Verteilung des Rederechts im Blick hat, konzentriert sich der andere auf die Themenentwicklung.

Die Stärkung des Zuhörens unterstützt auch das *adressatenspezifische Formulieren*, denn es vertieft das Verständnis der Vorgängerbeiträge. Zudem schult es die *Beobachtung*, die auch in der Sprecherrolle unerlässlich ist und die lokales Reagieren auf die aktuelle Wirkung ermöglicht: Wie reagieren die anderen gerade, mit Unverständnis durch Stirnrunzeln? Erwiesenermaßen berücksichtigen aufmerksame Sprecher/innen noch im laufenden Formulierungsprozess spontane Zuhörreaktionen, indem sie ihre Beiträge entsprechend umgestalten.

Gespräche zweckorientiert einüben
Eine Analyse unterschiedlichster Gespräche ist zweckmäßig, denn je nach Zweck und Ziel eines Gesprächs sind interaktional andere Aufgaben zu erfüllen (Handlungsmanagement). Das bedeutet auch, *Gespräche zweckorientiert einzuüben*. So geht es zum Beispiel beim Informieren darum, Inhalte so zu formulieren, dass das Gegenüber sie entsprechend seinem Informationsstand auch verstehen kann. Dieses wiederum muss imstande sein zu antizipieren, welche Informationslücken bestehen, und Fragen zur Verständnissicherung formulieren.

Sachverhaltsdarstellungen
Prinzipiell kann man zwischen *Sachverhaltsdarstellungen* wie Informieren, Erzählen, Beschreiben und *argumentativen Darstellungen* unterscheiden. Während Sachverhaltsdarstellungen asymmetrische Gesprächsrechte beinhalten – der/die Darstellende hat ein exklusives Rederecht, Aufgabe der Zuhörenden ist die Verständnissicherung oder das Signalisieren von Empathie beim Erzählen –, sieht es beim Argumentieren anders aus, denn als Gemeinschaftshandlung ist die Verteilung des Rederechts paritätischer: Während der eine zunächst sein Argument darstellt, knüpft die andere daran an, führt es fort, differenziert es oder variiert es, wie das Transkriptbeispiel 6 zeigt.

Dies verdeutlicht, dass die Gesprächsbeteiligten je nach Gesprächstyp unterschiedliche Aufgaben erfüllen müssen, damit ein Gespräch gemeinsam erfolgreich durchgeführt werden kann. Zugleich wird ersichtlich, dass eine *Gesprächsförderung* bewusst gestaltet werden muss. Es müssen nicht nur verschiedene *Gesprächsziele* benannt werden, *Gesprächsaufgaben* differenziert gestellt werden, sondern auch die *Rollen der Gesprächsbeteiligten* wiederholt neu verteilt werden.

Viele Formen der Gesprächsförderung können in den Unterrichtsalltag integriert werden, wenn die Lehrkraft bei der Aufbereitung der Unterrichtsinhalte Formen des *Teamteaching* berücksichtigt und damit durch die Unterrichtsvermittlung zugleich die Gesprächskompetenzen der Schülerinnen und Schüler fördert. So können zum Beispiel Lerninhalte wechselseitig erklärt werden und so die Erklärkompetenz von Schülerinnen und Schülern geschult werden. Voraussetzung für ein Gelingen ist hierbei, dass den Schülerinnen und Schülern *Strukturen*, *Formulierungen* sowie *Visualisierung* für das Erklären vertraut sind. So wird zwischen drei verschiedenen Erklärformen (auch Neumeister/Vogt 2009) unterschieden:

→ *Erklären, was etwas ist*: Diese Erklärform beinhaltet häufig Definitionen und illustrierende Schaubilder.
→ *Erklären, wie etwas funktioniert*: (Zwingend) Lineare Abläufe wie bei einem Zelt- oder Schrankaufbau bzw. alternative Funktionen (PC oder Handy) werden expliziert, häufig mithilfe von Visualisierungen, die die begrifflichen Benennungen veranschaulichen.
→ *Erklärungen, warum etwas so (und nicht anders) ist*, bestehen aus Begründungszusammenhängen.

Berichten und Argumentieren
Vergleichbares lässt sich für das Berichten und das Argumentieren sagen, denn im Unterrichtskontext gibt es viele Gelegenheiten, beides einzuüben: so, wenn Sachverhalte zu klären, Probleme zu lösen sind, Kompromisse zu erarbeiten sind, wenn im Literaturunterricht Interpretationen begründet werden, aber auch wenn unterrichtsorganisatorische Aspekte behandelt werden.

Dabei sollten berufsbezogene Varianten von Argumentationen und Entscheidungsprozessen bedacht werden. So müssen im Kontext von Teamsitzungen und Problembehandlungen Problemlösungen entwickelt, für Anträge Begründungen formuliert werden: Was ist das Problem, bzw. wie stellt sich das Problem für A, für B und/oder für C dar? Welche Problemlösungsmöglichkeiten gibt es unter der Berücksichtigung der verschiedenen (Teilnehmer-)Perspektiven? Gibt es kurzfristige und langfristige Problemlösungen? Eine Möglichkeit der Sensibilisierung für Multiperspektivität findet sich in Spiegel 2010. Vergleichbares gilt für Sachverhaltsdarstellungen; berufsbezogene Varianten sind z. B. kurze Berichte über Aufgabendurchführungen, Arbeitsaufträge, über Entwicklungen, die in Arbeitsgruppen oder Teams stattgefunden haben: Wie lautete die Aufgabenstellung, welche Schritte wurden von wem durchgeführt, mit welchem (Teil-)Ziel, zu welchen (Teil-)Ergebnissen führten diese? Wie werden zukünftige Schritte aussehen, oder welches sind mögliche weitere Ziele? Welche (positiven und negativen) Erfahrungen wurden gemacht?

Dabei müssen die Beteiligten häufig unterschiedliche Adressatengruppen berücksichtigen, sowohl der Chefin als auch den Teamkollegen gerecht werden: Wer hat welches Vorwissen? Wer ist in welcher Weise von dem Problem betroffen bzw. an der Sache beteiligt und hat welche Interessen und Ziele? Welche Folgen hat das für die jeweiligen Betroffenen?

Eine Übung zur schriftlichen Form perspektivischer Darstellung und Begründung für die Sekundarstufe I findet sich in Spiegel 2011; dies lässt sich als Vorübung auch auf den Sekundarstufe-II-Bereich übertragen: Es geht darum, an verschiedene Personen (Verwandte und Bekannte) E-Mails zu schreiben, um diese für eine Beteiligung an einem Projekt (Geburtstagsgeschenk Computer) zu gewinnen und dabei deren unterschiedliche Perspektiven und Bedenken zu berücksichtigen. Erklären lässt sich gut einüben, zum Beispiel indem sich die Gesprächsbeteiligten vorstellen, sie müssten etwas einem Kind, dem Opa, einer Sachverständigen oder aber einer Mitschülerin, einem Mitschüler erklären; dabei entstehen jeweils unterschiedliche Anforderungen an das Erklären, denn Vorwissen, (Technik-)Verständnis und kognitive Verstehensmöglichkeiten sind sowohl individuell als auch altersabhängig unterschiedlich. Optimal wäre es, wie zum Beispiel im jahrgangsübergreifenden Unterricht, reale Erklärsituationen zur Einübung zu nutzen.

Gespräche vorbereiten
Für zahlreiche Gespräche ist eine Vorbereitung wichtig und möglich. Dies kann sowohl inhaltlich als auch sprachlich geschehen. Die Gesprächsbeteiligten müssen sich darüber klar werden,

→ mit wem sie sprechen (möchten oder müssen),
→ welche Ziele sie haben und was sie mit dem Gespräch erreichen möchten,
→ was sie nicht gerne angesprochen haben möchten und was sie stattdessen an Themen anbieten können,
→ wie sie die Inhalte und (Teil-)Ziele adressatenspezifisch formulieren können (konkret, metaphorisch, abstrakt oder allgemein),
→ welche möglichen Reaktionen zu erwarten sind (Angebote? Bedenken? Einwände?) und wie damit umgegangen werden kann (Kompromisse und alternative Angebote, Zugeständnisse und verbindliche Zusagen).

Eine solche Vorbereitung hilft, deutlich gelassener auch schwierige Gespräche zu bewältigen.

Literatur

Becker, T. (2001): Kinder lernen erzählen. Zur Entwicklung der narrativen Fähigkeiten von Kindern unter Berücksichtigung der Erzählform. Baltmannsweiler: Schneider Hohengehren.
Becker-Mrotzek, M. (2009): Mündliche Kommunikationskompetenz. In: Becker-Mrotzek, M. (Hrsg.): Didaktik der mündlichen Kommunikation. Baltmannsweiler: Schneider Hohengehren, S. 66–83.
Becker-Mrotzek/M./Brünner, G. (1997/2006): Gesprächsanalyse und Gesprächsführung. Eine Unterrichtsreihe für die Sekundarstufe II. Mannheim: Verlag für Gesprächsforschung. www.verlag-gespraechsforschung.de/2006/raabits.htm (Abruf: 20.4.2012).
Becker-Mrotzek, M./Schneider, F./Tetling, K. (o. J.): Argumentierendes Schreiben – lehren und lernen. www.standardsicherung. schulministerium.nrw.de/cms/netzwerk-fachliche-unterrichtsentwicklung/deutsch/ deutsch-home/ (Abruf: 20.4.2012).
Berkemeier, A. (2006): Präsentieren und Moderieren im Deutschunterricht. Baltmannsweiler: Schneider Hohengehren.
Berkemeier, A. /Pfennig, L. (2009): SchülerInnen moderieren. In: Becker-Mrotzek, M. (Hrsg.): Unterrichtskommunikation und Gesprächsdidaktik. Baltmannsweiler: Schneider Hohengehren, S. 553–561.
Deppermann, A. (1997/2004): »Gesprächskompetenz« – Probleme und Herausforderungen eines möglichen Begriffs. In: Becker-Mrotzek, M./Brünner, G. (Hrsg.): Analyse und Vermittlung von Gesprächskompetenz. Mannheim: Online-Verlag für Gesprächsforschung. www.verlag-gespraechsforschung.de/2004/becker1.htm (Abruf: 20.4.2012).
Ehlich, K./Bredel, U./Garme, B./Komor, A./Krumm, H.-J./McNamara, T./Reich, H. H./Schnieders, G./ten Thije, J. D./van den Bergh, H. (2005): Anforderungen an Verfahren der regelmäßigen Sprachstandsfeststellung als Grundlage für die frühe und individuelle Förderung von Kindern mit und ohne Migrationshintergrund. Berlin: Bundesministerium für Bildung und Forschung. www.bmbf.de/pub/bildungsreform_band_elf.pdf (Abruf: 20.4.2012).
Eriksson, B. (2006): Bildungsstandards im Bereich der gesprochenen Sprache. Eine Untersuchung in der 3., der 6. und der 9. Klasse. Tübingen, Basel: Francke.
Hausendorf, H./Quasthoff, U. (1996/2005): Sprachentwicklung und Interaktion. Mannheim: Online-Verlag für Gesprächsforschung. www.verlag-gespraechsforschung.de/2005/quasthoff.htm (Abruf 20.4.2012).
Grundler, E. (2011): Kompetent argumentieren. Ein Modell für die mündlich-dialogische Argumentationskompetenz. Tübingen: Stauffenburg.

Krelle, M./Vogt, R./Willenberg, H. (2007): Argumentative Kompetenz im Mündlichen. In: Willenberg, H. (Hrsg.): Kompetenzhandbuch für den Deutschunterricht. Baltmannsweiler: Schneider Hohengehren, S. 96–107.
Krelle, M. (2007): Wissensbasierte Argumentation lehren und lernen. In: Willenberg, H. (Hrsg.): Kompetenzhandbuch für den Deutschunterricht. Baltmannsweiler: Schneider Hohengehren, S. 108–114.
Krelle, M. (2011): Dimensionen von Gesprächskompetenz. Anmerkungen zur Debatte über mündliche Fähigkeiten im Deutschunterricht. In: Behrens, U./Eriksson, B. (Hrsg.): Sprachliches Lernen zwischen Mündlichkeit und Schriftlichkeit. Bern: hep, S. 13–34.
Krelle, M./Spiegel, C. (Hrsg.) (2009): Sprechen und Kommunizieren. Entwicklungsperspektiven, Diagnosemöglichkeiten und Lernszenarien in Deutschdidaktik und Deutschunterricht. Baltmannsweiler: Schneider Hohengehren.
Merz-Grötsch, J. (^{2}2005): Schreiben als System. Bd. 1. Freiburg: Fillibach.
Mönnich, A./Spiegel, C. (2009): Kommunikation beobachten und beurteilen. In: Becker-Mrotzek, M. (Hrsg.): Mündliche Kommunikation und Gesprächsdidaktik. Baltmannsweiler: Schneider Hohengehren, S. 429–444.
Neumeister, N./Vogt, R. (2009): Erklären im Unterricht. In: Becker-Mrotzek, M. (Hrsg.): Mündliche Kommunikation und Gesprächsdidaktik. Baltmannsweiler: Schneider Hohengehren, S. 562–583.
Quasthoff, U. (2009): Entwicklung der mündlichen Kommunikationskompetenz. In: Becker-Mrotzek, M. (Hrsg.): Mündliche Kommunikation und Gesprächsdidaktik. Baltmannsweiler: Schneider Hohengehren, S. 84–102.
Spreckels, J. (Hrsg.) (2009): Erklären im Kontext. Neue Perspektiven aus der Gesprächs- und Unterrichtsforschung. Baltmannsweiler: Schneider Hohengehren.
Spiegel, C. (1995/2011): Streit. Eine linguistische Untersuchung verbaler Interaktionen in alltäglichen Zusammenhängen. Mannheim: Online-Verlag zur Gesprächsforschung. www.verlag-gespraechsforschung.de/2011/spiegel.htm (Abruf: 20.4.2012).
Spiegel, C. (2006): Unterricht als Interaktion. Gesprächsanalytische Studien zum kommunikativen Spannungsfeld zwischen Lehrern, Schülern und Institution. Mannheim: Online-Verlag zur Gesprächsforschung. www.verlag-gespraechsforschung.de/2006/spiegel.htm (Abruf: 20.4.2012).
Spiegel, C. (2006): Argumentieren lernen im Unterricht – ein funktionaldidaktischer Ansatz. In: Grundler, E./Vogt, R. (Hrsg.): Argumentieren in Schule und Hochschule. Tübingen: Stauffenburg, S. 163–176.
Spiegel, C. (2007): »Kannst Du mir das mal erklären?« Gesprächskompetenzen erwerben durch partnerschaftliches Lernen. In: Grundschulunterricht 9/2007. München, S. 4–11.
Spiegel, C. (2009): Zuhören im Gespräch. In: Krelle, M./Spiegel, C. (Hrsg.): Sprechen und Kommunizieren. Entwicklungsperspektiven, Diagnosemöglichkeiten und Lernszenarien in Deutschdidaktik und Deutschunterricht. Baltmannsweiler: Schneider Hohengehren, S. 189–203.
Spiegel, C. (2010): »So habe ich es noch nicht gesehen.« Mehrperspektivisch diskutieren. In: Becker, S. H./Grundler, E. (Hrsg.): Argumentieren. Perspektiven entwickeln, Probleme lösen. Deutsch 5–10, Heft 22, 2010, S. 20–25.
Spiegel, C. (2011a): Einen Computer zum Geburtstag. Einen Wunsch argumentativ in E-Mails formulieren. In: Becker, S. H./Grundler, E. (Hrsg.) Schriftlich argumentieren. Deutsch 5 – 10, Heft 29, 2011, S. 4–8.
Spiegel, C. (2011b): Argumentieren schriftlich – mündlich. In: Behrens, U./Eriksson, B. (Hrsg.): Sprachliches Lernen zwischen Mündlichkeit und Schriftlichkeit. Bern: hep, S. 35–54.
Vogt, R. (2002): Im Deutschunterricht diskutieren. Zur Linguistik und Didaktik einer kommunikativen Praktik. Tübingen: Niemeyer.
Vogt, R. (Hrsg.) (2009): Erklären: gesprächsanalytische und fachdidaktische Perspektiven. Tübingen: Stauffenburg.

Elke Grundler/Rüdiger Vogt

Mündliche Argumentationskompetenz im Primarbereich sowie in den Sekundarstufen I und II

Kompetenz ist spätestens seit der ersten PISA-Studie aus dem Jahr 2000 ein zentrales Konzept der inhaltlichen Diskussion in den einzelnen Fächern. Dabei wird im Wesentlichen auf das für quantitative psychologische Untersuchungen entwickelte Konzept von Weinert (2001) rekurriert. Hinsichtlich des sprachlichen Lernens und sprachlicher Kompetenzen fällt allerdings auf, dass dabei spezifische Ansätze aus dem Bereich der Kommunikationswissenschaften bzw. der Linguistik nicht mehr berücksichtigt werden. Dies erscheint jedoch für eine nicht nur utilitaristisch (d. h. die Nützlichkeit fokussierende), sondern auch fachspezifisch angemessene Modellierung sprachbezogener Kompetenzen als wünschenswert.

Gleichzeitig waren die didaktischen Anstrengungen entlang Weinerts Definition in den letzten Jahren intensiv darum bemüht, *jeglichen* Lerninhalt so zu modellieren, dass der Lernerfolg zu einer messbaren Größe wird. Dies ist einerseits ein herausforderndes und spannendes Unterfangen. Andererseits zeigt sich jedoch immer deutlicher, dass nicht alle Lernbereiche befriedigend so modelliert werden können, dass ein testtheoretisch einwandfreies Ergebnis erwartet werden kann. Gerade in der Mündlichkeit – und hier v. a. innerhalb von Gesprächen – sind Aspekte wie die *wechselseitige Zuschreibung von Bedeutungen*, die *situative gemeinsame Herstellung von kommunikativen Gegebenheiten* oder *institutionelle Einflussgrößen* hervorzuheben, die einen massiven Einfluss auf das Interaktionsgeschehen und die aktualisierten Fähigkeiten haben.

Der unstrittige Befund der Gesprächsforschung, wonach alle an einem Gespräch Beteiligten Verantwortung tragen, verweist darauf, dass Kompetenz in Gesprächen nicht allein im Verantwortungsbereich eines Individuums liegt, sondern aus der Synthese der daran Beteiligten emergiert (Becker-Mrotzek 2008; Deppermann 2006; Grundler 2011; Vogt 2002). Das gilt selbstverständlich auch für das mündliche Argumentieren. Dieses verstehen wir im Folgenden als eine komplexe, dialogisch angelegte sprachliche Handlung, in der durch die Problematisierung eines strittigen Sachverhalts oder einer Position Begründungshandlungen eingefordert werden. Begründungen werden durch den Rückgriff auf gemeinsames oder als gemeinsam erachtetes Weltwissen gefunden. Eine Position bekommt dann Geltung, wenn sie ohne Einwände bleibt. Das ist nicht gleichbedeutend mit Konsens, sondern kann auch als anerkannter Dissens verstanden werden.

Mit dem Hinweis auf das dialogische Moment wird eine Einschränkung des Argumentierens als eine Tätigkeit innerhalb von Gesprächen vorgenommen, die der Komplexität des Gegenstandes geschuldet ist.[1]

Im folgenden Beitrag werden wir nach einem Überblick über die Verankerung der mündlichen Argumentationskompetenz in den nationalen Bildungsstandards (1) auf einschlägige Kompetenzkonzepte hinweisen, um dann ein fachspezifisches Modell argumentativer Kompetenz vorzuschlagen (2). Daran anschließend werden wesentliche Teilkompetenzen anhand schulischer Gespräche, in denen argumentiert wird, herausgearbeitet und Förderaspekte entwickelt (3). Wir differenzieren dabei zwischen den Schulstufen Primarbereich, Sekundarstufe I und Sekundarstufe II und stellen für die ersten beiden Schulstufen jeweils exemplarische Förderbausteine vor.

Mündliche Argumentationskompetenz in den Bildungsstandards

Bereits im Primarbereich ist das mündliche Argumentieren im Kompetenzbereich »Sprechen und Zuhören« verankert. Darin heißt es, dass die Kinder am Ende ihrer Grundschulzeit Konflikte mit anderen diskutieren und klären können und dass sie im Rahmen funktionsangemessenen Sprechens auch argumentieren können (KMK 2005, 10). Dazu gehören auch eine Gesprächsbeteiligung in der Unterrichtsöffentlichkeit sowie das Erlernen grundlegender Gesprächsregeln. Darunter wird nicht nur der Aspekt der Gesprächsorganisation (z. B. den anderen ausreden lassen), sondern die Teilkompetenz *Beim Thema bleiben* oder *Auf andere Gesprächsbeiträge eingehen* genannt, sodass die intendierten Gesprächsregeln als wichtige Teilbereiche des mündlichen Argumentierens identifiziert werden können.

Stärker im Mittelpunkt steht das mündliche Argumentieren jedoch in den Bildungsstandards für den mittleren Schulabschluss bzw. für den Hauptschulabschluss, wo es im Kompetenzbereich »Sprechen und Zuhören« integriert ist. Dieser wird mit der folgenden Rahmensetzung eingeleitet:

»Sprechen und Zuhören
Die Schülerinnen und Schüler bewältigen kommunikative Situationen in persönlichen, beruflichen und öffentlichen Zusammenhängen situationsangemessen und adressatengerecht.
Sie benutzen die Standardsprache. Sie achten auf gelingende Kommunikation und damit auch auf die Wirkung ihres sprachlichen Handelns. Sie verfügen über eine Gesprächskultur, die von aufmerksamem Zuhören und respektvollem Gesprächsverhalten geprägt ist« (KMK 2004a, S. 8).

---

1 Dass auch in Präsentationen oder Reden argumentiert wird, wird damit nicht ignoriert. Allerdings stehen die Sprecher hier v. a. hinsichtlich des Interaktionsverhaltens mit dem Publikum anstelle von Gesprächspartnern anderen Anforderungen gegenüber, die separat beleuchtet werden müssen.

Diese Formulierungen liefern eine sehr allgemeine Orientierung. Bei der Modellierung von Kompetenz im Bereich »Sprechen und Zuhören« geht es vor allem darum, in den verschiedenen kommunikativen Zusammenhängen angemessen zu agieren, entsprechende Varietäten zu nutzen und respektvoll auf den anderen einzugehen. Diese Konstruktion wird u. a. in Hinblick auf die Nutzung der Standardsprache konkretisiert. Weiter ist der Bereich »Sprechen und Zuhören« in fünf Teilbereiche gegliedert, denen jeweils weitere Teil-Kompetenzen zugeordnet sind:
(1) zu anderen sprechen,
(2) vor anderen sprechen,
(3) mit anderen sprechen,
(4) verstehend zuhören und
(5) szenisch spielen.

Diesen fünf Kompetenzen werden fachspezifische Methoden und Arbeitstechniken zugeordnet, wie die Praktizierung verschiedener Gesprächsformen bei entsprechender Vorbereitung oder die Nutzung von Redestrategien (KMK 2004a, S. 11). Das Argumentieren ist dabei in der Auflistung zu den Kompetenzen (1) und (3) explizit genannt: einerseits als Unterscheidung und Anwendung verschiedener Sprechsituationen (z. B. erzählen, berichten, beschreiben und argumentieren), andererseits als Kompetenz, »auf Gesprächsbeiträge sachlich und argumentierend ein[zu]gehen« (KMK 2004a, S. 10).

Insbesondere in der letzten Anforderung wird die Dialogizität des Argumentierens hervorgehoben, in der es nicht nur um die Generierung von Argumenten geht, sondern um die prozessbezogene, situativ angemessene Nutzung derselben innerhalb eines Gesprächs. Bedenkt man zusätzlich, dass dialogisches Argumentieren eine Spezifizierung eines Gesprächs als ein argumentatives Gespräch bedeutet, fließen auch die in den Bildungsstandards unter Punkt 3 genannten Aspekte der konstruktiven Gesprächsbeteiligung, der Beachtung von Gesprächsregeln, der begründeten Vertretung der eigenen Meinung, aber auch Aspekte der Rezeption (Punkt 4), wie z. B. die Verfolgung und Aufnahme der Gesprächsbeiträge der Partner, massiv in die mündliche Argumentationskompetenz mit ein.

Die Bildungsstandards für den mittleren Bildungsabschluss unterscheiden sich bezüglich des mündlichen Argumentierens von denen des Hauptschulabschlusses darin, dass in Ersteren nicht nur die eigene Meinung begründet werden muss, sondern auch auf »Gegenpositionen sachlich und argumentierend« (KMK 2004c, S. 10) eingegangen werden muss. Ansonsten entsprechen sich die Ansprüche vollständig.

Kompetenzkonzepte

Kompetenz

Im aktuellen fachdidaktischen Diskurs stellt die mittlerweile prominente Definition Weinerts (2001) den zentralen Bezugspunkt dar. Kern seiner Definition ist das Konzept der Problemlösung, womit es auf die psychologische Tradition verweist, menschliche Handlungen auf situative Anforderungen zu beziehen. Es wird zum einen allgemein in Hinblick auf die personellen Dispositionen Motivation, Volition und Sozialität ausdifferenziert, zum anderen (bezogen auf den schulischen Unterricht) in fachliche und fachübergreifende Kompetenzen sowie in über diesen Rahmen hinausweisende Handlungskompetenz. Ob es aber, wie Weinert behauptet, tatsächlich unstrittig ist, dass »diese Klassen von Kompetenzen für ein gutes und erfolgreiches Leben innerhalb wie außerhalb der Schule notwendig sind« (Weinert 2001, S. 28), sei dahingestellt. Deutlich wird hier jedenfalls der kognitionspsychologische Hintergrund des Konzepts sowie die Funktion, die es für die Diskussion um unabhängige Messungen seit der ersten PISA-Studie hat, indem in größtmöglicher Allgemeinheit Konzepte zur quantitativen Erfassung von Schülerleistungen entwickelt werden, um die Leistungsfähigkeit von nationalen Schulsystemen zu erfassen.

Diskurstheoretisch gesehen hat sich hier also eine Definition durchgesetzt, die in Hinblick auf »large scale«-Untersuchungen funktional vermutlich angemessen ist, die uns aber in Hinblick auf die *fachliche* Ausdifferenzierung von Kompetenzkonstrukten nur bedingt hilfreich erscheint. Vielmehr wäre es u. E. sinnvoll, bestehende Traditionen in den einzelnen inhaltlichen Bereichen aufzugreifen und für die Entwicklung *fachspezifischer* Kompetenzkonstrukte zu nutzen. Gerade im Bereich der Sprachwissenschaft gibt es eine Vielzahl von Konzeptionen, die für eine inhaltliche Prüfung herangezogen werden könnten. Ein zentrales Problem ist dabei allerdings, dass die vorliegenden Konzepte wiederum rein fachlich bestimmt sind und in Hinblick auf eine didaktisch sinnvolle Operationalisierung weiterentwickelt werden müssten.

In Chomskys Unterscheidung von Kompetenz und Performanz (1965/1973) wird einem idealen Sprecher-Hörer eine von situativen Bedingungen, wie Müdigkeit, Desinteresse, Aufregung etc., befreite Sprachfähigkeit (d. h. Kompetenz) zugeschrieben, mit deren Hilfe wissenschaftlich eine formale Grammatik beschrieben werden kann. In realen, z. B. mündlichen Sprechsituationen beobachten wir die Performanz, also eine Sprache, die Versprecher aufweist, die oft andere grammatische Phänomene aufzeigt (Fiehler 2005; Schwitalla 2003) und somit der idealisierten Kompetenz nicht entspricht (Chomsky 1965/1973, S. 14).

Ein auf das *konkrete sprachliche Handeln* bezogenes Konzept ist das für Gesprächskompetenz modellierte von Becker-Mrotzek (2008). Es ist empirisch angelegt und versucht, aus den »kommunikativen Erfordernissen der Gesprächssituation« eine theoretische Herleitung von Gesprächsfähigkeit zu erlangen. Er schlägt darin vor, verschiedene Prozessierungsperspektiven zu berücksichtigen: *erstens* die Prozessierung des thematischen Wissens, *zweitens* die Prozessierung der Beziehung zwischen den

Interagierenden. *Schließlich* wird die Gesprächskonstitution durch den Rückgriff auf das funktional-pragmatisch fundierte Konzept des sprachlichen Handlungsmusters als Prozess verstanden. Entsprechende Kategorien operationalisieren auch eine Diagnostik der Gesprächsfähigkeit (Becker-Mrotzek 2008).

Bereits diese beiden Hinweise auf die Modellierungen von Chomsky und Becker-Mrotzek lassen erkennen, dass im Bereich der Linguistik interessante Konzepte von Kompetenz entwickelt worden sind, die es nicht unbedingt erforderlich erscheinen lassen, auf ein aus einer anderen Disziplin stammendes Konzept zurückzugreifen. Vielmehr schlagen wir vor, die bestehenden, gut erarbeiteten Konzepte zu nutzen, um ein differenziertes Modell zu entwickeln. Dies wird im folgenden Abschnitt geschehen. Dort wird zunächst das Kompetenzkonzept Eugenio Coserius vorgestellt, um darauf aufbauend ein eigenes Modell vorzuschlagen.

Sprachkompetenz bei Coseriu

Durch Coseriu wurde *Sprachkompetenz* wie folgt definiert:

> »Unter Sprachkompetenz verstehen wir das Wissen, das die Sprecher beim Sprechen und bei der Gestaltung des Sprechens anwenden« (Coseriu 2007, S. 1).

Es leuchtet unmittelbar ein, dass dieser Begriff weitergehend gefasst ist als andere vergleichbare Konzepte sprachlicher Kompetenz – und zwar vor allem deshalb, weil die allgemeine Fähigkeit, sich sprachlich auszudrücken, nicht vom Gebrauch der Sprache abgegrenzt wird: Vielmehr wird gerade in der Verbindung dieser beiden Aspekte ein weitaus komplexer angelegtes Konzept entwickelt.

Coseriu geht vom Sprechen aus, also vom interaktiven Vollzug sprachlicher Handlungen. Er unterscheidet dabei zwischen der physisch-psychischen Sprachkompetenz – also den physiologischen Voraussetzungen des Sprechens und Hörens – und der kulturellen Sprachkompetenz, die in Hinblick auf drei Bereiche ausdifferenziert wird, nämlich *erstens* als allgemein-sprachliche, *zweitens* als einzelsprachliche und schließlich *drittens* als Diskurs- oder Textkompetenz.

Auf diese Weise wird zunächst das Wissen um das Sprechen im Allgemeinen, dann das Wissen um eine konkrete Sprache und schließlich das individuelle Wissen vom Sprechen in Situationen modelliert. Beurteilungskriterien für die drei Kompetenzebenen sind in diesem Konzept
→ die *Kongruenz* mit der Wirklichkeit, in dessen Einklang das Sprechen üblicherweise ist,
→ die *Korrektheit* der sprachlichen Äußerung hinsichtlich der konkret genutzten Sprache und
→ die *Angemessenheit* einer sprachlichen Äußerung in einer konkreten Situation.

Eine umfassende Kompetenz umfasst bei Coseriu das in der sprachlichen Realität unauflösbare Zusammenspiel der drei Ebenen. So kann eine Person z. B. sprachlich korrekt agieren, doch dies auf eine situativ unangemessene Weise tun, oder sie kann zwar kongruent zur Wirklichkeit agieren, doch dies mit inkorrekten einzelsprachlichen Aspekten. In keinem der Fälle zeigte der Sprecher eine ausgefeilte Sprachkompetenz im Ganzen.[2] Die Bedeutung des Einbezugs der Situation wird leicht verständlich, wenn man sich z. B. vor Augen führt, wie unterschiedlich das Argumentieren in einem Rechtsprozess und einem Privatgespräch üblicherweise abläuft.

In konkreten argumentativen Gesprächen wird nun unter Rückgriff auf idiomatisches, d. h. einzelsprachliches Wissen elokutionelles Wissen, d. h. das kongruenzerzeugende Wissen, aktiviert und in einen argumentativen Modus gebracht. Im schulischen Kontext müssen institutionelle und situative Anforderungen in die sprachliche Handlung einbezogen werden, die die Frage der Angemessenheit der entsprechenden Äußerungen bestimmen.

Tabelle 1 fasst die zentralen Aspekte des Modells zusammen.

Ebene	Gesichtspunkt		
	Tätigkeit	Wissen	Produkt
universelle Ebene	Sprechen im Allgemeinen	elokutionelles Wissen	Totalität der Äußerungen
historische Ebene	konkrete Einzelsprache	idiomatisches Wissen	(abstrakte Einzelsprache)
individuelle Ebene	Diskurs	expressives Wissen	Text

Tab. 1: Das Modell der Sprachkompetenz nach Coseriu (2007, S. 75)

Argumentationskompetenz als Gesprächskompetenz

Da wir mündliche Argumentationskompetenz als eine Spielart allgemeiner Gesprächskompetenz verstehen, bietet es sich an, die Wissensebenen Coserius durch die Funktionen des sprachlichen Zeichens, wie sie in Bühlers Organonmodell verankert sind, auszudifferenzieren. So können wir schließlich zu einer tragfähigen Modellierung von Gesprächskompetenz gelangen. Dazu nehmen wir an, dass sich die beschriebenen Wissensebenen auf den Sprecher und Hörer sowie auf die Sache beziehen. Insofern die Prozessualität für jeden Gesprächsvollzug konstitutiv ist, erscheint es sinnvoll, einen zusätzlichen Bezug zum Gesprächsprozess zu schaffen: Gesprächs-

---

2 Werden einzelne Ebenen dagegen intentional missachtet, um eine spezifische Aussageabsicht zu verdeutlichen, spricht Coseriu vom Phänomen der Aufhebung, 2007, S. 117 ff.

teilnehmer brauchen Wissen, wie Gespräche grundlegend konstituiert sind, und sie benötigen dazu ferner kulturell bedingte sprachliche Mittel, die sie auf die konkrete Situation beziehen können. Dass dieses Wissen in der Regel implizit ist, erscheint nachvollziehbar.

Auf diesem Weg werden in Coserius Modell für die vertikale Achse jeweils *personale, kognitive, soziale* und *kontextuelle* Kompetenzausprägungen ausdifferenziert und auf das Argumentieren bezogen. Diese Ausprägungen werden im Folgenden unter dem Begriff der *Dimension* erläutert.

Die personale Dimension
Die personale Dimension bezieht sich auf den Sprecher. Er muss den Anforderungen in einer kommunikativen Situation hinsichtlich seiner Person gerecht werden. Dies kann er beispielsweise tun, indem er die Art und Weise, wie er den Inhalt seines Beitrags artikuliert, steuert. So können neben einer personenbezogenen Auswahl relevanter Beitragsinhalte die eingesetzten prosodischen und nonverbalen Mittel den anderen Interaktionsteilnehmern deutlich machen, wie ein Sprecher den Inhalt seines Beitrags einschätzt. Das Maß und der Modus seiner Gesprächsbeteiligung lassen sein Interesse an den Inhalten und an der Bewältigung der Gesprächssituation erkennen. Entsprechend lässt sich dieser Bereich über eine Analyse der Äußerungsdynamik, der Nutzung sprachlicher Varietäten sowie der Angemessenheit dieser Aspekte im situativen Kontext rekonstruieren. Zentral also ist an diesem Punkt der Ausdruck des Sprechers.

Bezogen auf das Argumentieren geht es um eine rollenauthentische Modellierung der eigenen Position (elokutionelles Wissen) zu dem fraglichen Sachverhalt in einer dazu geeigneten sprachlichen Form (idiomatisches Wissen), die wiederum auf die konkrete Situation (individuelles Wissen) abgestimmt ist.

Die kognitive Dimension
Die kognitive Dimension bezieht sich auf die Sache bzw. den Gegenstand. Die Sprecher sollten die Vorgaben der thematischen Ordnung respektieren und innerhalb dieses Rahmens handeln. Das setzt voraus, dass sie über hinreichende Sachkenntnisse verfügen (elokutionelles Wissen). Diese ermöglichen, dass sie die eigene Sichtweise in geeigneten Formaten, d. h. hier im argumentativen Modus, einbringen: Die jeweils eingebrachten Informationen bzw. Standpunkte müssen nicht nur vorgebracht, sondern auch sinnvoll gestützt werden. Darüber hinaus stellt der Sprecher mental Zusammenhänge zwischen Aussagen her und macht diese sprachlich explizit. Dabei ist eine Anpassung an die sequenziellen Anforderungen der verbalen Interaktion zentral. Seine Formulierungsfähigkeit versetzt ihn in die Lage, diesen Anforderungen sprachlich zu genügen (idiomatisches Wissen) und in der konkreten Interaktion angemessen zu realisieren (individuelles Wissen). Der Bereich betrifft die thematisch orientierte (argumentative) Aushandlung von Sachverhalten.

Die soziale Dimension
Die soziale Dimension bezieht sich auf die Art und Weise, wie der Sprecher sich mit seinem Beitrag auf den bzw. die Adressaten seiner Äußerung bezieht. Das Rezipienten-Design eines Gesprächsbeitrags umfasst neben verbalen Mitteln auch spezifische mediale Eigenschaften wie Intonation, Gestik und Mimik: Der Beitrag muss so gestaltet sein, dass er für den Adressaten verständlich und anschlussfähig ist. Dies kann dadurch erreicht werden, dass der Sprecher in seiner Formulierung die Perspektive des Adressaten antizipiert bzw. innerhalb des Gesprächs wahrnimmt, mit seiner Antizipation vergleicht und, wenn nötig, korrigiert. Damit erarbeitet er sich eine Grundlage, um implizit oder explizit Bezug zu seinem Gesprächspartner aufnehmen zu können (elokutionelle Ebene, individuelle Ebene). Der Sprecher nutzt dabei sein erfahrungsbasiertes Wissen über die Modalitäten mündlicher Kommunikation, indem er versucht, den partnerbezogenen Anforderungen gerecht zu werden. Auf dieses Wissen stützen sich auch die Aktivitäten der jeweiligen Rezipienten, die ihre Wahrnehmungen kraft ihrer Interpretationsfähigkeit koordinieren und kognitiv bearbeiten.

Bezogen auf das Argumentieren heißt dies, dass die Partnerpositionen antizipiert bzw. wahrgenommen werden und aus einer geeigneten Wissensstruktur gerade solche argumentativen Beiträge formuliert werden, die an die Partnerposition anschließen können, gleichzeitig jedoch die eigene (kontroverse oder konvergente) Position herausstellen (elokutionelles Wissen), um dieser so Geltung zu verschaffen. Mithilfe eines Perspektivwechsels können solche Operationen gelingen. Dazu sind geeignete Verknüpfungsmittel zwischen den Positionen ebenso notwendig wie sprachliche Elemente, mit denen die lokale und non-lokale Gesprächskohärenz gesichert werden kann, z. B. durch Wendungen wie *worauf ich noch einmal zurückkommen möchte, im Zusammenhang mit dem Aspekt, der von Paul angesprochen wurde* usw. (idiomatisches Wissen). Die individuelle Ebene bezieht sich auf die Anpassung an den Partner innerhalb des Gesprächsprozesses und innerhalb einer konkreten Situation (argumentiere ich gegenüber einem Freund, einem Vorgesetzten, einem Lehrer im Klassenzimmer oder auf Klassenfahrt usw.).

Die kontextuelle Dimension
Die kontextuelle Dimension bezieht sich auf die interaktive Gestaltung der Situation. Die Fähigkeit von Subjekten, ihr Handeln in Raum und Zeit zu organisieren, beruht auf Erfahrungen in wiederkehrenden Zusammenhängen. Sie verfügen über implizite Handlungsroutinen sowie über bestimmte Vorstellungen bzw. Typisierungen der Situation, ebenso verfügen sie über Einstellungen und Dispositionen. Hinzu kommen durch Erfahrung gewonnene Wissensbestände über Handeln in institutionellen Kontexten. Alle diese Aspekte konstituieren einen Rahmen für die Beteiligten, innerhalb dessen sie handeln. Für den »Handlungsrahmen Unterrichtsstunde« erweist sich die Unterscheidung von kommunikativem und strategischem Handeln als notwendig: Während im kommunikativen Handeln die intersubjektive Dimension im Vordergrund steht, ist strategisches Handeln durch divergierende oder komplementäre In-

teressenlagen gekennzeichnet (Habermas 1981, S. 63 ff.). Zusammenfassend lässt sich dieser Bereich mit dem Begriff der Prozessierung erfassen.

Bezogen auf das Argumentieren bedeutet dies, dass, um ein argumentatives Gespräch führen zu können, Grundlagen der Gesprächsprozessierung bekannt sein müssen. Darunter fällt die Vorgabe der Beteiligungsaktivität und der Initiativität, wie dies auch in anderen Gesprächen der Fall ist (elokutionelles Wissen). Dazu gehören z. B. entsprechende sprachliche Mittel, ebenso wie die einzelsprachliche und kulturelle Bedingtheit der Gesprächsorganisation (idiomatisches Wissen) sowie ein Rahmen, der es ermöglicht, auch bei kontroversen oder widerstreitenden Auseinandersetzungen die Möglichkeit der argumentativen Interaktion innerhalb des institutionalisierten Kontexts aufrechtzuerhalten.

Tabelle 2 fasst die Überlegungen zusammen (vgl. auch Grundler 2011).

	personale Dimension	kognitive Dimension	soziale Dimension	kontextuelle Dimension
elokutionelles Wissen				
idiomatisches Wissen				
individuelles Wissen				

Tab.2: Dimensionen von Argumentationskompetenz bezogen auf sprachliches Wissen

Mithilfe des Analyserasters ist ein sprachbezogenes, heuristisches Modell zur Erfassung argumentativer Kompetenzen vorgeschlagen, das einerseits weiterführende Fragestellungen integrieren kann, das aber andererseits auf den sprachlichen und situativen Gegebenheiten mündlicher Kommunikation und damit auch mündlich-dialogischen Argumentierens aufbaut.

In den folgenden Abschnitten sollen einzelne der Kompetenzausprägungen anhand verschiedener Transkripte herausgearbeitet und illustriert werden. Wir gehen dabei in den jeweiligen Aspekten von den Bildungsstandards aus.

Argumentationskompetenz in der Schule

Argumentationskompetenz in der Grundschule

In diesem Teil geht es um Voraussetzungen des mündlichen Argumentierens, aber auch um die Analyse realer schulischer Diskussionen, in denen argumentiert wird.

Anhand von zwei Transkriptionen werden die für den Kompetenzbereich relevanten situativen Bedingungen vorgestellt sowie die argumentativen Strategien der Kinder vor dem Hintergrund der oben vorgestellten Konzeption untersucht. Abschließend werden Perspektiven entwickelt, welche Bereiche in der Entwicklung von argumentativer Gesprächskompetenz in der Grundschule grundlegend gefördert werden können. Der Folgeabschnitt gibt Ausblicke auf konkrete Fördermöglichkeiten.

Im ersten Beispiel geht es um eine Diskussion in einer dritten Klasse, in der die Kinder Konzepte für die Funktion von Hausaufgaben entwickeln. Im zweiten Beispiel aus einer vierten Klasse thematisiert eine Lehrerin die Frage, ob Hausaufgaben in der Schule abgeschafft werden sollten.

Im ersten Beispiel finden wir Rahmenbedingungen vor, die für die Organisation von Gesprächen in der Grundschule charakteristisch sind: Die Schülerinnen und Schüler sitzen mit der Lehrperson in einem Sitzkreis und sprechen über Hausaufgaben. Bevor sie sich abschließend mit dem Sinn von Hausaufgaben beschäftigen, geht es um andere Aspekte, etwa um den Umfang oder den Vergleich mit jüngeren bzw. älteren Schülerinnen und Schülern. Die Frage nach dem Sinn von Hausaufgaben leitet den abschließenden Teil ein. In diesem Kontext steht jetzt der Abschluss der Diskussion im Zentrum des Interesses.

Beispiel 1: »Warum macht man Hausaufgaben?« (3. Klasse)
(Sprechersiglen: L: Lehrerin, Be: Benni, Jo: Joni, Ju: Julian, Pe: Peter, Ch: Christian, mS: mehrere Schüler/innen)

1 Ju: BENni
2 Be: <<piano> also(was wollt ich sagn)> ach so wenn . man dann was nich weiß
         wie das dann geht bei den HAUSaufgaben dann weiß man dann wies geht und so ... joni
3 Jo: also manchmal is es so dass wir jetzt in der schule was
         aufhaben und das kriegen wir nich FERtig . und dann em machn
         wir das zuhause auch das man halt nich so viel zeit habn in der
         Schule dass man dann noch zuhause macht . und (so) ja ich finds
         eigentlich ganz gut dass es hausaufgaben überhaupt erfunden sind
4 mS: ((lachen))
5 Pe: also ich finde dass hausaufgaben gut sind weil wenn wenn man
         nach hause kommt und wir habn in der schule ganz wenig gemacht
         dann machen wir zuhause halt mehr ... christian
6 Ch: also wenn wir die machn dann lernt man auch und man braucht ja
         nachher zum leben auch eh lesen schreiben und rechnen man kann
         ja net einfach ne arbeit kriegn ohne lesen schreiben und
         rechnen das braucht man ja überall da
7 L: hmhm (3 sec) <<piano>(bist du fertig christian)>
8 Ch: hm
9 L: gut ihr wisst also warum ihr hausaufgaben macht machen müsst
         damit ihr was lernt fortschritte macht ihr braucht lesen
         schreiben rechnen EUer leben lang . gut das war eigentlich
         unser gespräch das wir mit euch führen WOLLten ich bedanke mich
         erst mal ihr habt wirklich ganz toll mitgeARbeitet habt euch
         SUPERgut beteiligt . gut das wars schon

Auffällig ist zunächst, dass die Schülerinnen und Schüler selbst auswählen können, wer nach ihnen spricht. Es handelt sich also um eine verfahrensgeregelte kommunikative Ordnung, in der die vorab vereinbarten Konventionen von den Beteiligten genutzt werden, um auf diese Weise das Gespräch zu organisieren.

Sodann ist es interessant, welche inhaltlichen Aspekte die Schüler einbringen. Benni beispielsweise verweist darauf, dass Hausaufgaben dem Lernen förderlich sind. Im Anschluss daran betont Joni, dass Hausaufgaben insgesamt für den Lernprozess wichtig sind, und Christian akzentuiert die Bedeutung des Lernens von »Lesen, Schreiben und Rechnen« für die Möglichkeit, einen Beruf bzw. einen Arbeitsplatz zu finden. Es werden in dem Abschnitt also drei unterschiedliche Perspektiven herausgearbeitet, die mehrere Aspekte des Problems thematisieren.

Die von der Lehrerin aufgeworfene Frage veranlasst die Schüler dazu, ihre Konzepte von Hausaufgaben einzubringen, zumindest die, von denen sie annehmen können, dass sie im Rahmen dieses Gesprächskreises akzeptabel sind. Sie greifen also die Rechtfertigungen von Lehrern, Eltern und anderen Erwachsenen auf und reproduzieren sie; ein institutionskritisches Konzept erscheint nicht.

Beziehen wir den Ausschnitt auf das oben entwickelte Modell, kann Folgendes festgestellt werden:

→ Die Kinder prozessieren ihr argumentatives Gespräch selbst. Sie verfügen demnach über ein elokutionelles Wissen in der *kontextuellen Dimension*, insofern sie das schulisch eingeleitete Verfahren kennen und anwenden können. Es gelingt ihnen nicht nur, dies angemessen zu tun, sondern sie nutzen dazu das geeignete sprachliche Wissen, indem sie schlicht einen Mitschüler oder eine Mitschülerin aufrufen. Dass dieses zunächst einfach anmutende Verfahren nicht selbstverständlich gekonnt wird oder in einer angemessenen Zeit erfolgt, wird bei einfachen Unterrichtsbesuchen in Klasse 1 deutlich, wo Kinder oft ungewöhnlich lange überlegen, wen sie als Nächstes aufrufen sollen.

→ Hinsichtlich der *kognitiven Dimension* rufen die Kinder ihr thematisches Wissen ab und bringen es in einen Begründungszusammenhang (elokutionelles Wissen). Es gelingt den Kindern dabei, ihr Wissen sprachlich einfach zu formulieren und dieses angemessen vorzubringen. Die Maxime, nichts zu wiederholen, was schon gesagt worden ist, verfolgen alle Schüler außer Peter (5). So erarbeiten sie ein inhaltlich durchaus vielschichtiges Konzept von Hausaufgaben.

→ Interessant ist, dass die Schüler die eigenen Beiträge einbringen, ohne dabei inhaltlich markiert an die Vorgängerbeiträge anzuknüpfen, indem diese durch den eigenen Beitrag weiter elaboriert werden. Dieser dialogische Zugang des Argumentierens ist den Kindern im Rahmen dieser institutionell geführten Diskussion offenbar noch fremd (*soziale Dimension*, elokutionelles Wissen). Gleichzeitig kann angenommen werden, dass die Kinder hinsichtlich der allgemeinen Zustimmung zu den Hausaufgaben die Lehrerin als eigentliche Adressatin haben.[3] Auf

---

3   Gespräche unter Kindern zu Hausaufgaben außerhalb der Institution Schule zeigen, dass hier eine weit kritischere Haltung eingenommen wird.

sie schneiden sie die Beiträge zu und beweisen damit durchaus die Beherrschung einer wichtigen Teilkompenz innerhalb der sozialen Dimension.
→ Damit ist hinsichtlich der *personalen Dimension* anzunehmen, dass die Kinder die eigene Positionierung möglicherweise einer eher sozial erwünschten Stellungnahme unterwerfen. Gleichzeitig perspektivieren die Kinder die Thematik stark auf die eigene Erlebniswelt, was sie durch die fast ausschließliche Nutzung der Pronomina in der ersten Person (z. B. *also manchmal ist es so dass wir jetzt in der schule was aufhaben*, 3). Eine zumindest sprachlich abstraktere Formulierung mithilfe des Pronomens *man* zeigt dagegen Benni (2).

Das zweite Beispiel stammt aus einer vierten Klasse, in der sich die Schüler ebenfalls mit dem Thema Hausaufgaben beschäftigen. Im Gegensatz zum vorherigen Beispiel erfolgt die Diskussion auf der Grundlage eines Zeitungsartikels. In diesem wird von einem Lehrer berichtet, der es vermeidet, seinen Schülern Hausaufgaben aufzugeben. Dieser Kollege habe wissenschaftliche Untersuchungen rezipiert, die angeblich gezeigt hätten, dass Hausaufgaben den Lernprozess nicht unbedingt unterstützen.

Der Unterricht verläuft in drei Schritten: Zunächst wird über den Text gesprochen, im Anschluss erarbeiten die Schüler in Gruppenarbeit eine bestimmte Position zur Ausgangsfrage, die im abschließenden Schritt im Plenum diskutiert wird. Die Diskussion ist also sowohl inhaltlich als auch hinsichtlich der Positionierungen deutlich stärker vorbereitet als im ersten Beispiel. Auch hier sitzen die Schüler in der ersten und dritten Phase im Stuhlkreis; zur Gruppenarbeit finden sich zwei Gruppen an unterschiedlichen Orten im Klassenzimmer.

Im Zentrum des nun dokumentierten Ausschnitts steht die Auseinandersetzung der Schüler mit der im Artikel dokumentierten Aufforderung des Lehrers, dass es besser sei zu spielen, als Hausaufgaben zu machen.

Beispiel 2: »Spielen ist besser als Hausaufgaben erledigen« (4. Klasse)
(Le: Lehrerin, An: Anke, Ha: Hannes, Jo: Joachim, Pe: Peter)

1 Le: darf ich hier noch mal zitieren aus der Zeitung den Junglehrer Geht lieber raus zum Spielen als in der Bude zu hocken und hausaufgaben zu machen. Er ist nämlich der Meinung, dass Schüler durch die Erledigung von Hausaufgaben nichts lernen, und beruft sich dabei auf die Ergebnisse wissenschaftlicher Untersuchungen.

2 Ha: er hat ja er meint ja dass die Kinder wenn se das nicht so erklärt kriegen und so er em . er erklärt das bestimmt dann nicht in der Schule und dann lernen die Kinder auch wenig so (2.0)

3 An: man lernt aber trotzdem was weil nur wenn man das nur in der Schule übt dann naja und man kanns dann noch nich so richtich dann muss man ja auch zu hause noch weiterüben als immer keine Hausaufgaben zu machen und Rausgehn und Spieln

> 4 Pe: ja hm dazu
> 5 An: und wenn man n Beruf macht em macht und dann son paar Auf/Rechenaufgaben stehn wenn man ehm n Beruf macht mit Rechenaufgaben oder so was . und ehm . die man dann nich kann das is ja dann auch nich gut dann hätt ich dann hätt ich lieber Hausaufgaben gemacht als Rausgehn und Spielen
> 6 Jo: zum Beispiel .. das is dann bescheuert zu sagn mit den Berufen Rechenaufgaben man kann ja auch im Büro arbeiten es gibt ja auch viele Kinder denen das Spaß macht so em so zu rechnen und
> 7 Pe: man muss ja auch schreiben können

Die Szene beginnt mit einem Verweis der Lehrerin auf den zugrunde liegenden Ausgangstext. Zu diesem Zeitpunkt haben die Schülerinnen und Schüler bereits etwa 10 Minuten in unterschiedlichen Perspektivierungen über das Thema gesprochen. Der Textverweis der Lehrerin hat an dieser Stelle die Aufgabe, die Alternative »Hausaufgaben oder Spielen«, d. h. das zentrale Thema, in den Mittelpunkt zu stellen, und impliziert somit unvereinbare Gegensätze, die ein argumentatives Handeln praktisch erzwingen.

Hannes verweist zunächst auf den Text und paraphrasiert sehr implizit einen Grund des Lehrers, wonach Eltern zu Hause schulische Inhalte nicht adäquat erklärten, weist dann aber darauf hin, dass bestimmte nicht verstandene Inhalte im Unterricht auch nicht erklärt werden. Dies wäre für die Kinder von besonderer Wichtigkeit, denn wenn die Lehrkraft nicht ausreichend erklärt, dann ist auch das Verständnis der Kinder schwieriger (2). Insofern positioniert er sich implizit für Hausaufgaben. Auch Anke widerspricht dem Zitat des Textes, indem sie hervorhebt, dass man bei den Hausaufgaben durchaus etwas lerne. Sie betont, dass es sinnvoll sein könne, bestimmte Probleme über das »Medium Aufgabe« zu vertiefen, mit dem Ziel, zu einem tieferen Verständnis zu gelangen (3). Peter will sich einbringen (4), aber Anke spricht weiter, sodass Peter entsprechend grundlegenden Gesprächsregeln abbricht. Sie entwickelt nun den Gedanken, welche beruflichen Perspektiven sich ergeben, wenn man beispielsweise im Beruf gut rechnen können soll, und folgert daraus, dass ihre Entscheidung auch eher für die Hausaufgaben gefallen wäre (5).

Joachim ergänzt nun, dass neben der beruflichen Perspektive Hausaufgaben in Form von Rechenaufgaben auch Spaß machen könnten, womit er implizit die einfache Gegenüberstellung von Spiel und Arbeit in Form von Hausaufgaben widerlegt. Peter schließlich verweist darauf, dass neben Rechnen auch Schreiben eine wichtige Fähigkeit bzw. Kompetenz ist (7), und erweitert damit den exemplarischen Fokus des Hausaufgabeninhalts.

Auch dieses Beispiel soll in einzelnen Aspekten auf das Kompetenzraster bezogen und mit den Beobachtungen des ersten Beispiels verglichen werden.

→ Zur *kontextuellen Dimension*: Auch in diesem Beispiel organisieren die Schülerinnen und Schüler das Gespräch selbst. Dabei nutzen sie jedoch kein festgelegtes Verfahren, sondern ergreifen selbstständig und engagiert das Rederecht. Sie zeigen damit einerseits, dass sie der schulisch-institutionellen Erwartung, sich an der Diskussion zu beteiligen, gerecht werden können, andererseits aber auch ihr Interesse an der Thematik, mit der sie in ihrer Lebenswelt ständig konfrontiert werden. Daraus resultiert die Motivation, an der Diskussion teilzunehmen, auch wenn diese im Konzept des »Diskutieren üben« (Vogt 2002) stattfindet, d. h. wenn keine praktische Umsetzung des Diskussionsergebnisses in Kooperation mit der Lehrerin erwartbar ist.

→ Hinsichtlich der argumentativen Auseinandersetzung fällt auf, dass die Kinder allesamt eine konträre Position zu dem Zeitungsausschnitt beziehen, wobei alle Beiträge außer der von Peter auf die Behauptung, man lerne nichts durch die Hausaufgaben, abheben und diese zu widerlegen versuchen. Die Kinder aktivieren dazu ihr Erfahrungswissen sowie die Argumente Erwachsener (man lerne für einen späteren Beruf), die auf einfache Weise versprachlicht und angemessen vorgetragen werden (*kognitive Dimension*).

→ Der in der Anlage der Aufgabe angesprochene Reiz des Spiels statt der Hausaufgaben wird kaum aufgegriffen. Dies hätte aber einerseits eine abwägende Argumentation bedingt und andererseits den Argumentationen Momente aus der konkreten, emotional geprägten Perspektive der Kinder entgegensetzen können (*personale Dimension*). Dazu gehören z. B. Erfahrungen wie Unlust, der Zeitfaktor, kognitiv nicht zu bewältigende oder als sinnlos empfundene Hausaufgaben, die mit großer Sicherheit von Schülerinnen und Schülern der vierten Klasse bereits gemacht wurden und zu den Alltagserfahrungen der Lehrkräfte gehören. Letztendlich tragen die Kinder wie im ersten Beispiel geeignete, tendenziell sozial erwünschte Argumente gegen den Text vor. Interessant erscheint jedoch, dass die Schülerinnen und Schüler hier einerseits versuchen, den Vorgängerbeitrag zu elaborieren, indem sie die Thematik (man lernt durch Hausaufgaben) weiter ausführen: Erstens wird Unverstandenes gelernt (Hannes), zweitens wird Gelerntes vertieft (Anke), und somit werden die notwendigen Grundlagen für das Erwachsenenleben geschaffen (Anke), was von Joachim bestätigt und durch Peter exemplarisch verbreitet wird. Insofern kann davon abgeleitet werden, dass die Kinder hier stärker als im ersten Beispiel Argumentieren als ein Gespräch aufgreifen, in dem nicht nur einzelne Argumente vorgebracht werden, sondern in dem die Beiträge der Partner aufgegriffen, sodann in eigenen Beiträgen argumentativ verarbeitet und vertieft sowie auf den Partner zugeschnitten werden (*soziale Dimension*). Andererseits erscheint dieser Zugriff noch in den Anfängen zu sein, was besonders deutlich wird, wenn man das sprachliche Vorgehen mit dem vergleicht, das Schülerinnen und Schüler in der Sekundarstufe zeigen. Damit verbunden ist die Beobachtung, dass der Aufbau eines Arguments so relativ einfach bleibt, d. h. sich in der Regel auf eine (zumeist implizite) Position und deren Begründung beläuft.

Vor dem Hintergrund dieser Analysebeispiele lassen sich für die Förderung der Argumentationskompetenz in der Grundschule die folgenden Aspekte formulieren, die im folgenden Abschnitt mit konkreten Beispielen illustriert werden:

→ Den Schülerinnen und Schülern in den beiden Beispielen gelingt es, ihr Gespräch in einem kleinen Rahmen selbstständig zu organisieren. Dies stellt eine wichtige Grundlage hinsichtlich einer umfassenden Argumentationskompetenz dar und kann als Ergebnis einer unterrichtlich ständig geübten Gesprächsorganisationsform interpretiert werden. Sie bringen sich engagiert ein, was auf ihr Interesse für die Thematik schließen lässt. Für die Förderung der Argumentationsfähigkeit stellt demnach offenbar eine für die Schülerinnen und Schüler interessante Thematik eine sehr grundlegende Rahmenbedingung dar (*kontextuelle* Dimension).

→ Die Kinder formulieren einfache Argumente als eine Antwort auf die strittige Fragestellung. Dazu gehen sie angemessen und entlang ihres abrufbaren Erfahrungswissens bzw. der angeeigneten Begründungen Erwachsener vor. Allerdings bringen die Kinder weder sich widerstreitende Wissensbausteine ein (z. B. Hausaufgaben können auch lästig sein, werden nicht gekonnt oder werden »im Schlaf« gekonnt), noch entwickeln sie eine differenzierte Haltung, z. B. dahingehend, dass Hausaufgaben nur in einzelnen Fächern gegeben werden sollten oder etwa in ihrem Umfang beschränkt werden könnten. Hinsichtlich der Förderung der kognitiven Dimension erscheint es daher von Bedeutung, breite Wissensbestände der Kinder aufzurufen, um so die Möglichkeit einer differenzierteren Positionierung nicht nur im Sinne einer puren Pro- oder Kontra-Position, sondern – dort wo es sachlich möglich ist – einer Sowohl-als-auch-Position zu entwickeln (*kognitive* Dimension). Dazu gehören auch entsprechende sprachliche Mittel, mithilfe derer Einräumungen, Abwägungen und weitere argumentative Differenzierungen formuliert werden können.

→ Die Kinder zeigen erste Ansätze, Argumente gemeinsam zu entwickeln. Dabei fällt es ihnen jedoch noch schwer, die Bezüge miteinander zu verknüpfen oder gar als eine Form der Entfaltung der als gemeinsam erkannten Position zu formulieren. Hierzu wäre es förderlich, die Kinder für eine gezielte Wahrnehmung der Vorgängerbeiträge zu sensibilisieren und Formen der direkten Anbindung der eigenen Äußerungen sowie die noch stärkere Gestaltung derselben für die Gesprächspartner zu erlernen (*soziale* Dimension). Eng damit verbunden ist der Aspekt der Perspektivierung (*personale/soziale* Dimension). In beiden Beispielen argumentieren die Kinder weitgehend aus ihrer Erfahrungswelt. Aus dieser versuchen sie, sich gegen die Abschaffung der Hausaufgaben auszusprechen. Eine Auseinandersetzung mit möglichen Sachverhalten, die andere zu einer anderen Schlussfolgerung kommen lassen, erfolgt nicht. Hier wäre eine Anbahnung einer Einnahme einer Fremdperspektive ein wichtiges Fördermoment.

Förderung argumentativer Kompetenz in der Grundschule

Der Erwerb der Argumentationskompetenz ist ein fließender und dauerhafter Prozess. Daher erfolgt eine grundlegende Argumentationsförderung nicht alleine durch gezielte Unterrichtseinheiten, sondern besonders durch die Nutzung vielfältiger Gelegenheiten für argumentative Handlungen innerhalb des Schulalltags. Diese können sich einerseits situativ ergeben, andererseits können wichtige Themen der Klasse an einer Pinnwand gesammelt und zu eingeplanten Zeiten gemeinsam bearbeitet werden. Mit einer solchermaßen argumentationsoffenen Haltung werden zweierlei *Voraussetzungen* für den Kompetenzerwerb vergleichsweise einfach geschaffen:

→ Argumentieren wird von den Kindern als eine im Alltag eingebundene wichtige sprachliche Handlung erfahren, mit der Interessenkonflikte, offene Entscheidungen und Meinungsverschiedenheiten adäquat bearbeitet werden können.
→ Die von den Kindern gesammelten bzw. situativen Themen ermöglichen stärker als vorgegebene, scheinbar lebensweltlich orientierte Fragestellungen eine enge Anbindung an die Interessen der Kinder. Unsere Daten zeigen eindrücklich, dass ein nur geringes Interesse an der Thematik das argumentative Engagement so stark reduzieren kann, dass die inhaltliche Auseinandersetzung nicht in die Tiefe geht, da sich die Schülerinnen und Schüler nicht am Gespräch beteiligen.

Zwei weitere Voraussetzungen für die Förderung der Argumentationskompetenz stellen die gewählte Gesprächsorganisation und das damit verbundene räumliche Arrangement dar. Im ersten Beispiel wählen die Schülerinnen und Schüler selbst aus, welche Personen als nächste das Rederecht erhalten. Eine solche verfahrensgeregelte kommunikative Ordnung erweist sich als ausgesprochen förderlich, um die Kinder zu einem Redebeitrag motivieren zu können. Ähnlich verhält es sich im zweiten Beispiel, in dem die Kinder ohne Aufforderung das Wort ergreifen können. Dagegen zeigen hier nicht dargestellte Beispiele unserer Daten, dass die restriktive Vergabe des Rederechts durch die Lehrkraft eine argumentative Auseinandersetzung zwischen den Kindern nur schwer zustande kommen lässt.

Für derart förderliche kommunikative Ordnungen nun ist ein räumliches Arrangement, in dem sich die Schülerinnen und Schüler gegenseitig wahrnehmen können, wie dies z. B. im Sitzkreis möglich ist, am besten geeignet (Vogt 2002). Dies sind gleichzeitig die wesentlichen Fördermomente hinsichtlich der kontextuellen Dimension, die noch durch die grundschulspezifischen Aspekte bereichert werden, in denen v. a. zurückhaltende Kinder überhaupt ermutigt werden, in der Klassenöffentlichkeit zu sprechen.

Neben den genannten Voraussetzungen sollen die folgenden Vorschläge zu konkreten Fördermöglichkeiten anregen, die die einzelnen Kompetenzdimensionen in besonderem Maße fokussieren. Wichtig ist uns allerdings zu betonen, dass eine solche Auflistung *nicht* bedeutet, dass Argumentationskompetenz durch ein isoliertes Training einzelner Teilkompetenzen erworben wird, sondern dass immer das Zusammenspiel aus echten argumentativen Gesprächen und deren gezielter Vorbereitung, deren Reflexion bezüglich einzelner Kriterien und einzelner Förderbausteine besteht. Die vorgestellten Anregungen stellen Aspekte der Vorbereitungsphase dar.

Kognitive Dimension
Grundlage für die argumentative Auseinandersetzung ist ein ausreichendes Wissen, daher müssen die Kinder
→ Sachwissen durch Texte, Medien und (Kinder-)Experten erlangen,
→ sich den erforderlichen Fachwortschatz im Rahmen der Textarbeit aneignen,
→ sprachliche Verknüpfungsmittel für Wissensbestandteile (z. B. »erstens, zweitens, drittens«; »besonders wichtig ist, dass« usw.) bereitgestellt bekommen,
→ erworbenes Wissen strukturieren, auf Wesentliches fokussieren und ordnen, z. B. durch Plakate, Mindmaps, Tabellen, Zusammenfassungen usw.

Soziale Dimension
Geeignete Methoden, die die Bedeutung des Gesprächspartners für die Argumentation in den Vordergrund stellen, sind z. B.:
→ Befragung von Klassenkameraden, die nicht die eigene Position einnehmen, warum sie für ihre Position sind
→ Fantasiereisen: Stelle dir vor, du wärst ein Erwachsener / ein Leistungssportler / ein Mensch mit einer Behinderung / eine Krankenschwester usw. Dein Alltag sieht dann folgendermaßen aus, da erscheint das Problem xy; wie würdest du damit umgehen? Nach der Phantasiereise werden die möglichen Argumente der vorgestellten Person gemeinsam notiert und möglicherweise Übertragungen auf andere Personengruppen geschaffen.
→ geeignete literarische Texte/Filme zur entsprechenden Thematik unter dem Fokus *Warum handelt Figur x so und nicht anders* rezipieren
→ Begründungen bereitstellen und einzelnen vorgegebenen Personengruppen spielerisch zuordnen (vgl. Grundler 2012)

Personale Dimension
Für die weitgehend opportunitätsfreie Positionierung und die genaue Reflexion der eigenen Position bieten sich die folgenden Möglichkeiten an:
→ einen Standpunkt unabhängig von dem der Freunde einnehmen, z. B. durch verdeckte Positionsnotizen, die später gesammelt und anonym an der Tafel präsentiert werden
→ auf Zettel formulieren: Wann würde ich meinen Standpunkt ändern? Welche Nachteile könnte mein Standpunkt für mich selbst haben? Welche Nachteile könnte mein Standpunkt für andere haben?
→ Standpunkte im Reihum-Spiel begründen, danach Gründe gemeinsam nach ihrer Überzeugungskraft beurteilen
→ fiktive, witzige, inkongruente, banale Begründungen erkennen

Hinsichtlich der idiomatischen Ebene der personalen und der sozialen Dimension bietet es sich an, entsprechende Prozeduren für konzessive Beziehungen, Relationierungen, Gewichtungen usw. bereitzustellen und mit den Kindern im Wechselspiel zwischen Pro- und Kontra-Argumenten spielerisch zu festigen (z. B. »es stimmt schon, dass ..., aber«; »viel wichtiger als den Grund x finde ich y, weil« usw.) (vgl. für schriftliche Prozeduren z. B. Rezat 2011). Mit deren Hilfe können dann durch spielerische Übungen Verknüpfungen zwischen Argument und Gegenargument oder Elaborationen geschaffen werden, sei es durch Puzzle- und Zuordnungsspiele (zu welchem Argument passt welches Gegenargument?), durch mündliche Spiele, in denen möglichst schnell Entgegnungen zu einem vorbereiteten Argument gefunden werden, usw.

Nach der Vorbereitungsphase erfolgt selbstverständlich eine Diskussion, z. B. mit der Fishbowl-Methode oder auch im Plenum.

Argumentationskompetenz in der Sekundarstufe I

Auch für die Sekundarstufe I stellen wir argumentative Kompetenzen anhand zweier Transkriptauszüge dar. Die darin beobachtbaren Teilkompetenzen werden einerseits auf das entwickelte Modell bezogen, andererseits wird die Ausprägung derselben mit den Beschreibungen der Grundschüler verglichen. (Dieser Vergleich dient nicht einer Darstellung einer möglichen Ontogenese der mündlichen Argumentationskompetenz, insofern hier eine umfangreiche Untersuchung notwendig wäre. Vielmehr setzt er Akzentuierungen, die wir qualitativ in unseren Daten feststellen konnten.)

Im folgenden Gesprächsbeispiel können deutliche Unterschiede hinsichtlich des Argumentationsverhaltens der Schülerinnen im Vergleich zu den Beispielen aus der Grundschule beobachtet werden. Es diskutieren fünf Schülerinnen in einer Kleingruppe (Klassenstufe 8; Gymnasium). Die Kleingruppe befand sich zum Erhebungszeitraum in einem separaten Raum, das Diskussionsthema konnte aus drei Angeboten gewählt werden. Die Lehrerin war zu der Zeit nicht anwesend, vielmehr befand sich eine Diskussionsleiterin im Raum, die die Diskussion initiierte und die Erhebung durchführte. Das unterrichtliche Setting unterscheidet sich demnach von dem der Grundschüler, in dem die Schülerinnen und Schüler in der Klassenöffentlichkeit argumentierten.

Ebenso wie in den Grundschulausschnitten verfolgen die Schülerinnen aber auch hier das gewählte Thema *»Sollte Rauchen bereits ab 14 Jahren legalisiert werden?«* mit Interesse, auch wenn eine Handlungsfolge durch das Argumentationsergebnis aller Voraussicht nach nicht eintreten wird. Das Interesse lässt sich anhand der aktiven und engagierten Teilnahme innerhalb der Diskussion festmachen.

Hinsichtlich der Gesprächsorganisation entspricht die Gruppenarbeit weitgehend einem Alltagsgespräch, insofern keine Organisationsverfahren festgelegt wurden oder die Diskussionsleiterin nicht in die Organisationsform eingriff. Dennoch darf nicht vernachlässigt werden, dass der Argumentationsanlass eine *schulische* Aufgabenstellung war, der die Schülerinnen nachkommen. Dies bedeutet, dass sie ihr Gesprächsverhalten auf die situativen institutionellen Bedingungen und Handlungserwartungen abstimmen und so eben auch die hier beobachtbaren Fähigkeiten nicht zwangsläufig denen, die die Sprecherinnen im außerschulischen Alltag aktivieren können, entsprechen.

Von besonderem Interesse ist im Folgenden die *kognitive Dimension* des Argumentierens, also die Anforderung, Wissen zu aktualisieren und im argumentativen Modus in das Gespräch einzubringen. Deutlich wird dabei, dass die Achtklässlerinnen in der Situation nicht nur auf ihr Erfahrungswissen, sondern auch auf die Möglichkeit der Imagination zurückgreifen, um die strittige Frage zu bearbeiten. Gleichzeitig entwickeln sie ihre Argumente nicht allein, sondern innerhalb des Gesprächs. Vereinfacht könnte man sagen, dass die Grundschülerinnen und Grundschüler singuläre Argumente formulieren, die Sekundarstufenschüler hingegen gemeinsam argumentieren.

Beispiel 3: Beschaffung (8. Klasse)
(LI: Lilli, HE: Helena, LE: Lea, VA: Vanessa, SA: Sarah)
1 LI: ich denk halt eher nicht ab 14
       man soll halt nicht früh so früh schon der gesundheit schaden
       (1.0) und wenn es noch dann erlaubt ist
       dann machens halt mehr und das ist halt schädlich
       auch für die gesundheit
       deswegen denk ich mal sollte man es nicht machen
2 HE: ich finde es eigentlich egal ob es jetzt ab 16 oder 14 ist
       weil ich meine die 13-jährigen
       die holen sowieso von irgendwo zigaretten von den automaten
       oder so
       ich finde die sollten überwacht werden glaub ich
3 LE: ja ich denk aber man kann sowieso nicht äh gucken
       wer sich jetzt zigaretten holt
       denn bei automaten steht auch immer irgendjemand
       der guckt oder so
4 VA: klar aber trotzdem wenn sich ab 14 wenns jetzt ab 14 wäre
       dann wollen ja trotzdem viel viel mehr dann trotzdem kommen
       auch äh irgendwie in tabakladen
       und das dann holen wenns auch viel mehr
5 SA: ja okay es stimmt schon
       alles ist halt schon einfacher wenn wenn
       dann können sie überall hingehen und sich es holen
       und so können sie nur bei automaten
       sonst können sie auch ins einkaufszentrum
6 LE: ich denk es ist schon schwieriger
       wenn das rauchverbot besteht
       ab 14 ist schon ein bisschen schwieriger ranzukommen
       wenn das verbot halt wär
7 SA: außerdem schadets total der gesundheit irgendwie

Lilli spricht sich zu Beginn der Diskussion gegen eine Senkung der Altersgrenze für das Rauchverbot aus und begründet dies mit einem Hinweis auf die steigende Gesundheitsgefährdung durch das noch frühere Rauchen. Diesen Zusammenhang nutzt die Schülerin, um zu folgern, dass dann mehr Jugendliche rauchen würden, was aber eben aus Gesundheitsgründen nicht empfehlenswert sei (1).

Darauf ergreift Helena das Wort. Sie lässt das Argument der Gesundheitsgefährdung stehen und ratifiziert es damit implizit als unstrittig (Wohlrapp 2008). Allerdings bezweifelt sie Lillis Annahme, dass die Zunahme jugendlicher Raucher im Falle einer Alterssenkung steigen könnte. Diesen Teilaspekt erklärt sie somit als strittig und infolge dessen als klärungsbedürftig. Sie formuliert dazu ihre Zweifel mit dem Hinweis auf die erlebte Realität (*die 13-jährigen die holen sowieso von irgendwo zigaretten von den automaten oder so*, 2). Die Schülerin geht in ihrem Beitrag jedoch noch über den Zweifel hinaus, indem sie einen Lösungsvorschlag einbringt, wie die Erreichbarkeit der Zigaretten für Teenies erschwert werden könnte (*ich finde die sollten überwacht werden glaub ich*). Mit ihrem Vorschlag erreicht sie zweierlei: Einerseits schließt sie sich klar an Lillis Aussage an, wonach Jugendliche unter 14 Jahren nicht rauchen sollten, andererseits hält sie ein Verbot begründet für sinnlos.

Auf diesem Weg eröffnet Helena eine Teilproblematik über die reale Durchsetzungskraft des Jugendschutzgesetzes, die quasi als Voraussetzung über eine Altersdebatte überhaupt gelöst werden muss – und die Entwicklung eines weiter zu elaborierenden Arguments herausfordert. Ihre Modalisierung des Vorschlags, die sie v. a. durch den eine Unsicherheit ausdrückenden Nachtrag (*glaube ich*) formuliert, kann als initiativer Beitragsanteil interpretiert werden, auf den die anderen Schülerinnen eingehen sollten.

Genau dies löst Lea in der Folge auch ein: Sie greift den Gedanken der Kontrolle der Automaten auf, indem sie diese als nicht praktikabel beurteilt. Dies geschieht zwar sprachlich relativ unspezifisch durch die zwei indefiniten Pronomen *man* und *irgendjemand*. Allerdings erscheint eine plausible Interpretation möglich, wenn man das erste Pronomen (*man*) auf eine Instanz bezieht, die aufpassen soll, dass keine Teenies am Automaten Zigaretten kaufen, das zweite Pronomen (*irgendjemand*) auf andere Jugendliche, die während des illegalen Kaufs »Schmiere« stehen. Insgesamt wird damit Helenas Vorschlag abgelehnt. So wird dies wohl auch von Vanessa verstanden, die mit *klar* (4) an Leas Einwand lokal anknüpft, dann aber thematisch an den durch Helena eingebrachten Diskussionspunkt anschließt. Zunächst kündigt Vanessa durch den Operator (Fiehler 2005) *aber* einen Einwand an, der trotz der Zustimmung für Vanessas Beitrag, die noch einmal durch die konzessive Markierung *trotzdem* herausgestellt wird, notwendig erscheint.

Erst nach diesen vergleichsweise aufwendigen Ordnungsleistungen hinsichtlich des Bezugs ihres Beitrags formuliert sie diesen inhaltlich. Sie greift die Altersfrage im Modus der Potenzialität auf (*wenns jetzt ab 14 wäre*) und skizziert daran anschließend mögliche Folgen der Alterssenkung hinsichtlich der Beschaffungsmöglichkeiten. Dazu weist sie auf die Konsequenz hin, dass dann auch Tabakläden als Beschaffungsort legal zur Verfügung stünden. In einer etwas unklaren Formulierung geht sie dabei davon aus, dass je einfacher die Beschaffung sei, desto mehr Jugendliche rauchen würden.

Vanessas Beitrag umfasst demnach die folgenden Funktionsaspekte innerhalb der Sequenz: *Gesprächsstrukturell* stellt er einen kohärenten lokalen Anschluss an den Vorgängerbeitrag dar. *Argumentationsbezogen* wird

→ *erstens* der Vorgängerbeitrag ratifiziert und so als geltend markiert. Das durch den Vorgängerbeitrag erzeugte Darstellungsdefizit, das eine Teilaushandlung notwendig macht (Spranz-Fogasy 2006), wird auf diese Weise beendet. Damit kann der Vor-Vorgängerbeitrag weiter bearbeitet werden.

→ *Zweitens* wird der Vorvorgängerbeitrag durch einen Einwand als strittig erklärt und dadurch als bearbeitungsbedürftig markiert. Beitragsstrukturell wird eine analoge Konstruktion erzeugt (Nennung des Bezugsalters, Skizze der Beschaffungsmöglichkeit), sodass eine Sicherung der Gesprächskohärenz erfolgt.

→ *Drittens* wird implizit an die von allen Sprecherinnen vertretene Ablehnung des Rauchens im frühen Alter angeschlossen.

Doch damit ist die gemeinsame Entwicklung des Teilarguments noch nicht beendet. Denn eine weitere Schülerin schließt explizit zustimmend an (*ja okay es stimmt schon*, 5) und erläutert Vanessas etwas unklare Formulierungen durch einen klar strukturierten Beitrag, in dem sie inhaltlich die Tabakläden auf Einkaufszentren erweitert. Interessant ist aber nun der anschließende Beitrag Leas, in welchem sie der Bearbeitung ihrer Behauptung durch ihre Klassenkameradinnen nun explizit zustimmt, wonach durch ein Verbot die Zugänglichkeit zu Zigaretten zumindest erschwert sei. Damit widerruft sie innerhalb des Diskussionsprozesses ihr anfängliches Argument, wonach Verbote von vornherein sinnlos seien, und beendet so die Erörterungsbedürftigkeit dieses Arguments (*ab 14 ists schon ein bisschen schwieriger ranzukommen wenn das verbot halt wär*, 6). Dieser so markierte Sequenzabschluss wird von Sarah verstanden. Daher kann sie ihren durch das kopulative Konjunktionaladverb *außerdem* angekündigten Argumentationsaspekt als neue bzw. wieder aufgegriffene Thematik einführen (7). Dieser wird in dem weiteren Gespräch von den Sprecherinnen argumentativ bearbeitet. Die Schülerinnen haben offenbar eine bereits gut entwickelte Argumentationskompetenz. Wenn wir diesen Ausschnitt mit dem Grundschulgespräch aus Beispiel 2 kontrastiv vergleichen, so können v. a. zwei Aspekte hervorgehoben werden:

Erfahrungswissen und Zukunftsbezug
Hinsichtlich der *kognitiven Dimension* bringen die Schülerinnen hier ebenso wie die Grundschüler ihr Erfahrungswissen ein, um ihre Argumente zu formulieren. Die Grundschüler griffen ihre Erfahrungen mit den Hausaufgaben direkt auf bzw. reaktualisierten die Aussagen Erwachsener (Bedeutung des Lernens für das Leben (Beispiel 1, 5). Dies geschieht auch bei den Gymnasiastinnen, allerdings nutzen sie *zusätzlich* die einfache Imagination (würden mehr oder weniger Kinder rauchen, wenn das Alter gesenkt würde?), indem sie aus einer zunächst irrealen Vorstellung heraus Überlegungen anstellen und daran ihre Argumente entwickeln.

Interessant ist, dass diese Imaginationen nicht durch unreflektierte Meinungen gestützt, sondern vielmehr durch eine Übertragung des Erfahrungswissens auf die Vorstellung begründet werden. Dieses Verfahren stellt prinzipiell einen Perspektivenwechsel von einem Gegenwarts- zu einem Zukunftsbezug dar. Dieser ermöglicht eine Folgenabschätzung hinsichtlich der strittigen Frage, wie sie allein aus dem Erfahrungswissen und faktischem Wissen, das aus den Gegebenheiten der aktuellen Realität resultiert, *nicht* erreichbar ist. Es ermöglicht eine breitere Auseinandersetzung mit der strittigen Frage im Sinne einer argumentativ fundierten Handlungsentscheidung (Wohlrapp 2008).
  Noch bedeutsamer ist jedoch der zweite Aspekt.

Interaktive Argumententwicklung
Alle fünf Schülerinnen bearbeiten *gemeinsam* einen Aspekt, der für die Lösung der Diskussionsfrage als bedeutsam erachtet wird. Das Argument wird demnach nicht nur eingebracht, sondern durch Einwände, Ratifizierungen und Konstatierungen komplex *in der Interaktion* elaboriert.
  Damit unterscheiden sich die Schülerinnen deutlich von dem Vorgehen der Grundschüler: Während diese in ihren Beiträgen ein Argument im Sinne eines Statements formulieren, das zwar ein argumentatives Format aufweist, aber innerhalb der Unterrichtsinteraktion kaum weiter von den anderen Kindern aufgegriffen wird, erfolgt die Argumententwicklung bei den Achtklässlerinnen in der Interaktion und durch sie selbst.
  Dies hat Auswirkungen auf die Komplexität und damit die argumentative Tiefe der Argumente (Grundler 2011), oder anders gesagt: auf die gemeinsame Durchdringung des Sachverhalts. Die Achtklässlerinnen scheinen also gelernt zu haben, dass Argumentieren v. a. ein interaktiver, dialogischer Prozess ist, der einer Aushandlung der Argumente und nicht nur des Einbringens einzelner Argumente bedarf.

Betrachten wir nun anhand weiterer Gesprächsbeispiele die Bedeutung der *personalen* und der *sozialen* Dimension, mit denen die Schülerinnen und Schüler einer Diskussion begegnen.
  Unter der *personalen* Dimension haben wir oben die Art verstanden, wie sich die Schüler die Thematik aneignen und sie aus ihrer Perspektive argumentierend einschätzen. Die so erfolgte Positionierung steht in einer Wechselbeziehung zu den Perspektiven anderer. In kontroversen Gesprächen stehen sich die Perspektiven gegenüber und müssen gewichtet werden. Die argumentativen Beiträge müssen auf die Fremdperspektive und den Gesprächspartner abgestimmt werden, sodass nicht eine reine Konfrontation unvereinbarer Standpunkte entsteht. Letzteres verstehen wir als *soziale* Dimension.
  Die folgenden Gesprächsausschnitte stammen von vier Schülerinnen derselben Klasse wie in Beispiel 3. Diese Sprecherinnen haben sich in ihrer Kleingruppe für das Thema »*Sollen an eurer Schule Schuluniformen eingeführt werden?*« entschieden. Interessant daran ist, dass die Schülerinnen, die sich alle gegen Schuluniformen aus-

sprechen, trotzdem zu einem argumentativen Gespräch gelangen, indem sie weitere Fremdperspektiven einbeziehen. Anhand der Ausschnitte kann gezeigt werden, wie die Schülerinnen die Thematik mehrfach perspektivieren und diesen Perspektiven geeignete Argumente zuordnen.

Beispiel 4: Schuluniformen (8. Klasse)
(JA: Jana, TA: Tanja, ME: Meret, mS: mehrere Schülerinnen)
1 JA: ALso ich denk die eltern die sind da immer schon irgendwie
dafür weil des dann weil die ja immer meinen,
dass man man keine ähm
dass es da keine sozusagen RAngkämpfe gibt unter den SCHÜ::lern
dass man DAA:für schuluniformen
2 ME: und die sind dann nicht mehr
[…]
3 TA: ja nEE nee aber kuck mal
der hat die schuluniformen DIE sind viel TEUrer
4 ME: ja aber man zahlts nur einmal
und dann muss man nicht mehr so viel geld
für teure klamOtten [ausgeben]

Jana eröffnet das Gespräch, indem sie die Fragestellung zunächst aus der Perspektive der Eltern zu betrachten versucht. Sie begründet die angenommene Zustimmung derselben zu den Uniformen damit, dass Eltern von kleidungsabhängigen Rangkämpfen zwischen den Jugendlichen ausgehen. Implizit bleibt dabei die Schlussregel, wonach Jana annimmt, dass Eltern alle Maßnahmen ergreifen würden, um eine Ausgrenzung einzelner Schüler aufgrund ihrer Kleidung auszuschließen.

Meret stimmt Jana implizit zu. Sie verbalisiert die Folgerung, dass Rangeleien o. Ä. durch die Schuluniformen unterbunden werden könnten (2).

Tanja, die sich innerhalb der Diskussion stets gegen Schuluniformen ausspricht, scheint diesen Zusammenhang zunächst nicht zu bezweifeln, insofern sie keinen Einwand gegen die erwähnte Kausalfolge bringt (das ist: wenn Eltern eine Maßnahme gegen Ausgrenzung kennen, sind sie dafür, diese umzusetzen). Vielmehr sucht sie nun *innerhalb* der Elternperspektive nach einem Argument, warum die Eltern dennoch gegen die Einführung der Uniformen sein könnten, und führt in diesem Zusammenhang ein finanzielles Argument ein: Schuluniformen könnten teurer als normale Kleidung sein.

Meret greift diesen Einwand auf, indem sie allerdings darauf hinweist, dass man nicht ständig neue Kleidung kaufen müsse, sondern – im Gegenteil – mit einer einmaligen Investition auskäme. Sie stellt damit Tanjas Einwand als irrelevant dar und aktualisiert so die übergeordnete Geltung von Janas Beitrag.

Offenbar hat Tanja dem nichts mehr entgegenzusetzen, sodass sie nun die Perspektive wechselt. Sie bringt engagiert ihren nächsten Beitrag ein, der sich bereits mit Merets Äußerung überlappt:

5 TA: [hascht du] hascht DU: bock
jeden tag die gleichen klamOtten anzuhaben

Mit einer emphatischen Betonung auf dem Pronomen *du* nimmt Tanja einen Perspektivenwechsel von den Eltern zu einer persönlichen Betroffenheit der Klassenkameradin vor; diese ist ihr offenbar in Merets Beiträgen noch nicht deutlich geworden. Sie stellt damit der Sichtweise der Eltern die der Jugendlichen, konkret der Mitschülerin Meret, gegenüber. Die Schülerinnen steigen auf diesen Perspektivenwechsel ein und artikulieren allesamt ihr Unbehagen gegen die Vorstellung, dass ihnen vorgeschrieben werde, was sie anziehen sollten.

In dieser partikulären Einigkeit prozessiert Jana den argumentativen Gedankengang, indem sie erneut die Perspektive wechselt und damit eine abstraktere Beurteilungsebene anbahnt:

6 JA: aber die MEIsten ich denk auch die poLItiker
erhoffen sich da irgendwie
dass es nicht so viel streit gibt oder so::
7 TA: die politiker haben auch immer das gleiche an
8 mS: ((lachen))
9 JA: ja aber ähm weil des halt wahrscheinlich son prOblem
ist an manchen schulen

Jana reaktualisiert den von ihr als unstrittig geltenden Aspekt der Ausgrenzung durch Kleidung (1, 6) und bezieht das Bemühen um die Einschränkung dieses Phänomens nun von den Eltern (1) auf Politiker und damit auf eine weitere an der Entscheidung beteiligte Personengruppe.

Tanja weist scherzhaft darauf hin, dass auch Politiker eine Art Uniform tragen, was die anderen Schülerinnen durch Lachen quittieren. Die damit als unstrittig geltende Grundannahme expliziert Jana dann weiter, indem sie das Ausgrenzungs- und Streitproblem als ein zumindest teilweise zu verallgemeinerndes Phänomen charakterisiert und damit das Handlungsinteresse der Politiker und der Eltern auf einer verallgemeinernden Ebene zu begründen versucht.

Bezüglich der Perspektiveinnahmen ist an den zurückliegenden Ausschnitten der Schülerinnen Folgendes auffallend:

→ Die Grundschüler aus Beispiel 1 konnten drei unterschiedliche Perspektiven zu der Hausaufgabenfrage herausarbeiten, indem jeder Sprecher geeignete Aspekte eingebracht hat. Es stand dabei jeder Schüler für eine unterschiedliche Perspektive, sodass von einer Perspektivendivergenz gesprochen werden kann (Vogt 2002). Bei den Gymnasiastinnen wird nun eine andere Form der Perspektivendivergenz erzeugt. Diese Schülerinnen nehmen nicht *eine* spezifische Perspektive ein und vertreten diese in ihrer Argumentation, sondern sie entwickeln Argumente aus unterschiedlichen Sichtweisen, die nicht unbedingt der persönlichen Perspektive der Sprecherinnen konform sind. Vor allem Jana scheint daran zu liegen, die Thematik umfassend im Sinne einer solchermaßen akzentuierten Mehrperspektivität zu bearbeiten, obwohl auch sie sich im weiteren Verlauf des Gesprächs deutlich gegen die Schuluniformen ausspricht. Dass diese Perspektive überhaupt eine Rolle spielt, weist möglicherweise darauf hin, dass Jana davon ausgeht, dass die Position der Schülerinnen ohnehin einheitlich ist, sodass die Strittigkeit als Argumentationsanlass nur durch die Hereinnahme anzunehmender Fremdperspektiven erzeugt werden kann.

→ Die Gesamtgruppe lässt sich auf die Perspektiveinnahme Außenstehender ein (Politiker, Eltern), indem sie diese zumindest knapp bearbeitet. Gleichzeitig lässt v. a. Tanja die Fremdperspektive der Eltern als geltend stehen, obwohl diese ihrem eigenen Interesse entgegensteht.

→ Diesem multiperspektivischen Vorgehen müsste nun eine Gewichtung der Sichtweisen folgen, in der eine argumentative Abwägung beispielsweise der persönlichen gegenüber der der Eltern erfolgt. Dieser Schritt ist jedoch innerhalb des Gesprächs weder für die eine noch für die andere Sichtweise zu beobachten. Zwar werden die eingebrachten Perspektiven im Verlauf wieder aufgegriffen und weiter ausdifferenziert, doch erfolgt keine direkte Arbeit an der Gewichtung. Damit stehen sich zwar Positionen gegenüber, die weit über eine rein persönliche Meinungsbildung hinausgehen und daher Ansätze zu einer fortgeschrittenen Argumentationsfähigkeit aufzeigen, doch steht der entscheidende Schritt der Perspektivhierarchisierung oder auch der -harmonisierung (Wohlrapp 2008; Grundler 2011) noch aus.

Insgesamt kann diese Form der Perspektiveinnahme als eine Sonderform der *sozialen Dimension* kategorisiert werden. Dies erscheint erklärungsbedürftig, insofern in dem Beispiel weder die Eltern noch die Politiker anwesend sind und sie daher als Gesprächspartner ausfallen, auf die ein Gesprächsbeitrag zugeschnitten werden müsste. Vielmehr erscheinen diese Interessengruppen als eine Art virtuelle Gesprächsteilnehmer, die eben jene Argumente einbringen könnten und mit denen daher umgegangen wird. Ihr Einbezug weist demzufolge auf ein umfassendes Verständnis von Argumentieren als einer generellen, d. h. erörternden Auseinandersetzung mit Perspektiven unterschiedlicher Personengruppen hin (Spiegel 2012) und bedarf einer Fähigkeit zur Perspektivübernahme, wie sie ähnlich beim schriftlichen Argumentieren eingefordert wird.

Dies gilt innerhalb eines Gesprächs v. a. dann, wenn die Partner offenbar dieselbe Position vertreten. Allerdings wurde an Tanjas emphatischem Perspektivwechsel auch die persönliche Betroffenheit deutlich, dass die persönliche Stellungnahme nicht hinter die Erörterung von Fremdperspektiven treten kann, ohne dass eine etwas laue Positionierung entsteht. In diesem Sinne kann die Bedeutung eines quantitativen wie auch qualitativen Austarierens der Fremd- und Eigenperspektive in den Beiträgen als zentraler Aspekt argumentativer Kompetenz erkannt werden. Hier sind für das Beispiel noch Förderperspektiven denkbar.

Förderung argumentativer Kompetenz in der Sekundarstufe I

Im Mittelpunkt stehen hier zwei Aspekte der Förderung: Zunächst sollen Förderbausteine gegeben werden, wie Schülerinnen und Schüler angeregt werden können, komplexe Argumente zu entwickeln, indem sie diese gemeinsam aushandeln (*kognitive* Dimension). Danach steht die Mehrperspektivität im Sinne der *personalen* und *sozialen* Dimension im Mittelpunkt. Neben dieser hier gewählten Schwerpunktsetzung erscheinen aber auch die für die Grundschule gegebenen Hinweise für die Sekundarstufe als zwingend notwendig für die Förderung.

→ Zur gemeinsamen Aushandlung von Sachverhalten ist es notwendig, die Vorgängerbeiträge genau wahrzunehmen. Dazu bietet sich als *Sensibilisierungsübung* das Kurzinterview in Paaren an: Partner A trägt Partner B seine Haltung vor und umgekehrt. Danach wird die Haltung des anderen im Plenum oder in Kleingruppen von dem Interviewer vorgetragen. Der andere bestätigt oder widerruft die Fremddarstellung (Hertie-Stiftung 2002, S. 67).

→ Gleichzeitig ist eine Sensibilisierung dafür notwendig, wie die Partner den eigenen Beitrag verstehen können. Dazu können Schüler ihren Gruppenpartnern für diese unsichtbare geometrische Muster erklärt werden, die diese zeichnen müssen. Der Sprecher kontrolliert die Zeichnungen während des Entstehungsprozesses, revidiert oder ergänzt seine Instruktionen, wo nötig (Pabst-Weinschenk 2010; Hertie-Stiftung 2002, S. 69).

→ Schließlich müssen der eigene Beitrag und der Vorgängerbeitrag sprachlich miteinander verknüpft werden. Dazu ist es hilfreich, mit den Schülern gezielt Formulierungen für Nachfragen, Vertiefungen, Einwände zu suchen und diese in Ballstafetten o. Ä. einzuüben (z. B. »Wenn du dieses für wichtig hältst, müsstest du auch den Aspekt ... bedacht haben; kannst du dazu noch etwas sagen?«, »Ich möchte zu dem Beitrag von Tim noch ergänzen, dass ...«, »Das ist eine sehr allgemeine Sichtweise, wenn wir das mal genauer betrachten, dann ...« usw.). Der Umgang mit solchen Formulierungen soll nicht explizit dazu führen, dass diese zwingend genutzt werden müssen, da implizite Anschlüsse in Gesprächen durchaus üblich sind. Vielmehr sollen sie auf die Bedeutung des Anschließens an die Beiträge der anderen gerade im argumentativen Gespräch aufmerksam machen.

→ Immer ist dafür im Zusammenhang der Förderung der *kognitiven* Dimension eine Einarbeitung in die spezifische Argumentationsthematik mit den Mitteln der Texterschließung und der allgemeinen Informationsbeschaffung notwendig, um sachgemäße Gespräche zu ermöglichen, die sich deutlich vom reinen Meinungsaustausch unterscheiden, der lapidar z. B. mit Äußerungen wie »Ich find's halt so« endet.

Der Aspekt der Mehrperspektivität des Argumentierens bezieht sich auf die *personale* und die *soziale* Dimension, insofern die eigene Perspektive mit der fremden in Beziehung gesetzt wird. Doch gleichzeitig geht sie darüber hinaus, indem weitere Sichtweisen gefunden und bearbeitet werden können:

→ Dazu bietet es sich an, komplexere Fragestellungen (z. B. alternative Energien, Geburtenkontrolle, soziale Umverteilungen von Vermögen und Ständen etwa in England usw.) gezielt im Rahmen einer Gruppenarbeit aus der Hier-Zeit-Ich-Origo zu betrachten (Spiegel 2010):
  – Eine Gruppe perspektiviert dazu das Problem aus dem Hier, eine andere aus einem anderen Staat, Kontinent, einer anderen Bevölkerungsstruktur (z. B. Stadt – Land),
  – eine weitere Gruppe perspektiviert das Problem aus dem Heute, eine andere aus einer Zukunftsvision oder einem historischen Rückblick,
  – ein drittes Gruppenpaar perspektiviert das Problem aus der Gruppe der Jugendlichen und aus der Sicht Erwachsener, Senioren, bestimmter Berufsstände, bestimmter Interessensgruppen usw.

  Die Perspektiven werden einander gegenübergestellt, sodass ersichtlich wird, dass es häufig die *eine* richtige Sichtweise nicht geben kann, sondern dass ein Standpunkt eingenommen werden muss, aus dem die jeweilige Perspektive erst entsteht.

→ Eine grundsätzliche Sensibilisierung für die Perspektive anderer (soziale Dimension) kann durch Zuordnungsspiele erfolgen, indem Personengruppen durch Kategorisierungen gefunden werden, denen passende vorgefertigte oder selbst entwickelte Argumente »in den Mund gelegt« werden (Grundler 2012a, b). So wird z. B. in der Frage nach der Verteilung von Fördermitteln in einer Gemeinde ein aktiver Sportler eher für die Beibehaltung einer finanziellen Sportförderung plädieren als die Betreiber einer Kleinkunstbühne, die ohne Förderung schließen müssten. Gleichzeitig wird auch hier die Sowohl-als-auch-Position sichtbar. Diese wird dann besonders deutlich, wenn der Kulturschaffende gleichzeitig ein Sportler ist.

→ Hier eröffnen sich Möglichkeiten, gemeinsam über eine Form der Perspektivenhierarchisierung oder Perspektivenharmonisierung nachzudenken. Gibt es Möglichkeiten für Kompromisse? Warum erscheint die eine Perspektive dringlicher als die andere, und welche Maßstäbe werden dazu gewählt? Solchermaßen metaargumentative Überlegungen führen zu einem Argumentationsverständnis, das deutlich über ein pures Pro- und Kontra-Gespräch hinausgeht und im Zusammenhang erhöhter Kooperationsbereitschaft im argumentativen Gespräch zu verorten ist.

In den folgenden Beispielen aus der Sekundarstufe II wollen wir abschließend die zentralen Aspekte in einer Form der Zusammenschau und im Sinne einer ausgeprägten Argumentationskompetenz vorstellen. Darin zeigen die Schülerinnen und Schüler auf allen Ebenen des Modells ausgeprägte Fähigkeiten, die aufgrund geeigneter Rahmenbedingungen hinsichtlich des Tableaus und der für die Lernenden interessanten Thematik voll zum Tragen kommen können.

Argumentieren in der Sekundarstufe II

Auch in der gymnasialen Oberstufe bleibt das Argumentieren im Unterricht ein wesentliches Element. Allerdings wird es durch andere Aspekte deutlich erweitert. Konkret werden hierzu in vielen Lehrplänen vor allem die Fähigkeiten benannt, die Schülerinnen und Schüler in der Sekundarstufe II weiter entwickeln und ausdifferenzieren sollten. Allerdings bleibt die lehrplanbezogene Orientierung eher im Bereich der Formulierung von relativ allgemeinen Zielen, die je nach dem zu beobachtenden Unterrichtsgeschehen weiter ausdifferenziert werden könnten. Denn die Möglichkeiten, mündliche Beiträge einzubringen, hängen auch sehr davon ab, in welchem organisatorischen Rahmen die thematische Auseinandersetzung stattfindet. So muss immer wieder berücksichtigt werden, dass die unterrichtliche Rahmung des mündlichen Argumentierens ganz zentral ist für die Möglichkeiten, sich einzubringen. An zwei Beispielen sollen Potenziale und Grenzen des unterrichtlichen Argumentierens in der Sekundarstufe II aufgezeigt werden.

Im ersten Beispiel geht es um die Aktualität des Theaterstückes »Antigone« von Sophokles. Nach einer intensiven inhaltlichen Auseinandersetzung thematisiert der Lehrer abschließend die Aktualität des Stückes. Dazu bekommen die Schülerinnen und Schüler zwei Minuten Zeit, um sich auf die inhaltliche Auseinandersetzung vorzubereiten. Dann eröffnet der Lehrer das Gespräch. Die insgesamt 12 Beiträge der Schülerinnen und Schüler sind relativ lang, dabei wird jedoch das Thema einigermaßen gut bearbeitet. In einem ersten Überblick sollen die zentralen Aussagen der Schülerinnen und Schüler dargestellt werden, im Anschluss wird dann exemplarisch ein Beitrag analysiert.

Beispiel 5: Zur Aktualität von »Antigone«: eine kontroverse Sequenz

Proponenten	Gesprächsleiter	Opponenten

1 *Antigone* ist aktuell, denn es spricht die auch heute noch wichtige Frage der Emanzipation der Frau an.

2 Bestätigung von 1, weil sich eine Frau auflehnt.

3 *Antigone* ist aktuell, denn die Hauptperson, eine Frau, lehnt sich gegen Missstände auf. Der Schluss sollte nicht aktuell sein, weil alle Personen sterben.

    4 Widerspruch zu 1, denn es geht nicht um Frauenemanzipation, sondern um einen Helden, der sich gegen etwas stellt, was nicht korrekt ist.

5 Stützung von 1: Es ist wichtig, dass eine Frau in der Antike sich gegen jemanden stellt.

    6 Widerspruch zu 1, denn es stellt einen Modellfall gewaltlosen Handelns dar.

7 *Antigone* ist aktuell, denn der Machtmissbrauch Kreons ist sehr aktuell.

    8 *Antigone* ist aktuell: Das Stück stellt den Widerstand gegen die Obrigkeit in seiner Zeit dar. Die Emanzipation wird scheitern an der Dummheit der Frau oder an der Widerspenstigkeit des Mannes.

9 Widerspruch zu 4 und 6, denn gerade in der Antike war es etwas Besonderes, dass eine Frau die Hauptperson ist.

    10 Zwischen-Resümee: 1. Warum musste Antigone eine Frau sein? 2. Der emanzipatorische Aspekt: Einer staatlichen Maßnahme wird die Stirn geboten. 3. Staatlichkeit. Impulse: Hinweis auf das Grundgesetz: Jeder Bürger hat ein Widerstandsrecht gegen staatliche Maßnahmen.

11 8 stimmt nicht, denn Antigone gehört zur gehobenen Schicht.

12 8 stellt eine übertriebene Deutung dar, weil auf den Dionysos-Festen keine Klassenkämpfe ausgetragen wurden. Frauenemanzipation war nicht relevant: Antigone hat nicht für die Frauen gehandelt.

13 Es geht nicht um Emanzipation. Es ist wichtig, dass sich überhaupt jemand auflehnt.

    14 Zusammenfassung: 1. Ist das emanzipatorisch? 2. Warum Frau und nicht Mann? 3. Wie weit geht die Auflehnung gegen den Staat?

Die Beiträge der Schülerinnen und Schüler innerhalb dieser Sequenz zeichnen sich durch einen hohen Grad an Elaboriertheit aus, sie sind ausnahmslos einem komplexen Beitragsformat zuzuordnen. Die Gründe dafür liegen zum einen auch in dem vom Lehrer konsequent praktizierten Verfahren der Rederechtorganisation; zum anderen erweist sich aber der Bezug zum Thema als so distanziert, dass durchaus mögliche spontane Einwürfe oder kurze Kommentierungen während oder nach einem Beitrag nur selten erfolgen. Jene Distanz führt zu einer konzentrierten Auseinandersetzung auf hohem Niveau.

Bei der Konkretisierung dessen, worin dieses Niveau besteht, steht die exemplarische Untersuchung des Schülerbeitrags 4 im Mittelpunkt. Liane wendet sich in diesem Beitrag gegen die von ihren Vorrednerinnen aufgestellte These von der Aktualität unter dem Aspekt der Emanzipation, indem sie behauptet, dass die Aktualität von der Qualität des Dramas abhängig sei, das jeder wegen seiner Einfachheit verstehen könne. Unter Verweis auf ein erläutertes Zitat entwickelt sie ihre These, dass es hauptsächlich darauf ankomme, dass sich jemand gegen Ungerechtigkeiten zur Wehr setze und dadurch die Massen aufwiegle. Der Beitrag etabliert innerhalb der kontroversen Sequenz die Position der Opponenten, besetzt somit die 2. Position innerhalb der charakteristischen Verlaufsstruktur. Die folgende Transkription enthält einen Segmentierungsvorschlag.

> Li: also / ich glaub nich so an die Verbindung zur Emanzipation / sondern ich denke einfach dass es aktuell is weil es einfach ein tolles Drama is / das jeder verstehn kann / und nicht / wie andere Dramen / viele Hintergründe hat / und viele verschieden Phasen / sondern dass einfach / man fängt an / liest / man weiß genau um was es geht / kriegt noch ne Erläuterung vom Chor / und es is sehr einfach aufgestellt / und sehr gut zu lesen / also / ich hab keinerlei Probleme gehabt das zu lesen und fand es auch interessant einfach mal son bisschen auch ins Geschichtliche reinzukucken / und es steht ja auch hier dass / eh auf Seite bei diesen Dokumenten und Erklärungen Seite neunundvierzig / es stimmt schon ohne die kleine Antigone hätte jedermann seine Ruhe gehabt / also das is immer son kleiner Aufrührer / und ich denk / es wird das wirds immer geben / einer der dagegen is / und einer der dann versucht die ganzen Massen aufzuwiegeln / und denn jedem klar wird dass man es eigentlich hätte selber tun könn / also bis in die Heldenfunktion / und nich unbedingt so Emanzipation / das hätte genauso gut auch ob es jetzt Romeo oder Julia is / oder wer auch immer / ich denk / das is Hauptsache irgendein Held / Hauptsache jemand der sich dagegen / nich gegen das Regime / aber gegen was stellt was nicht korrekt ist

In einer ersten Annäherung lässt sich dieser Beitrag in insgesamt zwei miteinander verknüpfte Abschnitte einteilen, die einen gemeinsamen Bezug zur eingangs formulierten These haben: Während die Schülerin im ersten Teil ihr Urteil, *Antigone* sei aktuell, mit der Behauptung stützt, es sei ein tolles Drama, das jeder verstehen könne, erläutert sie im zweiten Teil ihre Ablehnung der Proponenten-These (Emanzipation der Frau) mit dem Hinweis auf die Universalität des opponierenden Helden.

Die Untersuchung der propositionalen Verhältnisse in diesem Beitrag zeigt eine Schülerin, die über eine ausgeprägte Fähigkeit verfügt, Unterrichtsbeiträge zu gestalten. Das zeigt beispielsweise die in Spitzenstellung eingebrachte These, die in der Konstruktion *nicht + sondern* die Bezugnahme auf die Proponenten-Position mit dem Opponenten-Standpunkt verknüpft. Die beiden initial gestellten formelhaften Wendungen *ich glaub* und *ich denke* sind syntaktisch eingebunden, mithin keine Operatoren, auch wenn sie deren Funktion ausfüllen. Mit der gewählten Konstruktion bleibt der Vorlauf zwar relativ schwach besetzt – es bleibt das metakommunikative Element *also* –, sie ermöglicht jedoch eine deutliche Akzentuierung der selbst eingebrachten These.

Beide Begründungen erweisen sich als relativ komplex, weil die Schülerin nicht nur Vergleiche zu anderen Dramen zieht, Behauptungen präzisiert und diese ergänzt bzw. erweitert und Bezüge herstellt. Mit der die Begründung im zweiten Teil resümierenden Darstellung des eigenen Rezeptionserlebens konterkariert sie die von der ersten Proponentin eingestandenen Lektüreprobleme, ein wichtiger Aspekt, der bei der prozessualen und interaktiven Analyse noch eine Rolle spielen wird. Im zweiten Teil ihrer Begründung beruft sie sich auf ein bei der Lektüre verwendetes Materialienbändchen, aus dem heraus sie während des Beitrags zitiert – unter Angabe von Titel und Seitenzahl. Das Anouilh-Zitat *es stimmt schon ohne die kleine Antigone hätte jedermann seine Ruhe gehabt* dient dazu, an der Formulierung ihrer These zu arbeiten: Zunächst charakterisiert sie die Protagonistin als Aufrührerin und bereitet so die Verallgemeinerung vor, die in der Strukturbeschreibung *einer der dagegen ist* zum Ausdruck kommt. Auch diese These wird präzisiert, relativiert, in vergleichende Zusammenhänge gestellt. Schließlich resümiert sie ihre These.

In prozessualer und interaktiver Hinsicht bezieht sich der Beitrag auf die bereits dreifach zum Ausdruck gebrachte Deutung, *Antigone* als aktuell in Hinblick auf die Emanzipation der Frau zu lesen. Der Bezug wird in zweifacher Hinsicht hergestellt, nämlich erstens in der Gestaltung der These und zweitens in dem Hinweis auf die einfache Lektüre, eine Replik auf die erste Proponenten-Beiträgerin. Die Markierung des Positionsgegensatzes erfolgt eher zurückhaltend *ich glaub nich so*, eine durchaus Image-bewahrende Formulierung. Umso deutlicher fällt die thematische Abgrenzung bei der Beurteilung des Textes in Hinblick auf seine Einfachheit aus, nach hinten herausgestellt, nachdem bereits das Kriterium entwickelt worden ist. Mit der im Detail expandierenden Belegarbeit hat die Schülerin den Vertretern der Proponenten einen »harten Brocken« vorgesetzt. Darüber hinaus arbeitet die Schülerin mit Zitaten – übrigens als einzige in dieser Diskussion – und kommt so dem Glaubwürdigkeitsprinzip nach.

Das zweite Beispiel stammt aus einer Pro- und Contra-Diskussion einer 13. Klasse zum Thema »Todesstrafe – ja oder nein«. Einführend ist darauf hinzuweisen, dass das Format der »Pro- und Kontra-Diskussion« bereits seit der zweiten Phase der Sekundarstufe I in den einschlägigen Lehrplänen aufgeführt ist, sodass davon auszugehen ist, dass die Schülerinnen und Schüler der Klasse ihre Erfahrungen mit diesem Format gemacht haben. Sie haben sich in zwei Gruppen organisiert, die einen plädieren für die Einführung der Todesstrafe, die anderen dagegen. Auch die zwei Diskussionsleiter sind Schüler dieser Klasse. In einer Gruppenarbeitsphase haben sie sich in den beiden Gruppen auf das Thema vorbereitet und eigene Positionen dazu entwickelt. Insgesamt ist die Diskussion relativ lang, sie wird auch intensiv geführt, weil sich die Schülerinnen und Schüler gründlich auf das Thema vorbereitet haben. Zudem wird deutlich, dass es für sie ein Gewinn ist, sich in einem relativ kleinen Kreis mit einem Thema kontrovers auseinanderzusetzen.

Für die Analyse wird ein Ausschnitt analysiert, in dem die Schülerinnen und Schüler anhand eines konkreten Beispiels die Tragweite bzw. die Rahmenbedingungen des Problems thematisieren. Es geht um den Fall Weimar aus den 80er- und 90er-Jahren, bei dem es um die Verantwortung einer Mutter für den Tod zweier Töchter ging. Zum Zeitpunkt der Diskussion war gerade das Wiederaufnahmeverfahren beendet worden – zu diesem Zeitpunkt waren die Zeitungen sehr intensiv damit befasst.

Beispiel 6: Todesstrafe ja oder nein: Der Fall Weimar

1 S3: n Paradebeispiel für mich ist der Fall Weimar als die Mutter wo so zwei Kinder tot warn die Indizien sprachen eigentlich alle dafür dass die Mutter die Kinder umgebracht hat sie hatte kein Alibi das Alibi war lückenhaft ihr Ehemann hat sie belastet sie is jetzt die Frau is jetzt nach zwölf Jahren nach zwölf Jahrn is sie freigekommen eben weil die Justiz gesagt hat das sind jetzt neue Erkenntnisse neue Beweise neue Indizien die die Frau eindeutig freisprechen

2 S4: also die Beweise (sind zweifelhaft)

3 S5: das zweifelhafte Alibi hatten die ja auch schon hat die Frau ja auch schon vorm Jahr im Endeffekt und das wär im Prinzip ja auch kein Grund gewesen

4 S3: vor zwölf Jahren

5 S1: vor zwölf Jahrn wenn du nach einem Jahr umgebracht hättest . ich sag mal getötet hättest durch Todesstrafe wär die Frau jetzt tot und wär nie wieder rausgekommen

6 S4: das wär (nur wenn sie eindeutige Beweise gehabt hätten

7 S1: ja gut

8 S5: aber die lagen vor

9 S1: ja aber die lagen vor

10 D1: immer der Reihe nach

11 S5: du hast ja selbst noch grad gesagt eh das warn keine eindeutigen Beweise ein lückenhaftes

12 S1: damals ja

13 S5: damals lückenhaftes lückenhaftes Alibi

14 S1: lückenhaftes Alibi hab ich gesagt von [...]

15 S5: es waren im ganzen zwei die gestehen die darf nicht zum Tode verurteilt werden

16 D1: stopp stopp stopp stopp stopp jetzt ist der Florian der meldet sich und den wollen wir auch mal zu Wort kommen lassen

Der »Fall Weimar« wird vom Schüler S3 eingeführt, der in seinen Ausführungen deutlich macht, dass er die Untersuchungsergebnisse der Justiz für angemessen hält. Dabei berücksichtigt er durchaus auch die weiteren seinerzeit bekannten Umstände, etwa dass sie von ihrem Ehemann belastet wurde und offenbar kein Alibi gehabt habe. Aber aufgrund der neueren Untersuchungen ist sie dann »freigekommen«, weil die Justiz die Vorwürfe gegen sie ausführlich geprüft habe und sie entsprechend gewichtet habe. Ergänzend sei darauf hingewiesen, dass der Sprecher zu den Gegnern der Todesstrafe gehört. Die Befürworter reagieren auf diese thematische Fixierung des Problems, indem sie darauf verweisen, dass die Beweise zweifelhaft seien (S4), und auch darauf, dass ihr Alibi zweifelhaft gewesen sein muss (S5). Das wird von den Gegnern nicht hingenommen, denn sie verweisen nun darauf, dass es ja nun schon zwölf Jahre her sei, dass dieser Mord geschehen sei. S1 verweist auf die Problematik, dass Frau Weimar bereits im ersten Jahr nach der Tat hätte hingerichtet werden können, wenn es denn die Todesstrafe gegeben hätte. S4 räumt ein, dass dies nur möglich gewesen wäre, wenn die Beweise eindeutig gewesen wären. An dieser Stelle konzentriert sich die Aufmerksamkeit der Schülerinnen und Schüler auf den strittigen Aspekt: Die Beiträge sind kürzer, zudem fallen sie sich ins Wort, und der Diskussionsleiter muss eingreifen, um die nunmehr sich entwickelnde Auseinandersetzung weiterhin unter Kontrolle zu haben. Dies macht er durch seinen kurzen Kommentar »immer der Reihe nach« (10) deutlich. In den folgenden Beiträgen spitzt sich die Diskussion zwischen S5 und S1 zu, insofern als S5 seiner Mitschülerin unterstellt, dass sie in ihrer Äußerung auf die »nicht eindeutigen Beweise« sowie das »lückenhafte Alibi« verwiesen habe. S1 unterbricht ihn mit dem Hinweis darauf, dass dies sich auf die Zeit vor zwölf Jahren bezogen habe, und S5 greift diese Position auf. Jedoch gelingt es den beiden Schülern nicht, die Kontroverse zu einem Abschluss zu bringen, denn der Diskussionsleiter greift wieder ein, indem er die beiden Streitenden unterbricht – er sagt fünfmal »stopp« –, um im Anschluss »Florian« aufzurufen.

In der Diskussion gibt es mehrere solcher strittigen Punkte, die von den Schülern intensiv ausgehandelt werden, was vermutlich auch daran liegt, dass sie relativ kurz vor dem Abitur stehen – drei Tage nach dieser Diskussion endete ihre Schulzeit. Das von Schüler S3 aufgeworfene Problem wird von beiden beteiligten Gruppen aufgenommen und weiterentwickelt, allerdings kontrovers, mit immer kürzeren Beiträgen, in denen zentrale Aspekte der Diskussion fokussiert werden. Dies veranlasst den Diskussionsleiter, dort einzugreifen und für die Wiederherstellung der kommunikativen Ordnung zu sorgen. Genau dieses prozessuale Geschehen prägt diese Diskussion und sorgt letztendlich dafür, dass die Schüler das kontroverse Potenzial des Pro- und Kontra-Arrangements nutzen, um ihre Standpunkte einzubringen bzw. die Standpunkte der jeweils anderen in Frage zu stellen.

An diesem Beispiel zeigt sich, dass solche Pro- und Kontra-Diskussionen durchaus sinnvoll gestaltet werden können, wenn das Interesse der Schüler für das Thema zur Folge hat, dass eine intensive Auseinandersetzung mit dem Thema stattfindet. Allerdings dürfte es Probleme geben, wenn die Schüler nicht engagiert sind, sondern nur durch die Rahmenbedingungen gezwungen werden, sich mit Themen auseinander zu setzen, die sie nicht oder nur wenig interessieren. Von daher dürfte der Aspekt »Interesse der Schülerinnen und Schüler für das Thema« ganz zentral sein, um im Unterricht engagierte Diskussionen anzuregen und auch durchzuführen.

Insgesamt zeigt sich bei der Analyse von Diskussionen in der Oberstufe noch einmal ganz deutlich, wie wichtig die jeweiligen Rahmenbedingungen für eine intensive Auseinandersetzung mit einem Thema sind. So gelingt es beispielsweise, mit der Thematisierung der Aktualität des Dramas »Antigone« von Sophokles die Schülerinnen und Schüler einer zwölften Klasse dazu zu bringen, diesen Aspekt mit relativ komplexen Äußerungen zu bearbeiten. Und auch die Pro- und Kontra-Diskussion über die Todesstrafe zeigt, mit welchem Engagement die Schülerinnen und Schüler der dreizehnten Klasse dieses Thema bearbeiten. Anders als in der dreizehnten Klasse sitzen die Schülerinnen und Schüler in der zwölften Klasse während der Diskussion im Rahmen des üblichen Tableaus, bei dem die Lehrperson vorne sitzt und die Rolle des Diskussionsleiters übernimmt. Im zweiten Fall saßen sich die beiden Gruppen in einem dreiseitigen Tableau gegenüber, die Diskussionsleiter saßen in der Mitte an einem Tisch und konnten auf diese Weise sehr konsequent die ihnen übertragene Aufgabe bearbeiten.

Perspektiven

Bei der Untersuchung von Beispielen aus der Grundschule, der Sekundarstufe I und Sekundarstufe II hat sich gezeigt, dass die Entwicklung der Fähigkeit des Diskutierens abhängig ist vom Alter und sicher auch von der Schulform, in der die Schülerinnen und Schüler unterrichtet werden. Die Ebene der Diskussionen in der Grundschule ist relativ einfach, die Beiträge der Schülerinnen und Schüler lassen sich jedoch als Thesen mit kausalen Begründungen rekonstruieren. Sie zeigen, dass bei Themen, die für die Schülerinnen und Schüler in irgendeiner Weise von Interesse sind, schon verschiedene Sichtweisen und Positionen eingebracht werden können, über deren Geltung dann gemeinsam im Plenum diskutiert werden kann. In der 8. Klasse sind die Diskussionen schon deshalb interessanter, weil die Schülerinnen und Schüler engagierter bestimmte Themen behandeln können, aber nur, wenn sie selbst am Thema interessiert sind. Wenn sie es nicht sind, dann reduziert sich das Engagement auf die Ebene des Aufgabenbearbeitens. Sie erfüllen dann nur ihre Aufgabe, ohne jedoch ein weiterführendes Interesse zu entwickeln. Eine Zwischenform stellt dabei die Modalität dar, in der vor allem der persönliche Bezug zu den anderen Schülerinnen und Schülern zentral ist. Dies bezieht sich vor allem auf Kleingruppendiskussionen. Bei Plenumsdiskussionen verschiebt sich die Perspektive insofern, als die Themenbehandlung im Rahmen des Klassenplenums organisiert werden muss. Dabei sind die gewählten Organisationsformen von Bedeutung, wie etwa die von einem Diskussionsleiter geführte Diskussion oder ein durch die Lehrperson strukturiertes Gespräch über ein ausgewähltes Thema. In der Sekundarstufe II sind die Diskussionen schon deutlich elaborierter, was bei den vorgestellten Beispielen auch damit zu tun hat, dass die Schülerinnen und Schüler ihre Positionen vorab erarbeitet haben und sie diese dann einbringen. Aber auch hier gilt – vor allem für Plenumsdiskussionen –, dass nur diejenigen, die am Thema interessiert sind, ihre Beiträge einbringen. Hinzu kommt der nicht ganz unerhebliche Aspekt, dass es bei mündlich geführten argumentativen Gesprächen vor allem darum geht, sich auf die zuvor eingebrachten Positionen zu beziehen und diese entweder weiterzuentwickeln oder aber sie in Hinblick auf ihre Geltung zu problematisieren. Und diese Konstellation schließt aus, dass eine Position, die zuvor von einem anderen Schüler/einer anderen Schülerin eingebracht wurde, noch einmal von einem anderen wiederholt wird. Den Schülern ist dies auch klar, denn man kann oft beobachten, dass Schülerinnen und Schüler, die sich gemeldet haben, im Anschluss an einen Beitrag ihre Meldung zurückziehen, um auf diese Weise deutlich zu machen, dass die von ihnen präferierte Position bereits eingebracht worden ist.

Zusammenfassend bleibt festzuhalten, dass es sowohl die inhaltlichen als auch die organisatorischen Rahmenbedingungen sind, die das Engagement der Schüler für ein bestimmtes Thema beeinflussen. Und die im Plenum geführten Diskussionen zeigen – vor allem in der Sekundarstufe II –, dass die Schülerinnen und Schüler durchaus in der Lage sind, relativ differenziert in eine Diskussion einzusteigen. Der Aspekt des inhaltlichen Interesses an einem Thema ist insofern wichtig, als die Schülerinnen und Schüler sich dann engagierter miteinander auseinandersetzen. Insofern sollte die Lehrperson dafür sorgen, dass sie ein Interesse für das ausgewählte Thema entwickeln, denn nur so ist es möglich, sie in die Modalitäten des argumentativen Sprechens miteinander einzuführen. Auf der anderen Seite sind die organisatorischen Rahmenbedingungen deshalb von Bedeutung, weil sie dafür sorgen können, wie sich die Schülerinnen und Schüler miteinander auseinandersetzen. Gruppendiskussionen sind deshalb wichtig, weil sie den Beteiligten erlauben, sich direkt aufeinander zu beziehen. Plenumsdiskussionen sind ebenfalls geeignet, um sich differenziert mit einer selbst oder vom Lehrer ausgewählten Problematik auseinanderzusetzen. Was bei allen diesen Aspekten problematisch ist, ist die Frage, wie man solche Beiträge von Schülerinnen und Schülern in Diskussionen bewerten soll, denn es sind immer die Rahmenbedingungen und die dadurch erzeugten situativen Prozesse, die das Handeln von Schülern und Lehrpersonen in der Institution Schule prägen.

Literatur

Becker-Mrotzek, M. (2008): Gesprächskompetenz vermitteln und ermitteln. In: Bremerich-Vos, A./Granzer, D./Köller, O. (Hrsg.): Lernstandsbestimmung im Fach Deutsch. Gute Aufgaben für den Unterricht. Weinheim: Beltz, S. 52–77.
Bußmann, H. (2002): Lexikon der Sprachwissenschaft. Stuttgart: Kröner.
Chomsky, N. (1965/1973): Aspekte der Syntax-Theorie. Frankfurt am Main: Suhrkamp.
Coseriu, E. (2007): Sprachkompetenz. Grundzüge einer Theorie des Sprechens. 2. A. Tübingen: Narr.

Deppermann, A. (2006): Desiderata einer gesprächsanalytischen Argumentationsforschung. In. ders./Hartung, M. (Hrsg.): Argumentieren in Gesprächen. 2. A. Tübingen: Stauffenburg, S. 10–26.

Fiehler, R. (2005): Gesprochene Sprache. In: Dudenredaktion (Hrsg.): Die Grammatik. 7. A. Mannheim: Brockhaus, S. 1175–1256.

Freie Hansestadt Hamburg [FHH] (Hrsg.) (2011): Bildungsplan Grundschule Deutsch. www.hamburg.de/ contentblob/2481792/data/deutsch-gs.pdf (Abruf 12.3.2012).

Grundler, E. (2011): Kompetent argumentieren. Ein gesprächsanalytisch fundiertes Modell. Tübingen: Stauffenburg.

Grundler, E. (2012a): Alter, Geschlecht, Interessen, Ausbildung … Den unbekannten Leser einschätzen. In: Deutsch 29, S. 18–21.

Grundler, E. (2012b): Was wird aus unserem Stadtlauf? Ein Würfelspiel zum Argumentieren. In: Deutsch 29, S. 36–37.

Habermas, J. (1981): Theorie des kommunikativen Handelns. Bd. I. Frankfurt am Main: Suhrkamp.

Hertie-Stiftung (2002): Jugend debattiert. Begleitheft für Lehrerinnen und Lehrer. Frankfurt am Main.

Hessisches Kultusministerium (Hrsg.) (1995): Rahmenplan Grundschule. theodorheussschule-bad-soden.de/cms/upload/pdf/Rahmenplan_Grundschule_95!.pdf (Abruf 12.3.2012).

KMK (2004a): Bildungsstandards im Fach Deutsch für den Hauptschulabschluss. München: Luchterhand.

KMK (2004b): Bildungsstandards im Fach Deutsch für den mittleren Schulabschluss. München: Luchterhand.

KMK (2005): Bildungsstandards im Fach Deutsch für den Primarbereich. München: Luchterhand.

Ministerium für Kultus, Jugend und Sport Baden-Württemberg (2004): Bildungsplan für die Realschule. Deutsch. www.bildung-staerkt-menschen.de/service/downloads/Bildungsplaene/Realschule/ Realschule_Bildungsplan_Gesamt.pdf (12.3.2012).

Pabst-Weinschenk, M. (2010): »Du meinst also …« Besser zuhören – besser verhandeln. In: Deutsch 22, S. 26–29.

Rezat, S. (2011): Argumentierendes Schreiben. Lernförderliche Schreibaufgaben für die Grundschule. In: Grundschulunterricht Deutsch 3, S. 8–11.

Schwitalla, J. (2003): Gesprochenes Deutsch. 2.A. Berlin: Schmidt.

Spiegel, C. (2010): So habe ich es noch nicht gesehen. Mehrperspektivisch diskutieren. In: Deutsch 22, S. 20–25.

Spiegel, C. (2012): Einen Computer zum Geburtstag. Einen Wunsch argumentativ in E-mails formulieren. In: Deutsch 29, S. 4–7.

Spranz-Fogasy, T. (2006): Alles Argumentieren oder was? Zur Konstitution von Argumentationen in Gesprächen. In: Deppermann, A./Hartung, M. (Hrsg.): Argumentieren in Gesprächen. 2. A. Tübingen: Stauffenburg, S. 27–39.

Vogt, R. (2002): Im Deutschunterricht diskutieren. Zur Linguistik und Didaktik einer kommunikativen Praktik. Tübingen: Niemeyer.

Weinert, F. E. (2001): Leistungsmessung – eine umstrittene Selbstverständlichkeit. In: ders. (Hrsg.): Leistungsmessung in Schulen. Weinheim: Beltz, S. 17–31.

Wohlrapp, H. (2008): Der Begriff des Arguments. Würzburg: Königshausen & Neumann.

Die Autorinnen und Autoren

Dr. **Ulrike Behrens:** Wissenschaftliche Mitarbeiterin an der Universität Duisburg-Essen. Kontakt: ulrike.behrens@uni-due.de

Dr. **Jörn Brüggemann:** Studienrat am Marianne-Weber-Gymnasium in Lemgo sowie wissenschaftlicher Mitarbeiter an der Friedrich-Alexander-Universität Erlangen-Nürnberg. Kontakt: joern.brueggemann@web.de

Dr. **Johanna Fay:** Juniorprofessorin für Linguistik und Sprachdidaktik an der Pädagogischen Hochschule Karlsruhe. Kontakt: fay@ph-karlsruhe.de

Dr. **Volker Frederking:** Professor für Didaktik der Deutschen Sprache und Literatur an der Friedrich-Alexander-Universität Erlangen-Nürnberg. Kontakt: volker.fredeking@t-online.de

Dr. **Steffen Gailberger:** Wissenschaftlicher Mitarbeiter an der Leuphana Universität Lüneburg, zuletzt Vertretungsprofessor für Didaktik der deutschen Literatur unter Einschluss der Mediendidaktik an der Carl-von-Ossietzky-Universität Oldenburg. Kontakt: gailberger@uni.leuphana.de sowie Steffen.Gailberger@gmx.de

Dr. **Olaf Gätje:** Juniorprofessor für Sprachwissenschaft und Sprachdidaktik an der Universität Kassel. Kontakt: gaetje@uni-kassel.de

Dr. **Elke Grundler:** Akademische Mitarbeiterin an der Pädagogischen Hochschule Ludwigsburg. Kontakt: grundler@ph-ludwigsburg.de

Michael Krelle: Wissenschaftlicher Mitarbeiter an der Universität Duisburg-Essen. Kontakt: michael.krelle@uni-due.de

Dr. **Iris Kruse:** Juniorprofessorin für Erziehungswissenschaft unter besonderer Berücksichtigung der Didaktik der deutschen Sprache und Literatur, Schwerpunkt Kinder- und Jugendliteratur/Literaturdidaktik an der Universität Hamburg. Kontakt: Iris.Kruse@uni-hamburg.de

Dr. habil. **Martin Leubner:** Professor für Didaktik der deutschen Literatur an der Universität Potsdam. Kontakt: leubner@uni-potsdam.de

Florian Melzer: Studienreferendar am Carl-Friedrich-Gauß-Gymnasium in Hockenheim. Kontakt: florianmelzer@yahoo.de

Dr. **Magdalena Michalak:** Juniorprofessorin für Deutsche Sprache und ihre Didaktik an der Universität zu Köln. Kontakt: m.michalak@uni-koeln.de

Dr. **Astrid Neumann:** Professorin für Didaktik der deutschen Sprache an der Leuphana Universität Lüneburg. Kontakt: astrid.neumann@uni.leuphana.de

Dr. **Daniel Nix:** Studienrat am Ulrich-von-Hutten-Gymnasium in Schlüchtern. Kontakt: daniel.nix@web.de

Dr. **Marita Pabst-Weinschenk:** Wissenschaftliche Angestellte an der Heinrich-Heine-Universität Düsseldorf. Kontakt: pabst@phil.uni-duesseldorf.de

Dr. **Thorsten Pohl:** Professor für Didaktik der deutschen Sprache an der Universität zu Köln. Kontakt: thorsten.pohl@uni-koeln.de

Dr. **Christopher Sappok:** Vertretungsprofessor für Deutsche Sprache und ihre Didaktik an der Leuphana Universität Lüneburg. Kontakt: sappok@uni.leuphana.de sowie Christopher.Sappok@gmx.de

Dr. habil. **Carmen Spiegel:** Professorin für deutsche Sprache und ihre Didaktik an der Pädagogischen Hochschule Karlsruhe. Kontakt: spiegel@ph-karlsruhe.de

Dr. **Torsten Steinhoff:** Professor für Deutsche Sprache und Sprachvermittlung an der Technischen Universität Dortmund. Kontakt: torsten.steinhoff@tu-dortmund.de

Dr. habil. **Rüdiger Vogt:** Professor für Sprachwissenschaft und Sprachdidaktik an der Pädagogischen Hochschule Ludwigsburg. Kontakt: vogt@ph-ludwigsburg.de

Julia Webersik: Wissenschaftliche Mitarbeiterin an der Leuphana Universität Lüneburg. Kontakt: webersik@uni.leuphana.de

Dr. **Swantje Weinhold:** Professorin für Deutsche Sprache und Didaktik an der Leuphana Universität Lüneburg. Kontakt: weinhold@uni.leuphana.de

Frauke Wietzke: Schulartübergreifende Landesfachberaterin für das Fach Deutsch für die Bereiche Aus- und Fortbildung des Instituts für Qualitätsentwicklung an Schulen des Landes Schleswig-Holstein (IQSH). Kontakt: Frauke.Wietzke@iqsh.landsh.de

Dr. **Anja Wildemann:** Professorin für Grundschulpädagogik, Schwerpunkt Sprache an der Universität Koblenz-Landau. Kontakt: wildemann@uni-landau.de

So lernen Schüler Kompetenzen

Manuela Paechter (Hrsg.)
Handbuch Kompetenzorientierter Unterricht
2012. 336 Seiten. Gebunden.
ISBN 978-3-407-83177-4

Die Autoren stellen praxistaugliche Konzepte zur Förderung des Kompetenzerwerbs vor und greifen die aktuelle bildungspolitische Diskussion auf:
- Zunächst werden die Grundlagen kompetenzorientiertenUnterrichtens dargestellt.
- Der zweite Teil widmet sich fächerübergreifenden Kompetenzen wie sprachliche, soziale, personale und ethische Fähigkeiten, sowie der Medienkompetenz.
- Weiter geht es mit den fachspezifischen Kompetenzen in den einzelnen Unterrichtsfächern. Exemplarisch herausgegriffen werden: Deutsch, Fremdsprachen, Mathematik, Naturwissenschaften, Informatik, Religion und Wirtschaft
- Abschließend werden Konsequenzen für den Unterricht und für die Lehrerbildung aufgezeigt.

Dieses Handbuch behandelt
- die aktuellen Ergebnisse der Lehr-Lern-Forschung,
- die verschiedenen Kompetenzarten wie personale, soziale und Medienkompetenz und
- fachspezifische Kompetenzen in den einzelnen Unterrichtsfächern.

Die Autoren zeigen praxistaugliche Konzepte zur Förderung des Kompetenzerwerbs und greift die aktuelle bildungspolitische Diskussion auf.

Beltz Verlag · Weinheim und Basel · Weitere Infos: www.beltz.de

Kem Han